미술치료의 윤리적 딜레마

『미술치료의 윤리적 딜레마: 20개국 50인의 임상가 이야기』는 미술치료사로 일하면서 발생하는 윤리적 문제들을 일인칭의 관점에서 상세히 기술한 전 세계적인 컬렉션을 제공한다. 차별과 포용, 비밀보장, 임상의 범위 등의 주제에 따라 묶인 각 챕터에서 20개국 출신의 숙련된 미술치료사들은 임상가 역할의 다양성, 내담자의 진단, 그리고 문화적 맥락에 관한 어려운 상황들을 탐색한다. 저자들은 이러한 문제에 직면했을 때 스스로의 행동방침을 성찰함으로써 자신의 실수와 성공을 인식하고, 독자들로 하여금 자신들의 실수로부터 배울 수 있도록 한다. 중요한 교훈과 윤리적 시사점이 강조된 다양한 일화를 중심으로 하는 이 책의 독특한 방식은 현재와 미래의 미술치료사뿐만 아니라 다른 정신건강 전문가들에게도 귀중한 자료가 될 것이다.

오드리 디 마리아[MA, LCPAT, ATR-BC]는 그녀가 1978년부터 몸담았던 워싱턴 D.C.의 조지워싱턴 대학교 미술치료 대학원 과정의 겸임 부교수이다. 그녀는 미국미술치료학회의 교육 및 출판위원회의 의장을 맡았으며, 미국미술치료학회에서 임상전문가상을 수상했고, 미술치료자격위원회가 윤리강령의 초기 버전을 개발했던 당시 간사를 역임했다.

미술치료의 윤리적 딜레마

20개국 50인의 임상가 이야기

오드리 디 마리아 편집

대표 국가:
가나, 남아프리카공화국, 대한민국, 레바논, 미국, 서인도제도,
스웨덴, 아르헨티나, 아이슬란드, 영국, 요르단, 우크라이나,
인도, 일본, 칠레, 캐나다, 프랑스, 필리핀, 호주, 홍콩

EXPLORING ETHICAL DILEMMAS IN ART THERAPY
50 Clinicians From 20 Countries Share Their Stories

Edited by Audrey Di Maria

Foreword by Judith A. Rubin

Copyright © 2019 Taylor & Francis

All Rights Reserved

Authorised translation from the English language edition published by Routledge, a member of the Taylor & Francis Group LLC

The Korean edition was published by Shinyoungsa in 2021 by arrangement with the Taylor & Francis Group LLC

이 책을 내 사랑하는 남편,
케네스 제임스 낸커비스,

내 어머니인 H. 제인 에반스 위트니,
그리고 여동생 게일 앨리스 에반스에게 바칩니다.

평범한 날은 없습니다.

차례

공저자

편집자

오드리 디 마리아[MA, LCPAT, ATR-BC]는 그녀가 1978년부터 몸담았던 워싱턴 D.C.의 조지워싱턴 대학교 미술치료 대학원 과정의 겸임 부교수이다. 그녀는 미국 미술치료학회의 교육 및 출판위원회의 의장을 맡았으며, 미국미술치료학회에서 임상전문가상을 수상했고, 미술치료자격위원회가 윤리강령의 초기 버전을 개발했던 당시 간사를 역임했다.

서문 저자

주디스 A. 루빈[PhD, ATR-BC, HLM]은 서문 저자로 심리학자, 심리분석가이자 학회 공인 미술치료사이다. 미국미술치료학회의 전 회장이자 평생명예회원으로 6권의 저서와 13편의 영화를 만들었다. 피츠버그 대학교의 정신의학과 교수인 그녀는 미국과 해외에서 폭넓게 강연했다. Expressive Media의 회장으로서, 그녀는 현재 스트리밍 교육용 영화 도서관을 만들고 보급하는 일을 하고 있다.

50인의 임상가

앤 밀스[MA, LPC, ATR-BC]는 워싱턴 D.C.의 'Art Therapy Services'에서 개인치료실을 운영하고 있으며, 진단적 그림검사(Diagnostic Drawing Series: DDS) 기록보관소의 책임자이다. 앤의 전문 분야는 슈퍼비전/상담, 최면요법 및 특히 해리성이 강한 심각한 초기 외상 생존자 치료이다. 그녀는 질병, 사별, 문화 상실(난민, 국외 거주자, 유학생, 해외 노동자)과 같은 어려운 과도기를 겪은 청소년과 성인에게 회복 탄력성 중심 치료를 제공한다.

마리아 레지나 A. 알퐁소[MS Ed., MA(Art Therapy), LCPAT, ATR-BC]는 분쟁 및 재해 후 상황에 특화된 글로벌 심리지원 프로그램인 'Save the Children's HEART' 프로그램의 컨설턴트이자 기술고문이다. 그녀는 카트휠 재단을 설립했으며, 고향인 필리핀의 가장 접근하기 어려운 원주민들에게 문화적으로 연관된 교육과 건강 서비스를 제공한다. 그녀는 필리핀의 'MAGIS Creative Spaces for Therapy and Education'과 'The Learning Child School'의 자문이자, 스위스의 유로피안 대학원의 박사과정생이다.

마티나 E. 마틴[Div., MA, LPC, ATR-BC]은 학회 공인 미술치료사이자 워싱턴 D.C.의 전문 상담사이다. 그녀는 하워드 대학교에서 2002년에 정치학 학사학위를, 2007년에 신학 석사학위를 받았으며, 그 후 2011년에 조지워싱턴 대학교에서 미술치료 석사학위를 받았다. 연합 감리교의 임시 집사로서, 그녀는 지역기반 건강 기관과 연계하여 전일 심리치료사로서 지역 교회에서 사역중이다.

하이디 바르도[MA, LCPAT, ATR-BC]는 워싱턴 D.C.에 위치한 조지워싱턴 대학교의 미술치료 대학원 과정의 학과장이다. 그녀는 면허를 가진 학회 공인 미술치료사로서, 인도, 크로아티아, 남아프리카 및 아랍에미리트에 임상 교육 프로그램을 설립했다. 그녀는 레바논에서 구조대원들에게 미술과 트라우마를 가르치며, 전쟁 구호, 트라우마, 회복탄력성, 애도 및 국제 교육에 대해 국내외에서 출판과 강연을 해왔다.

메르세데스 발베 테르 마트[PhD, LPC, ATR-BC]는 플로리다 포트로더데일에 위치한 노바 사우스이스턴 대학교 심리학과의 교수이자, 미국미술치료학회의 전 회장 및 미국상담학회 유럽 지부의 회장이다. 그녀는 미술치료사, 정신건강 상담사, 학교 상담사 및 교수로서 30년 이상의 경력을 가지고 있다. 최근 그녀는 아르헨티나, 레바논 그리고 스위스에서 인도주의적 활동을 하고 있다.

데어드레 M. 코간[MA, LPC, ATR-BC, ATCS, CCTP]은 기관 및 개인치료에서 30년 이상의 임상경험이 있다. 그녀는 현재 워싱턴 D.C.에 위치한 외상 후 장애센터의 직원이자 대형 공립 정신병원에 속한 창의적인 예술훈련 부서의 책임자이다. 데어드레의 연구 관심분야는 빈곤, 성 불평등 및 문화적 낙인으로 인해 한계를 마주한 정신질환이 있는 여성들의 회복을 도모하는 프로그램을 고안하는 것이다. 그녀는 2015년에 미국미술치료학회로부터 특출한 임상전문가상을 받았다.

에머리 허스트 마이클[MA, LCAT, LCPAT, ATR-BC]은 뉴욕 브루클린에 위치한 창의적 예술치료 전문 유한회사(PLCC)인 'Water & Stone'의 설립자이자 대표이다. 그녀는 주로 불안, 애도, 상실, 치매 및 관련 이슈들을 겪고 있는 성인들을 치료한다. 그녀는 또한 타 치료사들에게 조언을 주고, 인턴들을 감독하며, 창의력, 역량강화, 마음챙김 및 개인적/사업 발전에 중점을 둔 지역 워크숍을 제공한다. 콜로라도 볼더에 위치한 나로파 대학교에서 자기초월적 상담심리학과 미술치료 석사학위를 취득했다.

헤일리 버만[PhD]은 보건의료인협의회 및 남아프리카 보건전문가협의회에 등록된 미술심리치료사이자 예술가이며 사회적 기업가이다. 아프리카 최초의 정신분석학적 지역 예술 상담 및 훈련 기관인 요하네스버그에 위치한 '레피카 라 포디소'의 창립자로서, 헤일리는 웨스트 오브 잉글랜드 대학교에서 심리사회학 박사학위를 마쳤으며, 현재 하트퍼드셔 대학교의 미술치료 석사과정 프로그램의 책임자이다. 그녀의 오랜 연구 관심사는 장기적인 심리사회적 변화를 창출하는 데 도움이 되는 방법론을 개발하는 것이다.

박소정[PhD, LCAT, ATR-BC]은 대한민국 서울에 위치한 이화여자대학교 교육대학원 미술치료교육전공의 조교수이다. 그녀는 미국 뉴욕의 스쿨 오브 비주얼 아트에서 미술치료 석사학위를, 케임브리지의 레슬리 대학교에서 표현예술치료 박사학위를 받았다. 그녀의 연구 관심분야로는 미술치료에서 다문화적 문제, 중독, 자기

심리학, 그리고 디지털 미디어의 사용 등이 있다.

제니퍼 비비안[MA]은 이뉴잇족(Inuit)과 유럽계 미술치료사로서, 캐나다에서 거주하며 일하고 있다. 제니퍼는 터틀 섬(북미) 전역의 진실공유, 스토리텔링, 화합 및 치유 속 미술치료의 역할에 대한 열정을 갖고 있다. 그녀는 자신의 길을 따라 여행하고, 추가적인 가르침을 받으면서 수정되는 원주민 미술치료의 틀 안에서 일하기 위해 노력한다.

폴라 호위[MA, LPC, LCPAT, ATR-BC, HLM]는 25년간 군 의학 센터의 미술치료서비스에서 근무했으며 현재는 스쿨 오브 비주얼 아트 및 플로리다 주립대학교에서 강의를 하고 있다. 그녀는 미국미술치료학회의 전 회장이며,『군인 및 참전용사들과의 미술치료: 역사, 발견 및 적용』(Art Therapy with Military and Veteran Populations: History, Innovations, and Applications, Routledge, 2017)의 저자이자『다양한 대상과의 미술치료: 교차문화와 능력』(Art Therapy with Diverse Populations: Crossing Cultures and Abilities, Jessica Kingsley Publishers, 2013)의 공동 편집자이다. 그녀는 숙련된 수채화가이다.

일레인 S. 골드버그[PhD, ATR-BC]는 소아병원에서 의학적인 질환을 가진 환자들과 일하는 미술치료사이자 임상심리학자이다. 그녀는 조지워싱턴 대학교 의과대학의 정신과, 행동과학 및 소아과의 임상 조교수이다. 일레인은 국립정신병원에서 그녀의 커리어를 시작했으며, 그곳에서 정신분열증 연구에 참여한 환자들의 미술작품에 반영된 약물의 치료적 효과를 연구하는 것에 흥미를 갖게 되었다.

데이비드 E. 구삭[PhD, ATR-BC]은 플로리다 탈라하씨에 위치한 플로리다 주립대학교의 미술치료학과 교수이자 미술교육과의 학과장이다. 그는 수많은 논문과 저서가 있으며, 국내외에서 교정기관에서의 미술치료, 공격적이고 폭력적인 내담자들과의 작업, 그리고 법의학 미술치료에 대한 강의들을 해왔다. 그는『재판에서의 예술: 일급 살인사건들과 미술치료』(Art on Trial: Art Therapy in Capital Murder Cases, Columbia University Press, 2013)를 집필했으며, 마르시아 로잘과『미술치료의 월레이 참고서』(the Wiley Handbook of Art Therapy, John Wiley & Sons, 2016)를 공동 편집하였다.

카리나 도널드[MA, ATR-BC]는 2011년에 조지워싱턴 대학교에서 미술치료 석사학위 과정을 마쳤으며 현재는 가족치료 박사과정중이다. 그녀의 주된 임상 및 연구 주제는 캐리비안에서 발생한 정신병리와 트라우마이다. 카리나는 서인도 개방 캠퍼스 대학교의 겸임 교원이며 텍사스 휴스턴에 위치한 텍사스 여자 대학교의 연구원이다.

매리 엘렌 러프[MS, LPC, ATR-BC]는 1996년 버지니아주 노퍽에 있는 이스턴 버지니아 의대에서 미술치료로 석사학위를 받았다. 그녀의 개인 임상은 물질남용, 트라우마, 기분 및 불안장애가 있는 청소년과 성인에 초점을 두고 있다. 그녀는 또한 버지니아주 알렉산드리아시의 법원과 관련된 개인치료를 하고 있다. 2007년부터 조지워싱턴 대학교의 미술치료 대학원 과정에서 강의했으며 정기적으로 개인 창작 활동을 하고 있다.

제인 스콧은 학회 등록된 미술치료사(ATR)이자 전문상담사(LPC)로서 그녀의 장에 쓴 필명이다.

엘리자베스 스톤[MA, LPC, LCAT, ATR-BC]은 뉴욕주 면허가 있는 심리분석가이자 미술치료사로서 프랑스 그르노블에서 개인치료실을 운영하고 있다. 그녀는 프랑스 리옹 가톨릭대학교 심리학과의 교수로 재직하고 있으며, 이전에는 뉴욕 대학교 미술치료 대학원 과정의 교수였다. 유럽에서 30년 동안, 이탈리아, 스위스, 프랑스에서 미술치료사들을 수련 감독하며 미술치료와 심리치료에 있어서 창의적 표현에 관한 강의와 폭넓은 저술 활동을 병행해왔다.

리사 래이 갈록[MS, LCPAT, ATR-BC, ATCS]은 조지워싱턴 대학교 미술치료 프로그램의 조교수이자 임상 실습지 관리자이며, 미술치료자격위원회의 간사이다. 리사는 국제 비영리단체인 Common Threads Project에서 근무하며, 트라우마 작업을 위해 치료사들에게 미술치료와 스토리 천(story cloths)*을 가르치고 있다. 그녀는 여성과 인간의 권리에 관심이 있으며 자신의 예술작품에 섬유와 유리를 포함한 다양한 재료를 사용한다.

파멜라 레예스 H.[MA(미술치료전공)]는 칠레 산티아고에 있는 피니스 테레 대학교의 보건미술치료 프로그램 석사과정의 책임자다. 2004년부터 2015년까지 칠레 대학교에서 미술치료 대학원 후 과정을 담당했다. 그녀의 전문적인 경험은 정신건강에 관한 임상환경뿐 아니라 건강증진이라는 패러다임 아래에 있는 지역사회 심리학에 근거해왔다. 지난 10년 동안, 그녀는 개인치료실을 운영하는 미술심리치료사로 일해왔으며 현재 박사학위 과정에 있다.

로리 모리-헤슬러[MA, LMFT, ATR-BC, ATCS]는 학회 공인 미술치료사이자 미술치료 슈퍼바이저이며, 결혼 및 가족 상담치료사 면허를 취득했다. 1984년에 커리어를 시작한 이후 그녀는 치유적 치료센터, 학교, 위험지역의 커뮤니티 프로그램, 개인치료실에서 일해왔다. 그녀는 워싱턴 D.C.에 있는 조지워싱턴 대학교 미술치료 석사학위 과정의 겸임교수다. 남편과 4명의 자녀를 키우고 있다.

그웬돌린 M. 쇼트[MA, LCPAT, ATR-BC]는 조지워싱턴 대학교에서 미술치료 석사학위를 받은 워싱턴 원주민이다. 그웬돌린은 미국미술치료학회 이사회와 미술치료자격위원회에서 일해왔다. 33년 동안 카운티 보건부에서 근무했으며 현재 메릴랜드주 실버 스프링스에 있는 CREATE 예술센터의 미술치료 책임자로서 정신질환이 있는 성인들과 일하고 있다. 성인들에 대한 공로로 미국미술치료학회에서 임상전문가상을 받았다.

도널드 J. 커쳐[MA, LCAT, ATR-BC]는 1973년부터 미국미술치료학회의 회원이었고, 미국에서 가장 오래된 주립 미술치료협회 중 하나인 오하이오주의 벅아이 미술치료협회의 설립자이자 평생명예회원이다. 그는 다양한 직업강령의 접점과 기록

---

* 역주: 몽족의 역사, 문화, 사건 혹은 내러티브를 전통적인 방식으로 평평한 직물의 표면에 묘사하는 바늘 공예를 일컬음.

에 관한 정보를 제공하면서, 영국미술치료학회와 미국미술치료학회를 비롯해 다른 전문 단체에서 윤리의식에 대해 발표해왔다. 그는 개인 임상에서는 은퇴했으며, 산재로 인한 신체적 심리적 트라우마를 경험하는 내담자에게 서비스를 제공하고 있다.

샬롯 G. 보스틴[MA, LCPAT, ATR-BC]은 숙련된 임상가, 교육자, 관리자 및 상담가로서 5~75세의 내담자와 함께 일해왔다. 그녀의 업무는 대부분 노인과 군인을 포함한 정신과 입원환자들과 함께했다. 미국미술치료학회 이사회뿐 아니라 다양한 미국미술치료학회의 위원회에서 활동했으며 미술치료자격위원회의 차기 회장이다. 지역 및 전국에서 발표와 저술활동을 이어왔다.

미셸 L. 딘[MA, ATR-BC, LPC (PA), CGP]은 펜실베이니아주 필라델피아 인근에 있는 유한책임회사(LLC) 'The Center for Psyche & the Arts'의 공동 설립자다. 그녀는 예술대학교 미술치료 프로그램의 책임자이며, 아카디아 대학교, 시더 크레스트 컬리지, 드렉셀 대학교의 겸임교수로 재직중이다. 그녀는 예술가, 슈퍼바이저, 전국적으로 알려진 강연자이자 『심리치료에서 미디어아트 활용: 창의력을 임상에 가져오기』(Using Art Media in Psychotherapy: Bringing the Power of Creativity to Practice, Routledge, 2016)를 포함한 여러 출판 업적을 가진 저자다.

조던 S. 포타시[PhD, LPCAT(메릴랜드), LCAT(뉴욕), ATR-BC, REAT]는 미국 및 홍콩에서 학교, 치료센터 및 지역 예술 스튜디오의 전 연령층의 내담자들과 일했다. 그는 홍콩대학교에 아시아의 첫 표현예술치료 프로그램인 표현예술치료 석사학위 과정을 공동 설립했다. 그는 워싱턴 D.C.에 위치한 조지워싱턴 대학교의 미술치료 프로그램의 조교수이자, 『미술치료: 미국미술치료학회지』(Art Therapy: Journal of the American Art Therapy Association)의 편집위원이며, 미국미술치료학회 윤리위원회의 전 회장이다.

리처드 캐롤란[EdD, ATR-BC]은 면허를 소지한 심리학자이자 학회 공인 미술치료사로서, 20년 이상 강의해온 캘리포니아주 벨몬트에 있는 노트르담 드 나무르 대학교에서 미술치료학 박사과정을 설계, 개발, 감독했다. 미술치료자격위원회 회장을 역임했고, 미국미술치료학회의 저명한 교육자상을 받았다. 에이미 백코스(Amy Backos)와 함께 『미술치료에서 떠오르는 관점: 경향, 운동, 개발』(Emerging Perspectives in Art Therapy: Trends, Movements, and Developments, Routledge, 2017)을 편저했다. 세 아이의 아버지인 그는 활발한 예술 활동과 함께 개인치료실을 운영하고 있다.

마비스 오세이[PhD]는 2009년, 28세의 나이로 가나 쿠마시의 콰메 응크루마 과학기술대학교(KNUST)에서 강의를 시작한 미술교육가다. 그녀는 KNUST에서 예술학 학사학위(2003)와 미술교육 박사학위(2008)를 취득했다. 2015년에는 뉴욕 CW Post의 임상미술치료 석사학위 취득을 위한 풀브라이트 장학금을 획득했다. 여러 편의 학술논문을 게재했으며 현재 가나에서 미술치료를 가르치며 거주하고 있다.

매리 로버츠[Eds, LPC-ACS, ATR-BC, ATCS]는 버지니아주 노퍽에 있는 이스턴 버지니아 의대의 미술치료 및 상담 석사학위 과정의 책임자이자 부교수이다. 그녀는 20년 넘게 미술치료 경험을 쌓았으며 트라우마 기반 치료(trauma informed care)를 청소년과 참전용사 및 군인들에게 제공하고 있다. 그녀는 소년원 내 미술치료사들의 고용을 촉진시켰고 7개의 일자리를 창출했으며, 미술과 음악 치료사들의 임상기준 및 교과목을 개발했다.

셰릴 도비-코플랜드[PhD, LPC, LMFT, ATR-BC, HLM]는 40년 넘게 미술치료 경험을 쌓아왔으며 2003년 미국미술치료학회의 임상전문가 수상자로 선정되었다. 코플랜드 박사는 미국미술치료학회 이사회에 1999년부터 2001년까지, 그리고 2013년부터 2017년까지 종사하였다. 그녀는 대학원 과정에서 다문화 다양성과 가족/부부 미술치료를 교육해왔다. 코플랜드 박사는 1978년부터 미술치료 분야에서 다문화적 역량을 적극적으로 향상시켜 왔으며, 2018년에는 미국미술치료학회의 평생명예회원으로 이름을 올렸다.

바버라 만델[MA]은 로체스터 대학교의 페인팅/스튜디오 미술로 학사학위를 취득하였고 조지워싱턴 대학교에서 미술치료 석사학위를 취득하였다. 그녀는 병원, 주간 치료센터, 커뮤니티 센터, 공립 및 사립 학교와 미술관 환경 등 다양한 세팅에서 아동 및 청소년들이 예술을 통해 스스로를 표현하는 것을 도와왔다. 바버라는 또한 화가이자 워싱턴 D.C.의 국립미술관의 학교 도슨트 자원봉사자이다.

이리나 나탈루시코[MA, CTT]는 우크라이나에 기반을 둔 교육 미술치료사이다. 이리나는 본능적 외상반응(ITR) 모델을 통해 외상 경험 이력으로 인해 충분히 통합되지 못하고 삶에서 지속적인 영향을 받고 있는 성인 및 가족들을 돕고 있다. 2017년에서 2018년에는 조지워싱턴 대학교 미술치료 프로그램과 ITR 훈련기관에 풀브라이트 장학생으로 참여했으며 ITR 방법의 훈련과 연구를 보조하였다.

엘렌 G. 호로비츠[PhD, LCAT, ATR-BC, E-RYT, LFYP, C-IAYT]는 뉴욕 로체스터의 나사렛 대학교의 미술치료 대학원 프로그램의 명예교수이자 설립자 및 전직 이사이다. 그녀는 미술치료사 면허를 소지했으며, 심리치료사이자 등록된 요가강사 및 공인 요가치료사로서 35년간 (3~96세의) 무수한 내담자 군을 경험해왔다. 그녀는 9권의 책을 저술하였고 가장 최근 『미술치료 매체, 방법 그리고 적용에 대한 안내: 단계별 접근』(A Guide to Art Therapy Materials, Methods, and Applications: A Practical Step-by-Step Approach, Routledge, 2017)을 출판하였다.

다이앤 윌러[OBE, MA(RCA), DPhil, Dip. Psych., FRSA]는 런던 골드스미스 대학교 예술심리치료 프로그램의 명예교수이자, 브라이턴 대학교의 수석연구위원이며, 영국미술치료학회의 명예회장이다. 골드스미스에서 미술치료 프로그램을 설립하고(1974), 보건국을 설득하여 국민보건서비스에 미술치료 경력 및 급여 구조를 수립하는 팀을 이끌었으며(1982), 미술, 연극 및 음악 치료사들의 법적 규제를 초래한 협상을 주도했다(1997). 2002년부터 2013년까지 보건의료인협의회의 설립 멤버였으며, 2007년 보건서비스로 대영제국 훈장을 수상하였다.

탈리 트립[MA, MSW, LCSW, ATR-BC]은 워싱턴 D.C.에서 트라우마 관련 장애 치료에 특화된 학회 공인 미술치료사 및 전문 임상 사회복지사이다. 탈리는 인텐시브 트라우마 치료, 안구운동 민감소실 재처리과정(EMDR), 그리고 감각운동 심리치료를 포함한 고급 트라우마 접근법 사용의 인증을 받은 치료사이다. 그녀는 트라우마, 집단치료 및 국제 다양성 강의 등을 하고 있는 조지워싱턴 대학교의 미술치료 클리닉의 책임자이다.

우누르 오타르도티르[PhD, ATR]는 1990년부터 미술치료사로 일해왔다. 우누르는 레이캬비크 아카데미의 임상 연구자이다. 그녀는 영국의 하트퍼드셔 대학교에서 미술치료 박사학위를 받았으며, 다양한 학술기관에서 미술치료를 가르치고 있다. 그녀는 미술치료 및 근거이론 방법론에 대한 여러 논문과 저술이 있으며, 아이슬란드와 전 세계의 컨퍼런스 및 단체를 대상으로 강의하고 있다.

산기타 프라사드[MA, ATR-BC]는 아동 및 성인을 대상으로 일하는 미술치료사이다. 그녀는 여러 비영리단체 조직들을 편성하고 있으며 미국과 인도에서 활동중이다. 산기타는 미국미술치료학회의 이사회 임원으로, 『창의적 표현: 예술로 말하기』 (Creative Expressions: Say It With Art)를 저술했고 『다양한 대상과의 미술치료: 교차 문화와 능력』(Using Art Therapy with Diverse Populations: Crossing Cultures and Abilities, Jessica Kingsley Publishers, 2013)을 공동 편집했다. 그녀는 페인팅 작업을 꾸준히 하고 있다.

유리코 이치키[PhD]는 공인 임상심리치료사로 1990년에 조지워싱턴 대학교에서 미술치료 석사학위를 받았다. 그녀는 일본의 나라 교육대학교의 미래 세대를 위한 교사 교육센터의 교수이며, 미술치료를 활용해 훈련, 상담 및 워크숍을 일본의 공립학교 교사들에게 제공하고 있다.

페넬로페 오르[PhD, ATR-BC, ATCS]는 최초의 100% 온라인 미술치료 석사학위 프로그램인 에딘보로 대학교의 미술치료 석사 프로그램의 책임자이자 개발자이다. 그녀는 지난 20년 동안 미술치료에서 디지털 미디어의 사용에 초점을 두고 연구해 왔으며, 이 주제에 관한 다양한 저서와 학술논문들을 출판하였다. 최근 그녀는 정체성 형성 및 외상 후 성장의 도구로서 디지털 스토리텔링/저널링에 주목하고 있다.

마이클 A. 프랭클린[PhD, ATR-BC]은 콜로라도주 볼더의 나로파 대학교 미술치료 프로그램의 학과장으로 다양한 임상 및 교육 환경에서 1981년부터 임상과 교육을 이어오고 있다. 마이클은 나로파 커뮤니티 아트 스튜디오의 창립자이며, 미술치료사들의 사회적 참여를 훈련시키는 연구과제로 2016년 미국미술치료학회의 저명한 교육자상을 수상하였다. 국제적 강연자인 그의 저서 『명상적 수행으로서의 예술』(Art as Contemplative Practice, SUNY press, 2017)에서는 예술과 사회적 참여, 요가 철학 그리고 명상 간의 관계 통합에 집중하고 있다.

샤론 스트라우스[MA, LCPAT, ATR-BC]는 30년 경력을 가진, 면허를 보유한 학회 공인 미술치료사이다. 17살 된 딸 크리스틴이 자살한 뒤 샤론은 콜라주 작업에 몰두하였으며, 이는 그녀의 자전적 이야기로 탄생한 저서인 『예술적 슬픔: 치유의 일기』(Artful Grief: A Diary of Healing)의 바탕이 되었다. 샤론은 니메이어(Neimeyer)의 저서 『애도치료의 기술: 유족 상담을 위한 창의적 실제』(Techniques of Grief Therapy: Creative Practices for Counseling the Bereaved)와 톰슨과 니메이어의 저서 『애도와 표현예술: 의미창조적 실제』(Grief and the Expressive Arts: Practices for Creating Meaning)의 집필에 참여했다. 그녀는 전국의 워크숍, 매주 열리는 미술치료 회기, 그리고 상실을 경험한 이들을 위한 영적 발달 집단을 이끌고 있다.

마이클 프렛저[MA, LCPAT, ATR-BC]는 워싱턴 D.C.에 거주하며 청소년과 일하고 있다. 마이클은 조지워싱턴 대학교 미술치료 프로그램을 졸업했으며, 로드아일랜드 스쿨 오브 디자인에서 미술교육학 석사학위를, 노스웨스턴 대학교와 캔자스 대학교에서 언론학 학위를 취득했다. 미술치료사가 되기 전에는 30년 이상을 잡지 편집자이자 작가로 활동했다.

토드 C. 스토넬[MA, LPC, ATR-BC]은 놀이공원에서 의상을 입은 캐릭터로부터 미술치료에 입문했다. 토드는 만화 캐릭터로써 타인들과 상호작용하면서 언어를 사용하지 않고 사람들과 연결될 수 있는 방법을 깨달았다. 그는 미술치료사로서 에이즈 및 후천성 면역 결핍증을 앓고 있는 성인, 인도의 암 치료 병원에 거주하는 어린이, 자페스펙트럼을 진단받은 청소년, 그 밖의 다양한 정신건강 문제에 도움이 필요한 청소년들과 함께 일한 경험이 있다.

시린 야이시[MA]는 미술심리치료를 전공하고 2012년도 카이노나 아랍미술치료센터(Kaynouna Arab Art Therapy Center)를 설립한 이래 수천 명의 난민과 소외계층 아동, 청소년, 여성을 대상으로 미술심리치료 집단과 15개 이상의 비정부기구(NGO)에 교육을 제공해왔다. 그녀는 아랍을 포함해 전 세계적으로 트라우마 기반 미술치료의 선구자로 손꼽히고 있다. 홍콩, 토론토, 암만, 런던에서 여러 논문을 발표했으며, 그녀의 작업은 CNN, 알자지라 방송국 등 여러 매체에 소개되었다.

페트리샤 페너[Dip. Vis. Arts, Dip. Education, MA(Hochschule Der Kunste, Berlin), MA and PhD(La Trobe University), AthR]는 호주 멜버른의 라트로브 대학교 미술치료 석사과정 프로그램의 교수이다. 미술치료사 훈련과 더불어 그녀의 관심 연구는 지역과 아시아 태평양 일대의 암 치료와 정신건강 회복에서 미술치료의 매체의 역할에 관한 것이다.

리비 번[PhD, AthR]은 호주 멜버른의 라트로브 대학교 미술치료 석사과정 프로그램에서 가르치고 연구하고 있다. 리비는 지난 20년간 공중보건 기관과 목회 환경에서 트라우마, 애도, 상실감을 다루어온 미술치료사이자 작가로서 활발하게 활동 중이다. 그녀는 신학대학교에서 임상을 바탕으로 한 신학연구로서 예술에 대한 그녀의 참여를 계속 발전시키며 확장하고 있다.

아비 밀러[MS, LPC, ATR-BC]는 35년 이상 변형적 예술과 미술치료의 과정을 임상 및 교육했으며, 70개 이상의 워크숍과 논문 발표를 했다. 아비는 코네티컷주 뉴 헤이븐에 있는 알베르투스 마그너스 대학교의 미술치료 및 상담 석사과정의 부교수이며, 매사추세츠주 케임브리지의 레슬리 대학교 표현예술치료 학과의 박사과정생이다. 그녀는 개인임상활동과 임상감독을 하며, 주말 동안 집중적으로 '엘 듀엔데(El Duende)' 페인팅 과정을 제공하고 있다.

캐서린 로저스 존슨[MFA, MA, ATR-BC]은 스웨덴의 공인 미술치료사이며, 콜롬비아 대학교에서 석사학위와 위스콘신 수페리어 대학교에서 미술치료 석사학위를 취득했다. 캐서린은 25년간의 임상 미술치료 경험을 갖고 있으며 포틀랜드 주립대학교에서 강의를 하고 있다. 스웨덴에 본거지를 두며 작가로 활동하는 그녀는 미국과 유럽에서 수많은 개인전과 단체전을 가졌다. 그녀의 작품은 주로 영성과 철학에 관한 현 시대의 문제들에 대해 주력한다.

레슬리 밀로프스키[MA, LCPAT(MD), ATR-BC]는 워싱턴 D.C.의 공립학교 미술치료사이자 조지워싱턴 대학교 미술치료 프로그램의 겸임교수로 재직중이다. 레슬리는 유기물 및 폐품처럼 발견된 매체가 미술치료사의 추가적인 도구로 강렬하게 사용될 수 있으며, 어린이와 동물에 대한 노출은 인간의 삶을 겸손하게 하고 치유하는 축복이라고 믿는다.

P. 구시 클로러[PhD, LCSW, LCPC, ATR-BC, HLM]는 『트라우마를 경험한 아동을 위한 표현예술치료』(Expressive Therapy with Traumatized Children, Rowman and Littlefield Publishers, 2017)의 저자이자 임상에 초점을 둔 수많은 연구와 저서를 집필했다. 구시는 학술지인 *Trauma and Loss Journal, American Journal of Art Therapy, Journal of the American Art Therapy Association*의 편집위원회 이사를 역임했다. 2001년 미국미술치료학회의 임상전문가상을 수상함과 동시에 평생명예회원으로 임명되었다.

데보라 A. 굿[PhD, LPAT, LPCC, ATR-BC, ATCS]은 학회 공인 미술치료사이자 뉴멕시코에서 면허를 취득한 전문 미술치료사이며 임상상담사이다. 그녀는 정신건강 분야에서 45년 동안 외래환자 및 병원 시설에서 근무했다. 데보라는 미국미술치료학회와 미술치료자격위원회의 전 회장으로 역임했으며, 미술치료에 관한 여러 저술활동 및 학술논문을 출판했다. 다양한 미술치료와 상담 주제에 관해 국내외에서 강연하고 있다.

위에 언급된 미술치료자격 증명, 인증기관 및 전문회원기관

AATA   American Art Therapy Association
미국미술치료학회

ANZATA   Australian and New Zealand Arts Therapy Association
호주와 뉴질랜드 미술치료학회

ATCB   Art Therapy Credentials Board (registers and certifies art therapists in the US)
미술치료자격위원회 (미국의 미술치료사들을 등록하고 공인함)

ATCS   Art Therapy Clinical Supervisor (with the ATCB)
미술치료 임상 슈퍼바이저 (ATCB 소속)

ATR   Registered Art Therapist (with the ATCB)
등록된 미술치료사 (ATCB 소속)

ATR-BC   Registered, Board-certified Art Therapist (with the ATCB)
등록된, 학회 공인 미술치료사 (ATCB 소속)

AThR   Registered Art Therapist (with the ANZATA)
등록된 미술치료사 (ANZATA 소속)

BAAT   British Association of Art Therapists
영국미술치료사협회

HCPC   Health and Care Professions Council (registers art therapists in the UK)
보건의료인협의회 (영국의 미술치료사들을 등록함)

HPCSA   Health Professions Council of South Africa (registers art therapists in South Africa)
남아프리카의 보건전문가협의회 (남아프리카의 미술치료사들을 등록함)

LCAT   Licensed Creative Arts Therapist
창의적 예술치료사 면허 소지자

LCPAT   Licensed Clinical Professional Art Therapist
임상전문미술치료사 면허 소지자

LGPAT   Licensed Graduate Professional Art Therapist
             석사급 전문미술치료사 면허 소지자
LPAT   Licensed Professional Art Therapist
             전문미술치료사 면허 소지자
REAT   Registered Expressive Arts Therapist
             등록된 표현예술치료사

한국 독자들을 위한 편지

오드리 디 마리아

한국어로 된 『미술치료의 윤리적 딜레마: 20개국 50인의 임상가 이야기』를 읽기 위해 여러분이 이 책을 펼치는 모습을 상상하게 되어 매우 기쁩니다. 박소정 박사 [LCAT, ATR-BC]의 비전, 헌신, 전문성, 그리고 끊임없는 노력이 있었기에 한국어 버전이 존재하게 되었습니다. 훌륭한 번역본을 만들어주신 데 진심으로 그녀에게 감사의 마음을 표합니다.

　박소정 박사(혹은 소정, 이제 저는 그녀를 잘 알기 때문에)에 대한 나의 존경심은 거기서 그치지 않습니다. 그녀는 또한 『미술치료의 윤리적 딜레마』의 10장, '치유적 언어의 통역: 문화의 고려 없이 미술치료를 윤리적으로 가르칠 수 있는가?'를 집필했는데, 제가 40년 전 강의를 시작했을 때 이 챕터를 읽을 수 있었다면, 특히 수년간 제 수업을 들었던 한국 학생들에게 좀 더 효과적인 교사가 될 수 있었을 것입니다. 일련의 일화들을 통해 그녀는 정, 집안, 체면과 같은 한국 문화의 독특한 개념이 어떻게 학생들의 미술치료 교육 경험에 실질적인 역할을 할 수 있는지를 보여줍니다. 이는 한국인이 아닌 교수자는 인식하지 못하는 역할이기도 합니다.

　저는 그녀의 챕터에서 큰 감동과 영감을 받아, 2019년 미국미술치료학회 50주년 학술대회에 그녀와 메르세데스 발베 테르 마트(6장), 산기타 프라사드(37장)를 제가 사회를 본 패널 발표에 초대하여 함께 강연을 했습니다. '아르헨티나, 인도, 한국의 미술치료사들이 윤리적 딜레마를 탐구하고 그들의 해결책을 공유하다'라는 제목으로 진행된 이 패널은 문화가 중요한 역할을 하는 윤리적 문제들을 보여주었습니다.

　어떤 지혜로운 자가 말했듯이, 모든 상호작용은 교차 문화적입니다. 그러니 우리가 상호작용하는 사람들의 특정한 문화적 렌즈를 통해 그들을 이해하려고 최선을 다하는 것은 우리의 도리이지 않을까요? 그들과 소통하고 있다고 '우리가 믿는 것'을 그들이 인식하고, 우리와 소통하고 있다고 '그들이 믿는 것'을 볼 수 있는 렌즈를 통해 말입니다. 저는 우리가 임상적 의사결정과정에 문화의 영향을 고려할 때 비로소 윤리적인 결정을 내리기를 바랄 수 있다고 생각합니다. 이 책이 그 과정에 보탬이 될 수 있기를 바랍니다.

미술치료사로서 우리가 직면할 수 있는 윤리적 문제들을 해결하기 위해 노력하는 여러분께 진심으로 행운이 깃들기를 기원합니다.

2019년 미국미술치료학회 50주년 학술대회에서 패널 발표를 마친 뒤 (순서대로) 오드리 디 마리아, 메르세데스 발베 테르 마트, 산기타 프라사드, 박소정

역자 서문

대표역자 박소정

2015년 여름 어느 날, 나는 낯선 이로부터 매우 특별한 이메일을 받았다. 이메일로 자신을 정중히 소개한 이는 바로 이 책의 원편집자인 오드리 디 마리아 교수님이었다. 디 마리아 교수님은 현재 구상중인 미술치료의 윤리에 관한 저서에 참여할 공저자들을 모으는 중이며, 이 책의 공저자 중 한 명이자 내 지인인 에머리 마이클로부터 나를 소개받았다고 했다. 나는 뜻 깊은 기회가 주어진 사실에 영광스러운 마음으로 기꺼이 참여하겠다고 답변을 보냈다. 나의 답변에 디 마리아 교수님은 챕터 작성에 관한 매우 구체적이면서도 인상적인 가이드라인을 보내주셨다. 그중 지금까지도 가장 기억에 남는 부분은 첫째, 이 책이 읽기 어려운 전문적이고 학술적이거나 자료에 근거한 연구를 위한 책이 아니며, 둘째, 치료사로서 개인적으로 경험한 윤리에 대한 실제적인 고민이 일인칭의 시점으로 생생하게 드러나야 한다는 것이었다. 이 지침은 내게 신선하게 느껴졌는데 아니나 다를까, 그동안 '윤리'에 대한 대부분의 저서는 딱딱하거나, 때로는 너무 당연해서 지루하거나, 반대로 정작 실제 현장에서 나타나는 윤리적 문제의 해답은 찾기 어려운 인상이 강했기 때문이다. 더군다나 상담 및 심리치료가 아닌 미술치료 분야에 특화된 윤리에 대한 저서는 더욱 찾기 힘들었기에 나는 이 책이 매우 기대가 되었다. 디 마리아 교수님은 특히 저자들이 윤리에 대한 개인적인 어려움이나 자신의 실제 '실수담'에 대해 나눠주기를 바랐는데, 사실 윤리는 치료사의 역량과도 연결되는 매우 민감한 문제이기에 출판이라는 기록으로 남는 일에 (나 또한 그러했지만) 치료사인 저자들이 선뜻 자신의 고민이나 실수를 공유하는 것은 쉬운 일은 아니었을 것이다. 따라서 지금과 같은 풍부하고 깊이 있는 치료사들의 경험이 반영된 실질적인 저서가 탄생할 수 있었던 데에는 저자들의 경험을 끌어낸 디 마리아 교수님의 보이지 않는 공이 컸으리라.

번역을 하는 과정에서 먼저 이 길을 걸어간 이들이 경험담을 나누는 것이 얼마나 중요한 일인지를 다시금 느낄 수 있었다. 나는 미술치료 전공생들에게 입학과 동시에 자신이 가진 치료사의 이상과 현실을 먼저 점검하도록 하는데, 그것은 치료사의 실수, 고민 및 경험담을 공유하는 것과 근본적으로 같은 곳에 뿌리를 둔다. 우리가 흔히 마주하게 되는 윤리적 딜레마는 명확한 흑백으로 규정되기보다는 무수히 다양한 회색의 스펙트럼에 걸쳐 있기에 항상 새로운 문제들이 대두하며, 그에 따라 치료사는 늘 자신의 윤리의식을 점검하고 업데이트할 필요가 있다. 이는 주디스 A. 루빈이 서문에서 언급했듯이, 치료사가 자신이 (그리고 자신의 윤리의식이) 완벽하지 않으며, 꾸준히 배워야 한다는 겸손한 자세를 취할 때 비로소 가능한 일이다. 무엇이 윤리적인지 확신하는 자세를 취하기 시작할 때 우리의 윤리의식은 위태롭기 시작한다. 윤리에 대해 통달할 수 없다는 것을 인식하는 것이 우리의 윤리의식을 역으로 유지해준다니 아이러니하지 않은가.

그런 의미에서 이 책에 담긴 미술치료 임상가들의 실제 이야기는 독자가 가진 윤리라는 회색의 스펙트럼을 보다 풍성하고 밀도 있게 (더군다나 재미있게!) 채워준다. 이 책은 디 마리아 교수님이 저자들을 모으고, 또 집필하는 과정에서 점점 발전을 거듭하며 무려 20개국에서 활동하는 50인의 미술치료 임상가들의 이야기로 채워지는 결실을 맺게 되었다. 윤리와 문화를 떼어놓고 생각할 수 없다는 점을 고려했을 때, 저자들이 대표하는 문화적 배경의 다양성은 상당히 고무적이며 이 책을 더욱 흥미롭게 만들어준다. 이 책은 2019년에 영국과 미국에서 동시 출판되었는데, 디 마리아 교수님과의 첫 이메일을 기준으로 생각해보면 적어도 4년 만에 세상의 빛을 본 것이다. 한글 번역본이 나오기까지 또다시 2년의 세월이 흘렀다. 그러나 대표역자로서 번역과정에서 느낀 점은 이 책의 각 저자들이 다룬 내용들이 여전히 유효하다는 점이며, 누군가에게는 현재 진행형이자 미래라는 사실이다. 이는 저자들의 이야기가 지닌 생생한 생명력과도 큰 연관이 있기에 번역과정에서 그 생생함을 담기 위해 더욱 각별한 노력을 기울였다. 그 과정을 함께해준 곽민정, 김유미, 김승은, 이현정 선생님에게 감사인사를 전한다. 또한, 이 번역본을 위해 아낌없는 지원을 해주신 도서출판 (주)신영사의 권영섭 대표님과 박지영 편집국장님께 심심한 감사의 말씀을 드린다. 이 책이 현재와 미래의 미술치료사 및 미술을 치유적으로 활용하고자 하는 모든 이들에게 위로와 용기 그리고 지혜를 줄 수 있기를 바란다.

서문

주디스 A. 루빈[PhD, ATR-BC, HLM]

오드리 디 마리아는 이 책을 위해 미술치료의 진정한 명사들을 모았다. 각 저자들은 상당한 경험과 전문지식을 갖추고 있으며, 매우 의미 있고 중요한 윤리적 딜레마를 다루었다. 따라서 독자들은 때로는 지루하고 재미없다고 여겨지는 영역에 대해 생각하고 탐구하게 된다. 미술치료에서 윤리는 내담자와의 신체적 접촉부터 내담자나 그들의 미술작품 이미지를 보여주는 것에 이르기까지, 가장 개인적이고 가장 공적인 측면 모두를 다룬다. 고민 끝에, 이 서문을 위해 몇 가지 관련된 이야기를 나누고자 한다.

이야기1: 신체적 접촉—윤리적으로 뜨거운 감자

신체적 접촉은 치료에서 누군가와 가까이 일할 때 가장 민감한 윤리적 문제 중 하나이다. 대부분의 미술치료사들은 다른 임상가들처럼 위니캇(1960)이 '담아주는 환경(a holding environment)'이라고 불렀던, 누군가 안전하게 '담겨 있다고' 느낄 수 있는 심리적 공간을 창조하기 위해 노력한다.

　사실, 미술치료는 신체적 경계를 침범하지 않는 매우 특별한 종류의 접촉을 허용한다. 앨리스 카라마놀은 이를 『미술치료의 다양한 얼굴』(Art Therapy Has Many Faces, Rubin, 2014)에서 아름답게 설명한다. 그녀의 청소년 학생 중 한 명의 초상화를 그리면서, 앨리스는 이렇게 말한다. "저는 사람들의 얼굴을 그리는 것을 좋아해요. 학생들의 창의성이 막힌 듯한 순간이 오면, 저는 '그렇다면 너는 그리지 않아도 괜찮아. 내가 너를 그려볼게'라고 말할 거예요. 그렇지만 저는 항상 연필 스케치까지 그린 뒤 멈추고, 그들에게 나머지를 완성하도록 합니다." 그 다음 그녀가 한 말은 미술치료에서 가능한, 독특하고 존중적이면서 윤리적인 친밀함에 관해 내가 그동안 들었던 말 중에 가장 잘 기술된 내용 중 하나이다. "그림을 그리는 것은 제가 아이들을 만지지 않고 만질 수 있는 방법입니다. 누군가를 그린다는 것은 매우 친밀한 관심이지요." 누군가의 초상화를 그리는 것은 물론 친밀하지만 침범적이지는 않으며, 존중을 표현하는 훌륭한 예가 된다. 이는 어떠한 대인 관계와 마찬가지로 미술치료에서 윤리적 행동의 근본적인 토대이다. 상대를 진심으로 존중한다면, 윤리적인 지침은 자연스럽게 적용된다.

이야기2: 이 책의 편집자—윤리적 행동의 구현

이 책의 공저자들에게 처음 연락을 취했을 때부터, 편집자는 늘 정중했다. 이 책이 어떻게 그 형태(즉, 이 책이 진전된 방식)와 내용이 일치하는지 놀랍다. 오드리 디 마리아가 자신의 역할을 취한 방식은 나에게는 윤리적 행동의 아름다운 본보기로 보인다. 이는 그녀에게는 새로운 일이 아니다. 사실, 나는 그녀가 나를 얼마나 사려 깊게 대했는지에 관한 이야기로 시작하려 한다.

2012년에 오드리는 다음 해에 출판될 책(Howie, Prasad, & Kristel, 2013)에 들어갈 챕터를 쓰도록 초대받았다. 그녀는 내가 아주 오래전에 했던 이야기를 포함하고 싶어했는데, 청소년 치료 집단의 리더들이 만든 집단에 관한 영화에 대해 참여자들이 편안해하는지 확인하기 위해 이미 종결한 집단으로 돌아갔던 이야기였다. 비록 청소년들은 우리가 촬영하고 영화를 만드는 것에 대한 서면동의를 했었지만 우리는 그들 스스로가 잘 묘사되었다고 생각하는지 확실히하고 싶었기 때문에, 그들을 초대하여 첫 번째 완성작을 보여준 뒤 동의서에 서명을 새로 받았다. 대부분은 동의를 했지만 일부는 하지 않았고, 이는 추가적인 편집을 필요로 했다.

내가 진심으로 존중되고 배려받는다고 느껴졌던 점은, 그 챕터의 저자이자 이 책의 편집인 오드리 디 마리아가 자신이 이 이야기를 기술한 것에 대해 내가 편안한지 정말 확실히하고 싶어 했던 점이다. 오드리는 내게 자신이 작성한 글과 동의서를 보내주었는데, 이는 나에게는 불필요했지만 매우 윤리적인 행동의 아름다운 본보기로 느껴졌다. 그 이야기를 그녀의 챕터에 적은 대로 출판하는 것에 대해 나와 확인한 것은 '글로만' 따르는 것이 아닌, 법의 '정신'을 보여주는 분명한 사례로 보인다.

사람들과 그들 작품의 이미지를 보여주는 것—윤리적 딜레마

영화에서 '사람들'의 이미지를 보여주는 것은 그들의 '미술작품' 이미지를 보여주는 것보다 더 많은 것을 드러내는데, 이는 단연코 미술치료의 윤리적 영역에서 가장 어려운 부분이다. 40년 이상 미술작품과 사람들의 사진이 담긴 영화를 만들고 저서들을 출판해온 한 사람으로, 이는 나 스스로도 자주 고심하는 문제이다. 미술치료를 가르치려면 학생들이 '실제' 사례들을 접해야 한다고 믿는 입장에서, 어떻게 하면 그것을 가장 존중적인 방식으로 할 수 있을지는 늘 어렵다.

여기에 포함되는 문제들의 복잡함을 명확히하기 위해, 두 가지 이야기를 더 나누고자 한다. 하나는 내가 맨 처음 만들었던 영화(Rubin, 1972)에 등장하는 시각장애를 가진 아동들에 관한 이야기이고, 다른 하나는 내 저서(Rubin, 2005)에서 언급했던 성인에 관한 이야기이다. 두 이야기 모두 인정받는 것에 관한 것인데, 한쪽은 원하고 다른 쪽은 원하지 않는다. 나는 두 가지 바람 모두 존중될 필요가 있다는 결론을 내렸다. 책과 영화에서 사람들의 얼굴을 보여주는 것에 관한 문제는 이야기 6에서 또다시 논의된다.

이야기3: "우리가 무엇을 할 것인지 보여줄게요!"

시각장애를 가진 아동집단에게 그들의 미술치료 프로그램에 관한 영화를 시사회를 통해 미리 보여주었다. 영화에 포함된 내용에 관해 그들이 편안한지 확실히하기 위함이었다. 아이들의 시력이 각기 달랐기 때문에, 일부는 볼 수 있었고 다른 일부는 소리만 들을 수 있었지만 모두 시사회가 진행되는 동안 영화에 몰두하였다. 영화에는 아이들의 얼굴과 미술작품, 그리고 인터뷰에서 발췌된 녹음테이프가 나의 내레이션과 함께 포함되었다. 여러 아이들이 내 내레이션에서 그들의 이름이 바뀌었음에 기분이 상했고, 그들을 정확히 밝힐 것을 요구했으며, 어느 순간 다른 아이들도 그들의 이름을 그대로 사용할 것을 바랐다. 비록 학부모들은 영화에서 가명을 쓰는 것에 이미 동의를 했지만, 이제는 그들의 실제 이름을 쓰는 것에 관해 새로운 동의를 받아야 했기에 동의서를 다시 보여줘야 했다. 그에 관해 부모들은 자녀들만큼 편안해하지는 않았지만, 부모들은 자녀들의 정직함을 자랑스러워했고 동의를 해주었다.

학교의 관리자들에게는 다른 문제가 있었다. 그들은 학생의 이름 사용에 대해서는 걱정이 없었지만, 영화 속 일부 아동들이 표현한 공격적인 충동성에 관해 크게 우려했다. 그러나 우리가 영화를 학부모들과 함께 보여주었을 때, 부모들이 모든 종류의 감정을 보여주는 것이 중요하다며 관리자들을 설득했다. 나는 학교에서 어머니 집단을 리드했었는데, 그들에게 자녀가 미술 프로그램에 참여하지 않은 다른 어머니들을 위한 지지집단을 이끌도록 훈련시켰다. 이는 의심할 바 없이, 솔직한 표현에 대한 더 큰 편안함을 장려했을 것이다.

이야기4: 자신의 글을 사용하는 것은 허락해주었지만, 미술작품은 제외한 여성

정신건강 전문가인 마조리는 인생에서 매우 힘든 시기를 겪고 있었는데, 회기 사이에 글을 써서 내가 읽을 수 있도록 가져왔다. 그녀는 집에서도 미술을 했고 작품 또한 우리가 함께 볼 수 있도록 가져오곤 했다. 내 저서를 몇 권 읽은 뒤, 그녀는 내 책에 그녀의 미술작품을 싣는다면 행복할 것 같다고 말했다. 그러나 종결을 할 무렵 그녀는 생각을 바꿨고, 내가 그녀의 미술작품을 사용하는 것을 원하지 않는다고 말했다.

사실 그녀에겐 참 좋은 일이 생겼는데, 그림이 스트레스의 치료적 이완뿐만 아니라 가치 있는 직업이 되었다는 것이다. 실제로도 그녀의 지인들은 그녀의 작품을 좋아했고 고향에서 전시도 하기 시작했기 때문에, 그녀는 자신의 이름이 감춰진다고 해도 그녀의 그림을 본 적이 있는 사람들에게는 식별이 가능할 것이라는 점을 걱정했다. 그녀는 작품 공개에 관한 동의를 철회하면서, 자신의 성찰적인 글은 공유해도 괜찮다고 했다(Rubin, 2005). 다음의 발췌문은 종결기에 쓰인 것으로, 미술이 그녀에게 어떤 의미를 지니게 되었는지를 보여준다.

내가 치료에서는 아마도 마지막으로 미술에 대해 쓸 때, 종결에 대한 연관성을 느낀다. 상실이 임박한 느낌, 치료적 동맹이 있었던 곳의 빈 공간. 그리고 예술이라는 다리… 그리고 이제는 주디와 함께, 나는 떠날 준비를 하며 쓸모가 있을지도 모르는 글쓰기를 남겨놓고 미술을 가져간다. 예상치 못한 방법으로 내 삶을 풍요롭게 해줌에 치료와 예술에 대한 깊은 감사를 느낀다…. 때로는 내 삶의 여정이 고통과 혼란으로 가득했던 시절, 내게는 정말 놀랍고도 만족스러운 예술적 여정이었다. 주디가 내게는 예술적 과정의 산파와도 같았듯이, 나는 예술을 위한 산파의 역할을 한 것 같다. 시작부터 예술은 예술만의 생명력을 가진 듯했고, 중간에 개입하거나 변화시키려는 나의 노력에 저항하며, 스스로를 드러내고 정의하고, 펼치고 진화할 공간이 필요했다. 이 과정은 (내 청소년기를 생각했을 때) 내 삶과 매우 닮은 듯했다. 내 직감을 믿고, 미지의 영역을 기꺼이 탐색하고, 무언가 나타났을 때 선함(혹은 부족함)과 방향성을 감지하는 등 말이다. 삶과 치료, 그리고 예술의 과정은 유사하다….

마조리의 예술은 처음에는 나를 기쁘게 하기 위해 시작되었지만 그녀가 열심히 노력하여 성취한 치료상의 이득과 함께, 그녀 스스로가 간직할 오아시스가 되었다. 나는 그녀가 내게 가르쳐준 것과 다른 이들에게 그녀의 성찰적 글을 공유하도록 기꺼이 허락해주었음에 감사한다.

이야기5: 어린 시절 치료를 받은 지 30년 후에 책에서 자신의 미술 작품을 발견한 남성

내가 처음으로 출판한 책은 『아동 미술치료』(Child Art Therapy, Rubin, 1978)라는 책이었다. 나는 그 책에 묘사된 아동이나 가족을 더 이상 만나고 있지 않았기 때문에, 내 슈퍼바이저는 그들의 이미지나 미술작품을 인쇄하기 위해 연락하는 것이 과도한 일이라고 생각했다. 지금보다 소송이 덜 일반적이었던 그 시기에는 서면동의가 필요하지 않았기에 나는 아무에게도 따로 연락을 취하지 않았다. 그러나 나는 그들의 신원보호를 위해 가명을 사용하긴 했다. 30년이 지난 후, 나는 한 젊은 남성에게 이메일을 받았는데, 그는 내가 근무했던 클리닉의 아동 미술과 연극치료 집단에 참여했던 사람이었다. 이메일은 다음과 같이 적혀 있었다.

안녕하세요, 최근에 있었던 일을 전하고 싶어 연락드립니다. 조교들이 선반을 정리할 수 있도록 책 몇 권을 준비했는데, 당신이 쓴 『아동 미술치료』라는 책을 보게 되었습니다. 책을 훑어보던 중 우연히 제 자신의 이야기를 발견했습니다. 그 책에 나온 이미지를 아직도 갖고 있답니다!!!!!

그의 메시지에서 말할 수 있듯이, 그는 사서이자 도서관 관장이 되었고, 그 도서관은 미술치료 프로그램이 있던 대학교의 근처에 있었다. 그의 이메일을 받았을 때, 나는 그에게 내가 가명으로 그의 이야기를 쓴 책에서 그가 간직한(그만큼 그에게 중요했던) 작품을 봤을 때 어떤 기분이 들었는지 만나서 말해주고 싶은지 물어보았다. 그는 조심스레 답변했다. "당신의 책에서 제 작품을 보는 기분이 어땠는지 이야기하는 것은 흥미로울 것 같습니다. 기꺼이 만나서 나누겠습니다."

우리가 동료의 사무실에서 만났을 때, 그는 솔직하게 처음 책에서 자신의 작품을 보고 이야기를 읽었을 때, 자신의 허락 없이 그것들을 포함시켰다는 것에 대해 화가 났다고 말했다. 그의 반응을 좀 더 얘기해주도록 물었을 때, 그는 그의 이야기와 미술작품이 인쇄되었다는 충격과 놀람이 지난간 뒤에는 좀 더 편안해졌으며 자신의 이름은 가려졌다는 것에 안심이 되었다고 답했다. 이는 마조리의 경우처럼, 미술치료사들이 너무 쉽게 잊어버리는 "미술작품은 그 사람이다"라는 사실을 나에게 선명하게 상기시켜 주었다.

나는 우리의 짧은 만남을 이 서문에 포함할 수 있도록 그에게 허락을 구했고, 그는 기꺼이 그렇게 하도록 해주었다. 최근에 그는 우리의 만남에 대해 내가 최종적으로 포함한 부분이 있는지 물으며, "제가 이전 이메일에 우리가 함께 보낸 시간이 얼마나 즐거웠다고 말씀드렸는지 기억나지 않아요"라고 덧붙였다. 나는 그에게 답장을 보내 나 또한 그 시간이 즐거웠다고 말하며, 이 서문의 초안을 보내주었다. 그는 답장으로 초안이 괜찮으며, 자신이 "젊은 남성"으로 불려서 기분이 좋았다고 했다. 마조리처럼, 그의 후속 이야기를 포함하도록 허락해주었음에 고마움을 전한다.

모르는 것을 아는 것—직업윤리

내가 일하면서 만났던 가장 지적이고 성공한 사람들은 가장 겸손한 사람들이기도

하다. 그들은 언제나 배우며, 그들이 모든 것을 다 알지 못함을 알고 있다. 나는 우리가 얼마나 많은 경험을 쌓았든 간에, 그런 겸손한 태도는 가장 정직하고 윤리적으로 일을 처리하는 방법이라고 믿는다. 다음은 그 문제에 관한 이야기이다.

이야기6: 미술치료를 공부하는 매우 성공한 놀이치료사

직업윤리에 관해 내가 가장 좋아하는 예는 놀이치료사로 이미 잘 알려진 한 여성의 실제 이야기이다. 그녀는 자신이 만나는 아동들의 미술에 관해 충분히 알지 못한다고 생각하여 공부를 더 하기로 결정했다. 그녀는 1978년에 심리학 석사학위를 받았고, 1982년에 부부 및 가족 치료에서 박사학위를 받았음에도, 1994년에 2년에 걸친 까다로운 미술치료 박사후 과정을 자원했다. 매우 바쁜 임상과 강의 스케줄에도 불구하고, 그녀는 필요해서가 아니라 자신이 원했기 때문에 21학점의 대학원 과정, 인턴십 프로그램 참여, 학회지 게재 완료 및 700시간의 임상 슈퍼비전을 채웠다.

그녀가 훈련을 시작했을 때, 매우 윤리적이었던 그녀는 이미 일반인과 전문가 독자들을 위한 7권의 저서를 출판했고, 그중 한 권은 그녀의 분야에서 즉시 고전이 되었다(Gil, 1991). 그녀는 훈련을 마쳤을 때, 3권의 저서를 더 출판했으며, 그중 한 권 또한 가족치료에 관한 고전이 되었다(Gil, 1994). 엘리아나 길(Eliana Gil)은 자신이 모르는 것을 알았고 더 알기를 바랐기에, 아동들과 미술을 사용하는 데 있어 자신이 정직하고, 정확하게 일함으로써 윤리적일 수 있도록 한 것이다. 그녀는 아동들이 창작물을 통해 그녀에게 말하고자 하는 바를 이해하고 싶었고, 전문적인 수준으로 하기를 원했다. 대부분의 놀이치료사들이 내담자에게 미술재료를 제공하지만 그녀처럼 하지는 않는다.

미술치료의 진짜 얼굴을 보여주기—또 다른 뜨거운 감자

이 서문의 앞부분에서 나는 실명 혹은 가명을 사용하는 것과 책과 영화에서 글이나 미술작품을 포함시킴으로써 발생할 수 있는 윤리적 딜레마에 관해 기술했다. 교육적 영화, 논문 및 그림(일부는 DVD)을 포함한 저서를 출판한 경험이 있는 사람으로서, 나는 가능한 한 사진과 영상의 원본, 즉 실제 미술치료의 녹화본을 사용하기로 결정했었다. 나는 왜 이런 논란의 여지가 있는 결정을 내렸을까? 간단하게 말하자면, 나에게 윤리란 '정직함'을 요구하기 때문이다. 비록 내담자들보다는 학생들이나 다른 사람들이 나오는 미술치료 영상물 혹은 영화가 있지만, 영화는 자원봉사자들이 자신의 개인적인 우려에 관해 표현할 때 보는 이로 하여금 진정성을 느끼게 한다. 그들이 그리할 때, 영상물이나 영화가 진짜 미술치료 회기처럼 정직하게 보이고 느껴지게 된다. 우리가 자신이 하는 일을 대표하려고 한다면 우리가 학생이건, 전문가이건, 일반 대중이건, 가능한 한 가장 정직하고 (윤리적인) 방법으로 해야 한다는 것이 나의 굳은 신념이다. 진정한 미술치료에는 진심 어린 인간의 열정이 있다. 그것은 우리가 하는 일의 필수적인 측면에서 이해되고 존중되어야 할 것이다. 이러한 이유로, 나는 우리가 가능한 한 진실된 방법으로 그것을 대변할 책임이 있다고 믿는다. 더군다나, 치료가 잘 진행된다면, 치료를 받은 이들은 다른 사람들과 자신의 경험을 나누는 것에 더없이 행복해할 것이다. 내가 개인치료실을 운영했을 때, 동료들이 종종 환자들을 보내주었지만 대부분의 의뢰는 도움을 받았던 '만족한 고객'들로부터 왔다. 나는 이 점이 대부분의 임상가에게 해당된다고 생각한다. 그들의 분야가 무엇이든 말이다.

이야기7: 비디오 클립 사용을 위해 기꺼이 동의해준 감사한 내담자

거의 20년 전, 내가 〈미술치료의 여러 얼굴〉(Art Therapy Has Many Faces, Rubin, 2004)이라는 영화의 첫 버전을 만들고 있었을 때, 아이나 누코 박사가 동료인 말라 베텐스키 박사가 진행한 치료 회기에서 만들었던 몇 개의 비디오테이프를 보내주었다. 나는 비디오테이프에 나온 미술치료 회기의 클립을 내 영화에 포함하고 싶었지만 그 테이프가 교육목적으로 만들어졌기 때문에 내담자들이 내가 그렇게 하는 것을 편안해하는지 확신하고 싶었다. 말라는 사망했지만, 그녀의 동료와 딸의 도움으로, 영상에 나온 부부 중 아내의 연락처를 받을 수 있었다.

내가 전화를 걸어 이유를 설명했을 때, 그녀는 남편과 그 테이프를 여러 번 봤기 때문에 그 회기를 잘 기억한다며 영상을 포함하는 것을 기꺼이 허락해주었다. 그녀에게 서명할 수 있도록 동의서를 어디로 보내면 될지 묻자, 그녀는 불쾌함을 느꼈고 기분이 상했다고 말했다. 그 이유를 물었을 때, 그녀는 베텐스키 박사가 그녀를 살렸기 때문에 동의서는 불필요하며, 만약 내가 말라의 친구였다면(사실상 그랬지만), 내 영화에 그녀와의 회기가 포함되는 것은 영광일 것이라고 답했다.

그녀가 베텐스키 박사를 본 지는 여러 해가 지났지만, 그녀는 그들의 작업이 다른 이들에게 도움이 될 수 있다는 사실에 분명히 기뻐했고, 동의서에 서명하는 방식은 그녀의 기분을 언짢게 했다. 그녀와 그녀의 치료사의 유대는 서명란에 달려 있지 않았고, 깊고 개인적인 것이었으며, 좋은 치료적 동맹의 필수 조건인 깊은 신뢰를 포함한 것이었다. 그녀는 또한 자신의 아들이 성장과정에서 말라와 미술치료를 종종 받았다고 말했다. 내가 그 아들이 누코 박사의 여러 개의 다른 비디오테이프에 등장하는 사람인지 물었을 때, 그녀는 맞다고 말하며 그녀 자신의 경험처럼 치료는 아들에게도 매우 중요했다고 말했다. 나는 그에게 동의서를 보내줘야 하는지 궁금했지만, 그녀는 그 제안을 거절하며 자신이 그에게 직접 물어본 뒤 그가 불편해한다면 전화하겠다고 말했다. 그녀는 보다 자세한 상황을 나누며, 아들이 비록 발달장애가 있지만 독립해서 살고 있는 행복한 청년이 되었고, 그것은 베텐스키 박사와의 치료 덕분이라고 했다. 이는 내가 결코 잊지 못할 강력하고 감동적인 대화였다.

이 이야기는 치료중이나 치료 후에 내담자들과의 상호작용에서 프라이버시를 유지하는 것이 중요하지만, 만약 그들이 도움을 받은 것처럼 다른 사람들을 도울 수 있다면 그들의 작품, 글, 심지어 그들의 얼굴이나 목소리를 공유하길 원하는 것은 비윤리적이지 않다는 것을 상기시켜 준다. 가장 고무적인 것은 이 여성의 긍정적인 미술치료 경험이 자신의 비디오테이프를 사용하도록 허락했을 뿐 아니라, 그녀가 그랬던 것처럼 다른 이들도 도움받기를 바랐기 때문에 공개되기를 원했다는 점이다.

나는 더 많은 이야기를 나눌 수 있지만, 이쯤에서 내가 말하고자 하는 바는 전달되었다고 믿는다. 미술치료에서 윤리란, 신체적 접촉에 관한 것이든, 당신이 만났던 이들의 얼굴이나 작품을 보여주고 말하는 것이든, 간단한 '해야 할 것과 하지 말아야 할 것'의 목록으로 결코 축약될 수 없다. 윤리는 그보다는 타인에 대한 '진심 어린 존중'과 열린 대화, 그리고 당신이 '모르는 것이 무엇인지 알 수 있는' 겸손과, 해를 끼치지 않고 가능한 한 많이 돕기 위해 필요할 때마다 배우려고 노력하는 자세를 바탕으로 한다.

주의사항

해를 끼치지 않는 것에 관해, 나는 주의사항 몇 가지를 발췌하여 결론을 내리고 싶다. 나는 이 주의사항을 내 첫 번째 저서인 『아동 미술치료』(Child Art Therapy, Rubin, 1978)의 결론 부분에 썼고, 학생들이 교육과정을 졸업할 때 졸업식 연설에서 종종 인용해왔다. 미술치료는 매우 단순해 보이기 때문에, 임상을 하는 이들이 미술치료가 얼마나 강력한지 아는 것은 특히 더 중요하다. 미술치료는 누군가를 도울 수 있는 큰 가능성이 있지만, 그만큼 큰 해를 가할 가능성도 있다. 우리가 다른 이들을 얼마나 도울 수 있는지 아는 것은 흥분되는 일이지만, 윤리적으로 그리하기 위해서 우리는 미술치료의 위험성에 대해 인식해야 한다.

이 책에 기술된 절차는 매우 간단해 보일 수 있으며, 어쩌면 그렇게 느껴질 수도 있다. 미술은 강력한 도구이다. 외과의사와 마찬가지로, 표면 밑을 안전하게 침투하기 위해서는 주의와 기술을 사용해야 한다. 심각한 장애가 있거나 정서적으로 어려움을 느끼는 이들에게 매체를 사용하는 것은 (과정이나 결과물에 대한 분석을 하지 않더라도) 예술뿐만 아니라, 자신과 일하는 이들의 세계에 대한 이해를 필요로 한다. 모든 종류의 아동과 가족을 위해 상징적인 소통의 매체로 미술을 사용하는 것은 임상적으로 힘든 과제이며, 엄청난 잠재력과 그에 상응하는 큰 책임이 수반된다. 이미 취약한 사람들을 다루거나, 어떤 취약성을 만드는 방식으로 다른 사람들을 '개방'시키는 것은 도움이 될 수도 있고 해가 될 수도 있다. 아동들과 미술을 통해 멋지고 의미 있는 일을 하는 것을 두려워할 필요는 없지만, 아동의 정서적인 삶의 독특성과 중요성은 반드시 존중되어야 한다. 우리는 또한 약간의 경외심 및 겸손함과 함께, 특히 미술치료에서 촉진되는 특별한 인간관계라는 맥락 안에서 미술의 역량을 존중하게 된다…. 따라서 이 글의 메시지는 다음과 같다. 너무 두려워하거나 두려움 없이 덤비지도 말고, 열린 눈으로 아동의 가치 및 미술의 힘에 대한 존중을 갖고 나아가라. 만약 당신이 이제 막 시작했다면, 당신을 안내해줄 수 있는, 당신보다 진단이나 치료를 훨씬 더 잘 이해하는 누군가를 곁에 두도록 하라. 만약 그 사람이 미술 또한 이해한다면, 훨씬 더 좋다. '타고난 임상가들' 역시 그들의 직관에 이해의 깊이를 더할 수 있을 것이다. 다른 이들을 돕는 멋진 임무를 맡은 모든 사람은, 자신의 일을 가능한 한 많은 세심함과 기술을 가지고 수행해야 할 책임이 있다.

Rubin, 2005, pp. 387-388

본 서문은 이렇게 마무리되지만 이 책은 본격적으로 시작한다. 따라서 서문을 읽은 자들이 계속해서 책을 읽어 나가기를, 그리고 온 마음을 집중하여 읽기를 바라본다.

참고문헌

Gil, E. (1991). *The healing power of play: Therapy with abused children*. New York: The Guilford Press.

Gil, E. (1994). *Play in family therapy*. New York: The Guilford Press.

Howie, P., Prasad, S., & Kristel, J. (2013). *Using art therapy with diverse populations: Crossing cultures and abilities*. London: Jessica Kingsley.

Rubin, J. A. (1969). Preparing to teach elementary art. *Art Education, 22*(9), 4-11.

Rubin, J. A. (1972). *We'll Show You What We're Gonna Do!* 16mm film. DVD Revision, 2008. Pittsburgh, PA: Expressive Media.

Rubin, J. A. (1973). A diagnostic art interview. *Art Psychotherapy, 1*, 31-34.

Rubin, J. A. (1978). *Child art therapy* (3rd ed. 2005). New York: John Wiley & Sons.

Rubin, J. A. (2004). *Art therapy has many faces* (Rev. Ed. 2008). Pittsburgh, PA: Expressive Media.

Rubin, J. A. (2005). *Artful therapy*. New York: John Wiley & Sons.

Winnicott, D. W. (1960). The theory of the parent-infant relationship. *International Journal of Psycho-Analysis, 41*, 585-595.

머리말

이 책은 이론적인 구조에 관한 책이 아니다. 이 책은 윤리적인 행동에 관한 '할 것과 하지 말아야 할 것'에 대한 장황한 설명을 기술하지 않는다. 이 책은 미술치료사들이 일하면서 마주친 실제적인 윤리적 딜레마를 제시하고, 그들이 어떻게 그것을 해결하기 위해 노력했는지를 묘사한 책이다. 여기서 '노력했다'라고 표현하는 까닭은 어떤 윤리적 딜레마는 해결책을 거부하기 때문이다.

몇몇 챕터에 포함되었듯이, 정신건강 전문가들이 윤리적인 결정을 내리는 데 참고할 수 있는 여러 단계별 절차가 있다. 그러나 이 책의 목적은 독자들이 윤리적 딜레마에 직면했을 때, 법이나 윤리강령뿐만 아니라 그들이 윤리적 결정과정에 적용할 수 있는 다른 연관된 요인들을 살펴보도록 하는 데 있다.

감사의 말

이 책이 나오기까지 여러 방면에서 도움을 주신 모든 분들께 진심으로 감사드린다. 무엇보다 각 챕터의 저자들에게 가장 큰 감사를 전한다. 저자들은 자신의 경험과 전문성뿐만 아니라 자신의 실수, 상황에 대한 불확실한 경험을 아낌없이 나눔으로써, 독자들이 각자의 윤리적 딜레마와 씨름할 때 도움을 얻을 수 있도록 해주었다. 또한, 내가 수십 년간 존경해온 미술치료사인 주디스 A. 루빈[PhD, ATR-BC, HLM] 이 이 책의 서문을 선사해주심에 감사함을 표한다.

이 책의 표지 작가인 핀레이 매키널리, 그리고 표지를 위한 미술작품 공모에 응해준 모든 미술치료사들과 미술치료 학생들에게 고마움을 전한다. 미술작품을 통해 이 책의 각 주제를 잘 보여준 브렌다 바텔, 앤 코르손, 바니 말호트라, 크리스티나 노왁, 지드 슈완파흐 라타나피뇨퐁, 신민경, 사라 볼만, 한나 위트만, 그리고 아멜리아 자쿠르에게 감사한다. 미술치료에서 미술은 생명이다!

윤리, 임상, 그리고 전반적인 삶에 관해 우리에게 많은 것을 가르쳐준 우리의 내담자, 학생, 스승, 멘토, 그리고 치료사들에게 감사한다. 내 스승인 이디스 크레이머, 한나 야타 키아코스카, 밀드레드 라흐만, 버나드 레비, 엘리노어 울먼, 또한 수십 년간 문법을 가르쳐주신 (학교에서뿐만 아니라 집에서도!!) 나의 어머니에게도 감사한다.

뛰어난 편집자인 아만다 데바인, 엘리자베스 그래버, 크리스토퍼 테자, 그리고 Routeledge의 훌륭한 편집 보조였던 제이미 맥야르에게 고마움을 전한다. Taylor & Francis, UK의 프로덕션 매니저 크리스 시오사이트와 프로젝트 매니저 켈리 윈터, 카피에디터 하미시 아이론사이드, 진정한 전문가인 이들 모두에게 감사드린다.

학생들에게 윤리적인 문제에 관해 정신건강 전문가들을 인터뷰하는 아이디어를 제안해준 레이몬드 파시 박사에게 감사를 전한다. 그의 제안은 이 책을 시작하게 된 이유 중 하나였다.

나의 친구이자 자문이며, 지난 사십 년간 수요일 점심식사를 함께한 트루디 서머스, 내 소중한 친구 윌마 셔린, 바버라 만델, 척 러블람, 홀라 허쇼프, 1984년부터 함께한 레비 수채화 그룹의 동료 회원들, 그리고 지난 70, 80, 90년대 (지금은 폐쇄된) D.C.의 작은 심리교육기관에서 함께 일하는 특권을 누렸던 훌륭한 여성들 모두에게 감사를 전한다. 해리엇 크롤리가 말했듯이 "우리는 함께 성장했다!" 그들의 현명한 조언, 모범적인 윤리적 행동모델, 따뜻한 우정 등 모든 것에 감사한다.

레이몬드 I. 밴드, M.D.의 지혜(그리고 인내심)에 감사의 마음을 전한다.

최종 원고를 마법처럼 정리해준 크리스찬 곤잘레즈와, Routeledge출판사에 처음 나를 소개해준 노라 스틴리, 그리고 매우 어려운 윤리적 문제를 제기해준 사만다 아와에게 감사드린다.

그리고 아낌없이 나를 지지해준 켄에게 깊은 감사의 말을 전한다. 켄은 나만을 위한 집필실을 만들어주었고, 문에 만들어준 고양이 구멍을 통해 뜨거운 차와 직접 만든 블루베리/크랜베리 머핀으로 나를 깜짝 놀래키기도 했다. 켄의 도움, 관점, 그리고 호주식 유머는 이 모험을 가능하게 해주었다.

또한 다음의 저작권자들이 그들의 글을 본 저서에 인용하는 것을 허가해주심에 감사를 드린다.

From *Advanced Ethics for Addiction Professionals* by Michael J. Taleff (2010), republished with permission of Springer Publishing Co., permission conveyed through Copyright Clearance Center, Inc.

From *Art as Therapy With Children* by Edith Kramer (1971), Schocken Books, an imprint of the Knopf Doubleday Publishing Group, a division of Penguin Random House LLC.

From *Art on Trial* by David E. Gussak (2013), Columbia University Press. Reprinted with permission of the publisher.

From *The Collected Works of W. B. Yeats, Volume I: The Poems* by W.

수면 밑을 들여다보기

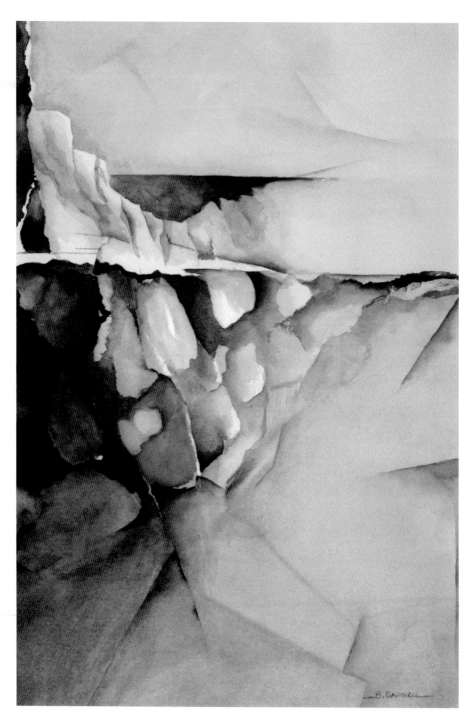

브렌다 바텔 (컬러그림 참조)

윤리적인 결정과정에 영향을 끼칠 수 있는 요인들

오드리 디 마리아

얼마 전 유년시절 살던 집의 다락방을 뒤적이다 트렁크를 간신히 열어 40년 된 대학원 시절의 공책을 한가득 찾았다. 공책을 한 장씩 넘기며, 내 머릿속은 대학원 첫해에 수강했던 '아동을 위한 치료로서의 미술' 수업으로 되돌아갔다.

모든 학생들의 시선은 이디스 크레이머 교수에게 고정되어 있었다. 그녀는 손으로 공기를 가르고, 길게 땋은 은발 머리를 찰랑거리면서, 교실 한쪽에서 다른 한쪽으로 이동하며 이야기를 이어갔다. 그녀는 그 당시에는 '정신적 장애가 있는' 것으로 치부되던 소년들을 위한 거주치료 기관에서 근무하던 시절의 가장 초창기이자 가장 어려웠던 경험 중 하나를 묘사하고 있었다. 열 살 마틴과 어머니의 관계는 마틴의 도발, 어머니의 처벌, 그리고 화해를 특징으로 했다. 마틴은 어느 날 학교 관리자들의 그다지 좋지 않은 모습을 열심히 그리고 있었는데, 갑자기 그림을 지우더니 망가뜨리기 시작했다. 이디스는 그 순간, 마틴이 그림을 그리는 동안 느꼈던 흥분이 그를 향한 분노로 대체되었음을 느꼈다고 말했다. 그녀의 고전적 저서인 『아동을 위한 치료로서의 미술』*에 등장하는 전이와 역전이에 대한 설명처럼, 그녀는 다음과 같이 말했다.

---

* 역주: Art as Therapy with Children

저는 마틴과 저 자신을 동일시했어요. 마틴이 그린 캐리커처 그림은 나 자신이 느꼈던 학교 관리자들을 향한 공격성을 표현해주었고 좀 더 깊이 들여다 보면, 마틴은 부모의 권위에 반항하던 내 어린 시절을 표현해주었죠. 그가 캐리커처를 기술적으로 잘 그리는 한, 그는 제 공격적인 욕망을 내 스스로 받아들일 수 있는 방법으로 채워주었어요. 저는 치료사에게 허용된 것보다 더 많은 대리만족에 빠져 있었고 그래서 마틴이 원초적인 파괴성으로 되돌아갔을 때 이중으로 상처를 받았습니다. 저는 마틴이 그 그림을 그리는 것을 도왔던 교사로서의 역할에 대한 공격을 받았을 뿐만 아니라, 그의 퇴행을 나 자신의 것으로 경험하도록 만들었던 마틴과의 동일시로 인해 더 크게 상처를 받았지요. 승화의 붕괴는 예술가로서 나의 진실성에 대한 가장 심각한 위험이었기 때문에, 저는 마틴의 그림에 대한 공격을 나에 대한 공격으로 경험했고, 공포, 퇴행, 그리고 반격으로 반응한 것입니다.

Kramer, 1971, pp. 41-42

이디스는 순식간에 우리 자신의 감정이 얼마나 쉽게 미술치료사로서 우리가 하는 일에 얽힐 수 있는지 알려주었다. 이러한 개인적인 경험을 학생들과 나누는 그녀의 관대함은 또한 이론가인 이디스, 저자인 이디스, 예술가인 이디스가 아닌 '인간으로서' 이디스에 대해 엿볼 수 있게 해주었다. 그녀는 실수에 관해 말하는 것이 괜찮다는 것을 몸소 보여준 것이다. 그녀는 학생들이 그녀의 행동에 깔린 동기를 볼 수 있도록 함과 동시에 스스로를 보다 더 잘 인식하도록 도전시켰다.

윤리적인 딜레마에 직면했을 때, 그 결정을 내리는 과정에 있어서 개인적으로 영향을 미치는 요소들을 고려하지 못한다면 우리는 굉장히 큰 그림을 놓치게 될 것이다. 우리는 객관적인 관찰자가 되고자 노력하지만 그렇게 될 수 없고 또 그렇게 되어서도 안 된다. 우리의 내면적인 반응은 임상에 대한 우리의 이해를 도울 수 있지만, 우리 자신의 가치, 민감성, 사각지대 등 모든 상황을 고려해야 그로 인해 무심코 끌려다니지 않을 것이다.

우리는 내담자가 연계되었거나 혹은 영향을 받을 수 있는 딜레마와 마주했을 때 구체적으로 무엇을 고려하는가? 그들이 치료를 시작하며 서명한 사전정보동의서는 치료사와 내담자 양쪽 모두의 역할과 책임 등을 요약한 치료에 대한 청사진처럼 보일 수 있다. 그러나 내담자들의 신념체계, 문화적 전통, 종교적 확신 등 컴퓨터 파일이나 종이 한 장에 담기지 않는 측면들은 어떠한가?

그래픽

[그림 1.1]은 단계의 순서를 보여주지 않지만 (알게 모르게) 우리의 윤리적 의사결정과정에 영향을 줄 수 있는 변수들의 '만다라'를 보여준다. 만다라의 중심에는 내

치료사의 교육, 경험, 기술
직무기술
정책과 절차
규정, 윤리강령
법률
내담자의
정보동의서
목적, 기대,
우려, 가치, 문화
연방주, 지역
면허, 자격
환경의 종류, 직장의 표준
치료사의 전문적인 선호
치료사의 신념, 편견, 사각지대

그림 1.1 우리의 윤리적 결정과정에 영향을 미칠 수 있는 요인들

담자가 있다. 각 원형 위쪽의 문구(가령, 법률, 윤리강령, 정책 및 절차, 직무기술, 그리고 전문적인 교육, 경험 및 기술)는 각 원형 아래쪽에 있는 문구보다 문서화하기 쉬운 자료를 참조한다. 예를 들어, 법률에 비교하면 더 탄력적인 경계를 가진 듯 보이는 '전문적인 교육, 경험 및 기술'도 대학원 과정의 강의계획서 및 성적, 직무에 관한 기술, 특정 사항을 충족한다는 의미를 담은 자격증, 혹은 기술 기반의 교육을 완료했음을 확인해주는 평생교육증으로 문서화될 수 있는 것이다. 반면, 만다라의 중심과 하단의 경우는 그렇지 않다. 따라서 내담자의 목적, 기대, 우려, 가치 및 문화는 내담자가 서명하는 사전정보동의서보다 본질적으로 정의하거나 기술하기 더 어렵다. 가장 바깥쪽 만다라는 우리 자신의 윤리적 결정에 영향을 미칠 수 있는 개인적인 특징이나 성향과 같은 요인들을 담고자 비워두었다.

윤리적 딜레마는 서로 다른 원 '사이에' 어떤 긴장이나 충돌이 있을 때(예를 들면, 치료사의 가치가 행정 담당자의 행동과 반대될 때), 혹은 각 원 '안에서' 부딪힐 때(가령, 직장의 표준이 기관의 정책과 절차를 반영하지 않을 때) 발생할 수 있다. 더 중요한 딜레마는 각 원으로 대표되는 요소들과 우리가 하는 일의 중심에 있는 개인의 권리, 선호도, 그리고 요구 사이의 마찰에 의해 발생하는 것이다(예를 들면, 우리의 사각지대가 내담자의 문화에서 행해지는 중요한 역할에 대한 인식을 포함할 때 말이다).

법, 윤리강령 및 사전동의

우리의 업무를 관장하는 법과 윤리적 원칙을 아는 것은 우리의 책임이지만, 그러한 항목들이 눈에 보이듯 명확한가? 국제법, 국가법, 지방법, 또는 시법이 서로 충돌하거나 우리 직업의 윤리강령과 부딪힌다면 무슨 일이 발생하는가(Di Maria, 2013a)? 법률은 얼마나 현명하게 구성되며, 얼마나 공평하게 적용되는가?

미국의 주법은(예를 들면, 동의서 작성이 가능한 연령, 경고의 의무, 그리고 아동의 성적 학대를 기소하기 위한 공소시효) 매우 다양하다. 미술치료사의 면허를 관리하는 법(예를 들어, 직함의 보호, 보험회사의 치료비 환급) 역시 예외가 아니다. 몇몇 주의 법은(가령, 내담자 개인 기록의 보호와 관련하여) 주정부의 법률보다 더 엄격하다. 가톨릭 페미니스트의 관점에서 쓴 앤 패트릭의 저서, 『해방된 양심』*(1997)은 규칙

---

* 역주: Liberating Conscience

이 비윤리적이거나 비도덕적인 행동을 합리화하는 데 쓰일 수 있음을 지적한다. 사실 내가 지금 이 글을 쓰는 동안에도, 주정부는 워싱턴D.C.의 '기본 규칙'에서부터 멀어지는 듯 보인다(The Washington Post, July 24, 2018). 워싱턴을 '이민자 보호 도시'로 선언한 우리 시의회의 결정은 연방기금 할당의 측면에 영향을 미칠 수 있으며, 지역 주민들은 여전히 시의회에서 투표권을 가진 구성원에 의해 대표되지 않는다.

「당신이 DC, 샌프란시스코, 혹은 다른 이민자 보호도시에서 일하는 미술치료사라고 상상해보자. 당신은 체류허가를 받지 않은 이민자를 부모로 둔 아동을 만나게 되고, 어느 날 그 아동이 눈에 띄게 멍이 든 모습으로 회기에 왔다. 아동은 그림을 그리고 싶어 하고, 아동의 그림에 담긴 내용과 그에 관한 나눔이 모두 그 아동의 멍이 집에서 발생된 것임을 암시한다. 미술치료사는 의무 신고자이다. 당신의 행동방침은 분명한가? 상황적 문맥이 차이를 만드는가?」

우리 중 일부는 구체적으로는 미술치료 임상이나, 정신건강 치료에 대해 전반적으로 아무런 법적인 제재가 없는 곳에서 활동하기도 한다. 지침을 위해 우리는 미술치료자격위원회처럼 자격증을 발급하는 기관이나, 전문 회원 단체인 미국미술치료학회의 윤리강령을 살필 수도 있다. 자율성, 무해성, 이익성, 충실성, 그리고 정의와 같은 열망적인 가치는(이는 창의성과 함께 미국미술치료학회의 『미술치료사를 위한 윤리강령』(2013) 서문에 포함되어 있다) 우리가 윤리적으로 도전적인 상황들을 마주할 때 어떤 것이 위험에 처해 있는지 명확히하는 데 도움을 줄 수 있다(비록 나는 여기서 내가 가장 익숙한 미국미술치료학회와 미술치료자격위원회를 인용하지만, 다른 국가들에 존재하는 전문 미술치료 회원 단체나 자격위원회 등은 이 책의 뒷부분에서 다루게 될 것이다).

미술치료학회, 자격 절차, 혹은 교육 프로그램이 부재한 경우, 우리가 일하는 기관의 정책과 절차, 혹은 직장의 문화 규범과 전통, 그리고 우리가 맡고 있는 직책의 기술 등을 참고할 수 있다. 가장 중요한 것은 내담자와 치료사가 함께 약속한 동의가 있다는 것이며, 그것이 사전정보동의서라 불리든 다른 이름으로 불리든, 그것이 우리가 내담자와 맺는, 내담자가 우리에게 허락해준 것들의 윤곽을 잡아주는 계약의 기본 형식이 된다.

내담자, 세팅, 그리고 치료의 방식

윤리적 도전의 일부는 특수한 세팅에서 더 발생하는가, 아니면 특정한 정신건강 질환을 가진 내담자들과 일할 때 올라오는가? 윤리적 문제(치료사가 성적이지 않은 손길을 활용한다거나, 선물을 주고받는다거나, 자기개방, 혹은 내담자 옆에서 미술작업을 한다거나 하는 등)에 대한 우리의 반응은 미취학 아동을 위한 조기개입 프로그램, 요양원, 청소년을 위한 구치소, 개인치료실, 지역사회기반 스튜디오, 군인을 위한 입원 병원, 자연재해로 인해 이재민들을 위한 캠프와 같은 치료환경에 따라 어떻게 다양할 수 있는가? 개인이나 집단, 커플, 가족, 혹은 지역사회를 대상으로 하는 우리의 치료방식이 결정과정에 있어 미치는 영향은 무엇인가?

우리의 이론적 지향, 교육과 경험

우리는 얼마나 자주 미술치료 수업이나 인턴십에서 흡수한 방침에 자동적으로 의존하는가? 우리의 현재 이론적 지향이 우리가 거친 학위과정, 슈퍼바이저, 동료, 치료사들의 영향을 어느 정도까지 반영하는가? 우리는 누구의 예를 본받으려고 노력하는가? 혹은, 절대로 누군가처럼 되지 않겠다고 맹세했는가? 이러한 초기 경험들은 우리가 윤리적 딜레마를 마주할 때 초점을 좁힐 수 있도록 전문적으로 선호하는 요인들에 얼마나 영향을 주었는가?

우리의 가치, 성향, 그리고 경향

심리학 박사이자 알코올 및 약물 중독 전문상담가인 캐서린 이아쿠지는 참여형 워크숍을 통해 마이클 탈레프(Taleff, 2010, p. 30)의 '윤리적 자기점검'(Ethical Self-Exam)으로 구성된 놀랍도록 자극적인 질문들을 소개했다.

- 당신은 일정한 윤리적(도덕적) 기준을 통해 사는가?
- 만약 그렇다면, 그에 관한 질문을 받는다면 그것이 무엇인지 쉽게 설명할 수 있는가, 혹은 답하는 데 어려움을 겪겠는가?
- 만약 어떤 기준이 있다면, 본질적으로 그 기준은 무엇인가? (목록으로 작성해 보라)
- 당신은 다른 윤리적 상황을 동일한 기준으로 판단하는가, 혹은 윤리적 상황

에 따라 다른 기준을 사용하는가?

- 만약 상황에 따라 다른 기준을 사용한다면, 그 행동에 대해 당신은 어떤 이유를 제시할 수 있는가?
- 당신은 자신의 기준을 가끔 어기기도 하는가? 만약 그렇다면, 어떤 특정한 상황에서 당신은 보통 혹은 자주 어기게 되는가?
- 다른 사람들은 한 가지 기준에 근거하여 판단하고 자신의 행동은 여러 기준으로 판단하는가?
- 만약 그렇다면, 당신이 마지막으로 그렇게 행동한 때와 무엇을 위해 기준을 어겼는지 기억할 수 있는가?

이 '퀴즈'를 푸는 것이 우리가 윤리적 결정을 내리려고 노력할 때 우리에게 부당한 영향을 미칠 수 있는 영역을 보여줄 수 있을까?

「40년 전, 미술치료사로서 직장에서의 첫날, 나는 그 기관의 정신분석가이자 정신과 과장에게 새로운 직원으로서 관례적인 첫 인사를 하게 되었다. 나는 정확히 어떤 말이 오갔는지는 기억나지 않지만, 그의 말 중에 "기억하세요. 만약 뭔가 확실하지 않다면, 아무것도 하지 마세요"라는 말은 기억한다. 조용히, 나는 마음속으로 그의 말에 반항했다. "당신은 그럴지 모르지만 나는 아니야! 무언가 확실하지 않다면, 나는… 뭔가를 할 거야!"라고.」

그리고 나는 실제로도 그랬다. 나는 그것에 대해 생각하려고 매달렸다. 나는 수많은 것들 중 생각하는 것 또한 무언가를 하는 것이라는 것을 알기 위해 직장과 삶의 경험, 좋은 슈퍼비전, 상담, 그리고 나를 위한 치료(정신분석) 모두가 필요했고(내 분석가가 나에게, "오드리, 당신은 지금 생각하는 중입니까, 아니면 반추하는 중입니까?"라고 묻는 소리가 들리는 듯하다), '행동으로 옮기는 것'이 왜 그렇게 중요한지에 대해 알아내는 데에도 시간을 들였다. 지금 왜 이런 이야기를 하는가? 왜냐하면 우리가 윤리적 딜레마에 직면했을 때, 우리에게 열려 있는 가능한 행동방침을 (말하자면) 분석함에 있어서, 그동안 잘 닳아온 우리의 과거를 의식하는 것은 매우 중요하기 때문이다. 편견, 선입견, 그리고 사각지대는 우리의 생각을 통해 걸러지는 것이며 이는 종종 우리의 지식과는 무관하다.

나의 여든 아홉 살 와디 삼촌은 작문 수업에서 모든 형제자매들을 '한 단어

자서전'으로 표현하라는 과제를 받았는데, 내 어머니를 위해 삼촌이 선택한 단어는 '원칙적인'이었다. 나는 내 윤리수업을 듣는 학생들에게, "만약 너희가 스스로를 한 단어로 설명해야 한다면, 무슨 단어일까?"라는 질문을 던졌다. 그 후, 나는 학생들에게 자신이 선택한 그 단어의 성향이 어떻게 윤리적 결정을 내리는 과정에 영향을 줄 수 있을지 미술작업을 통해 표현하도록 했다. 과거 군인이었던 한 학생은 '보호적인'이라는 단어를 떠올렸고, 이와 같은 성향이 의도했건, 의도하지 않았건, 어떻게 자신이 결정을 내리는 과정에 영향을 미칠 수 있는지 표현하였다.

당신은 아래의 질문에 어떻게 답하겠는가? 어떤 경향이 있는가?

- 추측하기 전에 보는가, 그냥 보는가, 혹은 보고 보고 또 보는가?
- 본능에 의지하는가?
- 권위에 질문하는가?
- 갈등을 회피하는가?
- 입장을 고수하는가?
- 다수의 편이 되는가?
- 결정과정에 있어서 충성심을 중요시하는가?
- 핑계를 대는가? 누구를 위해서인가?
- 몇몇 내담자와 동일시하는가? 그들의 공통된 점은 무엇인가?
- 내 행동으로 인해 사람들을 소외시키는 것에 대해 걱정하는가? 누구를 걱정하는가?
- 방어적이 되는가? 무엇에 관해서인가?
- 도움을 요청하는가?
- 특정 상황에 대해 분개하는가? 그 상황은 무엇인가?
- 내 실수를 인정하는가?
- 비판에 대해 사려 깊게 반응하는가?
- 어떤 사람들의 동기나 행동에 대해 질문하는 것을 삼가는가? 그들이 누구인지 써보라. 그들은 어떻게 이 집단의 일부가 되었는가?

우리의 결정과정의 측면들이 위 질문에 대한 우리의 응답을 반영하는가?

우리의 가족적이거나 개인적인 경험은 우리의 결정과정을 어떻게 형성할 수 있을까? 한부모 가정에서 자란 나와 내 여동생은 여러 관점들을 마구잡이로 나눈 뒤 의견일치를 함께 만들어갈 때 발생하는 '아이디어를 다듬는 과정'(버니 레비가 사용한 표현)을 본 적이 없다. 우리 집에서는 한 명의 부모가 모든 결정을 다 내려야 했기 때문에 우리 가족의 성향은 '결정은 내가 하지'에 좀 더 가까웠다. 그리고 비록 나는 당시에는 아직 그 용어를 몰랐지만, 내가 살던 작은 동네에서는 종종 혼란스러운 다중관계의 본질을 일찍부터 느낄 수 있었다. 내 바바라 이모는 나의 6학년 담임교사였고, 어머니는 내 7학년과 8학년 담임이었다! 그렇게 매해 내가 거쳐간 과정은 다음 해에는 내 사촌인 제프가, 그다음 해는 내 여동생인 게일, 그리고 그다음 해는 내 사촌인 반으로 이어졌다.

내 가족 구성원 중 한 명이 자살한 뒤 얼마 지나지 않아 치료팀 회의에 참여했는데, 나는 그때 논의되던 환자가 우울증의 증상을 가졌다고 추측했다. 당시 프로그램과 협력하던 정신과의사는 "오드리, 당신은 항상 사람들이 우울하다고 생각해요"라고 말했고, 나는 "음, 그렇지 않나요?"라고 답했다(나는 내가 그랬다는 것을 알고 있었고, 또 다른 누군가를 위험에 처하게 하고 싶지 않았다).

우리의 편견과 사각지대를 판독하고 도전하기

미술치료자격위원회의 『윤리, 행동 및 징계절차 강령』(2018)은 아래의 내용을 기술한다.

> 미술치료사들은 연령, 성별, 성별 정체성, 성별 표현, 성적 지향성, 인종, 국적, 지역, 문화, 결혼/파트너십 상태, 시민권 혹은 이민자의 신분, 능력, 종교/영성, 혹은 그 외의 다른 편견을 바탕으로 개인 또는 집단에게 전문적인 서비스를 거절하거나 차별하지 않는다.
>
> *기준 1.1.2*

"그 외의 다른 편견"이라는 구절을 읽을 때, 어떤 것들이 떠오르는가? 소속 정당, 복장, 신체 사이즈? 하버드 대학에서 실시한 '내재적 편견 테스트'(1990)는 이같은 내재된 편견을 잘 보여준다. 샹카 베단탐(Vedantam, 2005)이 쓴 '편견은 보이지 않아요*'는 이와 같은 과정을 더 깊게 탐색한다. 나는 개인적으로 찰스 리들리의 『상담과 치료에서 의도하지 않은 인종차별 극복하기: 의도적 개입에 관한 임상가의 지침』**(Ridley, 1995)이 매우 큰 도움이 되었다(Di Maria, 2013b).

치료사로서, 『정신질환의 진단 및 통계편람』 제5판(American Psychiatric Association, 2013)을 읽고, 책에서 언급된 증상으로 인해 진단받은 내담자들과 우리가 일하는 것이 좀 더 편리하도록 질환의 카테고리를 만들어 놓은 것을 보는 것은 놀라운 일 일 수도 있다(우리는 특정 정신질환을 가진 이들에 대해 편견을 가질 수도 있을까?).

미술치료사로서, 우리는 내담자들이 보여주는 예술적 기술의 정도나 유형이 가진 잠재적인 영향을 검토하고 싶을 수도 있다. 그리고 우리의 주된 도구인 미술매체를 잊지 말자. 이 책의 모든 챕터는 '반영적 미술경험'(메리 로버츠, 이 문구를 제안해줘서 고마워요)과 (내담자에게 적용할 수 있는 지시화보다는) 독자의 전문성 개발을 위한 '토론을 위한 질문'을 포함한다. 미술매체로 할 수 있는 몇 가지 반영적 예술작업을 해보자.

반영적 미술경험

1. 당신이 가장 선호하고, 미술작업을 할 때 가장 자주 사용하는 미술매체로 작품을 만들어보자. 그다음, (a) 내담자에게 매체를 제시해야 할 때, (b) 미술치료 공간 안에서 재빨리 준비하려고 할 때 (즉, 손쉽게 이용할 수 있어야 할 때), 혹은 (c) 당신이 미술치료 임상을 위해 매체를 주문하는 경우와 같은 상황에서 당신이 선호하는 매체가 의도적으로 혹은 자신도 모르게 영향을 미치는 정도를 고려해보라.

2. 당신이 가장 비선호하는 미술매체를 선택한 뒤 두 번째 미술작품을 만들어보자. 그다음, 당신의 작품, 만드는 과정, 매체의 질, 매체 자체에 대한 자신의 반응을 적어보라. 그리고 이와 같은 특정 매체에 대한 당신 자신의 반응이 어떻게 내담자에게 간접적으로 영향을 미칠 수 있을지 생각해보자. 그 결과, 당신의 내담자는 무엇을 얻었고 무엇을 잃을 수 있는지 고려해보라. 어떤 열망적인 가치가 당신의 결정에 영향을 주었는가?

---

* 역주: See No Bias.
** 역주: Overcoming Unintentional Racism in Counseling and Therapy: A Practitioner's Guide to Intentional Intervention

때로는 우리가 내린 결정 대신 다른 결정을 내렸어야 한다고 후회하는 순간에 대해, 웰펠은 그녀의 저서인 『상담과 심리치료의 윤리: 기준, 연구, 그리고 떠오르는 문제들』*(Welfel, 2016) 중 '자기 모니터링: 불평의 부재에 대한 책임을 지기'의 한 부분인 '회복의 3단계 모델'을 제공한다. 나에게 웰펠의 저서는 브루스 문의 획기적이었던 『미술치료의 윤리와 실제』**(2015)와 함께, 교재로 매우 유용했다.

계속해서 글을 쓸 수도 있지만, 엘리노어 울먼이 우리에게 "할 말이 있으면 하세요, 그리고 앉으세요," 또한 "청중이 '덜' 듣는 것이 아닌, '더' 듣기를 원하도록 두세요!"라고 했던 것을 기억한다. 따라서 마지막 문단으로 글을 마치려 한다.

윤리적 딜레마에 사로잡힌 영화

윤리를 가르칠 때, 내가 내는 첫 번째 과제는 수업 내 진행되는 토론을 위해 아래 언급한 영화 중 한 편을 보는 것이다. 이는 언제나 왕성한 (때로는 열띤) 토론을 생성하는데, 주로 영화에서 나타난 딜레마가 어떻게 해결될 수 있었는지 혹은 해결되어야만 했었는지, 그리고 영화 속 등장인물이 보여준 윤리적 결정과정 모델에 대한 설득력 있는 성찰(Fletcher; Moon, 2015에서 재인용)로 연결된다. 나는 많은 생각을 자극하는 영화들을 (팝콘을 손에 쥔 채) 열심히 찾아 앞으로도 계속 추가될 목록을 만들었는데, 그중 가장 먼저 추천하고 싶은 〈가라, 아이야, 가라〉(US, 2007)라는 영화를 추천해주신 브렌단 휘태커 목사님께 감사드린다. 다음은 내가 가장 좋아하는 영화 중 일부이다.

판타스틱 우먼(Chile, 2017)
어게인스트 더 커런트(US, 2009)
크래쉬(US, 2004)
아이 인 더 스카이(UK, 2015)
파 프롬 더 트리(US, 2017)
겟트: 비비안 암살렘의 재판(Israel and France, 2014)

---

* 역주: Ethics in Counseling and Psychotherapy: Standards, Research, and Emerging Issues
** 역주: Ethical Issues in Art Therapy, 3rd ed.

엘리자의 내일(Romania, 2017)

랜드 오브 마인(Denmark, 2015)

라스트맨 인 알레포(Syria, 2017)

위험한 선택(Australia, 1991)

스노든(US, 2016)

스포트라이트(US, 2015)

다키스트 아워(UK and US, 2017)

야누스 데이(France, 2016)

안소니 위너: 선거이야기(US, 2016)

위에 언급한 영화들은 마음을 심란하게 할 수 있기에, 다음 영화로 목록을 마무리하겠다.

밥에게 무슨 일이 생겼나?(US, 1991)

참고문헌

American Art Therapy Association (2013). *Ethical principles for art therapists*. Alexandria, VA: Author.

American Psychiatric Association (2013). *The diagnostic and statistical manual of mental disorders* (5th ed.). Washington, DC: Author.

Art Therapy Credentials Board (2018). *Code of ethics, conduct, and disciplinary procedures*. Greensboro, NC: Author.

Di Maria Nankervis, A. (2013a). Ethics in art therapy. In P. Howie, S. Prasad, & J. Kristel (Eds.), *Using art therapy with diverse populations: Crossing cultures and abilities* (pp. 56-64). London: Jessica Kingsley.

Di Maria Nankervis, A. (2013b). Working cross-culturally with children at risk. In P. Howie, S. Prasad, & J. Kristel (Eds.), *Using art therapy with diverse populations: Crossing cultures and abilities* (pp. 134-142). London: Jessica

Kingsley.

Editorial: "Here we go again" (2018, July 24). The Washington Post, p. A16.

Harvard University (1990). The implicit bias test. Retrieved from www.implicit. harvard.edu

Kramer, E. (1971). *Art as therapy with children*. New York: Schocken Books.

Moon, B. L. (2015). *Ethical issues in art therapy* (3rd ed.). Springfield, IL: Charles C. Thomas.

Patrick, A. E. (1997). *Liberating conscience: Feminist explorations in Catholic moral theology*. New York: Continuum.

Ridley, C. R. (1995). *Overcoming unintentional racism in counseling and therapy: A practitioner's guide to intentional intervention*. Thousand Oaks, CA: Sage.

Taleff, M. J. (2010). *Advanced ethics for addiction professionals*. New York: Springer.

Vedantam, S. (January 23, 2005). See no bias. Retrieved from www.washingtonpost. com/wpdyn/content/article/2005/01/23/AR2005040314622

Welfel, E. R. (2016). *Ethics in counseling and psychotherapy: Standards, research, and emerging issues*. Boston, MA: Cengage Learning.

사전동의와 그 이상의 것들
미술치료사의 윤리적, 임상적, 재정적, 법적 책임의 갈림길에서 개인치료 계약의 위치

앤 밀스

따라서 심리치료에는 네 가지 측면이 있다. 치료적인 면, 윤리적인 면, 법적인 면, 그리고 재정적인 면이다. 이 네 가지 차원은 상호작용하며, 얽히고 서로 경쟁할 수도 있다.

Zuckerman, 2008, p. 10

이 장은 내가 개인치료실에서 사용하는 계약서(부록 A 참조)와 계약서의 다양한 섹션에 관한 나의 설명(부록에 표시된 번호 참조), 그리고 그와 연결된 윤리적 문제들을 보여주는 사례로 구성된다. 각 설명과 사례는 계약서의 내용을 반영하는 각 행의 번호와 함께 소개된다. 독자들은 각 설명과 사례를 읽은 뒤, 그 설명이 해당되는 계약서를 읽음으로써 이 장으로부터 가장 많은 것을 얻을 수 있을 것이다.

주의사항

독자들은 내 계약서 전부를 그대로 사용하거나 일부만을 적용할 수 있다. 그러나 계약서를 사용시 자신에게 적용되는 법률이나 규정, 윤리강령에 맞게 계약서를 조정하고, 정신건강 관련 법률 전문 변호사의 검토와 수정을 거치는 것의 책임은 오직 스스로에게 있다는 점을 반드시 기억하기 바란다.

나는 미국 도시의 비법인사업체의 소유주로서 이 글을 쓴다. 나는 내 치료실의 유일한 치료사이다. 나는 아동과 성인에게 미술치료와 다른 정신건강 서비스를, 정신건강 전문가들에게 슈퍼비전과 상담을 제공한다. 이와 같은 기술이 당신이나 당신의 임상, 정책 등과 유사하지 않다면 당신의 계약서는 상당히 다를 수 있으며, 내 사업을 위한 선호도나 문제해결 방안이 당신에게는 적절하지 않을 수도 있다.

개인치료실에서는 정보를 제공하는 많은 형식(예를 들면, 건강보험 양도 및 책임에 관한 법[HIPAA]을 따르는 개인정보 보호정책)과 계약을 위한 형식(예를 들면, 치료를 위한 동의)이 발생하며, 이 계약서 안에 많은 부분이 담겨 있다. 많은 의사들은 환자들에게 각 통지에 관한 수많은 서류를 한 장씩 보여주는 것을 선호하고 각각 서명할 것을 요구하지만, 나는 대부분의 통지와 계약에 관한 정보를 하나의 서류로 보여주고 하나의 서명을 받는 것이 훨씬 더 단순하다고 본다. 내 계약서는 치료사가 정보를 주고 그에 대한 동의를 받는 칸에 모든 상황을 다 언급하지는 않는다. 다른 이들은 내담자 초기 면담 형식, 비상 연락처, 치료사가 휴가중에 다른 치료사에게 도움을 받는 방법, 전문가로서의 다짐, 내담자 작품 사진 촬영에 대한 동의, 최면 사용에 대한 동의 등을 포함하기도 한다. 그러나 계약서는 위험이 발생할 수 있는 영역에 대해 예측하기 위한 시도이며, 그를 예방하기 위한 것이다.

어떤 의미에서, 계약서는 치료를 보호하기 위해 '치료 주위에' 치료사와 내담자가 어떻게 경계를 세울 것이냐에 관한 진술이기도 하다. 사회, 윤리규범, 법률이 변화함에 따라, 명확화가 필요하며 새로운 문제들은 언급되어야 한다. 이러한 이유로 나는 계약서를 1년에 세 번 업데이트한다.

계약서 제시

내가 일하는 방식은 다소 평범하지 않다. 첫 번째 만남에서, 나는 내 내담자가 될지도 모르는 사람에게 첫 평가를 제공하며, 그들 또한 나와 좋은 치료관계를 맺을 수 있을지, 나를 평가할 것을 요청한다. 나는 그들에게 내 기술이 그들이 필요한 것과 잘 매치되는지 확인할 것이라고 말한다. 나는 또한 내 첫 평가에서 그들이 그림을 그리게 될 것이고, 그 이유는 내가 누군가를 빨리 알고자 할 때 그것이 가장 좋은 방법이기 때문이라고 설명한다. 나는 우리 둘 모두가 첫 미팅이 어땠는지 생각해볼 것을 기대하고 하루가 지난 뒤 각자의 생각을 비교하기 위해 전화 통화를 한다. 만약 우리 둘 중, 누구 한 사람이 좋은 매칭이 아니라고 느낀다면 나는 그를 위해 임상적으로, 재정적으로, 그리고 지역적으로 적절한 세 명의 치료사를 추천하는 것을 목표로 한다.

첫 번째 면담에서 나는 잠재적인 내담자에게 내 계약서의 사본을 주며, 그것이 나에 관한 정보와 내가 일하는 방식을 제공하기 때문에 나중에 읽어볼 것을 권한다. 만약 우리 둘 다 같이 일하기로 동의한다면 그 계약서는 자세하게 소리 내어 검토되며, 공식 첫 회기가 되는 다음 만남에 서명을 한다.

왜냐하면 내가 만나는 많은 사람들은 애착장애와 애착회피를 가졌고, 새로운 치료적 관계를 시작할 때 매우 불안해지는 경향이 있기 때문이다. 어떤 이들은 불안감에 대처하고자 과정을 잘라내기도 하는데, 즉 빠른 결정을 내려버리는 것이다. 나는 함께 일하기로 결정하는 것은 양쪽 모두가 신중하게 받아들여야 하는 매우 사려 깊은 약속으로 보며, 그래서 이런 특정 접근을 취한다. 어떤 치료사는 평가와 치료에 대한 약속을 첫 번째 만남에서 바로 결정하는 반면, 다른 치료사는 이 모든 과정을 3회기에 걸쳐 진행하기도 한다. 모든 치료사는 치료적으로, 윤리적으로, 재정적으로, 법적으로 자신의 특정한 상황에 맞는 방식을 찾아야 한다.

특히, 내 임상의 일부가 심각한 초기 트라우마 생존자와의 장기적인 사례인 만큼, 함께 일한 지 몇 년이 지난 후에 계약과정을 재검토하는 것은 우리가 지금 함께 일하는 조건이 새로운 내담자들에게도 동일하게 적용될 것이라는 것을 확인시켜주며, 계약서에 담긴 경계를 상기시킨다.

윤리적, 임상적, 법적, 그리고 재정적으로 고려할 것

내 계약서의 모든 항목은 구체적인 이유로 포함되어 있다. 내가 이 장에서 제공하는 그에 대한 설명과 사례는 왜 특정 항목들이 필요하다고 여겨지는지 보여준다. 비록 내 계약이 많은 주제들을 포함하지만, 나는 공간적 고려에 맞게 그중 몇 개에 초점을 맞출 것이고, 다른 장에서 자세히 다루어지는 (가령, 텔레헬스나 종결과 같은)

중복되는 주제들은 피하도록 하겠다(내 계약서는 부록 A에서 확인할 수 있다).

계약서 22행: 자격 정보

나는 뉴욕주의 창의적 예술치료사* 면허도 있지만, 그 면허는 현재 비활성화되었기 때문에 내 전문적인 자료에는 포함하지 않는다. 비활성화된 면허나 학위는 현재 제공되는 서비스를 반영하지 않으므로 우리의 자격으로 포함되거나 서명시에도 나타나지 않아야 한다.

계약서 25행: 텔레헬스**

비록 텔레헬스나 텔레메디슨에 대한 정책이 계속해서 바뀌고 있지만, (내가 지금 이 글을 쓰고 있는 현재는) 치료사가 임상을 제공하는 주(state)와 잠재적 내담자가 거주하는 주 모두에서 자격을 소지할 것이 요구된다. 나는 원격 심리치료를 제공하지만 원격 심리치료에 대한 전문 교육을 따로 받지 않았기 때문에 (이 교육은 모든 관할구역에서 필요한 것은 아니다), 내가 이를 명백하게 밝히는 것은 윤리적으로 필요하다. 우리 자신의 법적 보호를 위해 나 자신의 임상적 한계에 대해 글로 밝히는 것은 스스로에게 유리할 수 있다. 물론, 우리는 각자의 역량을 벗어난 일은 하지 않는다.

계약서 41행: 협업

내가 개인치료실을 시작했을 때, 일부 사람들은 미술치료를 찾으면서도 미술치료가 '진짜 치료'는 아니라고 생각한다는 것을 인식하고 있었다. 어떤 이들은 그들의 언어를 사용하는 심리치료사와의 상태에 관한 불편함의 표현으로 미술치료를 찾기도 했다. 물론, 나는 미술매체를 향한 강력하고 친밀한 긍정적 전이가 발생하는 것을 보거나, 그들의 주치료사보다 더 재미있거나, 허용적이거나, 경계를 덜 가진 듯

---

* 역주: LCAT: Licensed Creative Arts Therapist, 뉴욕주에서 발급하는 예술치료 면허
** 역주: Telehealth, 비대면 원격 진료로 컴퓨터, 영상회의 등의 장비를 활용한 의료 서비스

상상하는 미술치료사에 대한 이상화를 목격하기도 했다. 그러나 나는 새로 개인치료실을 시작한 입장에서 내 능력 밖의 것을 요구하는 사례를 담당하거나 다른 치료사들의 내담자를 훔치는 사람처럼 오해받고 싶지 않았다. 나는 자신의 치료팀에 미술치료사를 추가한 뒤, 미술치료사를 결정과정에 포함하거나 알리지 않은 채 주치료사를 해고하는 사람들을 경계했다. 내가 계약서의 초기 버전에서 이를 다룬 방식은 다음의 내용을 포함하는 것이었다. "만약 내담자가 주치료사와 종결할 것을 결정한다면, 내담자가 그 즉시 새로운 치료사를 선택하지 않는 이상 나와 진행하는 치료 또한 종결해야 할 것이다." 이와 같은 항목은 그 문제에 대해 토론할 수 있는 기회를 주었다. 그러나 어느 날, 자신의 주치료사와 종결하기를 원하던 내담자와 내가 종결하는 것이 최선이 아니라는 것을 느꼈던 날이 왔다.

나는 잠재적인 내담자들에게 누가 나를 추천했는지 물어보는 것과 동시에, 그들이 이미 심리치료를 받고 있는지, 그렇다면 미술치료를 받고자 하는 생각에 대해 주치료사와 논의했는지, 그리고 그들의 주치료사가 치료과정에 미술치료를 추가하는 것에 동의했는지 물어본다(Mills, 2011). 잠재적 내담자가 이미 다른 치료사를 만나고 있을 때, 내담자는 나에게 일종의 '종합세트'로 온다. 만약 내가 다른 전문가나 그들의 치료적 접근이 불편하다면, 내가 그 내담자를 받아들이는 것은 모두에게 불공평하다. 이런 상황은 주치료사와 정직하고 철저한 대화를 요구하며, 내담자를 다음 단계로 안내하는 요령이 필요한 매우 미묘한 상황이다. 이와 같은 사례에서 나는 평가 회기에서 정보 공유를 요청하며, 잠재적 내담자와 내가 함께 일할지 결정할 수 있도록 평소의 24시간보다 더 많은 시간을 요청한다. 나는 주치료사에게 연락하여 내담자의 상황과 정보를 얻고 주치료사의 관점에서 치료 상황에 관한 정보를 얻는다.

나는 협력하는 모든 심리치료사에게 내가 필요한 것을 나눈다: (a) 나는 당신에게 나와 내 내담자의 치료상황에 대한 자세한 정보를 비동기식으로 남길 수 있는 방법(예를 들면, HIPAA가 허용하는 긴 시간 녹음이 가능한 기밀 음성 메시지와 같은)이 필요하다. (b) 나는 주치료사인 당신으로부터 그쪽의 치료 진행 사항은 어떠한지 주기적으로 들어야 한다. (c) 나는 내담자가 당신을 주기적으로 만나고 있는지 알 필요가 있다. 만약 주치료사와 내가 함께 일할 것을 동의한다면, 우리는 휴가 스케줄을 공유하고 우리가 자리를 비울 일이 생길 때 어떻게 대처할 것인지에 관한 정보를 나누기도 한다.

　　나는 항상 주치료사에게 정보를 요청하고, 공유된 정보에 대한 후속 보고를 하도록 교육받았다. 나는 임상적인 지혜가 과거의 치료로부터 연결된다는 것을 알려주는 것을 내담자와 주치료사에 대한 예의로 간주한다. 또한, 내담자가 자신의 이야기를 반복적으로 하는 것을 줄일 수도 있다. 그러나 나는 이 과정에 매우 적은 수의 정신건강 전문가들이 참여한다는 것을 알았다. 수많은 해를 개인치료실에서 보내며, 나에게 내담자의 퇴원 요약을 먼저 보내준 주치료사는 아무도 없었고, 정보를 요청하는 것은 종종 임상적인 보조를 요구하는 것으로 오해받기 일쑤였다. 나는 협력이 얼마나 중요한지 더 강조할 수 없다. 한 번은 내 내담자가 다른 정신건강 전문가를 만난다는 것을 내담자의 심리치료 비용을 전담하는 공공기관에 의해 진료비가 공개되기 전까지 몰랐던 적도 있었다. 비록 (다른 치료사를 포함하여) 그와 연계된 모든 이들이 나 또한 그 상황에 포함된 것을 알았으나, 아무도 나에게 그 사실을 알려주거나 협력하려 하지 않았다. 이는 미완성적이고 잘 설계되지 못한 치료계획이라는 결과를 낳았으며, 내 내담자에게는 해가 될지도 모르는, 매우 큰 혼란스러움을 초래한 임상적 상황을 가져왔다.

계약서 44행: 정보공개동의서

아래의 윤리적 딜레마 속 사례에 대한 경험은 계약서의 44～49행과 연결된다.

내 윤리적 딜레마

우선순위의 충돌

기능 수준이 높은 내담자가 개인정보 보호에 관한 우려를 나누었다. 그는 회기 비용을 현금으로 지불했으며 그의 주치료사인 나와, 과거 그의 주치료사였던 정신과의사에게 자신의 치료에 관한 내용이 이메일을 포함하여 그 어떤 기록으로도 남기를 원하지 않는다고 분명히 밝혔다. 내담자는 내가 그의 정신과의사와 소통하는 것을 허용하는 기본적인 계약서에 서명하였다. 혼자 살던 내담자는 여러 명의 의료전문가에게 치료를 받아야 하는 만성적이고 진행적이며 쇠약하고 생명을 위협하는 질병을 앓고 있었다.

그는 자신의 질환으로 인해 깊은 우울감을 느꼈으며, 신체적으로 상태가 안 좋아지기 일 년 전에 병원에 잠시 입원한 적도 있었다.

그의 우울증과 의학적 상태로 인한 에너지의 고갈로 인해, 나와의 치료 약속은 비규칙적이 되었고 그중 대부분은 그가 회기에 올 힘조차 없었기 때문에 회기 시작 직전에 대부분 취소되었다. 나는 회기 약속을 잡고자 그에게 매주 연락을 했고, 전화를 통해 지지적인 회기를 제공하였으며, 그는 계속 회기에 오고 싶다고 했으나 마지막 약속 후 9주라는 시간이 지났다. 이 시기에, 그의 정신과의사는 암호화되지 않은 이메일을 그와 관련된 많은 의료전문가들에게 보내며 나를 참조했다. 그를 통해 내담자의 건강에 대한 정보를 얻고 그가 다른 의료전문가들과 규칙적으로 만나고 있다는 것을 아는 것은 나에게 도움이 되었다.

나의 윤리적 딜레마는 크게 세 가지였다. (a) 나는 서비스를 계속 제공해야 하는가? (b) 나는 치료적 관계의 상태를 명확히하거나 재협상해야 하는가? (c) 내담자가 몇 주 동안 회기에 참석하지 않았다는 사실처럼 밀접하게 연관된 정보를 나눌 수 있도록 내담자의 다른 의료전문가들과의 이메일 협력을 위해 내담자에게 공식 동의를 받아야 하는가?

당신은 어떻게 반응하겠는가?

저자의 답변은 부록 B에서 확인할 수 있다.

계약서 65행: 문서 보존

모든 개인치료사들은 문서의 암호화 및 전화기나 예약 기록에 사용하는 각 내담자를 위한 가명, 이메일, 문자, 미술작품을 보관하는 파일이나 디지털 이미지, 내담자의 주민등록번호나 신용카드 번호처럼 민감한 정보, 보험이나 내담자의 지불 현황을 담은 파일, 상담 기록(임상일지, 치료일지), 그리고 모든 노트(치료사 개인 기록, 심리치료 일지) 등, 문서 보존에 대한 정책이 있어야 한다. 이는 또한 해당 자료가 스캔되거나 파쇄될 때, 그리고 모든 자료가 어떻게 안전하게 보관될 것인지 포함해야 한다.

계약서 69행: 보안되지 않은 이메일에 대한 위험

HIPAA 옴니버스 최종 규정(2013)은 정신건강 서비스를 제공하는 자가 내담자에게 보안되지 않은 이메일로 보호되어야 하는 건강에 관한 정보를 보내는 것에 대한 위험을 공지하도록 명시되어 있다. 만약 그래도 내담자가 이메일로 정보를 받기 원한다면 내담자는 동의서에 서명함으로써 심리치료사에게 일반적인, 즉 보안되지 않은 이메일을 받을 수 있다(Huggins, 2013). 이는 내담자와 회기 스케줄을 잡기 위해서만 이메일을 사용한다는 나의 선호도를 기술하는 것은 불필요할 수도 있음을 의미한다. '암호화된 이메일'과 '일반적인, 보안되지 않은 이메일'을 구분하는 것은 좋은 방안일 수도 있다. 당신이라면 이 항목을 어떻게 다시 적겠는가?

　　주 연방법 입장에서 HIPAA는 주법보다 보통 더 강력하게 작용하지만, 대중과 소통하는 건강전문가들에 관한 주법이 HIPAA보다 더 높은 기준으로 작성되었다면, 미술치료사는 반드시 주법을 따라야 한다. 개인치료실을 운영하는 미술치료사들은 테크놀로지를 활용하는 다양한 형식을 사용하는 데 있어 지역법을 잘 알 필요가 있다. 때로는 주법이 우리의 도덕적 방침이나 상식보다 덜 엄격한 것처럼 보일 때도 있다. 가장 가까운 파트너로부터 폭행당할 것을 두려워하는 내담자를 상상해보라. HIPAA는 내담자가 치료를 누군가에게 의뢰하는 이메일을 보내는 것에 동의받는 것을 허용할 수도 있다. 그러나 그런 이메일을 폭력적인 파트너가 본다면 내담자를 위험에 빠지게 할 수 있는가? 우리는 편법보다 내담자의 안전을 우선으로 두고 그에 맞는 방법을 찾아야 한다.

계약서 93행: 치료비에 관해 이야기하기

내 윤리적 딜레마

"그냥 물어보는 거예요."

사례1: 나는 내 사업 경비와 예상 소득을 기반으로 나의 새로운 개인치료실의 경비 예산을 계획했다. 치료비를 결정하며, 나는 자신감을 가지고 홍보를 했고 내담자가 비용에 대한 질문을 했을 때 비용 책정 과정에 대해 설명하면서 역량이 강화되는 느낌을 받았다. 현재 미술치료사로 다른 주에서 활동중인 내 예전 슈퍼바이지는 내게 개인치료실을 시작하는 것에 대한 원격 상담 비용을 지불하고 있었는데, 그가 "저도 선생님과 같은 치료비용으로 시작하려고요"라고 했을 때, 나는 어떻게 반응해야 할지 확신이 서지 않았다.

사례2: 예전에 나와 같은 지역으로 이사 온 심리학자로부터 이메일을 받았다. 그는 미술치료 관련 자격증이 하나도 없었던 것으로 추정되었는데, 이 지역 미술치료사들이 평균 어느 정도의 치료비를 받고 있는지 물어보며, 자신은 "미술치료사이자 심리학자로서" 그보다 25%를 더 받을 계획을 하고 있었다.

당신은 어떻게 반응하겠는가?
저자의 답변은 부록 B에서 확인할 수 있다.

계약서 99행: 치료비를 제때 지불하는 것

내 윤리적 딜레마

"제 돈이잖아요, 아닌가요?"

한 내담자가 매주 회기에 참여하면서 격주로 치료비를 지불했다. 내가 내담자에게 밀려 있는 치료비에 대해 말했을 때, 그녀는 밀린 치료비 전체를 완납하지 않기 위한 여러 이유를 댔다.

당신은 어떻게 반응하겠는가?
저자의 답변은 부록 B에서 확인할 수 있다.

계약서 102행: 당일 예약 취소 정책

당일 예약 취소 정책에 관한 자기 점검은 정책의 윤리적, 치료적, 재정적 측면의 딜레마로 연결되기에 치료사들 사이에서도 의견이 분분하다. 여기에는 감정이 실리기도 하며, 아마도 내담자와 치료사 모두에게 해당되거나 법적 제재를 받는 가장 흔한 영역일 것이다. 어떤 내담자들은 치료사의 당일 예약 취소 정책에 관해 순순히 받아들이고 망설임 없이 그 비용을 지불하는 반면, 어떤 내담자들은 치료사와 내담자가 취소 정책에 관해 이야기했음에도 불구하고 치료비 내는 것을 "잊어버렸다"고 주장한다.

치료사는 당일 취소 정책에 관해 얼마나 엄격할지, 혹은 유연하게 적용할지 선택권이 있지만 그것을 적용하거나, 적용하지 못하는 것 모두 치료에 부정적인 영향이나(예를 들면, 조기 종결로 이어지는 것) 긍정적인 영향을(예를 들면, 안전과 신뢰가 깊어지는 것) 끼칠 수 있다는 것을 이해해야 한다. 어떤 치료사들은 내담자가 감기에 걸렸거나 하는 경우에는 자신이 균에 노출되지 않도록 취소 정책을 유연하게 적용한다. 또 다른 치료사들은 내담자의 취소가 습관화된 경우이거나 회기에 오지 않은 이유를 회기에서 탐색한 이후에만 취소 비용을 청구한다. 그런가 하면, 어떤 치료사들은 응급상황을 제외하고는 늘 취소 비용을 청구한다.

내 윤리적 딜레마

응급상황은 어떤 상황인가?

한 내담자가 회기 직전에 전화를 했다. 이유는 알 수 없으나 치료실에 오는 길에 고속도로 위에서 차를 갓길에 세우고 구토를 했다는 것이다. 그녀는 전에 한 번도 회기를 놓친 적이 없다.

당신은 어떻게 반응하겠는가?

저자의 답변은 부록 B에서 확인할 수 있다.

이처럼 복잡한 특정 사안이 있는 경우, 이와 같은 문제가 치료에서 어떻게 다루어지는지 외에도 계약서의 여백에 내담자가 계약서에 적힌 내용을 이해하고 받

아들인다는 것을 확인하는 이니셜을 적는 칸을 한 줄로 표기하여 출력하는 것이 도움이 된다. 이와 같은 정책이 명확히 기재되어 있다는 것은 치료사로 하여금 이 정책이 왜 중요하고 공평한지 자신감 있게 나눌 수 있는 기회를 주며, 내담자에게 는 받아들이기 어렵거나 감당할 수 없다고 느낄 때 말할 수 있는 기회를 준다. 만약 치료사와 내담자의 필요와 기대의 차이가 크다면, 다른 치료사를 추천하는 것이 최선일 수도 있다(Mikel, 2013). 흥미롭게도 치료사가 회기가 24시간이 남지 않은 상황에서 취소하는 경우 '치료사'에게 불이익을 주는 정책은 거의 없는데, 이는 또 다른 윤리적 문제를 야기한다!

계약서 112행: 치료비

만약 내담자가 "보험회사한테 보여줄 치료비 영수증을 먼저 발행해주시면 환급을 받아 지불할게요"라고 제안한다면, 그건 일종의 사기행위이다. 모든 서류(치료 날짜, 진단, 비용)는 반드시 정확해야 한다. 알면서도 그렇게 하지 않는 것은 의료나 보험 사기, 즉 중범죄에 해당될 수 있다.

계약서 142행: 종결

심리치료사는 의료진보다 일방적인 종결을 할 수 있는 근거가 훨씬 더 구체적이어야 함을 알고 있는 것은 중요하다(The Doctors Company, 2015).

계약서 173행: 위치 추적

이 항목을 포함하는 것에 대한 합리적 이유를 보여주는 예는 학대를 행하는 배우자가 내담자의 이동 패턴을 식별할 수 있어 위험에 처한 내담자의 사례이다.

계약서 179행: 의뢰

내담자 A가 (내담자 B가 될 수도 있는) 어떤 사람을 나에게 의뢰한다면 나는 그에 대해 의논할 수 없다. 나는 각 내담자에게 서로가 내담자인지 아닌지, 긍정도 부정도 할 수 없다.

계약서 185행: HIPAA

HIPAA는 미국의 의료와 연구에 관한 비밀보장의 기준을 높이기 위해 설립되었다 (USHHS, 1996). 보호받는 건강 정보의 비밀보장을 유지할 필요가 있기 때문에 HIPAA는 개인치료실의 계약에도 영향을 준다. HIPAA가 적용되는 부분은 경제와 임상 건강을 위한 건강 정보 기술(the Health Information Technology for Economic and Clinical Health: HITECH) 법률(2009)의 영향을 받을 수 있다.

계약서 186행: 정보의 양도

내담자가 지불하는 금액, 내담자의 약물이나 예후, 내담자의 입원 역사에 관한 정보를 제3자가 받아도 될까? 그것은 정보를 요청하는 제3자가 누구인지, 내담자가 서명한 동의서의 구체적인 내용과 당신이 임상을 하는 주(state)에 따라 달라진다 (Jaffee-Redmond, 1996). 지방법은 내담자의 서명을 받은 동의서가 있다고 해도 우리가 공개해도 되는 정보를 규제할 수도 있다. 때로는 연방 보안 허가나 법 집행 기관의 정신건강 배경 점검이 정신건강 전문가가 이를 놓칠 만큼 빠르게 추진되기도 한다. 당신의 임상 현장에 적용되는 법령을 숙지하고, 정보가 요청될 때 다시 읽어 보는 것은 중요하다. 예를 들면, 1978년 컬럼비아주의 정신건강정보법(District of Columbia Mental Health Information Act)은 명확한 한계를 제공하고, 집단 회기에서 치료사나 집단원이 정보 공유 제한을 위반할 경우 그에 대한 민사 피해 및 형사처벌을 규정하고 있다. 이러한 법률은 치료사들에게 허용된 공유를 제한할 수 있는 권한을 줌으로써 우리를 보호하며, 우리의 개인적인 기록을 보호한다. 그로 인해 나는 이러한 요청에 대해서는 서면으로 응답하는 것이 적절하다는 것을 알았다.

요청하신 내담자에 대한 정보와 치료계획은 컬럼비아주의 정신건강정보법에 의해 제가 공개하는 것이 불법적인 행위가 될 수 있는 정보가 포함되어 있습니다. 관련된 법령의 복사본을 동봉하였습니다. 제가 공유할 수 있는 항목은…

글을 마무리할 때, 나는 다음과 같이 적은 적도 있다.

이 정보에 관해 문의사항이 있거나 더 필요한 정보를 요청하고 싶으시다면, 언제든지 연락주시기 바랍니다. 그 정보가 법이 허용되는 범위에 있으며, ○○○씨(내담자의 이름)가 공유에 동의한다면 저는 기꺼이 돕겠습니다.

그러나 반드시 이 주제에 관해 당신의 변호사와 확인하기 바란다.

맺는 말

나는 윤리와 개인치료실에 대해 강연할 때마다 청중에게 "개인치료실을 시작하기 전에 미리 알았으면 하는 것이 무엇인가요?"라고 묻는다. 어떤 이는 개인치료실은 매우 큰 공을 들여야 하고, 삶과 죽음처럼 극단적인 결과를 초래할 수 있는 위험 부담이 큰 결정을 내릴 것을 요구한다고 말했다.

몇 십 년 전, 내가 기억하는 미국미술치료학회의 임상 기준은 치료사가 개인 치료실을 열기 전까지 학회에 등록*된 지 최소 2년 이상이 지나야 한다는 것이었다. 최근 내가 조사한 면허법과 윤리 서류에 대한 설문 결과는 법적으로 '임상'을 할 수 있는 기준은 보여주었지만, '개인치료실'을 시작하는 것에 대한 자격은 명확하지 않다는 것을 보여주었다. 그 결과, 비교적 최근에 미술치료 교육 프로그램을 거친 졸업생들이 제한적인 임상 경험을 바탕으로, 단지 그들이 면허를 땄거나, 거의 딸 준비가 되었다는 사실만으로 개인치료실을 시작하는 것을 고려하곤 한다. 나는 독자들이 자기 자신에 대한 이해와 심리치료사로서 발달적 단계, 재정적인 안정, 그리고 법적이고 사업적인 준비가 갖추어질 때까지 윤리적으로 개인치료실은 시작할 수 없다는 점을 고려하기를 권한다. 개인치료실에는 너무 많은 위험이 있다. 개인치료 세팅의 치료사뿐만 아니라 (더욱 중요하게) 그들의 내담자에게 말이다.

___
* 역주: 미국미술치료학회에 등록하려면 예외적인 경우를 제외하고 학회에서 인증한 미술치료 석사학위 과정을 졸업해야 하며, 등록 후에는 ATR(Registered Art Therapist)이라는 자격을 얻음.

반영적 미술경험과 토론을 위한 질문

1. 당신이 특정 정책을 단호하게 혹은 관대하게 적용했을 때, 그 결과가 만족스럽지 못했던 때를 반영하는 미술작품을 만들어보자.

2. 위에서 언급한 당신의 결정이 나중에 그 내담자와 다른 결정을 내리는 데 어떤 영향을 주었는가? 다른 내담자들에게는 어떠했는가?

3. 내담자의 재정적인 어려움에 대한 걱정과 그에 대한 당신 자신의 걱정을 합친 이미지를 만들어보자.

4. 당신의 내담자가 당일 취소 대신 "내 돈을 썼으니 그에 대해 뭐라도 얻자"는 듯 전화로 회기를 진행할 것을 요청한다면 어떻게 응답하겠는가?

참고문헌

The Doctors Company (2015). Terminating patient relationships. Retrieved from www.thedoctors.com/KnowledgeCenter/PatientSafety/articles/CON_ID_000326

Huggins, R. (2013). Clients have the right to receive unencrypted emails under HIPAA. Retrieved from https://personcenteredtech.com/2013/10/clients-have-the-right-to-receive-unencrypted-emails-under-hipaa/

Jaffee-Redmond (1996). The federal psychotherapist-patient privilege (Jaffee vs. Redmond, 518 US 1): History, documents, and opinions. Retrieved from http://jaffee-redmond.org

Mikel, E. H. (2013). *The art of business: A guide for creative arts therapists starting on a path to self-employment*. London: Jessica Kingsley.

Mills, A. (2011). Therapist's page: Adjunctive therapy. Retrieved from http://manyvoicespress.org/backissues-pdf/2011_04.pdf

United States Department of Health and Human Services (1996). Health Insurance Portability and Accountability Act of 1996. *USDHHS Office for the Assistant Secretary for Planning and Evaluation*. Retrieved from https://aspe.hhs.

gov/report/health-insurance-portability-and-accountability-act-1996

Zuckerman, E. L. (2008). *The paper office: Forms, guidelines, and resources to make your practice work ethically, legally, and profitably.* New York: Guilford Press.

윤리적 딜레마

이 책의 챕터들은 윤리적 문제의 일곱 가지 범주로 분류되었지만 많은 챕터에서 다양한 윤리적 문제를 언급하기 때문에 쉽게 다른 범주에도 해당될 수 있다. 몇 챕터에서는 '미술'치료의 임상과 관련된 독특한 딜레마를 다루는 반면, 다른 챕터에서는 미술치료사뿐만 아니라 다른 정신건강 전문가들도 공유하는 딜레마를 다룬다.

각 챕터는 한 가지부터 여러 가지 윤리적 딜레마를 제시하며 독자에게 "당신은 어떻게 반응하겠는가?"라는 질문을 던진다. 독자들은 각 딜레마를 해결하기 위해 저자들이 어떤 노력을 했는지 알아보기 위해 부록 B를 보기 전에, 자신은 어떻게 반응할 것인지 생각하는 시간을 가짐으로써 가장 많은 것을 얻을 수 있을 것이다. 내담자에게 적용하기보다는 독자의 전문성 개발을 위한 '반영적 미술경험'(이 표현을 제안해준 매리 로버츠에게 감사한다)과 '토론을 위한 질문'은 모든 챕터의 맨 마지막에 등장한다. 이와 같은 실습의 가장 가치 있는 측면은 아마도 그것이 만들어내는 생각과 토론일 것이다.

각 챕터들을 작성하면서, 우리는 특히 임상 자료의 제시와 관련하여, 우리가 구속된 윤리강령의 기준을 준수할 것을 약속했다. 여기에 포함된 사례들은 내담자, 직원 및 기타 연관된 이들의 식별되지 않은 또는 복합적으로 구성된 경험이다. 그 어떤 (살아 있는) 사람에 대한 언급은 의도되지 않았으며 추측되어서도 안 된다. 여기서 설명하는 윤리적 딜레마에 대한 해결은 본질적으로 규범적인 것이 아니며, 다양한 윤리적 의사결정과정의 예를 보여주기 위함이다. 본 출판물의 자료로 인해 취하는 행동이나 조치로 인해 개인 또는 조직에 발생하는 손실에 대한 책임은 Routlege/Taylor & Francis 출판사나 에디터에게 있지 않다.

선입견, 차별, 배제

아멜리아 자쿠르

3

태풍 이후

우리는 미술재료를 가져갔고 그들은 커피를 원했다

마리아 레지나 A. 알퐁소

2013년 11월 8일, 기록상 가장 강력한 슈퍼 태풍(국제적으로는 태풍 하이얀이라고 알려진) 욜란다가 필리핀을 강타하여 최소 6,300명이 사망하고 1,100만 명의 이재민이 발생했다(BBC News, 2013). 폭풍의 분노를 목격한 필리핀인으로서, 나는 무언가 도움이 되는 일을 하고 싶었다. 미술치료사이자 표현예술치료사로서, 나는 미술작업이 생존자들의 장기적인 회복과정에 중요한 역할을 할 수 있을 것이라고 생각했다.

기초를 다지기

태풍 욜란다가 오기 4년 전, 1999년에 내가 설립한 원주민을 위한 교육 중심의 비영리 단체인 카트휠 재단(Cartwheel Foundation)의 회원들은 팔라완주 쿨리온 마을의 지역사회와 교회 지도자들의 초청을 받아 3개의 섬 공동체의 원로들과 협업했다. 우리의 목표는 그곳에 거주하는 약 100가정을 위한 학교를 짓는 것이었는데, 그들이 기초적인 교육을 받을 수 없었기 때문이다. 이 고립된 섬들에는 딱반와(Tagbanua)족이 살고 있었는데, 이들은 110개의 토착 또는 민족 언어를 사용하는 집단 중 가장 오래된 종족 중 하나이다. 그들은 해조류를 수확하고 판매하여 수입에 의존하며 기본 서비스(수도, 교육, 건강관리)에 대한 접근이 제한적이다. 사회문화적으로, 딱반와족은 주류로부터 부분적으로 고립된 상태로 남아 있으며 오랫동안 배제되어 온 느낌의 역사를 가지고 있다. 쿨리온 섬의 초기 정착민이었던 그들은 1904년에 필리핀의 미국 연방에 의해 설립된 나병요양소로 이주했다.

비록 태풍의 영향은 컸지만, 팔라완은 매스컴의 조명을 거의 받지 못했기에 카트휠의 동료들과 나는 우리가 개인적으로 알던 가족들 위주로 우리의 노력을 기울이는 것이 좋을 것이라고 생각했다. 우리의 희망은 우리의 존재와 지지를 제공하는 것을 넘어, 미술작품이 생존자들 사이에 만연해 있는 무력감을 그들 고유의 주체성을 깨우는 감각으로 부드럽게 전환될 수 있는 공간을 제공하는 것이었다. 우리는 '만들고' '창조하는' 행위가 그들의 내면에 위치한 통제력과 비극을 넘어 미래를 다시 상상하는 능력을 되찾는 데 도움이 될 것이라고 믿었다. 우리는 또한 생존자의 회복탄력성과 자생력이 우리가 그들에게 제공할 수 있는 것보다 더 많은 것을 우리에게 가르쳐주리라는 것이라는 것을 알고 있었다.

작업의 위치

필리핀은 7,107개의 섬으로 이루어진 군도이며 그중 약 2,000개에 사람이 거주한다. 팔라완은 하나의 지방으로 분류되는 가장 큰 섬이다. 그 해변에서 타격을 받는 섬까지 가려면 수도인 마닐라에서 한 시간을 비행한 뒤 버스로 40분을 이동하고 또다시 배로 한 시간을 가야했다. 환승, 대기시간, 그리고 날씨 지연까지 합치면 이 여행은 이틀까지 걸릴 수 있다.

작업의 맥락

태풍 욜란다는 한밤중에 지역사회를 강타했다. 그들의 대나무 집이 바다로 날아가자, 가족들은 서로를 찾으려 안간힘을 쓰며 살아남기 위해 맹목적으로 헤엄쳤다. 비바람이 멈췄을 때, 그들은 자신이 사는 해안에서 집, 배, 혹은 소지품을 하나도 발견하지 못했다. 부분적으로 남아 있던 유일한 건물은 우리가 함께 아이들을 위해 지었던 유치원 교실이었는데, 단지 절반만 남아 있던 섬의 유일한 콘크리트 벽 구조물이 폭풍이 한창일 때 바다로부터 가족들을 보호해주었다.

태풍 이후, 공동의 노력으로 음식, 옷, 집과 배를 다시 짓기 위한 물자 등의 공급이 가능해졌다. 그러나 즉각적인 비상사태를 넘어, 딱반와족의 심리적인 안녕은 심각하게 우려되었다. 태풍이 강타한 지 3개월이 지난 뒤, 우리는 섬 지원을 위한 지역사회, 강점기반, 재활 및 예방 프로그램인 라이즈(RISE)*프로젝트를 시작했다(Cartwheel Foundation, 2016). 프로젝트의 범위는 지역의 심리사회지원팀에게 기술적인 지원을 제공하고, 교사들이 교실을 치유적인 공간으로 만들도록 회복탄력성과 강점을 사용한 예술기반 활동을 적용하도록 훈련시키며, 지역사회 원로들과 지방자치단체가 그들의 건강을 돌보고 생계를 만들어나가기 위해 지속적인 접근을 보장하도록 살피는 장기적 관여를 포함했다.

이 과정은 섬 방문 혹은 안부인사(꾸무스타한: Kamustahan)를 통해 시작되었는데, 이는 우리에게 지역사회의 사회정서적인 요구에 대한 아이디어를 주었다('꾸무스타까'는 필리핀어로 '어떻게 지내십니까'이다). 이어 지역사회 유치원의 카트휠 자원봉사 교사와, 지자체와 교육부 직원 및 교회 전도사들을 포함한 다양한 연령과 배경을 가진 쿨리온 지역의 자원봉사자들을 대상으로 5일간의 워크숍이 진행됐다. 자원봉사자들 역시 폭풍의 분노를 느꼈기 때문에, 그 시간은 미술작품을 통해 그들이 경험한 것을 표현하고 소화하는 데 할애되었다. 그들의 이야기를 들려주는 미술작품으로 둘러싸인 신뢰의 원 안에서, 자원봉사자들은 서로를 위한 관심과 지지를 표현했다. 며칠 후, 이웃 섬들을 돕겠다는 그들의 의지는 자신감과 함께 커졌다. 그들은 심리적 응급처치와 미술, 음악, 춤, 그리고 호흡과 두드리기, 마사지, 요가 등 심신을 바탕으로 한 활동을 이용하는 심리사회적 지지 접근법을 배웠으며 이 모든 것은 피해 가족들과 공유될 것이었다.

호주에서 다디리(dadirri)라는 토속적인 치유의 실천으로 알려진 깊은 경청과 경건한 마음가짐의 형태가 워크숍이 진행되는 동안의 나눔과 배움의 과정을 어르는 듯했다. 이러한 깊은 사색, 심장을 기반으로 하는 경청을 위한 공간의 조성은 자원봉사자들의 힘을 키웠다(Davis, 2015). 트라우마와 고통의 이야기들은 사랑이

---

* 역주: Re-Igniting Community Strength through Education의 줄임말로 '교육을 통한 지역사회 강화의 재점화'라는 의미를 지님.

담긴 수용과 함께 공유되고 목격되었다. 그와 유사하게, 필리핀의 공유된 가치인 유대감(pakikipagkapwa-damdamin)은 마음과 느낌의 상호적 공감으로, 자원봉사자들의 너그러움의 원동력이 되는 듯했으며, 서로를 위한 진정한 공감과 연민을 동반하는 경험을 할 수 있도록 해주었다(Carandang & Nisperos, 1996). 자원봉사자들은 태풍이 지나간 다음 해에 섬들을 방문하며, 이처럼 모든 연령대의 사람들이 놀이를 하고, 예술을 만들며, 불안한 심신을 이완할 수 있는 비공식적인 워크숍을 제공하고자 하였다.

우리는 커피가 없어요

쿨리온에서 진행한 5일간의 심리사회적 워크숍 이후, 심리사회지원팀은 집단으로 나뉘어 피해를 입은 세 섬을 방문했다. 나는 그중 한 섬에서 카트휠의 유아기 및 성인 문맹퇴치 프로그램의 미취학 아동들과 교사들을 만난 적이 있었기에 한 팀을 인도했다. 우리의 배가 웃는 얼굴의 아이들과 그들의 어머니들의 마중을 받으며 해안에 도달했을 때, 나는 그 참사의 정도를 보고 충격을 받았다. 그들의 집은 전부 파괴되었다.

먼저, 우리는 족장에게 예의를 표하고 섬의 가족들을 방문할 수 있도록 허락을 요청해야 했다. 그가 공식적으로 우리를 환영한 뒤, 우리는 각 가족을 방문해도 된다는 허락을 받았다. 우리는 방문하기 전에 폭풍에 대해 직접적으로 언급하거나 강요하는 것을 피하기 위해 신중하게 질문지를 작성했다. 해안선을 따라 걷다가, 나는 반쯤 지어진 대나무 집 근처에 있는 네 명의 여성을 보았다. 나는 다가가서 그들 옆에 나란히 쪼그리고 앉아 침묵을 유지하다, 적절한 타이밍에 다음과 같이 물었다.

나: Kamusta po kayo?	[어떻게 지내세요?]
어머니1: Ganito pa din…	[평소와 똑같아요…]
나: Napadalaw lang po ako dahil gusto po naming malaman kung	[괜찮으신지 확인하려고 왔어요. 요즘 주로 무슨 일을 하세요?]

kamusta na po kayo... Ano po ang mga pinagkaka-abalahan niyo ngayon?

어머니1: Paraho pa din.

[똑같은 거요.]

어머니2: Ngayong mga araw, malungkot kami.

[요즘 저희는 슬퍼요.]

나: Bakit po?

[왜 그러신지 여쭤봐도 될까요?]

어머니2: Kasi walang kape; walang pang gastos pumunta sa bayan at bunmili ng kape sa Culion.

[왜냐하면 커피가 없기 때문이에요. 쿨리온에서 커피 살 돈이 없어요.]

이전에 방문했던 기억이 떠올랐다. 나는 아이를 안고 있던 어머니를 만났는데, 아기의 입 주변에 검은 얼룩을 보고 놀란 나에게 어머니는 그것이 커피라고 말해주었다. 음식이 부족하기 때문에 생후 몇 달밖에 되지 않은 일부 아이들에게 커피가루를 먹이는 것이다.

여성: Basta may kape, ok kami.

[커피가 있는 한 우리는 괜찮아요.]

나: Ngayon na ilang buwan na nakalipas ang bagyo, papaano po kayo nakakaraos?

[폭풍 이후에 몇 달이 지났는데, 어떻게 대처하고 계세요?]

할머니: Minsan nararamdaman pa di ang takot, pagmalakas ang hangin... Sumisikip ang dibdib...

[바람이 강하게 불 때 어쩔 때는 아직 두려워요… 가슴이 답답해져요…]

어머니1: Ang mga bata, pag-gabi na at may hangin, nanginginig at umiiyak pag minsan.

[저녁에 바람이 강할 때는 아이들이 가끔 떨거나 울기도 해요.]

할머니: Ang iba sa amin, may mga panaginip tungkol sa nangyari. Awa ng Diyos, wala namang. Namatay kahit nawala ang lahat...

[우리 중 일부는 벌어진 일에 대해 여전히 꿈도 꿔요. 신의 자비하심으로 우리는 모든 것을 잃었지만 아무도 죽지 않았어요.]

나: Napakapositibo po ng pagtingin ninyo sa nangyari. Nguni't mukha pong may natitira pa ding takot... at naiintindihan ko po ito dahil wala pang isang taong nakalipas ang nangyari.

[벌어진 일에 대해 매우 긍정적인 태도를 가지셨어요. 그렇지만 여전히 슬픔은 있지요… 이해해요. 아직 일 년도 안 지났으니까요.]

어머니2: Ang mga bata, wala pa ring damit at nakapaa pa din...

[아이들은 여전히 옷도 없고 맨발이에요….]

여성: Kami naman walang kape...

[그리고 우린 커피가 없어요…]

나: Ano po ang nakakatulong sa mga panahon na ito?

[지금 같은 시기에 무엇이 가장 도움이 될까요?]

어머니2: (smiling) Kape.

[커피요.]

이처럼 표현된 (그들이 직면한 피해에 대처하기 위해 도움이 되었다고 말하는) 커피의 필요성은 그들의 회복을 돕기 원했던 걱정하는 시민들에게 간단하고 구체적인 해결책을 제공하는 듯했다. 반면 (커피보다는) 미술을 생각했던 내 동료와 나에게 이 상황은 더 복잡했다. 그것은 표현되고 인식된 욕구와 유대감(pakikipagkapwa*)의 진정한 의미에 관한 깊은 성찰을 필요로 했다. 그것은 또한 윤리적 딜레마에 관한 해답이 대부분 흑백으로 정의되지 않는다는 나의 신념을 강화했다.

---

* 역주: 필리핀의 공유된 가치인 유대감으로, 마음과 느낌의 상호적 공감을 뜻함.

'수링' 춤

내가 그 여인들에게 도움이 될 수 있는 다른 것은 무엇이 있을지 질문했을 때, 할머니는 나에게 '수링'이라는 토요일 밤에 추는 춤을 설명해주었다. 근처 언덕의 평지를 가리키며, 그녀는 공동체 전체가 매주 토요일에 모여 함께 춤을 춘다고 전했다. "춤은 두려움, 슬픔, 역경을 잊도록 도와줘요." 갑자기, 여성 원로가 일어나 나에게 가장 우아한 수링 춤을 보여주려고 다가왔는데, 그녀의 얼굴은 빛났고, 연약한 몸은 에너지로 반짝였으며, 은발머리는 바람에 날렸다. 그녀의 열정은 끌어당기는 힘이 있었다. 나는 쪼그리고 앉은 자세로 그녀를 바라보고 감탄하고 있었는데, 어느새 그녀와 함께 춤을 추고 있는 내 자신을 발견했다. 이 순간은 춤과 연관된 그들의 토속적인 복장과 다른 주제들에 관한 대화로 끝이 났으며, 그 후에 당분간은 작별인사를 해야 했다.

딱반와 가족들은 정말 우리의 도움이 필요했을까?

나는 쿨리온으로 돌아오는 길에 배 위에서 원주민 공동체에게 손을 흔드는 동안 내 마음에 가득 찼던 생각을 분명히 기억한다. 나는 그 방문이 장기적인 공동체와의 관계 중 작은 일부라는 것을 알고 있었지만, 외부인 혹은 '표현예술기반 접근을 활용하는 훈련받은 심리사회적 전문가'라는 이름으로 우리가 맞는 일을 하는 것인지 의문을 피할 수 없었다. 주류로부터 도움을 받지 않고 수세기를 존재한 딱반와족은 회복탄력성의 모델이라고 할 수 있다. 그럼에도 그들은 나에게 "예전에는 가진 게 아무것도 없었어요. 지금도 우리는 아무것도 없어요"라고 말했다. 이와 같은 그들의 관점에 대해 슬퍼하고 당황하는 동시에 나는 딱반와 아이들이 태풍이 지나간 뒤 해안으로 밀려온 플라스틱 음식 포장지를 바쁘게 교환하느라 웃고 있는 대조적인 모습을 떠올렸다. 이는 나에게 아이들이 종종 노력하지 않고도, '아무것도 없는' 상태에서 무언가를 만들어내곤 한다는 점을 생각하게 했다. 아마 우리의 역할은 그들이 원로들을 위한 길을 만들어가는 동안 그들과 함께하는 것이었을지도 모른다. 어쩌면 그들은 놀이와 '만들기'를 통해 자신들의 공동체를 태풍과는 관계없이, 이미 우리에게 명백했던 그들의 내적 자원, 비축된 것들, 그리고 선물을 더 깊이 있게 인식하도록 인도할 것이다.

　　이와 같은 귀한 보물인 딱반와족의 '수링'이라고 불리는 구애춤을 상상하면서, 나는 표현예술이 이 공동체의 문화적 전통의 핵심인 것을 보았다! 나는 van der Kolk(2014)가 강조하는 외상치료에 있어서 신체기반 접근의 중요성을 생각하지 않을 수 없었다. 만약 딱반와족이 이미 자가 치유를 위한 이런 능력을 갖고 있다면, 이와 같은 단계에서 우리는 어떤 역할을 꼭 수행해야 하는 것이었을까? 그렇지만 동시에 "아무것도 없다"는 그들의 말이 내 생각을 맴돌았다. 흥미롭게도 딱반와 방언에서 수링(suring)이라는 단어는 필리핀어로 번역되었을 때 '시험하다' 혹은 'pagsuri'라는 단어를 의미한다. 나는 이것이 '돌봄 제공자'인 우리에게 일종의 '시험'을 암시하는 것인지 궁금했다. 최선을 위한 우리의 의도에도 불구하고, 우리가 하는 일의 윤리적 영향에 대해 충분히 생각하는 것은 필수적이다. 그에 관해 숙고된 깊이 있는 평가로 인해 우리는 유엔총회 국제기구 상임위원회의 "해를 끼치지 말라"라는 가이드라인(UNICEF, 2007)에 충실할 수 있을 것이다.

내 윤리적 딜레마

심리사회지원팀과 재난 생존자들 사이에 힘의 역동이 있다면 다루어져야 하는가? 그렇다면 어떻게 해야 하는가?

태풍피해를 입은 섬들을 방문하며 내가 점점 더 명확하게 인식한 한 가지는 쿨리온 거주자들에 의한 '본토인'과 '원주민'의 차이이다. 이와 같은 배제적 관점에는 사회정치적이고 문화적인 깊은 뿌리가 있다. 안타깝게도 심리사회지원팀의 모든 자원봉사자들은 딱반와족을 '힘없는 자들'로 보는 시각을 완전히 떨쳐버리지 않았다. 그들은 이러한 관점이 토착민들을 사회 속 '못 가진 자들'로 더 큰 집단적 인상을 영속시킨다는 것을 모르는 듯했다. 이와 같은 태도가 더 명확히 드러나게 되었을 때, 우리 진행자들은 이 문제를 언급해야 하는지 의문이 생겼고 우리는 자문했다. 이러한 태도가 지역사회에 미칠 수 있는 영향은 무엇인가? 훈련중인 팀들 간의 조심스러운 관점의 변화는 어떻게 장려될 수 있을까? 우리는 자원봉사자가 강점기반의 접근을 사용하고 원주민 가족들의 정서적 안정을 지키기 위해 각별한 주의를 기울이도록 미래의 워크숍을 이끌 수 있을까? 우리의 궁극적인 딜레마는 이 근본적인 문제와 그것이 작업에 미칠 수 있는 영향을 고려할 때, 지역사회에 예술기반 워크숍과 모임을 도입해야 하는지의 여부였다.

당신은 어떻게 반응하겠는가?

저자의 답변은 부록 B에서 확인할 수 있다.

내 윤리적 딜레마

고유의 문화적 유산과 관행을 가지고 있는 원주민 사회에 주류문화의 예술기반 접근을 도입하는 것은 윤리적인가? 이는 또 다른 힘의 역동인가? 만약 도입하기로 결정한다면, 어떻게 진행해야 하는가?

섬에 있는 여인들을 방문한 후, 나는 좀 더 주류적인 예술기반 접근을 도입하는 것의 타당성에 대해 의문을 품기 시작했다. 특히 '수링' 춤에 대해 들은 이후, 나는 미술치료사로서 배운 예술기반 접근을 나누는 것이 그들의 회복에 영향을 끼칠 수 있는지 자문했다. 만약 우리가 새로운 예술 제작 방식을 소개한다면, 이는 그들의 회복탄력성을 무시하는 것으로 인식될 수 있고 식민지 이전의 필리핀 문화적 전통을 더욱 소멸시키는 원인이 될 수 있을까? 현존하는 딱반와족의 관행을 보완하거나 그를 바탕으로 하는 불안, 두려움, 상실을 다루는 추가적인 방법을 도입하는 것이 가능했는가?

당신은 어떻게 반응하겠는가?

저자의 답변은 부록 B에서 확인할 수 있다.

내 윤리적 딜레마

프로그램을 지속하려는 장기적 계획이 없는 재난 후 심리사회지원 프로그램에 참여하는 것은 지역사회에 도움이 될까?

대부분의 인도적 지원 제공자와 조직은 매우 좋은 의도를 가지고 있지만 그들의 단기적인 참여적 특성은 심리사회적 지원을 받는 이들에게 부정적인 영향을 미칠 수 있다. 때로는 현지 지원팀을 위한 훈련 없이 계획된 프로젝트가 끝난 뒤 떠나야 하는 다른 지역전문가들이 생존자에게 도움을 제공하는 경우도 있다. 프로젝트를 위한 지속적인 자금 지원이 불확실하다면, 단기 개입은 없는 것보다 나을까?(혹은 더 나쁠까?) 만약, 우리의 사례처럼, 이러한 우려가 해결되고 관여하기로 결정을 내린다면, 섬 공동체가 본토에서 떨어져 있는 거리를 고려했을 때 지원에 대한 접근성을 어떻게 보장하는가? 지원을 받기 위해 이미 고갈된 지역사회 자원의 사용과 그에 따른 고갈은 반드시 고려되어야 했다.

당신은 어떻게 반응하겠는가?

저자의 답변은 부록 B에서 확인할 수 있다.

내 윤리적 딜레마

만약 지역사회가 커피를 필요로 했다면 왜 미술재료를 가져가는가?

요청받은 커피 대신 미술재료를 가져가는 것은 어떤 메시지를 보낼까? 우리가 충분히 경청하지 않았다는 것으로 보일까? 만약 우리가 커피를 가져갔다면, 그것은 장기적으로 도움이 되었을까? 이처럼 공동체가 "아무것도 가진 게 없다"는 것을 표현한 사례에서 장기적으로 진행한다는 것은 의미조차 있을까?

당신은 어떻게 반응하겠는가?

저자의 답변은 부록 B에서 확인할 수 있다.

결론

딱반와족의 생활방식에 맞춰 '춤을 추는' 경험의 중심에는 우리 자신의 개인적인 삶과 치유를 위한 예술사용의 이해에 영향을 미치기 시작한 '경청의 윤리'와 '상호 문화 간 예술 만들기'라는 황홀한 발견이 있었다(Macneill, 2014). 세계의 다른 원주민 집단들 사이에서도 행해지는 이 '경청의 윤리'는 심리사회적 지원을 제공하고 지역사회가 표현하거나 다른 방식으로 알게 된 그들의 요구에 적응하려고 우리가 노력하는 과정과 매우 관련이 깊다.

우리는 미술재료를 가져왔다. 우리는 그들의 춤을 먼저 배웠다. 우리는 커피 문제로 고심했다. 우리의 경험은 윤리적 문제에 대한 성찰이 대부분의 미술치료사가 차선으로 여기는 방법에 대한 기준의 지속적인 재평가를 위해 필수적인 공간을 제공한다는 것을 계속해서 가르친다. 이는 지역사회의 복지와 안전을 최우선으로 여기는 것의 중요성을 우리에게 일깨워준다. 어쩌면, 결국에는 윤리적이기를 원하는 마음이 우리가 제공할 수 있는 최고의 돌봄인지도 모른다. 그를 통해 신뢰가 쌓이고 어떻게든 우리는 스스로를 발견하게 된다. 해안가의 여인들이나 놀이에 빠진 아이들처럼, 수렁을 추고 겸손하지만 영웅적인 회복과 치유의 이야기에 빠져들면서 말이다.

반영적 미술경험과 토론을 위한 질문

1. 당신과 원주민 공동체의 관계를 심화하기 위한 방법으로 그들의 예술 형태에 대한 반응 미술작품을 창조하라.

2. 당신과 원주민 공동체의 리더/교사들이 서로 연결되고 이야기를 교환하며, 서로로부터 배울 수 있는 공유된 공간을 반영하는 미술작품을 창조하라. 그 공간은 어떻게 생겼을까? 어떤 가치와 지침이 이 공간이 포용적이고 정서적, 물리적으로 모두에게 안전하다는 것을 보장하는가?

3. '외부'의 집단이 원주민 공동체에 관여할 때 발생할 수 있는 자연스러운 힘의 역동에 대한 민감성과 함께, 그 공동체와 접촉하고 관계를 맺을 수 있는 다른 방법은 무엇이 있을까? 그들과의 연결을 공고히 하기 위해 당신은 어떤 질문을 할 것인가? '면접'이 아닌 배움의 교류가 이루어지기 위해 당신 자신의 삶에 관한 어떤 이야기들을 나눌 것인가?

4. 미술치료사들이 주로 사용하는 미술재료(예: 물감, 종이)를 쉽게 구할 수 없는 경우, 원주민 공동체 구성원들의 지속적인 미술작업을 위해 사용할 수 있는 현지의 매체는 무엇이 있을까?

참고문헌

BBC News (2013, November 14). Typhoon Haiyan: Aid in numbers. Retrieved from www.bbc.com/news/world-asia-pacific-24899006

Carandang, L., & Nisperos, M. (1996). *Pakikipagkapwa-damdamin: Accompanying survivors of disasters*. Manila: Bookmark.

Cartwheel Foundation (2016). Strength within: Harnessing Tagbanua resiliency. Retrieved from http://cartwheelfoundation.org

Davis, J. (2015). An indigenous approach to healing trauma. Retrieved from http://upliftconnect.com/indigenous-approach-to-healing-trauma/

Macneill, P. (Ed.). (2014). *Ethics and the arts*. New York: Springer.

UNICEF (2007). Inter-agency standing committee guidelines on mental health and psychosocial support in emergency settings. Retrieved from www.unicef.org/protection/guidelines_iasc_mental_health_psychosocial_june_2007.pdf

van der Kolk, B. (2014). *The body keeps the score: Brain, mind, and body in the healing of trauma*. New York: Penguin Group.

4

미술치료사냐고요? 네 맞아요. 목회자냐고요? 그것도 맞아요!

미술치료사가 이중역할을 수행할 때 발생할 수 있는 윤리적 쟁점

마티나 E. 마틴

선입견을 가질 때 따르는 해로움

나는 피츠버그 출신의 마티나 에스텔라 마틴이라는 이름을 가진 시스젠더* 흑인 여성으로서, 사람들이 나의 이름, 인종, 그리고 문화적 정체성에 대해 추측하는 것을 오래도록 경험해왔다. 내 이름은 라틴, 독일, 그리고 이탈리아 문화에서 기원했기에, 나는 내 이름이 가진 문화적 모호성과 그로 인한 다른 이들의 호기심을 포용하는 법을 터득해왔다. 나는 과거에 한 면접관과의 전화 인터뷰를 성공적으로 마친 뒤 행정 보조직을 제안받은 적이 있었다. 그 인터뷰 이후 나는 자신감에 차 있었고, 면접관과 내가 서로 잘 통했다고 생각했다. 출근 첫날, 나는 회사에 도착한 뒤 로비에서 내 새로운 슈퍼바이저가 나를 사무실로 안내해주기를 침착하게 기다렸다.

그동안, 나는 키가 큰 흑인 여성이 로비 정문 가까이 서서 사람들이 건물 안으로 들어올 때마다 주의 깊게 살피는 것을 보았다. 길고 긴 10분의 시간이 흐른 후, 그녀는 화가 난 목소리로 "마티나 E. 마틴 있어요?"라고 외쳤다. 내 이름을 부르는 데 왜 그렇게 오랜 시간이 걸렸는지 다소 혼란스러웠지만, 나는 일어나서 놀란 표

---

* 역주: cisgender, 생물학적 성과 성 정체성이 일치하는 사람

정의 그녀 앞으로 다가갔다. "당신이 마티나 E. 마틴이라고요?" 그녀가 물었고 나는 "네"라고 대답했다. "나는 당신이 라티나일 줄 알았어요." 그녀가 큰 소리로 말했다. "당신이 레게머리를 한 흑인 여자일 줄은 예상 못했어요!" 어색한 웃음 뒤에, 나는 그녀를 따라 사무실로 갔다. 나중에 동료로부터 전해 듣기를, 백인이었던 면접관은 이미 사무실 대부분의 직원이 흑인이었기에 인종적 다양성을 고려해 더 이상 흑인을 고용하고 싶어 하지 않았던 것이다. 몇 주 후, 나는 마침내 면접관을 직접 만나 내게 기회를 준 것에 대한 감사인사를 할 기회가 생겼는데, 그가 믿을 수 없다는 듯이 "당신이 마티나 에스텔라 마틴이라고요?"라고 물어보는 모습을 보며 그 또한 가히 충격을 받은 것을 알 수 있었다. "네." 나는 대답했다. 그 순간, 그는 분명 자신의 판단이 부족했다고 생각했을 것이다. 그 면접관은 나의 이름, 혹은 업무능력이 절대로 흑인에게 해당될 리 없다는 선입견을 가졌다. 물론 그는 틀렸다.

헨리 윙클러는 "편견은 관계의 기생충이다"라고 풍자했다. 이는 치료적 관계에서도 사실이다. 편견이 내담자의 왜곡으로 인해 발생하거나, 혹은 역할(들)을 명확하게 구별하지 못하는 치료사의 무능력함에서 발생할지라도, 이로 인해 내담자와 치료사 간의 신뢰가 감소하고 치료적인 작업을 진행하며 생기는 긍정적인 이익들이 간과될 수 있다. 비록 미국미술치료학회의 『미술치료사를 위한 윤리강령』(2013)과 미술치료자격위원회의 『윤리, 행동 및 징계절차 강령』(2018) 모두 미술치료사들은 모호성을 경계해야 할 의무가 있으며, 내담자가 관계 안에 존재하는 다른 역할들에 대해 명확히 이해해야 한다고 주장하지만, 실제 그들의 이해를 돕는 것은 어려울 수 있다. 이는 임상가들이 주어진 치료환경 안에서 하나 이상의 역할을 수행해야 함을 깨달을 때 특히 더 어렵다.

미술치료사가 목회자일 때

나는 학회에서 인증받은 미술치료사이자 자격증을 가진 전문상담가로서, 다양한 신체적, 정신적 문제를 갖고 살아가는 성인과 청소년들을 위한 비영리 지역건강센터에서 근무하고 있다. 우리 기관은 특히 HIV(인체면역결핍바이러스) 및 에이즈와 성 소수자를 위한 수준 높은 전문 케어를 제공하는 데 심혈을 기울인다. 나는 성별에 대한 관습을 따르지 않거나, 하나의 성별로 자신을 구분하지 않거나, 성전환을 한 내담자들과 일하면서, 내담자 자신이 선호하는 인칭대명사를 사용하는 것에 대한 중요성을 좀 더 세심하게 깨닫게 되었다.

나는 직장에서 실존적이며 영적인 위기들을 겪고 있는 내담자들을 자주 만난다. 정신건강 임상가로서 나의 주요 업무는 그들이 본인들의 생각, 감정, 그리고 아이디어를 탐색하고 작업할 수 있는 안전하고 판단받지 않는 장소를 제공하는 것이다. 내담자들이 이전의 잘못들로 인해 벌받는 것을 두려워하거나 혹은 신, 종교, 특정 믿음 공동체에 대해 분노할지라도, 내가 제공하는 미술치료와 상담을 통해 의미있는 방법으로 그들의 생각과 감정을 나누도록 돕는 것이 나의 사명이다.

자기개방의 의도되지 않은 결과

나는 신학석사학위와 목회 돌봄의 배경을 가졌기에, 내담자들의 영성 혹은 종교가 그들의 신체적, 정신적 어려움에 부정적인 영향을 끼치거나, 그 반대의 경우에 대해서도 각별히 신경을 쓴다. 나는 HIV나 에이즈, 혹은 암과 같은 만성질환이 자신이 저지른 죄의 결과라고 느끼는 내담자들을 만난 적이 있다. 예를 들어, 한 내담자는 내가 그의 내재화된 동성애 혐오에 동조하지 않았기 때문에 우리의 관계를 종결했다. "당신은 내가 남성에 대해 성적인 생각을 갖기 때문에 지옥에 가야 한다고 생각하지 않나요?" 그가 물었다. "아뇨." 나는 반문했다. "그렇지만 내 생각은 중요하지 않아요. 당신은 왜 그런 생각들로 인해 본인이 지옥에 가야 한다고 생각하나요?"

내담자는 나의 대답에 격노하며, 어떻게 신학석사학위를 가진 사람이 그가 동성애자이며 다른 남성에 대해 성적인 생각을 갖는다는 이유로 지옥에 갈 것이라고 규탄하지 않는지를 이해할 수 없다고 말했다. 내담자의 삶에서 신앙심의 중요성과 믿음의 근원을 감안했을 때, 나는 그가 지난 수년간 그의 성적 지향성을 빌미로 그를 규탄해온 수많은 목회자들을 만나왔다는 것을 알 수 있었다. 내가 그 비난에 동조하지 않고 목회자가 어떻게 반응해야 하는지에 대한 그의 편견에 도전한 것은 우리의 첫 회기에서는 도무지 회복될 수 없는 인지부조화의 상태로 그를 밀어 넣는 것 같았다. 그의 신앙심과 감정 사이에 존재하는 내재적 갈등을 다루는 것은 스스로의 의지를 필요로 하지만, 그 시점에서 그는 그럴 의지가 없었으며 다시는 회기에 오지 않았다.

그의 질문에 대답하기 위해 (나의 개인적 견해를 밝힌) 윤리적 결정을 돌이켜 생각하면 내 마음은 여전히 편치 않다. 미국미술치료학회와 미술치료자격위원회의 윤리강령은 종교나 성적 지향성에 따른 차별을 금지하고 있지만, 내 내담자의 질문에 어떻게 답하는 것이 가장 좋을지에 대한 지침을 제공하지 않는다. 내가 만약 그의 질문에 답하기를 아예 거부했거나, 지극히 전형적인 "왜 그 질문을 하셨나요?"라고 반응했다면, 우리의 치료적 관계가 더 연장되었을까 아니면 나를 쌀쌀맞고 다가가기 힘든 사람으로 만들었을까? 만약 그를 달래기 위해 내가 그 질문에 긍정적으로 답했다면, 나는 법과 양심이 요구하는 지극히 윤리적인 수칙들과 타협했을 것이다. 아마도 이런 방식으로 종결을 맺은 것은 내담자로 하여금 징벌과 믿음이라는 주제에 대한 대안적인 관점들을 고려할 수 있게 했는지도 모른다.

내담자들이 '죄,' '판단,' 그리고 '비난'과 같은 단어를 사용하는 것을 듣는 것은 내게 경각심을 갖게 하고, 그들이 믿음과 관련된 심각한 문제들을 어떻게 개념화하는지 알려준다. 또한, 이는 그들의 신앙심 혹은 종교적 행위가 치료과정에 이로울지, 혹은 해로울지에 대해 이해하는 데 도움이 된다. 이러한 것들을 평가한 뒤, 나는 비로소 내담자가 가진 종교적 믿음과 행동들이 실현 가능한 대처방법들이 될 수 있을지 결정할 수 있다. 만약 내담자들의 믿음과 행동들이 치료적 목표에 부합하지 않는다는 생각이 들면, 그들의 상황을 재해석하거나 믿음과 행동의 원인을 탐색함으로써, 미처 생각하지 못했던 더 건강한 타협점이 있을지에 대해 함께 생각할 수 있다.

목회자가 미술치료사일 때

연합감리교회의 상담목회자로서, 나는 소외계층에게 미술치료사이자 상담가라는 직업을 통해 내 신앙적 소명을 다하기 위해 부름받았다고 느끼며, 우리 신앙 공동체와 사회 전반의 정신건강을 도모해왔다. 수년 동안, 나는 신도들의 애도와 상실부터 자기 돌봄과 회복에 이르는 다양한 주제들에 대해 표현예술 워크숍들을 진행해왔다. 정신건강 분야에서 일하며, 나는 단식이나 기도만으로 해결할 수 없는 문제들로 인해 침묵 속에서 고통받는 것처럼 보이는 교인들이 소망하는 것에 관해 더욱 민감해졌다. 예를 들어, 흑인 공동체에서는 타머 라이스, 마이클 브라운, 에릭

가너, 산드라 블란드, 필란도 까스틸, 그리고 알톤 스털링과 같은 사람들의 무분별한 죽음을 초래한 반복되는 인종 프로파일링과 경찰의 만행으로 인해 많은 사람들이 압도되고 트라우마를 경험한다. 대배심이 대런 윌슨 경관을 비무장 상태였던 십대 마이클 브라운의 죽음과 연관된 명목으로 기소하는 것에 실패한 후, 나는 대부분이 흑인인 우리 교인들 사이에서 명백한 분노의 소용돌이와 무력감을 감지할 수 있었다. 비록 몇몇 교인들은 1950년대와 1960년대의 시민 평등권 운동에 활발히 참여했지만, 많은 이들이 이제는 시위를 하기엔 너무 노쇠했음을 한탄했다. 교인들에게 기소권 남용으로 여겨지는 것들에 대한 분노를 표출할 기회를 주기 위한 일환으로서, 미술치료사 브리트니 워싱턴과 나는 항의 엽서 제작을 통해 교인들의 분노와 좌절감을 건설적이고 카타르시스적인 방식으로 분출할 수 있는 즉흥적인 '예술의 휴식'을 진행했다. 그것들을 법무부에 보내기 전에, 강림절 주간 동안 중보기도로 교인들을 단결시키기 위해 엽서들은 하나로 연결되어 제단을 가로질러 걸쳐졌다.

미술치료사로서 나는 내담자들이 말로 설명할 수 없는 것들을 소화할 수 있게 돕는 수단으로 미술작업을 사용한다. 그들이 사랑하는 이를 갑자기 잃는 경험을 했거나, 비극적인 개인사에서 살아남았거나, 자연재해나 인재로 인해 풍파를 겪었을지라도, 우리는 이 혼돈 속에서 '의미를 찾기 위해' 함께 노력한다. 나는 목회자로서 표현예술 워크숍들을 통해 신앙 공동체 안에서 중보기도의 과정에 직접적으로 참여할 수 있는 기회를 갖는다. 이때 나는 미술치료사나 상담가로 기능하지는 않지만, 나의 전문적 배경과 훈련들은 내가 목회 사역을 통해 만나는 이들의 정신적, 정서적 안녕감과 관련된 문제들에 대해 책임감 있게 대변할 수 있도록 한다. 나는 또한 [그림 4.1]에서 볼 수 있듯이 혼합 재료를 사용한 스토리 천(story cloth*) 방식을 통해 내 스스로를 위한 미술작품을 만들기도 한다.

---

* 역주: 몽족의 역사, 문화, 사건 혹은 내러티브를 전통적인 방식으로 평평한 직물의 표면에 묘사하는 바늘 공예를 일컬음.

그림 4.1 반란: 그들은 우리를 묻어버리려 했지만 우리가 씨앗이란 건 몰랐다 (컬러그림 참조)

내 윤리적 딜레마

강한 역전이를 경험할 때 나는 어떻게 치료적 틀을 유지하는가?

내가 낮 병동 프로그램에서 미술치료사이자 프로그램 코디네이터로 일했을 때, 특별히 어려운 윤리적 딜레마를 마주한 적이 있다. 그 프로그램은 안전하고 집 같은 지역사회 환경에서 전반적인 주간 치료 서비스를 제공함으로써 HIV 및 에이즈를 가진 이들의 삶의 질을 향상시키는 데 목적이 있었다. 일에 익숙해질 무렵, 나는 프로그램에 새로 온 한 내담자를 만났다. HIV 양성인 것과 더불어 그는 시한부 암 선고를 받은 직후였기에 이미 복잡한 그의 정신건강 상태는 더욱 악화된 상태였다. 그는 때로는 상냥하고 다정할 때도 있었지만, 기분이 급변할 때면 화를 내고 모욕적인 말을 하며, 과하게 비판적이기도 했다. 직원들이 이런 행동에 대해 언급했을 때, 그는 반항적이고 적대적인 태도를 보이다가도 눈물을 글썽거리고 회한에 찬 모습을 보였다. 예측 불가능한 그의 기분을 고려했을 때, 같은 프로그램에 있는 대부분의 내담자들이 그와 거리를 둔 것은 그다지 놀랍지 않은 일이었다.

내담자가 특히 기분이 좋았던 어느 날, 그가 내 문의 명패를 가리키며 "당신 이름 뒤의 M-D-I-V가 무엇을 뜻하나요?"라고 물었다. 그에게 나는 미술치료 외에도 신학대에서 받은 학위가 있다고 답했다. 그는 진심으로 관심을 보이며, 변신론의 기초를 이해하기 위해 내게 삶, 죽음, 그리고 신에 대한 어려운 질문 공세를 퍼부었다. "왜 착한 사람들에게 안 좋은 일들이 일어나나요?" "왜 나쁜 사람들에게 좋은 일들이 일어나나요?" 그가 종종 물었다. 내담자의 건강상태가 얼마나 나쁜지 알았기에, 나는 그의 계속되는 질문들이 무의미해 보이는 것에서 의미를 찾기 위한 시도라는 것을 알았다. 시간이 흐르며, 우리의 대화를 통해 그의 호기심은 더욱 증폭되었다. 그러나 어떤 식으로도 그의 사상을 변화시키려는 시도는 직접적인 윤리강령의 위반임을 알았기 때문에, 나는 우리의 대화가 대체로 중립적일 수 있도록 최선을 다했다.

지역 교회에서 온 봉사자들이 영성 모임을 주도했을 때, 내담자는 그 시간을 내가 대답하기 주저했던 질문들을 봉사자들에게 물어보고 그들의 믿음에 대해 심문하는 기회로 삼았다. "대체 어떤 신이 사람들을 죽이고 다니죠?" 그는 질문을 던진 뒤 재빠르게 끼어들며 "나는 그런 신은 전혀 믿고 싶지 않네요!" "어떻게 당신은 그런 신에 관한 '복음'을 여기 와서 나눌 수 있죠? 그건 저한테 복음이라고 느껴지지 않는데요"라며 흥분하곤 했다. 그의 질문들은 봉사자들을 자주 압도하고 어쩔 줄 모르게 만들었으며, 나는 그가 다른 사람들의 경험을 훼방 놓지 않게 하기 위해 그를 모임에서 제외시켜야 하나 고민하며 때때로 골머리를 앓았다. 그러나 시간이 지나고 그의 병세가 악화되면서, 그의 논쟁 속 절망감은 더욱 뚜렷해졌다. 나는 그가 왜 신이 홍해를 가르고 파라오를 벌했는지에 대해 알고 싶어 하지 않는지 이해하게 되었다. 그는 왜 신이 치료 불가능한 암으로 자신을 벌하고 있는지 알고 싶었던 것이다!

의사로부터 좋지 않은 소식을 들은 어느 날, 내담자는 흥분하고 격분한 상태로 프로그램에 왔다. 나를 향한 그의 분노는 너무나도 커서, 나는 내 안전에 대해 두려움을 느꼈다. "당신은 정말 내 전부인과 똑같아." 그가 나에게 돌진하며 날 구석으로 몰아넣고 소리를 지르며 말했다. "당신은 당신이 정말 신성하고 의로운 줄 알지! 당신이 나보다 나은 인간이라고 생각하지, 안 그래?" 나는 나를 향한 그의 부정적인 전이에 완전히 무너져 어떻게 대답해야 할지 몰랐다. 나는 가능한 한 빨리 내 사무실로 도망가서 문을 닫고 무기력한 아이처럼 흐느꼈다. 치료사로서 나의 미래를 고민하며 나는 '내가 언제 이 관계를 끝낼 수 있을까? 저 사람은 너무 심하잖아!'라고 생각했다.

당신은 어떻게 반응하겠는가?

저자의 답변은 부록 B에서 확인할 수 있다.

맺는 말

나는 내담자들과 절대로 본격적인 사역을 하지는 않지만, 내담자들에게 무조건적인 긍정적 존중, 공감, 그리고 진실된 염려를 제공하려 노력한다. 나는 내담자들이 자신의 정신적, 신체적, 정서적 어려움과는 관계없이 보살핌받고 존중받는다고 느낄 수 있도록 노력할 때마다, 정신건강 임상가로서 좋은 치료를 제공할 뿐만 아니라 우리들 중 '지극히 작은 자'에 대한 나의 소명에 충실하고자 한다.

위 사례에서, 내담자는 미술치료사이자 목회자인 나의 역할에 대해 많은 선입견을 가졌었다. 그는 전부인 및 종교와 관련된 개인의 부정적인 경험들을 나에게 전이시킨 것 이외에도 나의 개인적인 믿음이 자기 자신 및 스스로의 가치를 판단하는 리트머스 시험지 같은 것이라고 가정했다. 그는 틀렸다. 그때는 확실히 알지 못했지만 지금 생각했을 때 한 가지 분명한 점은 그가 복잡한 의학적 진단뿐만 아니라 성격장애 진단도 받았어야 했다는 점이다. 이 가능성을 염두에 두고 그가 다른 내담자들 및 직원들과 상호작용하는 방식을 생각할 때, 왜 그를 영성 그룹에 남게 한 것이 장기적으로는 그에게 치유적이고 치료적이었는지 쉽게 이해할 수 있다 (비록 은밀하게 마음속으로는 그를 제외시키고 싶었지만 말이다). 비록 나의 역전이 경험이 그런 방식으로 나타난 점은 아쉬웠지만, 이 경험에서 분명 배울 점은 있었고 그의 삶 속에 있는 실존적인 고뇌들을 스스로 해결할 수 있도록 충분한 치료적 기반을 제공해줄 수 있었음에 감사한다.

> **반영적 미술경험과 토론을 위한 질문**
>
> 1. 내담자와의 종결을 고려했을 정도로 강렬했던 (부정적이거나 긍정적인) 역전이를 경험한 순간에 대한 미술작업을 해보자.
> 2. 당신이 이행하려고 노력해본 이중역할에 대해 생각해보고 그 두 역할이 어떻게 서로 영향을 주었는지 (드로잉, 페인팅, 콜라주, 혹은 점토를 사용하여) 표현해보자.
> 3. 내담자들이 선호하는 인칭대명사를 존중해주려면 어떻게 해야 하는가?
> 4. 영성이라는 주제가 당신의 치료적 과정에 중요한 역할을 하는가? 만약 그렇다면, 어떤 방식으로 영향을 주는가? 만약 아니라면 왜 그렇지 않은가?

참고문헌

American Art Therapy Association (2013). *Ethical principles for art therapists*. Alexandria, VA: AATA.

Art Therapy Credentials Board (2018). *Code of ethics, conduct, and disciplinary procedures*. Greensboro, NC: ATCB.

5

편견이 옳을 때도 있을까?
미술치료사, 슈퍼바이저, 그리고 교수로서 국제적으로 일하는 것에 대한 윤리

하이디 바르도

해외에서 자라온 나는 국제적으로 일하는 것—임상을 하거나, 교육을 제공하거나, 집중적인 교육 프로그램을 설계하는 것—이 일을 끝내고 집으로 돌아오면 끝나는 '타인'과의 상호작용이 아니라, 세상이 제공하는 성장, 상호 학습 및 연결을 위한 기회에 우리 스스로를 개방함으로써 '집'이라는 공간이 확장되는 것이라고 생각한다. 그러나 이러한 관점을 취하는 것에는 우리의 목표와 의도에 대해 질문하고 편견과 기대를 탐색하며, 모든 상황을 윤리적인 지침과 경계를 바탕으로 접근해야 하는 책임이 뒤따른다.

의도를 질문하기: 그렇다면, 나는 왜 이것을 하기를 원하는가?

국제적으로 일하기 위해 준비해야 하는 가장 어려운 단계 중 하나는 우리가 왜 이 일을 하기 원하는지에 대해 질문하는 것이다. 많은 경우, 이것은 잘못된 '구원자 콤플렉스'—미술치료의 마법을 불우한 이들에게 소개함으로써 그들을 구하고 싶은 욕망—때문이다. 우리는 모두 타인을 돕고 지지하고픈 마음에 이 분야에 왔지만, 오직 '우리만이' 할 수 있고, '우리만이' 답을 알고 있다는 생각은 위험한 식민지적 관

점의 반영이다(Potash, Bardot, Moon, Napoli, Lyonsmith, & Hamilton, 2017). 타 지역 공동체들과 작업하는 기쁨 중 하나는 상호 간의 배움이 있다는 것이다. 그러나 이 역시 왜곡될 수 있는데, 배움을 위한 상호작용보다 우리가 이 경험에서 얻을 수 있는 것들이나, 이력서에 넣을 것, 페이스북에 포스팅할 것들에 대해 더 관심을 갖게 될 때 그러하다. '미술치료국제업무평가'(Art Therapy International Work Assessment: ATIWA, Hillinga-Hass, Bardot, Anand, & Prasad, 2015)는 치료사들이 스스로 아래와 같은 질문들을 할 수 있도록 고안된 자기보고식 척도이다.

- 당신이 일하려는 지역에 살고 있는 이들에게 닥친 가장 큰 3개의 장애물은 무엇인가?
- 당신이 일하려는 나라의 문화에서 미술의 역할은 무엇인가? 당신이 일할 계획인 나라에서는 보통 어떤 종류의 미술작업이 이루어지는가?
- 당신은 위험하거나 생명을 위협하는 상황에 직면한 적이 있는가? 이러한 상황들에 대비할 준비가 되어 있는가?
- 당신의 기대와 생각은 도전받을 준비가 되어 있는가?
- 당신이 앞으로 일할 지역의 문화적 관습들을 얼마나 기꺼이 준수할 수 있는 가?(예: 무릎 아래로 내려오는 치마를 입거나 식사 중 왼쪽 손을 사용하지 않을 것인가?)

Hillinga-Haas et al., 2015, pp. 1-4.

치료사들이 해외에서 일하기 전 고려해야만 하는 정서적, 신체적, 그리고 영적 도전들에 집중함으로써, 미술치료국제업무평가(2015)는 치료사가 국제적인 업무의 "현실적이고 낭만적이지 않은 측면들"(p. 1)에 대해 준비하도록 도와줄 수 있다.

편견과 경계의 인식: 그것들을 딛거나, 넘어서거나, 밟아야 할 때

치료사로서 우리는 개인적인 편견들—타인의 영향으로, 혹은 과거경험으로 인해 생성된 내재적 믿음—을 깨닫고 인식하는 것의 중요성을 알고 있다.
　이러한 문화, 인종, 성별, 성, 영성 혹은 연령에 기반한 믿음들은 우리의 상호작용, 행동들, 희망, 그리고 두려움에 영향을 미친다. 해외에서 일할 때, 이러한 편견들은 긍정 및 부정적인 결과로 우리의 기대(예: 어떤 문화는 미술치료를 포용할 것이라고 보는 반면, 다른 문화는 미술치료에 거부적일 것이라고 가정하는 것)에 쉽게 스며든다. 건강한 경계는 숙련되고 잘 적응하는 치료사의 지표 중 하나이다. 군건한 경계를 갖고 있는 것은 문화나 상황에 따라 치료사가 융통성 있게 경계를 풀거나 넘어갈 수 있도록 한다.

임상가의 시각에서: 기대를 내려놓는 것

국제적으로 나는 난민촌, 감옥, 은신처, 청소년 프로그램, 정신과센터, 그리고 학교에서 일해왔다. 나는 학생들에게 국제적으로 일하기 위해서는 이미 알고 있는 모든 것들에 대해 점검해야 하고, 그중 대부분은 버려야 하며, 특정 상황, 문화, 혹은 만나게 될 내담자에 걸맞은 새로운 무언가를 창조해야 한다고 항상 말한다. 전통적으로 인도에서는 아동들이 미술시간에 최종 작업 결과에 대해 자랑스러움을 느낄 수 있도록 아름다운 이미지들을 창작하거나 베끼는 것을 배운다. 우리가 아동들에게 이미지를 만드는 과정 자체가 중요하고 '못난' 이미지들을 그려도 괜찮다고 언급하며 낙서를 하고 자신의 감정들을 표현하라 했을 때, 아이들은 괴로워했고 교사들은 혼란에 빠졌다. 미술 활동의 문화적 규범들을 배움으로써 우리는 미술치료와 미술회화의 차이점을 명확하게 구분할 수 있었으며 긍정적인 결과물이 나올 수 있도록 우리의 프로젝트들을 수정할 수 있었다.

중동에서 나는 폭동과 혼잡하기로 악명 높은 산중 감옥에서 미술치료를 실시했다. 그곳은 3,000명의 수감자를 수용할 수 있게 지어졌지만 거의 두 배 넘는 수감자를 보유하고 있었다. 나는 정신건강 병동에서 20명의 남성들과 회기를 진행했는데, 그들은 모두 살인 전과가 있었다. 그들의 연령은 20대 초반부터 80대 중반까지 걸쳐 있었으며 그들의 가족은 그들이 복역을 마친 후에도 함께 살기를 거부했기 때문에 30년 이상 그곳에 살고 있던 이들도 많았다. 문화적 규범들을 고려했을 때, 나는 내가 평소에 실시하던 미술치료 회기들을 수정해야만 한다는 것을 금세 깨달았다. 이전에 일하던 정신과 병동들에서는 비상시 빠른 대피를 위해 출입문을 등지고 않는 것이 일반적이었다. 반면 이 병동에서 나는 유일한 출구에서 멀리 위치한 구석에 앉도록 안내받았으며, 아라비아산 커피와 껍질 깐 귤을 대접받았다. 나는 이 상황에 대해 빠르게 파악하고 대응했다. 나는 이 남성들이 살인을 저질렀다는 것을 알고 있었으며 그들이 대접한 것들(정화되지 않은 물로 만들어진 커피와 그 물로 씻은 귤)로 인해 내가 탈이 날 수도 있다는 것을 알고 있었다. 그러나 나는 또한 이 문화가 베푸는 문화인 것과 이러한 관습 안에 있는 남성들의 개방적인 천성에 대해서도 인식하고 있었다. 사실상 '나는 그들의 집에 손님으로 초대된 것이었다'. 나는 잠재적인 위험 요소들을 생각하고 내 본능을 믿고, 나의 규칙들을 굽히기로 결정했다. 나는 준비되어 있는 의자에 앉아 그들이 대접해준 커피와 귤을 먹었다. 그 결과, 신뢰가 구축된 편안한 분위기 안에서 강점, 희망, 그리고 영적 믿음들을 나누며 진솔하고 수용적인 치료 회기를 진행할 수 있었다.

　　내가 늘 이런 결정을 내리는 것은 아니다. 얼마 지나지 않아 우리는 종신형을 선고받은 이들을 위한 병동에서 떠나야 했는데, 과잉된 수용인원과 비참한 생활조건들로부터 발생한 좌절과 분노로 인해 폭동이 일어나고 있었기 때문이다. 나는 다른 나라들의 여러 기관에서 일해오면서 더 이상 웬만한 일에는 놀라지 않는다. 하지만 종말 영화의 세트같이 생긴 이 감옥을 봤을 때 나는 실제로 숨이 멎는 줄 알았다. 철조망이 건물 전체를 둘러싸 감싸고 있었고, 수건, 담요, 옷들이 모든 창문과 틈 사이에 걸려 뜨거운 태양 아래 마르고 있었다. 지면은 온통 쓰레기 천지였으며, 모든 틈새에서 손과 팔이 튀어나왔다. 남자들이 벽을 두드리고, 바닥에 발을 구르고, 소리와 비명을 지르는 소음들이 너무나도 강력해서 실제로 창문의 쇠창살이 흔들릴 정도였다. 우리가 감옥 밖에서 안으로 들어갈 만큼 이 상황이 충분히 잠잠해지기를 기다리고 있었을 때, 나는 한계를 생각했다. 나는 우리가 병동에 들어간 이후에 폭동이 일어나지 않은 것에 대해 운이 좋다고 느꼈다(과거에는 수감자들이 방문자들을 인질로 잡았었다). 만약 내가 두려움과 안전하지 않다는 느낌에 몸부림쳤다면 사실상 치료사로서 역할을 수행할 수 있었을까? 우리 모두는 언제, 어디서, 그리고 왜 우리가 배워온 경계선들을 넘어야 하는지 결정하면서 우리 자신의 한계를 설정해야만 한다. 우리의 의무는 내담자들뿐만 아니라 우리 자신 또한 보호하는 것이다. 내가 머무는 동안 폭동이 계속되었기 때문에, 우리는 결국 병동에 들어가지 못했다.

교육자의 시각에서: 사람들에게 미술치료 기법들을 교육하는 것은 윤리적인가?

어떤 이들은 비미술치료사들에게 미술치료 기법을 훈련시키는 것은 학생들이 미술치료사가 되기 위해 추구하는 강도 높은 훈련을 간과하는 것이라고 말하고, 다른 이들은 사람들이 이미 상담, 학교, 그리고 공공기관에서 미술을 사용하고 있기 때문에 그들이 미술을 적절히 사용할 수 있도록 교육시켜야 함을 주장한다. 나는 해외에서 일하며, 자신의 국가에서 미술치료의 선구자라 자칭하는 많은 사람들을 만나왔다. 그들은 미술을 효과적으로 사용하려는 내재적 직관을 가지고 있으며, 그 이면의 힘을 인식하기에 윤리적이고 유용하게 미술에 접근할 방법들을 모색하고 있는 자들이었다. 따라서 나는 비미술치료사들을 훈련시키거나 워크숍을 실시할 때, 자신의 학생들의 그림을 심도 있게 바라보고 학생들이 작업에 대해 신중하게 이야기하기를 원하는 학교 선생님이나, 난민을 치료하며 그들의 트라우마를 눈앞에서 목격했지만 그들의 미술작업에 긍정적이고 지지적인 태도로 대하는 방법을 모르는 구호 요원, 또는 미술치료를 배우고 싶지만 경제적 상황, 비자, 혹은 가족 문제들로 인해 그러지 못하는 상담가에게 집중한다. 또한, 나는 그들이 자신의 특정한 욕구, 걱정, 어려움, 그리고 문화적 영향에 대해 어떻게 하면 내게 더 잘 알려 줄 수 있는지에 대한 방법을 모색하고, 그를 통해 우리가 함께 그들의 상황에 잘 적용되는 접근방식을 만들어갈 수 있도록 한다.

나는 레바논에 거주하는 연극치료사, 상담가, 교육자, 그리고 구호 요원들에게 1주일 과정의 미술치료 기법 입문을 가르치려던 참이었다. 전에 비슷한 강의들을 해 보았기에 나는 문화적 필요성에 따라 형식과 구조를 조정해야 한다는 것을 알고 있었으나, 무엇을 얼마나 바꿔야 하는지에 대해서는 미처 생각하지 못했다. 나는 38명의 참가자들에게 자신을 소개할 수 있는 작은 잡지 그림을 각자 고르게 하는 것으로 강의를 시작했고, 보통 그 과정은 1~2분이 걸리는 작업이었다; 그렇지만 이 집단에서는 한 명당 5~10분의 시간이 소요됐다. 각 집단원들은 자신이 선택한 이미지의 모양, 색, 내용, 그리고 삶과의 연결성에 대한 서정적인 아름다움에 대해 나누었고, 이는 내가 존중하고 싶은 그들의 아름다운 문화이자 그들이 내게 중요하다고 가르쳐준 과정이기도 했다. 이에 따라, 다음 날 도입 부분의 작업은 각 개인이 심도 있게 나눌 시간을 가질 수 있도록 소그룹으로 나누어 진행하였다. 나는 끊임없이 배우고 적응해가고 있다.

어떤 아이디어를 다른 국가의 사람들에게 소개할 때, 우리는 자신이 그 나라를 떠난 후에 사라지는 서비스를 제공하지 않기 위해 지속 가능성을 반드시 고려해야만 한다. 그 일을 계속 이어나가기 위해 현지인들을 훈련시키는 것이 종종, 그리고 반드시 필요하다. 우리가 남아프리카에서 하계 해외 미술치료 프로그램을 시작했을 때, 지역사회 복지사들에게 미술을 사용할 수 있도록 훈련시킴으로써 우리가 청소년 센터에서 시작한 일은 계속 이어졌다.

교수의 시각에서: 문화적 민감성을 유지하면서 학생들과 내담자들을 지지하는 방법

점점 다양해지는 인구 집단에서 일할 수 있는 문화적으로 기민한 미술치료사들이 될 학생들을 훈련시켜야 할 필요를 인식하며, 나는 2007년에 3주간 진행되는 여름 강의인 '국제사회 미술치료와 문화다양성' 과목을 개설했고, 학생들을 프랑스, 인도, 남아프리카, 아랍에미리트, 그리고 크로아티아에 데려갔다. 이 강의의 첫 목표는 학생들이 언어를 모르고, 문화 관습에 대해 다소 불편하게 느낄 수 있으며, 소수자들이 내담자로서 느낄 수 있는 일부 스트레스와 취약성을 내재화할 수 있는 상황에 노출시키는 것이었다. 이러한 경험들은 그 후 '문화다양성' 과목과 연결되었는데, 이 과목은 학생들이 '이론과 실제'의 차이를 좁힐 수 있도록 자각, 지식, 그리고 기술 향상을 위해 고안되었다(Ruddock & Turner, 2007; Pedersen, 2009; Sue & Sue, 2008). 종종 학생들은 심리학 이론과 적용이 다른 문화에서 온 사람들과 효과적으로 상호작용하기에 충분하다고 가정하며, 자신들이 서구적이며 유러피안적인 관점에서 소통한다는 것을 생각하지 못한다(Cambell, Liebmann, Brooks, Jones, & Ward, 1999; Cattaneo, 1994; Hiscox & Calish, 1998; Moon, 2015; Pederson, 1994; Sue & Sue, 2008).

학생들을 해외로 데려갈 때, 나는 그들에게 안전하고 정신적으로 고무되는 학습환경을 제공하며 그들이 긍정적이고 지지적인 자세로 배우고 경험한 것을 소화할 수 있도록 해야 한다. 흥미로우면서도 취약한 상황에 놓인 학생들은 다양한 정서적 반응—불안과 믿음에 대한 의구심부터(심지어 정체성까지도) 성장과 인식에 이르기까지—을 경험하기 때문에, 이 여정은 극진한 돌봄을 동반한 사려 깊은 노력이 깃들어야만 한다(Bardot, 2011). 인턴십 장소들은 기회와 위험이 공존한다는 것을 염두에 두고 선별되었으며, 학생들이 스스로의 한계를 확장할 수 있게 해주었다 (예: 내담자가 이가 있을 경우 신체적 접촉에 대해 어떻게 다룰 것인가; 병원에서마저도 신발을 벗는 문화적 관습에 대한 스스로의 불편감을 어떻게 대처할 것인가). 학생들을 지지해주기 위해 나는 매일 저녁 모임을 가졌는데, 이를 통해 학생들은 저널링과 미술 작업을 하고, 집단과 나눔으로써 서로 간의 공통점과 차이점을 인식하며 하루의 경험을 소화할 수 있었다. 많은 학생들에게 이 모임은 그들이 가장 선호했던—그리고 가장 효과적인—배움의 장이었다.

내 윤리적 딜레마

편견이 옳을 때도 있을까?

처음으로 인도에 미술치료 학생들을 데려갔을 때, 여러 기관 중 아동과 젊은 성인을 위한 정신병동에 인턴으로 배정된 두 명의 학생들은 교사들이 아동들을 통제하려는 목적하에 그들을 매로 때리고, 의자에 묶고, 그 상태로 몇 시간 동안 혼자 놔두는 것을 목격하고는 매우 큰 충격에 휩싸였다. 그날 저녁 두 인턴은 집단과 이러한 걱정들을 나누며 집단원들의 지지를 받았다. 토론 중 우리는 서구적인 편견으로 인해 우리가 얼마나 영향을 받고 있는지를 탐색했는데, 해당 정신병동의 직원들은 아동학대법을 포함한 엄격한 행동지침들을 따라야만 했기 때문이다. 두 인턴은 다음 날 그들의 수련기관으로 돌아가서 직원에게 그들의 접근방식에 대해 질문하고 다른 제안들을 하면서 그 병동의 시스템을 바꾸는 것을 도모하기로 결심했다. 그러나 이튿날 저녁에 열린 우리의 저녁 모임과 슈퍼비전에서, 두 학생은 교사와 대화를 나누려던 그들의 노력은 이 방법만이 아이들을 통제할 수 있는 유일한 방법이라는 교사들의 가시 돋친 말로 돌아왔음을 나누었다. "아이들이 동물처럼 행동하면, 동물처럼 대접받아야 합니다"라는 것이었다. 이 반응은 우리가 힌두교에 관해 들었던 '모든 생명체(인간과 동물)는 존중과 보살핌을 받아야 한다'라는 믿음과는 상반된 것처럼 보였다. 학생들은 직원들이 아이들을 쫓아가서 그들의 등과 머리를 매로 때리며, 같은 소년을 의자에 묶은 뒤 혼자 두는 것을 또 목격했다고 보고했다. 그들은 흐느끼며 무력감과 직원들을 향한 분노를 표현했다. 아동들을 방관했다는 죄책감에도 불구하고 학생들은 다시 병동으로 돌아가 그들이 바꿀 수 없는 것을 그저 지켜보는 일은 할 수 없다고 결정했다.

그날 저녁 모임은 변화를 강요하는 것에 내재된 긴장감, 개인이 아무것도 할 수 없다는 무력감, 그리고 문화구조의 힘에 초점을 맞췄다. "편견이 옳을 때도 있을까?" 집단은 고민했다. 학생들은 편견이 '대부분 불공평하다고 여겨지는 것에 반하는, 혹은 그것을 위한 선입견'(Merriam-Webster, n.d.)으로 정의 내려지는 것에 질문했다. 체벌과 같이 문화적으로 수용 가능하다고 간주되는 것 같은, 타인을 해하는 것에 동의하지 않는 것이 편견이라 할 수 있을까? 이것은 인권에 관한 문제인가? 우리는 언제 문화적으로 민감해져야 하며, 언제 우리가 '옳다고' 믿는 것을 위해 주장하고 싸워야만 할까? 편견이 옳을 때도 있을까?

당신은 어떻게 반응하겠는가?
저자의 답변은 부록 B에서 확인할 수 있다.

맺는 말: 인식, 경계선, 그리고 편견의 확장─맙소사!

해외에서 일하는 것에 대한 학생들과 전문가들의 높아진 관심과 더불어, 우리는 동기, 내재된 편견, 사람에 대한 기대, 상호작용 및 경험 자체에 관해 더 깊게 탐색해야만 한다. 돌봄과 공감이 기술, 자기인식, 그리고 경계보다 우선시될 때를 알아차려야 한다. 그리고 우리가 불가피하게 시험에 들게 될 경우, 내면을 성찰하고 외부의 도움을 모색하는 것이 중요하다. 그래야만 우리는 각 사례들을 성장 경험으로 여기며, 치유적이고 문화적으로 깨어 있는 태도를 갖고 윤리적으로 반응할 수 있기를 소망할 수 있다.

반영적 미술경험과 토론을 위한 질문

1. 당신의 개인적인 편견을 목록으로 작성해보자. 생각을 검열하지 말고 최대한 솔직하라. 편견 중 하나를 선택한 후 그것이 생겨난 근원을 탐색해보자(근원은 대부분 하

나의 특정 상호작용에 집중되어 있기보다는 긴 시간 동안 발생한 모든 상호작용으로 파생된 개인적이거나 가족적인 경험이다). 토론하라.

2. 자신의 편견의 대상과 긍정적으로 마주하는 상상을 심상으로 만들어보자. 토론하라.

참고문헌

Bardot, H. (2011, July). Out of the darkness comes understanding and awareness: Students' process during an international course. Paper presented at the meeting of *the American Art Therapy Association's 42nd Annual Conference*, Washington, DC.

Campbell, J., Liebmann, M., Brooks, F., Jones, J., & Ward, C. (Eds.). (1999). *Art therapy, race and culture*. London: Jessica Kingsley.

Cattaneo, M. (1994). Addressing culture and values in the training of art therapists. *Art Therapy: Journal of the American Art Therapy Association, 11*(3), 184-186.

Hillinga-Haas, H., Bardot, H., Anand, S., & Prasad, S. (2015, July). Art Therapy International Work Assessment (ATIWA). Paper presented at the meeting of *the American Art Therapy Association's 46th Annual Conference*, Minneapolis, MN.

Hiscox, A. R., & Calish, C. A. (Eds.). (1998). *Tapestry of cultural issues in art therapy*. Philadelphia, PA: Jessica Kingsley.

Merriam-Webster (n.d.). Bias. Retrieved from www.merriam-webster.com/dictionary/bias

Moon, B. (2015). Multicultural and diversity issues in art therapy. In B. Moon, *Ethical issues in art therapy* (3rd ed.). Springfield, IL: Charles Thomas.

Pedersen, P. (2009). Teaching towards an ethnorelative worldview through psychology study abroad. *International Education, 20*(1), 73-86.

Pederson, P. B. (1994). *A handbook for developing multicultural awareness* (2nd ed.). Alexandria, VA: American Counseling Association.

Potash, J., Bardot, H., Moon, C., Napoli, M., Lyonsmith, A., & Hamilton, M. (2017). Ethical implications of cross-cultural international art therapy. *The Arts in Psychotherapy, 56,* 74-82.

Ruddock, H., & Turner, D. S. (2007). Developing cultural sensitivity: Nursing students' experiences of a study abroad programme. *Journal of Advanced Nursing, 59*(4), 361-369.

Sue, D. W., & Sue, D. (2008). *Counseling the culturally diverse: Theory and practice* (6th ed.). Hoboken, NJ: John Wiley & Sons.

문화적으로 적응하는 미술치료 임상

과연 이것이 윤리적일까?

메르세데스 발베 테르 마트

약 40년 전, 나는 '영주권'을 가진 합법적 이민자로서 고향인 아르헨티나를 떠나 미국에 도착했다. 영주권을 가졌다는 것은 내가 미국에 원하는 만큼 오래 머무를 수 있고 아르헨티나에 원하는 만큼 자주 돌아갈 수 있다는 것을 뜻했다. 그래서 나는 그렇게 했다. 미국이 싫어서가 아니라 아르헨티나가 매우 그리웠기 때문이다. 그리고 40년이 지난 지금도 여전히 내 시간의 반은 미국에서, 나머지 절반은 아르헨티나에서 보낼 수 있도록 최대한 애를 쓰고 있다.

　　나는 미국의 대학에서 교육받았기에―미술치료와 상담심리학 학사, 석사 및 상담심리학 박사―정신건강 분야에서 행해진 나의 임상과 수련은 영국계 미국인의 관점을 기반으로 한다. 내가 수강한 모든 강의들은 한 수업을 제외하고 백인 교수들이 가르쳤으며, 교수들이 소개한 임상 사례 연구들은 대부분 백인 내담자들에 대한 것이었다. 실제로 나는 미국 주류의 내담자들과 작업하는 기술들을 배웠다. 다른 문화에서 온 내담자들(예: 흑인 혹은 히스패닉 내담자들)과 어떻게 치료를 진행하는지에 대한 것은 논의되지 않았다. 우리는 모든 내담자의 치료가 같다는 가정을 전제로 일했다. 나는 내가 미국의 백인과 다르다는 것을 알았기 때문에 모든 내담자가 같지 않다는 것을 알고 있었다. 더 좋거나 나쁜 것이 아니라, 단지 다른 것임을.

내가 '백인스러움'이라고 부르는 것은 내 삶의 모든 측면에 스며들었다. 고등학교, 대학교, 대학원에서 좀처럼 다른 히스패닉들을 볼 수 없었기 때문에 나는 의사소통을 하고, 관계를 맺고, 행동을 하는 것에 대한 나의 기준에 백인스러움을 빠르게 적용하기 시작했다. 예를 들어, 누군가를 처음 만난 날이나 내가 모임을 떠날 때 사람들에게 키스하는 것을 그만두었다(한쪽 볼에 키스를 하며 반겨주는 것은 아르헨티나인들의 관습적 인사이다). 내가 백인 미국인들에게 키스하려고 시도하자 그들은 질겁한 듯 보였고, 내가 그들에게 다가가자 뒤로 물러서는 것을 보면서 그들의 개인적인 경계를 불쾌하리만큼 분명하게 알 수 있었다. 개인적 경계의 차이점을 보여주는 또 다른 예는 사람들과 '어울리는' 방법에서 찾을 수 있었다. 히스패닉들은 집단주의적인 성향을 갖고 있으며 대체로 집단으로 모여서 먹고, 웃고, 크게 떠든다. 여러 세대로 구성된 대규모의 라틴 가족들이 한 지붕 아래 함께 살며, 식사하는 것은 자주 볼 수 있는 광경이다. 이민자로서, 나의 직계가족을 제외한 모든 가족은 아르헨티나에 살고 있었다. 우리가 미국에 도착하자마자 나와 형제들은 교육을 위해 미국 각지로 더 멀리 떨어졌다. 아르헨티나에 거주하는 내 또래 친구들과 사촌들은 아직도 원가족 안에서 부모님과 함께 살고 있었다. 백인의 기준으로 보았을 때 이러한 문화는 전문가의 관점에서는 '미분화'된 것으로, 친구들에게는 '이상한' 것으로 간주되었다. 나는 미국에서 결혼하고 나의 가족이 생기기 전까지 학생 혹은 젊은 전문직으로서 혼자 살거나 룸메이트 한 명과 함께 살았다.

나의 백인스러움은 내가 심리치료를 수행하는 방법에도 영향을 주었다. 이론 및 기술들과 더불어 윤리강령들과 기준들은 백인 내담자들을 위해 고안되었으며, 다른 배경, 문화, 가치, 세계관, 삶의 경험을 가진 내담자들과 일할 때 발생할 수 있는 공통점과 차이점들을 고려하지 않았다. 나는 백인들만 대상으로 운영하는 것처럼 보이는 DC에 위치한 두 곳의 일류 사립 병원에서 미술치료사로서 수련했다. 1988년에 DC 정부가 운영하는 국내 최초 공립 정신병원인 세인트 엘리자베스 병원으로 이직을 하기 전까지 나는 흑인 내담자들과 일할 기회가 없었다. 이주 아동 및 가족과 함께 일하기 시작한 것은 그로부터 10년 후였다.

그때까지 나는 심리치료를 하는 백인의 거대 문화 방식들을 적용하기 위해 히스패닉 방식으로 관계를 맺는 것을 중단해왔다. 즉, 나는 전문가로서의 나의 행동에 주요한 영향을 준 심리학과 미술치료 공동체들에 의해 설립된 규칙들에 묶여 있던 것이다. 1980년대 초에 나는 정신분석적 지향성을 기반으로 한 대학의 학위과정과 부에노스아이레스의 정신과의사이자 정신분석가인 삼촌이라는 두 가지 주요한 세력을 통해 훈련받았다. 그로 인해 나는 구두 인사 혹은 악수로 내담자를 맞이했고, 엄격한 회기시간(예: 50분의 시간)과 시작 및 종료 시간을 준수했다. 나는 전이와 역전이에 잘 대처했고, 회기 중 음식 및 음료 섭취를 금지했으며, 집단이 시작된 이후에는 내담자가 집단에 참여할 수 없게 하였고, 내담자와 적정 거리를 유지하며 자기개방을 하지 않았다. 나는 선물을 주고받지 않았고, 내담자를 차로 데려다 주거나 내담자의 차에 타지 않았으며, 그 외에도 여러 가지가 있었다. 이러한 행동들은 내가 미국 내 이주 내담자들을 만나고, 해외에서 일을 시작하기 전까지는 유지되었다.

내 윤리적 딜레마

이주 가족과 효과적으로 치료를 진행하기 위해, 미술치료와 심리치료에 대해 배운 것들을 반드시 버려야 할까?

나는 내 자신이 윤리에 대해 거의 고민할 일이 없었던 탄탄한 전문가이자 윤리적인 임상가라고 자부했다. 적어도 1997년에 알링턴 카운티(버지니아) 공립학교 시스템에 미국에 갓 정착한 라틴계 이주 학생들 및 가족—나의 문화를 공유하고 종종 직업적인 규칙과 태도를 시험하는—과 미술치료를 진행하는 직책으로 고용되기 전까지는 말이다. '내가 그동안 치료에 대해 배운 것 중 지금 적용할 수 있는 것은 무엇일까?' '윤리적 행위에 관한 미술치료 지침들이 여기서도 적용이 될까?'와 같은 질문들로 인해 나는 고뇌하기 시작했다. 나는 윤리적이며 법적인 기준들을 위반하지 않으면서도 상담과 미술치료에 충실한 방법으로 이주 학생 및 가족과 일할 수 있는 방법이 있을 거라고 생각했다. 사적인 경계선을 넘거나 신체적 혹은 성적 추행으로 고소당할 걱정 없이 내담자들이 보여주는(볼에 입맞춤을 하는) 환영인사에 화답할 수 있는 방법이 반드시 있을 것이다. 부담 없이 선물을 주고받을 수 있는 방법이 있을 것이다. 부적절한 역전이에 대한 두려움 없이 나의 이민 경험을 적절하게 나눌 수 있는 방법이 있을 것이다. 그리고 그 방법들은 존재했다. 나는 버지니아 대학교에서 코틀랜드 리 박사가 강의했던 '다문화 상담'이란 제목의 대학원 강의에서 방법을 찾기 시작할 수 있었다. 다문화 상담은 내가 상담과 미술치료를 진행하는 방식이 되었으며, 나같이 백인스러운 문화에 그다지 잘 적응하지 못하는 내담자들을 위해 일하고 싶은 나의 열정을 일깨웠다.

나는 당시 윤리와 심리치료 분야에서 시도되지 않았던 몇 가지 일을 시작했다. 몇몇 학교 직원들이 제안했던 "미국에 있으면 영어를 써야죠", "영어로 말해야만 아이들이 영어를 배울 수 있어요"와 반대로, 나는 아동과 그 부모에게 스페인어로 말하기 시작했다. 비록 위 제안들이 사실이기는 하지만, 그들의 모국어로 대화하며 나는 라포를 형성하고 나의 따뜻함과 포용력을 잘 전달할 수 있었다. 또한 부모들이 따로 약속 없이 그들이 편할 때 학교에 오는 것을 장려했고, 특정 시간을 정하지 않았지만 더 여유가 있는 날을 알려주어 그들이 가능할 때 방문하도록 했다. 대부분의 부모들은 여러 개의 직업을 갖고 있었기 때문에 그들이 특정 시간에 학교에 방문한다는 것은 불가능할 수 있다는 것을 나는 알고 있었다. 대신 부모들은 그들이 도착했을 때 내가 바쁠 경우 잠시 기다려야 한다는 것을 이해해주었다. 이 유연한 스케줄로 인해 부모 상담 취소 횟수가 현저히 감소했다.

더불어, 나는 이주 학생들과 가족들이 미국에서의 삶의 질을 향상시키기 위해, 그들이 잊고 있던 공동체 의식과 가족중심 이데올로기('Familiarismo')를 재현해야만 한다는 것을 이해하고 있었다. 나는 가족들이 서로 만나 가벼운 저녁식사를 함께한 뒤 교육적 토론이 펼쳐지는 가족의 밤을 매달 주최했다. 입장할 때 우리는 서로 볼에 입맞춤을 했다. 학부모들이 강사와 함께 양육문제, 아이들이 학교에 잘 적응할 수 있게 돕는 것, 교사와 소통하는 법, 아이들의 교육 시스템을 익히는 것, 구직, 미국 문화의 이해 및 적용, 지역사회에서 안전감 느끼기, 가족의 화합과 재결합 및 이민과 법적 지위 문제들의 탐색처럼 부모들이 자주 질문하는 주제들에 대해 토론하는 동안 아이들은 미술치료 집단에 참여했다. 이러한 저녁 행사들이 어떻게 이 문화집단의 집단주의적인 특성을 지지했는지 지켜보는 것은 경이로웠다. 학부모들은 서로를 알아가고, 공통점을 나누며, 서로에 대한 신뢰를 쌓아가고 우정을 쌓으며, 공동체 의식을 함양하기 시작했는데, 이는 그들이 등한시해왔던 삶의 모든 측면들이었다. 그들은 나를 친구이자 협력자로 대했고 나는 내 자신을 그들의 조력자이자 문화 중개인으로 여겼다. 이것은 1997년에 일어난 일이다. 내가 했던 행동들은 과연 윤리적일까?

당신은 어떻게 반응하겠는가?

저자의 답변은 부록 B에서 확인할 수 있다.

내 윤리적 딜레마

현 집단의 문화적 규범과 사회심리학적 지향성을 고려할 때, 내가 효과적인 미술치료 집단을 진행할 수 있을까?

내가 배우고 실천했을 뿐만 아니라 석사과정의 학생들에게 가르치기도 한 윤리지침에 대해 의구심을 갖게 했던 또 다른 사건은 2013년에 심한 홍수로 인해 피해를 입은 나의 고향 아르헨티나의 라 플라타에 미술치료 봉사차 갔을 때 발생했다. 누군가는 내가 고향으로 돌아갔기 때문에 백인스러움이 문제시되지 않을 거라 생각할 수 있지만, 그건 문제가 되었다.

아르헨티나에 도착했을 때 나는 새로 설립된 민간 지역센터에서 일하는, 나를 초대한 두 사회심리학자를 만났다. 그 기관의 내담자들은 홍수로 인해 삶의 터전을 잃은 가정폭력 피해 성인들이었다. 집단치료는 평일 오후에 진행되었으며 개인치료는 임상심리학자가 실시했다. 처음에는 관찰을 통해, 이후에는 12회기의 집단미술치료를 실시하며, 나는 두 사회심리학자를 집단 내에서 보조했다.

집단을 면밀히 관찰하며, 나는 스스로에게 끊임없이 '자연스러운 흐름에 맡기며 관찰하자' '이건 내 집단이 아니야, 저들은 내 내담자가 아니야, 난 여기에서 손님이야' 등의 말들을 되뇌었다. 집단들은 치료적 만남이기보다는 친밀하고 편안한 모임에 가까운 것처럼 보였다. 내담자들은 제각기 다른 시간에 도착해서 먼저 도착한 이들이 모여 있는 주방 쪽으로 이동했다(집단이 과거 작은 연립주택이었던 곳에서 이루어졌기 때문에, 집단원들을 전부 수용할 수 있는 큰 공간은 주방밖에 없었다). 그들은 도착한 후 식탁에 둘러앉아 차, 커피, 마테(예르바 잎과 뜨거운 물로 만들어진 전통차) 등을 철 빨대로 모두가 맛볼 수 있게 건네며 마셨다. 냉장고에는 내담자들과 심리학자들이 가져온 간식들과 마시타스(작은 파이)로 채워져 있었다. 사회심리학자들이 한두 명의 내담자들과 대화를 나누며 집단을 진행했고, 나머지 집단원들(보통 8~12명)은 지켜보거나 가끔 맞장구를 쳤다. 그 어떤 구조, 주제 및 시간제한은 없었다; 집단은 2~4시간 동안 이어졌으며 내담자들은 그들의 편의에 따라 참석하고 떠날 수 있었다. 이 치료는 집단의 형태 안에서 이루어지는 개인치료 같았다. 그럼에도 불구하고 내담자들이 주방에 앉아서 홍수와 가정폭력 경험들을 나눌 때, 내담자들—남성들, 여성들, 어머니들, 딸들, 희생자들, (관계없는) 학대자들—사이에서 진술한 존경심과 동지애를 느꼈다. 우리는 기관 입구에서 내담자들을 맞이할 때와 작별할 때 입맞춤으로 인사를 나눴으며, 집단이 진행되는 동안 흡연, 식사, 음료 섭취가 허용되었다. 집에 가는 버스를 타기 위해 내담자들은 차를 함께 타고 마을의 중심으로 향했다.

　나는 이전에 해보지 못한 이중관계들을 맺고 윤리적인 경계들을 확장하는 스스로의 모습을 보며 어떻게 행동해야 할지 몰라 고군분투했다. 나는 내가 생각하기에 '옳고 그름', '윤리적이고 비윤리적인' 것들에 대한 판단을 버렸다. 내 안에 존재할 것이라 생각지 못한 가치관인 나의 '백인스러움'이 내가 지금 마주하고 있는 내가 자라난 내 자신의 문화적 관습을 이해하고, 동화되고, 적용하고 받아들이는 것을 방해하는지 고민했다. 나는 내가 익숙한 방식으로 심리치료를 제공해야 했을까 아니면 그들의 방식에 적응해야 했을까? 사회심리학은 사람들을 서로를 돕고 의지할 수 있는 공동체로 모았다. 나의 윤리적 딜레마는 내가 미국에서 수년간 행해온 방식으로 미술치료를 진행하기 위해 이 집단의 구조를 바꾸거나, 협상하거나 혹은 타협했어야만 하는지, 아니면 현 집단문화를 유지하기 위해 나의 윤리적인 경계선들을 확장했어야 하는지였다. 문화적으로 적응하는 미술치료집단은 과연 윤리적일까?

당신은 어떻게 반응하겠는가?

저자의 답변은 부록 B에서 확인할 수 있다.

맺는 말

미국의 라틴계 이주 가족, 그리고 내 모국인 아르헨티나에서 성인들과 일하면서, 나는 체계적이고, 지지적이고, 생산적인 치료환경을 향상시키려는 노력의 일환으로 문화적으로 특정한 행동방식을 포함하는 법을 배웠다. 나는 시간 약속에 여유를 갖고, 입맞춤, 음식, 선물, 그리고 자기개방에 긴장하지 않을 수 있다는 것과, 사적인 경계선을 확장하는 것이 전문성 혹은 효과성의 상실을 반드시 야기하지는 않는다는 것을 깨달았다. 요약하면, 나는 미술치료를 진행하는 것에는 한 가지 방법만이 있는 것이 아니라는 것과 내담자들과 공유하는 문화에 진실되기 위해 내 마음을 따르는 것이 비윤리적이지 않다는 것을 배웠다.

반영적 미술경험과 토론을 위한 질문

1. 당신이 기억할 수 있는 가장 어렸을 때를 생각해보자. 당신의 가족 전체가 아니더라도 최소 한 명 이상의 가족과 있었을 때 생긴 어떤 일에 대해 떠올려보라. 만약 그 기억이 영화라 생각하고 한 장면에서 멈췄을 때, 어떤 일이 일어나고 있는가? 그 장면에서 어떤 일이 일어나고 있는지에 대해 예술작품을 만들어보자.

2. 생애 초기 기억들은 깊게 뿌리 내린 문화적 관습들과 주로 연관이 있다. 당신이 그린 기억은 당신의 문화적 성장과 구성에 대해 무엇을 설명하고 있는가? 어떤 감정들을 표현했는가? 왜 이 특정 기억을 떠올렸는가? 무엇을 전달하고 싶었는가?

3. 당신이 미술치료사로서 당신과 다른 문화적 관점과 윤리적 가치들을 가진 내담자혹은 집단과 일할 때를 떠올려보자. 종이 위에 선과 색을 사용하여 당신이 윤리적으로 어려움을 겪을 때 당신의 반응, 생각, 감정, 그리고 몸의 감각들을 시각화해보라.

4. 당신의 예술작품에 있는 선과 색들은 무엇을 나타내는가? 당신은 그와 같은 문화 및 윤리적인 딜레마들을 해결하기 위해 어떤 조치들을 취했는가?

더 이상 해를 끼치지 않기 위해

중증 및 만성 정신질환을 가진 성인 병동 환자들을 대상으로 한 미술치료의
윤리적 임상

데어드레 M. 코간

미국에서 가장 소외되고 오해받는 사람들의 대부분은 장기 정신병원과 요양시설에
산다. 이들은 자신을 쇠약하게 만드는 심각한 만성 정신질환과 씨름할 뿐만 아니
라, 그들의 일상적 현실은 기관의 테두리 안으로 제한된다. 진보적인 입법, 활발한
윤리적 논쟁, 그리고 소비자보호단체들은 지난 수십 년 동안 정신건강 치료의 민낯
을 극적으로 변화시켜왔다. 그렇지만 정신질환과 관련된 낙인은 여전하다. 중증 및
만성 정신질환(severe and persistent mental illness: SPMI)을 겪고 있는 사람들과 함께
하는 미술치료의 윤리적 임상은 이러한 문화적 낙인에 민감하게 반응하는 것뿐만
아니라 SPMI의 복잡하고 다양한 본질을 이해하는 것을 필요로 한다.

변화하는 맥락

내가 주립 정신병원에서 미술치료사로 재직하기 시작했을 때, 처음에는 환자들이
가진 질병의 본질에 압도되었다. 임상적 증후는 환각과 기괴하고 반복적인 행동과
같은 침투 증상들부터 무감각증, 의지 상실, 실어증과 같은 음성 증상들까지 무수
한 형태로 나타났다. 대부분의 환자들은 하나 이상의 상당한 기능장애를 무기한 유

발하는 심각한 정신병적 증상을 앓았으며, 부분적으로 증상이 완화될 때만 안심할 수 있는 다루기 힘든 증상들을 겪고 있었다. 입원기간은 몇 개월에서 수십 년까지 다양했다.

내가 병원에서 근무한 첫해에 중대한 변화가 일어났다. 지역사회로의 적응을 장려하는 정부의 방향에 순응한 전국의 수많은 주립병원들과 마찬가지로, 한때 수천 명의 환자를 수용했던 이 병원은 이제 새로운 시설에서 수백 명에게만 치료를 제공하게 되었다. 애석하게도 많은 환자들은 이 변화를 거부했으며 일부는 지역사회보다 병원이 더 안전하다고 느꼈다. 그동안의 입원기간은 환자들에게 의존성과 스트레스에 대한 급격한 민감성을 불러일으켰다. 나는 미술치료를 그들의 저항에 대한 해결책으로 보았다. "미술치료사들은 성격의 더 건강한 측면을 끌어내며, 때로 전통적인 언어치료가 차지하는 문제 중심적 과제들을 초월하는 감정과 생각의 측면들을 지지한다"(Blatener, 1992, p. 406). 진솔한 감정의 촉진과 개인 의지의 회복은 미술치료의 핵심이다.

임상가들과 내담자들은 순탄하지 않은 상황에서 회복에 힘써야 했다. SPMI를 가진 환자들과 일할 때에는 많은 알력이 작용한다. 예를 들면, 미술치료사들은 '해를 끼치지 말라'는 의무를 갖고 있지만, 내담자들에게 위험부담이 있을지라도 자율성의 기회를 주는 것 또한 중요하다. 모든 이에게 미술치료를 동등하게 제공하는 것은 중요하지만 그들의 병이 가진 속성으로 인해(특히 그들이 타인에게 위협이 될 때) 집단에 참여하지 못할 수도 있기에, 집단미술치료를 희망하는 내담자들이 모두 집단에 참여할 수 있는 것은 아니다. 미술치료사는 상충하는 윤리적 의무들을 조정하면서 상황과 맥락을 지속적으로 가늠해야 한다.

윤리적 가치

미국미술치료학회의 『미술치료사를 위한 윤리강령』 전문에 명시된 강령들은(AATA, 2013) 이 미지의 영역을 탐색하는 데 매우 유용했다. 그에 관한 방법을 설명하기 전에, 특히 SPMI 환자와 치료를 진행하는 것과 관련이 있는 치료적 경계 문제에 대해 논의할 것이다.

경계

임상적 경계를 지키는 것은 SPMI를 가진 사람들과 의미 있는 동맹을 맺기 위해 필수적이지만, 전형적인 치료와는 조금 다른 예외적인 방법들이 치료에 도움이 될 수 있다. 덩치가 나보다 훨씬 큰 남성과 치료를 진행했던 때가 떠오른다. 집단에서 그는 손을 뻗어 내 팔을 강하게 만졌는데, 나는 시간이 지남에 따라 이 행동이 그에게 중요한 역할을 한다는 것을 알게 되었다. 너무나도 많은 증상들로 인해 그는 자신의 환각과 나를 구분하지 못했다. 결국, 이 친사회적인 '주먹인사'는 그가 환각과 실제를 식별할 수 있는 감각경로를 제공했던 것이다.

다른 예로, 나는 입원 대기 공간에서 복도를 돌고 있던 부산스러운 여성과 마주쳤다. 나는 그녀가 나와 전에 치료를 진행했던 생기발랄하고, 시 낭송을 좋아했던 저음의 목소리를 가진 내담자라는 것을 단박에 알아차렸다. "당신도 저들이 말하는 게 들려요?" 그녀가 물었다. 내가 우리 둘의 대화소리만 들린다고 하며 그녀를 안심시키자, 그녀는 "고마워요, 확실치 않았어요"라며 안도의 한숨을 내쉬었다. 그 진술한 상호작용 이후, 우리는 돈독한 치료관계를 발전시켰다.

임상가의 투명함은 긍정적인 동맹을 구축하기 위한 강력한 무기가 될 수도 있지만 부정적인 결과들을 야기하기도 한다. 무엇이 옳을지에 대한 판단은 개인의 정신질환의 성격에 따라 맥락 안에서 해석되어야만 하며, 이는 또한 사례별로 크게 다르다. 한번은 역량강화 집단이 활발히 진행되고 있었는데, 만성우울증을 겪고 있던 전직 교육자인 한 집단원이 내게 우울해본 적이 있는지 물었다. 나는 자기개방의 윤리적 영향에 대해 곰곰이 생각했다. 내 자기개방이 그녀가 겪을 수 있는 소외감과 낙인을 줄일 수도 있지 않을까 하는 생각이 들면서도, 이런 식의 개방이 그녀에게 경각심을 불러일으키고 잠재적인 과잉 동일시를 야기할지도 모른다는 생각이 들었다. 나는 나 또한 우울증을 경험한 적이 있다고 인정하는 것을 선택했다. 나의 솔직한 개방 후, 그녀는 나에 대한 인식이 영향력 있는 여성에서 그녀를 도울 만한 힘을 갖고 있지 않은 사람으로 빠르게 바뀌었다는 것을 나누었다. 이런 경우에는, 아마도 덜 투명한 것이 더 유익했을 것이다.

자주성

내담자의 선택권을 존중하는 것은 거주치료환경에서 특히 중요하다. 따라서 다른 치료방법들이 제공되는 한, 내담자가 미술치료집단에 참여하거나 참여하지 않기로 결정했다면 나는 그 사람이 그렇게 할 수 있는 선택권을 가져야 한다고 믿는다. 이것은 특히 삶의 중대한 결정을 내려야 하는 법적 연령의 장기입원 환자들에게 해당되지만, 안타깝게도 질병의 특성으로 인해 그들은 자신을 대신해 끊임없이 결정을 내리는 타인들에게 둘러싸여 있다.

나는 '다가가기 어렵게' 느껴지는 인지장애를 가진 한 내담자와의 치료적 동맹을 통해 자율성의 원칙을 중시하기 시작했다. 이 내담자가 내 집단에 합류했을 때, 그는 이미 30년 동안 병원에 있었다. 그는 방랑자 같은 외모와 신사적인 매너를 가졌으며, 복합적인 감각이 필요한 활동에 빠르게 몰두하였고, 종종 복잡하고 질감이 있는 콜라주를 만들었다. 그는 자신이 만든 작품들을 자랑스러워했으며, 집단원들과 작업을 나눌 때 종종 눈을 반짝였다. 그래서 어느 날 그가 집단을 떠나고 싶다고 발표했을 때 나는 깜짝 놀랐다. 떠나고 싶은 이유에 대해 물었을 때, 그는 다른 집단에서도 비슷한 성공을 경험하고 싶다고 말했다. 이는 나에게 윤리적 딜레마를 가져왔다. 그에게 매우 도움이 되는 이 집단에 머물 것을 권장하는 것과 떠난다는 그의 결정을 존중하는 것 사이에서 나는 정서적으로 혼란스러웠고 갈등을 겪었다. 나는 또한 내 역전이를 자각할 수 있었는데, 나는 그가 집단에 있는 것이 즐거웠으며 내가 그를 돕고 있다고 생각하는 것이 좋았다. 그의 과거를 검토한 후, 나는 그가 내린 결정의 중요성을 알 수 있었다. 그는 어렸을 때 시설을 전전했으며, 그의 어린 시절 경험들은 마치 움직이는 모래 위에 쌓인 것 같았다. 병원에 있는 동안 그는 치료적 관계를 피했었다. 한마디로, 그는 떨어져 나와 독립할 수 있는 안정된 기반을 구축한 적이 한 번도 없었던 듯했다. 이러한 역동을 이해하게 되면서 나는 그의 결정을 전적으로 지지했다.

이 내담자는 주기적으로 나의 사무실에 들러 그가 새로운 집단에서 어떻게 하고 있는지에 대해 말했고 나는 그의 치료과정을 듣는 것이 기쁘다고 말해주었다. 마침내 그는 퇴원 후 지역사회로 돌아가게 되었다. 그의 자율성을 지지함으로써 얻은 두 가지 이익이 있었다. 첫째, 그는 자기주장을 하고 효과적으로 소통할 수 있는 능력을 함양했다. 둘째, 그는 나에게 돌아와서 안부를 나눔으로써 대상의 지속성을 만들었다. 그는 나를 자신의 권리를 침해하지 않는 신뢰할 수 있는 동지로 여기는 듯했다. 우리가 만든 협동적인 동맹이 그가 더 독립적으로 될 준비를 하는 데 작은 보탬이 되었다고 생각하고 싶다.

수혜

우리 직업의 핵심 목표는 내담자의 안녕감을 도모하는 것이다. SPMI를 가진 사람들은 심리적으로 침해받는 것과 질문받는 것, 평가당하는 것, 그리고 재평가당하는 것에 대해 매우 민감하다. 망상과 편집증이 불신을 조장할 수 있다는 사실을 숙지한다면, 활동의 초점을 자기효능감으로 전환함으로써 의심을 최소화하는 치료적 개입을 만들 수 있다. 내담자들이 쇠약해진 증상에 허덕일 때에도 그들이 자신감을 갖고 집단에서 편안함을 느낄 수 있도록 도울 수 있는 강점들이 존재한다. 중요한 것은, 미술치료실이 병원에서 일어나는 일상의 소동에서 벗어나 안전한 안식처가 될 수 있는 공간이라는 것에 관한 확신을 주는 것이다. 목표는 내담자들이 집단을 가혹한 판단이나 피하고 싶은 부정적인 자극들과 연관시키지 않는 공간을 조성하는 것이다.

신의

임상가들은 의미를 정리하거나 탐색하는 수단으로 서로 이야기를 공유한다. 비록 정신질환을 가진 성인들과 함께 일하는 것은 흥미로운 이야기나 일화를 제공하지만, SPMI를 가진 사람들 또한 법적으로 그리고 전문적으로 그들의 존엄성과 사생활을 가질 권리가 있음을 기억하는 것은 중요하다. 우리는 임상환경에서 논의가 이루어지도록 해야 하고 반드시 비밀유지조항을 준수해야만 한다. SPMI를 가진 사람들은 무시와 비하에 매우 민감하며, 사생활 침해는 프로그램 전체의 윤리적 진실성과 전문성을 약화시킬 수 있다.

정의

비록 공정성과 치료에 대한 동등한 기회는 중요하지만, 정의와 안전 사이에는 미묘한 균형이 존재한다. 공정성이 해를 가할 수 있는 가능성은 반드시 측정되어야 한다. 개인과 상황에 따라 내담자들의 행동은 예측 불가능하다. 안전한 환경을 유지하기 위해 내담자들은 집단 내에서 그들이 하는 행동에 책임을 져야 한다. 공감을 표현하기 위해 병리적인 것에 동의할 필요는 없다. 공감은 내담자들의 정서 및 지각에 반응하고 들어주는 것을 필요로 한다. 용납할 수 없는 행동을 무조건 수용해야 하는 것은 아니다. 만약 집단원들이 이러한 책임감을 받아들일 수 없다면, 잠시 혹은 영구적으로 그들은 집단에서 배제되어야 할지도 모른다.

편집증적인 생각의 흐름을 겪고 있던 남자를 치료한 적이 있다. 인지장애로 인해 그는 타인의 행동을 적대적으로 해석했다. 한번은, 그가 자신을 향해 미소 지은(그에게는 적대적으로 인식된) 집단원을 공격적으로 때렸다. 그를 집단에서 즉시 제외하는 것에 대해 그가 강력하게 항의했을 때, 나는 내가 그의 인지 상태를 의심하고 있지 않다는 점을 매우 분명히했다. 그럼에도 나는 그의 공격적 행동을 금지했던 것이다. 이후 그는 자신의 행동이 용납될 수 없었다는 것을 깨달을 수 있었다. 그 이후 과대망상이 계속되었음에도 불구하고 그는 더 이상 파괴적인 행동을 하지 않았다. 장기적으로 보았을 때 그를 집단에서 제외시킴으로써 그는 자신의 정신 상태에 대한 주인의식을 향상시킬 수 있었다. 그는 이러한 향상된 자기인식을 집단 안에서뿐만 아니라 집단 밖에서도 적용할 수 있었다.

가치가 상충할 때

자율성 대 이익

한 해에, 내담자들이 병원 외부, 정부청사 및 갤러리 내의 입선 전시회에서 자신의 작품을 전시할 수 있도록 초대되었다. 법적인 측면에서 그 과정은 비교적 단순해 보였다. 미술작품활용동의서가 만들어지고 이것이 서명되면 내담자의 작업을 전시할 수 있었다. SPMI를 앓고 있는 많은 환자들은 동의서를 판단하고 서명할 능력이 없었기에 보호자들의 추가 서명이 필요했다.

법적 그리고 윤리적 의무 사이에는 차이가 있기 때문에, 법적 의무를 해결하는 것이 치료사에게 윤리적인 부분에 대한 면죄부를 주지는 않는다. 나는 내담자들이 자신의 작품을 전시함으로써 느낄 수 있는 자존감과 유능감(실제로는 자율성) 향상이 그들에게 이익으로 작용하기를 바랐지만, 일부 내담자들이 공개된 장소에 자신들의 작품이 전시된 것을 보는 것에 대해 어떻게 반응할 것인지에 대해 우려했다. 더불어, 타인들이 자신의 작품을 구매할 만큼 가치 있게 평가하는 것을 보는 것이 환자들에게 정서적으로 도움이 될 수 있다는 기관 사람들의 말에 동의하긴 했으나, 내담자의 작품을 판매할 경우에 일어날 수 있는 모든 부정적인 결과들(예: 작품을 팔지 못한 내담자들의 감정)을 고려했고 내가 작품 매매에 관여하는 것이 내담자들에 대한 나의 윤리적 의무를 위반하는 것이라고 믿었다.

나의 우려는 현실로 다가왔다. 과대망상을 가진 재능 있는 한 내담자는 동의서에 서명을 할 땐 정신이 또렷한 모습을 보였다. 이후에, 그는 갤러리가 그의 작품을 수백만 달러에 팔고 그에게 자금 지급을 보류했다는 망상을 갖게 되었다. 나는 그의 작품을 상품으로 취급하는 과정에 관여하지 않음으로써, 그가 착취라고 여기는 경험과는 무관한 사람이 되었다. 다행히도 그와 같은 관점에서 우리의 치료적 동맹관계는 보호되었다.

정의 대 무해성의 원칙

한때, 우리 기관은 사법병동의 여성들에게 효과적인 것으로 입증된 트라우마 프로토콜을 시행하기로 결정했다. 이 새로운 제도를 병원에서 구현한 첫 임상가들 중 한 명으로서, 나는 프로토콜의 원리원칙에 충실히 따랐으나 곧 이 방법에 수정이 필요하다는 것을 깨달았다.

수정에 대한 필요성은 심한 정신증을 가진 여성이 트라우마 집단에 회부되었을 때 드러났다. 이 집단은 그녀가 수년간의 학대를 겪으며 억눌린 감정을 표출할 수 있는 출구를 제공하는 것처럼 보였지만, 그녀가 가진 병의 심각성이 증가하는 것이 빠르게 관찰되었다. 한 회기에서, 그녀는 몸 안에 벌레가 기어 다니는 듯한 촉각적인 감각을 호소했다. 그다음, 그녀는 치료사가 자신의 마음을 읽고 있다고 말했다. 나는 우리의 치료적 개입이 그녀의 치료 목표와 반대로 작용하고 있는지에 대해 의문을 갖기 시작했다. 창의적인 미술치료가 정서적 경험에 대해 말할 수 있게 해줄 수 있지만, 외상적 기억은 무력감, 공포, 그리고 견딜 수 없는 신체적 감각의 압도적인 느낌을 야기할 수 있다. 이는 누구든 잠재적으로 불안정하게 만들 수 있지만 SPMI를 가진 취약한 사람들을 쇠약하게 할 수도 있다. 애석하게도 SPMI를 겪는 사람들을 대상으로 한 트라우마 치료에 대해서는 알려진 바가 적다.

정신과의사 주디스 허먼의 독창적 저서인 『트라우마』*에서, 그녀는 "트라우

---

* 역주: 최신판은 다음과 같음: Herman, J. L. (2015). *Trauma and recovery: The aftermath of violence—from domestic abuse to political terror*. Hachette, UK.

마 생존자들은 그들의 몸에서 안전하지 않음을 느낀다. 그들의 감정과 사고는 통제가 불가능한 것처럼 느껴진다. 그들은 또한 타인과의 관계에서도 안전하지 않다고 느낀다"(Herman, 1992, p. 160)라고 언급하며 트라우마를 단절의 병으로 설명했다. 우리는 안전 구축을 최우선으로 하는 허먼의 모델을 사용하여 우리 기관 환자들의 요구에 맞게 프로토콜을 수정할 수 있었다. 미술치료는 트라우마의 플래시백과 촉각적인 기억을 유발하지 않으면서 개인 간의 긍정적인 연결을 촉진하기 위한 다양한 방법으로 응용되었으며, 이는 인정과 연민을 주고받기 위한 기회가 되었다.

내 윤리적 딜레마

어떻게 하면 나의 환자와 병원심의위원회 모두에게 최선의 서비스를 제공할 수 있을까?

병원심의위원회(The Hospital Review Board)에서는 형법제도와 관련된 환자들을 위한 치료팀의 권고안을 검토하고 표결한다. 치료팀의 관리자가 환자 개인의 진단, 현재 치료 목적과 목표에 대한 반응 및 현재 기능 수준에 대해 설명하는 상세한 보고서를 제출하면, 종합적인 임상 및 행정적 검토가 예정된다. 보고서를 읽고 치료팀의 발표를 들은 후, 위원회에서는 사례를 논의하고 치료팀의 권고사항에 대해 의결한다.

나는 위원회의 상임이사였던 적은 없지만, 부서의 슈퍼바이저로서 나의 상사가 자리에 없을 때 그녀를 대신하는 역할을 했다. 이와 같은 상황으로 인해 때로는 나의 행정적 목표와 치료적 목표가 마찰을 빚은 적도 있었다. 예를 들어, 한번은 주간치료 프로그램에 참여할 내담자의 준비상태를 평가하고 투표하라는 요청을 받았다. 그 내담자는 몇 년간 내 집단 중 하나에 참석해 왔으며 나는 그에게 깊은 애착을 형성한 상태였다. 처음 그는 다른 사람들을 경계했지만, 인정이 많았으며, 어린 시절 어머니로부터 떨어져 위탁기관에 살게 된 기억을 나누었다. 나는 그에게 모성애적 전이를 느꼈고 그의 눈에 띄는 발전에 기뻐했다.

서류를 검토하는 과정에서, 보고서가 제출된 후 그 내담자가 다른 내담자를 공격적으로 대했다는 것이 밝혀졌다. 나는 내 임상적 의무와 위원회에서의 나의 역할에 대해 깊이 갈등했다. 나의 내담자는 지난 몇 년 동안 꾸준히 나아져 왔지만, 그가 예측 불가능하고 위험할 수 있다는 것도 분명했다. 그를 주간치료로 옮기는 것을 추천해야 했을까, 혹은 병원에 남는 것을 권장했어야만 했을까?

맺는 말

이 장의 첫머리에 언급한 탈병원화 경향은 계속되고 있고 수그러들지 않고 있으며, SPMI를 앓는 사람들의 치료의 초점은 장기입원의 대안을 찾는 것이 되었다. SPMI를 가진 많은 내담자들이 지역사회를 기반으로 한 치료에 대해 반응하지만 증상의 호전과 악화를 반복하는 이들에게는 어려울 수 있다. 개인이 가치를 두는 것(그리고 감당할 수 있는 것)과 기관이 위임한 임무 사이에 조율이 부족할 때, 증상이 다시 나빠지는 상황이 발생할 수 있다.

지역사회 준비 목표를 지지하기 위해 치료적 개입을 수정하는 것은 미술치료사에게 주어진 임무이다. 예를 들어, 지역사회로 외출을 하는 내담자에게는 병원 밖 행사 혹은 자연 환경에 있는 것에 대한 반응으로 그림을 그리거나 콜라주를 만들어보도록 요청할 수도 있다. 심상은 종종 활발한 대화를 촉진하며 지역사회를 위해 준비하는 데 숨겨진 방해물을 드러낼 수 있다. 작품에 대해 나눌 때 내담자들은 종종 그들을 두렵게 하는 상황이나 증상을 악화시키는 주변 자극들을 발견한다. 미술치료사와 내담자는 함께 이러한 상황들과 관련된 스트레스에 어떻게 대처할 것인지에 대한 협의된 의사결정을 할 수 있다. 심리사회적 재활에 미술을 사용하는 것에는 두 가지의 장점이 있다. 심상은 내담자들이 말하지 못하는, 혹은 말할 수 없는 자각들의 목소리를 내게 해주며, 혼란스러운 경험과 감정들에 명확성과 형태를 부여함으로써 불안을 흐트러뜨릴 수 있게 도와준다.

반영적 미술경험과 토론을 위한 질문

1. 당신에게 익숙하고 모두가 당신을 알고 있는 환경에 산다고 가정해보자. 그곳에서의 당신을 그려보라. 갑자기, 당신은 그곳을 떠나 책임자가 생각하기에 당신에게 더 좋

다고 여겨지는 곳으로 가야 한다는 말을 들었다.

a. 당신이 느낄 감정에 대해 그려보자.

b. 이 변화를 위해 당신이 필요한 것이 무엇인지 그려보자.

2. 새로운 프로그램이 내담자의 치료 목표를 지지하지 않거나 해로울 수 있을지에 대해 고민했을 때를 그려보자.

3. 자기개방이 당신이 의도한 결과를 가져오지 않았던 때를 묘사해보자.

참고문헌

American Art Therapy Association (2013). *Ethical principles for art therapists*. Alexandria, VA: AATA.

Blatener, A. (1992). Theoretical principles underlying creative arts therapies. *The Arts in Psychotherapy*, *18*(5), 405-409.

Herman, J. (1992). *Trauma and recovery*. New York: Basic Books.

그저 별 볼일 없는 늙은이가 아니라오

소외된 문화 안에서 자율성과 존중을 추구하는 사람들과의 미술치료

에머리 허스트 마이클

장을 보고 집에 가는 노파가 길에 있는 모습을 상상해보자. 무엇이 보이는가? 주름? 느린 움직임? 구부정한 자세? 그가 발을 헛디디거나 넘어질까봐 걱정되는가? 당신 옆을 지나가고 있는 이 노파에 대해서 더 알게 된다면 어떨 것 같은가? 이노파가 64년간 결혼생활을 했다면? 알고 보니 이 사람이 홀로코스트의 생존자라면? 그녀는 단지 별 볼일 없는 노인이 아니다. 그녀의 이름은 로즈이며, 그녀와 남편이 매우 만족스럽고 감사한 삶을 살아온, 그녀가 사랑하는 브루클린의 작은 아파트에 사는 90세의 여성이다. 그녀에게는 자녀들과 손주들이 있다. 그녀는 당신에게 들려줄 이야기들이 많으며, 자신이 겪었던 모험에 대해 이야기할 때 당신은 그녀가 눈을 반짝이고 볼이 상기되는 것을 깨달을 것이다. 당신이 떠날 때마다, 그녀는 당신의 손을 잡고, "나중에 후회할 일은 하지 말아요!"라고 말하며 빙긋 웃으며 당신을 배웅할 것이다.

그 누구도 그저 별 볼일 없는 늙은이가 아니다. 이에 대해 앞으로 이 챕터에서 심혈을 기울여 설명할 테니, 부디 이 점을 계속 기억하기 바란다.

노인들의 어떤 점이 무서운가?

우선, 노인을 보면 우리는 노화, 사망, 그리고 어느 날 눈을 떴을 때 삶을 잃는 것에 대한 두려움에 직면하게 된다. '늙은' 사람들을 볼 때, 많은 전문가와 전문가가 아닌 일반인 모두 퇴보, 무능력, 연약함, 공포, 그리고 미지의 것을 마주하게 된다. 이것이 오해일까? 정확히는 아니지만, 이것은 가늠할 수 없는 깊이와 색으로 덮인 한 사람의 삶의 엄청난 가치인 더 큰 그림의 아주 작은 일부일 뿐이다. 문제는 임상가들을 포함한 많은 사람들이 노인들을 두려움을 가진 채 대한다는 점이다. 조작된 장벽 뒤에 있는 사람이 실제 어떤 사람인지에 대해 알기 위해 스스로의 인식을 자각하고 그것에 반문할 수 있을 만큼 용감한 사람은 거의 없다.

윤리적 문제

내가 겪었던 윤리적 딜레마의 대부분의 근원은 존중과 자율성인 듯하다. 미술치료 인턴들과 처음 만날 때 나는 경계에 대해 언급한다. 그 이유는 그들이 학교에서 필요에 의해 배우고 있는 것과 노인들과의 상호작용에서 고려해야만 하는 선택들이 상충할 수 있기 때문이다.

내담자와의 신체 접촉

호스피스 치료에서 내담자와 함께하는 절반 이상의 시간 동안 우리는 손을 잡고 있다. 신체 접촉은 치매를 앓고 있는 내담자들과 소통하기 위한 중요한 수단이다. 미술치료사로서 나는 그들의 손 위에 내 손을 포갠 후 내담자들이 미술작업을 하는 것을 돕는다. 신체적 접촉은 고령자들과 더 빈번하게 발생하는 경향이 있기에 이것을 전문적이고 정중하게 사용할 수 있는 방법을 배우는 것은 중요하다. 한 가지 방법은 접촉하기 전에 내담자의 양해를 구하는 것이다. 내담자에게 물어볼 기회가 없거나 내담자가 대답할 능력이 없을 경우, 나는 내담자가 손을 뻗으면 닿는 거리에 내 손을 둔다. 나는 살며시 그리고 부드럽게 내 손을 내담자의 손 위로 올릴 수도 있다. 만약 예전에 내가 만졌을 때에는 몇 번이고 긍정적으로 반응해주었던 내담자가 뒤로 물러날 경우라도, 나는 즉각 내 손을 거두고 뒤로 물러앉아 내담자가 사적인 공간을 충분히 갖도록 해 준다. 물론 이 경우 사과도 한다. 전에 있었던 우리의 행동이 아닌, 지금 이 순간에 내담자가 어떤 상태인지를 존중하는 것이 중요하다.

하루는 내담자가 나를 뿌리친 것이 걱정되어 회기 후 간호사와 상담을 했다. 알고 보니 그 내담자는 막 독감 예방접종 주사를 맞았으며, 팔이 매우 예민한 상태였다. 다시 만났을 때, 나는 그와 따뜻한 악수를 나눌 수 있었다.

사적인 정보를 내담자에게 발설하는 것

플렛치는 호스피스 치료를 3달째 받고 있는 82세 노인이다. 그는 아직까지 요양원의 좁은 침대에서 몸을 일으키고 미술작업을 할 수 있다. 플렛치는 함께하는 미술활동을 매우 즐겼기에, 미술치료사인 줄리아는 종종 그와 함께 그림을 그리거나 같은 종이에 작업할 수 있는 치료적 개입을 소개했다. 지난주에 플렛치는 그의 전부인과 그들이 얼마나 행복한 삶을 살았는지에 대해 이야기했다. 그가 줄리아에게 결혼했냐고 물었을 때 그녀는 약혼했다고 답했다. 플렛치는 그녀에게 언제 한번 약혼자를 데려오라고 제안했다. 그녀는 미소를 지으며 재미있을 것 같다고 말했지만 약혼자가 시간이 나지 않을 것이라고 말했다.

줄리아가 어떻게 이 상황에 대응했는지 생각해보자. 다른 내담자군과 일할 때, 우리의 사적인 정보가 내담자 혹은 우리가 쌓은 관계에 도움이 되지 않기에 그에 대해 잘 공유하지 않는다. 고령자들과 함께할 때는 회기 동안 사교적인 방식으로 대화하지 않으면 무례하게 보일 수 있다. 사적인 질문들에 대해 나는 보통 두세 문장으로 대답한 후 내담자에게 다시 화제를 돌린다. 이렇게 함으로써 너무 많은 것을 공유하거나 내담자의 시간을 독점하지 않는다. 위의 사례에서 줄리아는 약혼자가 있다는 것을 말한 건 상관없었지만 플렛치가 약혼자를 데려오라는 말을 했을 때는 공과 사를 구분했다. 어쩌면 그녀는 비밀보장을 유지했거나, 이중관계를 피했거나, 혹은 불편했는지도 모른다.

선물을 주고받기

줄리아가 플렛치에게 그녀의 약혼자가 바빠서 올 수 없다고 한 뒤, 플렛치는 줄리아에게 옷장에서 회중시계를 갖다 달라고 부탁했다. 그녀는 시계를 그에게 전해주었다. "이건 당신과 당신의 새로운 남편을 위한 결혼선물이에요. 젊은 부부도 회중시계가 있어야지요!"

이에 대해 어떻게 생각하는가? 많은 윤리강령은 내담자로부터 선물을 받으면 안 된다고 명시한다. 경계를 설정하는 것은 (그 시계를 물려받을 것을 기대하고 있을지도 모르는) 내담자의 가족과, (우리를 만나며 이미 돈을 지불하고 있는) 내담자와, (이중관계를 맺을 수 있으며 만약 내담자가 선물을 준 것을 잊을 경우 일으킬 수 있는 오해, 혹은 비난을 불러일으킬 수도 있는) 치료사에 대한 예의를 지키는 것이다. 때로는 문화적 혹은 다른 요소들이 이를 어렵게 한다. 나는 마음을 다해 감사하고, 예의 바르게 거절하며, 회기 동안 나와 내담자가 각자 그림을 그린 후 교환하자고 제안하는 방법을 사용한다. 이러한 과정은 상호 합의한 관계와 일맥상통하며, 미술작업의 의도가 투명하고, 역할 혼재를 피할 수 있다.

내담자와 함께 혹은 내담자 앞에서 미술작업을 하는 것

내담자와 같이 혹은 내담자 앞에서 미술작품을 만드는 것은 늘 나에게 윤리적 딜레마를 가져온다. 나는 스스로에게 다음처럼 질문함으로써 이를 해결하려 노력한다. 나는 왜 굳이 지금 미술작업을 하려고 하는가? 장점과 위험성은 무엇인가? 이렇게 함으로써 누구의 욕구가 충족될 수 있을까? 내담자인가 나 자신인가? 다시 말하면, 이것이 내담자의 공간, 능력 및 자율성을 존중하는 것일까, 아니면 나의 불안을 가라앉히고 내담자를 위해 더 나은 방법을 제공하기 위한 고민을 없애주는 것일까?

나와 치료를 진행했던 많은 노인들은 그들이 미술작업을 하는 동안 내가 그냥 앉아만 있으면 불편해했기 때문에, 나는 내가 사용할 재료들을 준비하고는 했지만 그들이 더 편안해할 수 있도록 미술작업을 해야 하는지 파악하기 위해 기다렸다. 내담자들과 미술작업을 하는 방법은 다양하다. 그들이 나를 지켜보거나 지시하는 방식으로 미술작업을 한 적도 있다. 내게 물감을 어떻게 칠하는지를 보여주며 통제감, 선택권, 그리고 자립심을 느낀 내담자들도 있었다. 나는 내담자들이 자신에게 어떤 것이 편하고 왜 그러한지 내게 알려줄 수 있도록 가능한 한 자주 이러한 결정에 내담자들을 참여시켰다.

비밀보장

생활지원시설에서 내가 맡았던 집단을 이어받아 진행하는 동료들은 가끔 내게 전화해서 집단원들의 안부를 전한다. 한 동료가 이와 관련하여 비밀보장에 대해 질문하기 전까지, 나는 그들이 나눠주는 소식에 감사했으며 대수롭지 않게 생각했다. 그러다 불현듯 내담자들과 관련된 정보를 받을 특권이 더 이상 내게 없다는 것을 깨달았다. 그들과 함께했던 나의 시간은 끝났다. 더 이상 근무하지 않는 기관의 내담자들을 찾아가는 것 또한 마찬가지일 것이다.

건강보험 양도 및 책임에 관한 법(HIPAA)은 비밀보장의 경계선과 관련된 지침을 제공하지만, 노인들을 위한 프로그램을 진행할 때 그 선은 모호하게 보일 수 있다. 사회적 분위기는 심지어 다른 전문가들도 이런 부분을 놓치게 할 수도 있다. 우리가 복도를 지나갈 때 간호사들이 현재 내담자에 대해 물어볼지 모른다. 이런 것들은 마치 요양원 내에서는 나눠도 되는 것처럼 느껴지기도 한다. 복도에 있는 다른 누군가가 엿들을지도 모른다는 것에 대해 생각해보기 전까지는 말이다.

노인 차별에서 존중과 자율성을 보장하는 것

인간이 스스로의 건강, 안녕감 및 보살핌에 대해 더 이상 의사결정을 하지 말아야 할 때가 언제일까?

캐롤은 70세이며 치매 초기 판정을 받았다. 비록 그녀는 정신이 혼란스러울 때가 있고 이런 증상이 더 심해질 것을 알았지만 남편 조지와 함께 집에서 사는 것이 행복했다. 그녀는 의사 로스를 마음에 들어 했고 그에게 진료받는 것이 익숙했다. 평소처럼 로스는 그녀와 대화를 나누며, 오늘이 무슨 요일인지, 며칠인지 물었고 몇 개의 단어들을 기억할 것을 요청했다. 이후 의사는 조지에게 "캐롤은 괜찮지만, 좀 달라진 것이 보여서 신경과 전문의와 약속을 잡을 거예요. 집에서 변화를 느꼈나요?"라고 물었다.

이것을 캐롤의 입장에서 바라보자. 이 과정을 통해 의사는 확실히 시간을 아낄 수 있고 조지는 비록 아직 그녀의 위임권이 없다고 하더라도, 캐롤을 위한 결정을 내리는 데 익숙해져야 한다고 생각할 수도 있다. 왜냐하면 결국 그의 아내는 스스로 의사결정을 할 수 없게 될 것이기 때문이다. 그렇지만 그녀가 방에 없는 것처럼 그녀에 대해 말하는 것은 무례하며 그녀의 자율성과 선택의 권리를 앗아간다.

간병인, 의료진, 배우자, 그리고 성인 자녀들은 나에게 내담자들이 옆에 없고, 그들이 말하는 것을 내담자가 이해 못하는 것처럼 이야기하곤 한다. 다행히 사람들은 자신의 행동에 대해 자각하고 바꿀 수 있다. 우리는 내담자들이 할 수 있는 방식으로 그들의 존엄성, 존중, 그리고 자립심을 보존할 수 있는 기회를 줄 필요가 있다.

인간이 스스로의 건강, 안녕감 및 보살핌에 대해서 더 이상 의사결정을 하지 말아야 할 때가 언제일까? 그런 때는 절대로 없다! 우리는 항상 내담자를 참여시킬 방법을 찾아야 한다.

치매가 있는 내담자의 동의서를 받는 것

나는 내가 집필중인 책에 내담자의 미술작품들과 이야기들을 담고 싶다. 나는 미술작품사용동의서와 사전정보동의서에 서명받아야 한다는 것을 알고 있다. 그러나 몇몇의 내담자들은 치매를 앓고 있다. 나는 어떻게 해야 할까?

나의 방법은 내담자의 진단명과 관계없이 그들의 선택 권리를 존중해주고 싶은 나의 욕구를 포함한, 내 윤리적 책임감을 바탕으로 한다. 3주에 걸쳐 몇 번이나 나는 내 책 원고를 가져와서 내담자들이 이것을 어떻게 생각하는지, 그들의 작품이 책에 실리는 것을 원하는지에 대해 물어본다. 대부분 '싫어요'라고 말한 내담자들과는 더 이상 일을 진전하지 않는다. 만약 내가 그래도 진심으로 이 내담자들의 작품을 원하더라도 나는 그들의 거부 의사를 인정하고 작품들을 책에 넣지 말아야 한다. 누군가 내게 "어차피 그분들은 기억 못할 텐데 그냥 사용하면 안 돼요?"라고 물은 적이 있다. 내 답은 '안 돼요!'이다.

대부분의 질문에 '좋아요'라고 대답한 내담자들이 있다면, 나는 어떻게 하면 나보다 그들에게 도움이 될 수 있을지에 대해 고민한다. 만약 내가 무엇이 그들에게 최선인지 확신할 수 없다면, 나는 내담자의 가족에게 묻는다. 이는 그들에게 작품 사용에 대해 물어보기 위함이 아니라 내담자가 자신의 작품이 쓰이기를 원한다고 믿는지에 대해 묻기 위함이다. 만약 긍정적인 대답을 받는다면 나는 내담자의 법적 대리인에게 연락할 것이다. 내담자들은 비록 그들의 결정이 더 이상 법적 효력이 없을지라도 종종 자신이 직접 동의서에 서명하고 싶어 한다. 이는 내담자들에게 자율감을 느끼게 해주기 때문에 문제가 되지는 않는다. 이럴 경우 나는 내담자의 대리인에게 공식적으로 동의서에 서명을 받는다.

노인 학대

치매가 있는 환자들을 위한 작은 요양시설에 거주하는 사람들과 치료를 진행하던 어느 날, 종이 콜라주를 만들고 날씨에 대해 이야기를 나누던 중 새로 부임한 간호조무사가 매리에게 다가와, 예고 없이 그녀를 의자에서 일으킨 후 방 밖으로 끌고 나가기 시작했다. 매리는 놀라서 비명을 지르고 거의 자리에 주저앉았으며, 의자에 발이 걸려 넘어질 뻔했고, "날 어디로 데려가는 거예요?"라고 계속 물었다. 그 간호조무사는 단지 미소지으며 "걱정 마세요"라고 말했다. 다른 직원들은 무슨 일이 있었는지 알지 못했다.

그 시기에 나는 새로 부임한 미술치료사였고, 매리를 어떻게 도와줄 수 있는지, 왜 이 상황이 그토록 내 마음에 걸렸는지, 그리고 내가 개입해도 되는 상황인지에 대해 생각하며 너무 놀라서 할 말을 잃은 채 서 있었다. 아무도 반응하지 않았기에, 나는 매리의 불안과 혼란에 대해 당황하고 화가 났다. 나는 당일에는 아무 것도 하지 못했지만, ATR* 슈퍼비전에서 이 사건에 대해 논의한 후 나를 채용한 그 기관의 담당자에게 전화를 걸었다. 내가 목격한 것에 대해 설명하자 그녀는 내게 고마움을 표시했으며, 그 이후 간호조무사의 행동은 변한 것처럼 보였다. 이처럼 단순히 이론적인 상황이 아닐 때 결정을 내리는 것은 어렵지만, 누군가 다칠 수도 있는 상황을 전화로 보고하거나 경각심을 가지기 위한 자원을 찾는 것은 내담자를 위한 우리의 윤리적이고 법적인 의무이다.

노인 학대는 매우 슬픈 현실이다. 사람들은 노인 학대라고 하면 매우 극단적인 상황들을 생각하지만 오히려 작은 사건들이 매일 발생한다. 의무 신고자로서, 우리는 명백한 것뿐만 아니라 의심되는 학대와 방임에 대해서도 보고해야 할 법적인 의무가 있다.

국립연구위원회(2003)에서는 취약한 성인과 간병인 혹은 신뢰관계에 있는 타인이 해가 될 만한, 혹은 심각한 해를 입힐 고의적인 행동을 취할 때 학대가 발생한다고 설명한다. 피해 그 자체가 고의적이었는가에 대한 여부는 중요하지 않으며, 피해에는 간병인이 노인을 해로부터 보호하지 못하거나 혹은 기본욕구를 충족시켜주지 못하는 경우도 포함된다. 학대의 범위는 신체적, 정서적 학대부터 금전적 학

---

* 역주: Registered Art Therapist, 미국미술치료자격위원회에 등록된 미술치료사

대 및 건강보험 사기까지 아우른다. Robinson 등(2015)은 노인에게 원인 모를 멍이 있는 경우, 간병인이 소리를 지르거나, 노인을 무시하거나 협박하는 경우, 혹은 씻기지 않고 옷을 잘 입히지 않는 경우 등을 포함한 학대의 징후들에 대한 종합적인 목록을 제공한다.

내 윤리적 딜레마

가정방문시 비밀보장을 어떻게 유지할 수 있을까?

나는 병세가 악화된 호스피스 병동 환자의 가정방문을 하기 위해 엘리베이터를 타고 있었다. 나는 신원확인증 앞면이 보이는지 확인했고 내담자가 그것을 보고 내 이름을 기억할 수 있도록 했다. 엘리베이터에서 내렸을 때, 환자의 이웃 중 하나인 사라가 그녀의 애완견과 함께 서 있었고, "오, 호스피스 병동에서 오셨군요! 당신이 지난번에 굿리치 여사님을 보러 왔을 때 봤어요. 그분은 좀 어떠세요?"라고 물었다.

당신은 어떻게 반응하겠는가?

저자의 답변은 부록 B에서 확인할 수 있다.

맺는 말

노인들은 온전한 삶을 살았고 전쟁을 겪었으며, 우리가 현재 누리는 권리들을 위해 투쟁했고, 그 외의 대단한 업적들을 이루었다. 비록 치매를 앓는 그들의 말이 더이상 앞뒤가 안 맞을지라도 그로부터 배우고 소통할 점들은 많다. 운이 좋다면, 우리가 사랑하는 사람들을 모두 포함하여, 우리 모두는 노인이 될 것이다. 우리가, 그리고 그들이 어떻게 대접받기를 원하는가?

반영적 미술경험과 토론을 위한 질문

1. 당신이 소중하게 생각하는 노인 한 명을 떠올려보자. 당신이 느끼는 유대감과 관계를 나타내는 이미지를 그려보라. 그다음, 당신이 그를 중요하게 생각하는 모든 것과

그 사람이 훌륭하고 유일무이한 사람임을 보여주는 모든 것을 생각해보라. 종이 뒷면에, 그 사람이 더 이상 말을 잘하지 못할 때 돌봐줄 미래의 간병인에게 보내는 짧은 편지를 써라. 간병인이 숙지하고 이해해야 할 중요한 것들에는 무엇이 있을까?

2. 당신을 유일무이한 존재로 만들어주고 당신의 삶에 기쁨과 의미를 주는 것에는 어떤 것들이 있을까? 만약 스스로를 돌볼 수 있는 능력이 사라진다면, 당신의 삶의 질을 유지하거나 향상시키기 위해 간병인이나 치료사가 알아야만 하는 것들은 무엇일까?

3. 당신의 내담자가 학대당한 것 같다고 느꼈던 순간을 생각해보자. 미술재료들을 사용해서 목격자로서 어떤 감정을 느꼈는지, 내담자가 어떻게 느꼈을지, 그리고 학대를 한 사람은 무엇을 느끼고 있었을지에 대해 탐색해보라.

4. 당신은 내담자가 학대당하고 있는 상황을 어떻게 해결하는가? 미묘하게 학대당할 때와 명백하게 학대당할 때 당신의 반응에 차이가 있는가? 노인 차별과 같이 덜 명백한 것에 내담자가 관련되어 있는 경우는 어떠한가?

참고문헌

The Health Insurance Portability and Accountability Act of 1996 (HIPAA) P.L. No. 104-191, 110 Stat. 1938 (1996).

National Research Council (2003). Concepts, definitions, and guidelines for measurement. In R. J. Bonnie and R. B. Wallace (Eds.), *Elder mistreatment: Abuse, neglect and exploitation in an aging America*. Washington, DC: The National Academies Press.

Robinson, L., Saisan, J., & Segal, J. (2015). Elder abuse and neglect: Warning signs, risk factors, prevention, and reporting abuse. Retrieved from www.helpguide.org/articles/abuse/elder-abuse-and-neglect.htm

9

사회적 불의를 바로잡기

남아프리카공화국에서 미술치료 훈련의 경계를 초월하고 변화시키기

헤일리 버만

백인으로서 내가 가진 특권은 남아프리카공화국의 인종차별 정책* 속에서 받았던 나의 교육에 스며들어 있었다. 대부분의 사람들은 투표할 권리가 없었고 제대로 된 교육을 받지 못했으며, 고등교육에 접근할 기회가 없었다. 나는 항상 무언가 근본적으로 잘못되었다고 느꼈다. 청소년기에 여러 번의 수술을 받은 후 이곳의 의료 시스템의 불공평한 권력 관계를 겪게 되면서, 주체적인 민주적 참여방식의 필요성에 대한 나의 경각심은 높아졌다. 이미지를 통해 나의 경험을 이해하는 것은 내가 정서적으로 살아남는 것에 중요한 역할을 했으며, 나는 다른 사람들도 같은 경험을 할 수 있도록 하겠다는 다짐을 했다. 나는 차별과 인종주의가 난무한 환경에서 벗어나 영국에서 미술치료 석사학위를 취득하는 호사를 누렸는데, 이는 나를 자유케 했고 내 감정의 폭을 넓혀주었다. 집단훈련, 정신역동적 사고의 이론적 틀, 그리고 스스로의 정신분석적 여정 안에서 나는 차별 없는 포용적인 미래를 그릴 수 있었다. 이 시기에 '상처 입은 남아프리카공화국에서 생명력을 해방시키기 위한' (Berman, 2012) 기초가 마련되었으며, 이는 내 박사학위 논문의 제목이 되었다.

---

* 역주: Apartheid(아파르트헤이트), 옛 남아프리카공화국의 인종차별 정책

분열을 초래하는 인종차별적 구조를 바탕으로 역사적으로 고등교육의 접근이 제한된 남아프리카공화국에서, 많은 사람들은 미술치료사라는 직업의 기본단계로 간주되는 대학원 학위를 취득하기 위해 해외로 나가는 것은 물론이거니와 미술치료사가 되기 전 필수인 학사학위를 얻는 것조차 꿈꿀 수 없다. 이 사회의 비민주적인 구조를 바로잡는 것은 새로운 실천모델을 전제로 하며, 이것은 미술치료사의 훈련이 자리잡은 암묵적인 특권 계층 및 엘리트 전제의 윤리에 대항하는 것이다. 나는 상호주의, 변화, 그리고 지속 가능성으로 특징되는 윤리를 바탕으로 위계질서를 뒤집고 미술치료 양성프로그램 및 직군에 접근할 수 있는 방법을 고안함으로써 이 분열을 다루고자 했다.

1994년에 나는 요하네스버그에 위치한 지금은 '레피카 라 포디소'(Lefika La Phodiso)로 알려진, 아프리카 최초의 정신분석기반 커뮤니티 미술상담 및 수련 기관을 설립했다.

레피카 라 포디소

'안아주는 바위'라는 뜻의 레피카 라 포디소는 요하네스버그에 위치한 칠드런스 메모리얼 인스티튜트(Children's Memorial Institute)의 2층에 위치하고 있으며, 이곳에는 다양한 상호보완적 서비스를 제공하는 30개 이상의 아동기반 비정부기관이 상주하고 있다. 헌법재판소 맞은편 힐브로우의 경계에 있으며 윗츠 대학교에서 도보거리에 있는 이곳의 위치적 속성은 헌법적 권리와 사회 정의의 수호에 근접한 학계의 주변과 사회의 변두리에 존재하는 풍부함과 복잡함을 예시한다. 힐브로우는 요하네스버그가 위치한 가우텡 주에서 가장 높은 살인율과 폭행 강도, 그리고 두 번째로 높은 중상해 범죄의 비율을 가진 최악의 범죄지구로 평가되어 왔다(Falanga, 2016).

계단을 올라오는 순간부터 예술은 사람들을 레피카의 안식처로 안내한다. 오픈 스튜디오 공간에서 만들어진 다채로운 색의 버려진 이미지들의 조각들로 만들어진 힐브로우 스카이라인은 입장하는 모든 이들을 환영한다([그림 9.1] 참조). 나는 레피카에 오기 위해 힐브로우의 번잡하고 종종 폭력적인 거리를 홀로 헤치며 온 세 살짜리 아동을 보았는데, 레피카에 오면 영양가 있는 식사와 믿음직한 어른들이

그림 9.1 힐브로우 스카이라인 벽화를 만들고 있는 아이들 (컬러그림 참조)

자신을 돌봐줄 것이라 믿고 찾아온 것이다. 사실, 레피카에서 일하는 우리는 프로그램에 참여하는 아이들이 주체성과 회복탄력성을 갖고 있다는 것을 전제로 한다. 위에 언급한 세 살 아이처럼 아이들은 이곳을 스스로 찾아오며, 그들의 자기가치감을 높여줄 어른들과 함께 창의적이고 안전한 공간을 찾고 인식함으로써 그들의 현재 환경에 저항을 드러낸다. 나는 아이들의 반응을 긍정적인 저항의 형태이자 사회 결속력, 자아강도 및 공감관계를 구축하는 공간에 투자하려는 무의식적인 행동으로 간주한다. 이러한 철학은 현존하는 자원, 강점, 그리고 열정을 기반으로 하는 레피카의 모든 서비스 및 교육을 반영한다.

내 윤리적 딜레마

동의서와 아동을 위한 서비스

우리가 제공하는 서비스를 받기 위해 아이들이 자발적으로 나타났을 때, (사전정보동의서와 관련된) 우리의 윤리적 책임은 무엇인가?

당신은 어떻게 반응하겠는가?

저자의 답변은 부록 B에서 확인할 수 있다.

가장 중요한 윤리적 딜레마

자원의 수요는 많지만 공급은 적은 나라에서 아이들과 성인들의 정신건강에 대한 욕구를 어떻게 충족시킬 수 있을까? 나는 지금부터 배타적이지 않은 훈련과정을 만들고 지속 가능한 서비스들을 개발하며, 윤리적 실천을 보장함으로써 내가 이 딜레마를 해결하기 위해 어떻게 노력했는지 설명할 것이다.

남아프리카공화국의 가장 어려운 심리사회적 현실은 정신건강에 대한 끝없는 필요가 존재하지만 최소한의 정신건강 자원만 갖춘, 부모 없는 나라에서 부모상이 결여되었다는 것이다. 레피카의 사명은 건강한 관계의 내면화된 모델을 제공하기 위해 지역사회 근로자들을 교육함으로써 사회에서 부모, 성인의 자아 기능을 구축하는 데 초점을 맞춰왔다. Fonagy와 Higgitt(2007)는 "지지하는 개인의 물리적 존재보다는 사망률을 예측하는 것이 애착 관계의 내적 작동 모델이다"(p. 19)라고 언급했다. 우리의 역할은 어려움을 겪고 있는 부모들을 대체하는 것이 아니라 그들을 향상시키고 보완하며 지지하는 것이다.

지역사회 미술상담가 훈련

남아프리카공화국의 정신건강 자원 부족 문제를 해결하기 위해, 나는 자원이 부족한 지역사회에서 치료적 능력을 구축하기 위해 협력했다(Berman, 2011). 지난 25년간 레피카는 250명 이상의 학생들을 교육시켰으며 160,000명 이상이 수혜를 받았다. 레피카는 보건복지 분야와 교육당국이 인가한 '지역사회 미술 상담가'(Community Art Counsellor: CAC)라는 새로운 전문분야를 개발해 심리사회적 변화를 위한 시책으로 남아공 예술치료 분야에서 인정을 받았다.

교육과정은 심상 만들기와 정신분석적 사고가 결합된 체험적 치료집단 안에서 18개월에 걸쳐 진행된다. 이 교육은 내 모교인 영국 허트포드쉬어 대학의 미술치료 석사학위과정과 같은 방식으로 계층화되어 있으며, 체험, 이론, 그리고 실습을 기반으로 한 교과목들을 다룬다. 학생들은 지역사회 근로자와 소득이 다양한 인종 및 다양한 문화권의 관련 전문가들을 포함한다. 교육비를 지불할 수 있는 학생들은 비용을 낼 여유가 없는 사람들에게 보조금을 주는 것으로 돕는다. 정부 및 기업의 자금지원 또한 비용절감에 도움을 준다.

입학기준은 공감적으로 공동체에 참여한 경험, 자신만의 심상을 만드는 훈련, 그리고 자기성찰 능력 등이다. 학생들은 CAC의 자원이 필요한 지역, 혹은 자신이 근무하고 거주하는 지역의 공동체 프로젝트를 시작하기 위한 심리사회적 변화 및 헌신에 대한 열정을 갖는다. 훈련생들은 평가 항목과 절차를 포함하는 8개의 훈련 모듈에 관여하고, 관련시키고, 창조하고, 자유 연상하며 참여해야 한다. 그 모듈로 는 남아프리카 맥락에서의 상담, 상담과정, 정신분석적 접근과 이론, 집단상담, 트라우마, 사회행동과 시각적 연구, 사회적 기업가 정신 및 창의적 리더십, 그리고 사별, 상실 및 죽음이 있다.

학생들과 CAC 졸업생들은 미국미술치료학회, 영국미술치료학회, 남아프리카 정신분석 연합, 그리고 남아프리카 국립예술치료사학회의 윤리강령을 준수해야만 한다. 서비스의 윤리적 실천과 구현을 보장하는 것의 중요한 요소는 지역사회 미술상담가는 늘 집단으로 일하고 가능한 상황에서는 부모적 역할을 하는 커플을 상징하는 의미에서 짝을 지어 진행하기도 하며, 이는 주로 사회적 결속과 사회 정의에 중점을 둔 기관, 지역사회 기반 단체, 혹은 미술기관들에서 실시된다는 점이다. 이 는 개인적, 기관적, 그리고 지리적 차원에서 치료적 능력을 구축하며 폭력과 트라우마의 영향을 받은 지역을 포함하여, 자원이 부족한 지역에 지속 가능하고 복제 가능한 서비스를 창출하는 결과를 가져온다. 이는 개인적이고 사적으로 일하는 학회 소속의 미술치료사들의 임상과는 구분된다.

상담실의 정신분석적 소파에서 지역사회로: 안아주기와 담아주기

레피카에서, 우리의 희망은 시간, 공간, (집단)작업, (미술)매체, 그리고 (CAC와 같은) 성인 지원 측면에서 지속성을 제공함으로써 Winnicott(1965)이 일컬은 '충분히 좋은' 내적 환경을 구축하는 것이다. '다른 사람'(집단에서는 여러 명)이 지켜보는 가운데 진행되는 창의적인 활동은 타인과의 관계 안에서 자신이 생애 초기에 타협해야 했던 부분들을 재방문하는 기회를 촉진한다. 집단원들과 소통하는 것은 안아주기 위한 내면화된 능력의 발달을 촉진하며, 동시에 심상의 생성과 사용은 관계와 '대상'을 안아주거나 안길 수 있는 또 다른 차원을 제공한다(Winnicott, 1965). '발달적으로 필요한 대상'이 되기 위해, 예를 들면 집단 시작 전 아이들에게 음식을 제공하는 것처럼, 때로는 치료적 윤리지침들을 확장하는 것이 필요하다. 고치고 바로잡는 것에 적극적으로 참여하기 위한 우리의 윤리적 책임은 인도주의적 대응을 배제하는 엄격한 직업적 경계를 지키는 것을 의미하지 않는다.

　본질적으로, 지역사회 미술 상담가는 공감 관계와 건강한 애착이 발생할 수 있는 과도기적 공간과 안아주는 환경을 제공하도록 훈련받는다. 이를 통해 아이들이 현재와 청소년 및 성인으로서 경험할 수 있는 '안전한 공간'을 확장한다. 이러한 방법으로 우리는 '충분히 좋은' 부모(Winnicott, 1965)의 역할을 배가시키기 위해 도모한다. 이와 같은 정신분석적 개념의 모델링은 아동을 위한 오픈 스튜디오 공간, 학교의 벽화 제작 프로젝트, 죽음을 목격한 취학 아동과 교사들을 위한 트라우마

그림 9.2 매체의 변화된 잠재성

보고 회기, 그리고 폭력시위 후 학생과 직원을 위한 워크숍과 같은 치료를 통해 실제적으로 내면화되고 복제된다(Berman, 2016). 이처럼 정신분석학적 사고를 가진 성인들이 주도하여 우리를 환기시키는 광범위한 대상, 매체, 시간과 공간의 일관된 경계가 보장된 스튜디오에서 이끄는 경험을 상상해보라. 모든 도시, 주, 나라 어디서든 말이다([그림 9.2] 참고).

승인

남아프리카 보건전문가협의회는 2005년에 레피카의 미술치료 교육과정을 잠정적으로 승인했으나, 고등 교육기관의 일환으로 제한하였다. 이는 또 다른 구속이 되었는데, 대부분의 학생들이 과거의 교육불평등으로 인해 학사학위를 취득하지 못했으며 그로 인해 대학에 입학할 수 없는 상황이 되풀이되었기 때문이다. 그에 따라 기관의 승인과 인정을 위한 대안적 방안들이 모색되었다. 1998년에, 남아프리카 정부는 인종차별 정책으로 인한 기회의 불평등을 시정하기 위해 부문 및 교육기관(Sector and Training Authority: SETA)과 기술개발법을 도입했다. 2000년에 레피카의 교육 프로그램은 SETA의 자격 요건들을 준수하도록 개정되었고 승인을 받기 위해 제출되었다. 내용의 이질성과 미술과 건강분야를 아우르는 교과목들을 제시해야 하는 어려움으로 인해 제출된 교육 프로그램은 몇 년간 막대한 손실을 겪으며 거절당하고 다시 제출되었다. 드디어 2017년에 레피카는 SETA의 보건복지부로부터 공인 교육기관의 지위를 부여하는 기존의 범주 중 '상담방법 인증'에서 NQF5(12학년 이후)의 자격을 가진 기관으로 인증받았다. 졸업생들은 이전 교육과정을 인정받음으로써 승인을 받기 위한 자격조건을 충족할 기회를 갖는다.

전문적 인정

레피카는 남아프리카 보건전문가협의회의 승인을 통해 지역사회 미술 상담가를 위한 중급 단계의 범주를 새로 만드는 길을 개척했다. 더불어 모든 예술치료의 양식을 대표하는 이들로 구성된 협력팀이 창단되었다. 이 기관의 목표는 CAC 훈련모듈을 모든 예술치료로 확장하여, 남아프리카 전역의 자원이 부족한 지역에 그에 적합하고 접근 가능한 예술기반 치료 자원을 개발하는 것이다. 이는 주민들의 정신건강 요구를 충족시킬 수 있는 정신건강 전문가 수의 부족함을 인식하는 것뿐만 아니라, 그들이 필요한 지역사회 환경에서 사람들이 예술적인 개입을 사용할 수 있도록 하는 것의 중요성에 대한 전문가들의 합의와 관련된 국가의 적극적인 추진력의 결과 이다.

해외유학에 드는 엄청난 비용으로 인해 남아프리카에 자격을 갖춘 미술치료사는 소수이다. 석사 수준의 교육과정은 프레토리아 대학의 음악치료와 윗츠 대학의 연극치료뿐이다. 현재 남아프리카에 미술치료 프로그램을 도입하기 위한 새로운 계획들이 진행중이다.

지속 가능성의 해결

사회 기업적 및 사회행동 교육 모듈의 포괄은 학생들의 제안서 작성 능력과 연구 방법론을 장려하여 개인적 이익보다는 '혁신과 행동을 통한 미래 구축'(Ludema & Fry, 2008, p. 295)을 추구하는 비전과 사명을 발달시키도록 장려하며 적극적 시민으로서의 권리를 촉진한다. 또한 이것은 학생들과 CAC가 스스로의 지속 가능한 고용기회를 창출할 수 있게 한다. 요하네스버그 인근을 넘어 이러한 교육을 접할 수 있게 하려는 일환으로, 레피카는 '교육자를 교육하는 것'을 통해 기관을 널리 퍼뜨렸다. 미래의 지역미술치료사들을 교육하기 위해 풍부한 경험과 강도 높은 훈련과정을 거친 이들로 구성된 총 15명의 교육자들은 레피카의 안팎에서 지속적으로 일하고 있다. 이들 중 일부는 조력자이자 직원으로서 레피카에 거의 20년 동안 근무해왔다.

CAC의 선구자 중 한 명이 나를 레피카의 전무이사로 임명하는 중대한 결정을 내렸다. 위계질서는 눈에 띌 정도로 사라졌으며 새로운 리더십이 등장했다.

슈퍼비전

조직적인 차원에서 레피카는 적극적인 이사회, 사업 멘토 및 조언자들의 도움을 받는다. 임상적 차원에서는 남아프리카 정신분석 연합 및 정신분석적 아동심리치료

기관의 심리치료사들과 정신분석가들의 지원을 받는다. 지속적인 경험 및 학습의 기회들은 전이와 역전이 역동의 발생뿐만 아니라 투사와 같은 방어기제를 해결하는 것 등 복잡한 부분들을 다루는 데 꼭 필요하다.

맺는 말

도전적인 일을 시도할 때 수용할 수 없는 것을 수용하는 능력은 필수적이며, 성찰을 위한 충분히 안전한 공간을 만들고 유지하는 것은 매우 중요하다. 그 공간은 자신과 타인으로부터 뿜어져 나오는 가공되지 않은 무의식적인 재료들을 이해하기 위해 쓰이기도 한다. 이 작업은 역설로 가득한데, 대상이 확장되면 담길 수 없기 때문이다. 어떤 것들은 글, 심상, 혹은 관계나 구조와 상관없이 담을 수 없고 담기지 못한다. 그렇지만 이러한 복잡성에 대해 윤리적으로 생각해볼 수 있는 공간은 남아 있다. Bollas(2009)가 말했듯이 모든 것이 '아름다운' 것은 아닐지라도 모두 '중요'하다.

참여한다는 것은 종종 환멸을 견뎌야 한다는 것을 의미한다. 내가 남아프리카를 아이들이 성장할 수 있는 보다 지지적이고 삶을 향상시키는 곳으로 만들기 위해 노력했던 것처럼 말이다. 이 과정은 사회정치적 분위기가 동일한 비전과 가치를 공유하지 않을 때 특히 더 어려워진다. 나의 주된 투쟁은 남아프리카에 더 많은 정신건강 서비스에 대한 필요성과 이 서비스들 중 일부를 제공할 수 있는 지역사회 미술 상담가들의 실행 가능성을 설득하는 것이었다. 내가 주로 활동한 방식은 역사적으로 동료 미술치료사들에 의해 면밀히 검토되었는데, 이들은 나처럼 외국기관에서 교육을 받는 호사를 누렸으며 주로 개인치료실을 운영하는 이들이다. 많은 미술치료사들이 자신을 위한 교육에 방대한 시간과 돈을 투자하는 상황에서, 어떻게 이 귀하고 값비싼 정체성을 다른 사람들에게 기꺼이 제공할 수 있을까? 논평에는 내가 "이 직업의 질을 떨어뜨리고 있다"는 내용이 포함되어 있었다.

… 나는 우리가 계속 대화를 해야 하고, 더 많은 사람들이 말할 수 있는 새로운 방법을 끊임없이 모색해야 한다고 주장한다. 그렇지 않으면 우리 내부의 분열이 결국 스스로를 압도할 것이기 때문이다. 우리의 세계는 더욱 다원적이

고 패권적으로 되어가고 있다. 후자에 대항하기 위해 우리는 인종, 계층, 성별, 문화 및 다른 차이의 경계를 넘는 창의적인 연결의 형태를 찾아야 한다.

Hoggett, 2006, p. 14

초보 전문가로서 내가 윤리적 책임들을 위반하고 있었을까? 당신은 어떻게 생각하는가?

반영적 미술경험과 토론을 위한 질문

1. 당신이 어딘가에 소속되어 있다고 느꼈을 때를 표현하는 이미지를 만들어보자(혹은 기존의 이미지나 대상을 골라보자). 당신이 배척되었다고 느꼈을 때를 표현하는 대응적인 이미지를 만들어보자(혹은 기존의 이미지나 대상을 골라보자). 이러한 경험에 대한 당신의 생각을 나누거나 저널을 써보자.
2. 수혜자가 무엇을, 누구와, 어떻게 소통하고 싶은지 결정하는 데 참여하면서 당신이 일하는 곳의 맥락 안에서 벽화를 그려보자.
3. 미술치료 전문직의 포괄성에 따른 이점과 위험은 무엇일까?
4. 당신의 지역사회에 현존하는 사회적, 경제적 불공평을 해결하기 위해 어떻게 당신의 임상을 윤리적으로 확장시킬 수 있을까?

참고문헌

Berman, H. (2011). The development and practice of art therapy as "community art counseling" in South Africa. *ATOL: Art Therapy Online*, *1*(3).

Berman, H. (2012). *To liberate the life-force in a traumatized South Africa* (Unpublished doctoral dissertation). The University of Western England, Bristol, UK.

Berman, H. (2016). *Body of work*. Working Body of Knowledge Series, vol. 1. Johannesburg, South Africa: Lefika Publications.

Bollas, C. (2009). *The infinite question*. London: Routledge.

Falanga, G. (2016, September 5). *Hillbrow has highest murder rate in Gauteng, stats show*. Retrieved from www.security.co.za/news/33356

Fonagy, P., & Higgitt, A. (2007). The early social and emotional determinants of inequalities in health. In G. Baruch, P. Fonagy, & D. Robins (Eds.), *Reaching the hard to reach* (pp. 3-34). Chichester: John Wiley & Sons.

Hoggett, P. (2006). Connecting, arguing, fighting. *Psychoanalysis, Culture & Society, 11*, 1-16.

Ludema, J. D., & Fry, R. E. (2008). The practice of appreciative inquiry. In H. Bradbury, & P. Reason (Eds.), *Sage handbook of action research, participative inquiry, and practice* (pp. 280-296). London: Sage.

Winnicott, D. W. (1965). *The maturational processes and the facilitating environment*. London: Hogarth Press.

10

치유적 언어의 통역*

문화의 고려 없이 미술치료를 윤리적으로 가르칠 수 있는가?

박 소 정

임상에서 윤리적 선택은 원칙, 가치, 문화, 그리고 그와 연결된 모든 것들을 기반으로 한다. 이러한 영역은 다양성을 내포하기에 각 영역이 충돌할 때 윤리적 딜레마가 발생하게 된다. 믿음, 관습, 충성도 등을 포함한 문화는 윤리적인 임상과 떼어놓을 수 없다. 왜냐하면 우리의 관점과 결정은 모두 우리가 세상을 살아가는 방법에 근거하며, 이 근거는 우리가 속한 사회로 인해 만들어지기 때문이다. 그러나 사회는 고정된 유형의 무엇이 아니며, 유연하고 언제나 변화 가능한 특성을 가지고 있다. 따라서 우리의 문화적 맥락은 우리가 현재 소속된 문화에 따라 바뀔 수 있으며 이는 우리의 윤리적 결정과정에 영향을 준다.

나는 미국에서 한국으로 삶의 기반을 다시 옮겼을 때 이러한 문화적 변화를 경험하였다. 나는 한국에서 태어나 자란 한국인이었음에도, 내가 지난 십 년간 미국에서 미술치료사로서 교육을 받고 임상을 하고, 전공생들을 훈련시켜온 시간은 내가 마지막으로 한국을 떠났을 때에 비해 서구적인 문화의 관점을 입혀놓은 것이다. 서울에서 미술치료 전공생들을 가르치는 경험은 나로 하여금 미술치료를 통해

---

* 역주: 이 장은 역자가 집필했기에 번역의 과정에서 한국 독자에 맞춰 일부 수정하여 기술하였음.

동양과 서양의 문화를 이어야 하는 숙제를 주었다. 이와 같은 경험을 바탕으로, 나는 이 장에서 한국에서 미술치료 혹은 심리치료를 가르치거나 임상을 할 때 고려해야 하는 중요한 개념들을 소개하고자 한다. 동시에 유교주의나 집단주의, 그리고 내가 한국 특유의 감정으로 고려하는 개념들로 인해 전공생들이 자주 경험하는 윤리적 딜레마를 나눌 것이다.

유교주의와 집단주의: 한국을 대표하는 문화적 특징

미국, 혹은 서구권의 문화를 정의할 때 개인주의가 자주 언급된다면, 유교주의와 집단주의는 한국의 문화적 특징으로 대변되곤 한다. 이는 또한 한국에만 국한된 것이 아닌 중국이나 일본과 같은 다른 동아시아의 문화와 공용되는 관점이기도 하다. 비록 유교주의는 한국에서 더 이상 전통적인 방식으로 적용되고 있지는 않지만, 삼강오륜이나 충효사상과 같은 유교적 가치들은 여전히 한국 문화의 핵심적인 부분과 특징으로 작용하고 있다. 이와 같은 유교적 문화의 특징 중 하나는 나이나 위치에 따른 상하적인 관계의 정의가 포함되는데(예를 들면 임금과 신하, 부모와 자식 등), 즉 아랫사람은 윗사람에게 존경을 표하는 것이 마땅히 지켜야 할 도리로 간주되는 것이다. 이와 같은 수직적 관계가 빚어내는 역동은 궁극적으로 교사와 학생을 포함한 모든 관계에 적용된다.

　　미국의 대학원에서 강의를 하는 동료 미술치료사들에게 내가 가장 자주 듣는 질문 중의 하나가 "수업에 한국 학생이 한 명 있는데, 너무 조용해요! 무슨 문제가 있는 걸까요?"이다. 서양의 관점에서 그 학생은 아마도 뭔가 거리를 두거나, 경계를 하거나, 무언가를 망설이는 사람처럼 보일 수도 있을 것이다. 따라서 많은 경우, 서구문화 속 강사들은 그 조용함에 대한 이유를 찾고자 한다. 그러나 이와 같은 경우는 바로 유교주의와 집단주의가 강의실과 같은 집단적인 환경에서 학생의 태도에 영향을 주는 아주 전형적인 사례이다. 물론 이 침묵에 언어의 장벽 또한 고려되어야 하는 것은 당연하다. 그러나 그와 같은 '조용함'은 사실 교수자에 대한 존중의 표현이 될 수도 있음을 생각해야 한다. 독자들은 수잔 케인의 『콰이어트: 시끄러운 세상에서 조용히 세상을 움직이는 힘』(2012)을 참고할 수도 있을 것이다. 더 나아가, 교실 속에서 개인적인 생각을 나눔으로써 주의를 끄는 것 또한 개인의 필요보다 집단의 조화를 중시하는 한국의 집단주의적 문화적 가치와 충돌하기도 한다.

문화적 차이는 한국에서 미국으로 유학 온 학생들이 경험하는 어려움과도 연관이 있다. 예를 들어, 한국 학생들은 교수를 이름으로 부르거나, 수업 중 손을 들어 질문하는 것은 문화적으로 충돌하거나 익숙하지 않기에 대부분의 경우 부담스러워 한다. 한국의 교수와 학생의 관계는 수직적이고 (특히 학생의 입장에서) 예의를 갖추는 경우가 일반적이기 때문에, 상대적으로 수평적인 서양 문화 속 관계가 학생들에게 생소할 수 있는 것이다. 한국 학생들의 관점에서는 교수에게 대놓고 질문을 하거나 의견을 표하는 것은 자칫 '무례한' 학생으로 여겨지거나 심지어 심각한 경우, 교수의 위치에 대한 도전으로도 받아들여질 수 있기 때문이다. 따라서 한국에서 한국 학생들을 대상으로 진행하는 수업에서 흔히 발생하는 현상 중 하나는 아무도 수업시간에 질문을 하지 않거나 교수와의 적극적인 상호작용이 제한적으로 이루어진다는 점이다. 내가 발견한 재미있는 점은, 한국 학생들은 마음속에 정말 궁금한 점들이 있더라도 종종 수업중에는 조용히 남아 있다가, 수업이 끝난 뒤에 따로 남아서 나한테 조용히 질문을 한다는 것이며, 이는 학생들이 교수에게 존중을 표하는 방식이라는 것이다.

이와 같은 문화적 존재는 미술작업과정에도 고스란히 반영될 수 있다. 전통적으로, 한국의 미술은 예술가 자신이나 자신의 느낌을 직접적으로 표현하기보다는 수묵화나 민화에서도 볼 수 있듯이 자연이나 그 주변의 사물들을 주제로 한다. 따라서 미술치료 교육과정에서 자주 활용되는 (엄밀히 말하면 요구되는) 수업중 자신에 관한 미술작업을 하는 것은 서구권의 학생들에 비해 한국 학생들에게 그리 익숙하지 않을 수 있다. 그러나 나는 자신에 대한 미술작업을 하는 기회가 한국 학생들로 하여금 서양에서 그러하듯이 자신에게 초점을 두고 자신을 다른 관점에서 볼 수 있도록 하는 매우 좋은 기회가 된다고 믿는다. 비록 이와 같은 관점의 전환이 서구권에 속한 그들의 교수의 이해가 필요한, 시간이 걸리는 과정일지라도 말이다.

또한, 한국의 교수와 학생이라는 관계는 치료사와 내담자의 관계에도 평행적으로 적용될 수 있다. 강의실 속 역동처럼, 한국인은 종종 문화적 가치로 인해 자신의 개인적인 목표나 바람을 집단과 나누는 것을 불편해한다. 따라서 유사한 동양적인 배경을 가진 학생들이나 내담자들은 서양의 관점에서 사고하는 이들과는 다른 방식으로 접근되어야 한다. 이와 같은 인식이 없다면, 서양에서 훈련받은 교사나 치료사는 개인 내담자나 집단을 억압되었다고 판단하거나, 저항한다고 조급하게 결론을 내릴 수도 있다. 따라서 이와 같은 개인 삶의 문화적 맥락을 이해하는 것은 교육과 치료 모두가 효과적으로 전달되기 위해 필수적이며, 그와 같은 이해가 부재한 경우, 정보가 불충분한 상태에서 임상을 하는 것에 관한 문제뿐 아니라 비윤리적인 임상으로 이어지게 된다.

한국인의 경계에 대한 인식에 영향을 미치는 한국 특유의 정서적 개념

한국의 문화적 맥락을 이해하기 위해서는, 정이나 집안, 체면처럼 영어로는 번역도 되지 않는 개념들을 이해할 필요가 있다. Sun과 Bitter(2012)는 이와 같은 개념들을 한국 문화적 맥락 안에서 심리치료를 적용하기 위해 가장 중요한 요소로 여겼는데, 사실상 이와 같은 중요한 한국인의 정서적 개념을 이해하지 못한 채로 서양 문화에 기반을 둔 치료를 적용하는 것은 대부분의 경우 실패로 끝난다는 것을 강조하였다. 이와 같은 개념이 내포한 집단적인 성격을 치료사가 회기 내에서 실제로 구현하는 것은 생각보다 어려울 수 있으며, 동시에 치료사에게 윤리적 딜레마를 가져오기도 한다. 더 나아가 한국문화 속 정서적 개념과 서구의 개인적 경계 및 치료에서 필요한 경계의 개념에는 충돌지점들이 있는데, 학생들이 자주 고민하는 아래의 질문들을 통해 확인할 수 있다.

정　　정이라는 개념은 '다른 사람을 위한 마음' 정도로 설명될 수 있다. 정은 집단주의에 깊은 뿌리가 있으며 '나보다 우리'라는 관점을 매우 잘 보여주기도 한다. 한국 사회는 타인에게 정을 베풀 것을 은연중에 강조하며, 정이 많은 사람은 보통 마음이 따뜻한 사람으로, 긍정적으로 간주되는 경향이 있다. 이와 같은 문화는 한국인이 생각하는 집단의 경계에도 자연스럽게 영향을 미친다. 이러한 이유로 한국의 학생들은 보통 치료에서 필요한 경계의 중요성에 대해 배울 때, 그 경계가 정이라는 개념과 충돌하는 듯 느끼기 때문에 윤리적 딜레마를 경험한다. 이와 같은 딜레마는 아래 사례에서 볼 수 있듯이, 누군가를 돌보는 분야의 특성상 한국의 미술치료 전공생은 스스로 정이 많다고 느끼는 경우가 많기 때문에 더 자주 발생한다.

치료실에 배고픈 상태로 오는 아동 내담자에게 왜 간식을 주면 안 되나요?

「저는 주로 오후에 집단미술치료를 진행합니다. 초등학생인 내담자들은 학교가 끝나면 바로 치료실로 와야 하기 때문에 도착할 무렵에는 배고파해요. 그래서 저는 아이들에게 간식을 제공하여 회기 시작 전에 뭐라도 먹고 시작할 수 있도록 합니다. 아이들이 회기에 집중할 수 있도록 간식을 주는 게 낫지 않은가요?」

이 같은 유형의 질문은 수업에서 윤리적 이슈를 다룰 때 꽤 흔하게 등장한다. 학생이 배고픈 내담자를 먹이고 싶어 하는 마음에서도 볼 수 있듯이 한국의 '정'이라는 정서와 치료적 경계를 명확히 그을 것을 요구하는 전통적인 서구적 접근 사이에는 항상 일종의 긴장이 존재한다. 이와 같은 사례는 또한 문화적으로 수용되는 정이 전문가로서 경계에 대한 인식과 섞이기 시작할 때 발생하는 혼돈에 대해서도 보여준다. 배고픈 아이를 '외면하는 것'은 정과는 거리가 먼 행동이다. 치료적 경계의 중요함에 대해 배우는 것은 치료사가 되고자 하는 모든 이들에게 시간과 노력이 필요하다. 그러나 이러한 중요한 문화적 배경으로 인해 한국의 학생들은 이 과정에서 전문가로서의 정체성과 한국인으로서 정을 유지하는 것 사이에 균형을 맞추어야 하는 추가적인 어려움을 경험하는 것이다.

한 가지 흥미로운 점은 학생들이 회기에서 치료적 경계를 세우는 것의 의미를 정을 포기하라는 뜻으로 받아들이는 경향이 있다는 점이다. 따라서 교수의 입장에서 한국 학생들에게 윤리적 딜레마에 관해 가르칠 때 가장 중요한 부분 중 하나는 그들이 치료적 경계를 세움으로 인해 정을 잃을 것에 대한 두려움을 가지고 있다는 점을 인식하는 것이다. 여기서 두려움은 보통 서구문화의 관점에서 생각하는 것보다 훨씬 더 큰데, 한국 학생들에게는 치료적 경계를 세우는 일이 내담자를 돌보는 것에 대한 거부로 연결되어 종종 죄책감을 동반하기 때문이다. 더 나아가, 정이 없는 치료사의 이미지는 학생 스스로가 가진 치료사의 이미지와도 상충하는데, 그 이유는, 한국인의 관점에서는 누군가를 돕고자 하는 자가 정이 없다는 것은 상상하기 어려운 일이기 때문이다. 따라서 학생들은 그들의 전문가로서의 정체성과 치료사로서의 역할에 대해 더 큰 혼란스러움을 경험할 수도 있다.

나는 주로 이 복잡한 문제를 역설적으로 한국 사회에서 정이 얼마나 중요한지

인지하는 것으로부터 시작한다. 더 나아가 사실 한국에서 치료를 하기 위해서는 반드시 정이 필요함을 강조함과 동시에, 치료적인 관점에서 정이 적용되어야 한다는 전제조건을 설명한다. 나는 또한 학생들에게 치료를 위한 경계를 세우는 것이 결코 회기에서 정을 버리라는 것이 아니며, 오히려 정을 치료적으로 활용할 수 있어야 함을 강조한다. 학생이 회기중 또는 치료관계에서 나타나는 정이라는 정서를 볼 수 있는 능력을 기르도록 가르치는 것은 매우 중요하며, 나는 치료에서 정의 영향을 좀 더 세밀히 들여다봄으로써 그 기회를 제공하려 노력한다. 위에서 나눈 사례의 경우, 나는 학생들에게 아동의 배를 불리는 것은 아동의 보호자의 역할이며, 아동이 치료실에 배고픈 채로 오지 않도록 하는 것 또한 마찬가지라고 설명한다. 따라서 만약 우리가 배고픈 아동이 안타까운 마음에 계속해서 보호자의 일을 대신 해 주게 된다면, 우리는 역으로 보호자가 자신의 아동을 보살필 기회를 빼앗을 수도 있다는 점을 설명한다. 많은 경우, 아동의 사례는 아동이 치료에 온전히 몰입하기 위해, 보호자에게 그에 관한 책임을 지는 것을 교육함으로써 시작된다. 더 나아가, 우리의 어린 내담자 또한 치료적인 공간과 치료사의 역할에 대해 명확하게 이해할 필요가 있다. 그래야만 아동 내담자는 실제로 자신의 양육을 책임지는, 즉 먹이고, 입히고, 재워주는 주양육자와 치료사를 혼동하지 않을 것이며, 치료사는 분리(splitting)로부터 자유로울 수 있기 때문이다. 치료사의 역할을 명확히하는 것과 아동 내담자에게 물리적인 양육을 제공한 결과에 대해 학생으로 하여금 치료사의 관점에서 생각을 유도하는 것은 치료에 필요한 전문적인 경계 안에서 정의 위치에 대한 고민을 불러일으키는 데 도움이 된다.

집안과 체면　　한글로 '집안'이라는 단어는 말 그대로 '집의 안'을 의미하는데, 이는 동시에 혈육으로 연결된 명확한 경계를 보여준다. '체면'은 "남을 대하기에 떳떳한 도리나 얼굴"(네이버 표준국어대사전, 2021)을 의미하며, 이는 자신이 속한 집단 밖에 일종의 문제가 알려지는 것에 대해 한국인들이 경험하는 수치심과 밀접한 관련이 있다. 따라서 체면을 유지하기 위해 가정의 사적인 문제들은 대부분 집안에 머무르게 된다. Kim과 Ryu(2005, p. 352)는 다음과 같이 설명했다.

한국의 가정은 누가 포함되고 포함되지 않는지에 대한 명확한 경계를 가지고 있다. '집안'이라는 표현은 곧 가족구성원이자 가치이며, 특정 가족에서 행해지는 전통들을 구분하며… 이 경계는 또한 어떤 것이 집안에 머물러야 하는지, 혹은 공유되어야 하는지를 결정하고… 한국인은 광범위한 문제에 관해 수치심을 느끼기 때문에, 어떤 것을 드러낼지 매우 선택적이다.

한편, 심리학적 개념의 '집안'은 현대 사회의 개인이 속한 여러 집단, 예를 들어 친구들, 동료들, 동기들과 같은 대상에게도 적용될 수 있으며, 한국인들은 이를 바탕으로 자신의 개인적인 문제를 누구와 어느 정도 나눌 것인지 결정하게 된다. 이와 같은 이유로 많은 한국인들은 여전히 전문 치료사를 만나는 것을 주저하는데, 이는 한국의 치료사들에게 또 다른 윤리적 문제를 가져온다.

왜 친구의 자녀를 내담자로 받으면 안 되나요?

「제 친구의 아들은 주의력결핍 과잉행동장애(Attention Deficit Hyperactivity Disorder: ADHD)가 있는 것 같습니다. 친구는 주위에 소문날 것이 두려워 아들을 소아청소년 정신과에 데려가고 싶지 않아하고, 대신 저에게 미술치료를 해줄 수 있냐고 물어봤어요. 만약 제가 안 된다고 한다면 친구는 아마 서운해 할 것이고, 아들은 결국 아무 치료를 못 받을 거예요. 그렇다면 치료를 못 받는 것보다는 차라리 저라도 그 아이를 만나는 것이 낫지 않을까요?」

이와 같은 다중관계와 연결된 문제는 한국의 학생들이(또한 활동중인 치료사들 역시) 흔하게 경험한다. 비록 학생들은 치료에서 다중관계의 위험에 대해 머리로는 잘 알고 있을지 모르나, 위 사례처럼, 친한 친구와 같이 자신의 심리적 '집안'에 속한 누군가에게 치료적 경계를 긋는 것은 쉬운 일이 아니다. 더 나아가, 집안의 개념은 개인이 정을 표현해야 하는 집단을 의미하기도 한다. 다른 동아시아 국가들과 마찬가지로, 한국인들 역시 가정 내 문제를 외부에, 특히 낯선 이에게 퍼뜨리지 않도록 교육받는다. 그 사람이 전문 치료사일지라도 말이다. 따라서 한국인들은 종종 어려움이 '집안'에 머무르도록 자신과 연결된 사람, 즉 어떤 의미에서는 확장된 가족의 의미로 엮을 수 있는 특정한 누군가를 찾아 고민을 나눈다. 그리고 정 문화로 인해, 한국인들은 보통 자신의 친구가 자신의 자녀를 돌봐줄 것을 기대한다. 마찬가지로, 한국인 치료사에게도 어려움을 가지고 있는 친구와 그 자녀에게 서비스를 제공하는 것을 거절하기란 쉽지 않다.

수업에서 이와 유사한 질문들이 올라올 때마다, 나는 학생들로 하여금 이와 같은 상황에서 "안 돼"라고 말하는 것이 자신과 자신의 친구에게 어떤 의미로 다가가는지 질문하는데, 보통 학생들은 이와 같은 상황을 도움이나 '정'이 필요한 누군가를 외면하는 것으로 연결한다. 그다음, 나는 학생들에게 치료에서 경계의 의미를 탐색하도록 하고 경계가 존재하지 않을 때의 결과에 대해 생각하도록 질문하며, 이에 대한 답변은 보통 개인의 치료사로서의 정체성에 대한 토론으로 이어진다. 이와 같은 질문들로 시간을 보낸 뒤, 나는 대중에게(지인들을 포함하여) 치료에서 다중관계의 문제에 대해 교육하는 것 또한 우리의 책임임을 덧붙이며, 이와 같은 경우에는 해당 아동을 보다 객관적으로 볼 수 있는 믿을 만한 다른 전문가에게 추천할 것을 권한다.

내 윤리적 딜레마

치료에서 선물에 대한 방침도 문화에 따라 변해야 하는가?

어느 날, 한 내담자가 직접 만든 소량의 음식을 가져왔다. 내가 미국에 있었을 때, 예를 들어, 종결을 앞둔 시기에 "적절한 기준"에 부합하는 예외적인 경우를 제외하고는 선물을 주고받지 않는다는 명확한 지침을 가지고 있었다. 그러나 이 경우 내담자는 종결을 앞둔 상태도 아니었고, 한국에서는 음식을 나누는 것이 정을 나누는 하나의 일반적인 방법임을 고려했을 때, 나는 "적절한 기준"을 어떻게 적용해야 하는지 궁금했다.

당신은 어떻게 반응하겠는가?

저자의 답변은 부록 B에서 확인할 수 있다.

치료적 언어의 통역

한국 문화에 관해 Sun과 Bitter(2012)는 다음과 같이 조언하였다. "한국에서 정 없이 효과적으로 진행할 수 있는 치료란 없으며, 내담자가 체면을 잃었다고 느끼는 순간 치료는 실패한다"(p. 242). 이 조언이 의미하는 바는 치료사가 치료를 성공적으로 이끌기 위해서는 반드시 내담자의 문화 속으로 들어가야 한다는 것이다. 만약 우리가 우리 내담자의 일상적인 문화에 우리를 포함하지 않은 채, (치료 자체의 문화를 포함하여) 우리 자신의 문화적 관점을 강요한다면, 과연 그 치료가 효과적일 수 있을까?

내가 전문적인 미술치료사로서 한국에 적응하며 가장 어려웠던 점 중에 하나는 바로 서양의 문화적 관점에 기반한 치료적인 언어를 한국인의 가치체계와 사고 패턴을 반영하는 언어로 바꾸는 것이었다. 나는 치료적 언어를 한국 문화적 맥락에 맞게 통역하며, 치료에서 사용되는 '나'라는 개념을 '우리'로 볼 수 있도록 나의 태도를 바꿈으로써, 내가 내담자를 보는 렌즈가 문화적으로 적절하도록 해야 했다. 만약 치료사가 내담자와 다른 언어를 사용한다면, 어떻게 대화가 이루어질 수 있겠는가?

마지막으로, 개인의 전문적 정체성을 유지하는 것은 이와 같은 변화를 가져오기 위해 필수적이다. 결국, 이 과정에서 도전의 실체는 개인의 전문적 정체성과 문화적 유연함 사이에서 균형을 찾는 것이었다. 이 과제는 미술치료 분야 안에서 단단한 기반이 없다면 이루어질 수 없다. 전문가로서의 윤리적 원칙과 미술치료사라는 역할에 대한 분명한 이해가 치료에서 다문화적 문제를 통합하는 지침이 되기 때문이다. 따라서 문화와 연결된 윤리적 딜레마를 경험할 때, 우리의 첫걸음은 사실 매우 간단할 수도 있다. 미술치료 분야에 대한 우리의 핵심가치와 믿음으로 돌아가는 것, 그리고 내담자의 문화적 맥락 안에서 미술치료사로서 우리의 역할을 명확히하는 것이다.

반영적 미술경험과 토론을 위한 질문

1. 집단주의와 개인주의를 상징하는 이미지를 각각 만들어보자. 어떤 점이 다르며, 어떤 점이 유사한가?

2. 당신의 문화를 나타내는 이미지를 표현해보라. (이 이미지는 다음 작업을 위해 해체될 것임을 고려하라). 작업이 끝난 뒤, 사진을 찍어두자. 다음, 이미지를 자유롭게 잘라 조각을 사용하여 새로운(혹은 추상적인) 형태의 콜라주를 완성하라. 필요시 추

가 미술매체를 사용해도 좋다. 원래의 이미지를 콜라주로 변형하는 과정에 대해 나누어보자. (예를 들어, 어떤 부분을 간직하고자 했으며, 어떤 부분을 버렸는가? 어떤 부분을 협상했는가?) 이 경험을 치료적 언어의 문화적 통역과정과 연결하여 나누어보라.

3. 당신의 문화적 배경의 특징은 무엇이며, 그것은 치료사로서 당신의 윤리적 기준에 어떤 영향을 끼치는가?

4. 다른 나라에서 온 미술치료사가 당신의 문화권에 속한 내담자와 회기를 진행한다고 한다면, 당신은 어떤 팁을 주겠는가?

참고문헌

Cain, S. (2012). *Quiet: The power of introverts in a world that can't stop talking.* New York: Broadway Paperbacks.

Kim, B. C., & Ryu, E. (2005). Korean families. In M. McGoldrick, J. Giordano, & N. Garcia-Preto (Eds.), *Ethnicity and family therapy* (3rd ed.). (pp. 349-362). New York: Guilford.

Sun, S., & Bitter, J. B. (2012). From China to South Korea: Two perspectives on individual psychology in Asia. *The Journal of Individual Psychology, 68*(3), 233-248.

11

새로운 길을 가는 것
캐나다 토착 미술치료의 윤리적 고려사항

제니퍼 비비안

나는 캐나다에서 거주하고 일하는 이누크인* 미술치료사이다. 금발에 파란 눈을 가진 나로서는 스스로를 거리낌 없이 이누크인이라 정의 내리기까지 오랜 시간이 걸렸다. 나의 할머니는 래브라도 지방 출신의 이누크인이었다. 캐나다의 많은 원주민처럼, 그녀가 원주민 보호구역을 떠나자마자 캐나다 정부는 그녀의 지위를 박탈했다. 지위를 잃는다는 것은 조약상의 모든 권리와 혜택을 상실한다는 것을 의미했다. 나의 아버지는 본인 및 딸들의 지위를 인정받기 위해 수십 년을 싸웠다. 내 외모와 내 선조가 살던 곳 밖에서 성장한 사실로 인해, 나 자신을 이누크인이라 설명할 때면 이야기를 나누는 대상과 주제에 따라 매우 다양한 대화의 장이 펼쳐지곤 한다. 이러한 상황은 나의 미술치료 임상에서도 크게 다르지 않다. 나는 흰 피부를 가질 때 누릴 수 있는 특권을 매우 잘 알고 있으며, 나의 가족을 포함하여 원주민들의 전부는 아니더라도, 다수에게 영향을 준 억압과 구조적 인종차별을 겪으며 자라지 않았다는 사실을 인식하고 있다.

심사숙고 끝에, 내 삶의 모든 영역에서 나 자신을 이누크인이라고 정의 내리

---

* 역주: Inuk, 북미 및 그린란드와 알래스카 지역에 사는 에스키모인 이뉴이트족(Inuit)의 구성원을 일컬음.

는 것을 유념할 필요가 있다는 걸 깨닫게 되었다. 그 결과로 인해 무언가를 얻고 잃는 것과는 별개로 말이다. 내가 이누크인이라는 것을 누구와 나눌지 결정할 수 있다는 것이 내가 그 사실을 모든 사람에게 알려야 함을 의미하지는 않는다. 하지만 원주민들을 향한 차별을 목격했을 때 나에게는 나서야 할 의무가 있다는 뜻이다. 내 외모 덕분에, 나는 원주민이 아닌 직원들이 원주민이 주변에 없을 거라 생각할 때 하는 말을 듣고는 한다. 이런 일이 발생할 때 나는 이런 종류의 언행에 대해 맞서고 가능하다면 그들을 교육하고 싶은 윤리적 책임을 느낀다. 그렇지만 내가 이누크인 치료사라고 해서 캐나다에 등록된 600개 이상의 원주민 종족들과 함께 일할 수 있는 권위자는 아니다. 내가 이누크 미술치료사인 것은 단지 내 정체성의 일부이며, 나의 임상에 영향을 줄 뿐이다. 내가 원주민들과 일하면서 지금까지 겪었던 몇몇 윤리적 딜레마를 설명하기에 앞서 이 부분을 독자와 나누는 것은 나에게 매우 중요하다.

연구를 시작하며: 연구에서 발생하는 윤리적 문제

미술치료 석사학위의 마지막 프로젝트를 위해, 나는 전통적인 원주민의 교육방법에 경의를 표하고 싶었다. 나는 토착적인 치유 철학을 바탕으로 한 새로운 미술치료 모델을 개발하고 싶었지만 모르는 것이 너무나도 많았다. 내가 이것에 대해 써도 될까? 내가 이 일을 할 만한 사람인가? 관련된 자료를 어떻게 구할 수 있을까? 서구적인 연구의 '타당성'을 요구하는 논문이 구전으로 전해 내려온 전통과 가르침들을 어떻게 기릴 수 있을까? 내가 이 주제에 대해 스스로를 전문가로 여기지 않았다는 것을 어떻게 확신할 수 있을까? 어떻게 하면 나의 연구가 차별화될 수 있으며, 이를 통해 원주민들을 착취하는 것이 아니라 존중할 수 있을까?

대학원 졸업 요건을 충족하기 위해 논문은 출판된 문헌들을 바탕으로 해야 했지만, 연구과정은 내가 어떻게 미술치료에 접근해야 하는가뿐만 아니라 내가 누군지에 대한 틀을 제공해줄 원주민 역사에 대한 지식과 깨달음을 발굴하는 첫걸음이 되었다. 나는 원주민 지역사회의 기숙학교의 유산에 대해 공부하기 위해 최대한 많이 읽었으며, 토착적인 배움의 방식을 존중하려 노력했다. 나는 그 과정에서 내 논문의 한계를 인식했는데, 예를 들면, 구전으로 전해 내려온 전통과 관습에 대한 적절한 정보가 없다는 점이며, 내가 제안한 모델은 향후 연구를 위한 출발점으로 제시되었다는 것이다. 그 결과, 『원점: 미술치료의 원주민 모델을 향하여』*(Vivian, 2013)가 집필되었으며, 이에 대해서는 후에 더 설명하도록 하겠다.

직장을 구하며: 일자리 탐색시 윤리적 고려사항

대학원 과정을 마친 뒤, 나는 원주민 공동체에 환원하고 싶다는 생각이 강했다. 나의 선택은 윤리적 의사결정의 실마리를 보여주었다. 만약 내가 캐나다 북부의 원주민 공동체 내에서 일자리를 구했다면 그것이 무엇을 의미하는지를 고려해야만 할 것이다. 북부에서 일할 준비가 얼마나 되었는가? 누가 오라고 했는가(누가 나를 고용하는가)? 단지 사적이고 전문적인 이익을 위해 가는 것인가? 그 공동체에 무엇을 기여할 수 있을 것인가? 내가 제공하는 것을 공동체가 진정 필요로 하고 원하는가? 내가 감히 공동체를 '돕는다'고 할 수 있는가? 내가 원주민 공동체에 서비스를 제공하는 데 진심으로 전념하려면 공동체의 초대가 우선시되어야 하며, 그들에 의해, 그리고 장기적으로 시행되어야 할 것이다. 나는 북부에서 1년 이상 일할 수 있는 상황이 아니었기 때문에, 캐나다의 도시에 있는 원주민 여성을 위한 쉼터에 지원했다. 나는 동료 원주민 치료사들이 그들의 공동체에는 비원주민인 치료사가 오면 안 된다고 말하는 것을 들은 적이 있다. 현재는 원주민들의 초대 여부와는 관계없이 비원주민들도 공동체에 참여한다. 나는 자신이 살고, 일하고자 하는 공동체에 관한 문화적 역량에 대해 훈련을 받았는지 확실히하는 것과 그 공동체의 전통을 기리고 이에 대한 지식을 끊임없이 구하는 것은 공동체에 참여하는 비원주민들의 책임이라고 생각한다.

내가 현재 가까이 살고 있는 원주민 공동체 근처에 정착했을 때, 나는 미술치료사로서 서비스를 제공하며 그들과 연결되고 싶었지만 어떻게 하면 나의 잇속만 차리는 방식이 아닌, 그들을 존중하는 방법으로 공동체에 다가갈 수 있을지 고민했다. 이곳에서 일하고자 하는 나의 목적은 무엇이었을까? 나는 어떤 편견과 추측을 갖고 있었는가? 지역 원주민 학교에 미술치료 프로그램을 위한 제안서를 준비하기

---

* Full Circle: Toward an Aboriginal Model of Art Therapy

로 마음먹었을 때, 내가 마주해야 할지 모르는 그들의 이유 있는 회의적 태도에 대비해야만 했다. 그곳에 들어가기에 앞서 내 자신을 점검해야만 했으며, 내가 권위적인 위치에서 온 것이 아닌 따뜻한 마음으로 이 자리에 온 것임을 확신해야 했다. 나는 미술치료사로서 내가 가진 기술들을 공동체에 제공해야 했다. 나는 끊임없이 그리고 기꺼이 나 자신을 증명해야 했으며, 왜 이런 식으로 일이 진행되어야 하는지 이해하고 그것을 개인적으로 받아들이지 않아야 했다. 나는 스스로 배우려고 노력하고 있다는 것과 내가 제안한 미술치료 모델에서 언급된 것처럼 원주민의 시선으로 미술치료를 행하고 있다는 것을 공동체에 알리려 최선을 다했다. 나는 (그들과 다른 원주민 집단인) 이누크인이지만, 내가 이누크인이기 때문에 그들이 경험한 것을 이해한다고 생각하지는 않았다. 나는 천천히 관계를 맺고 친분을 쌓기 시작했다.

임상의 원점: 미술치료의 원주민 모델

『원점: 미술치료의 원주민 모델을 향하여』(Vivian, 2013)에는 다음과 같은 네 가지 핵심 원칙이 있다.

1. 자연세계: 영적 호기심을 가져오는 평온함을 향상시키기 위해 자연적인 재료를 사용하고 야외에서 자연과의 관계를 구축하기
2. 상호연결성: 관계 속 내담자의 역할과 행동의 영향에 대한 이해를 촉진할 수 있도록 모든 생명체의 연결성에 대한 이해를 증진하고 그를 통해 상처받고 치유되는 것에 관한 개념을 탐색하기
3. 미술작업: 치유적 공간을 넘어 일상생활에 미술작업을 확장하기, 그를 통해 불균형과 새로운 성장에 대한 인식 및 반영과 함께 끝없는 치유의 여정을 시각적이고 상징적으로 표현할 수 있도록 하기. 미술작업은 혼자 혹은 가족, 친구, 공동체 안에서 이루어질 수 있음
4. 균형: 미술 활동을 통해 다음 네 가지 영역의 균형을 이루도록 노력하기:
   • 정서적—창의적인 표현과 직관적인 미술작업을 제공하고 내담자가 정서를 표현, 조절, 소화, 이해할 수 있게 하기

- 신체적—자연매체를 사용하여 재료와 기술, 운동성 있는 미술작업 탐색하기
- 영적—내담자가 자신의 영성을 발견하는 여정을 시작할 수 있도록 하기, 미술을 영적 실천으로 간주하고 영적 부활을 허용하기, 선조 및 자연과의 유대감 강화하기
- 정신적—상징적 표현을 격려하기, 에너지 혹은 카타르시스의 분출을 허용하기, 비선형적인 소통을 위한 공간 및 마음챙김, 자존감 그리고 자기발견을 향상시킬 수 있는 기회들을 제공하기

치료사로서 나는 사랑, 존경, 정직, 용기, 지혜, 겸손, 그리고 진리를 포함하는 일곱 개의 신성한 가르침을 존중하며, 이는 나의 윤리적 의사결정과정에 도움이 된다. 나의 역할은 내담자의 치유 여정에 함께하는 것이다. 나는 스스로를 전통적인 치료사, 의술자, 혹은 무당이라 생각하지는 않는다. 나는 내담자들에게 전통적인 토착 치료기술을 사용하지 않으며, 그들에게 문화적으로 적합한 자원들을 제공한다.

임상의 윤리적 딜레마

비록 다른 여느 사람들처럼 내가 좋아하는 일을 하며 생계를 유지하고 있지만, 내가 왜 이 일을 하며, 누가 이익을 보는지에 대해 주기적으로 고찰해야 한다. 캐나다 등지에 존재하는 착취와 계속되는 식민지화의 관행을 염두에 두고, 나는 함께 일하는 사람들에 관한 사례 자료를 사용함으로써 이익을 취하려 하지 않는다. 오히려 나는 북미에 위치한 터틀섬의 사람들 사이의 치유와 화해를 위한 전반적인 대화에 기여하고자 한다.

내 윤리적 딜레마

배움의 순간: 나는 언제 어떻게 목소리를 내야 하는가?

졸업 후 첫 일 년 동안 나는 대도시에 위치한 원주민 쉼터에서 일했다. 미술치료사로

고용된 것은 아니었지만, 나는 집단 및 개인(주로 아동들)과 틈나는 대로 미술치료를 실시했다. 하루는 아이들 중 한 명이 의사를 만날 수 있도록 한 가족과 병원에 동행했다. 나의 역할은 아동이 진료를 받는 동안 다른 아이들을 돌보는 것이었다. 잠시 후, 아이의 부모님이 간호사 사무실에서 질문을 하는 동안 아이들과 나는 복도에 서 있었다. 부모님 뒤에 있던 나를 본 간호사는 내게로 다가와 부모에게 말하는 대신 나에게 부모가 한 질문에 대한 답을 하기 시작했다.

당신은 어떻게 반응하겠는가?

저자의 답변은 부록 B에서 확인할 수 있다.

내 윤리적 딜레마

사랑의 다양한 의미: '사랑'이라는 용어에 대한 우리의 반응은 문화적으로 고려되는가?

나는 최근에 트라우마를 경험한 어린 원주민 아동과 치료를 진행하고 있었다. 아이는 회기를 마치는 것을 어려워했고 나는 아이가 방을 떠나기 전에 만족감을 느끼고 그의 예술적 표현을 완성할 수 있도록 마무리하는 의식(ritual)을 도모하기 위해 노력하고 있었다. 아동의 마지막 작업에는 나에 대한 '사랑'이 명확히 표현되어 있었다. 내가 이것에 어떻게 대처해야 할까?

당신은 어떻게 반응하겠는가?

저자의 답변은 부록 B에서 확인할 수 있다.

내 윤리적 딜레마

치료적 동맹 구축시 정직함의 역할: 내담자와 어디까지 당신의 이야기를 나눌 수 있는가?

나와 치료를 진행하던 10대 내담자는 정신건강을 위한 미술작업에 관한 내 사적인 경험에 대해 많은 질문을 했다. 나는 정신역동적으로 훈련을 받았었기에, 이러한 질문들을 받을 때마다 긴장을 늦추지 않았다. 나의 토속적인 틀 안에서 성스러운 정직함의 가르침에 따라 이에 대응하는 가장 적절한 방법은 무엇일까? 그는 회기중 나에게 미술작품을 만들어달라고 종종 부탁하기도 했다. 이 내담자와 함께 미술작업을 한다는 것은 어떤 의미를 갖고 있을까?

당신은 어떻게 반응하겠는가?

저자의 답변은 부록 B에서 확인할 수 있다.

길 위에서 앞으로 나아가기

첫 번째 단계로, 나는 당신의 지역에 있는 원주민들의 역사를 알아보는 것을 권한다. 미술을 사용해서 당신 주변의 원주민들에 대한 당신의 편견, 호기심, 그리고 질문뿐만 아니라, 당신이 갖고 있는 사랑, 존경, 정직, 용기, 지혜, 겸손 및 진실과 같은 가치들이 당신에게 어떤 의미인지 탐색할 수 있다. 당신은 지역 원주민들과 관계를 형성하기 시작할 수도 있으며, 당신이 무엇을 도울 수 있는지에 대해 지역 원주민들에게 질문할 수도 있다. 국내 및 국제 미술치료단체의 회원들은 캐나다뿐만 아니라 세계 각지에서 진리와 화합의 길로 미술치료 분야를 이끌기 위해 토속적인 일을 하는 집단을 만들 수 있다. 교육자와 국회의원들은 교육기관의 교육과정에 원주민들의 역사, 가치, 그리고 가르침을 포함시키기 위한 영향력을 행사할 수 있으며, 그를 통해 보호구역 안팎에 거주하는 원주민 학생들은 자신들이 교육내용에 반영되는 것을 볼 수 있고, 따라서 자신과 선조들의 삶의 경험이 가치 있다는 것을 느낄 수 있다. 이것이 현실이 되었을 때, 우리는 더 많은 원주민 치료사들이 그들의 공동체에서 일하는 것을 보게 될지도 모른다. 이 챕터가 토착화된 미술치료의 중요성에 대해 숙고하게 되는 계기가 되었으면 한다. 권위자의 위치가 아닌, 스스로의 길에서 배우고 있는 것을 나누는 사람으로서 이 글을 전한다.

반영적 미술경험과 토론을 위한 질문

1. 당신의 문화와 정체성이 미술치료사로서 임하는 임상에 어떻게 영향을 주는지에 대한 미술작업을 만들어보자.

2. 미술치료를 하며 당신이 경험했던 특권, 혹은 목격했던 특권에 대한 미술작업을 만들어보자.

3. 내담자를 대변할 수 있었지만 그러지 않았던 순간에 대해 기술해보자. 어떤 것 때문에 그럴 수 없었는지에 대해 탐색하라.

4. 당신과 가장 가까운 원주민 공동체와 관계를 맺은 적이 있는가? 왜 그 관계를 형성했었는지/왜 못했는지/왜 맺으려 시도할 것인지에 대해 탐색하라.

참고문헌

Vivian, J. (2013). *Full circle: Toward an Aboriginal model of art therapy* (Unpublished master's thesis). Concordia University, Montreal, Quebec, Canada. Retrieved from www.spectrum.library.concordia.ca/977982/

비밀유지

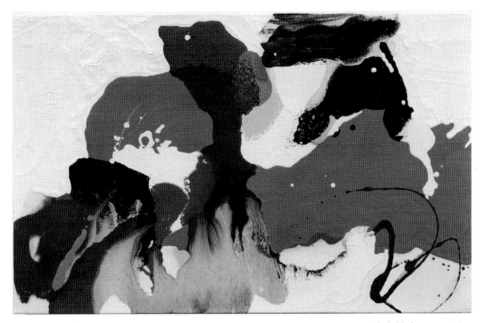

사라 볼만 (컬러그림 참조)

12

함께, 그러나 따로
참전용사 및 그들의 가족과의 미술치료에서 발생하는 윤리적 문제

폴라 호위

T.S. 엘리엇은 1925년 그의 시집 『텅 빈 사람들』에서 '아이디어와 현실 사이… 개념과 창조 사이'에는 '그림자'가 있다고 선언한다. 마치 이 그림자가 아이디어의 구현이나 혁신을 방해할 수 있는 듯 말이다(Eliot, 2014). 그러나 윤리적 문제를 고려할 때에는 행동하기 전에 충분히 숙고하는 것이 도움이 되며, 우리가 어떻게 문제에 접근하고 판단할 것인지에 대한 계획을 세우기 전까지는 행동하지 않는 것이 최선의 방법일 수 있다. 망설임은 무력감보단 깊이 있는 생각을 불러일으킬 수 있으며, 의료 분야 종사자들에게 처음 떠오른 행동에 대한 창의적인 대안을 생각할 시간을 준다. 흥미롭게도 융의 이론에서 그림자는 성격의 어두운 미지의 측면과 투사 및 창의성의 공간으로 묘사된다(Jung, 1968).

군에서 거의 30년 동안 일해온 나는 이 장에서 외상후 스트레스장애(PTSD)와 같은 주요 정신질환을 진단받은 참전용사들과 치료를 진행할 때 겪을 수 있는 윤리적 문제를 제시하고, 입원 혹은 외래병동 환경 등에 대한 기대와 관련된 개인의 역전이를 다루는 것의 중요성을 강조하려 한다.

윤리적 원칙이 위반될 때

2014년에 미국심리학회의 이사와 윤리위원장은 이라크와 아프가니스탄 전쟁의 군인 억류자들과 관타나모 만의 억류자들에 대한 고문을 도운 혐의로 사임했다(Ackerman, 2015). 보고서에 의하면 미국심리학회의 지도자들은 미국 국방부와 '결탁'했으며, 중앙정보국이 전쟁 포로에게 물고문 및 잔혹 행위와 같은 고문들을 자행하기 위해 직업적 윤리 및 기타 지침을 완화하는 것을 도왔다. 어떻게 이런 일이 발생했을까? 그렇게 명망 높은 직업을 가진 사람이 어떻게 이런 이해관계의 충돌에 빠졌을까? 임원실의 사람들은 이것을 알고도 어떻게 묵인할 수 있었을까?

아마 윤리지침을 위반하려고 한 사람은 거의 없었을 것이다. 사실 고문에 연루된 일부 심리학자들은 억류자들에 대한 그들의 처사가 비윤리적이고 비인도적이라 생각했기 때문에 그들의 슈퍼바이저와 미국심리학회에 조언을 요청했다. 몇몇 심리학자들은 민간인이었음에도 불구하고(군인들은 결정하는 것에 있어서 더 자유롭지 못하다는 것은 이후 확인할 수 있을 것이다), 보고서에는 이 민간 심리학자들이 그들의 직장이나 임금에 불이익을 겪고 싶지 않았음이 언급되어 있다. 군대에 있는 600명의 심리학자 중 2/3가 민간인이며, 미국심리학회의 7%에 달하는 심리학자들이 미국 국방부에서 근무한다. 보고서에 따르면, 이 심리학자들은 이러한 시스템을 따르지 않을 수 없다고 느꼈으며, 일부는 심문관들이 억류자들을 거칠게 다루는 것을 본인들이 제지할 수 있을 것이라고 믿었다. 그들의 이유가 무엇이었든 간에, 상관의 압력과 미국심리학회의 지침의 부재는 미국 국방부의 영향력이 학대를 자행할 수 있는 아주 좋은 조건임에 틀림없었다(Ackerman, 2015).

우리의 윤리적 기준은 이러한 상황에서 처음 파생되었다. 1932년부터 1970년대까지 실시된 터스키기 실험에서 흑인 남성들은 자신도 모르는 사이에 매독에 감염되었지만, 의료진들은 병의 진행과정을 관찰하기 위해 치료를 해주지 않았다. 홀로코스트 기간 동안 독일 의사들은 유대인, 집시 및 아리아 민족에 속하지 않는 타인종에게 실험을 자행했다. 비록 이러한 행동에 연루된 모든 이들을 위에 언급된 심리학자들처럼 악하다고 명명하는 것이 쉬울 수 있지만, 이들 중 일부는 무엇이 옳고 그른지, 무엇이 선하고 악한지에 대한 스스로의 지식에 귀 기울이고 믿기보다는 주변 이들의 말에 사로잡혔을지도 모른다.

군 관련 윤리문제

대표적인 사례인 '미국 대 레비 사건'(1967)에서, 베트남전쟁 중 징집된 피부과의사 레비는 특수부대원들을 의료진으로 교육시키라는 명령을 따르지 않았는데, 그 이유는 그들이 용병으로 훈련받았기 때문이며, 그는 "이것은 전투원과 비전투원의 차이를 무너뜨린다"고 주장했다(Pelegrino, Hartle, & Howe, 2004, p. 304). 이러한 상황은 의사인 레비를 윤리적으로 곤란하게 만들었는데, 그는 의사로서 윤리적으로 행동해야 했을 뿐만 아니라 그가 가르치는 사람들 또한 윤리적으로 행동할 것을 예상해야 했기 때문이다. 그는 특수부대가 의학을 정치적으로 사용하는 것이 "의학의 비전투적인 입장을 위태롭게 한다"고 주장했다(Pelegrino et al., 2004, p. 304). 레비는 군 법원에 넘겨졌으며 군사 감옥에서의 3년형을 선고받았다. 이 사건은 의사가 의사이기 전에 군인이었으며, 군사조직이 윤리적인 것과 비윤리적인 것을 결정한 선례를 보여준다(Pelegrino et al., 2004). 개인적 혹은 분야별 윤리기준과 군사윤리기준 사이의 불평등은 군인과 의사의 경계가 모호해지는 전쟁시 더욱 두드러진다.

비록 군사 정의와 국제법의 공통된 규범은 군인은 "상위 장교의 합법적인 명령"(Pelegrino et al., 2004, p. 304)에 반드시 복종해야 한다는 것을 명시하지만, 누군가에게는 합법적인 것이 다른 사람에게는 불법일 수 있다.

군사시설에서의 미술치료

미술치료를 위한 군사 전문 분야가 아직 존재하지 않기 때문에 군사 환경에서 일하는 모든 미술치료사들은 민간인이다. 이것은 미래에는 바뀔 수도 있다. 우리는 군에서 민간인이 되는 것이 억류자들의 고문에 휘말린 심리학자들을 단념시키는데 거의 도움이 되지 않았다는 것을 기억할 필요가 있다. 우리는 나름의 도덕적 관습, 규칙, 그리고 문화가 존재하는 체계 속에서 일하고 있다는 것을 항상 되새기며 자각하고 있어야 하며(Howie, Prasad, & Kristel, 2013), 이 중 일부는 우리의 개인적 가치 및 직업윤리와 충돌할지도 모른다. 군사윤리학자에 따르면(Pelegrino et al., 2004), 군인이 민간인과 동일한 윤리적 권리를 보장받지 않는 유일한 이유는 전투 및 국가안보와 관련된 군사임무의 필요성 때문이다. 국가안보와 전투태세에 대한 결정은 해석에 있어서 복잡하고, 거칠고, 주관적일 수 있다.

군사시설에서 미술치료사들이 직면하는 윤리적 문제

안전한 공간을 제공하기

치료의 기본 원칙 중 하나는 치료현장 및 치료관계 내에서뿐만 아니라 특정 상황을 제외하고는 비밀이 보장된다는 믿음, 즉 안전감을 내담자에게 제공하는 것의 중요성이다. 내가 군이라는 환경에서 겪었던 가장 만연하고 유해한 윤리적 문제 중 하나는 군인들에게 그런 안전한 공간을 제공하기 힘들다는 것이다. 우리는 군사체계에 속해 있었기 때문에, 그들이 치료 안에서 나누거나 작업한 예술작품을 통해 표현된 것에 대해 온전한 기밀 보장을 확신할 수 없었다. 우리는 치료팀의 일원으로서, 모든 팀원들이 내담자를 도울 수 있는 가능성을 갖고 있었기에, 팀원 모두가 내담자의 문제에 관여하고 있음을 전달하라고 권고받았다. 내담자들은 미술실에서 재료들을 갖고 작업하며 점점 더 긴장을 풀고 경계심을 낮췄으며, 우리와 같은 민간여성들에게 부상 혹은 죽음에 대한 두려움, 전쟁범죄에 대한 죄책감, 그리고 성적 지향성 등 그 어디에서 말하지 못했던 것들에 대해 말하곤 했다. 미술치료사들은 군인들에게 비밀보장의 한계를 상기시켜줌과 동시에 언급된 정보들 중 일부와 관련된 경계는 유지해야만 했다('묻지도 말고 말하지도 말라'는 군의 방침이 내가 근무하는 동안 시행되었다). 우리가 치료사로서 지나치게 안주한다면 내담자에게 피해를 줄 수 있었다. 우리는 군사구조의 일부였으며, 그것을 바탕으로 내담자는 본인이 선택하여 말하고자 하는 것들을 나눌 수 있었다.

또한, 우리는 각 내담자가 보호받고 정서적으로 지지받는 느낌을 가질 수 있도록 경청하고, 서로의 어려움에 귀 기울이며, 각자를 위한 공간을 만드는 문화를 조성함으로써 안전감을 도모했다. 이것은 내담자들이 회기중 자신의 연약함을 느낄 수 있을 뿐만 아니라, 군 장병들에게 특히 더 중요한 과제인 강력하고 자기 주도적인 느낌을 받을 수 있도록 하기 위해 필요했다. 각 군인들은 자신의 강점과 한계 모두를 인정함으로써 성장하도록 격려받았고 개인의 건강한 측면들은 집중적으로 길러졌다. 군인들은 짧은 시간 동안 그들의 감정적 지표의 역할을 했던 주관적인 내적 과정을 따라 자신의 내면에 집중하도록 독려되었는데, 이는 방어기제로 회피와 부정을 사용해온 (외상후 스트레스장애를 가진 이들과 같은) 트라우마 생존자들에게 특히 어려운 경험이었다. 매 회기를 마칠 무렵 내담자들은 자신의 경험을 평가할 것을 격려받았다. 외상의 재경험이 아닌 치유의 맥락 안에서 트라우마를 소화할 수 있는 치료적 공간을 제공하는 것은 늘 어려웠지만, 대부분의 경우 군인들이 진정으로 자신을 표현할 수 있도록 느낄 수 있을 정도로 치료작업을 군 체계로부터 구분했다고 생각한다. 그렇지만 결국 우리는 군 안의 다른 의료종사자들처럼 그 체계의 일부였다.

우리가 하는 일의 의도치 않은 결과

미술치료사로서 나는 군인의 미술작품 안에서 본인이 말하고 싶지 않거나 아직 전의식의 영역에 있어 인식하지 못할 수 있는 것들을 감지한다. 예를 들어, 만약 내가 내담자의 작품에서 알아챈 잠재적 자살사고에 대해 치료팀과 의논할 경우, 이는 그 내담자의 전투태세에 대한 팀의 의견에 영향을 줄지도 모른다. 그리고 만약 내가 해당 군인의 차트에 이런 발견점들을 기록했는데, 의사가 그 기록을 내담자의 지휘관에게 공개하라는 명령을 받을 경우, 이는 비밀보장 위반이 된다. 군인의 입원은 그 또는 그녀의 직업적 전제조건일 수도 있는 개인의 비밀정보사용허가권을 쉽게 내어줄지도 모른다.

　　Howe(Pelegrino et al., 2004, pp. 348, 350)는 차트 기록을 작성할 때 조금은 모호할 것을 권한다. 심지어 그는 내담자와의 나눔 중 특정 부분을 차트에 적는 것이 내담자에게는 해를 끼칠 수 있으나 군사 조직에는 해롭지 않을 경우, 일부를 생략할 것을 주장하기도 한다. 우리는 내담자에 대한 우리의 기록과 치료팀 회의에서 우리가 말하는 것들이 그들이 군에 남을지 혹은 전역당할지에 영향을 줄 수 있음을 명심해야 한다. 미술치료사는 민간 의료 종사자들처럼 내담자의 이익이 우선시되는 원칙을 따르도록 최선을 다해야 한다.

상충하는 욕구와 소망

정신질환 진단은 군인이 군대에서 가장 큰 보상을 받을 수 있는 질병 중 하나이며 그 액수는 사지를 잃은 것에 필적한다. 이는 다음과 같은 다양한 상황을 야기할 수 있다. 군인이 군대에서 의학적인 이유로 은퇴하기 위해 정신질환 진단을 받고 싶어 할 수도 있고, 근무하기에 적합하다고 판명되었지만 근무지로 돌아가고 싶지 않을 수도 있으며, 현역으로 복귀하고 싶지만 심리적으로 그럴 수 없을지도 모르고, 근무에 부적합하다고 판별된 군인은 군인으로서 직업을 잃고 매우 큰 충격을 받아 자살 행동을 할 위험이 증가할지도 모른다. 비록 군인의 성향에 대한 최종 판단은 의사가 하지만, 이러한 문제들은 치료팀 회의에서 매일 논의되는 것들이다.

군인 및 그들의 가족과 일하는 것에 대한 개인적 의견

내담자가 전투중 입은 신체적, 심리적, 인지적 상해들을 목격하는 것은 전투에서 자행된 잔학한 행위들의 이야기처럼 의료 종사자들에게 큰 충격을 줄 수 있다. 군의 사명과 전쟁, 군사 규율 및 군 문화에 대한 개인의 감정 사이의 갈등에서 윤리적 문제들이 발생할 수 있다. 슈퍼비전, 전문적인 치료팀과의 강한 정체성 및 자기돌봄에 대한 헌신은 이러한 단절을 개선하는 데 도움이 될 수 있다.

군인들의 가족을 치료하는 것은 어려울 수 있다. 우리가 만난 사람들은 종종 특정 행동으로 인해 사령부에서 주시하고 있는 군인과 결혼한 이들이다. 사령부는 아동학대나 배우자 학대가 있었는지 알고 싶어 하며, 그럴 경우 어차피 신고해야 했다. 그러나 일반적이지 않은 행동이 보고되지 않을 때도 있었다. Howe(Pelegrino et al., 2004)는 이러한 행동이 전투태세 혹은 국가안보를 침해하는지를 고려해야 하며, 만약 그럴 경우 보고할 것을 권고한다. 그는 한 장군의 배우자와 치료를 진행한 치료사를 예로 들었는데, 아내의 말에 의하면 장군은 심각한 알코올 중독자였다. 치료사는 이 이야기가 비밀 보호 아래 언급된 것이며, 이것이 내담자에게 상처를 줄 수 있기 때문에 이에 대해 보고하지 않기로 결정했다. 하지만 다른 한편으로는, 이렇게 높은 계급에 있는 사람은 언젠가 많은 병력을 담당하게 될 수 있기 때문에 그의 행동에 대해 군대가 알아야 할 것이라고 주장할 수도 있다. 만약 내가 미술치료집단에서 이와 같은 말을 들었다면 보고해야 하는지에 대해 확신이 서지 않는다.

결론

윤리적 의사결정을 내리는 과정에서, 동료, 슈퍼바이저, 혹은 개인의 성과를 평가할 권한이 있고 급여인상을 결정하며 고용 상태에 영향을 줄 수 있는 상사의 압력으로 인해 우리의 판단이 영향받을 수 있다. '아니오'라고 말하는 것은 어렵다. 설사 그렇게 하는 것이 옳다고 느끼고, 세상의 모든 것이 그것이 올바른 선택이라고 확신해주더라도 그렇다. 주변 상황에서 오는 큰 스트레스와 압력을 받을 때면 우리 중 가장 많이 배운 사람조차도 잘못된 결정을 내릴 수 있다. 우리의 윤리적 범위에 주의를 기울이며 거부할 때와 선택 사항을 숙고할 때를 알고 윤리의 이면에 대해 이해하려고 노력하는 것은 미술치료사로서 우리가 군사 환경의 특수적인 상황을 포함한 모든 일터에서 마주칠 수 있는 윤리적 딜레마들을 탐색하는 것에 필수적이다. 법 또는 직업윤리강령에서 모든 복잡한 문제에 딱 맞는 답을 찾을 수는 없다. "윤리는 종종 법보다 앞선다"라는 Howe의 통찰(Pelegrino et al., 2004, p. 345)을 기억해야 할 것이다.

반영적 미술경험과 토론을 위한 질문

1. 군에 속한 사람의 치료를 의뢰받았다고 가정하자. 내담자가 도착하기 전, 그리고 회기가 끝난 후 파스텔과 4"×6" 크기의 종이를 사용해서 만다라(예: 원형)를 각각 만들어보자. 만든 만다라들을 비교해보라. 내담자의 경험을 듣는 것이 당신이 공감적으로 경청할 수 있는 능력, 기분, 그리고 안전감에 얼마나 영향을 주었는가?
2. 치료가 진행되는 곳이 추구하는 목표와 내담자의 목표가 충돌했던 경우를 묘사하라. 이 상황에서 당신의 역할을 탐색하라.
3. 법적으로는 문제가 없지만 비윤리적인 직업 관련 행동을 설명해보라.

참고문헌

Ackerman, S. (2015, July 14). Three senior officials lose their jobs at APA after US torture scandal. *The Guardian*. Retrieved from www.theguardian.com/us-news/2015/jul/14/apa-senior-officials-torture-report-cia

Eliot, T. S. (2014). *Poems: 1909–1925—Primary source edition*. Charleston, SC: Nabu Press.

Howie, P., Prasad, S., & Kristel, J. (Eds.). (2013). *Using art therapy with diverse populations: Crossing cultures and abilities*. London: Jessica Kingsley.

Jung, C. (1968). *Man and his symbols*. New York: Dell.

Pelegrino, E. D., Hartle, A. E., & Howe, E. G. (Eds.). (2004). *Military medical ethics, volume 1-2*. Walter Reed Army Medical Center Borden Institute, Producer. Washington, DC: Department of the Army.

13

그렇지만 나는 당신이 무슨 말을 하려는지 이해하는걸요…

통역사가 참여하는 미술치료

일레인 S. 골드버그

미술치료사들은 인종, 종교 및 성별의 다양성을 인식하고 이에 민감하게 반응하도록 훈련받았지만, 미국미술치료학회의 『미술치료사를 위한 윤리강령』(2013)에는 치료에서 발생하는 언어 차이를 다루는 것에 대해서는 명시되어 있지 않다. 최근 몇 년 사이 여러 나라에서 온 이민자들의 막대한 유입을 고려하면 언어통역사 도입의 임상적 중요성은 비록 어렵지만 명백하다. 언어통역사와 함께 진행하는 것은 치료의 모든 측면에 영향을 준다. 이것이 잘 이루어진다면, 통역사를 활용하는 것은 미술치료과정을 향상시킬 뿐만 아니라 미술치료 자체를 가능하게 한다!

배경

1970년대에 내가 일하던 대형 공립 정신병원에 스페인어권 국가 출신의 내담자들이 입원했을 때, 그들은 스페인어를 구사하는 직원이나 내담자가 거의 없거나 부재한 입원 병동에 무작위로 배정되었다. 나는 대학에서 여러 스페인어 회화과정을 수강했었기에 미술치료 회기에 그들을 초대하였다. 이중언어 및 이중문화를 가진 동료 치료사와 함께 스페인어로 미술치료집단에서 나누는 대화는 다른 직원들이 내담자들과 나누는 대화와는 사뭇 달랐다. 내담자들의 미술작품은 풍부하고 다채로 웠으며, 남미 및 중미의 타일 지붕, 동물, 열대 꽃, 무지개, 야자수와 시골풍으로 차려 입은 사람들 등의 아름다운 이미지로 가득 찼다. 평소 정서적으로 둔마되고 우울했던 내담자들은 그들의 작품에 대해 이야기하며 활기를 되찾았다. 미술을 통한 자기표현은 그들에게 매우 자연스러워 보였으며, 자신의 예술과 언어를 통해 그들이 경험한 깊은 상실을 마주하고 미국에서의 새 삶에 잘 적응할 수 있도록 돕는 애도과정을 시작할 수 있었다. 이 프로그램은 매우 성공적이었으며 환자들 중 다른 언어를 가진 집단으로도 확장되었다. 스페인어로 진행되는 주간치료 프로그램을 개설하기 위해 같은 생각을 가진 치료사들과 직원들이 로비를 했으며, 이후 스페인어를 구사하는 내담자들은 스페인어로 진행되는 치료를 받는 것 이외에도, 서로 어울리고 지지받을 수 있는 단독 병실에 입원하게 되었다.

모국에서 전쟁, 기근 및 자연재해로 인한 트라우마를 겪은 사람들은 자신의 경험(가족들과의 기약 없는 이별 등)으로 생긴 오랜 상처로 인해 고통받으며 우울, 불안, 그리고 외상후 스트레스장애를 겪을 확률이 더 높다. 많은 사람들은 이민자들이 미국에서의 삶에 온전히 적응하기 위해 영어를 배워야 한다고 주장하지만, 미술치료사로서 우리는 내담자들의 치료적 욕구와 목표에서 발생하는 차이를 존중하고 소중히 여기며, 돌봄과 지지를 제공할 의무가 있다. 이 과정에서 청각장애를 가진 내담자들을 위한 수화통역사를 포함한 언어통역사들의 참여가 반드시 필요하다. 현재 나는 의학 용어에 능숙한 언어통역사들이(비록 대부분의 경우 정신질환 혹은 심리치료과정에는 익숙하지 않지만) 실시간 통역, 영상 및 전화 통역 서비스를 제공하는 병원에서 근무하고 있다. 전화 혹은 영상 서비스를 이용하기 위해 치료사는 구사하려는 특정 언어 서비스를 제공하는 통역사를 요청한 후 내담자와 치료사가 다자간 통화를 하거나, 내 경우에는 스피커폰으로 통역사를 통해 소통한다.

통역사와 미술치료를 진행하는 것의 윤리적 문제

통역사를 활용할 때, 미술치료 진행에 어려움을 줄 수 있는 내담자 중심, 치료사 중심 및 통역사 중심의 고유의 문제들이 있다. 가장 두드러진 윤리적 문제는 회기에서 발생하는 모든 일에 통역사가 제3자로서 참여한다는 것이다. 병원의 통역사들은 회기에서 언급된 모든 것에 대한 비밀유지를 포함하여 그들만의 고유한 윤리 지침을 따른다(Hernandez-Iverson, 2010; National Council on Interpreting in Health Care, 2005). 나는 통역사와 함께 일할 시 내담자의 경계 문제, 역할 및 비밀유지를 직접적으로 다루는 것 또한 미술치료사의 책임이라고 생각한다. 통역이 명확하지 않거나 말하는 이(예: 내담자 혹은 치료사)의 감정이 제대로 전달되지 않는 상황은 늘 발생한다. 치료를 시작할 때 치료에서 통역을 제공하는 것의 특징에 대해 이야기함으로써 미술치료사는 내담자와 통역사의 자발적인 설명과 정정이 가능한 개방적인 풍토를 정착시켜 열린 분위기를 조성하게 된다.

내담자 중심의 윤리문제

알렘

「누가 봐도 매우 지쳐 있고 불안해 보이는 한 어머니는 5살 소년 알렘과 함께 입원환자들을 위한 미술치료집단에 왔다. 알렘은 심각한 발작 장애의 지속된 증상으로 인해 비언어적인 상태였지만, 병에 걸리기 전에는 영어와 암하라어* 두 개의 언어를 유창하게 구사할 수 있었다. 아동의 어머니는 암하라어를 사용했지만 영어도 이해한다고 말했다. 치료팀은 그녀에게 영어로 말했으며 그녀는 한 단어 혹은 짧은 문장으로 답했다. 회기를 진행하며, 영어에 대한 그녀의 이해력과 자신을 영어로 표현할 수 있는 능력의 한계가 점점 드러났다. 그녀는 나와 다른 이들에게 교육받은 유능한 사람으로 보이고 싶어 했기 때문에, 통역사를 고용하는 것은 그녀를 창피하게 하고 굴욕감을 줄 수 있는 위험의 소지가 있었다. 그러나 그녀가 통역사를 통하는 것이 그녀의 비밀유지를 지켜주는 선에서 우리가 더 심도 있는 대화를 할 수 있다는 것을 깨달았을 때, 그녀는 기꺼이 응했다. 이를 통해 우리는 더욱 긴밀하게 협력할 수 있었으며, 그녀는 자녀의 치료와 관련하여 전부 이해할 수는 없었던 측면까지도 충분히 깨달을 만큼 편안하게 느끼기 시작했다. 통역사가 치료에 투입된 후 얼마 지나지 않아 나는 알렘이 언어와 소근육 운동 능력과 같은 기능적 기술들을 어느 정도 잃었는지 파악할 수 있었다. 결국 그녀는 자신과 자신의 자녀

---

* 역주: Amharic, 에티오피아의 공용어

와 치료를 진행할 때 통역 서비스를 요청할 필요가 있다는 것을 나머지 직원들에게 알릴 수 있도록 허락해주었다.」

내담자 및/또는 그들의 부모는 종종 자신들의 제한된 영어 능력을 부끄러워하기 때문에 한계를 인정하지 않는다. 많은 사람들은 '생존형 영어'를 일부 구사하며, 그들이 말하는 것보다는 더 많이 이해할 수 있을지 모른다. 그러나 통역사의 도움을 받더라도 그들에게 전달된 것의 중요한 세부사항들을 종종 놓칠 때가 있다. 관찰력이 높고 환심을 사려는 동기가 있는 경우, 환자나 그 가족은 그들에게 무엇이 기대되는지 비언어적으로 파악할 수 있다. 한 예시로, 의료장면에서 부모는 아픈 자녀들을 보살피기 위해 습득한 새로운 기술들을 시범보일 수 있지만, 그들이 직면한 상황에 대한 질문과 정서적 반응들에 대해서는 말하지 않을 수도 있다. 라틴계 이민자들과 함께 치료를 진행하면서, 부모는 영어를 할 수 없는 반면, 미국에서 태어난 자녀들은 스페인어를 구사할 수 없는 경우들을 봐왔다. 미술치료는 가족구성원들이 알아채지 못할 수 있는 감정과 인식에 다가갈 수 있게 하는 비언어적 소통의 창구를 열어준다. 미술치료사는 통역 서비스를 통해 미술치료사 및 내담자 사이에서뿐만 아니라 가족 안에서 발생하는 의사소통의 차이를 좁히는 방법을 찾아야 할 임무가 있다.

종종 부모들은 회기에 언어통역사가 참석하는 것을 꺼린다. (직접, 혹은 영상이나 전화를 통해) 말하는 모든 것을 듣고 반복하는 사람의 존재 자체는 회기의 역동을 복잡하게 만든다. 통역사의 성별, 어조, 방식, 억양, 혹은 방언은 내담자 혹은 치료사가 특정한 의미를 갖게 할지도 모르며, 비록 치료에서 전이 문제를 다루지 않더라도 치료사가 고려해야 하는 추가적인 전이 및 역전이 문제들이 발생한다. 병원에서 언어통역사는 비밀보장에 대한 약속과, 언급된 모든 내용을 정확하게 통역할 것을 내담자에게 직접적으로 전달하며 회기를 시작하지만, 미술치료사는 그럼에도 여전히 내담자의 안위를 생각해야만 한다. 내담자 문제 및 발달적이고 심리사회적인 욕구의 본질에 대한 민감성은 치료사로 하여금 적합한 통역사와 회기를 진행할 수 있도록 하고, 이때, 내담자가 사적인 이야기를 공유할 수 있는 적절하고 안전한, 안아주는 환경을 경험할 수 있는 치료 공간을 조성할 수 있다. 예를 들어 신체, 성적인 경험 혹은 외상적인 과거에 대한 고민이 있는 청소년들과 치료를 진행할 때 치료사는 통역사의 성별에 민감해야 한다. 나는 15살 소녀와 치료를 진행하고 있었는데, 그녀가 갑자기 복부에 생긴 수술 자국으로 인해 느끼는 수치심에 대한 이야기를 하기 시작했다. 전화통역사는 남자였고, 내담자는 그 부분에 대해 더 말하고 싶어 했지만 매우 불편해 보였다. 그 순간 나는 회기를 중지했고 여자 통역사로 교체해줄 것을 요청했다. 내담자는 이후 회기에서 훨씬 편안해했다.

치료사 중심의 윤리문제

스페인어를 구사하는 가족과 전화통역사의 도움을 받아 진행했던 치료 초기에, 나는 방금 내가 영어로 말한 것을 그녀가 스페인어로 통역하기 때문에 그녀가 말하고 있는 것을 내가 도저히 이해할 수 없다는 것을 깨달았다. 내담자의 부모 또한 나처럼 어리둥절한 것을 보았을 때, 나는 치료를 멈추고 내가 말한 내용을 가족에게 더 간단하게 말해줄 것을 통역사에게 요청했으며, 이 방법은 효과적이었다. 나는 내가 말한 것들이 내가 의도한 느낌이나 어조로 표현되지 않는 것을 알아챌 정도로 스페인어에 익숙했기에, 의도한 감정적 의미가 전달되지 않을 경우, 때로는 통역사에게 나의 말을 다시 전해달라고 부탁했다. 특히 치료사가 내담자의 언어를 모를 경우, 미술치료사가 회기 동안 내담자의 비언어적인 행동에 세심한 주의를 기울이는 것은 매우 중요하다. 내담자의 표정, 자세, 호흡, 혹은 미술작업 안에서의 감정적 표현 자체가 미술치료사가 말한 내용을 반영하지 않는 것처럼 보인다면, 치료사는 내담자가 이해한 내용에 대해 질문하고 오해나 잘못 해석된 것을 바로잡을 수 있어야 한다.

　또한, 미술치료사는 회기 안에서 통역사, 치료사, 내담자의 경계를 확실히 정립해야 한다. 숙련된 통역사가 자신의 역할에서 이탈하고 싶어 할 때, 그들은 보통 질문 혹은 의견이 있다거나, 예를 들어 지역사회에 지원을 받을 수 있는 도움이 있다는 것을 내담자에게 알려주고 싶다며, 자신들이 말하고 싶은 것을 서두에 넣는다. 이 정도의 관여는 치료에 활력을 주고 도움이 되기도 한다.

통역사 중심의 윤리문제

내담자와 같은 문화/국가 출신의 언어통역사는 나와 내담자 사이의 자연스러운 소통을 촉진할 수 있다. 그러나 언어의 지역차는 통역사를 당황하게 만들 수 있다. 이 경우 나는 내담자들에게 말하고자 하는 것을 다른 식으로 말해줄 수 있는지를 묻는다. 대부분 대학 수준의 교육을 받은 통역사는 자신과 내담자의 명백한 문화적/경제적 수준 차이에 가끔 부적절한 방식으로 반응하기도 한다. 한번은 내담자가 매우 길게 말을 했는데, 통역사는 내게 굉장히 짧고 간단하게만 전달했다. 이에 대해 내가 묻자 통역사는 그가 느끼기에 관련 없거나 부적절한 내용은 말하지 않았음을 시인했다. 나는 이러한 선택적인 통역이 특히 불만스러웠는데, 그것은 내담자가 스스로를 자유롭게 표현할 수 있는 치료의 중요한 측면을 무너뜨리며, 단어의 선택과 어조는 굉장히 중요하기 때문이다. 통역사는 미술치료사 및 내담자와 마찬가지로 전이 및 역전이의 영향을 쉽게 받는다. 예를 들어, 통역사가 방금 내담자가 말한 내용이 말이 안 된다고 했을 때, 나는 그게 어떤 말이든지 간에 그대로 통역할 것을 요구했다. 나는 회기 후 통역사와 시간을 갖고 가능하면 같은 통역사와 계속 일하는 것이 유용하다는 것을 알게 되었다. 이 관계는 공동 치료는 아니지만, 긴밀한 협력 및 경계와 역할에 대한 상호이해가 필요하다.

언어통역사를 통해 치료를 진행하는 것은 또한 복잡하고 비효율적이라 느낄 수 있다. 많은 통역사들은 내담자 혹은 치료사가 말한 내용을 이미 이해했고 대화를 진전시키고 싶은 경우에도, 세션 안에서 언급된 모든 것을 통역해야만 한다고 생각한다. 한번은 통역사가 모든 말을 통역해야 한다고 고집을 부려서 10대 내담자가 어이없다는 표정을 짓는 것을 보고, 나는 통역사에게 통역이 필요하지 않은 경우에는 알려주기로 결정했다. 어떤 사람들은 이것에 동의하는 반면, 다른 이들은 모든 단어를 통역해야 한다는 입장을 고수한다.

미구엘

「밝고 명랑한, 미국 태생의 8살 소년 미구엘은 희귀한 바이러스 질환으로 인해 부분적으로 마비되었지만 인지적으로는 정상적이었는데, 심한 분노와 공격성으로 고통스러워하고 있었으며, 상어가 들끓는 물속을 그리며 공격적으로 행동(예: 병원 직원을 저주함)하고 있었다. 그의 부모는 근처에서 아이를 무시한 채 서로 다투고 있었다. 중앙아메리카의 한 시골에서 온, 토속적이고 미신적인 신념이 강했던 어머니는 우울감을 겪고 있었으며, 미구엘의 병에 대한 책임이 본인에게 있다고 믿는 편집중적 사고를 가지고 있었다. 그럼에도 불구하고 그녀는 24시간 동안 병상의 자녀를 잘 보살폈다. 훨씬 도시적인 환경에서 더 많은 정규 교육을 받은 아버지는 거의 얼굴을 비추지 않았다. 예민하고 참을성이 없던 그는 아들이 완전히 회복되기를 기대했는데, 이는 비현실적일 뿐만 아니라 재활 치료에서 점점 더 좋아지려 노력하는 미구엘에게 상당한 좌절감과 실패감을 주었다. 아버지의 공감 부재는 고통스러울 정도로 명백했다. 미구엘이 만든 미술작업은 무시한 채, 그는 "그래서, 미구엘은 언제 걸을 수 있나요?"라고 물었다.」

그는 내게 스페인어로 그의 아내가 "미쳤으며 어딘가에 입원될 필요가 있다"고 말하며 실제로도 부모 상담 회기를 요청했다. 나는 강제입원 기준에서 그녀를 보았을 때, 그녀가 자신, 혹은 타인에게 위험하다는 그 어떤 징조도 없으며 그녀가 아들을 잘 보살피고 있다고 설명했다. 이 회기에 참여하고 있던 다른 지역의 중남미 국가에서 온 언어통역사는 양쪽 부모 모두 비이성적이라 판단했으며 그의 얼굴에 드러난 경멸을 감추지 않았다. 나는 통역사에게 그가 원치 않더라도 방금 언급된 내용에 대해 말할 것과 내 반응을 통역할 것을 끊임없이 요구해야만 했다. 미구엘의 질환에 대한 반응은 부모가 격렬하게 다투는 것을 수년간 들으면서 복잡해졌기 때문에, 이 상황에서 통역사에 대한 나의 분노를 통제하며, 두 부모가 아들을 지지하도록 해야 하는 나의 목표에 집중하는 것은 더욱 중요했다. 그 이후, 나는 필요에 따라 어머니와 추가 부모 상담 회기를 가지며 미구엘과 개인치료를 진행하는 데 집중할 수 있었다. 미구엘은 전동 휠체어를 운전하고 휴대 산소통의 도움으로 호흡이 가능해져 병원을 떠났다. 몇 년 동안 우리는 외래진료에서 만났다. 미구엘은 일반 학급으로 돌아갔으며 높은 수준의 학업성취를 보였다.

내 윤리적 딜레마

통역사가 무시당할 때 어떻게 해야 할까?

통역사와 함께, 나는 디아즈 부부와 그들의 사랑스러운 열 살 된 딸인 로사와 함께 가족미술치료를 진행하고 있었다. 로사는 점진적인 근육 조절 및 근육량의 손실을 야기하는 만성적인 악성 신경근 질환을 갖고 태어났는데, 이는 결국 마비로 이어져 성인이 되기 전 사망하게 되는 질환이었다. 로사는 정상적인 인지 기능을 갖고 있었기에 자신의 신체 기능과 자립성의 상실에 대해 잘 알고 있었다. 비록 이젠 걸을 수 없게 되었지만, 로사의 눈과 손의 협응능력이 좋고 예술을 즐거워했기에 미술치료에 적합했다. 나는 가족의 슬픔 및 예상된 상실과 관련된 감정들을 다루며, 로사가 가능한 한 최선의 삶의 질을 유지하도록 도왔다.

로사와 그녀의 아버지는 영어와 스페인어를 구사할 수 있었지만, 그들이 사용하는 영어는 알아듣기 힘들었고 어머니는 스페인어만 할 수 있었다. 회기가 시작된 뒤, 어머니가 (통역사를 통해) 로사가 집과 학교에서 겪는 문제들에 대해 말하는 동안 로사는 그림을 그리기 시작했다. 부부는 통역사가 통역할 수 없을 정도로 빠르게 이 문제들의 원인에 대해 말하며 다투기 시작했다. 통역사가 말을 하려 했을 때, 아버지와 로사는 어머니를 제외한 채 내게 영어로 그들의 사례를 말하기 시작했다. 통역사는 제 역할을 수행하기 위해 노력했지만 로사의 가족이 자신을 통해 대화해달라는 그의 요청을 무시했기에 어쩔 줄 몰라 하며, 좌절이 가득한 눈으로 나를 바라보았다.

당신은 어떻게 반응하겠는가?

저자의 답변은 부록 B에서 확인할 수 있다.

결론

필요시 통역사를 배치하고, 필요한 사항에 대해 통역사에게 알려주며, 통역사의 서비스를 이용할 때 비밀보장, 역할 및 경계와 관련된 문제에 대해 내담자에게 이야기하는 것은 우리가 속한 전문 조직의 윤리강령에 직접적으로 언급되지 않을지라도 결국 미술치료사들의 윤리적 책임이다. 미술치료사로서 우리는 예술을 통해 표현된 내담자의 경험을 볼 수 있는 능력을 가지고 있지만, 내담자들과 우리가 무엇을 왜 하고 있는지에 대해 소통할 수 있어야 하며, 그들은 치료과정 중 최대한 도움받을 수 있도록 우리에게 질문하고 소통할 수 있어야 한다. 치료장면에서 언어통역사를 거칠 경우 어려움이 발생할 수 있지만, 여전히 이런 통역 서비스는 언어장벽을 해소하는 최선의 방법이다. 중요한 것은 참석한 모든 이들 간의 개방적이고 명확한 의사소통을 유지하며, 언어와 관련되어 발생한 어려움에 대해 회기 후 가능할 때마다 통역사와 나누는 치료사의 능력이다.

편집자 주: 이 챕터가 쓰인 직후, 미술치료자격위원회는 『윤리, 행동 및 징계절차 강령』(2016)을 발표했다. 2016년 및 2018년 개정판 모두에는 다음과 같은 내용이 포함된다.

> 미술치료사는 발달 및 문화적으로 민감하고 적절한 방식으로 소통해야 한다. 내담자 및/혹은 치료사가 서로의 언어를 이해하는 데 어려움을 겪는 경우, 미술치료사는 반드시 필요한 번역/통역 서비스를 찾으려 시도해야 한다.
>
> *기준 1.2.5*

반영적 미술경험과 토론을 위한 질문

1. 당신이 말했거나 필요로 했던 것을 다른 사람들이 이해하지 못했거나 적절하게 대응해주지 않는다는 생각이 들 때의 감정을 미술로 표현하라.

2. 다른 언어를 사용하는 내담자와의 미술치료 활동을 구상해보자. 방법에 대해 쉽게 번역될 수 있는 간단한 단계별 문장으로 나누어보라.

3. 당신은 영어로 간단한 말을 했는데, 언어통역사가 내담자와 계속해서 대화를 이어간다면 어떻게 할 것인가?

4. 우울하고 말수가 없는 내담자가 통역사를 통해 의사와 상의하지 않은 그녀의 치료 혹은 처방약에 대해 질문한다. 당신이라면 어떻게 할 것인가?

참고문헌

American Art Therapy Association (2013). *Ethical principles for art therapists.* Alexandria, VA: Author.

Art Therapy Credentials Board (2016). *Code of ethics, conduct, and disciplinary procedures.* Greensboro, NC: Author.

Hernandez-Iverson, E. (2010). IMIA guide on medical interpreter ethical conduct.

International Medical Interpreters Association. Retrieved from: www.imiaweb. org/uploads/pages/376_2.pdf

National Council on Interpreting in Health Care (2005). National standards of practice for interpreters in health care. Retrieved from: www.ncihc.org

14

증인으로서의 윤리와 도덕성

전문가 증인으로서의 미술치료사

데이비드 E. 구삭

한 남자가 납치한 두 아이 중 한 명은 살해하고 다른 한 명은 살해하려 한 혐의로 법정에 기소되었다. 검찰은 사형을 구형했고, 남자의 변호인단은 사형을 피하기 위해 가능한 모든 자원과 방법을 동원했다. 이 중에는 피고가 평생에 걸쳐 만든 예술 작품도 포함되었으며, 변호인단은 피고의 예술작품이 그의 변호에 도움이 될 수 있을 것이라 믿었다. 도움이 되는 답을 구하기 위해 변호인단은 미술치료사인 내게 피고의 작품에 대한 전문가로서의 증언을 의뢰했고 그가 범행 당시 정신질환을 앓았는지를 평가하기 위해 미술심리평가 결과들을 제공할 것을 요청했다.

이 장에서는 법의학 미술치료에 대한 개관과 함께 사형집행 재판에서 전문가 증인으로서의 나의 역할 및 내가 직면했던 법적, 윤리적, 그리고 도덕적 어려움에 대한 설명을 할 것이다. 이는 미술치료사의 윤리적/도덕적 반응에 영향을 줄 수 있는 상황적인 문제에 대한 설명으로 마무리된다.

법의학 미술치료

법의학 미술치료는 미술치료 원리, 실습, 그리고 이론을 법적 교리, 절차 및 프로토콜과 동일한 선상에 놓는다. 이것은 사실을 파악하려는 노력과 논란 중에 있는 법적 문제들을 해결하기 위해 사용된다(Gussak & Cohen-Liebman, 2001). 법의학 미술치료는 본질적으로 중재적이기보다는 조사적이다(Cohen-Liebman, 1997, 2002; Gussak & Cohen-Liebman, 2001). 내담자들은 법원에 의해 다시 구금되거나 인터뷰 혹은 평가를 받도록 조사 장면으로 회부될 수 있다(Safran, Levick, & Levine, 1990).

선구적인 법의학 미술치료사로 여겨지는 마르시아 수 코헨-리브만은 '법의학 미술치료'라는 새로운 용어를 최초로 만든 장본인이다. 그녀는 법의학 환경에서 그림을 사용할 때 세 가지 장점을 꼽는다. 그림은 수사에 대한 지원을 제공하는 '인터뷰 도구'이자, 추가적인 조사 영역을 판별하고 혐의를 결정하는 데 도움이 되는 맥락을 제공하는 '기소권을 향상'하고, 사법 절차에서 허용되는 '증거자료'로서 사용될 수 있다(Cohen-Liebman, 2003; Gussak, 2013).

코헨-리브만은 아동 성범죄 사례들을 조사하는 다학제적 팀원들의 공통된 언어 및 면접 과정의 필요성에서 발전되었으며, 입증에 대한 다른 부담처럼 다학제적 팀 조사에 내재적으로 존재하는 차이들을 좁히는 데 도움이 되는 구체적인 취조 인터뷰 지침을 개발했다. 아이들은 자신이 경험한 것을 언어적으로 표현하는 방법이 부재한 경우가 빈번했기 때문에(Cohen-Liebman, 1999), 그녀가 포함한 자유화는 법적 절차를 아동 친화적으로 변화시켰다. 그림은 종종 언어적인 연상을 촉진했으며 사건을 다시 언급하고 재경험할 때 발생할 수 있는 이차적인 외상을 최소화하는 데 도움이 되었다(Gussak, 2013).

변화하는 나의 정체성

몇 년 전, 나는 변호인으로부터 법원에서 증언할 가능성이 있는 중대한 살인사건의 자문 위원으로 활동해달라는 요청을 받았다. 내가 받은 정보는 제한적이었다: 검찰이 사형을 구형하려 한다는 것, 변호인단은 피고가 정신질환을 앓고 있는지 궁금해한다는 것, 그리고 피고가 오랜 시간 동안 미술작업을 해왔다는 것이었다. 피고가 미술치료사와 함께 일한 적이 없었지만, 담당 변호사는 피고의 100장이 넘는 그림들을 통해 진단받지 않은 정신질환이 있다는 것을 입증할 수 있는 사람이 필요했다.

나는 그들에게 나는 법의학 미술치료사가 아니며, 만약 법의학 미술치료사를 찾는다면 코헨-리브만에게 연락하는 것이 좋을 거라고 강조했다. 변호사는 이미 코헨-리브만에게 연락해보았지만 그녀는 주로 아동 피해자들과 일하기 때문에 아동을 살인한 사람을 변호하기 위해 증언하는 것은 문제가 될 것이라 말했다고 전했다. "그렇지만 살인과 관련된 일에 능숙한 사람을 찾는다면 구삭에게 연락해보세요"라고 말했다는 것이다. 나는 영광스러웠지만, 마냥 좋다고만 여길 수는 없었다.

비록 내가 감옥과 소년원에 구금된 공격적이고 폭력적인 내담자들과 수년 동안 미술치료사로서 일해왔고 이 같은 환경 속 미술치료의 효과성에 대한 연구들을 진행해왔으며, 수많은 대학에서 미술심리평가를 강의해왔지만, 전문가 증인으로 법정에서 증언해본 적은 없었다. 비록 흥미로운 일이라 생각했지만 아이를 살해한 혐의가 있는 살인 피고인을 위한 증언을 하는 것에 대해 내가 어떤 감정들을 느끼는지 확실치 않았기에 조심스러웠다. 고민 끝에 나는 피고를 위하거나 공격하는 것이 아닌, 그의 예술작품에 대한 증언만을 할 것임을 변호인단에게 분명히했다.

나는 지방검사에 의해 해임되기 전까지 피고의 미술작품을 검토하고 미술심리검사를 수행하기 위해 두 차례에 걸쳐 그를 만났다. 이 경험은 증언과 대질심문 및 재고를 포함한 판사 및 일반인 청문회로 끝이 났는데, 이 과정은 몇 시간 동안이나 지속되었다. 나는 피고의 미술작품에 나타난 요소들이 그가 범죄 당시 조현정동장애를 앓고 있었음을 보여준다는 결론을 내렸다. 의미 있게도, 두 명의 타 분야 전문가들(내가 증언하기 전 대화를 나누지 않았던 정신과의사와 심리학자) 또한 각각 같은 결론을 도출했다. 판사는 마지막 발언에서 피고가 심각한 정신질환을 앓고 있을 가능성이 있음을 인정했다. 피고는 95년형을 선고받았다.

이 사건을 통해 미술치료사로서 나의 정체성에 변화가 생겼다. 미술치료사로서 나의 전문성을 유지하면서 내가 계약한 서비스들을 제공하기 위해 나는 법적, 윤리적, 그리고 도덕적 문제들의 차이를 탐색하고 주의를 기울여야만 했다.

합법성, 윤리, 도덕성, 오 이런…

합법성

처음에 나는 증언하기 위해 '법적' 장벽을 극복하고 전문가 증인으로서의 위치를 공고히해야만 했다. 1975년에 미국 대법원은 이전 법규들을 바탕으로 연방 증거 규칙을 개발하여 누가 전문가 증인이 될 수 있는지를 명확히했다. 법 조항 702: 전문가의 증언(Bennett & Hess, 2006) 혹은 다우버트 법[이를 적용한 최초의 사례인 다우버트 v. 머렐 도우 사건의 이름을 따서 명명됨]에 따르면 재판장이 증언을 신뢰할 수 있는 사람을 결정할 수 있다(Lubet, 1998, p. 4). 이 판결은 "… 과학자가 아닌 전문가의 의견은 과학자라고 여겨지는 전문가의 의견과 동일한 수준의 철저한 신뢰성의 검증을 받아야 한다"(Bucklin, 2010, para. 4)라고 명시하고 있다.

이 과정이 기존 분야의 전문가들에게는 비교적 쉬울 수 있지만, 미술치료는 아직 잘 알려지지 않은 분야이기에 미술치료사들에게는 정밀한 검증이 특히 어려울 수 있다. 따라서 법원은 나를 전문가 증인으로 채택하기 위해 몇 가지 기준을 고려해야만 했다. 결론적으로, 나는 임상가로서 급성 정신질환을 가진 사람들과 함께 일하고 평가한 경험이 있었고, 연구자로서 다양한 절차들의 신뢰도와 타당도를 이해한 꼼꼼한 보고자였으며, 교육자로서 모든 집단이 쉽게 이해할 수 있는 명확하고 간결한 방식으로 정보를 제공했기에 결과적으로 판사는 나를 전문가 증인으로 인정해주었다.

윤리

법조계의 쟁점들이 흑 아니면 백으로 나뉘는 경향이 있는 반면, 윤리적이고 도덕적인 고려사항들은 회색의 영역에 있는 듯 보인다. 비록 법적인 기준을 충족했지만, 나는 내 직업의 윤리적 기준과 학회에 등록되고 인증된 미술치료사로서의 자격에 충실해야 했다. 미술치료자격위원회의 『전문가임상강령』*(2005)은 여러 구성요소에서 내가 직면했던 윤리적 문제들을 직접적으로 다루었으며, 이는 나의 의사결정 과정 전반에 영향을 주었다. 그 기준들은 다음과 같다.

- 미술치료사는 그들의 임상, 경험, 훈련 및 교육의 범위를 벗어난 치료 임상 혹은 절차에 관여하지 않는다.
- 미술치료사는 치료사가 전문적인 도움을 제공할 수 없거나 혹은 그럴 의사

---

* 저자 노트: 재판 당시 내가 윤리적 행동의 지침으로 사용한 미술치료자격위원회의 『전문가임상강령』 문서는 『윤리, 행동 및 징계절차 강령』(2018)으로 대체되었음.

가 없을 시, 또는 문제나 필요한 치료가 치료사의 임상영역에서 벗어나는 경우, 개인이 다른 치료 서비스들을 받을 수 있도록 보조해야 한다.

- 미술치료사는 자신의 교육, 훈련 및 경험을 토대로 스스로의 역량이 허용하는 경우에서만 문제를 평가하고, 치료하며, 조언해야 한다.
- 미술치료사는 타인의 삶에 영향을 미치고 변화시킬 수 있는 잠재력으로 인해, 증언 혹은 공개적 성명을 통해 그의 전문적 제안 혹은 견해를 공식화할 때 각별한 주의를 기울여야 한다.
- 미술치료사는 자신들의 임상적 혹은 연구 결과를 왜곡하거나 남용하지 않는다.

법원이 나의 전문적인 자격을 인정해주었음에도 불구하고, 나는 윤리적으로 내 자신의 기대와 한계를 인정해야만 했다. 나는 내 전문적인 역량에 관해 나 자신에게 솔직해져야 할 필요가 있었다. 미술치료자격위원회의 강령에는 미술치료사가 진단을 내릴 수 없다고 명시되어 있지는 않지만, 내가 살고 있는 주나 증언하는 주에서 진단할 수 있는 자격이 없었기 때문에 진단은 나의 임상범위를 벗어난다고 느꼈다. 그렇지만 나는 내가 교육받은 심리 평가를 제공하는 것에는 자신이 있었다. 증언 초반에 나는 평가를 할 뿐이며 진단은 하지 않을 것임을 공식적으로 진술함으로써 윤리적 문제를 해결하려 노력했다.

내 윤리적 딜레마

비밀유지는 법정에서 어떻게 되는가?

나는 아래 언급된 미술치료자격위원회 강령들로 인해 한 사례에서 어려움을 겪었다.

- 미술치료사는 치료사-내담자 관계 안에서 발생한 모든 언어적/혹은 예술적 표현들을 모두 포함한 내담자의 비밀정보를 존중하고 보호해야 한다.
- 미술치료사는 내담자의 미술작품의 사진을 찍거나, 영상으로 기록하거나, 녹취하거나, 복사하거나, 혹은 제3자에게 미술치료회기 관찰을 허용할 시 내담자, 혹은 경우에 따라 부모 및 법적 보호자로부터 서면동의를 받아야 한다.

미술치료사 아겔, 굿먼 그리고 윌리엄스는 "우리가 일을 제대로 한다면 미술작품은 지문처럼 독특하고 개성적일 것이다. 작품에서 이름을 지울 수는 있다.… 그러나 우리가 정형화된 작업을 격려하지 않는 한, 환자를 알아볼 수 있다"(1995, p. 100)라고 언급했다. 이 때문에, 내담자의 신원을 보호하려는 미술치료사들의 최선의 노력에도 불구하고, 미술치료사들은 미술작품이 구체적으로 어떻게 사용될 수 있는지를 설명하는 작품사용동의서에 성실히 서명받아야 하며, 동시에 발생할 수 있는 비밀보장에 대한 위험성을 내담자에게 알려주어야 한다.

이 사례는 달랐다. 증언하기로 계약된 후, 나는 내담자의 익명성을 보호할 수 없었고 그렇게 할 수 있을 거라 생각하지도 않았다. 재판은 공개적으로 진행되었으며 미술작품이 제한되지 않은 증거 중 하나로 채택되었다. 법적으로 나는 법정에서 결론을 제시하거나 재판 후 그에 대한 글을 쓰는 데 피고의 동의가 필요하지 않았다. 필요한 것은 내가 계약서에 서명하기 전 법원에서 승인된 권한뿐이었다. 그럼에도 불구하고 나는 마음이 불편했다.

당신은 어떻게 반응하겠는가?

저자의 답변은 부록 B에서 확인할 수 있다.

Ambrogi(2009)가 제시한 전문가 증인을 위한 윤리강령에는 "내담자와 함께 나눈, 혹은 변호인이 알고 있는 모든 대화는 변호인이 함구할 수 있다는 지시를 받지 않은 이상 증거 공개 및 증언을 통해 발설될 수 있다는 것을 전문가 증인은 가정해야 한다"(para. 7)라고 명시되어 있다.

의료전문가와 전문가 증인의 윤리적 책임 사이의 의견충돌로 인해 몇몇 전문기관들(예: 미국이비인후과학회-두경부수술재단)은 자사의 윤리강령 안에 전문가 증인을 위한 기준을 포함한다. 하지만 불행히도 대부분의 기관은 그렇지 않다. 따라서 법원 및 계약한 변호사의 기대를 이해함과 동시에 개인이 속한 분야의 윤리에 대해 자각하는 것은 전문가 증인의 의무이다. 무엇보다 가장 중요한 것은 모든 직업 전문가들이 "전문가의 역량 및 훈련영역 내에 속한 업무만 수락해야"(Ambrogi, 2009, para. 11) 한다는 것이다. Tanay(2010)는 "비윤리적인 전문들이 법의학 업무에 참여하는 것은 좋지 않을 것이다. 왜냐하면 상대측 절차의 감시 밖에서 비윤리적인 것이 훨씬 더 쉽기 때문이다"(p. 37)라고 언급했다.

재판의 진술과정에서 검찰 측 변호인은 직업의 윤리적 기준에 대한 나의 지식에 대해 질문했으며, 그는 그럴 자격이 있었다. 직업윤리에 관한 나의 지식과 그것이 나의 과거 행동에 어느 정도로 적용되었는지에 대해 의문은 제기되어야만 한다. 이에 따라, 개인의 윤리적 유능감에 대해 강조하는 것은 법정에서 개인의 입지를 강화시킬 수 있다.

도덕성

도덕적 고려사항에는 또 다른 숙고가 필요했다. 이 과정에서 나는 사형에 대한 내 입장과 자신의 아이를 죽인 혐의로 기소된 남자를 돕는 것에 대한 나의 감정에 대해 고심했다. 재판 중 사형에 대한 나의 입장을 밝힌 적은 없지만, 도덕적인 난제들을 해결하기 위해 먼저 내가 피고의 편이나 반대편에서 증언하지 않을 것이라는 것을 나 자신과 변호인단에게 분명히하는 것이 중요했다. 나는 그가 만들어온 작품들에 대해서만 증언할 것이다. 누군가는 이를 의미론 혹은 합리화의 문제로 여길 수 있고 어쩌면 이 둘의 조합일 수도 있지만, 이러한 자세는 내가 개인적인 진실성을 유지하면서 가능한 한 최상의 사례를 제시할 수 있게 해주었다.

이는 내가 객관성을 유지했다는 말이 아니며, 애초에 그것은 불가능했을 것이다. Tanay(2010)는 "공정한 전문가 증인 한 명의 생각은 허상이다"(p. 36)라고 말했다. 나는 물론 나의 증언이 성공적인 변호에 도움이 되는 어떤 의미 있는 것이기를 바랐다. Tanay가 강조했듯이 "윤리도 공정성도 전문가 증인이 법적 분쟁에서 중도를 유지할 것을 요구하지 않는다. 오히려 증인의 입장에서는 개인이 한쪽을 지지하며 효과적으로 증언하겠다는 것이 전문가의 계약적 합의이다"(p. 37). 내가 변호사와 일하기로 동의했을 때, 나는 미술작품이 어떻게 피고인의 정신질환을 드러내고 있는지에 대해 설명해야만 했다. 계약을 수락하는 것은 나의 결정에 달려 있었으며, 계약을 받아들일 경우, 계약상의 의무를 이행하는 것이 나의 임무였다.

내가 고민했던 또 다른 문제는 한 사람을 진단이나 질환으로 낙인하는 것을 꺼끄러워하는 나의 성향이었다. 나는 그렇게 행동하는 것을 환원주의적으로 느끼며, 한번 낙인이 찍히면 그 사람은 영원히 그 낙인과 동일시될 가능성이 있다고 생각한다(Becker, 1963/1991). 미술치료사로서 나의 일은 내담자들이 그들의 정체성을 강화하고 자신의 한계를 뛰어넘을 수 있도록 미술을 사용하는 데 집중되어 왔다(Gussak, 2007). 반대로, 이 사례의 목표는 피고인에게 낙인을 부여하는 것이었다.

이것은 명백한 위선이었다. 보통 나는 내담자의 인간적인 면을 끌어내기 위해 미술을 사용하지만(이 사례의 경우 검사가 피고를 괴물로 몰아가는 것을 막는 것), 지금 나는 그가 특정 낙인을 부여받을 자격이 있음을 설명하라는 요청을 받고 있었다. 그의 작품이 그가 가졌을 수도 있는 재능을 보여주는 것이 아니라, 단지 그의 정신질환의 반영이라는 점에 초점을 맞춰야만 한다는 사실은 미술치료사로서 나의 정체성에 내적 갈등을 불러일으켰다. 그러나 나에게 요청된 일을 '하지 않는' 것은 비윤리적이며 아마도 비도덕적이었을 것이다. 만약 내가 성공적으로 일을 마쳤다면, 나는 자신의 행동에 대해 온전한 책임을 질 수 없는, 정신질환을 가진 사람의 생명을 구하는 것을 도왔을 것이다.

피고인은 내가 그의 미술작업들을 중심으로 증언할 것을 알고 있었지만(사실 그런 종류의 증언을 하는 것이 내가 고용된 이유이기도 하고), 무엇을 기대할지에 대해 듣는 것과 증언에 대해 듣는 것은 다르다. 이 작품들은 매우 고통스러운 정신질환의 존재를 나타내기 위해 내가 그의 작품을 사용하는 것을 알고 있는 사람에 의해 만들어졌다. 증언하는 동안 나는 그에 대해 인지하고 있었지만, 증언을 고통스럽지 않게 만들 수는 없었다. 나는 피고인을 치료하기 위해서가 아니라 그의 변호를 위해 작품이 어떻게 사용될지를 결정하기 위해 고용되었던 것이다.

결론적으로, 미술치료사가 법정에서 일하게 될 때에는 합법성, 윤리, 그리고 도덕성의 영역이 예기치 않게 충돌할 수 있다. 따라서 직업적 정체성에 대한 다양하고 때로는 상충하는 기대와 법의학 제도의 요구를 분리하고 조정하는 것은 미술치료사의 과제이다.

반영적 미술경험과 토론을 위한 질문

1. 윤리와 도덕이란 용어는 종종 같은 의미로 사용되지만 저자는 이 둘을 명확히 구분하고 있다. 겹칠 수 있다고 생각되는 모든 영역을 포함하여, 윤리와 도덕에 관한 당신의 이해를 반영한 미술작업을 만들어보자.

2. 제안된 일이 당신의 임상범위 안에 해당되는지 결정하는 방법을 보여주는 다이어그램을 표현해보라.

3. 당신의 직업윤리로 인해 스스로의 도덕규범에 반하는 결정을 내려야만 하는 상황과 반대의 상황을 묘사해보라.

4. 당신의 도덕성에 반하는 행동을 한 사람을 지지하려 조치를 취하고, 도우며, 증언을 해야 하는 상황에 어떻게 대응할 것인가? 예시와 근거를 들어 설명하라.

감사의 말

이 챕터의 대부분은 다음의 출처에서 직접적이며 자유롭게 인용되고 발전되었다. 저서 『Art on Trial: Art Therapy in Capital Murder Cases』(2013)[콜롬비아 대학교 출판부의 허가를 받아 사용됨]와 the Psychology Today 블로그의 Art on Trial: Confessions of a Serial Art Therapist(www.psychologytoday.com/blog/art-trial에서 확인 가능함).

이 챕터에 도움을 준 대학원 조교 애슐리 벡에게 감사를 표한다.

참고문헌

Agell, G., Goodman, R., & Williams, K. (1995). The professional relationship: Ethics. *American Journal of Art Therapy*, *33*(4), 99-109.

Ambrogi, R. (2009). Proposed: Expert witness code of ethics. Retrieved from www.imsexpertservices.com/newsletters/feb/expert-witness-code-of-ethics.asp#8

Art Therapy Credentials Board (2005). *Code of professional practice*. Greensboro, NC: Author.

Becker, H. S. (1963/1991). *Outsiders: Studies in the sociology of deviance*. New York: The Free Press.

Bennett, W. W., & Hess, K. M. (2006). *Criminal investigation* (8th ed.). Florence, KY: Wadsworth.

Bucklin, L. (2010). Rule 702 of the Federal Rules of Evidence now incorporates the Daubert / Kumho / Joiner requirements. Retrieved from www.bucklin. org/fed_rule_702.htm

Cohen-Liebman, M. S. (1997). Forensic art therapy. Preconference course presented at *the annual conference of the American Art Therapy Association*, Milwaukee, WI.

Cohen-Liebman, M. S. (1999). Draw and tell: Drawings within the context of child sexual abuse investigations. *The Arts in Psychotherapy, 26*(3), 185-194.

Cohen-Liebman, M. S. (2002). Intro to art therapy. In A. P. Giardino, & E. R. Giardino (Eds.), *Recognition of child abuse for the mandated reporter* (3rd ed.). St. Louis, MO: G.W. Medical Publishing.

Cohen-Liebman, M. S. (2003). Using drawings in forensic investigations of child sexual abuse. In C. Malchiodi (Ed.), *Handbook of clinical art therapy.* New York: Guilford.

Gussak, D. (1997). The ultimate hidden weapon: Art therapy and the compromise option. In D. Gussak, & E. Virshup (Eds.), *Drawing time: Art therapy in prisons and other correctional settings* (pp. 59-74). Chicago, IL: Magnolia Street.

Gussak, D. (2007). The deviant adolescent: Creating healthy interactions and re-labeling through art therapy. In D. Arrington (Ed.), *Art, Angst and Trauma: Right Brain Interventions with Developmental Issues* (pp. 132-149). Springfield, IL: Charles C. Thomas Publishers.

Gussak, D. (2013). *Art on trial: Art therapy in capital murder cases.* New York: Columbia University Press.

Gussak, D., & Cohen-Liebman, M. S. (2001). Investigation vs. intervention: Forensic art therapy and art therapy in forensic settings. *The American Journal of Art Therapy, 40*(2), 123-135.

Lubet, S. (1998). *Expert testimony: A guide for expert witnesses and the lawyers who examine them.* Chicago, IL: National Institute for Trial Advocacy.

Safran, D. C., Levick, M. F., & Levine, A. J. (1990). Art therapists as expert witnesses:

A judge delivers a precedent-setting decision. *The Arts in Psychotherapy, 17*, 49-53.

Tanay, E. (2010). *American legal injustice: Behind the scenes with an expert witness*. Lanham, MD: Jason Aranson.

15

그 누구도 혼자 살 수는 없다—특히 섬에서는 더더욱

서인도 제도에서의 미술치료

카리나 도널드

「이리 와서 안기렴! 비록 네가 지금은 성공했지만 난 네가 아주 작은 아이였
을 때부터 널 알았단다.」

미국에서 미술치료 석사학위를 받은 후 나는 카리브 해의 고향으로 돌아가 미술치
료 임상을 할 생각에 고민이 많았다. 서인도 제도에서는 할머니가 지혜의 자리(the
seat of wisdom)*에 위치한 모계가족 형태를 갖고 있기 때문에(Seeman, 2011; Miner,
2003; Brunod & Cook-Darzens, 2002), 나는 내 나이가 나에게 불리하게 작용할까 걱
정했다. 나는 소앤틸리스(Lesser Antilles) 제도에 속한 윈드워드 제도(Windward
Island)** 중 하나인 내 고향 섬의 첫 번째 미술치료사가 될 것이었고 그곳에서는
젊은 전문가의 새로운 아이디어가 쉽게 받아들여지지 않을 것이었기에, 나는 미술
치료를 확립하려는 나의 노력이 난관에 부딪힐 것이라 예상했다. 그렇지만 나에게
있어 가장 큰 윤리적 문제는 이 섬의 인구가 매우 적다는 것이었다. 잠재적인 내담

---

* 역주: 로마 가톨릭 전통에서 지혜의 자리(the Seat of Wisdom 혹은 the Throne of Wisdom)는 주의 어머니인
　마리아에게 명해진 봉헌적 칭호임.
** 역주: 카리브 해, 소앤틸리스 제도 남부에 위치한 섬 무리

자들, 동료들, 그리고 다른 어른들은 나와의 예전 만남들을 기억하고 나의 집 주소, 가족 환경, 그리고 대인 관계를 모두 알고 있을 것이다. 자기개방, 신체적 접촉, 비밀보장, 이중관계 등과 관련된 치료적 경계의 중요성에 대해 내가 배운 것들을 어떻게 적용할 수 있을까? 나는 미술치료자격위원회가 비윤리적인 임상으로 인해 (실제로 혹은 비유적으로) 우리 집의 마호가니 문을 두드리는 것을 원치 않았다.

학대와 방임을 겪은 가족 및 어린 피해자들과 함께 일하기 시작한 첫날, 나는 치료를 위해 새로운 방침을 만들 필요성에 대한 상사의 인식으로 인해 내가 갖고 있던 몇몇 걱정들이 완화되는 것에 놀랐다. 나는 그 기관의 첫 미술치료사이자 거기서 일하는 유일한 치료사였다. 이 섬에서는 모든 정신건강 관련 문제를 위한 첫 번째 단계로 영적인 개입이 들어갔다. 첫 두 달 동안, 나는 직원 및 공동체의 리더들과 소통하며, 정신건강 임상과 내가 섬으로 돌아오기 전 미처 알지 못한 문화적인 부분에 대해 배웠다. 나는 또한 치료 서비스 제공을 위한 정책과 절차를 위한 초안 작성에도 참여했다.

임상의 범위

당신은 석사학위가 있으니 모든 것을 할 수 있어요

이 챕터를 쓰고 있는 시기에, 나의 고향에는 정신건강 전문가들을 위한 지역 혹은 지방의 자격이 존재하지 않았다. 나와 같은 사람들은 학문의 적법성을 증명하기 위해 미국, 캐나다 혹은 영국과 같은 나라에서 취득된 자격에 의지했다. 내가 마주한 첫 윤리적 문제는 나의 교육 및 자격이 내가 대처할 수 없는 정신건강과 관련된 모든 주제들을 다룰 수 있다는 가정으로부터 발생했다. 나는 섬의 유일한 미술치료사이자 직장의 유일한 정신건강 전문가로서, 나도 모르는 사이에 내가 대부분의 경우 준비되지 않았던 복잡한 사례들을 통상적으로 맡게 되는 사람이 되었다. 다양한 문제를 가진 내담자들이 배정되었고, 동료들과 내담자의 부모로부터 지능검사와 같은 검사들을 실시해달라는 요청을 다수 받기도 했다. 나는 인정받기를 원했던 젊은 전문가로서 그와 같은 위치에 어깨가 으쓱하기도 했지만, 내가 받은 교육과 자격으로 내가 할 수 있는 것과 없는 것을 자세히 밝혔고, 위에서 언급된 요청들을 섬에 있는 심리학자에게 의뢰했다.

문화적 기대가 치료적 경계와 부딪혔을 때

나는 미술치료 교육과정에서 작성했던 윤리 과목 과제에 "나는 내 문화를 잘 알고 있기에 내가 고국에 돌아갔을 때 역할의 다차원성을 조율할 수 있기를 바란다"라고 썼다. 비록 나는 지금 내가 태어난 곳에서 일하고 있지만, 내가 자랄 때 갖고 있던 문화적 가정들, 예를 들어 섬의 모든 사람들이 비슷한 인종적 배경과 성적 지향성을 갖고 있을 것이라는 기대는 더 이상 유효하지 않다는 것을 깨달았다(물론 그런 적도 없었겠지만 말이다). 문화는 시대에 따라 진화할 수 있으며(Aronowitz, Deener, Keene, Schnittker, & Tach, 2015), 우리의 문화적 역량 또한 그래야 한다. 예를 들어, 10년 전까지만 해도 서인도인들은 정신건강 개입을 최후의 수단으로만 여겼다(Lefley & Bestman, 1977). 그러나 내가 유학으로 떠나 있는 동안 정신건강 분야는 변하고 있었다. 학교 상담가들과 상담소들이 알려지면서 서인도인들은 친인척 또는 종교지도자가 줄 수 있는 것과는 다른 종류의 도움들이 필요했다는 것을 깨닫게 되었다.

한 내담자와 첫 회기에서 비밀보장에 대해 설명했을 때, 나는 공공장소에서 내담자에게 인사하지 않을 것이라는 것을 알려주었다. 서인도인들은 상대방을 알게 된 후 인사를 하는 문화가 있었기에, 성인 및 아동 내담자들 모두 어리둥절한 표정을 지었다. 이러한 문화적 기대를 수용하기 위해 나는 그 관습의 문화적 가치를 인식하고, 만약 내담자가 먼저 인사를 하면 대답은 하겠지만 대화를 이어 나가거나 치료와 관련된 그 어떤 대답도 하지 않을 것임을 분명히한다. 지금까지는 아무도 공공장소에서 인사하는 것을 망설이지 않았다. 오히려 대부분의 내담자들은 웃으며 내게 인사했으며, 어린 내담자들은 대부분 킥킥거리거나 길 건너편에서 내 이름을 불렀다.

문화적 기대와 윤리지침에 맞게 내 임상을 조절하는 법을 배우기 위해 다른 정신건강 전문가들의 지속적인 의견을 구하는 것은 내게 중요했다. 첫 두 해 동안 나는 전문성 함양을 위해 스카이프를 통해 학회 인증된 미술치료사를 만났다. 시간이 흐르면서, 다른 세 개의 서인도 섬에 있는 미술치료사들과의 관계가 점점 발전하며 비공식적인 온라인 동료지지 집단이 되었다. 지역 내에서는 사회복지사나 심리학자와 같은 타 정신건강 전문가들을 만날 수 있는 공적이며 사적인 모임들을 찾아다녔다. 그들이 보여준 상호 격려, 점심을 먹으며 나눈 수다, 그리고 웃음에 매우 감사한다.

'내 일'에 대해 사람들에게 말하지 말라

미국미술치료자격위원회의 『윤리, 행동 및 징계절차 강령』(2018)에 따르면 내담자가 자신의 감정을 다루기 위해 공개하는 정보들은 존중되고 보호받아야 한다. 정신건강 서비스와 관련된 한정적인 자원과 많은 수요에 비해 제한된 미술치료 공간으로 인해, 비밀보장과 관련된 기대는 종종 윤리적 딜레마를 가져왔다. 나는 업무를 위해 주 중 하루는 섬의 북쪽, 다른 날은 섬의 서쪽, 또 다른 날은 섬의 동쪽으로 이동해야 했기에 치료 공간은 계속 바뀌었고 창의적으로 행동할 수밖에 없었다.

시골에 있는 작은 사무실의 창문에는 커튼이 없었기 때문에 다른 사람들이 미술치료 회기를 엿보거나 누가 치료를 받는지에 대한 호기심을 충족하는 것을 막을 수는 없었다. 그러나 의자를 돌려 내담자의 등이 창문 쪽을 향하게 함으로써 내담

그림 15.1 안전한 공간을 찾아서

자는 공간 안에서 좀 더 안심할 수 있었으며 어느 정도의 비밀보장은 지켜줄 수 있었다. 만약 사무실이 갑자기 문을 닫았거나 교회 혹은 지역단체들이 제공하는 공간 사용이 불가능할 때에는 동떨어져 있는 해변에서 진행했다. 공동공간(예: 행사공간)을 사용할 때마다 내담자들이 감정을 표현할 수 있는 안전한 공간을 제공하기 위해 나는 다른 행사들의 일정을 재조율할 수 있는지 물어보았다. 공동공간을 함께 써야 할 때는 언어를 통한 미술적 표현을 최소화하는 미술작업을 지시했다. 그 이후 내담자들이 미술작업을 하거나 공동공간에서 나눌 수 없었던 것들에 대해 말할 수 있도록 내 차 안, 혹은 아무도 없는 버스정류장에서 간단한 집단 후 나눔을 진행했다. 비록 비밀유지에 대한 내담자들의 권리를 보장하는 것이 윤리적인 어려움들을 야기했지만 창의적인 문제해결의 계기가 되었다.

내 윤리적 딜레마

비밀보장에 대한 한계를 다시 설정해야 하는가?

청소년 남매와 그들의 집에서 회기를 마친 지 두 시간이 지난 뒤 근무가 끝나갈 무렵이었다. 내가 묵고 있는 게스트하우스로 돌아왔을 때, 나는 그들의 보호자가 남매가 그곳에 있는 것을 더 이상 원치 않으며, 그들이 살 다른 곳을 알아봐야 한다는 전화를 받았다. 나는 우리나라에 종속된 이 작은 섬에 있는 기관의 유일한 직원이었다. 다른 섬에 아이들을 위한 기관 산하의 비상 수용 시설이 있었지만 그 섬에 갈 수 있는 유일한 방법은 최소 80명을 수용할 수 있는 대중 페리를 타는 것이었다. 누구든지 그 아이들과 함께 있는 나를 본다면 내가 그들의 치료사임을 알아차릴 수 있었다.

당신은 어떻게 반응하겠는가?

저자의 답변은 부록 B에서 확인할 수 있다.

아가씨, 당신은 어떤 사람인가요?

나는 미술매체가 가득한 큼직한 캔버스 가방을 들고 여기저기 이동해야 했기 때문에, 큰 가방을 든 아가씨로 알려지게 되었다. 나의 가방은 호기심을 불러일으켰으며 사람들은 매우 창의적인 방법들로 이 안에 무엇이 들었는지를 훔쳐보곤 한다.

아이들은 오픈 아트 스튜디오적인 관점을 사용한 미술작업 지시들을 선호하며, 그들의 손보다 큰, 색칠된 나뭇잎으로 만들어진 부채와 같이 그들이 사용할 수 있는 것을 만드는 것을 좋아한다. 대부분의 내담자들은 미술작품을 집에 보관할 곳이 없기에 내가 보관해주길 바라며, 이에 따라 나의 가방 안에는 완성되었거나 작업중에 있는 미술작품들도 들어 있다. 물감, 찰흙, 풀 혹은 액체류의 재료들을 사용한 미술작업은 카리브 해의 강한 열기로 말리기 위해 최소 회기 종료 15분 전에는 마쳐야만 한다.

비록 대부분의 사람들은 나를 큰 가방을 든 아가씨로 알고 있지만 이 작은 섬에서 이중관계를 피하는 것은 불가능하다. 한번은 첫 면담에서, 내가 어렸을 때부터 알고 있었던 내담자의 양육자가 내 친척과 연관이 있다는 것을 깨달았을 때 나는 적잖은 충격을 받았다. 나는 내담자의 요구에 초점을 맞추며 우리가 공통적으로 알고 있는 친척에 대해 이야기하지 않으려 노력했다. 하지만 비공식적인 자리에서 나의 친척이 내담자와의 치료 회기에서 나눈 것에 대해 알려 하자, 나는 비밀보장을 준수하는 나의 책임감에 대해 알려주며 질문에 답하지 않았다.

직장 내에서도 이중관계는 존재했다. 동료들과 친했던 탓에, 개인적인 문제로 괴로워하거나 가족문제로 걱정하는 직원들이 나를 찾아왔다. 이와 더불어 나는 전반적인 정신 관련 문제들과 관련된 기관 내 상담자, 운영팀의 구성원, 그리고 임상 슈퍼바이저가 되었다. 사람들을 돕겠다는 나의 열정으로 인해 다양한 역할들을 맡게 된 것이다. 정신건강 서비스들이 제한적이거나 부재했다는 걸 알았기에 나는 큰 톱니바퀴에 있는 작은 톱니 한 개가 되어야겠다고 생각했다. 하지만 온라인 미술치료 슈퍼비전에서 나는 거절하는 것에 대한 나의 고충을 자각할 수 있었다. 결국 나는 요청들을 정중하게 거절하거나 다른 전문가들에게 도움을 요청하는 것을 더 편하게 할 수 있게 되었다.

나는 실력 있는 농부예요—좋은 농작물로 값을 지불할게요!

서인도 제도의 시골에서 물물교환은 빈번한 일이다. 역사적으로 지역민들은 어떤 서비스에 대한 대가로서 그들의 텃밭에서 자란 과일과 야채들을 줄 수 있을 때 자부심을 느낀다. 서인도 문화에서는 과일, 야채, 꽃 선물이 감사의 상징이다. 이 선물들을 받지 않는 것은 모욕이다. 아동과 성인 내담자들 모두 미술치료에 대한 감사의 상징으로 내게 꽃을 주었다. 한 내담자는 망고를, 내담자의 보호자들은 미술 재료들을, 다른 이들은 도움이 필요한 내담자를 위한 옷과 신발을 가져왔다. 내게 는 이 상황들이 매우 불편했고 어떻게 해결해야 할지가 큰 고민으로 다가왔다. 일 을 시작한 첫해 동안 나는 선물들을 받았고, 그것을 동료들과 나누었으며, 내담자 들을 위해 받은 옷과 신발들을 사무실 서랍에 보관했다. 한 내담자가 자신이 내게 준 꽃이 안 보이자 실망했을 때(꽃이 시들어서 버린 상황이었다), 나는 미래의 내담자 들을 위해 '선물금지' 조항을 적용하기 위한 현실적인 결정을 내렸다.

아가씨, 전 알아야겠어요!

어떤 내담자들은 내가 미술치료를 위해 섬 전체를 돌아다닌다는 사실에 호기심을 가지며 사적인 정보들을 공유하고 싶어 하고, 다른 이들은 내 나이가 어린 것에 대 한 그들의 불안을 내가 가라앉혀 주기를 바란다. 또 다른 사람들은 종교적 연관성 이나 사적인 친분을 맺고 싶어 하기 때문에 나에 대해 더 많이 알아야 한다고 주장 한다. 내가 부드럽지만 단호하게 질문을 돌리면 보통 나보다 나이가 많은 내담자도 받아들인다.

> ### 내 윤리적 딜레마
>
> **자기개방에 대한 나의 방식을 수정해야 할까?**
>
> 새로운 내담자가 인사 중 나를 관찰하며 "당신의 성은 이 나라에서 희귀한 성이에요… 혹시 [저자의 아버지 이름]과 가족인가요?"라고 물은 뒤 "맞네! 당신이군요! 당신은 그 와 똑같이 생겼어요!"라고 스스로 답했다. 나는 웃으며 내담자에게 회기의 목적에 대해 설명함으로써 그녀의 질문을 멈출 수 있었다(역설적이게도, 내담자의 추측은 내가 공공 장소에서 부모님과 함께 있는 것을 보았을 때 사실로 판명났지만 그때는 이미 그녀와 의 치료가 끝난 상태였다).
>
> 만약 그녀와의 치료가 계속되었고 그녀가 [나의 아버지]와 내가 가족인지를 계속 물 어보았다면, 자기개방에 대한 나의 일반적인 방식을 수정해야만 했을까?
>
> **당신은 어떻게 반응하겠는가?**
>
> 저자의 답변은 부록 B에서 확인할 수 있다.

별거 아니잖아요, 그냥 좀 안아줘요, 네?

서인도 제도에서는 개인의 공간에 대한 인식이 미국보다 훨씬 더 제한적이다. 사람들은 서로 한번 알고 난 후에는 만날 때마다 포용한다. 두 명이 대화 도중 한 명이 뒤로 살짝 물러난다면, 다른 한 명이 앞으로 한 걸음 다가간다. 나는 처음에는 문화적으로 적합한 방식으로 행동했지만, 나중에는 치료와 같이 도움을 주는 관계에 있을 때에는 인사를 주고받는 방법에 대해 다르게 생각한다고 내담자들에게 설명했다. 회기의 처음과 끝에 악수는 허용된다. 수련회, 지역기반 행사 혹은 종교적인 상황과 같은 치료사로서 전문적인 업무 이외의 사회 활동에서는 포용도 허용된다.

기도합시다

영적인 요구들을 거절하는 것은 더욱 어려웠다. 문화적으로 기독교는 서인도 제도 안의 공적 혹은 사적 모임들과 떼려야 뗄 수 없는 관계이다. 종교지도자들은 공적 모임에서 대표로 기도할 것을 요청받으며, 나의 내담자들은 내가 기도로 치료를 시작하기 바란다. 내가 그것을 거부하자 그들은 모욕감을 느꼈다. 특히 한 내담자는 회기를 시작할 때뿐만 아니라 회기를 마칠 때도 기도하기를 고집했다. 나의 슈퍼바이저는 이러한 역동 안에 내재하는 힘겨루기를 내가 자각할 수 있도록 도와주었는데, 이는 우리의 치료에 도움이 되었으며 영적 조언자로서가 아니라 치료사로서 나의 역할을 명확히할 수 있게 해주었다.

맺는 말

미술치료를 하기 위해 서인도 제도로 돌아왔을 때 예상했던 모든 윤리적 우려에도 불구하고, 나는 내담자들의 사적인 질문들을 수월하게 넘길 수 있었으며 신체적 접촉에 대한 문제가 생각보다 자주 발생하지 않는다는 것을 깨달았다. 나는 서인도인들이 미술치료를 받아들이는 데 내 나이가 방해요소가 된다고 더 이상 생각하지 않으며, 오히려 내 일정을 초과하는 미술치료 요청을 받고 있다. 이중관계, 비밀보장, 내담자의 권리 및 임상의 범위와 관련된 윤리적 문제들은 정기적으로 발생하며 나를 끊임없이 긴장시킨다. 주거지와 같은 내담자의 필요에 대한 내 지식과 그들을 대변하고 싶은 내 바람이 윤리적인 문제가 될 때가 있다. 그들의 요구범위가 벅차고 그것을 해결하는 것은 내 권한 밖의 일이기 때문이다. 또한, 나는 국가에서 유일한 미술치료사라는 것의 무게를 느낀다. 그러나 나는 이러한 경험들을 소화하기 위한 방법으로 미술작업을 한다. 누가 뭐래도 나는 미술치료사다!

반영적 미술경험과 토론을 위한 질문

1. 임상을 위해 당신의 고향으로 돌아간다고 가정해보자. 그곳에서 마주할 윤리적인 문제에는 어떤 것들이 있을까?
2. 내담자가 돈을 지불할 수는 없지만 그에 상응하는 가격의 물건들로 보상하기를 원한다. 내담자의 경제적 어려움을 알고 있는 상태에서 물물교환에 대한 문제를 어떻게 다룰 것인가?
3. (a) 당신과 비슷한 그리고 (b) 당신과 다른 문화적 배경을 가진 내담자들과 미술치료를 진행하는 것에 대한 당신의 감정을 미술로 만들어보라. 토론하라.

참고문헌

Aronowitz, R., Deener, A., Keene, D., Schnittker, J., & Tach, L. (2015). Cultural reflexivity in health research and practice. *American Journal of Public Health*, *105*(S3), S403-S408. doi: 10.2105/ajph.2015.302551

Art Therapy Credentials Board (2018). *Code of ethics, conduct, and disciplinary procedures*. Greensboro, NC: Author.

Brunod, R., & Cook-Darzens, S. (2002). Men's role and fatherhood in French Caribbean families: A multi-systemic 'resource' approach. *Clinical Child Psychology & Psychiatry*, *7*(4), 559-569. doi: 10.1177/1359104502007004008

Lefley, H. P., & Bestman, E. W. (1977, August). Psychotherapy in Caribbean cultures. Paper presented at *the Annual Convention of the American Psychological Association*, San Francisco, CA.

Miner, D. C. (2003). Jamaican families. Extended matrifocal families can resourcefully respond to the child's needs for socialization. *Holistic Nursing Practice, 17,* 27-35. doi: 10.1097/00004650-200301000-00007

Seeman, M. V. (2011). Canada: Psychosis in the immigrant Caribbean population. *International Journal of Social Psychiatry, 57*(5), 462-470. doi: 10.1177/0020764010365979

16

'내담자'가 다수일 때
집단, 가족, 커플 미술치료에서의 비밀보장

매리 엘렌 러프

윤리적 딜레마는 임상현장에서 빈번히 발생하지만, 기관에서 제공하는 상담, 슈퍼비전 그리고 윤리적 지침에 대한 올바른 이해를 바탕으로 대부분 해결된다. 내게는 미술치료자격위원회(Art Therapy Credentials Board: ATCB)와 국립상담가자격위원회(National Board of Certified Counselors: NBCC)의 자료들이 해당된다. 나는 윤리적 딜레마에 직면할 때, 종종 "누구의 욕구가 충족되는가?" 그리고 "내담자에게 가장 좋은 것은 무엇인가?"라고 묻는 내면의 작은 목소리를 듣는다. 이 장에 기술된 사례처럼 '내담자'가 집단, 가족, 커플이고 윤리적 딜레마가 비밀보장을 수반할 때 그 대답은 대체로 간단하지 않다.

나는 미술치료사로서 정신과의 입원병동, 낮병동, 외래병동 프로그램, 개인치료실과 같은 다양한 임상 현장에서 집단, 가족, 커플 등과 만나왔다. 비밀보장은 모든 치료환경에서 매우 중요한 요소다. 집단원은 서로의 비밀을 지킬 법적 의무는 없지만, 치료사는 비밀보장이 상담을 위한 기본 규칙이자 규범이라는 중요성에 대해 그들을 상기시킬 필요가 있다. 나는 집단의 리더로서, 집단원이 자신이나 타인에게 해를 끼칠 위험이 예상되는 경우―아동학대나 방임, 노인학대나 방치, 착취의 징후가 있는 경우, 또는 법원 명령에 의해 정보를 공개하도록 요청받은 경우―를 제외하고 집단의 맥락에서 나누는 어떤 것이든 비밀이 보장됨을 명확히 밝힌다.

내 윤리적 딜레마

집단치료를 할 때

몇 해 전, 나는 청소년을 위한 외래병동 물질남용 집중 프로그램의 관리자로서, 우선순위를 다투는 요구들로 인해 마찰을 일으킬 수 있는 복합적인 역할 속의 나 자신을 발견했다. 나는 관리자로서, 새로운 가족에게 오리엔테이션을 실시하고, 보험회사와 함께 보험 청구를 위한 서류를 검토하고, 직원을 감독하고, 프로그램에서 발생한 모든 문제를 처리했다. 나는 사례담당자로서, 서비스를 위해 교직원들을 대변하고, 관련된 전문가(예를 들어, 정신과의사, 개인치료사, 학교 상담가)와 협력했으며, 청소년 사례에 관해 그들의 부모와 개방적인 의사소통을 유지했다. 또한, 나는 치료사로서, 매주 또래집단과 여러 가족으로 구성된 집단을 진행했다.

프로그램의 청소년들은 매주 세 개의 집단에 참여했는데, 두 집단은 또래집단이었고, 나머지 하나는 가족집단이었다. 만약 그 주에 약물적 또는 행동적 재발이 발생한 경우, 그 청소년은 (재발방지를 위한) 네 번째 집단에 참석해야 했다. 청소년들은 이처럼 교육적이고 개별화된 치료계획을 소화하며, 여러 치료 단계를 거쳤다.

나의 딜레마는 열다섯 살 소년 '스콧'과 그의 가족과 관련된 것이었다. 스콧은 약물사용에 관한 법적 기소 이후 치료를 시작했고 물질남용 치료 프로그램을 이수하라는 명령을 받았다. 스콧의 아버지와 새어머니는 필수 프로그램인 가족집단에 매주 정기적으로 참석했다. 스콧은 또래집단에서 새어머니로부터 느끼는 좌절감을 공유했는데, 자신과 자신의 아버지 모두가 새어머니와의 관계에서 겪는 어려움을 묘사하며, 새어머니가 자신의 치료에 관여하지 않길 원한다고 말했다. 스콧이 또래집단에서 나눴던 어떤 것도 그의 가족에게 공개되지 않았고 나는 집단원들에게 각 집단은 별개이며, 다른 집단으로 정보가 전달되지 않는다는 것을 지속해서 상기시켰다.

스콧이 치료받는 몇 달 동안 내가 더 많이 관여하게 되면서 스콧과 그의 가족과 관련된 나의 복잡한 역할은 긴장을 불러일으켰다. 나는 일주일에 몇 번씩 스콧을 만났을 뿐 아니라 매주 가족집단에서 그의 아버지와 새어머니를 만났다. 게다가 나는 그의 아버지와 보험 문제와 관련해 정기적으로 연락을 취했고 그의 새어머니는 스콧의 행동, 계속되는 약물사용 의혹, 스콧의 프로그램 참여에 대한 질문으로 빈번하게 전화를 했다. 스콧의 아버지는 자주 스콧과 아내 사이의 갈등에 휘말렸고 나는 그에 대한 이야기

역시 자주 들어야 했다.

어느 날 스콧은 또래집단에서 새어머니가 처방약을 남용하고 있다고 전부터 의심해온 사실을 폭로했다. 처음에는 스콧이 치료를 받고 있다는 이유로 받았던 관심을 일부분 모면하고 새어머니를 집안에 문제를 일으키는 행동에 결부시키려고 노력하는 듯 보였다. 하지만 스콧은 계속해서 새어머니에 대한 의심을 드러냈으며, 새어머니를 어떤 형태로도 엮이고 싶지 않을 만큼 변덕스럽고, 예측 불가능하고, 자주 화가 폭발하는 사람으로 묘사했다. 흥미롭게도, 그가 그녀와 거리를 둘수록 그녀의 전화는 더욱 잦아졌는데, 스콧이 집단에서 공유한 어떤 정보도 그녀에게 공개된 적이 없음에도 불구하고, 그녀는 그의 행동을 걱정하며, 그가 그녀에 대해 거짓말을 하고 있다는 주장을 하였다. 그녀는 마치 내가 그녀를 자상하고 걱정이 많고 책임감 있는 부모로 이해한다는 확신이 필요한 것처럼 보였다. '그가 말하길, 그녀가 말하길'과 같은 부모/자식의 전형적인 사례였을까? 아니면 각자의 관점에서 진실이 존재했을까? 그것을 밝히는 것이 나의 책임이었을까? 그리고 둘 사이의 균열은 스콧의 치료에 영향을 미칠 정도로 가족의 분열을 초래하는 위험한 상황이었을까?

나는 스콧과 아버지, 새어머니로부터 다양한 경로를 통해 전달된 상당량의 가족 정보를 확보하고 있었다. 각 치료집단은 독립체로 고려되었기 때문에 나는 구체적인 정보를 어디에서 얻게 되었는지에 대해 상당한 의식이 필요했다. 예를 들어, 스콧의 또래집단은 새어머니의 물질남용 의혹에 대해 듣고 있었기 때문에, 나는 가족집단뿐 아니라 또래집단의 독립성을 보호하기 위해 가족집단에서 그 사실을 침묵할 필요가 있었다. 가족집단에서 새어머니의 행동이 점점 과해지기 시작했을 때(예: 갑자기 스콧과 그의 아버지를 신랄하게 비난하거나, 당면한 논의와는 무관하게 울음을 터뜨려 진행을 방해하는 것), 나는 구성원 누구도 소외되지 않으면서 집단을 보호하기 위해 무엇을 해야 할지 고민해야 했다.

당신이라면 어떻게 반응하겠는가?

저자의 답변은 부록 B에서 확인할 수 있다.

내 윤리적 딜레마

가족치료를 할 때

나는 다양한 환경에서 가족들과 함께 일해왔지만, 이번에 공유하는 윤리적 딜레마는 가족 약물치료 법원 프로그램에서 만난 어떤 가족으로부터 발생했다. 부모의 학대나 방임으로 아동보호서비스(Child Protective Services)가 발동되면 부모는 사회복지부를 통해 치료를 받게 된다. 이때 물질남용이 가족의 어려움을 일으키는 행동요소로 확인되면, 사회복지부는 부모를 가족 약물치료 법원에 회부한다. 그러면 또다시, 나는 여러 역할을 수행해야 했다. 나는 프로그램 관리자로서 2주마다 열리는 법정에서 참여자들의 진행상황과 준수여부에 대해 증언했다. 여기에는 프로그램 참석여부, 약물검사 결과, 자녀방문, 취업 또는 사회봉사활동, 주거안전성에 대한 정보제공이 포함됐다. 또한, 나는 사례를 담당하고, 매주 모든 참여자를 대상으로 집단치료를 진행하고, 5명의 참여자를 개인치료로 만났다.

'에블린'과 '랜디'는 두 명의 어린 자녀가 있는 부부로, 마리화나 소지가 확인되면서 가족 약물치료 법원 프로그램에 들어왔다. 아이들은 에블린으로부터 분리되어 위탁가정에 맡겨졌다. 랜디는 프로그램에 참여하지 않고 지역을 벗어남으로써 양육권을 자발적으로 포기했고, 회복하려고 노력하는 에블린을 떠났다. 에블린은 가족 약물치료 법원 프로그램의 일부로 물질남용 치료와 약물검사 음성 반응 등 몇 가지 조건을 충족시켜야 했으며, 안전한 주거지를 유지하고 직장을 얻고 매주 아이들을 방문해야 했다. 또한, 그녀는 2주에 한 번씩 약물법원 심리에 출석해야 했고 그때 각 영역에서 그녀의 진행상황이 검토되었다. 나는 에블린의 개인 및 집단 치료사였을 뿐 아니라 그녀의 사례담당자였다.

에블린은 성실하게 치료에 임했고, 한 번도 약물검사에서 양성이 확인되지 않았으며, 직장을 구할 수 있었다. 그녀는 주거지 확보에 어려움을 겪었으나 쉼터를 통해 주거전환 지원센터로 들어갔다. 에블린은 잘 지내고 있었고 아이들과의 재회를 위한 궤도에 오른 듯 보였다. 그러나 안타깝게도, 그녀는 새로 찾은 안정을 유지하는 데 어려움을 겪기 시작했다. 그녀는 대부분의 직장에서 갈등을 경험했고, 그로 인해 몇 달마다 직장을 옮겼다. 그녀의 주거 프로그램에도 문제가 있었을 뿐 아니라 랜디가 돌아와 그녀가 있는 곳을 방문한 혐의도 있었는데, 이는 프로그램 규정에 어긋난 것이었다. 한 가지 한결같았던 것은 에블린의 자녀를 향한 헌신과 양육권을 되찾으려는 노력이었다.

그러나 시간이 지남에 따라 에블린은 아이들을 위탁한 사회복지사에게 연락을 소홀히 했고, 위탁기관은 점점 그녀를 비협조적이고 부적합한 부모로 인식하게 되었다. 에블린은 비록 산발적이긴 했지만 랜디와의 관계를 지속했는데, 그에게는 더 이상 부모로서의 권리가 없었기 때문에 이는 그녀에게 문제를 일으켰다.

나의 윤리적 딜레마는 위탁양육기관이 에블린의 양육권 해지를 청원하기로 결정하면서 발생했다. 나는 에블린이 자녀에게 헌신적이고 가족 약물치료 법원의 요구사항을 모두 충족했다는 것을 아주 잘 알고 있었다. 나는 그녀의 치료사로서 이 사례와 관련된 그 누구보다도 그녀를 깊게 이해하고 있다고 느꼈지만, 내가 소속된 기관은 그녀의 양육권 해지를 추진했고 나는 그 결정을 지지할 수 없었다. 에블린의 변호사는 내가 종결 심리에서 에블린의 편에서 증언해주길 요청했다. 나는 나의 기관과 내담자 사이에서 누구를 지지할 것인지 결정해야만 했다. 나는 소속기관에 대한 윤리적 의무와 나의 내담자에 대한 윤리적 의무를 구분할 필요가 있었고, 동시에 내 개인적 윤리 또한 지켜야 했기에 이 세 영역이 어떻게 겹치는지 고심해야 했다.

당신은 어떻게 반응하겠는가?
저자의 답변은 부록 B에서 확인할 수 있다.

내 윤리적 딜레마

커플치료를 할 때

커플이 상담을 받을 때, 한 명 혹은 양쪽 모두가 관계의 지속여부에 대해 의문을 품을 수 있고, 그에 따라 서로 다른 목표를 가질 수 있기 때문에 커플 상담에는 독특한 어려움이 존재한다. 커플과 함께 치료를 시작할 때, 나는 각자의 역사를 수집하고 관계와 미래에 대한 개인적 관점을 명확히 알기 위해 개별 회기를 진행한다. 이는 치료를 구조화하는 틀을 만드는 데 도움을 준다. 때로 커플들은 파경을 막기 위해 상담에 참여하기로 동의한다. 나는 그들의 서로 다른 목표가 무엇인지 집중하기보다는, 그들이 관계를 이어가든 그렇지 않든, 건강한 관계를 만드는 방법에 대해 함께 생각하도록 독려한다.

'엘렌'과 '키이스'는 17세 아들을 중독으로 잃고 6개월 후에 부부상담에 참여했다. 처음에 치료는 그들의 슬픔과 가족으로서 함께 앞으로 나아가는 것에 초점을 맞춘 듯했는데, 엘렌은 개별 회기에서 자신의 외도를 털어놓으며 결혼생활을 유지하길 원하는지 확신할 수 없다고 말했다. 키이스는 개별 회기에서 엘렌과의 거리를 느꼈고 그래서 그들의 관계를 극복하기 위해 슬픔을 이겨내는 일에 매우 헌신하고 있다고 밝혔다. 그들은 명백히 서로 다른 지점에서 출발하고 있었고, 처음에 그들이 유일하게 공유하는 것은 그들의 슬픔과 대학을 다니는 다른 두 자녀뿐인 것처럼 보였다. 엘렌의 폭로로 나는 관계에 대한 키이스의 태도에 영향을 줄 수 있는 정보를 갖게 되었다. 그러나 이 정보는 그들이 당시에 겪고 있던 문제, 즉 아들을 잃은 슬픔과 관련된 것은 아니었다. 나는 엘렌 자신이 키이스와 공유하고 싶다고 느낄 때까지 그녀의 외도를 비밀로 하며, 어떻게 엘렌과 키이스가 몰입할 수 있는 치료적 틀을 만들 것인가를 고민해야 했다. 나는 나의 역전이와 이 부부의 치료방법을 분명하게 인식할 필요가 있다는 것을 느꼈으며, 그것이 어떤 방향으로 이끌든지, 그들이 슬퍼하고 그들의 관계를 헤쳐 나가는 데 필요한 공간을 제공하려 했다. 나의 윤리적 딜레마는 키이스가 엘렌에게 결혼생활에 대한 그녀의 헌신을 정면으로 확인하며, 그동안 그녀가 결혼에 대한 신의를 지켜왔는지 직접적으로 물었을 때 발생했다. 엘렌은 키이스의 우려를 부정했고, 나는 어떻게 회기를 진행해야 할지 갈등했다. 만약 그 부부가 내 내담자였다면, 나는 부부를 구성하는 개인의 이질적 욕구를 고려하면서, 어떻게 부부의 욕구에 집중할 수 있었을까? 그들의 관계적 맥락에서 엘렌과 키이스 개개인에 대한 나의 의무는 무엇이었을까?

당신은 어떻게 반응하겠는가?
저자의 답변은 부록 B에서 확인할 수 있다.

맺는 말

'내담자'가 집단, 가족, 커플 등 여러 명으로 구성될 때, 나는 종종 임상가로서 내가 알아야 하는 중요한 정보지만 집단, 가족, 커플에게 공개될 경우 피해를 줄 수 있는 정보에 노출된 자신을 발견한다. 때때로 나는 내 일 자체가 전혀 다르게 생긴 수많은 직소 퍼즐조각을 맞추는 일처럼 느껴진다. 어떤 조각들은 어디에 맞춰야 하는지 이미 알 것도 같다. 나는 그들이 연결될 곳을 어느 정도는 알 수 있지만, 아직 그 조각을 집을 때는 아니다. 집단, 가족, 커플을 위한 단편적인 정보들을 보유하는 것도 비슷하게 느껴진다. 나는 내담자들이 스스로 그 조각들을 보고, 적절한 때 공개하고, 관계를 만들고, 의미를 찾을 수 있도록 안내하는 것을 좋아한다. 집단, 가족, 커플이 서로를 새롭게 인식하고, 더 솔직하고 정직하게 소통하며, 치료에 이르게 된 문제의 해답을 함께 찾는 것보다 강력한 것은 없다.

반영적 미술경험과 토론을 위한 질문

1. 두 가지 예술작품을 창작하라: 하나는 자신을 반영한 작품이고, 다른 하나는 집단, 가족, 커플과 직면한 윤리적 딜레마를 반영한 작품이다. 각각의 독립성을 유지한 채로 예술작품을 찢거나 조각낸 후, 이들을 엮어 하나의 이미지를 만든다. 최종 결과물은 당신과 내담자들에 의해 발생한 딜레마 사이의 상호작용을 보여줄 것이다. 강점과 약점이 어디서 나타나고, 성장에 필요한 지원이나 공간은 어디에 있는지 주목하라.

2. 자신을 내담자가 당신과 나누는 정보, 감정, 다른 임상 자료를 위한 보관 장소라고 생각하라. 흙점토나 천사점토를 사용해 자신을 그릇으로 표현해보라. 그릇이 그 자료들을 모두 담기 위해 무엇이 필요한가? 그 그릇은 어떻게 필요에 따라 치료적 재료가 흘러가게 하는가? 당신은 커플과 함께할 때, 전체로서의 커플뿐 아니라 개별 구성원의 욕구 사이에서 어떻게 균형을 맞추는가? 커플이 공동의 목표를 향해 가는 동안에도 개별 구성원이 개인으로 남을 수 있는 공간을 어떻게 만들 것인가?

3. 개인의 윤리는 전형적으로 가족, 문화, 종교 등 우리의 삶을 규정하는 어떤 경험에서 비롯된다. 직업윤리는 업무환경 안에서의 경험을 통해 발전하거나 자격 취득 및 면허와 관련된 윤리강령에 따라 인도된다. 개인적 그리고 직업적 윤리가 마찰을 일으킬 때, 당신은 갈등을 해결하고 올바른 방향으로 나아가기 위해 어떤 자원을 사용하는가? 당신은 어떻게 그 방향을 다른 것보다 우선시할 수 있는가?

철창에 갇힌 청소년

소년원에서 근무하는 미술치료사가 직면한 윤리적 문제

제인 스콧

소년원은 18세 미만의 범죄자를 분리한 장소로서 1824년 법으로 제정됐다. 그 후 구금된 청소년의 숫자는 변동을 거듭하며, 1990년대 후반 11만 5천 명 이상으로 정점을 찍은 이후 급격히 감소했다(Office of Juvenile Justice and Delinquency Prevention, 2013). 소년원은 범죄로 인해 체포되었거나 기소된 청소년들을 임시로 구금하는 폐쇄시설이다. 구금은 청소년들이 재판 전에 재범을 저지르거나 재판을 회피하는 것을 막기도 한다. 그들은 며칠에서 일 년 이상 구금될 수 있고, 구금상태에서 직접 사회로 석방될 수 있으며, 사회복귀 프로그램 이수를 명령받거나, 청소년 교정시설에서 (21세까지) '소년원 생활'을 선고받거나, 중범죄의 경우 성인으로서 재판을 받은 후 장기 징역형을 선고받을 수 있다.

정신건강의 필요성

연구에 따르면, 구금중인 청소년의 거의 3분의 2는 미진단 상태의 정신질환이 있다 (Grisso, 2008). 수감 전 외상적인 삶의 경험으로 인해, 구금 청소년의 외상후 스트레스장애(PTSD) 비율은 전쟁에서 돌아온 군인들과 비견될 정도로 높게 나타난다

(Buffington, Dierkhising, & Marsh, 2010). 한 법무정책연구소의 논문은 구금된 청소년들의 "미충족된 정신 및 행동 건강의 개선"이 관리자들이 생각하는 가장 시급한 과제임을 기술한다(Holman & Zeidenberg, 2006, p. 8).

연구들은 미술치료가 수감자의 스트레스를 줄이고, 자존감을 높이고, 분노를 표출하며, 공감적 치료관계를 형성하는 데 도움이 되는 것을 보여주었다(Persons, 2009). 미술 프로그램은 수감자들에게 수감기간 동안의 선택권을 회복시키고 휴식과 참여를 증진시킨다(Williams, 2002).

소년원에서 발생하는 윤리적 문제

안전은 (자율성은 물론이고) 사생활보다 우위에 있다

내가 일하던 곳은 안전이 최우선이었다. 건물 곳곳에 설치된 카메라는 수감자가 머무는 감방을 제외하고 수감자의 모든 움직임을 따라다녔다. 교도관은 항상 수감자들과 함께했으며 치료시간도 예외는 아니었다. 수감자는 자리에 앉았을 때 허락 없이 일어날 수 없었고, 테이블에 앉을 때 손은 항상 테이블 위에 있어야 했다. 복도를 걸을 때도 말하거나 고개를 돌릴 수 없었고 단지 앞만 볼 수 있었는데, 이는 범죄조직의 특정 손 사인을 통한 은밀한 소통을 막기 위해서였다. 수감자들이 미술치료 회기에 도착하기 전, 회기 도중, 회기가 끝난 후에도 모든 연필, 지우개, 오일파스텔 등의 개수를 꼼꼼히 확인해야 했다. 만약 몽당연필이라도 없어지는 경우, 건물 전체가 폐쇄됐고, 그것을 찾을 때까지 모든 감방과 학생들은 철저히 수색되었다.

역할의 모호함: 미술교사인가 혹은 미술치료사인가?

안전과 보안의 우선적 책임은 교도관들에게 있었지만, 소년원에서 일하는 모든 직원은 고위험군의 개인을 다루는 법원 관련 시스템의 일부였다. 나는 미술치료사와 미술교사라는 이중역할을 수행했는데, 이를 위해 교원자격증과 미술치료 석사학위가 요구됐다. 이러한 역할의 애매모호함은 그 자체로 윤리적 문제를 발생시켰다. 직책에 대한 설명에 따르면, 나의 목표는 '미술을 투사적 심리치료가 아닌 예술 자체로의 치료적, 심리교육적 경험'을 활용해 '학생들 스스로 감정과 행동을 조절하는 기술을 습득하도록 돕는 것'이었다. 뿐만 아니라, 나는 부적절한 행동에 대해서는 그에 상응하는 징계를 내려야만 했다.

징계가 독방으로까지 이어질 때: 집행해야 하는가 말아야 하는가?

나는 소년원에서 근무하는 직원으로서, 사소한 문제에 대한 단순한 행동수정부터 큰 위반사항에 대한 격리 결정에 이르기까지 부적절한 행동에 대한 징계를 내리고 그것을 집행해야 하는 위치에 있었다. 예를 들어, 집단 안에서의 욕설은 규칙의 위반이었으므로, 이를 상기시킨 후 징계로 이어졌다. 이 같은 역동은 법원이 의무화한 다른 프로그램에서도 발생한다. 예를 들어, 약물남용 상담가들은 법원에서 의뢰한 내담자가 약물사용을 지속할 경우 보고의 의무가 있다. 그러나 소년원에서 행동관리에 대한 책임을 지는 것은 윤리적 딜레마를 야기할 수 있으며, 특히 체벌을 위해 독방에 내담자를 격리시켜야 할 때는 더욱 그러하다. 격리 수감자는 밖을 내다볼 수 있는 작은 창문만 있는 독방에서 매트 없이 최대 72시간 동안 갇혀 있어야 한다. 격리 수감자는 독방에서 식사를 하고 하루에 한 시간만 밖으로 나올 수 있다. 수많은 연구는 청소년의 격리에 따른 부작용을 언급했다. 격리는 심리적 손상, 자살 및 자해 위험 증가, 교육 및 재활 활동 손실, 발달장애 등을 초래할 수 있다 (American Civil Liberties Union, 2012).

나는 고립이 초래한 신체적이고 정서적인 결과를 여러 번 확인할 수 있었다. 감방 옆을 지날 때 격리된 10대들의 비명을 들었고, 격리 수감자들이 독방에서 배변을 하거나, 피를 토하거나, 자해를 한다는 말을 들었고, 고립감을 이기기 위해 몇 시간 동안 큰 소리로 노래를 부르거나 동료 수감자가 대답하길 바라는 마음에 벽을 두들겼다는 이야기를 들었다.

교정 시스템의 일부가 되는 것은 논란이 많은 독방 감금의 집행과 연관되는 것이며, 소년원에서 일하는 모든 미술치료사는 이 같은 윤리적 쟁점을 해결하기 위해 노력해야 할 것이다. 우리는 전체 시스템을 바꾸는 것에 무력감을 느낄 수 있지만, 변화를 지지할 수는 있다. 나는 동료나 나를 향한 공격적이거나 성적인 행동을 했을 때만 관리자의 격리 요청을 받아들였다. 소년원 직원들은 내가 더 엄격한 징계를 주길 바랐지만, 나는 가능한 한 수감중인 청소년들을 독방에 보내지 않으려 노력했다.

회기중에 범죄가 공개될 때: 보고해야 하는가 말아야 하는가?

초기 면담에서 수감자들은 수감됨과 동시에 동료나 교사 혹은 직원에게 그들의 법정 소송이나 (그들이 밖에서 저지른 범죄의) '무용담'에 대한 어떤 언급도 하지 말 것을 들었다. 수감자들이 언론의 관심을 받는 사건이나 비정상적이거나 극도로 충격적인 사건에 연루됐을 때, 소년원의 직원들은 수감자에 대해 더 많은 것을 알고 싶어 할 수도 있다. 나는 수감자들이 미술치료집단이나 예술작품을 통해 동료나 직원에게 예고 없이 극비 정보를 종종 공개한다는 것을 알게 되었다. 수감자의 감옥생활(그리고 그 원인)은 그들에게 있어 삶의 중요한 부분이고, 최소한 그들의 혐의 내용을 주제로 삼지 않는다면 라포를 형성하기 어려울 수 있었다. 청소년들은 그들이 신뢰하는 어른에게 본인의 사례를 이야기하고 싶어 한다. 청소년들은 죄책감, 분노, 슬픔, 후회, 부당함을 느끼고, 이러한 감정을 표현하길 원한다. 소년원이 설정한 경계를 존중하면서 내담자와 치료적 관계를 발전시켜야 한다는 점은 치료사에게 윤리적 딜레마를 일으킬 수 있다.

소년원마다 사건 관련 자료의 비밀보장과 공개에 관한 각기 다른 규정을 가지고 있다. 미술치료 회기에서 수감자들과 동행했던 교도관은 법원에 보고할 법적인 책임이 있었다. 따라서 만약 수감자가 자신이 기소된 혐의에 대해 유죄라고 말한다면, 교도관은 이에 대해 보고해야 한다. 우리 시설의 정신건강 상담가들은 내담자에게 치료 중 높은 수준으로 비밀이 보장되는 동시에 임상적 재량권으로서 내담자를 돕는 데 중요하다고 판단되는 정보를 팀원에게 공개할 수 있다는 내용의 동의서에 서명할 것을 요청했다. 이것이 내담자에게 의미하는 바는 의무 보고에 관한 모든 사항은 비밀이 보장되지 않지만, 과거 또는 현재의 범죄(살인, 조직범죄와의 연루, 마약 거래 등)와 관련된 사항은 보고할 필요가 없다는 것이었다. 내담자가 비밀보장의 한계에 관한 이 동의서에 서명한 경우, 정신건강 상담가는 내담자의 정보를 팀원과 공유할지 여부를 결정할 수 있었다. 단, 내담자의 정보를 공유하기로 결정하는 목적은 법적 파장이 아닌 치료과정을 돕는 것이어야 했다.

내가 일하던 곳에서 미술치료사는 의무 보고자로 지정되었지만, 비밀보장의 다른 측면에 관한 규정은 명확하게 정의되지 않았다. 예를 들어, 우리는 범죄에 관한 폭로를 보고해야 하는지의 여부를 듣지 못했다. 법원 시스템의 직원으로서 나는 누구나 법정에 소환될 수 있다는 것을 잘 알았기 때문에 내 집단원들에게 "나한테 너무 많은 것을 말하지 마세요!"라고 말했다. 그럼에도 폭로는 일어났다.

아담

내가 아담이라고 부를 청소년은 몇 달 동안 미술치료집단에 있었다. 가족에 초점을 맞춘 프로젝트가 진행되는 동안, 아담은 나에게 돌아서서 아무렇지도 않은 듯 말했다. "내가 그 보석을 훔쳤을 때 나는 감옥에 들어왔고, 엄마는 그 돈을 숨겼어요. 비록 내가 형을 살더라도 우리 가족을 도울 수 있었기 때문에 충분한 가치가 있었죠. 내가 가족에게 건넨 돈은 3만 달러 정도 돼요. 나는 그 대가로 20년을 살겠죠."

나는 아담의 폭로에 완전히 무방비 상태로 허를 찔렀다. 나는 어떻게 해야 할지 잘 몰랐지만, 그 범죄사실이 아동학대나, 자신과 타인에게 위험이 될 만한 것은 아니었기에 보고하지 않기로 했다. 대신 나는 아담에게 많은 소년원의 직원들은 규정상 진술을 경찰에 보고할 의무가 있기 때문에 비밀을 말하는 것에 주의할 필요가 있다고 말했다. 그는 자신이 언급한 내용이 법정에서 사용될 수 있다는 것을 전혀 몰랐고 이 사실을 알게 해줘서 고맙다고 말했다. 나는 이런 상황을 정신건강 팀원에게 공유했고 그로부터 조언을 받았다. 결과적으로 나는 나의 대처가 적절했다고 믿는다. 나는 아담의 발언을 보고하는 것은 공정하지 않다고 느꼈는데, 그 이유는 내담자의 범죄내용 언급에 대한 보고문제는 미술치료사의 책임에 관한 기관의 서면자료에 언급되지 않았기 때문이다. 아담이 비밀을 폭로할 때 교도관이 자리했기 때문에, 만약 교도관이 그 사실을 중요하게 여겼다면 그를 보고하는 것은 그들의 의무라고 생각했다. 오히려 이를 계기로 나는 아담과 새로운 경계를 구축했으며, 마음으로는 그를 지지하고 싶지만 범죄에 대해 함께 나누거나 생각할 수 없다는 것을 알렸다. 결국, 나는 그가 몰랐다고 말했던 수감 상태로 인한 비밀보장의 한계를 그에게 확인시켜주었다. 만약 아담의 폭로가 성적 학대나 자해 혹은 타인을 위협하는 일이었다면 나는 다르게 대처했을 것이다.

한 장의 그림에 누설된 범죄정보를 발견했을 때 어떻게 해야 하는가?

내가 소년원에 근무했던 초반에, 내가 존이라고 가명 지은 수감자는 미술치료집단에서 종이에 조용히 낙서를 하며 시간을 보냈다. 회기가 종결될 무렵, 존은 나를 눈물이 가득한 눈으로 쳐다보며, 그 종이를 쓰레기통에 버려도 되는지 물었다. 나는 "물론"이라고 답하며 그가 괜찮은지 물었고, 그는 "괜찮다"라고 말했다. 회기가 끝나고 몇 분 후에 (또 다른 윤리적 문제이긴 하지만) 쓰레기통으로 걸어가 존의 종이를 들여다봤을 때, 그가 그림은 그리지 않았지만 글자를 빼곡히 적어 놓은 것을 확인했다. 나는 그가 그의 그림이 마음에 들지 않아 종이를 버렸다고 생각했지만—그가 쓴 것을 읽기로 결심한 순간—나는 15세 소년의 현실이 그보다 훨씬 더 심각하다는 것을 알게 됐다. 알고 보니 존은 성매매에 연루되어 있었고 자신의 사건 정보를 적어 놓은 것이다. 그 글을 읽으면서 너무나도 슬프고 가슴이 아픈 것과는 별개로, 존은 종이에 돈의 출처와 이름으로 보이는 매우 민감한 정보들을 휘갈겨 써놓았다.

나는 직감적으로 결정을 내려야 했다. 나는 존의 편지를 경찰에 제출하고 아동매춘 사례의 증거를 제공하는 데 관여해야 할까? 혹은 내담자가 결국 버리기로 결정한 미술 작품에서 내가 본 것을 무시해야 할까?

당신은 어떻게 반응하겠는가?

저자의 답변은 부록 B에서 확인할 수 있다.

소년원 근무에 관한 최종 참고사항

애착, 트라우마, 정서적 순환은 수감 상태에 있는 청소년이 직면한 핵심 문제이며, 우리가 소년원에서 하는 일의 상당 부분은 윤리적인 방법으로 그것들을 다루는 것과 관련되어 있다. 비록 미디어에서 다루는 소년원의 이미지는 차갑고 폭력적인 청소년들로 가득하지만, 내가 아는 대다수의 청소년 수감자들은 대부분 공손하고 장난치기를 좋아하고 매우 창의적이며, 함께하는 즐거움이 있었다. 나는 많은 예술작업을 쪽지와 함께 받았는데, 표현의 장을 마련해준 것과 흔쾌히 그들을 받아주고 친절하게 대해준 것에 감사하는 내용이었다. 그곳의 청소년들이 자기통제력이 부족하고 여러 번에 걸쳐 폭력적인 방법으로 법을 어겼기 때문에 수감되었다는 것을 잊어서는 안 되지만, 이 집단과 함께 일하는 것은 높은 성취감을 주는 경험이다. 나는 소년원에서 일하기로 결정한 미술치료사가 청소년에게 따뜻한 마음과 그들의 목소리를 담는 장소를 제공하기를 희망한다.

편집자 주: 이 장이 쓰인 지 몇 달 후, 나는 워싱턴포스트지(2016년 1월 26일)에서 오바마 전대통령이 연방 수감 제도에서 청소년의 독방 격리를 금지하는 조치를 취했다는 기사(Eilperin, 2016)를 읽었다.

반영적 미술경험과 토론을 위한 질문

1. 당신이 윤리적이지 않다고 생각하는 절차나 규정을 가진 기관에서 일하는 것을 반영하는 미술작업을 하라. 그다음, 내담자가 윤리적이지 않다고 생각하는 절차나 규정을 가진 기관에서 치료받는 기분을 반영하는 미술작업을 해보자.
2. 내담자에게 최선이 아니라고 생각하는 기관의 정책에 따르는 것에 대한 갈등을 느낀 적이 있는가? 이런 윤리적 딜레마에 어떻게 대처했는가?
3. 우리 대부분은 부당하다고 느끼는 행동에 대해 불평한다. 이러한 감정들로 인해 당신이 지지하는 일에 참여한 경험이 있는가? 만약 그렇지 않다면, 어떤 종류의 문제들이 그럴 수 있도록 동기를 부여할 수 있을까?

참고문헌

American Civil Liberties Union (2012). *Growing up locked down: Youth in solitary confinement in jails and prisons across the United States*. New York: Human Rights Watch. Retrieved from www.aclu.org/files/assets/us1012webwcover.pdf

Buffington, K., Dierkhising, C., & Marsh, S. (2010). Ten things every juvenile court judge should know about trauma and delinquency. *Juvenile Family Court Journal*, *3*, 13-23.

Eilperin, J. (2016, January 26). Obama bans solitary confinement for juveniles in federal prisons. *The Washington Post*, p. A1. Retrieved from https://washington post.com/politics/obama-bans-solitary-confinement-for-juveniles-8

Grisso, T. (2008). Adolescent offenders with mental disorders. *Future Child*, *18*(2), 143-164.

Holman, B., & Zeidenberg, J. (2006). *The dangers of detention: The impact of incarcerating youth in detention and other secure facilities.* Washington, DC: Justice Policy Institute. Retrieved from www.justicepolicy.org/images/upload/06-11_rep_dangersofdetention_jj.pdf

Office of Juvenile Justice and Delinquency Prevention (2013). *Juveniles in residential placement, 2010.* Washington, DC: Author. Retrieved from www.ojjdp.gov/pubs/241060.pdf

Persons, R. (2009). Art therapy with serious juvenile offender. *International Journal of Offender Therapy and Comparative Criminology*, *53*(4), 433-453.

Williams, R. (2002). Entering the circle: The praxis of arts in corrections. *Journal of Arts Management, Law, and Society*, *31*(4), 293-303.

이해충돌

바니 말호트라 (컬러그림 참조)

프랑스의 미국인 미술치료사
30년간의 유럽 미술치료사 교육과 슈퍼비전 및 임상

엘리자베스 스톤

어렸을 적에 나는 프랑스 화실에서 그림을 그리며 시간을 보내는 삶을 꿈꿨다. 어린 시절의 이상적인 꿈이 잊힌 후, 나는 남동부 프랑스에서 사는 나를 발견하리라고는 전혀 예상치 못했다. 프로방스로의 우연한 휴가는 내가 미술치료 임상을 하고, 가르치고, 미술치료사와 실습생을 감독했던 뉴욕을 떠나게 했다. 나는 미술치료사로서 그리고 정신분석가로서의 내 전문성을 매우 소중히 여겼지만 어떻게 해야 새로운 환경에서 내 경력들을 이어갈 수 있을지, 심지어 그것이 가능한 일인지조차 알지 못했다. 결국, 나는 새로운 임상을 하기 시작했지만, 내 새로운 경력은 이탈리아, 스위스, 프랑스에서의 교육과 슈퍼비전으로 시작됐다.

미술치료가 막 발전하고 있는 나라에서의 교육

내가 초빙된 하계 프로그램은 한 이탈리아 기관과 내가 미국에서 강의했던 대학의 협력으로, 이탈리아 최초의 미술치료 훈련 프로그램을 개발할 정도로 충분한 관심을 불러일으켰다. 내가 임상 감독을 해야 하는 8명의 학생과 만났을 때, 나는 그들의 눈에 띌 정도로 불균등한 교육수준에 놀랐다. 한두 명은 밝고 창의적이며 의욕적이었지만 고등학교 수준 이상의 교육은 거의 받지 못한 상태였다. 윤리적으로, 입학시 최소 학사학위가 요구되는 미국의 미술치료 교육 프로그램으로 어떻게 그들을 훈련할 수 있을까? 설상가상으로, 미술치료 지원자들의 직업 사이에서도 교육적 수준이 판이했다. 1990년까지 초등학교와 중학교 교사들은 학사학위가 필요 없었고, 많은 유럽국가에서 미술대학이 수여한 학위는 대학의 학위와 동등하게 여겨지지 않았다.

나는 선수과목을 아예 포기해야 했을까? 내 문화와 다른 문화에서 일하는 것이 내 기준을 바꾸기에 충분히 타당했을까? 나는 미국에서 암묵적으로 동의한 전문성 규정을 위반하고 있었을까? 윤리적으로, 다른 문화의 학생들에게 교육의 내용과 질, 강의와 인턴십에 필요한 시간에 내 기준을 강요하는 것은 어떤 의미였을까? 비록 나는 다른 문화권에 있었지만, 나는 여전히 내 직업에 종사하고 있었다. 나는 종종 미술치료의 선구자들—내 멘토나 원로들—이 이 분야를 개척하고 있었을 때처럼 마치 내가 미국의 미술치료 초창기로 돌아간 것 같은 시간적 혼란에 사로잡혔다. 유럽국가에서 처음 수련받는 미술치료사와 학생들은 앞으로 다가올 단계를 알지 못했지만, 나는 미국에서 직업의 발전을 목격했기에 그 길을 예견할 수 있었다. 윤리적이고 임상적인 영향을 미칠 수 있는 많은 문제들에 대해 말하지 않기로 선택한 것은 나에게 솔직하지 않은 것일 수 있었다. 그러나 미국에서 있었던 일을 너무 많이 언급하는 것은 고유한 방식 속에서 자연적으로 성장하는 미술치료를 배척하는 자문화중심적 생각일 수 있었다.

이와 미세하게 얽힌 딜레마는 유럽국가에서 존재하지 않는 직업이었던 미술치료사를 양성하는 것이 윤리적인가 하는 것이었다. 법률상, 치료는 의학이나 심리학 학위를 가진 사람만이 수행할 수 있었기 때문에 미술치료는 합법적인 형태의 치료로 인식되지 않았다. 결국, 나는 상호 문화적인 이해의 척도를 통해 있는 그대로의 상황을 받아들일 수 있었다. 일단 이 직업이 설득력을 얻게 되면, 유예 제도를 통해 자격요건이 부족한 사람들이 직면한 문제를 해결할 수 있으리라 기대했다. 나는 종종 학생들에게 언제일지는 모르지만, 궁극적으로 정부가 인정하는 직업이 될 수 있도록 준비하기 위해 학업을 계속해야 한다고 제안했다.

모든 윤리적 문제가 문화의 차이에 기반을 둔 것은 아니었지만, 내가 살고 일하는 곳의 문화를 이해하기 위해 나는 그것을 이해해야 했다. 미국미술치료학회

(The American Art Therapy Association: AATA)의 『미술치료사를 위한 윤리강령』 (2013)은 "미술치료사는 자신의 가치와 신념에 대해 알고 있으며, 이러한 것들이 문화 간 치료 개입에 어떤 영향을 미칠 수 있는지에 대해 알고 있다"(7.3)와 같이 '다문화와 다양성에 대한 역량'(기준 7)을 달성하기 위한 지침을 제공한다. 또한,

> 미술치료사는 그들이 일하고 있는 특정한 문화집단과 그 문화집단에 내재한 강점에 대한 정보와 지식을 습득한다. 미술치료사는 문화집단 내에 존재하는 개인적 차이에 민감하고 개인이 집단 규범에 대응하는 다양한 방식을 이해한다.
>
> *미국미술치료학회, 2013, 기준 7.5*

동시에 나는 "미술치료사는 제3기관의 일원으로 행동할 때 직업에 대한 미술치료자격위원회(Art Therapy Credentials Board: ATCB)의 기준을 준수해야 한다"(1.5.2)라는 내용처럼, ATCB의 『윤리, 행동 및 징계절차 강령』(2018)에 요약된 직업적 책임과, 앞서 언급한 문화적 배려 사이의 균형을 맞춰야 했다.

윤리적 쟁점의 예

내담자 볼에… 두 번 키스하기?

프랑스에서 악수는 어느 임상현장에서나 적절한 인사로 여겨지지만, 내 암환자 집단의 구성원들은 회기에 들어오거나 나갈 때, 나와 서로의 양 볼에 키스를 했다. 비록 미국 기준은 환자의 볼에 키스하는 것을 경계 위반으로 간주하지만, 이것을 윤리적 측면뿐 아니라 문화적, 치료적, 혹은 가능성의 측면에서 바라볼 수 있을까?

치료적 경계를 유지하는 방법으로 신체적 접촉을 금지하는 수칙을 앎에도 불구하고, 프랑스 관습에 대한 나의 문화 간의 이해가 발달하면서, 적절한 반응이 무엇이냐에 대한 내 태도가 변화되고 있음을 알아차렸다. 프랑스에서 양 볼 키스는 상대방을 긍정적으로 느끼는 사람들의 친근한 인사법을 의미한다. 직장 동료들이 그렇듯이 청소년들도 고등학교에서 이런 방식의 인사를 나눈다. 내 치과의사는 아니지만, 주치의는 이런 식으로 나를 맞이한다. 또한, 나는 암환자들의 치료적 유대

감이 다른 환자들과 다소 다르다는 것을 발견했는데, 치료의 초점이 그들의 신체와 몸의 변화에 맞춰져 있었기 때문이다. 이들의 삶을 위협하는 신체적 질병이 치료적 상황의 일부가 될 때, '삶'과 질병의 관계는 다른 차원에 놓이게 된다. 두 번의 키스는 따뜻한 환영을 의미한다. 내가 비록 내 개인치료실에서 프랑스인을 포함한 어떤 내담자와도 키스를 주고받지는 않지만, 나는 이 관습에 의해 치료의 경계가 위협받을 거라고 우려한 적은 없다.

해외에서 치료비의 조절… 무엇이 적절한가?

내가 개인치료실을 차렸을 때 치료비 책정에 관한 딜레마가 생겼다. 왜 이것이 '윤리적' 딜레마일까? 프랑스는 미국보다 치료비가 상당히 낮았는데, 특히 경력이 많은 치료사는 더 그랬다. 나는 내 치료실이 잘 운영되기를 바라는 한편, 치료비도 그에 상응하기를 바랐다. 보험 배상은 내담자 대부분에게는 해당 사항이 없었다. 프랑스는 단지 의학적 방문만 보험 배상을 받을 수 있었다. 내 내담자 중 몇몇 외국인들은 미국의 치료비에 익숙했다. 반면 프랑스 내담자들에게 미국 수준의 치료비는 충격적인 것이었다. 프랑스에서 일하는 미국인들은 이미 프랑스 기준의 치료비에 익숙했기에 미국의 기준이 매우 불공평하다고 생각했을 것이다. 이런 상황에서 내 재정적 필요는 어떻게 작동하는가? (그리고 왜 이 질문이 마지막에 등장하는가?)

나는 프랑스에서 허용되는 수준과 유사한 치료비를 부과하고, 높은 치료비를 감당할 수 없는 학생이나 누군가에게는 차등 적용하기로 결정했다. 가끔 나는 어떤 사람들은 미국과 비슷한 높은 수준의 비용을 감당할 여유가 있다는 것을 알았지만, 수수료를 크게 인상할 수 있는 사람들을 '검토'하는 일은 마음을 불편하게 했다. 나는 나 자신과 타협하고 이 문제를 뒤로 미루어야만 역할에 충실할 수 있었다.

통역가를 통한 슈퍼비전의 제공

이탈리아에서의 슈퍼비전은 의사소통을 위해 통역가가 필요했다. 나는 20년 가까이 그녀와 함께 일했지만, 여전히 그녀를 통한 필터링은 오류의 가능성을 내포했다. 만약 소통에 오해가 있었다면, 보통 내 학생들은 혼란스러운 표정을 보였고 나는 불분명한 부분을 찾기 위해 되돌아갔다. 나는 통역가와 일할 때뿐 아니라 학생이나 내담자와 프랑스어로 일할 때도 다음 사항을 지적하며 작업을 시작했다.

만약 내가 말하는 것을 당신이 이해하지 못했거나 내가 당신의 말을 이해하지 못했다면, 우리는 반드시 서로를 멈추고 우리가 이해하지 못하는 것을 명확하게 해달라고 요청해야 합니다. 이 한 가지 규칙을 우리가 신중하게 지켜야만 우리는 함께 잘 일할 수 있습니다.

가장 어려운 순간은 민감한 상황에 어쩔 수 없이 대응하는 일이었는데, 특히 학생이 울거나, 더 나쁘게는 명백한 실수를 저질렀을 때 통역가를 통하는 것이 과연 공정하고 윤리적인지 의문스러웠다. '한 사람이 사라진' 의사소통은 본질적인 관계의 결핍으로 보일 수 있지만, 우리는 어떻게든 적응했다. 우리는 운 좋게도 불가피한 정서적 어조를 전달할 수 있는 숙련된 통역가가 있었기 때문에, 우리의 대화가 간접적이기보다는 더 직접적인 것 같은 착각을 경험했고, 점점 더 깊은 의미를 나눌 수 있었다.

문이 없는 실습지?

미술치료사가 거의 없고 서로 멀리 있는 다른 유럽국가에서는 현장 실습지를 찾기 어려웠다. 슈퍼바이저로서 나는 관리자들과 함께 물리적 공간과 같은 조건들을 미술치료의 특정한 필요에 맞추기 위해 노력했다. 실습 전에 학교, 학생, 실습지 계약을 체결했지만, 작은 문제가 발생했다. 나는 슈퍼비전 시간에 한 학생과 실습 공간이 어떻게 생겼는지 나누게 되었는데, 그곳에는 문이 없고 직원들이 언제든지 드나들 수 있다는 것을 알게 된 것이다. 임상실습을 고대하던 그 학생은 이런 문제는 실습이 시작된 후에 별문제 없이 해결될 수 있다고 생각했다.

미술치료 공간에 대한 우리의 이미지가 미술치료에 익숙하지 않은 관리자의 이미지와 반드시 같지는 않다. 우리는 이상에 못 미치는 공간에 대해 기대치를 조정하는 현실성을 가지면서도, 치료적 공간에 대해 양보할 수 없는 어떤 '필수적인 것'을 주장할 수 있다. AATA의 윤리강령(2013)에 적혀 있는 "안전하고 기능할 수 있는 환경"(기준 1.8)의 속성 중 하나는 "개인정보 보호와 비밀보장"(1.8.f)이다. 만약 우리가 학생들에게 실습공간을 설명해달라고 요청하지 않는다면 그 공간이 적절한지 가늠할 수 없다. 그런 이유로 내가 처음 들었던 미술치료 강의에서 베라 질 저에게 배운 것처럼, 나는 항상 학생들에게 그들의 공간과 동선을 지도로 자세히 그러달라고 요청한다. 개인정보 보호 없이는 비밀보장에 대한 의식이나 치료적 동맹도 성립될 수 없다. 나는 그 학생이 독립적인 공간을 확보하고 임상실습을 시작했을 때 비로소 마음을 내려놓을 수 있었다.

작업복을 착용하는 것… 윤리적 딜레마일까?

내가 슈퍼비전했던 한 학생은 작업복을 싫어하는 네 살배기 마틴과 함께 실습중이었다. 마틴은 그 학생에게 자신은 더러워지지 않는다고 말했다. 학생은 마틴이 작업복 없이 그림을 그리도록 허락했고 곧 마틴은 열중한 나머지 붓 대신 손가락과 헝겊을 사용했으며, 얼마 지나지 않아 물감으로 뒤덮였다.

우리가 선택권을 제공하는 치료 분위기를 만들기 위해 노력할 때, 절차에 대한 고집은 모순된 것처럼 보일 수 있다. 나는 안전한 환경을 조성하기 위해서 (나이와 상관없이) 미술치료에서 내담자의 옷이 더럽혀지는 것을 방지해야 한다는 것을 배웠다. 우리는 치료실에 들어가자마자 작업복이나 앞치마를 제공함으로써, 더러워질 염려 없이 창작할 수 있다는 상징적 '자유'를 암묵적으로 전달한다. 이 아이의 옷을 보호하지 않음으로써 우리는 어린 내담자를 부모의 비난이나 처벌에 노출시키고, '더러워지는' 재료를 더 이상 다루고 싶지 않다는 생각을 하게 할 수도 있다. 따라서 작업복을 입는 것은 치료적이고 윤리적인 문제이다.

직원이 무시한 환자에 대한 실습생의 우려

정신과 병동에서 실습하던 학생이 환자의 자살로 괴로움에 휩싸인 채 세 번째 슈퍼비전 회기에 왔다. 그 학생은 환자가 죽기 전 한두 주 동안 폐쇄적이고 무감각한 것을 관찰한 바 있었다. 학생은 직원회의에 그 환자의 작품을 가져가 그녀의 우려를 전달했지만, 직원들은 특별히 별다른 걸 찾지 못했다.

우리가 슈퍼비전 시간에 그 작품을 살펴보았을 때, 그녀의 동료학생들은 그 그림이 외적 폭발(explosions)처럼 느껴진다고 말했지만, 반대로 그 실습생은 환자가 그 작업을 하는 동안, 그녀에게는 오히려 내적 폭발(implosions)에 가깝게 느껴졌다고 설명했다. 그녀는 그 환자의 침묵과 작품에서 보이는 폭력 사이의 괴리를 감지한 것이다.

한편, 내게는 그의 죽음을 막지 못했다는 그녀의 죄의식과 슬픔을 다루는 일이 중요했다. 다른 한편으로는 관계적 과정의 동조에서 발생한 그녀의 역전이로 인해 그녀가 회기중 그와 충실히 함께할 수 있었고, 나중에 단순히 작품의 특징을 파악한 이들보다 그 작품의 의미를 더 깊게 이해할 수 있었음을 알려주는 것이 중요했다. 그의 그림과 정서의 대조는 그녀가 피할 수 없던 위험을 알려주고 경고했다.

여기서는 윤리적 딜레마가 임상적으로 다소 감춰진 것처럼 보이지만, 자살은 항상 윤리적 차원에 있다. 윤리적 딜레마는 두 가지 측면에서 나타났다. 첫 번째는, 많은 유럽의 프로그램과 마찬가지로, 슈퍼비전은 한 달에 한 번만 진행됐는데, 더 자주 슈퍼비전을 하기에는 재정이 부족했을 뿐만 아니라 많은 학생이 수업에 오기까지 먼 거리를 이동해야 했기 때문이다. 이 격차를 해소하기 위해, 나는 학생들에게 슈퍼비전 회기 사이에 필요하면 사용하도록 내 연락처를 주었다. 그러나 학생들이 실습지에서 제2의 의견을 찾기보다는 현장직원의 결론을 따르는 점은 이해할 수 있었다. 그녀가 나에게 전화했다면 나는 뭐라고 했을까? 나는 전화기 너머로 위험의 정도를 얼마나 정확하게 판단할 수 있을까? 그 당시에는 인터넷으로 실시간 이미지를 주고받는 기술은 존재하지 않았다. 이것이 슈퍼비전에서 직접 만나는 것이 그렇게 중요한 이유이다.

이 사례에서 파생된 두 번째 윤리적인 우려는 우리의 직업이 예술작품을 이해하는 방식에 관한 윤리적 원칙을 아직 설명하지 못했다는 것이다. 그럼에도 윤리적 이해방식을 확립하는 것은 우리의 일이 가능하도록 하는 실재적 중심과 연관되어 있다.

내 윤리적 딜레마

종교적 환자가 미술치료에서 금기시된 이미지를 만들었을 때, 나는 어떻게 반응해야 할까?

36세인 나디마는 최근 엄격한 이슬람 국가에서 유럽으로 건너온 이주민이었다. 그녀는 고국에서 고등교육을 받은 전문직 종사자였으며, 그녀와 그녀의 남편 모두 다소 서구화된 가정에서 성장했다. 그녀의 남편은 결혼 전에 여러 해 동안 해외에서 생활했다.

내 실습생과의 미술치료 첫 회기에, 그녀는 부끄러움 없이 잡지광고에서 나오는 섹

시한 여성을 따라 그렸다. 그런 묘사가 그녀의 종교에 위배되어 있었음에도 불구하고, 처음으로 그런 사람의 모습을 그린 것에 자부심을 느끼며 나디마는 남편에게 그림을 보여주고 싶어 했다. 그런 다음, 그녀는 남녀가 혼합된 신체 일부와 호랑이의 머리, 엉덩이, 성기처럼 생긴 공예품을 사용해 콜라주를 만들었다. 실습생은 그녀의 표현에서 자제력이 부족하고 그 결과가 분열과 분절의 집합체로 나타났다고 지적했다. 그녀가 집에서 여전히 금기를 실천한다는 것을 감안했을 때, 콜라주의 내용은 그녀의 문화권에서 이례적인 것이었다. 실습생이 처음 알았던 것보다 나디마는 더 취약해 보였다. 나디마는 문화와 성에 대한 서구적 관점에 쉽게 적응할 수 있다는 것을 증명하려 했던 것일까? 당신이 슈퍼바이저가 되었다고 상상해보라.

당신은 어떻게 반응하겠는가?

저자의 답변은 부록 B에서 확인할 수 있다.

내 윤리적 딜레마

미술치료실의 벽에 걸린 그림이 윤리적 딜레마가 될 때, 어떻게 하면 좋을까?

개인치료실을 준비했을 때, 나는 화가 친구인 마거릿 모티페가 그린 그림을 받아 기쁘게 벽에 걸었다. 암생존자로서 그녀는 푸른빛에 젖은 다소 추상적인 누드화를 그렸는데, 오른쪽 가슴을 그리는 방식을 둘러싼 그녀의 분투가 가슴에 있는 종양에 대한 감정을 받아들인 과정과 일치한다는 것을 깨달았다. 나는 그 그림의 상징적이고 미학적인 메시지 모두에 감사했다.

처음에는 나의 성인 임상은 주로 여성들로 이루어졌다. 시간이 흐르고 내 내담자들은 이슬람 국가들을 포함해 국적도 다양해졌고 남성들도 늘어났다. 누구도 이 그림에 대한 부정적 질문이나 의견을 내진 않았지만, 나는 그 그림을 계속 걸어두는 것이 적절한지 의심하기 시작했다.

당신은 어떻게 반응하겠는가?

저자의 답변은 부록 B에서 확인할 수 있다.

맺는 말

지난 30년을 되돌아봤을 때 크고 작은 많은 도전이 있었지만, 해외에서의 경험은 나의 삶과 일을 바라보고 재평가할 수 있는 넓은 렌즈를 제공해주었다. 학생, 내담자, 동료 등 여러 언어로 협력한 많은 사람들은 세계에 관한 내 감각을 변화시켰다. 나는 미국미술치료학회 회원과 미술치료자격위원회의 자격증 소지자로서 주어진 매우 실질적인 지침을 제외하고, 미리 만들어진 안내판 하나 없이 이 문화적 지형에 들어왔기에 이 세계가 더 가까워지는 것을 볼 수 있는 특권을 누렸다.

반영적 미술경험과 토론을 위한 질문

1. 미술치료 임상가, 교육가, 슈퍼바이저로서, 당신이 가진 윤리적 신념에 반하는 문화적 차이 때문에 미술치료의 임상적 접근이나 실천이 지배적 방식에 맞지 않는다고 느꼈던 때를 회상하라. 그 신념을 정직하게 표현할 수 있다고 느꼈던 정도와 그것이 당신에게 어떤 느낌을 주었는지 그려보자.

2. 당신이 내담자에 관련해 치료팀에게 중요한 임상적 기여를 했다고 느꼈지만, 직원이 귀담아듣지 않거나 동의하지 않고 논의를 끝낸 경우를 생각해보라. 당신 견해의 중요성을 전달할 수 없는 상황에서 느꼈던 감정을 그려보자. 이것이 당신의 인생에서 아무도 당신을 듣고 있지 않다고 느꼈던 다른 순간들을 불러일으키는가? 두 번째로, 당신의 역전이를 그려보라.

3. 미술치료사, 교육가, 슈퍼바이저로서 당신의 미술치료 기준이 현재의 문화와 현저하게 다르다는 것을 깨달았을 때 발생하는 윤리적 차이를 다루는 데 있어 자신에 대한 기대는 무엇인가?

4. 당신의 견해를 전적으로 무시한다고 느꼈던 직업적 경험의 사례를 설명하고, 미술치료사로서 당신의 지위와 관련해 위계적 구조에서 일하는 것의 윤리적 측면에 대해 논의하라.

참고문헌

American Art Therapy Association (2013). *Ethical principles for art therapists.* Alexandria, VA: Author.

Art Therapy Credentials Board (2018). *Code of ethics, conduct, and disciplinary procedures.* Greensboro, NC: Author.

19

팔기 위한 작품?
영리적 목적으로 내담자의 작품을 이용하는 것

리사 래이 갈록

나는 예상치 못한 윤리적 딜레마의 한가운데에 놓여 있다. 이 딜레마는 우리 대학
원의 졸업생이 학과의 미술치료 갤러리에서 도시가 후원하는 지역사회단체가 위험
에 처한 청소년, 중독 재활중인 성인, 그리고 장애 혹은 정신질환이 있는 성인을
대상으로 한 집단치료를 통해 모은 미술작업을 보여줄 수 있는지 물어보았을 때
시작되었다. 얼핏 들었을 때는 좋은 생각 같아 보였고, 이를 통해 우리가 지역사회
안에서 정신건강에 대한 낙인방지 인식을 함양할 수 있을 것이라 생각했다.

  나는 동네 카페에서 예술작품들을 보고 그중 갤러리에 전시할 20개의 작품을
고르기 위해 갔다. 그림들은 두서없이 벽을 덮고 있었다. 그중 몇몇 그림은 어린
아이들이 만든 것 같았고(나무와 울타리가 있는 투박한 집의 수채화), 주제 때문에 다
소 불편감을 주는 그림들도 있었으며(갱의 상징, 목을 졸리는 형상), 상식에서 벗어난
뒤틀린 이미지들과 진심이 담겨 있지만 세련되지는 않은 작업들(일차원적이거나 대
중문화에서 모방한 이미지들)이었다. 예술작품들은 미술치료사들의 감독하에 다양한
환경에서 만들어졌다. 동의서에 서명이 되어 있었기에 겉으로 보기에는 전시를 하
기에 충분했지만, 그렇다면 왜 나는 마음이 불편했을까? 처음 든 생각은 다음과
같다.

- 이 전시가 예술작품을 만든 이들에게 어떻게 도움이 되는가?
- 이 전시가 어떻게 정신질환의 낙인효과를 다루는가?
- 나는 이 작품들을 우리 갤러리에 전시하고 싶지 않다.

대학원 미술치료과정에 속해 있는 공공 미술치료 갤러리의 큐레이터로서, (내가 매우 강하게 느끼는) 나의 임무는 미술치료사의 예술가적 정체성을 보여줄 수 있을 뿐만 아니라 참신하고, 유익하고, 고무되는 전문적인 공간을 만드는 것이다. 한 해에 두 건의 학생 전시회가 진행되며(미술치료 신입생 전시회와 졸업 예정자 전시회), 주제가 있고 심사를 거치거나 특별초청전시도 해마다 있다. 이 모든 것들은 미술치료와 연관성이 있어야만 한다.

내담자의 작품을 전시하는 것에 대해 생각하면 다음과 같은 많은 의문이 생긴다.

- 작품들이 어디에서 오는가?
- 작품에 대한 동의서가 수립된 상태인가?
- 동의서가 포괄적인 내용을 다루고 있으며 동의자가 충분히 이해했는가?
- 작품이 어떤 형태를 띠고 있는가?
- 어떤 맥락에서 만들어졌는가?
- 작품을 전시하는 목적이 무엇인가?
- 작품이 제작자에게 어떤 영향을 주는가?
- 작품을 전시함으로써 누구에게 득이 되는가?
- 무엇을 혹은 누구를 홍보하는가?
- 작품이 판매를 위함인가, 만약 그렇다면 누가 수익을 갖고 어떻게 분배될 것인가?

카페의 벽에 나란히 걸려 있는 작품들을 보며, 나는 그것이 누군가(미술치료사, 예술가, 상담가 혹은 선한 의도를 가진 봉사자)가 내담자에게 '무언가'를 만들라고 독려해서 만들어진 것들이 아닐지 염려했다. 내담자들은 미술작업에 대한 지시나 미술작업에 관심이 없었을 수도 있지만, 집단에 있는 다른 모든 이들이 하고 있었기 때문에 압박을 받았거나, 강압감을 느꼈거나, 약물이 과투여된 상태로 지시에 따랐을지도 모른다. 무에서 유를 만드는 창의적인 과정은 여러 이유로 중요한데, 여기에는 매체와 역동적으로 몰입하고, 억눌린 감정을 분출하며, 자신 및 타인과 소통하고, 불안을 잠재우며, 기분을 전환시키고, 자존감을 높이며 의미 있는 것을 만드는 점 등이 포함된다. 이는 창의적 과정으로서 충분하며 그 과정의 결과를 전시하는 것은 불필요할지도 모른다. 칼 융(1954/1966; 1933)은 환자들에게 예술적으로 자신을 표현하도록 격려했고 자발적인 예술작품이 치유의 핵심이라고 믿었지만, 환자들이 스스로를 예술가라고 생각하게 하는 것은 그들에게 해가 될 수 있음을 암시했다. 그는 미술작업이 '예술'로서 전시되기에는 너무 중요하다고 생각한 듯했다. 비록 나는 모든 사람이 예술작업을 하는 것과 그에 관한 전시, 그리고 미술치료를 홍보하는 것을 지지하지만, 이 내담자의 예술작품들을 전시하는 것이 과연 윤리적인지에 대해 고민하는 내 자신을 발견했다. 당신은 어떻게 생각하는가? 어떻게 결정할 것인가?

취약한 내담자를 보호하고 우리의 행동에 도움이 될 수 있도록 내면에 귀를 기울일 때 무엇이 옳고 그른지에 대해 적절히 대응하는 것은 중요하다. 내담자 혹은 그의 예술작품과 관련해서 무언가 잘못되었다고 느껴질 때, 나는 그것을 몸으로 느낀다. 그 느낌은 스트레스 반응과 유사하다: 빠른 심장 박동, 발한, 피부의 따가운 느낌, 빠른 호흡, 높아진 각성 상태, 그리고 무언가 잘못 되었다는 느낌 등이다. 그리고 이는 실제로 카페에서 내담자의 예술작품들을 보았을 때 가졌던 느낌들이었다. 스트레스 반응은 우리를 안전하게 지키고 위험한 상황에서 대처할 수 있도록 설계되었다. 내가 윤리적 딜레마의 한가운데에서 이러한 감각들을 경험할 때, 실제적이고 즉각적인 위협이 없기에 다소 혼란스러울 수 있지만 이 반응을 유발하는 것이 무엇인지 탐색하며 가장 윤리적인 행동을 하는 것이 나의 의무이다. 내가 무엇을 할지 결정하기 전까지 나는 종종 불편감을 경험한다. 그렇지만 때로는 이러한 불편감이 결정이 끝난 뒤에도 지속된다는 것과, 때로는 윤리적 딜레마들이 해결되지 않는다는 점은 나를 혼란스럽게 한다.

내 윤리적 딜레마

셜리 메이슨의 예술작품: 전시해야 할까 혹은 하지 말아야 할까?

수년 전 셜리 메이슨의 예술작품을 전시할 기회가 있었을 때 우리는 그 기회를 놓치지 않았다. 다중인격장애로 진단받은 예술가이자 미술교사인 메이슨은 슈라이버와 윌버 (후자는 셜리의 치료사였다)가 쓴 『사이빌』(Sybil)(1973)이라는 저명한 책의 주인공이었다. 극도의 학대로 인해 메이슨이 16개의 다른 '자아'들을 갖게 되었다고 추측하는 이 책은 이후 두 편의 TV영화로 제작이 되었다. 전시에 제안되었던 예술작품은 메이슨의 죽음 이후에 발견되었으며 그 작품이 치료에서 만들어졌는지에 대해서는 알 방도가 없었다. 작품을 전시하기로 동의한 후, 나는 『사이빌』이라는 책이 허구라는 것을 주장하는 네이선의 저서 『드러난 사이빌: 유명한 다중인격사례 뒤에 숨겨진 특별한 이야기』 (2011)를 읽었다. 그 이야기의 책임은 셜리 메이슨이 아니라 그녀의 치료사에게 있었지만, 그 예술작품을 우리의 갤러리에서 전시하는 것은 문득 많은 의문을 갖게 했다.

- 이 예술작품이 미술치료와 관련이 있는가?
- 이 작품이 트라우마와 관련이 있는 것처럼 보일 수 있는가?
- 이 전시가 홍보하는 것은 무엇인가?

셜리 메이슨은 1998년에, 그녀의 치료사는 1992년에 각각 사망했으며 네이선의 책은 2011년에 출판되었다. 진실은 무엇일까? 이 시점에서 알 수나 있을까? 나는 우리가 셜리 메이슨의 작품 전시를 강행해야 할지에 대해 고민했다.

당신은 어떻게 반응하겠는가?

저자의 답변은 부록 B에서 확인할 수 있다.

내 윤리적 딜레마

지역사회 기반 예술가들의 작업실과 미술치료: 둘은 적절한 조합인가?

우리의 미술치료 인턴 중 몇몇은 발달 및 인지장애를 가진 성인이 미술작업에 집중할 수 있는 주간 프로그램으로 고안된 예술가들의 작업실에서 활동했다. 이 단체는 웹사이트를 운영하며 내담자의 작품을 팔기 위한 전시를 열었다. 많은 참가자들은 예술가였고, 다른 이들은 예술에 관심이 있거나 관련이 있는 사람들이었다. 작업실에서 이루어지는 작업은 예술가들로 하여금 더 사회적이고, 자신을 더 효과적으로 표현하며, 의미 있는 일에 참여하도록 도왔다.

- 미술치료사들이 이러한 환경에서 일해야 하는가?
- 디자인, 모양, 색 그리고 기술에 대한 의견을 내거나 방향성을 제시하는 것은 미술치료의 목적에 반하는가?
- 그 목적이 예술작품의 판매일 때는 어떠한가?

지역사회 기반 단체 내에서의 오픈 스튜디오 형식은 사람들이 예술을 창조할 수 있는 또 다른 장소이며, 그들의 작품을 전시하고 팔 수 있는 기회를 제공할 수도 있다. 이러한 오픈 스튜디오들 중 한 곳에서 미술치료사와 일하는 한 노숙자가 작품을 만들었는데, 이 작품이 나중에 전시되었다. 그의 작품이 팔렸고 그는 돈이 필요했기에, 그에게는 매우 신나는 일이었다. 그는 더 많은 작품들을 만들었지만 팔리지 않았다. 예술작품을 판다는 것은 쉽지 않으며 보통 생계를 꾸려나갈 만큼의 돈을 작품을 통해 번다는 것은 어려운 일이다. 그렇다면 이는 헛된 희망을 주며 내담자의 예술작품을 전시하고 판매하기 위해 비현실적인 기대를 갖게 하는 것일까? 망상이 있거나 현실감각이 떨어지는 내담자가 과연 자신의 작품이 팔리거나 혹은 팔리지 않았을 때, 현실을 잘 이해할 수 있을 것이며, 이런 상황을 감정적으로 잘 대응할 수 있을까?

당신은 어떻게 반응하겠는가?

저자의 답변은 부록 B에서 확인할 수 있다.

내 윤리적 딜레마

슈퍼비전에서 만들어진 작품들을 전시하는 것: 과연 좋은 생각일까?

수년 전, 우리는 기관 내 슈퍼바이저들과 인턴들이 참여하는 예술 프로젝트를 개최했다. 각 참여자들은 실크 만다라를 받았고 혼자 혹은 다른 이들과 함께 그들이 원하는 방식으로 표현할 수 있었다. 시기적으로 이 작업은 슈퍼비전 경험을 다루는 최종 예술 프로젝트가 되었다. 참여한 모든 이들은 전시동의서에 서명했고 이들은 자신들의 만다라를 영구적으로 설치하거나 첫 전시 이후 철수할지를 선택할 수 있었다. 대부분의 인턴과 슈퍼바이저가 기꺼이 참여하는 가운데, 한 슈퍼바이저는 미술치료사들과 인턴들이 전시를 위한 작품을 만든다는 것에 경악을 금치 못했다. 우리 스스로 작품을 만드는 것이 미술치료사로서 우리의 직업적인 책임일까? 작품을 전시하는 것이 우리가 하는 일을 대중에게 알리는 데 도움이 되기에 우리의 작품을 전시하는 것 또한 우리의 사명일까?

당신은 어떻게 반응하겠는가?

저자의 답변은 부록 B에서 확인할 수 있다.

동의서는 단순히 서명된 종이 한 장보다 더 큰 의미가 있다

우리 직업의 윤리강령은 내담자의 예술작품의 전시 및 사용에 대해 다루며, 내담자의 예술작품을 전시, 사진, 복제, 복사 혹은 기타 방법들로 사용하고 창작자의 비밀보장을 위해 서명된 동의서를 얻는 것에 대한 중요성을 명시하고 있다. 그러나 동시에 내담자와 그들의 예술작품을 윤리적으로 대하기 위해 노력할 때 그 이상으로 고려해야 할 것이 많다. 이 장 전반에 걸쳐 제시되었듯이, 일반적으로 답변보다 질문이 훨씬 더 많으며, 답변들은 또한 내담자 개인, 상황 및 목적에 따라 달라진다.

나는 젠더기반폭력 생존자들과 트라우마 작업을 하는 단체에 속해 있다. 이 단체의 창립자는 미술치료에 깊은 관심을 보이는 심리학자이며 우리의 분야를 매우 존중해준다. 이 단체에서 사용하는 치료방법 중 하나는 스토리 천(story cloths*)을 제작하는 것이다. 스토리 천은 본래 아우구스토 피노체트의 독재정부 기간 중 사람들의 억압, 고문 및 실종에 관한 이야기들을 담고 있는 칠레의 삼베('arpilleras'**)에서 영감을 받은 것이다. 스토리 천을 만들고 지역사회에 대한 이야기를 나누는 것은 치유적이고 참가자들의 역량을 강화시킨다. 참가자들은 그들이 원한다면 자신들의 삼베를 전시할 수도 있다. 이 프로그램이 가져오는 한 가지 결과는 참가자가 그

---

* 역주: 몽족의 역사, 문화, 사건 혹은 내러티브를 전통적인 방식으로 평평한 직물의 표면에 묘사하는 바늘공예를 일컬음.
** 역주: '삼베'라는 스페인어로서 아우구스토 피노체트의 군사독재 시절(1973~90) 동안 칠레 여성들이 만든 화려하고 밝은 색상의 직물공예작품들을 일컬음. 일반적으로 군사독재로 인한 빈곤한 생활과 정부탄압의 시위 장면 등 정치적인 주제들이 담겨 있음.

들 자신 및 타인들을 대변하고 싶어짐에 따라 전시를 통해 그들의 이야기를 공개할 수 있다는 것이다. 역사적으로 삼베는 누군가를 대변하기 위해 쓰였으며, 오늘날 이는 트라우마를 뒤로하고 삶에서 앞으로 전진할 수 있는 한 걸음이 될 수 있다.

Alter-Muri(1994)는 조현병을 진단받은 내담자가 미술작업과 작품 전시를 통해 나아질 수 있도록 돕기 위해 쏟은 수년간의 시간, 헌신 그리고 인내라는 복잡한 치료과정의 좋은 예를 보여준다. Alter-Muri는 예술작품을 전시하는 것이 모든 내담자를 위한 것이 아님을 경고하며, 전시가 중요하고 치료계획의 일부가 되어야만 하는 때를 명확히했다. 내담자에게 최고의 이익을 제공하는 것이 최우선이 되어야만 한다. 예술작품이 전시되기 전, 도중, 그리고 전시 후 내담자가 정서적으로 어떤 것들을 느끼는지에 대해 깊은 토론을 하는 것과 마찬가지로, 공유된 의사결정과 권력의 차이를 이해하는 것은 전시에 사용하기 위해 내담자의 미술작업을 고르는 데에 중요하다(Leenstra, Goldstraw, & Rumbold, 2014).

결론

이 장의 시작부분에서 설명한 딜레마를 재고하며, 나는 숙고 끝에 카페 벽에 걸려 있는 미술작품에 대한 설명과 중독, 정신질환 또는 삶의 역경에 관한 작가의 고난이 담긴 작품들을 우리 갤러리의 전시를 위해 선택하기로 결정했다. 이 작품들은 창작자들이 그 과정에 참여한 듯 보였고, 예술이 어떻게 그들의 삶과 관련되는지 생각하며, 그들이 하고 싶은 말이 있다는 것을 보여주었다.

작품들을 걸었을 때, 내가 처음 느낀 불편감이 가라앉지는 않았다. 한 동료는 다가와 이 작품들이 충격적이라고 말했다. 내가 고민하던 윤리적 딜레마에 대한 반응으로 완성한 페인트, 잉크, 재활용된 예술작품들 및 테이프를 사용해 만든 작품처럼([그림 19.1] 참고), 어떤 작품들은 불안하게 느껴지는 것이 당연하다. 이 작품은 양극단 사이—흰색과 검은색 사이, 와해되고 화합되는 것의 사이—의 긴장을 반영하며, 어떤 행동을 할지 결정하기 위해 고뇌하는 동안 발생하는 상충되는 감정과 생각을 나타낸다.

「만약 내담자의 예술작품이 불안하다면 내담자들이 그것을 자각할 수 있을까? 작품들이 뜻하는 바가 있는 것일까 혹은 혼란스러운 정신을 무의식적으로 드러내

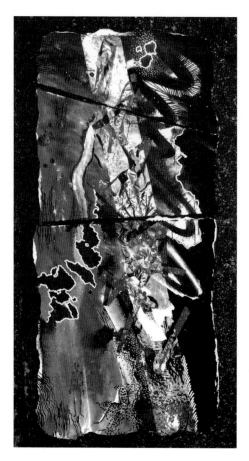

그림 19.1 불안을 조성하기 위한 예술

는 것일까?」 미술치료에서 만들어진 작품을 전시하는 것이 정신질환의 낙인을 감소시킬 수 있는지 혹은 작품에서 전달되는 혼란스러움이 오히려 도움이 필요한 사람들에 대한 고정관념을 더욱 공고히하는 반대의 효과를 가져올지에 대해서 풀리지 않는 문제들이 있다. 진정한 변화를 이루기 위해서는 예술작품에 대한 내담자 및 대중 모두의 이해를 증진하기 위해 더 많은 일들이 종합적으로 차차 이루어져야 한다. 나의 윤리적 의무는 정신질환 및 기타 장애들을 가진 사람들에 대한 낙인, 오해, 그리고 무의식적인 편견의 영향을 이해하는 데 있어 대중을 교육하고 지원하는 최선을 방법을 논의하기 위해 이 연간 프로젝트에 관련된 기관들에 연락을 취하는 것일지도 모른다.

그다음 주에 내담자의 작품 앞을 지나갔을 때, 나는 이 작품이 전시의 전반적인 분위기와 잘 맞는다고 생각했다. 작품은 제작 의도와 출처를 설명하는 눈에 띄는 표기와 함께 보기 좋고 균형 잡힌 형태로 걸려 있었다. 이 전시는 수련중인 미술치료사들과 그들의 인턴십 기관 및 미래의 직장에서 함께 일할 사람들의 작품 간의 흥미로운 평행선을 제공했다. 정신질환을 가진 사람들은 사회에 '어울리는' 데 어려움을 겪는다. 적어도 이 전시에서 그들의 작품들은 어우러진다. 이러한 생각은 나의 불편함을 덜어주기 위한 합리화인가? 나는 그들을 내려다보고 있는 것인가? 향후 이런 딜레마가 생긴다면 나는 무엇을 해야 할까? 때때로 우리가 할 수 있는 최선은 우리 스스로에게 옳은 질문들을 하는 것이다.

반영적 미술경험과 토론을 위한 질문

1. 작품이 상징적이고 매우 사적인 내용을 담고 있으며, 내담자에게 해를 끼치거나 감상자를 자극할 잠재력이 있음에도 불구하고 자신의 예술작품을 전시하고자 했던 내담자가 있었는가? 이에 대해 어떻게 반응했는가(혹은 어떻게 반응할 것인가)?

2. 내담자의 예술작품과 관련해서 당신이 마주했던 윤리적 딜레마에 대해 생각해보라. 당신을 불편하게 만든 것은 무엇이며, 당신의 신체 어느 부분에서 어떤 감정들을 경험했는지 살펴보자. 심상이 떠오른다면 그려보라. 만약 아무것도 떠오르지 않는다면 당신의 신체 감각과 관련된 추상적 심상을 만들어보라.

3. 당신(혹은 당신의 인턴)이 특수교육을 받는 아동들과 학교에서 수련을 한다고 가정하자. 아동들이 만든 예술작품을 학교 측에서 방문객과 후원자들에게 전시하고, 팔며, 주는 상황이다. 그런데 당신은 이 작품들을 학생들이 아닌 활동보조가 만든 것을 알게 되었다. 당신은 어떻게 반응할 것인가?

4. 당신이 경험했던 윤리적 딜레마를 회상하고 간단한 난화를 그려보라. 그 딜레마를 회상할 때 신체에서 느껴지는 모든 감각을 기억해두자. 모든 방향에서 난화를 살펴보라. 어떤 이미지가 보인다면 색과 선을 사용해서 명확히하고 그것이 당신의 딜레마와 관련해서 무엇을 전달하려 하는지 생각해보라.

참고문헌

Alter-Muri, S. (1994). Psychopathology of expression and the therapeutic value of exhibiting chronic clients' art: A case study. *Art Therapy, Journal of the American Art Therapy Association, 11*(3), 219-224.

Jung, C. G. (1933). *Modern man in search of a soul* (W. S. Dell, & C. F. Baynes, Trans.). New York: Harcourt, Brace.

Jung, C. G. (1966). *The practice of psychotherapy: Essays on the psychology of the transference and other subjects* (2nd ed.). (R. F. C. Hull, Trans.). Princeton, NJ: Princeton University Press. (Original work published 1954.)

Leenstra, S., Goldstraw, S., & Rumbold, B. (2014). Thinking about the arts as evidence. *Journal of Applied Arts & Health. 5*(2), 227-234.

Nathan, D. (2011). *Sybil exposed: The extraordinary story behind the famous multiple personality case.* New York: Free Press.

Schreiber, F., & Wilbur, C. (1973). *Sybil.* Washington, DC: Henry Regnery.

20

칠레에서의 미술치료
새롭게 부상하는 전문직의 윤리적 과제와 딜레마

파멜라 레예스 H.

지난 18년간 나는 주로 학계와 지역사회에서 일했는데, 미술을 통한 연구와 심리치료를 하는 미술치료사들을 양성하고 감독하는 일이었다. 그전에는 다양한 현장에서 미술치료를 진행했었다. 내가 설명하는 윤리적 딜레마를 제대로 이해하려면 그 경험이 일어난 특정 상황에 대한 배경지식이 필요하다. 왜냐하면, 다른 전문분야와 마찬가지로 미술치료는 분야적 사명, 요건 및 한계 측면에서, 그것이 적용된 환경에 의해 영향을 받기 때문이다.

칠레의 미술치료: 맥락적 과제

칠레에서의 미술치료 수행은 상당한 유연성, 창의성 및 주위환경에 대한 감수성이 필요하다. 첫째로, 미술치료는 칠레에서 인정받는 직업이 아니다. 칠레에 미술치료 대학원 과정이 있긴 하지만 미술치료를 심리치료의 한 형태로 간주하며, 심리치료는 정신의학과 심리학 전문가들에게 맞춰져 있다. 심리치료 교육 프로그램의 인증은 국립 임상심리학 인증위원회(Comisión Nacional de Acreditación de Psicología Clínica)가 규제한다.

20. 칠레에서의 미술치료 249

둘째, 칠레의 첫 대학원 교육은 2002년으로 거슬러 올라가는데, 3개의 대학원 교육과정 사이에는 중요한 차이가 있다. 예를 들어, 교육중에 요구되는 전문분야 현장실습 시간과 관련해, 한 석사과정은 160시간을, 다른 석사과정은 650시간을, 또 다른 석사후과정은 60시간을 요구한다. 이러한 차이는 칠레에서 양성한 전문가의 전문성 발달과 직업윤리 형성에 영향을 미친다. 게다가, 현장실습은 미술치료가 이루어지는 특수한 맥락의 우선순위와 필요성에 대한 인식의 성찰을 개발하는 중요한 배움의 장이기도 하다.

칠레미술치료협회(The Asociación Chilena de Arteterapia)에는 23명의 회원이 있고 약 12%의 미술치료사가 칠레나 해외(주로 스페인과 미국)에서 미술치료 프로그램을 수련했다. 초기부터 협회는 심리치료의 한 형태로서 미술치료의 비전을 강조하면서, 미국과 스페인 미술치료협회의 윤리강령을 바탕으로 직업윤리강령을 제정했다. 칠레미술치료협회는 칠레에서 미술치료사에 대한 윤리적 슈퍼비전을 행사할 법적 권한이 없으며, 칠레 심리학 대학(The College of Psychologists of Chile)과 같은 다른 전문협회가 그 권한을 공유하고 있다(Pasmanik & Winkler, 2009).

이런 사정으로, 미술치료사는 전문적 임상뿐 아니라 학문적 교육과정에서도 적응과정을 거쳐야 했고, 불확실하고 모호하고 불안정하며 까다로운 직업조건으로부터 파생된 윤리적 과제에 직면해야 했다. 이러한 애매모호한 상태에도 불구하고, 국가는 건강, 교육, 사회 분야에서 다양한 업무를 담당할 통합적이고 다학제적 접근방식을 가진 전문가가 필요하다. 이렇게 칠레 미술치료사들은 점진적으로 자리를 잡아가고 있으며, 이곳에서 미술치료사들의 특수한 전문적 실행이 구축되고 있다.

정신건강 시설의 미술치료

내 윤리적 딜레마

개인정보에 대한 환자의 권리와 전시에 대한 기관의 바람을 어떻게 저울질할 것인가?

미술치료 분야에서 내 초기 활동은 심리사회적 재활뿐 아니라 외래환자 병동에서 심각한 정신질환(조현병 및 다른 정신질환)을 앓고 있는 사람들과 함께하는 일이었다. 나는 첫 직장에서, 환자들이 다양한 미술치료 워크숍에서 만든 창작물로 미술전시회를 기획하라는 기관의 압력에 부딪혔다. 그들은 미술치료과정이 수행되는 다양한 틀을 구분하지 않은 채, 때로는 고집스럽게 내게 환자들의 작품을 그들의 친인척이나 기관, 시설 내외부의 사회 행사에서 보여줄 것을 요청했다. 일반적으로 이러한 요청은 미술치료의 과정이 무엇을 수반하는지에 대한 지식의 부족과 미술치료와 미술교육을 구별하는 데 어려움을 겪는 데서 비롯되었다. 한편, 전시회는 시각적인 작업이 환자들이 세상을 보는 시각과 세상을 연결하는 다리 역할을 한다는 점에서 정신질환으로 고통받는 사람들의 사회적 소속감과 명예를 증진하는 수단이 될 수 있었다. 반대로, 환자들의 작품은 동시에 심리치료적 관계와 틀의 맥락에서 생생하고 중요한 경험의 기록이었기 때문에, 나는 미술치료의 관계와 과정에서 개인정보 보호 침해와 신뢰상실 및 보안위반에 직면했다.

당신은 어떻게 대응하겠는가?

저자의 답변은 부록 B에서 확인할 수 있다.

맹목적 신념 대 협업

미술치료는 이 나라에서 새로운 분야이기 때문에, 때로는 언어 심리치료 방식으로 효과를 얻지 못한 환자들에게 대안으로 여겨지기도 한다. 새로운 치료대안으로서 미술치료는 '맹목적 신념*'으로 알려진 건강분야의 윤리적 딜레마가 자라기 좋은 비옥한 토양이다.

스무 살의 젊은 여성이 어머니의 의뢰로 내 개인치료실을 찾았다. 그녀는 대학을 그만두고 거의 외출하지 않고 집에만 있었다. 그녀는 유아기에 정신질환 이력이 있었고 13살 때는 거식증과 우울증 진단을 받았다. 그녀는 자해를 했다. 그녀는 아버지의 부재에 얽힌 복잡한 집안 내력을 가지고 있었고, 그래서 어머니와 단둘이 살았다. 유일하게도 그녀에게 어느 정도의 영향을 미친 것은 예술이었다. 그녀는 조울증 진단을 받았지만, 수많은 권유에도 정신의학적 지원을 거부했다.

---

* 역주: furor curandis, 치료사가 어떤 상황에서든 정신건강 문제를 치료할 수 있다는 잘못된 믿음

10개월에 걸쳐 매주 2회기의 미술치료를 받는 동안, 그녀는 점차 회복됐고 그녀의 일상활동 수준은 경과를 보여주는 중요한 지표였다. 그녀는 심지어 대학으로 돌아갈 생각도 했다. 그녀의 미술작품도 특히 자율성과 창조성에 있어서 진척이 보였다. 치료 1년 후, 그녀의 어머니는 전에 그녀가 미술치료를 받는 동안에는 보이지 않았던 식이 제한 증상이 나타났다고 보고했다. 그녀는 살이 빠지기 시작했고, 거식증적 행동이 의심되었는데, 이는 그녀의 배경을 감안했을 때 그녀를 고위험 환자로 만들었다. 지금까지 나는 홀로 그녀에게 미술치료 중재를 했고 가끔은 그녀의 어머니를 포함해 가족 회기를 진행했다. 우리는 복잡한 상황을 파악하고 적절한 치료적 동맹을 맺었는데, 그때까지만 해도 성공적인 미술치료가 진행되는 듯 보였다. 환자의 상황과 건강상의 위험을 평가한 결과, 슈퍼바이저와 나는 이제는 치료팀을 구성할 필요가 있다고 판단했고, 정신의학적 평가는 치료과정을 안전하게 지원하기 위해 필수적이었다. 이 젊은 여성에게 미술치료는 도움이 됐지만, 그녀가 건강을 유지하고 완전히 회복할 정도로 충분하지는 않았다. 나는 계속 혼자 그녀를 지원할 수 없었으며, 다른 전문가들의 자원을 활용할 필요가 있었다. 불행히도 그녀와 그녀의 어머니 모두 내 제안을 받아들이지 않았다. 윤리적으로, 나는 이런 조건에서 그녀를 계속 치료할 수 있을까? 나의 한계는 어디였을까?

슈퍼바이저의 조언에 따라, 나는 내 환자에게 그녀를 돕기 위한 다학제적 팀의 일원으로서만 함께 일을 계속할 수 있다고 설명했으나, 그녀의 거절로 우리의 치료는 종결되었다. 나는 우리의 직업적 한계와 미술치료의 필요조건들을 인식하는 것이 기본적이고 연속적인 일이라고 생각한다. 특히 문제가 복잡한 환자들에게 있어 미술치료과정을 발전시킬 수 있는 안전한 기반은 필수적이다. 이러한 특정 사례 속에서, 임상 슈퍼바이저의 모습은 안정적 치료 시스템의 초석으로, 그리고 윤리적 행동의 보호자로 나타난다.

교도소 미술치료

아마도 내가 겪은 가장 극단적인 윤리적 딜레마 중 하나는 우리나라의 교도소에서 미술치료 실습생의 슈퍼비전을 했던 경험이었다. 칠레의 교도소는 국가인권보고서가 지적했듯이 과잉수용과 처우문제로 매우 열악한 실정이다. 이런 맥락 속에서,

우리 학생들은 2살 미만의 자녀와 함께 수감된 여성들이 있는 교도소에서 실습을 시작했다. 두 살이 되자마자 아이들은 엄마와 분리됐고, 여성 수감자들은 일반 교도소로 이송돼 나머지 형기를 복역했다. 아이들은 본래의 가정으로 돌려보내졌는데, 만약 가족이 없다면 미성년자를 돌보는 기관에 인도됐다. 이렇게, 미술치료 전공생들은 자유가 박탈된 아이와 엄마의 관계성과 회복력을 증진하는 목적의 대형 사회적 프로젝트에 투입됐다.

비록 미술치료 활동이 '미술 자체를 통한 치료'라는 틀에서 이 여성들의 정신건강을 위해 개인과 집단을 지원하는 것을 의미했지만, 매주 우리는 그곳의 위태로운 조건들에 의해 영향을 받았다. 첫 번째 어려움은 회기중에 만든 작품을 보관할 안전한 장소를 찾는 일에서 비롯됐다. 우리에게는 회기중에 필요한 권한과 미술재료 및 작품을 보관할 장소가 있었지만, 매주 손상되거나 부서진 작품들을 발견했다. 이것은 우리 학생들에게 강한 절망감을 불러일으켰지만, 결국 우리가 이겨내야 할 문제였다. 종종 마지막 순간에, 미술치료 참여자들의 업무가 변경되면서, 그들의 집단 참가가 어려울 때도 있었다. 비록 교도소의 집단 워크숍은 공유 공간(식당이나 마당)에서 진행됐지만, 우리는 엄마가 아이와 개별적으로나 공동으로, 혹은 단체로 참여할 수 있는 열린 워크숍을 제공했다. 워크숍 동안, 여성들은 일상적인 문제나 아이들 걱정을 나누거나, 새로운 미술 기법을 배웠는데, 이 활동이 그들 중 몇 명에게는 큰 의미로 다가왔다. 비록 우리는 미술 기법을 배우는 것이 미술치료의 특별한 목적이 아니라는 것은 알고 있었지만, 물심양면으로 사회문화적 유기와 태만으로 점철된 그녀들의 인생사에서 그 일은 소중한 경험으로 여겨졌다. 교도관들의 경계는 계속됐지만, 가끔 그들이 멀리 떨어져 있는 것처럼 보일 때, 그녀들은 더 자유롭게 관계를 맺으며 때로는 교도소의 열악한 환경에 관해 이야기했다.

4개월간의 미술치료 워크숍이 막바지에 이르렀을 무렵, 그녀들은 공동 침실에 집단의 성장을 반영한 단체 벽화를 그리자고 제안했다. 추가 활동 허가를 요청하고 벽화의 디자인과 도장을 시작했다. 그 이미지는 그녀들과 그녀들의 역사를 언급했다. 벽화 제작은 대략 1주일이 걸렸다. 그녀들이 성과를 축하하는 사이, 교도관 한 명이 사전예고도 없이 집단으로 들어와 막 두 살이 되는 남자아이를 엄마에게서 떼어냈다. 엄마는 즉시 다른 교도소에 있는 일반 수감자 부대로 이송되었으며, 아이는 돌봐줄 가족에게 맡겨졌다. 이는 헤아리기 힘들 정도의 집단적 고통, 슬픔, 불확실성을 발생시켰다. 이튿날, 무기와 휴대전화, 마약 등을 찾는 교도관들의 격렬한 수색작업이 벌어졌다. 단체 벽화 활동은 이러한 파괴적인 맥락으로 끝이 났다.

우리가 상상했던 사회적, 치료적 지원과 이것이 뿌리내리려 했던 장소의 폭력 사이에 너무나 큰 부조화가 있었기 때문에, 이 경험은 학생들과 슈퍼바이저였던 나에게 우리가 하고 있었던 일에 대한 의미를 의심하게 만들었다. 가장 큰 윤리적 딜레마는 우리의 개입이 개인적인 성장의 지지가 아닌, 오히려 그와 반대인 장소에서 그녀들을 민감하게 만들고 눈을 뜨게 했다는 것이다. 우리는 심지어 우리의 개입이 긍정적인 갱생활동은 보여주고 싶지만, 그것의 조건은 바꿀 수 없는(혹은 바꾸지 않는) 시스템에 의해 조종될 수 있는지 자문했다. 이 분야에 개입할 때, 교도소 환경의 특수한 사회, 문화, 심리적 복잡성을 인식하는 일의 중요성은 아무리 강조해도 지나치지 않다.

자연재해에 대응하는 미술치료

2010년 2월 27일, 칠레는 지난 30년 만에 가장 강력한 지진과 쓰나미를 겪었다. 미술치료사인 나는 먼저 보건복지부의 자원봉사자로 일하면서 지역사회의 자원을 마련하고 긴급 피해지역에 보건팀을 배치하는 일을 도왔다. 그 후 나는 이러한 지역사회의 회복을 돕는 심리사회 프로젝트의 일원으로 일했다.

이러한 종류의 재난은 국내외 모두에서 수많은 지원자와 단체의 도움을 불러일으켰다. 특히 재해 후 비상사태의 첫 단계에서는 모두가 도움을 주고 협력하길 원했다. 하지만 알다시피 이 즉각적이고 단기적인 자발적 원조의 위험은 어떤 수혜자에게는 '과잉개입'인 반면, 일부에게는 부족할 뿐 아니라, 지역의 장기적인 회복에 요구되는 다양한 층위의 협력을 명료화하고 조직화하기 어렵다는 것이다.

이 때문에, 나는 비상사태 동안 지역사회를 지원하기 위한 예술 및 정신건강 치료기관의 요청에 응답하는 것에 어려움을 겪었다. 나는 (a) 현장작업에 의존해 구현되고 (b) 지역민(개인뿐 아니라 사회, 종교, 정부 단체)이 위기에 직면할 수 있는 능력을 고려하지 않는, 내가 '섣부른'(짧고 외부에서 설계된) 개입이라고 부르는 제안에 어떻게 대응할지 자문했을 때 윤리적 딜레마를 느꼈다. 게다가 제안된 정신건강 개입의 대부분은 사회공동체의 비전이 아닌 상담 및 개인과 집단의 심리치료 모델에서 도출되었다. 한편, 내 딜레마는 재난 이후의 심리사회적 개입의 가치가 무엇인지 자문했다는 점에서 기술적인 문제였다. 반면에 나는 재해로 인해 매우 격렬한 피해를 본 사람들에게 이렇게 짧게 개입하는 사회적 헌신의 유형에 의문이 들었다.

이러한 물음은 내가 국내의 다른 팀들과 연합하도록 이끌었는데, 그들은 단순한 구호물자를 제공하는 것이 아니라 적어도 2년 동안 이어질 회복 지향적인 심리사회적 지원 프로그램을 만드는 데 투자할 팀이었다. 나는 지역사회가 그들이 제공받은 개입, 프로그램 또는 프로젝트가 지속 가능한 증거에 의해 뒷받침되고, 심리사회적 개입이 그 성과를 유지하는 데 필요한 지역적 역량을 발전시킬 것이라고 기대할 권리가 있다고 믿었다. 이는 특히 재난 후 사회-자연적 개입과 관련이 있는데, 이때 회복은 피해지역의 사회적 연결망을 강화하는 것을 의미한다.

맺는 말

칠레에서 미술치료사로 일하면서 경험한 다양한 윤리적 딜레마를 돌아보며, 나는 내 윤리적 딜레마를 가로지르는 축과 내가 그것을 해결하려고 노력했던 방식을 관찰할 수 있었다. 나는 나의 서술 속에서 고통받고 있는 타인에 대한 이해와 환영을 인식했다. 그 '타인'은 내게 임상 치료의 도움을 요청하는 사람, 또는 재해를 입은 지역사회에서처럼 도움을 요청하는 사람이다. 두 경우 모두 나는 고통받는 '타인'을 상대하고 있고, 이는 고통이 내가 책임져야 하는 상황에 나를 놓이게 한다는 것을 확인시킨다. 나는 이것을 미술치료사의 윤리적 실천을 이끄는 근본이라고 생각하며, 이것이 엠마누엘 레비나스의 생각의 메아리임을 '알게' 되었다. "내 의지와는 상관없이, 내 앞에 선, 타인을 위해"(Orange, 2012, p. 92).

반영적 미술경험과 토론을 위한 질문

1. '교도소 미술치료' 사례에 대한 반응작업으로 이미지를 만들고, 자유롭게 연상되는 단어 3개를 적어보자. 당신의 작품이 이 사례에 묘사된 윤리적 딜레마와 어떻게 연결되어 있는지 생각하라.

---

2. 잡지에서 단어와 이미지를 잘라서 '자연재해에 대응하는 미술치료'에 묘사된 현장에 대한 반응으로 콜라주를 만들어보라. 당신이 이러한 상황에서 무엇을 할 수 있는지 자문하라.

3. '맹목적 신념' 딜레마가 단순히 젊은 미술치료사에게만 위협적이라고 생각하는가, 아니면 커리어 전반에 위협이 될 수 있다고 생각하는가?

4. 기관이 우리에게 (기관후원 전시회와 같은 곳에서) 미술치료에서 내담자가 창작한 결과물을 전시하도록 요청했을 때, 또 어떤 윤리적 딜레마가 있을 수 있는가?

참고문헌

Orange, D. (2012). *Thinking for clinicians: Philosophical resources for contemporary psychoanalysis and the humanistic psychotherapies.* Santiago, Chile: Cuatro Vientos Edit.

Pasmanik, D., & Winkler, M. I. (2009). Searching for orientation: Guidelines for teaching professional ethics in psychology in a context with a postmodern emphasis. *Psykhe* (Santiago), *18*(2), 37-49. https://dx.doi.org/10.4067/S0718-22282009000200003

21

난 장애가 있는 게 아니라 특별한 거예요
특수교육이 필요한 아동의 발전하는 세계에서 마주한 미술치료사의
윤리적 문제

로리 모리-헤슬러

35년 동안 나는 심리 및 발달상의 문제로 어려움을 겪는 아이들을 치료하기 위해 설계된 서로 다른 다섯 곳의 환경에서 미술치료사와 결혼 및 가족상담치료사로서 일하는 특권을 가졌다. 이 장은 치료장소, 치료의 목표와 기대, 심지어 치료의 정의와 관련한 맥락에서 발생한 윤리적 문제에 초점을 맞춘다. 나는 거주치료센터, 지역사회기반 서비스, 특수학교, 가정기반 현장, 그리고 개인치료실에서 아이들을 치료하면서 마주친 윤리적 문제들을 기술한다. 나는 이 '스냅사진'들이 다양한 임상적 문제를 내포한 아이들의 치료가 시간에 따라 어떻게 발전했는지 보여주는 하나의 그림이 되기를 바란다.

정신건강 문제에 관한 아동치료의 발전

1970년대부터 1990년대까지는 사회적, 정서적, 행동적 문제로 어려움을 겪는 어린이들을 공립학교, 정신병원, 거주치료센터, 그룹홈에서 치료하는 것이 유리하다고 여겨졌다. 아이들은 진단을 받고 분류됐으며, 치료팀은 '주요 문제목록'을 만들었고, 부족한 부분을 기술했다. 특수교육학교는 '정서장애' 혹은 'E.D.(Emotionally

Disturbed)'라고 분류된 아이들을 치료하기 위해 생겨났다.

가정생활에서 학대받거나 방임된 아이들은 가정에서 분리되어 양육시설(어떤 경우는 몇 년씩)에서 지내거나, 보호시설(보통 집과 멀어 가족 방문이 어려운 상태에서 1년 이상 지내는 경우가 많았다)로 보내졌다. 이는 '건강하지 않은' 환경에서 분리하여 교정 치료가 가장 효과적인 '건강한' 환경에 배치함으로써 아이들의 안녕을 도모하기 위함이었다.

시간이 흐르면서, 아동의 문제를 식별하기 위해 사용됐던 분류화와 사례개념화는 문제 중심에서 아동 중심으로 전환됐다. 아이의 정체성을 그들이 직면한 문제에 뿌리를 두거나 진단분류로 요약할 수 없고, 약점뿐 아니라 강점을 지닌 하나의 인간으로 아이들을 바라봐야 한다는 인식이 중요해졌다. 이는 치료를 안정과 회복 상태에 이르기 위한 역경 극복의 수단으로 정의하는 데 도움을 주었다. 오늘날, 치료의 용어와 방법은 더 포괄적인 접근법을 반영하기 위해 발전해왔다. '특수교육이 필요한' 아동을 치료하는 일은 그들이 그들의 지지 체계에 남고, 그 체계가 건강증진에 필요한 서비스를 받을 때 가장 효과적이라고 간주된다. 심리 및 발달상의 문제로 어려움을 겪는 아이들을 가족과 지역사회에서 분리한다는 것은 다른 모든 치료 서비스가 소진된 이후에나 고려할 최후의 수단으로 여겨진다.

거주치료

1970년대에서 1990년대까지, 미술치료사들은 부가적인 치료를 제공하면서, 많은 치료 프로그램의 필수요소가 되었다. 1980년대 중반부터 후반까지, 나는 1888년 고아원으로 설립돼 1900년대 중반까지 운영되었던 큰 규모의 거주치료센터에서 표현치료 부서의 미술치료사로 일했다. 그 시기는 소외된 아이들을 돌보는 또 다른 과거의 시대를 대표했다.

변경된 시설에는 4세에서 10세까지 150명의 어린이가 6~12개월 동안 6개 동에 나뉘어 25명씩 수용됐다. 모든 아동은 법원의 관하에 있었으며, 신체적 학대, 성적 학대, 방임 등의 이유로 거주시설 보호에 처해졌다. 대부분은 친족 또는 수양가족과의 통합이, 나머지는 입양이나 그룹홈 배치가 목표였다. 아이들 대부분은 방임, 학대 및 정신질환으로 인해 심각한 문제행동을 보였다.

윤리적 과제

표현치료 부서는 고아원의 세탁실, 보일러실, 양호실이었던 별도의 건물에 있었다. 이 개조된 공간은 미술, 음악, 동작, 오락 치료를 위해 설계되었다. 미술실은 예전 세탁실과 보일러실이 있었던, 파이프가 노출된 넓고 탁 트인 공간을 차지했다. 어떻게 그런 메아리치는 공간을 작은 아이들이 따뜻함과 안전함을 느끼는 치료환경으로 바꿀 수 있었을까? 답은 식물을 매달고, 가구들로 구획하고, 다채로운 조각들로 바닥을 새롭게 칠함으로써 점토, 페인팅, 그림 작업을 위한 영역을 분리하는 것이었다.

치료효과를 극대화하기 위해 다학제적 서비스가 제공됐지만, 아이들의 신분이 '법원 관하'였기 때문에 자율성과 관련된 윤리적 문제가 자주 발생했다. 결과적으로, 자녀의 치료에 관여하는 부모는 거의 없었는데, 부모의 참여는 매주 혹은 격주에 한 시간 치료 회기로 제한됐기 때문이다. 따라서 아이들을 대신한 결정은 사실상 그 아이들에게는 낯선 전문가 집단에 의해 이루어졌다. 가족이나 민족적인 문화는 잘 알려지거나 이해되지 않았다. 아이들은 부모가 부재한 상황에서 애착을 갖기 어려웠고, 종종 그들이 집에서 떠나온 이유를 이해하기 위해 애썼다. 애착 문제로 의도치 않았던 결과가 발생하거나 강화되기도 했다. 일부의 아이들은 치료시간에 신뢰를 발전시키고 방과 후 프로그램이 하루의 즐거움이 되면서 표현치료사에게 애착을 형성했다.

거주지(또는 기존의 거주지에서의 이동)에 관련한 아이들의 혼란에 더해, 가족들 또한 자녀들의 치료 경험으로부터 단절되면서 혼란을 겪었다. 그들이 불신했던 전문가들이 아이들에게 '건강'을 찾아주자 가족들은 수치심과 억울함에 몸부림쳤다. 표현치료 부서는 가족미술치료를 통해 이러한 문제들을 해결하려고 시도했다. 그 과정은 가족의 역동을 더 잘 이해하도록 했지만, 내담자가 누구인지에 대한 명확성 유지나 아동의 비밀보장에 있어 또 다른 윤리적 문제들을 야기했다. 가족들은 종종 치료팀의 다른 직원들과 관련한 자신들의 비밀유지에 대해 의심했다. 그렇게 가족들은 경계심과 불신으로 힘들어했다.

자율성과 박탈된 가족을 위한 투쟁

레지는 네 살 난 아프리카계 미국인 남자아이로, 두 살 난 남동생과 코카인에 중독된 채 태어난 젖먹이 남동생과 함께 엄마와 할머니의 방임으로 인해 분리됐다. 그녀의 엄마는 마약중독자였고, 할머니는 마약상이었다. 집 밖에는 총구멍이 뚫려 있었고 집 안에는 음식과 가구가 거의 없었으며, 침대 위에 시트나 담요도 없었다. 욕조에는 젖은 옷이 담겨 있었기 때문에 아이들은 씻을 수 없었다. 처음에는 세 소년 모두 위탁시설에 맡겨졌다. 하지만 레지는 심각한 행동 반응으로 인해 그곳을 나와 거주치료센터로 옮겨졌다. 나는 그의 사례담당자이자 개인 미술치료사로 지정됐다. 몇 달 동안 매주, 레지는 미술치료 회기에서 묻곤 했다. "경찰이 왜 저를 엄마와 할머니한테서 빼앗았을까요?" 이 네 살짜리 아이에게 가족과 함께 살아온 방식은 '정상적'이었다. 그는 지금 가족을 떠나 집에서 멀리 떨어져서, (그를 포식동물의 잠재적 표적으로 만드는) 25명의 형들과 함께 살아야 하고, 엄마와 할머니를 볼 수 없고, 한 달에 한 번만 그의 동생들을 볼 수 있는 현실에 직면한 것이다. 그는 종종 가족에게 돌아가도록 도와달라고 호소했다.

조력자 대 치료사라는 내 역할과 경계에 대한 명확성이 중요했다. 네 살짜리 아이에게 치료의 목표를 설명하고 불투명해 보이는 미래에 희망을 심어주는 것은 어려운 일이었다. 그는 가정의 결손이나 위험을 인식하지 못하고 단지 관계가 끊겼다고 여겼기 때문에, 이런 개입이 그를 돕기 위해 이루어졌고 어떤 불법행위의 의도도 없었다는 것을 설명하기 어려웠다.

내 분야에 대한 충실함 또한 거주치료시설에서 미술치료사로서의 내 업무에 매우 중요한 윤리적 가치였다. 특히 표현치료 부서가 휴일이나 특별 행사를 조직하는 일을 책임졌기 때문에, 미술과정의 임상적 중요성과 예술작품 자체의 힘을 입증하기 위한 경계가 중요했다. 치료팀에서 강한 입지를 유지하고, 초기면담 프로토콜의 일부로서 가족미술치료 평가를 수립하고, 가족미술치료를 제공한 것은 이 분야의 임상적 정당성을 강조하는 데 도움을 주었으며, 우리 부서가 '행사' 부서로 분류되는 것을 막아주었다.

지역사회 미술치료 서비스

20세기 말 무렵, 가족체계의 지원과 회복력에 대한 인식은 거주치료 서비스를 감소시키고 지역사회 기반 서비스의 요구를 증가시켰다. 목표는 아이들을 그들의 가정과 지역사회에 머무르게 하는 것이었다. 더 많은 주간치료, 학교 내, 방과 후 프로그램이 종종 '정서장애' 분류의 대체용어로 사용되는 '위험군' 아동을 위해 개발됐다. 나는 도시의 지역사회기반 시설에서 일하는 계약직 미술치료사로서, 공립유치원, 소년원에서 지역사회로 이전하는 청소년을 위한 치료학교, 그리고 고위험 청소년들을 위한 방과 후 프로그램과 여름 캠프에서 '위험군' 아동을 위한 개인과 집단 미술치료를 진행했다.

윤리적 쟁점: 안전성과 치료의 온전성

내가 계약직 업무를 하면서 직면한 많은 과제는 자원은 부족하나 많은 사람들의 필요를 충족하기 위해 최대한 늘려야 하는 도시지역의 고질병처럼 보였다. 예를 들어, 공간이 부족해 미술치료를 위한 기능적이고 안전한 환경을 만들기 어려웠고, 몇몇 빈 교실은 냉난방이 거의 되지 않았다. 어떤 곳에서는 큰 장비실을 치료실로 개조했다. 아이들의 생활실이나 교실에서 멀리 떨어진 방들은 몇몇 아이들의 예측할 수 없는 행동 때문에 안전 문제로 이어졌다. 종종 나는 미술용품을 준비해서 옮겨야 했는데, 이는 회기에서 사용할 수 있는 매체의 다양성을 제한했다. 여러 집단이 선으로만 구획된 공간을 사용해야 했기 때문에 개인정보를 지키기 어려웠다. 작품의 보관 공간의 부족은 작품과 개인정보를 보호하기 위해 미술치료사들이 개인 공간을 사용하는 결과를 가져왔다. 나는 각각의 현장에서 전문가들과 제휴해 이런 문제를 해결하려고 노력했다. 이들은 치료에서 미술치료가 차지하는 역할의 중요성을 인식했기에 더 나은 조건에서 미술치료를 제공해야 한다고 대변했다. 내가 계약직을 통해 배운 가장 큰 교훈은 미술치료사가 현장의 안전성과 프로그램의 온전성을 확보하기 위해 계약과정에서 목소리를 낼 필요가 있다는 것이다.

발달 문제가 있는 아동을 위한 특수교육학교

21세기에는 자폐스펙트럼장애가 증가함에 따라, 학업수행과 사회화에 관련된 발달 문제의 영향에 초점을 맞춘 사립 전문학교가 설립됐다. 이곳의 목적은 아동의 전인적 치료를 위해 교육뿐 아니라 사회적, 정서적 지연을 막기 위한 언어치료, 상담, 적응형 신체교육, 작업치료, 표현예술치료 등의 서비스를 제공함으로써 공립학교

체계의 대안을 제시하는 데 있었다. 이곳의 철학은 교육적 성공이 다른 발달 문제들을 희생시켜선 안 된다는 것이었다. 더 나은 또래 상호작용, 더 나은 생각과 감정 표현, 더 나은 재능 표현에서 성과를 얻은 아이들은 더 나은 학업 성적을 얻는 경향이 있었다.

나는 미술치료사이자 미술교사로, 주로 언어 지연을 보이는 유치원생부터 고등학생으로 구성된 교외의 특수학교에서 일했다. 업무의 목적은 가벼운 자폐증이나 아스퍼거증후군뿐 아니라 만성 발달지연을 진단받은 학생들에게 치료적 시각에서 미술교육을 제공하는 것이었다. 감각통합 문제는 높은 비율의 학생들에게 큰 영향을 미쳤다. 언어치료에 반응이 좋지 않은 학생들에게는 개별 미술치료가 제공됐다.

윤리적 과제: 개인정보와 웰빙

학생들의 예술작품을 홍보를 위해 사용하는 것과 관련한 윤리적 문제가 발생했다. 나는 거의 1년 동안 막대 인간 모양의 전투 장면만 그려온 중학생과 작업했는데, 어느 날, 인물 데생 시간에 거울을 주고 자화상을 그려달라고 요청했다. 그 결과물은 놀랍게도 그 청소년과 사실적으로 닮았던 것이다! 그의 부모는 아이의 예술적 재능을 발견하고 흥분했고 학교는 그 사실을 부각하고 싶었다. 나는 이 문제를 완화하기 위해 홍보용 예술작품을 창작하는 특별 프로젝트를 설계했다. 그때도 개인적으로 민감한 예술적 반영을 선별하기 위한 주의가 필요했다. 그 밖에, 나는 학교 및 지역사회에 전시될 작업을 하는 아이들을 도와줄 예술가를 초빙했다. 두 가지 해결책의 부수적 이익은 그들이 존중받고 있음을 입증한 것이었다.

많은 학생이 언어 표현에 어려움을 겪었기 때문에, 미술은 자기표현과 자기대변을 위한 강력한 도구였다. 아프리카에서 이주한 12살의 니키는 거의 말을 하지 못했고, 질문에 단 한 마디로만 대답했다. 안타깝게도 그는 종종 폭력적인 행동으로 문제를 일으켰는데, 그때 그는 완전히 입을 닫아버렸다. 그 일 이후, 그는 그 사건을 해결하기 위해 미술치료실로 보내졌다. 니키는 만화 캐릭터인 스파이더맨을 좋아했고 개인 회기 동안에도 많은 만화 장면을 그렸다. 이 개념을 활용해, 나는 그에게 만화 장면처럼 무슨 일이 있었는지 칸으로 그려달라고 부탁했다. 그는 극적으로 시작 장면(반에서 다른 아이에게 괴롭힘을 당한 일), 중간 장면(선생님이 보지 않을 때 공으로 니키를 때린 아이), 그리고 마지막 장면(선동한 아이를 역으로 때리는 니키)을 그렸다. 결과적으로, 이런 형태의 자기표현은 치료과정에서 니키의 웰빙과 자율성을 증진할 뿐 아니라 스스로를 말로 대변하지 못했던 답답함을 보상해주었다.

가정기반 서비스

가정기반 서비스는 가정과 지역사회의 맥락에서 특수교육 문제를 해결하기 위한 지속적인 노력으로 2000년대 초반에 시작됐다. 이 목적은 종종 가족과 가족으로부터 분리된 '위험군'의 아동 양쪽 모두가 '확인된 내담자(identified client)'일 때, 가족 역동을 더 잘 이해하고 특수교육이 필요한 아동이 그 체계 안에서 기능하는 방법을 알기 위해 집으로 들어가는 것이다. 주치료사와 미술치료사라는 이중적 역할을 수행하면서, 나는 가정기반 자폐증 전문팀과 일했다. 가정기반 치료는 종종 예술의 양식을 활용하는 접근이 이루어졌다. 가족미술치료 평가는 가족체계의 강점과 약점을 찾아내기 위해 시행되었다.

윤리적 과제: 이중역할과 직업적 온전함

아동의 특수한 요구는 가족 단위에 부담이 될 수 있으며, 가족이 그 아동을 더 잘 지원할 수 있도록 중재가 필요하다. 한편 가족문제가 아이의 문제해결을 방해하기도 하는데, 엄마가 저장 강박으로 힘들어하는 동안 세 아이 모두 자폐로 진단받은 가족의 경우가 있었다. 아이들의 예술적인 능력에 대한 인식과 함께, 창의적 과정을 통해 의사결정과 문제해결을 돕는 수단으로 가족미술치료가 활용되었으며, 예술을 부엌의 냉장고에 붙여놓는 장식품이 아닌 임상적인 자료로 인식하게 되었다. 엄마와 함께하는 작업은 집에 질서를 가져왔고, 그 덕분에 아이들의 치료가 일어날 수 있는 안전한 장소가 형성됐으며 더 건강한 가족의 상호작용이 발전할 수 있었다. 미술치료과정은 또한 대안적 의사소통 수단이 필요했던 아이들의 이해와 자율성을 증진하는 데 큰 도움을 주었다.

배운 교훈

과거는 현재에 영향을 주고 궁극적으로 미래에 영향을 미친다. 현재 개인치료사로서, 나는 특수한 요구를 가진 아동을 위한 치료 접근법의 계속된 길을 따라 걸어왔을 뿐 아니라 이런 다양한 치료장소에서 얻은 교훈을 통합할 수 있는 사치를 누렸다는 기분이 들었다. 내 내담자가 누군지를 명확히 아는 것, 동시에 (그 아이가 잘 자라게 하는) 가족체계를 지원하는 것, 아이의 사생활을 보호하는 것은 내담자의 치료과정에서 직면한 도전들로 인해 탄생한 윤리적 가치들이다. 이러한 교훈은 최종적인 정답이 아니며, 현재의 윤리강령은 미래의 도전을 받으며 새로운 윤리적 딜레마에 대한 새로운 접근법을 요청할 것이다. 어떻게 변화의 주체로서 그 과정의 일부가 될 것인가?

장을 "회복"시키기 위해 했던(혹은 할 수 있었던) 노력이 무엇인지 그려보자.

3. 가정기반 미술치료 서비스를 제공하는 것에 대해 생각해보라. 어떤 종류의 윤리적 우려가 떠오르는가? 그것들을 어떻게 다룰 것인가?

신의 은총이 없다면, 누구나 그렇게 될 수 있다

노숙하는 이들에게 제공하는 미술치료와 기타 서비스의 윤리적 과제

그웬돌린 M. 쇼트

행정지구(county)*의 보건부에서 일했던 지난 35년 동안, 나는 중독/정신건강 부서에 있는 6개의 프로그램을 맡았다. 나는 각 프로그램에서 간헐적으로 '노숙자'를 만났지만, 지역 봉사 및 치료 서비스 프로그램에서 일했던 4년은 노숙하는 이들과 직접 만날 기회를 주었다. 내가 '기회'라고 말한 것은, 그렇게 많은 사람을 만나는 특권이 삶의 어느 시점에, 집이 없는 자신을 발견한 사람들에게 가졌던 내 선입견을 깨뜨렸기 때문이다.

그 프로그램에서 내 일은 봉사활동가와 사례담당자의 역할을 맡은 미술치료사로서, 정신질환이 있는 노숙자들을 찾아 치료와 일괄적인 서비스를 제공하는 것이었다. 도시에서는 쇼핑 카트에 모든 소지품을 가득 담아 끌고 다니거나 공원 벤치나 김이 나는 맨홀 위에서 잠을 자는 노숙자들을 볼 수 있다. 교외에서는 노숙자들이 매우 다르게 보일 수 있다. 나와 내 동료는 도시지역뿐 아니라 농촌과 산림지역 등 행정구역의 구석구석을 포괄하는 현장임무를 맡았다. 내 암묵적 역할은 문제해결사였지만, 내가 풀어야 할 가장 첫 번째 문제는 노숙자와 마주쳤을 때의 내 태도

---

* 역주: 미국의 자치행정조직의 하위단위로 우리나라의 기초지방자치단체인 군(郡)과 유사하나 이 장에서는 맥락에 따라 행정지구, 행정구역 등으로 번역하였음을 밝힘.

였다. 목욕은 기본적인 생존보다 우선순위가 아니었기 때문에, 나는 그들의 외모와 때로는 눈물이 흐를 정도의 지린내와 체취를 뒤로하는 법을 배워야 했다. 오히려 체취는 타인에 의한 폭력을 제지하거나 청결을 걱정하기에는 이미 멀어져 버린 마음 상태를 드러내기도 했다. 그러나 그들이 샤워하기를 원할 때면 우리는 그 요구를 들어줬다. 우리의 역할은 이 사람들을 판단하는 것이 아니라 그들의 신뢰를 얻고 필요한 자원을 제공하는 일이었다. 존중과 예의는 우리가 그들을 해치지 않고 도울 수 있음을 이해하게 하는 열쇠였다. 나는 그분들을 부르거나 언급할 때 항상 이름 뒤에 '○○씨'나 '○○님'을 붙이는 것이 중요하다고 느꼈다. 누군가가 도움의 손길을 거절했을 때, 우리는 그들이 자신의 권리인 이 서비스를 언젠가 스스로 이용할 수 있길 바라며 계속 연락의 끈을 열어놓고자 노력했다.

노숙하는 이들과 일할 때, 우리가 항상 챙겨야 할 것들은 버스 토큰, 커피나 버거 한 개를 살 정도의 돈, 생필품을 살 수 있는 상품권, 신분증이나 사회보장카드 신청양식, 출생증명정보 그리고 필요시에 누군가를 데려다줄 수 있는 충분한 휘발유였다. 그중 가장 중요한 것은 노숙자를 위한 구호기관과 쉼터의 전화번호였다. 인근 대도시에서는 글을 읽는 데 어려움을 겪는 분들을 위해 잘 알려진 급식소와 쉼터의 위치를 표시한 작은 코팅된 카드를 제공했다. 우리가 몰던 관용차는 사생활을 보호하고 비바람을 막는 사무실로서 이중의 역할을 담당했다.

어디에서 노숙자를 찾을 수 있을까?

정신질환이나 중독 증상이 있는 노숙자를 찾아내는 일은 부담스러울 수 있다. 그렇지만 가끔은 그들이 우리에게 스스로 다가오기도 하고, 가족, 친구, 걱정하는 시민들이 전화로 도움을 요청하기도 했다. 그래서 일반적인 '사무실에서의 하루'는 우리의 서비스 기준을 충족하는 사람들을 찾아 행정구역의 거리를 샅샅이 뒤지는 일이었다. 눈에 띄는 장소로는 쉼터, 무료급식소, 24시간 시설, 숲, 그리고 낯익은 오솔길에서 조금 떨어진 다소 외딴 지역이었다. 우리는 언제든 이례적인 일에 대비해야 했다. 한번은, 어떤 어머니의 불안한 전화를 받은 뒤, 행정구역 남부에 버려진 차 안에 있는 딸의 위치를 확인했다. 겨울이었고, 눈이 내린 후였으며, 그 차는 약 3km 떨어진 데다 두꺼운 얼음판으로 뒤덮인 주차장에 있었다. 나와 동료는 서로를 의지한 채 얼음을 가로질러 차까지 조심스레 걸어갔다. 젊은 여자가 안에 쓰러져 있는 걸 발견하고 우리는 그녀가 얼어 죽지 않았기를 바라면서 창문을 두드렸다. 그때 갑자기 차 반대쪽에서 한 남자가 나타나, 화를 내며 우리가 왜 왔는지 물었다. 나는 믿을 수 없을 만큼 겁에 질려서 그녀의 어머니가 그녀를 걱정하고 있고 그래서 우리는 그녀가 도움이 필요한지 확인하러 왔다고 허겁지겁 얘기했다. 남자가 그녀는 괜찮다고 말했지만 우린 그녀와 얘기해야 한다고 말했다. 그때, 젊은 여자가 창문을 내리면서 자신은 괜찮다고 말했다. 우리가 며칠 후 돌아왔을 때, 어디서도 그들을 찾을 수 없었다.

또 한번은, 소방서 뒤에 사는 사람에 대한 전화를 받았다. 우리가 도착했을 때, V자 모양의 울타리와 그 안에 자리잡은 조심스럽게 세워진 거처가 보였다. 그곳은 방수포로 덮여 있었고 일반 크기의 빨간 문이 달려 있었다. 문이 있었기에 우리는 문을 두드렸고, 거처 바깥쪽에서 주인이 나타났다. 우리는 그가 자신의 상황에 매우 만족해하고 아무런 도움도 바라지 않는다는 것을 확인했으며, 그는 만약 마음이 바뀌면 전화를 줄 것에 동의했다. 또 다른 경우는, 우리의 행정지구 북부에 있는 다리 밑에 야영지가 있다는 사실을 알게 됐다. 다리에 도착하자, 우리는 다리 옆에서 아래로 이어지는 가파른 언덕을 내려가는 잘 닦인 오솔길을 발견했다. 경사에 대한 내 두려움은 내가 언덕 아래로 떨어지는 위험뿐 아니라 노숙자들이 날 도와야 하는 수고까지 막아줬기에, 동료가 급히 내려갔고, 잠시 후에 돌아와 상황을 보고했다.

특히 빨래방처럼 24시간 연중무휴로 운영되는 시설은 밤거리를 피할 수 있어서 노숙자들에게 인기가 많다. 어느 날, 우리는 전화 한 통을 받았고, 그 설명에 따라 특정 빨래방에 가서 젊은 여성을 찾았다. 그녀는 우리와 눈이 마주치자, 자리를 박차고 도망쳤다. 우리는 최선을 다해 관용차로 쫓아갔지만, 그녀는 마당과 골목으로 몸을 숨기며 우리를 따돌렸다. 우리는 결국 추격을 포기하고 사무실로 돌아왔다. 나중에, 우리는 엉뚱한 사람을 쫓고 있었다는 것을 알게 됐다! 이 일은 내게 결코 쉬운 일이 아니었다.

쉼터

노숙을 하는 많은 이들이 사생활 결여, 도둑, 폭력을 우려해 쉼터를 피하긴 하지만,

행정지구에는 다양한 종류의 쉼터가 있다. 남성 쉼터는 18세 이상의 남성들을 수용했고, 여성 쉼터는 미혼 여성, 엄마와 11세까지의 남아를 포함한 아이들(소년이 12세가 되는 날, 그의 가족은 더 이상 그곳에 머물 수 없다)을 수용했다. 가족 쉼터는 개별 아파트에 가족을 수용했고 가족폭력 쉼터는 엄마와 자녀들에게 은밀한 장소를 제공했다. 몇몇 호텔들은 쉼터 거주자들이 이용할 수 있도록 만들어졌다. 11월부터 3월까지 종교기반 공동체가 운영하는 '따뜻한 밤 쉼터(The Warm Nights Shelter)'는 노숙하는 이들을 위한 간이침대와 승합차 교통편을 제공했다. 다른 쉼터와 마찬가지로, 이용자는 오전 7시에 본관을 비워야 했고 오후 7시에 돌아올 수 있었다. 이용자들은 매주 일요일 그들의 소지품을 싸서 나갔고, 간이침대는 쉼터뿐 아니라 때로는 샤워, 옷, 따뜻한 음식을 제공하는 행정구역 내 다른 교회로 옮겨졌다. 쉼터는 가족이나 친구들이 걱정했던 사람들을 찾을 수 있는 장소일 뿐 아니라, 잠재적인 서비스 이용자를 만나 그들의 필요를 확인하는 장소이기도 했다.

무료급식소

행정구역에 있는 감리교회는 다른 교회나 몇몇 기업과 협력하여 월요일부터 금요일까지 12시부터 오후 2시 사이에 따뜻한 점심을 제공했다. 매일, 교회나 기업에서 나온 한 사람이 무료급식을 위해 줄 서 있는 사람들을 위해 따뜻한 점심을 대접했다. 일부 교회는 이용자들이 음식을 가져갈 수 있도록 도시락 가방을 나눠주기도 했다. 나와 동료는 줄을 서서 점심을 먹고 그곳의 모든 사람과 어울리며, 우리의 도움이 필요할지도 모르는 사람들을 찾았다. 나는 관찰자처럼 사람들 옆에 있는 것보다 사람들 속에 있는 것이 더 유익하다고 느꼈다. 이것이 빠르게 신뢰와 친근감을 쌓는 우리의 방법이었고, 그렇게 이용자들은 종종 문제를 해결하기 위해 친구를 데려오거나 간단한 도움을 요청했다. 또한, 무료급식소는 우리가 연락을 취하고자 한 이들을 만나는 장소이기도 했다. 우리는 때로 배고픈 노숙자들을 그곳으로 데려가 식사를 했다. 무료음식은 제공하지만, 뜨거운 식사는 주지 않는 무료급식소도 있었다.

집이 없는 이들을 위한 미술치료

아이가 있는 여성 쉼터

나는 자원봉사 차원에서 그곳의 여성들에게 미술치료 서비스를 제공하는 것이 허락됐지만, 대부분은 자녀를 데리고 오는 경우에만 참가를 동의했다. 그렇다면, 그녀들은 자녀들 앞에서 자신을 드러내기를 원치 않을 것이고, 만약 주제가 너무 어렵다면, 그녀들은 아이들에게 초점을 맞출 것이었다. 인턴을 받는 것의 장점은 회기를 나누어 내가 어른들과 일하는 동안 인턴은 아이들과 함께 일할 수 있다는 것이었다. 우리는 모두 식당 안에 있었기 때문에 엄마들이 아이들에게 눈을 떼지 않으면서 자신에게 집중할 수 있었다. 각 집단은 분리된 테이블 공간에서, 엄마들의 사생활을 지켜줄 수 있을 만큼 서로 멀리 떨어져 있었기 때문에, 어떤 이들은 자녀들이 보기에 부적절할 수 있는 억눌린 감정을 발산할 수 있었다. 그녀들이 가장 좋아하는 기법은 '난로, 욕조, 빗자루, 침대, 커튼, 컵, 램프'와 같은 생활용품 목록에서 하나를 골라 문장 몇 개를 쓴 뒤, 그들이 선택한 아이템을 포함한 그림을 그리는 것이었다. 이 간단한 기법은 그녀들이 쉼터 너머의 삶을 긍정적으로 생각할 수 있게 해주었다. 많은 여성은 그 작업이 그들로 하여금 쉼터보다 더 나은 것을 바랄 수 있게 해줬다고 말했다.

그룹홈 소년들

그룹홈 소년들은 가족과 분리된 후 기관에 수용되어 보살핌을 받기 때문에 노숙자로 여겨지지 않을 수 있지만, 몇몇 가족들은 이들이 돌아오길 원하지 않았고, 몇몇 소년들은 돌아갈 집이 없었다.

클라렌스는 체구는 작았지만, 누군가를 따르는 것에 열정적이었다. 심지어 사법제도를 향한 그의 여정은 다른 사람의 비행을 대신 떠안은 결과로부터 시작됐다. 그는 같은 또래집단 친구들을 동경했고 그들을 따라하면서 인정받으려고 노력했다. 미술치료는 그에게 자신과 집단을 구별하는 방법을 제공했다.

클라렌스는 실물 크기의 초상화를 그리기로 한 유일한 구성원이었다. 그는 평소에 매우 활동적이었지만, 내가 갈색 크라프트지에 그의 윤곽을 그리는 동안은 그 과정을 즐기는 듯 가만히 누워 있었다. 윤곽을 그린 후, 그에게 어떤 방식으로든 그가 원하는 대로 그 안을 채워 초상화를 완성하라고 요청했다. 그는 자신을 관찰하면서 자신이 좋아하는 잡지에서 사진을 신중히 골라 크라프트지에 붙였고 그 결과물에 무척 매료됐다. 그는 카누를 타고 강을 따라 노를 젓는 사람들의 모습을 그의 가슴에 붙이면서, 내게 자신이 캠핑과 야외활동을 좋아한다고 자랑스럽게 말했다. 나는 혹시 그 사진이 자기 동료들과 함께 공유한 여행을 표현한 것이 아닐까 궁금했다. 그가 자부심과 자신감을 가지고 자신의 초상화를 동료들에게 공유했을 때, 친구들은 그의 이야기에 귀를 기울였다. 클라렌스는 동료들로부터 새로운 차원의 동경을 받은 듯했다.

그해 연말, 클라렌스는 어머니를 여의고 장례식에 참석했다. 그는 장례식 일정표를 움켜잡고 다음 미술치료 회기에 들어왔다. 동료들은 친구 어머니의 죽음을 함께 애도했고, 그는 어머니의 이름을 쓴 종이 전체를 어머니가 좋아했던 색깔의 꽃으로 채우며 추모했다. 다시 말하지만, 그의 동료들은 그를 존중했고 지지했다. 그들은 모두 일시적으로 어머니를 잃었고 클라렌스의 영원한 이별은 그들에게 예리한 이별의 고통을 느끼게 해주었다.

제임스는 프로그램을 떠나 집으로 돌아가려던 참이었다. 그는 고향 미식축구팀에 열광했고 보통 그들을 그의 작품에 그려 넣었다. 또한, 그는 요리하는 것을 좋아한다고 동료들에게 말했기 때문에 나는 최종 프로젝트로 각 조원이 앞치마(제임스가 가지고 나갈 수 있는 것)를 만들기로 결정했다. 이 프로젝트는 치수를 재고, 천을 자르고, 기본적인 바느질을 배우는 것이 포함됐다. 나는 그 기술들을 바짓단을 고치거나, 헐거운 단추나 옷의 찢어진 곳을 꿰매기 위해서 모두가 알 필요가 있다고 설명했다. 소년들은 서로 치수를 재고, 패턴을 자르고, 조심스럽게 그 조각들을 손으로 꿰맸다. 제임스는 모든 회기에 참석해 앞치마를 완성하기 위해 세심하게 일했고, 동료들 앞에서 앞치마를 입어 보이며 뿌듯한 미소를 지었다. (지시를 따르는 것의 중요성을 포함한) 그 과정에서 배운 쓸모 있는 기술들은 그의 창작물이자 소중한 것을 만들 수 있게 해줬다. 그는 마지막 회기를 좀 더 자신에 찬 모습으로 마무리했다.

직원들이 미술치료에서 표현의 자유를 제한할 때 어떻게 대응해야 하는가?

위에서 설명한 그룹홈 미술치료 회기와는 대조적으로, 다른 그룹홈 직원은 회기 동안 소년들 주위를 맴돌며 마약과 관련된 그 어떤 그림을 그릴 경우 이를 기록했고, 그걸로 다가오는 주말에 집에 가는 출입증을 없애겠다고 협박했다. 부적절하다고 생각되는 행동을 감시하는 것은 말할 것도 없이, 비임상적인 직원이 집단 회기에 참여하는 그런 방식은 용납할 수 없었으며, 비미술치료사가 미술치료집단의 수행방식을 규정하는 것은 비윤리적이었다. 그리고 많은 소년이 (마약을 사용하거나 판매하거나 소지하던) 마약 생활에서 벗어났기 때문에, 마약이나 마약 밀매(혹은 약물에 대한 언급)를 그림으로 묘사하는 것을 금지하는 규칙은 비치료적이었다. 만약 그들의 표현이 그런 방식으로 심각하게 검열된다면, 나는 어떻게 그 소년들과 치료적으로 어울려, 그들이 문제를 해결하는 방법을 찾기 위해 탐색하고 이해하고 작업해야 한다고 독려할 수 있을까? 어떻게 미술치료의 근원적인 실천이 직원들에 의해 내담자의 생각과 감정을 표현하지 못하도록 재정의될 수 있었을까? 그러나 나는 그러한 그림을 그리는 것이 소년들에게 질책과 처벌을 가져오기에, 원하는 그림을 그리도록 소년들을 격려하지 못했다. 동시에, 직원들이 매일같이 그룹홈에서 일어나는 일들을 관리했던 반면, 나는 해당 그룹홈에 새로 온 지 얼마 되지 않았으며, 집단을 위해 일주일에 한 번만 나타나는 사람이었다.

당신은 어떻게 반응하겠는가?

저자의 답변은 부록 B에서 확인할 수 있다.

결론

신의 은총이 없다면 나도 그렇게 될 수 있고, 누구나 언제든 노숙자가 될 수 있다. 인생이 어떤 불확실성을 가져올지 아무도 모른다. 내가 마주친 모든 노숙자는 자연재해, 질병, 직업, 실직이나 실연, 또는 급여로는 생존할 수 없었던 무능력이든 간에 저마다의 여정과 이야기가 있었다. 나는 학위를 가진 사람들, 전직 사장들, 그리고 단지 어려운 시기에 빠졌을 뿐인 이들과 함께 일했다. 노숙은 정신질환을 악화시킬 수 있고, 그대로 방임하는 것은 노숙을 초래한 고통을 잊기 위한 마약과 알코올의 오남용으로 이어질 수 있었다. 좋은 결과는 누군가가 안정된 약물치료를 받거나, 마약을 끊고 단주를 하거나, 적절한 치료 프로그램에 들어가거나 또는 일자리를 얻고, 안정적인 주거지를 찾는 데 도움을 준 것이다. 이는 우리가 매일 추구하던 목표였고 그것들을 이루었을 때 우리는 매우 값진 기쁨을 느꼈다.

반영적 미술경험과 토론을 위한 질문

a. 노숙자를 그려보자.

b. 노숙자가 되기 전 그 사람의 모습을 그려보자.

c. 이전에 노숙자였던 그 사람의 모습을 그려보자.

1. 그림에서 관찰한 내용을 기록하라. 그리고 그림을 b, a, c 순서로 재배치하라. 생각이 달라지는가?

2. 일부 도시는 날씨가 일정 기온 이하로 떨어지면 자원봉사자가 노숙자를 태우고 쉼터로 이송할 수 있도록 하는 조례를 통과시켰다. 이것에 대해 어떻게 생각하는가?

3. 인도나 차 안에서 노숙자로 보이는 사람을 봤을 때 어떤 기분이 드는가? 만약 그 사람 중 몇몇이 돈을 달라고 요구하면 어떻게 반응하는가? 만약 사람에 따라 다르게 반응한다면, 무엇이 당신의 의사결정과정에 영향을 미치는가?

23

내 잘못도 아니에요
산재를 입은 사람에게 미술치료를 제공할 때 마주치는 윤리적 쟁점

도널드 J. 커쳐

「한 가정의 가장인 그녀는 7,500볼트의 전류가 왼쪽 팔을 따라 몸통을 거쳐 발 밖으로 흘러나간 감전사고를 경험했다. 이로 인해 심각한 신체적 상해, 반사교감 신경성 위축증후군(Reflex Sympathetic Dystrophy syndrome: RSD), 외상성 뇌손상, 외상후 스트레스장애 등이 발생했다.」

「한 청년이 일하고 있던 건물에서 번개를 맞아 감전됐는데, 그가 쓰고 있던 휴대전화 헤드셋을 통해 머리에서 하체로 관통했다. 이는 심각한 심장손상을 일으켰을 뿐 아니라 다른 기관의 기능저하, 어중음 탈락(syncope)*의 발달, 기억 회상과 배열에 문제가 생겼다.」

치료 지연

10년 동안 나는 업무수행중 심리적 외상 및 신체적 손상을 경험한 내담자를 치료했다. 많은 경우, 외상 및 손상은 내담자가 특정 형태의 직무(혹은 모든 유형의 직무)

---

* 역주: 어중음 탈락(syncope): library를 /laɪbri/로 발음할 때처럼 단어의 중간에서 음이 생략되는 것

에 복귀하지 못하는 결과를 초래했다. 이는 가족의 수입과 생활방식뿐 아니라 근로자의 자아상과 관계에 영향을 미쳤다. 근로자보상조합이 주는 영구적인 보상에 의존해야 하는 것은 전직 근로자의 자존감을 비롯해 그 자체로 문제를 일으켰다.

몇 가지 이유로 이 대상군의 범주는 알려지지 않았다. 첫 입원이나 수술, 때로는 물리치료를 받은 뒤 많은 사람이 치료를 받지 않고 같은 분야로 복귀를 시도한다. 그렇지 않은 경우에도, 시스템은 종종 부상의 장기적인 영향에 대처하기 위한 시기적절하고 포괄적이며, 충분한 기간에 걸친 평가와 치료를 제공하지 못한다. 부상 후 치료서비스에 대한 청구가 승인됐다는 통지를 받기까지 2년 반에서 5년을 기다리는 것은 예삿일이다. 내 내담자 중 한 명은 자신의 상처가 인정받고 구제되길 바라는 마음을 포기하지 않으면서 25년을 기다렸다. 일부는 기다림에 지치고 일부는 신청도 하지 않는다.

직무 관련 부상의 장기적 영향

심각한 전기사고는 즉각적인 영향뿐 아니라 주요 장기의 기능저하를 포함한 장기적인 영향을 끼친다. Primeau, Engelstatter와 Bares(1995), Bryan, Andrews, Hurley와 Taber(2009)는 전기상해 후 인지 및 정서 기능의 점진적 지연과 손상에 관해 기록하였다. 내담자들은 삶의 목표와 활동에 대한 제약을 수용하고 대처방법을 개발할 수 있도록 단기적인 개입이 아닌 지속적인 치료를 필요로 한다.

첫 번째 사례에서 묘사된 가정의 가장은 초기 입원과 수술뿐 아니라 사지수축 방지를 위한 물리치료를 받은 후에 본래 직장으로 돌아가 가족을 부양하기 위해 애썼다. 번개나 전기 접촉과 같은 사고에 대한 끔찍한 공포에도 불구하고 그녀는 그럴 수밖에 없었다. 그녀의 고용주가 다른 회사에 흡수됐을 때, 심리지원 서비스가 거부되면서 계속해서 서비스 승인을 요구해야 했다. 이로 인해 항소할 때마다 한 번에 몇 개월씩 서비스가 중단됐다. 통증과 감정 둔화로 인한 대화 부족과 친밀감 감소는 부부 사이의 불화로 이어졌다. 이는 거절, 자신과 부상에 대한 분노, 그리고 자신의 상황을 이해받지 못하는 감정을 느끼게 했다.

미술치료는 어떻게 도움이 되는가

그림이나 난화 작업 외에도, 내담자의 즉각적인 기억력 감소와 간단한 기억이나 표현하고 싶은 단어가 떠오르지 않는 것에 대한 좌절감을 보충하기 위한 기술을 미술치료에서 사용했다. 우리는 내담자가 자신의 결손보다는 능력에 집중하도록 돕기 위해 비주얼 저널이나 비주얼 일정 만들기 프로그램, 자료 작성 등의 추가적인 기법들을 사용했다. 이 내담자에게는 수행시간이 짧은 시각적 완화 기법도 소개했는데, 이는 다른 이들에게는 효과가 불분명했지만, 그녀에게는 중요한 역할을 했기 때문이다. 이 기법은 손상된 근육과 힘줄이 더 이상 악화되지 않도록 펴거나 구부려야 하는 고통스러운 물리치료 시간에 유용했다. 이번 사례에서 중요했던 것은 내담자가 가족을 부양할 수 없을까 봐 끊임없이 두려워했다는 점이었는데, 최종적으로 그녀가 최소한의 직무 기대를 충족할 수 없다는 것이 확인됐기에 그녀는 직업을 잃고 국가 보조에 의존해야 했기 때문이다. 이와 동시에 상해 결과를 수용하거나, 환자의 지속적인 개선에 영향을 미치는 시스템마저 계속해서 서비스가 감소하거나 거부됐다. 그녀의 치료법은 그녀가 두려움과 분노를 기록하고, 가족뿐 아니라 법률대리인에게 보여줄 '게임 전략'을 발전시킬 수 있는 건강한 환경을 제공하는 것이었다.

　　직장에서 휴대전화를 사용하다 감전된 남성은 사고 몇 년 후에 미술치료를 시작했다. 그는 언어 심리치료에 참석했지만, 회기 동안 마음을 열지 못했다고 말했다. 많은 세월 동안, 그는 실제 외상에 대한 그의 감정을 나누지 못했고, 그 영향에 관한 모든 언어적 의사소통도 차단해왔다. 미술치료에서 전환점이 발생했는데, 큰 두려움에도 불구하고 내담자는 기꺼이 작고 옅은 형상 위에 크고 진한 번개 그림을 그렸고, 그로 인해 그가 어떤 대가를 치렀는지, 그것이 어떻게 그의 미래를 빼앗았는지, 어떻게 영원히 사라지지 않을 두려움을 심어줬는지 격정적으로 말하기 시작했다. 나중에 그가 말하길, 그전까지는 머릿속에 가둬 둔 이미지를 직면한 적이 없었지만, 지금은 그걸 직접 볼 수 있게 됐다고 했다.

'숨겨진 외상'으로 고통받는 또 다른 사람들

「한 경찰관이 마비된 척하고 있던 재소자를 이송하고 있었다. 재소자는 경찰을 공격했고, 중요한 수술이 필요한 복합상해를 입혔다. 이 사건으로 그녀는 건강상의 이유로 경찰직을 은퇴했고 결국 직업을 잃었다. 그 경찰관은 악몽을 꾸고, 외상 기억을 되풀이했으며, 또다시 공격대상이 될지 모른다는 두려움에 떨었고, 그로 인해 스스로를 고립시켰으며 사람들 앞에 나서는 것에 대한 두려움을 느꼈다.」

「한 교도관이 재소자가 자해하는 것을 막으려고 시도했다. 그 과정에서 교도관은 재소자의 체액에 노출되었고 스스로의 건강을 위험에 빠뜨렸다. 교도관은 그 일이 진행되는 동안 재소자에 의해 심하게 다쳤으며 결국 건강상의 이유로 은퇴를 결심했다. 그의 말에 의하면, 그 사건은 그의 삶의 목적을 빼앗았고, 그 자리는 신체적 외상의 고통으로 인한 분노와 심리적 외상의 끊임없는 침습으로 채워졌다.」

'숨겨진 외상(hidden trauma)'의 영향을 받는 또 다른 대상군은 상해를 막거나 예방하는 임무를 수행하는 동안 자신도 다칠 수 있는, 법을 집행하거나 교정하는 사람들이다. 이 내담자들은 신체적으로 드러나지 않는다는 점에서 '숨겨진 외상'으로 명명할 수 있다. 이런 이유로 담당 공무원에게 서면으로 서비스의 필요성을 설득해야 하는, 15분의 공청회를 제공하는 관료적인 제도에서는 서비스 요청이 거절되기 일쑤다. 이 내담자들은 종종 꾀병을 부리는 것으로 여겨지지만, 그들의 역사를 연구해보면 그들이 계속해서 심신을 괴롭히는 치명적인 부상의 고통과 단지 발걸음을 떼는 것만으로도 상당한 불안감을 일으키는, 너무나 압도적인 시각적 기억을 경험했다는 것은 분명하다.

섬유예술을 통한 시각적 형상화와 표현 및 해결은 그 경찰관이 안전한 환경에서 자신의 트라우마를 묘사하고 공유하는 데 필요한 자기조절능력을 부여했다. 또한, 그녀는 공동체에서 안전에 대한 우려를 탐색하고 그릴 수 있었다. 부상을 당한 후, 그 교도관은 그의 개인적, 공동체적 환경에서 대립적이고 부정적인 방법으로 반응했다. 그는 '전통적인 치료'를 시도했는데, 오히려 이것이 그의 불안감을 증가시켰다고 말했다. 시각적 표현과 글쓰기 표현의 사용은 가족이나 직장 동료들과 교류하는 동안 더 이상의 상실감을 피하는 방법으로 그의 반응을 체계화할 수 있는 능력을 제공했다.

직무수행과정에서 법을 집행하고 교정하는 사람들은 그들의 기억에 각인되어 외상을 일으키는 끔찍한 장면을 목격할 수 있고, 이것이 해결되지 않는다면 공포에 근거한 더 큰 외상으로 이어질 수 있다. 예를 들면, 사법기관에 고용된 한 내담자는 교통사고로 인한 동료의 죽음을 목격했는데, 그 이후에 교통사고현장 처리를 도와달라는 요청을 받았다. 치료과정에서 내담자는 시신의 일부가 나오는 악몽을 꾸고, 건강한 관계를 발전시키기 어렵고, 어떤 사회생활에서도 두려움이 생긴다고 이야기했다. 우리는 치료를 통해 내담자가 스스로에 대한 인식을 변화시키는 데 집중했다. 그는 처음에 자신을 강한 사람으로 묘사했지만, 이제는 다른 사람에게 나약하고 쓸모없는 사람으로 표현했다.

'제도'의 윤리적 실패에 직면하기: 환자의 반응과 치료사의 반응

Malchiodi(2013)는 창조적인 미술치료 방식들은 치료를 제공할 때 긍정적인 선택들을 제시할 수 있지만, 심리적 지원이 제공되더라도 전통적인 치료방식에 의존하는 기금지원기관에서는 종종 허용되지 않는다고 지적한다. 초기에 제한적인 치료서비스가 제공되더라도, 치료 동안 지속해서 나타나는 윤리적 딜레마는 계속되는 치료지원의 감소와 거부이다. 대부분의 내담자는 대처방법을 개발하고, 삶의 목표 수정과 활동 제약을 수용하기 위해 지속적인 치료의 제공을 필요로 한다. 만약 공식적인 공청회 과정에서 담당 공무원의 승인을 받더라도, 장기 서비스는 대개 기금출처에서 거부되거나 고용주나 기금출처에서 적법절차를 추가로 요구한다. 이는 상고심 신청 시간과 추가 상급심리 일정으로 인해 결정을 1년까지 미룰 수 있는 과정이다. 환자들은 이에 대해 종종 퇴행, 철회, 무관심 혹은 체념의 반응을 보였다. 이로 인해 그들은 종종 공청회에 따라붙는 무례함과 굴욕감을 피하기 위해 일괄지급으로 사건에 합의하기도 했다.

내담자가 기금지원기관의 재정적 혜택을 받고 있으나 치료를 받으러 오지 않거나 치료에 대한 의지가 부족해서 치료사가 그의 대리인 역할을 해야 할 경우, 이는 치료사와 내담자 사이에 형성된 치료적 관계나 상호 신뢰에 영향을 미칠 수 있다. 미술치료사들은 내담자가 변화하고 개선될 수 있도록 돕기 위해 내담자와 함께 행동할 필요가 있다. 그러나 이미 상당한 신체적, 심리적, 신경학적 부상을 입었고 상태는 계속 악화되고 있는 내담자들이 의욕을 잃거나 우울하다고 느낀다면 어떻게 해야 할까? 이러한 상황이 환자에게 필요한 자원을 제공하는 제3의 지불인의 노력이 일관되지 않음으로 인해 악화된다면 어떻게 해야 할까? 치료가 시작되기도 전에 이미 몇 년이 지난다면 어떻게 해야 할까?

내 윤리적 딜레마

왜 내가 일을 혼자 다하는 것 같을까?

치료를 위한 지속적인 투자와 제3의 지불인으로부터 추가 치료 회기를 확보하기 위한 지속적인 노력에도 불구하고, 내담자가 회기에 나타나지 않거나, 전화를 하지도 받지도 않는다면 치료사 입장에서는 답답할 수밖에 없다. 이런 감정은 나타나지 않는 내담자들의 지속적인 향상에 치료가 얼마나 중요한지 알기 때문에 더욱 강화된다. 내담자보다 우리가 더 신경 쓰는 것처럼 느껴지기도 한다.

당신은 어떻게 반응하겠는가?

저자의 답변은 부록 B에서 확인할 수 있다.

내 잘못도 아니에요! 역전이가 시작될 때

환자의 대변인으로서 나는 서비스 요청에 필요한 문서지원뿐 아니라 내담자의 법률 대리인, 자금출처 및 주(州)의 근로자 보상 담당자와 협의해 필요한 서비스를 확인해야 한다. 이는 승인된 청구금액에 기초해 서비스의 필요성을 정당화하기 위한 공청회 서한을 쓰는 것으로 이어진다. 몇 달 동안 보상 없이 윤리적으로 봉사하며 내담자를 만났지만, 서비스가 시행되지 않았을 때, 나는 내담자들만큼 무력해지고 내담자들의 필요보다는 돈만 보는 검토위원과 제도에 좌절감을 느꼈다. 나는 그들이 내담자의 복지에 필수적인 서비스를 불필요하게 보류하고 있다고 느꼈다. 동시에, 많은 내담자가 공청회 과정의 경험이나 때로는 그 과정의 허무함으로 인해 서비스 거부에 대해 무감각하게 반응했기 때문에, 나는 그들의 성취를 돕는 일에 대한 내담자들의 지지가 부족하다고 느꼈다.

나는 이 감정들에 어떻게 대처했을까? 나는 동료의 상담이나 지원, 그리고 내담자의 눈에 띄는 회복, 그 자체에 의지했다. 나는 내담자들이 역량이 강화된 것을 느끼고, 그들이 시도할 수 있는 새로운 전략을 가지고 회기를 마쳤을 때, 그들이 추가적인 훈련이나 교육을 찾고 보다 긍정적인 자아상과 자존감을 가지고 경쟁력 있는 직장으로 돌아갔을 때, 그리고 마지막 회기에서 치료로 얻은 이득에 대해 말하며, 내가 그들이 필요한 것을 얻기 위해 최대한 열심히 싸워줬다고 말해주었을 때 치료적 과정의 성공을 확인했다. 나는 한 내담자를 기억한다. 그녀는 다시 경쟁력 있는 직장에 돌아갈 수 없다는 것을 알았지만 모든 노력을 다했다는 것을 알았기 때문에 괜찮다고 말했다. 지금까지도 그녀는 여전히 그녀가 얻은 것을 긍정적으로 생각하며 감사하고 있다는 작은 카드를 보낸다.

결론

업무 관련 부상을 겪은 사람들을 치료할 때, 미술치료사는 종종 치료사, 사례담당자, 정보관리자, 치료자금을 위한 내담자의 대변인과 같은 다양한 역할을 수행해야 한다. 마지막 역할에 관해 설명하면, 기금지원기관들은 예를 들어 초기평가와 치료 과정의 효과를 나타내고 변화, 개선 및 퇴행을 측정하는 지속적인 결과보고를 요구한다. 이러한 도구들은 내담자 참여의 일관성을 추적할 수 있을 뿐 아니라, 내담자가 측정 가능한 목적과 목표를 달성하도록 하는 상호적인 도구가 될 수 있기에 내담자와의 치료관계를 강화할 수 있다. 하지만 이는 많은 미술치료사가 담당하지 않아도 되는 업무이며, 결과보고의 구성요소를 이해하고, 활용하고, 평가하는 훈련이나 교육을 받지 않은 역할이다.

미술치료사들이 스스로 찾아내는 여러 역할의 상호작용과 명료화는 많은 미술치료 대학원 과정에서 불충분하게 다루어지거나 거의 다루어지지 않는 영역이다. 사업적 측면에서 더 많은 지침을 제공하고 미술치료사가 감당할 수 있는 훈련모델을 개발하는 것은 미술치료사들이 여러 직무에 대한 책임과 사업에 대한 기대치를 충족시키기 위한 필수조건이다. 이는 지역사회 기반 활동처럼 미술치료사들이 일하는 대상군과 서비스가 제공되는 환경이 확장됨에 따라, 졸업 후 공식화된 기준으로 동료집단이나 전문 슈퍼비전을 통해 지속적으로 요구되는 능력이다. 이것은 복합적인 윤리적 문제에 대응해야 할 뿐 아니라 복합적인 윤리적 지침을 찾아야 하는 다학제 팀원으로서 미술치료사의 역할을 뒷받침할 것이다.

반영적 미술경험과 토론을 위한 질문

1. 당신이 직장에서 보유한 다양한 역할을 시각화하는 다이어그램(예를 들어, 유사점, 차이점, 겹치는 영역과 경계 등)을 그려보라.
2. 당신이 수행하는 다양한 역할을 내담자에게 어떻게 설명할지 묘사하라.
3. 당신의 업무수행능력을 촉진하기보다 어렵게 만드는 행정 정책이나 절차에 대한 자신의 반응을 반영하는 예술작업을 해보라.
4. 개인적으로 이러한 정책이나 절차에 동의하지 않을 때, 치료에 영향을 미치는 행정 정책과 절차를 내담자에게 어떻게 설명하는가?

참고문헌

Bryan, B., Andrews, C., Hurley, R., & Taber, K. (2009). Electrical injury, Part II, Consequences. *The Journal of Neuropsychiatry and Clinical Neuroscience*, *21*(4), iv-lv.

Malchiodi, C. (2013). Defining art therapy in the 21st century. *Psychology Today*. Retrieved from www.psychologytoday.com/blog/the-healing-arts/201304/ defining-art-therapy-in-the-21st-century

Primeau, M., Engelstatter, G., & Bares, K. (1995). Behavioral consequences of lightning and electrical injury. *Seminars in Neurology*, *15*(3), 279-285.

:::24

내가 가장 참기 힘든 열 가지 윤리적 애로사항
정신과 세팅에서 일하는 직업에 대한 미술치료사의 성찰

샬롯 G. 보스턴

임상가, 슈퍼바이저, 교수, 미국미술치료학회(American Art Therapy Association: AATA)와 미술치료자격위원회(Art Therapy Credentials Board: ATCB)의 이사진을 포함해 거의 35년간 미술치료 분야에 종사하는 동안, 나는 광범위한 윤리적 문제에 직면해왔다. 이 장에서는 정신과 병원에서 미술치료사로 일하면서 겪었던 '내가 가장 참기 힘든 열 가지 윤리적 애로사항'과 수년에 걸쳐 개발한 실천적 해결방안을 함께 공유한다. 이는 행동방침을 빠르게 결정해야 할 때 유용할 수 있는 도구를 포함한다. 내 윤리적 애로사항은 중요한(혹은 견디기 힘든) 순서로 나열되지는 않았다!

내가 가장 참기 힘든 열 가지 윤리적 애로사항

애로사항 #1: 경계 좀 지켜주세요, 제발요!
내가 가장 우려하는 문제는 몇몇 직원들과 다양한 분야에서 수련중인 실습생들의 형편없는 경계이다. 나는 그들이 환자의 요구보다 스마트폰을 신경 쓰거나, 개인적인 관계에 대해 수다를 떨거나, 주말 계획을 공유하고, 또는 다른 사람이 듣는 열린 공간에서 환자에 대해 말하는 것을 너무 자주 목격했다. 심지어 환자가 한 어떤 일에 대해 웃는 것도 봤다. 그들은 집단에 늦게 오거나, 일찍 가거나, 또는 회기가 진행중일 때 들락거렸으며, 치료실을 세팅하거나 재료들을 치워야 할 때는 어디론가 사라지고 없었다. 집단 회기가 진행되는 동안에는 개인 전화를 켜두고, 차트를 읽거나 메모를 했으며, 환자의 질문을 사생활 침해로 여겼다. 그들은 연대해서 옳은 일을 하는 학생과 직원에게 나쁜 평판을 줬다.

해결방안. 당신은 미술치료사로서 집단을 책임지고 있다. 당신은 집단의 규칙을 설정하고 집행한다. 환자가 미술치료집단이 처음이라면, 당신은 집단에 대해 환자에게 알려준다. 마찬가지로 당신은 집단이 시작되기 전에 직원과 실습생에게 집단에 관해 교육하고 규칙의 위반이 발생하기 전에 집단의 절차를 알려주며, 집단에서 그들이 환자나 당신을 어떻게 도울 수 있을지 간략히 설명해야 한다. 학생, 동료, 의사, 그리고 해당 집단을 관찰(또는 심지어 공동진행)하는 누군가를 위해 미술치료 학문의 간결한 정의와 '할 일과 하지 말아야 할 일'의 목록을 담은 자료를 작성하고, 예기치 않게 나타나는 직원이나 실습생에게 줄 사본을 휴대한다. 잡담을 최소화하기 위해 관찰자들을 따로 앉게 한다. 나는 산만하게 행동하는 사람들에게 지시내리는 것을 망설이지 않는다. 싹을 잘라라! 만약 내가 누군가에게 지시를 두 번 하게 된다면, 그 사람은 떠나야 한다. 당신의 생각을 주장하되, 정중하고 전문적으로 주장하라.

애로사항 #2. "그건 뭐예요?" 공동진행의 문제

이 문제는 미술치료가 무엇인지 혹은 미술치료집단에서 적절한 행동이 무엇인지 모르는 직원과 공동으로 미술치료집단을 진행하는 것과 밀접하게 관련돼 있다. 이 생각을 하는 것만으로도 나는 고개를 흔들어 그들을 마법처럼 사라지게 만들고 싶다. 내가 그들을 옆으로 끌어당겨 '얘기'할 수 있을 때까지 말이다. 일부 공동진행자는 환자들이 작업에 몰두하는 동안 말을 너무 자주(그리고 너무 많이)했다. 예술을 내면의 표현으로 감상하는 대신, 그들은 "예쁘네요!", "그림에 밝은 색(혹은 더 심각한 경우, '행복한 색')을 칠해보는 게 어때요?" 또는 가장 듣기 괴로운 "그건 뭐예요?" 등의 말을 했다. 어떤 사람은 심지어 연필을 쥐고 내담자에게 무언가를 그리는 방법을 보여주기도 했다! 어떤 사람들은 그들 스스로 예술 창작에 너무 많이 몰입한 나머지, 환자들의 요구를 의식하지 못했다. 이와 같은 사건은 미술치료가 처음인 환경이나 미술치료 에티켓에 대한 연수교육이 진행된다는 '메모를 받지 못한' 새로운 직원이 유입됐을 때 발생할 가능성이 농후하다. 무지는 여전히 해를 끼친다.

해결방안. 공동진행 집단에 대한 '할 일과 하지 말아야 할 일' 목록을 작성하고(애로 사항 #1 참조) 미래의 공동진행자들에게 쥬디 루빈의 '미술치료: 무엇이 맞고 무엇이 아닌가(1982)*'라는 제목의 아티클을 제공한다. 직원들에게 연수교육을 제공하라. 비미술치료사와 공동진행을 하게 된다면, 당신의 경계를 설정하라. 각각의 역할과 기대를 명확히하고, 회기 '전' 관련 임무를 확인해 집단을 계획하고, 집단 후 과정을 점검하기 위한 일정을 잡는다. 당신이 없을 경우를 대비하여, 자기 주도적 미술작업 및 지시사항에 대해 '조언'하는 인쇄물을 제공하라.

애로사항 #3: 당신은 이것을 '치료'집단이라고 불러요?

Yalom(1975)은 치료집단에 적합한 구성원의 숫자로 6~8명을 들었다. 그러나 일부 세팅에서 미술치료사는 많을 때는 25~30명까지의 환자로 구성된 집단을 운영해야 한다. 그것이 얼마나 치료적일 수 있을까? 순전히 참여자 인원수뿐 아니라, 정신질환의 상태 및 다양한 수준의 인지능력은 모든 사람에게 그들이 필요한 관심을 주는 것을 어렵게 만든다.

해결방안. 환자를 대변하라! 미술치료집단은 언어로만 상호작용하는 것이 아니라, 환자의 특별한 요구에 맞게 설계된 예술적 지시사항과 집단 프로젝트를 제공하는 것이라는 것을 관리자가 알게 하라. 또한, 생각의 시작이나 구현이 어려운 사람을 돕고, 구성원 서로가 언어를 비롯해 작품에 공감할 수 있는 지지적 환경을 조성하고, 모든 사람이 본인 작품의 과정과 결과를 발표하기 위한 충분한 시간을 갖게 하는 것이라는 것도 알게 해야 한다. 만약 환자들이 미술치료사의 시간과 관심을 끌기 위해 24명의 다른 환자와 경쟁하기 때문에 온전한 참여에 필요한 지원을 받지 못한다면, 그 기관은 환자의 치료적 요구를 충족시키고 있는 것일까? 나에게는 윤

---

* Rubin, J. A. (1982). Art therapy: What it is and what it is not. *American Journal of Art Therapy*, 21, 57-58.

리적 문제처럼 들린다.

오픈 스튜디오 집단 형식을 사용하는 것을 고려하라. 환자들은 그들이 집중할 수 있는 범위에 따라 자유롭게 오가지만, 나는 음악, 원형(만다라)이나 다른 이미지 도안, 환자의 시작을 돕는 간단한 지시사항을 제공한다. 출판되거나 온라인으로 제공된 많은 도안을 필요에 따라 복사할 수도 있지만, 당신이 직접 만들 수 있다. 또한 마커, 오일파스텔, 색연필, 글자 스텐실, 기본 물건 및 동물 스텐실, 도트 물감, 종이와 같은 사용하기 쉬운 재료들도 사용 가능하다. 만약 기존 집단보다 큰 통찰력 중심의 미술치료집단이라면, 구체적인 주제를 사용할 수 있으며 더 추상적으로 작업하길 좋아하고 할 수 있는 사람들에게는 그런 선택을 제공한다. 만약 모든 사람이 자신의 작품을 토론하고 발표할 충분한 시간이 없다면, 지원자를 몇 명 선택해야 할 수도 있다.

다른 모든 것이 실패할 경우, 달성 가능한 작업에 대한 기대치를 조정하라. 모두가 미술작업과 관련된 일에 몰두하고 부분적으로라도 완성한다면, 모두가 조금이라도 상호작용하고 당신이 그 영향을 관찰한다면, 그것은 환자의 상태에 대한 주목할 만한 정보다.

임계 경고를 확인하라. 모든 치료실은 최대 수용인원을 가지고 있다. 이 숫자를 확인하고 집단의 수를 관찰하라. 만약 걱정스러운 패턴이 나타나면 슈퍼바이저, 담당관리자 및 안전담당자에게 알려라.

애로사항 #4. 나는 미술치료사인가 아니면 무엇인가?

"그 외 주어지는 다른 업무." 우리는 모두 직무기술서 하단에 나타난 이 조항에 친숙하다. 비미술치료사 직원은 종종 당신의 창의적 능력을 시설에 '필요한 장식'을 위해 사용하거나 내담자에게 '명절맞이' 작품을 만들도록 하는 것이 이상하지 않다고 여긴다. 내담자 이송, 견학, 급식 담당은 어떤가? 미술치료집단을 위해 사용할 구역을 관리하고 청소하는 것과, 당신이 거기 있다는 이유로 (물론, 당신 업무의 일부가 아니라면) 식판을 나눠주거나 식탁보를 깔거나 복사를 하는 것은 별개의 문제다.

해결방안. 당신이 미술치료사 면접을 볼 때, 미술치료 이외의 어떤 업무를 이행해야 하는지 질문하라. 당신이 일자리를 제의받을 때, 직무기술서를 검토하고 업무에 대해 질문하라. 만약 직원들이 장식을 해달라고 부탁하면, 그들이 필요한 자료를 제공하거나 미술용품이나 '사용방법' 책을 주문하도록 한다. 그들이 시작할 수 있도록 관련 유튜브 영상을 알려주거나 그를 위한 견본을 만드는 방법을 시연할 수도 있다. 또 그들이 팀으로서 임무를 잘 수행할 수 있다는 확신을 심어주면서, 당신의 역할을 상기시킨다. 이렇게 하면, 한 사람이 전체 작업을 완료할 필요가 없다. 심지어 '장식'하는 데 재주가 있는 사람을 발견할 수도 있다!

애로사항 #5. 그래서 미술치료도 해요?

때때로 우리는 '미술치료를 한다'라고 주장하는 비미술치료사 동료를 마주하게 된다. 그들은 심지어 팀 회의에서 내담자 작품이 제시될 때마다 그것을 해석하기도 한다.

해결방안. 우선 그들이 생각하는 미술치료가 무엇인지 알아본다. 그들은 그냥 모르는 것일 수도 있다. 그럼 당신의 수련내용을 언급할 수도 있다. 그들은 미술치료자격위원회(ATCB)가 전문직의 첫 관문으로서 (임상감독하에 진행되는 많은 인턴십 시간을 포함한) 미술치료 석사학위를 요구한다는 것을 모를 수도 있다. 호기심의 수준을 확인하라. '미술치료 예비과정(Survey of Art Therapy)' 강의에 등록하는 것이 그들에게 미술치료를 수행할 자격을 주진 않지만, 적어도 그 분야에 대해 배우기를 원하는지 아닌지는 발견하게 해줄 것이다. 만약 그들이 행하는 일을 미술치료라고 부르길 고집한다면—점점 더 많아지는 미술치료 면허와 명칭을 보호하는 주(州)에서 그들이 "미술치료를 한다"면—이것이 위법임을 알려라. 또한 그들은 자신이 속한 전문협회에 보고될 수도 있는데, 대부분의 윤리강령은 협회원에게 권한 밖의 행동을 허용하지 않기 때문이다. 미술치료를 어떻게 하는지 보여달라고 부탁하는 동료에게 그것은 비윤리적이라고 말하라. 하지만 당신의 재량에 따라 사례에 대한 상담은 동료들과 기꺼이 할 수 있다.

애로사항 #6. 누구세요?

환자의 이름에 근거한 병원의 결정이 환자의 정체성을 반영하지 못했다면 어떤 일이 벌어질까? 키가 크고 완전히 신체가 발달한 청소년이 입원을 했는데, 그녀는 성전환 수술을 받은 트랜스젠더 여성으로, 한 남자와 같은 방을 배정받았다. 병원 정책은 환자들의 출생시 성별에 따라 방을 배정하는 것이었다. 이 결정은 환자 치료에 추가적인 장애물로서 이미 불편한 상황을 더 불편하게 만들었다.

내 윤리적 딜레마

병원 정책과 환자의 요구사항

병원 정책과 환자들의 요구가 충돌할 때 어떻게 진행해야 하는가?

어떻게 대응하겠는가?

저자의 답변은 부록 B에서 확인할 수 있다.

애로사항 #7. 악취가 나는가?

유치원 이전의 아이들과 함께 미술치료집단을 진행하는 모습을 상상하라. 어디선가 악취가 나지만, 아이들은 행복하게 만들기를 계속한다. 당신은 눈에 띄지 않게 냄새의 근원이 어느 아이인지 찾기 위해 돌아다니지만, 그 아이는 자신의 곤경을 인정하지도 옷을 갈아입으러 가지도 않는다. 그 냄새는 다른 사람들을 방해하고 영향을 주기 때문에 당신은 이를 무시할 수 없다.

만약 당신이 슈퍼바이저에게 특정 문제를 제기하지 않을 경우, 당신은 냄새 나는 바지를 입은 아이와 같다. 아무렇지 않은 척 행동해도 슈퍼바이저는 그들의 존재를 알고 있다. 슈퍼바이저가 당신을 부당하게 대하든 동료 인턴이 신경에 거슬리든, 문제가 거기 있다는 것을 알아채기 전에는 악취는 사라지지 않는다.

해결방안. 슈퍼바이저는 당신이 겪은 일을 겪어왔고 당신의 전문적 개발을 지도하기 위해 노력한다. 문제를 해결하고 탐색하는 대신 문제를 쌓아두면, 실제상황은 그다지 나아지지 않는다. 학교의 슈퍼바이저를 활용하되, 먼저 현장 슈퍼바이저에게 직접 문제를 나누는 예의를 갖춰야 한다. 퉁명한 태도나 수동적이고 공격적인 행동은 많은 것을 시사한다. 더 중요한 것은 그 일이 고통스럽다는 것이다. 고통에 직면함으로써 오해가 분명해지거나 생각보다 작은 문제인 것으로 드러날 수 있다.

적어도 당신은 중요한 학습기회를 얻게 될 것이다.

애로사항 #8. 숙제를 하라!

인종이나 민족을 향한 모욕적인 발언에 대응하지 못했던 적이 있는가? 대답의 부재는 그 자체로 대답이며 큰 메시지가 될 수 있다. 안전하고 존중받는 환경을 유지해야 하는 집단의 리더로서, 환자를 지지하지 않은 영향은 치명적일 수 있다. 우리가 사는 다양한 세상에서 '뭘 해야 할지 몰랐다'라는 것은 용납되지 않는다.

해결방안. 당신이 받은 다문화 교육을 복습하라. 특권이나 미묘한 차별과 같은 개념은 미술치료과정과 보수교육에 포함되었어야 한다. 숙제는 했는가? 이 분야에 대한 당신의 지식과 기술을 평가하라. 만약 지식과 기술이 부족하다면, 책을 씹어 먹어라! 존중을 집단 내 첫 번째 규칙으로 설정하라. 만약 어떤 말이나 행동이 위협적이거나 모욕적이라면, 당신은 그 상황을 적극적으로 완화해야 한다. 만약 구성원들이 서로 합의하지 않으려 한다면, 공격자가 열을 식힐 공간이나 집단 밖에서의 시간을 준다. 때로는 문제를 명확히하거나 사과를 해야 할 수도 있다. 팀 빌딩이나 집단 작업을 통해 은유적으로 문제를 다루는 것을 고려하라.

애로사항 #9. 너희 엄마는 정말…!

어렸을 때 이 말은 싸움의 시작을 의미했는데, 누군가의 엄마에 대해 말하는 것은 '해서는 안 될 짓'이었기 때문이다. 직원이나 관리자가 미술치료에 대해 (흔히 농담처럼) 모욕적인 발언을 할 때 우리는 어떻게 대응하는가?

해결방안. 객관적으로 듣고 전문적으로 반응할 수 있도록 감정을 다스려라. 환자가 같은 말을 했다면, 미술치료집단에서 당신이 대응하듯이 반응할 수도 있다. 미술치료가 누군가의 삶에 어떤 변화를 가져왔는지 예를 들 수 있고 다음처럼 유머를 활용할 수 있다. "재미있는 농담이네요, 하지만 환자가 당신에게 말을 하지 않는다면 날 찾게 될 거예요." 혹은 "미술치료의 이점 다섯 가지를 말할 수 없다면, 그런 말을 하면 안 돼죠."(마지막 문장을 사용한다면, 열 가지 이점을 연속해서 신속하게 말할 수 있도록 연습하라!) 당신은 미술치료 문헌을 제공하거나, 때에 따라 미술치료집단에 그들이 관찰하도록 초대할 수도 있다.

미셸 오바마가 감동적으로 말했던 것처럼, "그들이 저급하게 굴 때, 우리는 품위 있게 가자."

애로사항 #10. 미술치료를 위한 달콤한 유혹
어떤 환자들은 긍정적인 미술치료 경험이나 좋은 라포 형성으로 인해 당신에게 뭔가를 주거나 계속 연락하고 싶어 한다.

해결방안. 환자의 감정은 인정하되, 치료사들이 치료 외의 관계를 갖는 것은 병원 정책에 위배된다는 사실을 알려라. 만약 그들이 지역의 미술치료 기관에 관심이 있다면, 사례담당자에게 연락하도록 한다. (그리고 사례담당자가 최신 정보를 알고 있는지 확인하라) 개인 선물은 받을 수 없다는 점을 명확히하면서, 환자에게 (환자들이 사용하는 미술재료와 같은) 병동에서 허용하는 선물 목록에 대해 알려준다.

윤리의 기본: 윤리공식 평가 테스트(The Ethics Formula Evaluation Test: EFET)에 관해 엄마한테 말할 수 없는 짓은 절대 하지 마라

지난 몇 년 동안, 너무 많은 학생이 내게 무엇이 윤리적이고 비윤리적인지 물어봤기 때문에, 앞으로의 행동방침을 신속하게 결정해야 할 때, 그 결정에 도움이 되는 방법을 개발했다. 아직 개발중인 EFET는 실질적인 지원을 위한 것이지, 집중적인 전문 연구나 잘 지도받은 경험, 그리고 윤리법규 및 해당 법률에 대한 예리한 인식을 대신하지 않는다. 독자들이 이 항목의 제목에 대해 또 다른 (비밀보장을 위반하는) 윤리적 문제를 제기하지 않도록 밝혀 둘 게 있다. 난 우리가 일과 관련된 결정을 엄마한테 말하는 것을 옹호하는 게 아니다.

EFET를 사용해서 우리가 특정한 행동방침을 고려할 때, 우리는 심의의 한 방법으로 스스로 질문할 수 있다.

내 결정이 한 개인에게 해가 되거나 부정적인 영향을 미치는가? 그렇다면 2점을 추가한다.

내 결정이 다른 사람들에게 해가 되거나 부정적인 영향을 미치는가? 그렇다면 5점을 추가한다.

내 결정이 기관에 해가 되거나 부정적인 영향을 미치는가? 그렇다면 3점을 추가한다.

점수 합산 후: 0~5점은 윤리적인 범위의 행동을 나타내고, 6~10점은 비윤리적인 범위의 행동을 나타낸다.

예를 들어보자. 10명이 앉기에 적당한 공간에 15명의 환자가 테이블을 둘러싸고 앉았다. 치료실이 걸을 수 없을 정도로 붐볐기 때문에 미술치료사는 방에 들어가지 않고 문 앞에 서서 복도에 놓인 카트에서 미술용품을 나눠주며, 환자들에게 재료를 안쪽으로 전달해달라고 했다. 환자들은 종이에 원을 그리고, 그 안에 그들이 경험한 상실을 그린 뒤 원 주위로 고통, 상처, 괴로움을 달래주는 선, 형태, 색을 표현해달라고 요청받았다. 환자들은 조용히 작업하기 시작했다. 이 과정이 시작된 지 10분이 지났을 때 한 환자가 큰 소리로 흐느끼기 시작했다. 집단원들은 그에게 휴지를 주었고 옆에 있던 사람은 지지의 말을 전했다. 나는 그가 남길 원하는지, 개별적으로 치료사와 얘기하고 싶은지 물었고, 그는 남아서 계속 그림을 그렸다. 그러고 나서 그는 울기 시작했다. 직원이 무엇이 잘못됐는지 확인하기 위해 치료실 문 앞으로 왔을 때, 나는 그 환자가 지난주에 화재로 양친을 잃었다는 소식을 들었다. 환자는 비통해했다. 그는 부모님을 잃은 후에 울지 않았었다.

가까이에 있는 사람들이 그의 어깨를 쓰다듬고 격려했다. 다른 사람들은 불편해 보였고 몇몇은 그리기를 멈췄다. 의자와 벽 사이를 비집고 들어가, 나는 다시 그가 나가길 원하는지 물었다. 그는 고개를 가로저었다. 나는 딜레마에 빠졌다. 그 환자는 자신이나 다른 사람들에게 위험하지 않았고 남기를 원했다. 곤경에 처한 사람에게 집단의 관심이 쏠리는 상황에서, 그가 남도록 허락한 것은 다른 사람들에게 공평한 일이었을까? 집단에 미치는 영향을 고려하며 이 문제를 처리할 충분한 시간이 있었을까? 집단의 규모와 시간적 제약 때문에 소수의 사람만이 자기의 작품을 공유할 수 있다면, 다른 구성원들의 요구를 충족시킬 수 있을까?

나는 그 환자가 남아 있어야 한다고 결정했다. 미술작업을 하는 것은 그에게는 카타르시스를 주고 슬픔을 승화할 수 있게 해주는 것처럼 보였다. 그는 동료들의 지지라는 선물을 받아들임으로써 동료들에게 그 지지의 가치를 인식할 수 있도록 해주었다. 차츰 그의 울음소리가 부드러워졌다. 그림을 중단했던 모든 사람이 다시 작업을 시작했다.

EFET 공식을 내 곤경에 적용하기 위해 자문했다.

집단에 남도록 한 내 결정이 그에게 부정적인 영향을 미쳤는가? 그렇지 않다; 0점

내 결정이 다른 사람에게 부정적인 영향을 미쳤는가? 그렇다; 4점. 환자 중 일부는 괴로워 보였다. 환자의 흐느낌이 그들에게 반응을 일으켰을 수도 있고 그 환자에게 관심이 쏠린 탓에 그들의 요구가 뒤로 밀렸을 수도 있다.

병원에 부정적인 영향을 미쳤는가? 아니다; 0점. 그 환자는 위험하지도 않았고 누군가를 다치게 하지도 않았다. 그 방은 온전하게 남아 있었다. 총점 4점은 윤리적 범위에 있었다. 나는 엄마에게 이 결정에 대해 부끄러워하지 않고 말할 수 있을 것이다.

나는 그 집단에 5분 안에 작품을 완성해달라고 요청했다. 남은 15분 동안, 나는 세 명의 지원자에게 자신의 작품을 공유해달라고 부탁했고, 그 집단을 간략하게 요약했으며, 환자들에게 (조금 전에 동료에게 했던 것처럼) 서로를 확인할 것을 격려했다. 그리고 그들이 자신의 문제를 이야기하고 싶거나 더 작업할 것이 있다면 나에게 혹은 프로그램 직원에게 알려달라고 말했다.

맺는 말

나는 미술치료사에게 나타나는 무수히 많고 심각하며 복잡한 윤리적 딜레마를 분류하는 이 가벼운 시도가 당신의 전문적 발전에 도움이 되길 바란다. 우리는 대부분의 윤리적 문제들이 기존의 해결책에 도전한다는 것을 알고 있지만, 내가 나눈 것들을 통해 본인만의 창의적인 문제해결 아이디어가 넘치기 시작하길 바란다. 우리의 일은 끊임없이 도전적이지만 끝없는 보람이기도 하다. 당신이 추구하는 것에

행운을 빈다!

반영적 미술경험과 토론을 위한 질문

1. 2~3인치 정도 겹치는 큰 원을 두 개 그려라. 선, 형태, 색을 사용해서, 한 원에는 당신의 기관을, 다른 원에는 당신을, 겹치는 공간에는 기관 속의 자신을 상징화해 보자.

2. 슈퍼바이저와 자신을 상징화하라. 당신의 상징과 관계를 혼합해서 상징화하라. 각각을 저널에 기술하고 화합의 영역과 분쟁의 영역을 고려해보자.

3. 당신이 통제할 수 없는 직장에서의 문제를 어떻게 처리하는가? 어떤 싸움에 참여할 것인가? 어떤 자원을 요청할 수 있는가? 당신을 지지하는 관계망(예를 들어 동료, 교수)에는 누가 있는가? 어려운 상황에 직면했을 때, 당신이 통제할 수 있는 것과 통제할 수 없는 것에 대해 생각하라.

4. 당신은 자신을 향한 공개적인 인종차별 발언에 대해 어떻게 대응하는가? 직장이나 집에서는 어떠한가?

참고문헌

Rubin, J. A. (1982). Art therapy: What it is and what it is not. *American Journal of Art Therapy, 21*, 57-58.

Yalom, I. D. (1975). *The theory and practice of group psychotherapy.* New York: Basic Books.

25

정교(政敎)의 분리
복합외상, 섭식장애, 해리성 정체성장애가 있는 사람을 둘러싼 교구 정치, 제3자 지불자 그리고 미술치료

미셸 L. 딘

섭식장애: 험난한 여정

섭식장애를 앓는 사람들은 회복의 여정에 있어 종종 많은 시간과 비용이라는 현실의 문제에 직면한다. 지속적인 회복을 위해 권장된 치료기간은 어떤 사람에게는 8년, 어떤 사람에게는 수십 년이며, 이 과정에서 전문 섭식장애치료센터의 여러 의료 및 정신과 입원이 포함될 수 있다(Anorexia Nervosa and Related Disorders, 2015). 거주 프로그램은 한 달 평균 3만 달러의 비용이 들고, 많은 환자가 집에서 멀리 떨어진 시설에서 3개월 혹은 그 이상 치료를 받아야 한다. 환자는 전문 섭식장애 프로그램을 종료한 후에도 수년간의 사후관리가 필요하고(Alderman, 2010; Parker-Pope, 2010) 이것 또한 10만 달러 이상에 달한다. 정신과의사, 내과의사, 영양사, 심리치료사와 같은 전문가를 포함한 외래환자 치료는 회복과 관련한 지속적인 비용을 유발한다. 회복비용은 많은 사람에게 미국 명문 사립대학의 교육비용과 맞먹기 때문에, 가족, 보험회사, 종교단체나 자선단체의 사회적 수단과 같은 그 어떤 재정적 지원도 환영받을 수 있다.

제3자 지불자 비용

새로운 의료법은 의료보험과 정신의료보험의 일반적 보상 사이의 상호연계를 만듦으로써 정신건강과 의료의 치료범위에 대한 격차를 줄이려고 시도했다. 이러한 노력이 도움이 되긴 했지만, 많은 행동 증상의 기저에 놓인 복잡한 심리문제들이 충분히 다루어지지 못했다. 따라서 치료를 위한 기금은 복합외상을 포함해 섭식장애의 행동 원인이 된 복잡한 심리문제보다는 증상이나 행동에 초점이 맞춰졌다. 보험사는 일반적으로 장기적 치료를 제공하지 않으며 일부는 섭식장애를 위한 적절한 보장을 거부하기에(Parker-Pope, 2010), 이런 비용은 개인과 가족 또는 지원 시스템이 고스란히 떠안아야 한다.

정신건강 의료 제공자들도 난관에 봉착했다. 그들은 전문의료인으로서 지속적인 수련과 교육을 통해 최고수준의 전문지식을 보유함으로써 사업을 운영할 뿐만 아니라, 자신과 가족을 부양함과 동시에 다른 의료전문가들과 마찬가지로 비용 상승 속에서 진료할 것을 기대받기 때문이다. 게다가 많은 의료 제공자는 지난 10년 동안 자격기준이 강화되는 것을 보았는데, 여기에는 더 엄격한 요구사항, 추가 교육 및 슈퍼비전, 그리고 복잡하고 때로는 심리적으로나 의학적으로 불안한 상태인 환자들과 일할 수 있는 전문지식이 포함되었다. 그들 중 외래환자의 경우 보험금 환급을 받는 이들은 지난 몇 년간 치료비 환급이 거절되는 경험을 했다. 환급률 감소 혹은 회기 제한으로 인해 많은 의료 제공자는 몇 년 전만큼 벌려면 더 많은 내담자를 만나야 하는 먹고사는 문제에 직면한 것이다. 많은 사람들이 줄어드는 환급률을 감수하거나 보험 패널을 탈퇴하고 서비스에 대한 치료비를 직접 받는 방식으로 일해야 했다. 많은 임상가들처럼 나 역시 보험 패널 시스템 밖에서 일하기로 결정했으며, 내 경험과 전문지식, 전문 교육 및 임상 장소에 상응하는 요금을 책정했고 필요에 따라 차등을 두어 치료비를 측정했다. 이 방식은 치료 기간, 빈도 및 지속 기간이 임상적 대화의 일부가 되도록 허용했다. 또한, 이 방식은 경제적 동기를 가지고 치료과정에 직접적인 영향을 미치는 서비스를 제한하거나 거부하고, 환자에 대한 친밀감, 경험, 전문지식과 전문적인 훈련이 부족한 제3자의 개입을 배제했다. 정신건강 치료와 관련된 비용의 지원은 환영받을 일이지만, 이 또한 대가를 치를 수 있다. 이 장에서는 이런 제3자 지불자의 행동이 외상, 섭식장애, 그리고 해리성 정체성장애가 있는 젊은 여성의 치료에 어떤 영향을 미쳤는지 설명한다.

레이첼 이야기: '신'께서 주셨으니 '신'께서 가져가소서

어느 날, 나는 내 서비스 전단지를 본 목사로부터 전화를 받았다.

"나는 당신이 섭식장애, 복합외상, 성폭력과 신체적 폭력으로 학대받은 사람들과 일한다고 알고 있어요. 맞나요?"라고 그가 물었다. 내 전문지식에 대한 그의 이해를 확인시켜주자, 그는 자신의 교회에 있는 한 교구민이 자해와 섭식장애에 시달리고 있다고 설명했다. 그는 그녀가 처음에는 교회의 기독교 상담가와 만났으나 그녀의 문제와 증상은 치명적일 수 있는 가능성으로 인해 그 상담가의 능력 밖이었다고 말했다. 도움이 필요한 교구민을 위해 자신이 할 수 있는 일은 다했다고 느꼈던 목사는 레이첼이 자신의 범위 밖에서 치료받을 방법을 찾았다.

우리의 첫 통화에서 목사는 다음과 같이 말했다.

레이첼은 외상에 대한 오래된 이력을 가진 30대 중반의 여성입니다. 그녀의 외상은 어린 시절 아버지의 손에서 시작됐고, 근친상간으로 인해 다른 가족구성원들로 확장됐어요. 그녀는 며칠 동안 사라졌다가 다수의 자해 상흔을 가지고 돌아올 정도로 심각한 해리상태를 겪고 있어요. 어떤 때는 영문도 모른 채 5시간 이상 운전해야 도착할 수 있는 다른 지역에서 '돌아온' 후에 전화를 했습니다.

목사는 또한 레이첼의 제한적인 섭식장애 행동으로 인해 면역력이 약해진 신체건강을 우려했다. "그녀는 너무 말라서 (기립성 저혈압 때문에) 가끔 기절할 때도 있어요"라고 그는 말했다. "그녀를 만나보시겠어요?"

외상증후의 정도는 심각했고, 레이첼은 계속된 정신의학적 치료가 필요해 보였다. 나는 레이첼과 만나는 것에 동의했고, 그녀가 전화해서 약속을 잡도록 요청했다. 목사는 고맙다고 말하며, "레이첼은 사람을 잘 믿지 않는데, 그녀가 당신을 믿고 무슨 일이 일어나고 있는지 터놓고 말할 수 있으면 좋겠네요"라고 덧붙였다. 나는 치료적 동맹이 성립하려면, 신뢰가 매우 중요하다는 것에 동의했다. 나는 특히 가족에 의해 가해진 외상은 다른 사람과 신뢰관계, 의미관계를 형성하는 능력을 저해한다고 설명했다. 그 밖에 치료적 관계가 시간에 따라 발전하기 위해서는 레이첼이 나와 함께 일하는 것에 편안함을 느껴야 한다고 설명했다.

그러자 목사는 "아, 다른 게 또 있어요. 레이첼은 정신과 질환으로 저소득층 의료보장제도를 받고 있고, 교회 밖에서는 믿을 만한 일을 할 수 없어서 장애인으로 간주되고 있어요"라고 했다. 그는 레이첼이 교회에서 하는 일(대부분 사무직)에 대한 보답으로 교회가 기꺼이 그녀의 주거와 의료에 경제적 지원을 하고 있다고 설명했다. 교회가 내 서비스의 비용을 지불한다는 것이다. 그는 교회가 이런 방식으로 신도 몇 명을 지원한 경험이 있기 때문에, 내 서비스를 이용할 수 있는 다른 신도들이 있을지 모른다고 넌지시 말하며, 레이첼을 위해 차등 요금을 제공할 수 있는지 물었다. 나는 표준요금의 3분의 1로 인하하는 데 동의했다.

그다음 주에, 나는 키가 크고 마른 레이첼을 만났다. 그녀의 수척한 얼굴에서는 젊음을 찾기 어려웠고, 피곤한 얼굴에는 눈 위로 떨어진 긴 머리카락이 그림자를 드리웠다. 그녀는 가냘픈 몸으로 가슴에 일기장을 꼭 껴안은 채 웅크리고 있었고 불안하게 다리를 튕기며 내 사무실 가장자리에 앉아 있었다. 그녀가 조용히 자신에 대한 의료와 정신건강 병력의 일부를 말했을 때, 나는 만성적이고 심각한 그 병의 성격을 알 수 있었다. 그녀는 20년 동안 정신건강이나 육체적 질병 모두로 인해 여러 차례 입원이 필요했었다. 그녀는 자신의 아이와 같은 인격이 집에, 때로는 옷장에 그녀를 가뒀으며, 교회 신도들이 집에 전화를 해서 그녀가 괜찮은지 확인할 때를 제외하고는 오랜 시간 다른 사람들과 거의 혹은 전혀 접촉하지 않아 불안하거나 우울함을 느꼈다고 설명했다. 그녀는 경건함, 순수함, 통제력의 수단으로 오랜 시간 동안 먹거나 마시는 것을 거부했다. 교회와 신도들의 지지와 개입이 없었다면, 레이첼은 그녀에게 범죄를 저지른 가족과 관계를 끊을 목적으로, 그녀가 자란 곳에서 멀리 떨어진 도시에서 아마 완전히 혼자가 됐을 것이다.

이전의 학대에 관한 이야기는 레이첼을 불안하게 만들었다. 때때로, 그녀의 가족은 인터넷 검색이나 다른 방법을 통해 그녀를 찾으려고 했는데, 그때의 경험이나 극심한 반응에 관해 물어봤지만, 그녀는 침묵하거나 회피했다. 매주 우리의 약속은 계속됐고 라포와 신뢰를 쌓아갔다. 천천히, 그녀는 어릴 적 어머니의 죽음, 보호자의 부재와 가족의 학대, 그리고 가장 중요하게는 목회자이자 그녀의 어린 시절 교회와 불가사의하게 얽혀 있던 한 가족구성원에 관해 나누기 시작했다. 그는 성경 구절을 뒤틀어 학대의 근거를 만들었다.

레이첼이 스스로를 돌보거나 돌봄에 도달할 수 없다는 점은 그녀의 행동과 작품에서 분명히 나타났다. 우리가 함께 작업을 시작했을 때, 나는 그녀에게 '나무에서 사과를 따는' 자신의 모습을 그려 달라고 요청했고 그녀는 그 응답으로 [그림 25.1]을 그렸다. 완전히 뻗을 수 없다는 팔과 사과에 닿을 수 없는 나무의 높이는 돌봄에 대한 레이첼의 거부와 무능을 반영했다. 그녀는 그림 속 그녀의 손에 닿지 않는 사과처럼, 자신의 인생에서 다른 목표에 도달할 수 없는 좌절감에 대해 말했다. 자기 돌봄에 대한 그녀의 불확실함은 명확했고, 외상의 후유증에 따른 정신적, 육체적 고통은 그녀를 괴롭히고 쇠약하게 만들었다.

우리의 일은 신뢰, 지지, 돌봄의 관계를 구축하는 것으로 구성됐다. 우리는 해리증상과 섭식장애의 촉발요인을 찾기 위해 노력했을 뿐 아니라 그녀의 유대관계와 자기 돌봄을 통해 일상에서의 안전을 만들어가고자 했다. 때때로 우리는 교회,

그림 25.1 치료 초기에 레이첼이 그린 나무에서 사과를 따는 그림

종교, 영성 그리고 그것들이 그녀의 가해자 손에 더럽혀진 점에 대한 그녀의 이해를 다뤘다. 우리는 음식이 독이 들어 있거나 더럽혀진 것으로 보일 때 영양섭취의 어려움에 대해 상의했는데, 이는 종종 가학적인 학대 의식과 관련되어 있었기 때문이다. 전후관계로 볼 때, 교회에서 발생하는 학대의 역할을 이해하려는 그녀의 탐구는 국제뉴스에 자주 등장하는 고위관리들에 의한 다수의 아동학대 혐의와 은폐에 의해 촉발되었다. 그녀는 인간의 고통에 대한 투쟁과 이해를 나눴으며, 자신을 벌주거나 양립할 수 없는 생각을 토해내는 수단으로서 제한이나 자해를 하지 않고 인생을 즐길 수 있는 믿음체계를 찾고자 노력했다. 우리의 일은 복잡했고 쉽지 않은 일이었다. 우리가 함께 작업한 지 1년 정도 되었을 때 그녀의 몸무게가 급감했고, 그것은 재입원을 의미했다.

목사는 걱정했고 안심시킬 필요가 있었다. 재입원은 레이첼이 진전이 없거나 치료가 도움이 되지 않는 것을 의미하지 않았다. 나는 선의를 가진 목사에게 복합외상, 외상후 스트레스장애, 섭식장애, 해리성 정체성장애 등을 교육하는 시간을 가졌다. 우리는 의사, 영양사와 함께 필요에 따라 목사에게 그녀의 상태를 알리며 치료를 계속했다. 우리는 4년 동안 함께 일하며 큰 진전을 이뤘다. 그 시간 동안, 레이첼의 해리 증상과 불안은 훨씬 줄어들었다. 그녀는 치료 회기에서 진행한 미술 작품 외에도 시를 쓰고 작품을 만들며 자신의 욕구와 감정을 잘 표현하기 위해 노력했다. 그녀는 학대 생존자를 지원하는 인터넷 토론 그룹에 가입했고 익명의 블로그를 만들어 자신의 경험을 공유했다. 그녀는 교회 안에 있는 몇몇 모임에도 가입했는데, 이는 부분적으로는 교회의 재정지원을 설득하고 지속하기 위한 일이기도 했지만, 다른 이들과 교류하는 것이 그녀의 고립적인 성향을 막는 데 더 도움이 됐기 때문이었다. 비록 그녀의 섭식장애는 만성적인 것으로 분류됐지만 이것 역시 개선이 이루어졌다. 그녀의 저체중은 안정됐고 파괴적인 행동은 줄어들었다. 우리는 치료의 중간지점일 수도 있는 곳에 접근하고 있었는데, 관계는 탄탄해졌고 위기는 감당할 수 있는 정도로 소멸되었다. 교회 안에서 변화가 일어나기 시작한 것은 이때부터였다. 새로운 목사가 임명됐고 그 목사는 어려움을 겪는 교구민에게 어떻게 자금이 할당되는지 의문을 품기 시작했다.

신임 목사는 나와 레이첼의 치료에 관해 이야기하고 싶어 했다. 레이첼은 자신이 없는 동안 어떤 말이 오갈지 불안했기 때문에 회의에 참석하기로 했다. 레이첼의 입장에서, 나는 신임 목사에게 예전 목사와 공유했던 동일한 문제와 걱정을 설명했다. 그녀는 정중하게 들었고 고개를 끄덕이며 동의하는 것처럼 보였지만, 나는 그녀가 떠났을 때 뭔가 잘못됐다는 불안감을 느꼈다.

내 윤리적 딜레마

여러 요소가 얽혀 있는 상황에서 어떻게 해야 할까?

다음 회기에서 레이첼은 내가 '종교적 신념 성명서'에 서명을 해야만 함께 일을 계속할 수 있다고 알려 주었으며, 이는 '예수 그리스도를 나의 주로 받아들인다'라고 명시된 서식에 서명해야 한다는 것을 의미했다. 신임 목사는 그들의 자선기금을 받는 사람들이 그 성명서에 서명할 필요가 있다고 주장했다. 그건 그들의 방침이었고 전에는 그것에 참여하라는 요청을 받은 적이 없었다. 레이첼의 치료와 회복의 열쇠는 내 종교적 신념이 아니라 나의 전문지식이었다. 처음 서비스를 요청한 예전 목사에게 충분히 설명하고도 남았던 그 전문지식 말이다. 나는 갈등했다. 치료적 관계, 전문적 치료와 일관성의 중요성에 대한 논의가 이어지는 와중에도, 신임 목사는 교구 내 기독교인 상담가에게만 돈을 지불하겠다고 제안하면서 레이첼의 치료를 위한 자금지원을 중단하려는 의도를 분명히했다. 목사는 4개월에 걸쳐 점진적으로 지원금을 줄이겠다고 전했다. 지원 축소는 레이첼이 장애수당을 포기하고 유급 직장을 구해서 치료를 계속할지 아니면 새 목사가 추천한 기독교 상담가에게 치료받을지를 선택하도록 했다. 나는 치료비를 더 내려주겠다고 했지만, 갈등은 너무 커 보였다. 치료비가 얼마든 간에 그녀는 지불할 여유가 없었다. 궁극적으로 그녀는 자신이 목사의 말을 따르지 않는다면, 교회의 지지는 물론, 월세와 자동차 수리비 같은 교회가 제공해온 다른 보조금들을 잃게 될 처지였으며, 교회가 자신을 외면할까 봐 두려웠다. 우리는 이 상황이 그녀를 학대적인 가족체계에 머물게 한 권력의 역학과 어떻게 유사한지에 대해 토론했다.

우리 둘 다 격분했지만, 상황을 바꾸기에는 무력함을 느꼈다. 나는 복잡한 마음에 목사와 함께 내 종교적 배경에 대해 논의하면 그녀의 판단이 달라질지도 모른다고 생각했다. 만약 내가 종교의 자유를 찾아 이 나라에 온 선교사의 후손이라는 것을 안다면 나에 대한 그녀의 생각이 달라질까 자문했다. 내가 감리교와 형제교회* 교인인 부모의 가르침을 흡수하며 개신교 신자로 자랐다는 점이 그녀가 나를 더 좋게 보도록 만들 수

---

* 역주: Brethren, 개신교의 종파 중 하나임.

있을지 궁금했으며, 아니면 20대 초반에 내가 가톨릭으로 개종했고 현재 성당에서 아동학대 혐의로 기소된 그 대주교(BishopAccountability.org, 2004)로부터 세례와 성찬을 받았다는 것을 안다면 어땠을지 궁금했다. 그리고 만약 이렇게 종교와 다른 사람에 대한 지식을 추구함으로써 종교와 영성을 더 잘 이해하고자 하는 나의 노력을 안다면 그녀는 내가 가치 있는 사람이고, 함께 일할 수 있는 기준을 충족했다고 여겼을까 궁금했다. 내 목적은 그녀의 교구민 중 한 명을 돕는 일이었고, 가족구성원인 교회의 관리자 손에 의해 저질러진 외상을 치유하는 과정이었다.

미국상담협회(American Counseling Association, 2014)의 윤리강령(p. 5)을 검토한 결과, 기준 A.4b에 다음과 같이 명시되어 있다.

> 상담가는 자신의 가치, 태도, 신념, 행동을 인식하고 강요하는 것을 피한다. 상담가는 내담자의 다양성을 존중하고… 특히 상담가의 가치가 내담자의 목표와 일치하지 않거나 본질적인 차이가 날 때, 내담자에게 자신의 가치를 강요할 위험이 있는 영역에 대한 교육을 받아야 한다.

또한, 다문화적 역량과 윤리적인 실천을 촉진하기 위해, 상담가는 자신과 일하는 내담자들 사이의 다양성에 대한 이해를 지속해서 높여야 한다. 이러한 다양성은 웹스터 사전에서 "차이의 상태 혹은 사례; 선택의 다양성"(Merriam Webster, 1956, p. 243)으로 정의된다. 이는 종교를 포함해 차이가 있거나 차이를 가지고 있는 것에 관한 내용이다.

당신은 어떻게 대응하겠는가?

저자의 답변은 부록 B에서 확인할 수 있다.

결론

이 장은 한 사람의 삶에서 필수적일 수 있는 종교나 영성의 가치를 밝히고자 함이 아니다. 이것은 종교기반 단체, 부모, 보험회사든 상관없이, 치료의 재정적 책임을 지닌 제3자가 치료 목표와 치료적 관계보다 우선권을 갖는 특정한 이론, 철학적 지향 또는 경제적 의제를 장려할 때, 어떤 일이 벌어지는지에 관한 것이다. 이런 우선순위는 충돌을 유발하고 권력투쟁과 분열, 그리고 최악의 경우 레이첼처럼, 애착과 관계의 파열, 표현과 개성 및 주체성의 상실과 같은 외상의 경험을 되풀이하게 한다. 그리고 의료비용에 대한 지원은 종종 제3자 지불자의 도움이 필요한데, 이때 비용의 명백함과 은밀함을 이해하는 것이 매우 중요하다. 이것이 치료적 대화뿐 아니라 개인의 진실성과 신념에도 영향을 미치기 때문이다.

반영적 미술경험과 토론을 위한 질문

1. 당신이 옳지 않다고 느꼈거나 개인적, 도덕적, 윤리적 신념과의 갈등으로 인해 불편한 것을 말하거나, 하도록 요청받은 일에 대해 토론하라. 이 경험과 관련한 반응 미술작업을 해보자.

2. 현재 같은 상황에 놓인다면, 이 요청을 어떻게 처리하겠는가? 만약 당신의 개인적, 도덕적 또는 윤리적 신념의 명확성으로 인해 마음이 불편한 일을 했다면, 그 상황을 바로잡기 위해 무엇을 할 것인가?

참고문헌

Alderman, L. (2010, December 3). Treating eating disorders and paying for it. *The New York Times*. Retrieved from www.nytimes.com/2010/12/04/health/04patient.html?_r=l&ref=health

American Art Therapy Association (2013). *Ethical principles for art therapists*. Alexandria, VA: Author.

American Counseling Association (2014). 2014 ACA code of ethics: As approved by the ACA Governing Council. Retrieved from www.counseling.org/resources/aca-code-of-ethics.pdf

Anorexia Nervosa and Related Disorders (ANRED) (2015). Treatment and recovery. Retrieved from www.anred.com/tx.html

Bishop-accountability.org (2004). Cardinal Bevilacqua's management of abuse allegations assessments of the Philadelphia grand juries in 2003, 2005, and 2011. Retrieved from www.bishop-accountability.org/reports/2005_09_21_

Philly_GrandJury/Bevilacqua.htm

Merriam Webster (1956). *Webster's new collegiate dictionary* (2nd ed.). Springfield, MA: G. & C. Merriam Co.

Parker-Pope, T. (2010, December 3). The cost of an eating disorder, well. *The New York Times*. Retrieved from http://well.blogs.nytimes.com/2010/12/03/the-cost-of-an-eating-disorder/?_r=0

여러 가지 역할

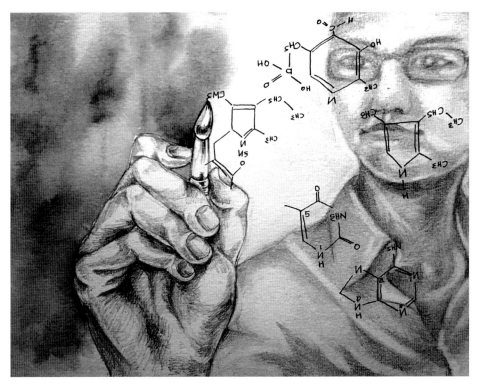

26

사실 홍콩은 작은 마을이랍니다
공동체 안에서의 미술치료와 다중관계

조던 S. 포타시

나의 미술치료 커리어의 초기에는 내 직업적인 삶과 사적인 삶이 거의 겹치지 않았다. 아침에 나는 한 지역에 위치한 기관 혹은 스튜디오에 갔다가 저녁에는 다른 지역에 있는 집으로 되돌아왔다. 물론 자주는 아니지만, 지하철이나 가게에서 내담자를 볼 때도 있었다. 그러나 이 모든 것은 내가 홍콩에서 8년 동안 살면서 바뀌었다. 홍콩에 거주하는 사람은 720만 명이지만, 외국인 공동체는 30만 명으로서 상대적으로 작은 규모이다. 이 숫자는 공유된 국적(6만 명의 미국인), 종교 혹은 관심사를 기반으로 하는 단체에 개인이 참여할 경우 축소된다. 예를 들어, 내가 참여했던 유대인 공동체는 약 4,500명이었다.

홍콩은 내가 살았던 도시 중 가장 크지만 작은 마을처럼 느껴졌다. 내 친구가 본인 친구의 자녀가 나와 함께 치료를 한 후 얼마나 자신감이 생겼는지에 대해 아무렇지도 않게 말했을 때 사회관계 안에서 상호 연결성이 더욱 부각되었다. 갑자기 나의 직업적 삶과 개인적인 삶이 예고 없이 충돌한 것이다. 이때까지 나는 이 두 사람이 서로 알 뿐만 아니라, 미술치료를 받는 것에 대해 털어놓을 만큼 잘 아는 사이라는 것을 몰랐다. 그동안 깔끔하게 구분되어 있던 나의 세계가 급격하게 변했다.

다중관계

나의 경험은 미국미술치료학회의 『미술치료사를 위한 윤리강령』에서 다음과 같이 정의하는 다중(혹은 이중)관계의 범주에 속한다.

> … 미술치료사가 내담자와 전문가로서 만나면서 (a) 동시에 같은 내담자에게 다른 역할을 맡고 있을 때 (b) 동시에 직업적 관계에 있는 내담자와 사적 관계에 있을 때/혹은 (c) 내담자 또는 내담자와 밀접하게 연관된 사람과 미래에 또 다른 관계를 맺을 것을 약속할 때.
>
> *미국미술치료학회, 2013, 원칙 1.4*

요약하면, 다중관계는 미술치료사가 내담자와 치료적 관계 이상의 관계를 맺을 때 발생하며, 그 관계는 연속적일 수도 있고 동시에 발생할 수도 있다. 비치료적인 관계의 성격은 사회적(예: 친인척 혹은 친구의 관계) 또는 직업적(예: 사업 파트너, 동료 혹은 계약자)일 수 있다.

다중관계를 정의하는 것 이외에도, 원칙 1.4는 관계를 조율하기 위한 지침을 제공한다.

> 미술치료사는 다중관계가 치료사로서 기능을 수행하기 위한 미술치료사의 능력이나 효율성을 손상시킬 수 있다고 합리적으로 예상될 경우 내담자와의 다중관계를 지양하며, 그렇지 않을 경우 직업적 관계를 맺고 있는 사람에게 착취를 하거나 해를 가할 위험이 있다.

이는 다음과 같이 결론을 내린다.

> 손상이나 착취나 위해를 초래할 것으로 합리적으로 예상되지 않는 다중관계는 비윤리적인 것이 아니다. 미술치료사는 내담자와 관련하여 그들의 영향력 있는 위치를 인지하며, 내담자의 신뢰와 의존성을 착취하지 않는다.

[미국]미술치료자격위원회의 『윤리, 행동 및 징계절차 강령』(2018)에 따르면 착취적인 관계에는 "내담자에게 돈을 빌리거나 빌려주는 것, 내담자를 고용하는 것, 내담자와 사업을 함께하는 것, 내담자와 낭만적인 관계를 맺는 것 혹은 성적으로 친밀한 것을 포함하며, 반드시 이에 국한되지만은 않는다."(원칙 2.3.4)

다중관계에 경각심을 갖는 것은 치료과정의 진실성을 확인하고, 내담자가 이용당하지 않도록 보장하며, 치료사를 치료과실로부터 보호한다(Freud & Krug, 2002). 이러한 이유들로 Goldstein(1999)은 다양한 관계들이 어떻게 직업적인 관계에 영향을 미칠지에 대한 우리의 인식을 재조명하기 위해 다중관계라는 용어를 '경계위반'으로 대체할 것을 제안한다. 미국미술치료학회의 윤리강령 전문에 포함된 열망적 가치들은 특정 상황에서 미술치료사들이 무엇이 내담자에게 적절한지를 기반하여 결정을 내릴 수 있도록 도울 수 있다(Hinz, 2011). 특히 미술치료사는 내담자의 의사결정(자율성)을 존중하고, 위해의 감소를 중요시하며(무해성), 안녕감을 도모하고(이익), 진실성을 함양하며(충실성), 공정성을 고려하고(정의), 창의적인 문제해결능력을 존중한다(창의성). 다중관계가 문제가 되는지에 대한 여부를 결정할 때, 미술치료사는 "현재 혹은 과거의 내담자, 학생, 인턴, 수련생, 슈퍼바이지, 직원 혹은 동료들과의 비치료적 혹은 비전문적 관계가 그 누구에게도 착취적이거나 해롭지 않다는 것을 증명하기 위한 입증의 책임이 미술치료사들에게 있다"는 것을 자각해야 한다(ATCB, 2018, 2.3.3). 따라서 다중관계가 보장되도록 하기 위해 다중관계가 나타날 때(혹은 나타날 가능성이 있을 때) 내담자 및 슈퍼바이저와 열린 대화를 하는 것은 미술치료사의 의무이다.

어떤 상황에서는 다중관계가 불가피하다. 기관이 개최하는 오락 혹은 사교 모임과 같은 지역사회 기반 활동에 치료사들이 참여할 수 있으며, 변호 단체에서 일하는 전문가들은 내담자 역시 조직 내에서 역할을 맡고 있다는 걸 발견할지도 모른다(Freud & Krug, 2002). 때때로 미술치료사는 미술치료를 제공하는 것, 오락적인 미술 활동을 진행하는 것, 미술교육자로서 활동하는 것, 그리고 동료 예술가로서 관계 맺는 것 사이에서 방향을 잡는다(Moon, 2015). 추가적인 관계 형성의 가능성은 치료사들이 그들의 문화적, 인종적, 종교적 혹은 사교 모임 안에서 일할 때 종종 발생한다. 이와 비슷하게, 소규모 지역사회에 거주하는 치료사들은 "사회적 중복을 피하기는 어렵다"는 것을 알며, 특히 그들이 "치료를 위한 단 하나의 가능한 선택지"일 경우 더욱 그렇다(Burgard, 2013, p. 70).

윤리적 문제

합의된 기대

나는 새로운 레스토랑으로 친구의 초대를 받아서 들떠 있었다. 그녀는 소모임을 위해 독실을 예약했다. 자리에 앉았을 때, 나는 내 내담자들 중 한 명의 부모가 바로 맞은편에 앉아 있다는 것을 발견했다. 그녀와 나는 같은 문화 공동체에 속해 있었기 때문에 여러 차례 마주쳤으며, 그때마다 지역행사들과 관련된 치료와 관계없는 것들에 대해 간단히 이야기했다. 그러나 그날의 저녁식사와 방의 분위기는 좀 더 친밀했기에 단지 짧게만 응대할 수 없었다.

다중관계를 대처하는 한 가지 방법은 내담자와 치료사가 관계에 대해 합의된 기대를 갖도록 하는 것이다(Freud & Krug, 2002). 여기에는 치료의 본질과 관련된 유사한 가치를 갖는 것과 다중관계의 가능성에 대한 공유된 이해가 포함된다. 이러한 상황에서 비밀보장 및 '친밀하게 지내는 것'과 치료적 환경 밖에서 '친구가 되는 것' 사이의 구분을 확실히하는 것은 필수적이다. 함께 치료를 시작하며 내담자의 어머니와 나는 우리가 같은 공동체 안에 속해 있다는 것을 금방 알게 되었다. 이는 우리가 공통된 세계관을 갖고 있다는 것을 뜻했기에 부모들은 오히려 이 상황을 좋아했다. 더욱이, 그들은 미술치료를 받는 것이 부끄러운 활동이 아니라는 것을 자녀가 아는 것이 도움이 될 거라고 생각했다. 나와 함께 치료를 진행한다고 그 부모가 다른 사람들에게 굳이 말하지는 않았지만 자녀가 나를 볼 것이라는 점 또한 그들에게 문제가 되지는 않았다. 그날 저녁식사에서 우리는 이 상황에 대해 처음에는 조용히 웃었지만, 요리에 대한 대화와 같이 모든 일반적인 상황에서 나눌 수 있는 것들에 대해 이야기했다.

역할 구분

나는 자신의 사촌을 의뢰하려는 한 남성으로부터 전화를 받았다. 전화를 건 사람은 그동안 미술치료사를 찾고 있었으며 특별히 미국인 남성을 바랐기에, 나를 발견한 것에 기뻐했다. 그때 나는 대학교에서 강사로 일하고 있었으며 그 사례를 맡은 지

몇 달 뒤 내가 속한 부서의 교과목 설계 회의에 초대되었다. 토론 도중 나는 내담자를 의뢰한 사람을 보았다. 그에게 나는 우리 학교 프로그램에서 일하게 된 존경받는 예술가로 소개되었다.

비록 그가 나의 내담자는 아니었지만 그는 나의 내담자와 긴밀히 연결되어 있었다. 홍콩에서 미술치료사로 활동하는 유일한 미국 남성으로서, 나는 내담자 친척과의 새로운 직업적 관계를 고려했을 때 내담자와의 관계를 끝낼 수 없다고 느꼈다. 마찬가지로, 나는 교육자로서의 책임을 포기하고 싶지 않았다. Burgard(2013)는 다중관계가 해로운지를 결정하기 위한 몇 가지 전략들을 제안했는데, 여기에는 치료사와 내담자가 관계에 대해 상호 이해하도록 보장하고, 발생 가능한 갈등들을 식별하며, 힘의 역동 안의 변화를 인식하는 것이 포함된다. 이 상황을 해결하기 위해 나는 먼저 치료와 교육 분야에서 나의 분리된 역할들에 관해 내담자 및 의뢰인과 함께 대화를 나누었다. 그다음, 우리의 대화 및 상호작용을 주어진 역할에 적절하게 제한할 것에 서로 동의했다. 업무와 관련해서, 의뢰인은 조금이라도 부적절하게 보이는 일이 없도록 대부분의 프로젝트를 다른 동료에게 지시할 것에 동의했다. 나는 내담자에게 만약 상황이 불편해진다면 그 상황을 어떻게 진행할 것인지에 대한 대화와 제안들에 기꺼이 열려 있음을 알려주었다.

예술적 객관성

내가 다루기 어려운 청소년과 함께 치료를 진행했을 때, 내담자는 자신이 다니는 고등학교의 미술 전시에 참여할 준비를 하고 있었다. 전시의 일부로서 그녀는 우리가 미술치료에서 함께 논했던 몇 가지 주제와 관련된 설치 작업을 만들었다. 가끔 그녀는 전시를 위한 자신의 창작물에 대해 언급했는데, 그 작품들이 그녀에게 얼마나 중요한지는 명백했다. 그녀가 말을 더 많이 할수록 나는 그녀가 우리의 작업을 자신의 삶에 적용하는 방법을 찾았다는 것에 더욱 흥미를 느끼고 들떴다. 그리고 공연 일주일 전, 그녀는 나를 동료 예술가로서 전시에 초대했다.

Thompson(2009)은 아트 갤러리가 내담자, 미술치료사, 대중이 새로운 방식으로 서로 및 예술과 연결될 수 있도록 공동공간에 함께 모이는 기회를 제공하는 방법에 대해 설명했다. 모두가 예술가이자 감상자로서 참여하게 되면 전형적인 힘의 역동은 잠잠해진다. 그렇지만 미술치료사들은 그들의 전문적 객관성을 잃을 수 있기에 의미 있게 표현되거나 잘 만들어진 예술에 현혹되지 않도록 주의해야 한다 (Klorer, 1993). 내가 예술적 호기심뿐만 아니라 치료적 관계에 도움이 되는 선택을 하고 있는지를 확인하기 위해, 나는 슈퍼비전에서 다중관계의 잠재력에 대해 논의했다. 그렇게 함으로써 나는 내담자가 지지받는다고 느낄 수 있는 방식으로 전시에 참여할 수 있도록 돕기 위한 나의 공정성을 확인할 수 있었다. 참석 전, 나는 또한 내담자 및 그녀의 부모와 함께 행사에서 나에 대한 그들의 기대치와 우리 중 한 명이 지인과 마주칠 경우 어떻게 우리의 관계에 대해 설명할지에 대해 이야기를 나누었다.

비치료적인 관여

미술치료사로서 내 직업을 알릴 때, 나는 미술치료의 심리치료적인 가치뿐만 아니라 창의성에 관여하는 안녕감의 적용을 강조한다. 몇 년간 진행된 한 내담자와의 치료는 그녀가 건강한 생활습관을 갖고 직업적 목표를 이루도록 하는 것에 초점을 맞추었다. 치료를 종결한 지 얼마 안 되었을 때, 나는 국제 전문가가 주최하는 표현예술 워크숍에서 내담자를 만났다.

다중관계는 변호, 사례관리, 교육지원 및 직업훈련에 중점을 둔 비임상적인 환경에서 일하는 전문가들에게 문제가 될 수 있다(Freud & Krug, 2002). 이는 특정 지역의 아트 스튜디오 혹은 예술 및 건강 관련 분야에서 일하는 미술치료사들에게도 동일하게 적용될 수 있다. Halverson과 Brownlee(2010)는 소규모 지역사회의 치료사들이 제공하는 서비스의 유형에 따라 다중관계에 더 자주 얽히게 된 것을 발견했으며, 이러한 치료사들은 덜 심리치료 지향적인 서비스에 참여한 내담자와 더 많은 다중관계를 맺는 것으로 나타났다.

앞서 언급한 내담자에 대한 나의 역할은 내담자의 직업적 목표를 이루기 위해 그녀를 도울 수 있는 창의적인 과정들을 촉진하는 것에 중점을 두었기 때문에, 나는 우리가 같은 워크숍에 참석하는 것이 아무 문제가 없다고 생각했다. 쉬는 시간 동안 나는 현 상황에서 변화한 우리의 역할과 이 상황과 관련된 서로의 편안함에 대해 이야기했던 것을 확실히했다. 비록 우리의 일이 본질적으로 심리치료적이지는 않았지만 여전히 비밀보장의 범위에 속했기에, 나는 다른 워크숍 참가자에게 과거 우리의 관계에 대해 말하지 않을 것을 그녀에게 약속했다.

내 윤리적 딜레마

내담자의 커뮤니티 아트 이니셔티브*를 어떻게 최선을 다해 도울 수 있을까?

한 성인 내담자와 치료를 진행한 지 1년이 되었다. 반복되는 우울증과 삶의 전반적인 방향에 대한 불확실성을 갖고 방문했던 그는 치료에 상당한 진전을 보였다. 비록 그는 스스로의 감정을 전보다 잘 조절하고 그의 지지적 네트워크를 늘릴 수 있었지만 그는 미술작업이 스스로의 발전을 가능케 한 주된 원천임을 인정했다. 처음에 그는 회기중 미술작업을 하지 않았지만, 점차적으로 집에서 스케치북을 사용했고 점점 큰 종이에 작업을 하기 위한 공간을 마련했다. 예술에 더 많은 시간을 할애하면서 그는 예술가로서 인정받기 시작했다. 나와의 경험을 토대로 그는 사람들이 자신의 안녕감을 위해 미술작품을 만들 수 있는 지역 예술 프로그램을 기획하고 싶어 했다. 그의 프로젝트는 소규모로 시작되었지만 결국 규모와 범위가 확장되었다. 수요가 늘어남에 따라 그는 미술교육자들과 전문가의 지원을 요청했다. 내 기관의 책임자는 나와 동료들에게 이런 행사에 진행자로서 참가해줄 것을 요청했다. 책임자는 우리가 미술치료사로서 많은 기여를 할 것이라 생각했다.

당신은 어떻게 반응하겠는가?

저자의 답변은 부록 B에서 확인할 수 있다.

결론

특히 소규모 지역사회에서 다중관계의 복잡성과 불가피성을 고려하면, 이 문제에 대한 공식적인 교육과 열린 토론이 정신건강 전문가들에게 절실히 필요하다 (Halverson & Brownlee, 2010). 적절하게 대처한다면 다중관계는 치료적 만남을 방해하지 않는다. 오히려 다중관계를 잘 관리한다면 치료에 도움이 될 수 있다.

---

* 역주: Community art initiatives, 지역사회를 기반으로 예술과 문화를 접할 수 있는 기회와 자원을 제공하는 것

반영적 미술경험과 토론을 위한 질문

1. 수채화 물감을 사용해서 당신과 내담자를 각각 상징하는 색을 골라보자. 깨끗한 물을 붓에 묻혀 종이 표면 위에 전체적으로 발라보라. 종이 한쪽에는 당신을 나타내는 색을 칠하고 다른 쪽에는 내담자를 나타내는 색을 칠해라. 종이와 물감이 젖어 있을 때, 종이를 들어서 다른 방향으로 돌려보라. 두 색들이 교차하고, 섞이며, 합쳐지는 부분들을 살펴보자. 한 색이 다른 색을 덮는 지점에서 다시 색들의 균형을 맞추기 위해 무엇이 바뀌어야 하는가? 다른 색들이 섞이는 지점에서 이들이 다시 구분되려면 무엇이 바뀌어야 할까? 이와 같은 예술적 전략은 공유된 공간에서 다중관계를 탐색하는 연습에 대해 무엇을 알려줄 수 있을까?

2. 당신의 사회망을 나타내는 이미지를 만들어라. 당신이 자주 찾는 사회, 문화, 종교 및 기타 조직은 물론 지리적, 지역적, 오락적, 교통적 및 다른 지역들을 나타내보자. 어디에서 내담자를 만날 가능성이 있는지, 내담자를 만날 수 있는지, 그리고 내담자와 마주칠 가능성이 낮은지를 표시하라.

3. 마을의 유일한 배관공이 어려운 삶의 환경에 대처를 위한 도움을 받기 위해 당신의 스튜디오를 방문했다. 당신은 마을의 유일한 미술치료사이며 언젠가는 배관공의 전문적인 도움을 받아야 한다. 다중관계와 관련된 착취, 불편감 혹은 혼란의 가능성을 줄이기 위해 논의해야 할 것들에는 어떤 것들이 있는가?

4. 인정받는 예술전문가로서 당신은 다가오는 예술전시의 심사위원으로 초대되었다. 그 역할을 맡은 후, 당신은 동료 심사위원 중 한 명이 참여예술가이자 현재 내담자인 것을 알게 되었다. 역할 구분을 탐색하고 보장하기 위해 필요한 열망적 가치는 어떤 것들이 있는가?

참고문헌

American Art Therapy Association (2013). Ethical principles for art therapists. Retrieved from http://arttherapy.org/aata-ethics/

Art Therapy Credentials Board (2018). Code of ethics, conduct, and disciplinary procedures. Retrieved from http://atcb.org/Ethics/ATCBCode

Burgard, E. L. (2013). Ethical concerns about dual relationships in small and rural communities: A review. *Journal of European Psychology Students*, *4*(1), 69-77.

Freud, S., & Krug, S. (2002). Beyond the code of ethics, part II: Dual relationships revisited. *Families in Society*, *83*(5), 483-492.

Goldstein, H. (1999). On boundaries. *Families in Society*, *80*(5), 435-438.

Halverson, G., & Brownlee, K. (2010). Managing ethical considerations around dual relationships in small rural and remote Canadian communities. *International Social Work*, *53*(2), 247-260.

Hinz, L. D. (2011). Embracing excellence: A positive approach to ethical decision making. *Art Therapy: Journal of the American Art Therapy Association*, *28*(4), 185-188.

Klorer, G. (1993). Countertransference: A theoretical review and case study with a talented client. *Art Therapy: Journal of the American Art Therapy Association*, *10*(4), 219-225.

Moon, B. L. (2015). *Ethical issues in art therapy* (3rd ed.). Springfield, IL: Charles C. Thomas.

Thompson, G. (2009). Artistic sensibility in the studio and gallery model: Revisiting process and product. *Art Therapy: Journal of the American Art Therapy Association*, *26*(4), 159-166.

27

이중역할의 길과 장벽
연구자로서 미술치료사의 윤리

리처드 캐롤란

30년 이상 임상을 한 미술치료사로서, 나는 영혼의 고통을 염려하고 윤리적 실천에 헌신하는 우리의 직업에 감사한다. 하지만 미술치료사로서, 우리는 지식의 방법으로 예술의 윤리를 주의 깊게 살펴본 적이 있는가? 이 장의 목적은 윤리, 미술치료, 연구에 대한 성찰이다.

윤리와 연구는 각각 인식론과 존재론, 지식의 실천, 진리의 개념이라는 문제를 다룬다. 직업의 윤리적 원칙은 대중에게 서비스하는 데 있어 모범 사례의 형태로 그 직업의 집단적 지혜를 성문화한다. 참여자와의 관계에서 임상가 혹은 연구자가 둘 이상의 역할을 할 때 갈등과 착취가 발생할 수 있기에, 핵심 원칙은 임상가의 역할과 책임을 고려하는 것이다. 미술치료 연구자들의 윤리적 문제들은 또한 연구자들이 선택하는 방법론과 무엇을 근거로 선택하는지에 관련될 수 있다.

자기 관계

아마도 미술치료사에게 있어 가장 근본적이고 독특한 이중역할은 예술가이면서 과학자인 것이다. 윤리의 기본은 영혼의 보살핌(Moore, 1994)으로, 많은 이들이 예술가의 역할로 연관시킨다. 그러나 윤리적 문제는 대개 과학자에게 요구되는 법적 절차를 통해 표면화된다. 윤리적 임상가는 근거기반 임상으로 자신을 제한하는 사람, 즉 타당하고 신뢰할 만한 결과를 얻기 위해 과학적으로 확립된 지침에 따라 운영하는 사람이라고 할 수 있다. 따라서 그 임상가는 예측 가능성을 위해 노력하고, 연구자는 자연과학이 진리의 가장 좋은 척도로 받아들인 언어로서 과학적인 방법을 사용할 것이다.

예술가의 지식의 방법

그러고 나면, 과학적 감각의 지식이 때때로 발견의 과정에 족쇄를 채우는 역할을 하고, 영혼의 보살핌은 과학적 용어로 정의될 수 있는 것을 넘어선다는 예술가의 생각이 떠오르게 마련이다. 『철학의 새로운 열쇠』(1942)와 『감각과 형태』(1953)에서, 랭거는 실증주의와 그것을 이해하고 발전시키는 모든 것을 믿는다고 기술했다. 하지만 그녀는 앎과 이해에 대한 탐구에서 실증주의의 한계를 인정하려 하지 않았다. 사실, 우리가 알고 있는 것이 우리가 설명할 수 있는 것에 한정되어 있다고 생각하는 것은 터무니없는 것이다. 이 개념은 어린이와 5분 동안만 대화를 나눠도 사라진다. 아이는 설명할 수 있는 것보다 훨씬 더 많은 것을 알고 있다.

우리가 인간의 고통에 관련된 영역으로 돌아왔을 때, 다음과 같은 중요한 질문이 떠오른다. 「우리의 근거를 예술가의 목소리가 아닌 과학 언어로 전환할 수 있는 자료로 한정하는 것이 우리의 윤리적 책임인가? 아니면 과학자의 이해와 함께 예술가의 이해에서 나온 결과를 보고하는 것이 더 윤리적인가?」

미술치료사의 임상

미술치료사의 실천적 입장에서 살펴보면, 이 딜레마를 좀 더 명확하게 이해하는 데 도움이 된다. 나는 모든 윤리적 임상을 하는 미술치료사들이 연구자라고 가정하는 것이 적절하다고 생각한다. 그들은 개입의 효과를 망각하거나 관심이 없는 것이 아니라, 의도한 영향이 없는 경우 그들의 결정을 변경하면서, 개입 효과의 근거를 확인한다. 그렇다면 문제는 윤리적 미술치료사가 어떻게 그들의 개입 효과를 결정하느냐는 것이다. 그들은 과학적 방법을 사용할까 아니면 다른 지식적 방식을 사용할까? 나는 윤리적 미술치료사가 과학적 접근법과 다른 지식적 방법을 조합해서 사용할 것을 제안한다. 비록 미술치료사 대부분이 사전 사후 테스트를 하지 않지만, 그들은 예술의 형식적인 요소뿐 아니라 행동을 기록한다. 그들은 그렇게 목표를 세우고 그것을 향한 진전을 측정하는 수단을 마련한다.

또한, 윤리적인 미술치료사는 진전의 척도로서 지식의 다른 형식을 사용한다. 상대방에게 느껴진 감각의 신뢰, 함께 일하는 사람들과 관계하면서 미술치료사 안에서 떠오른 관념, 공감적 지식을 믿는다. 미술치료 시간에 만들어진 이미지 역시 미술치료사가 참여자의 내부 경험을 알 수 있는 근거가 될 가능성이 크다. 미술치료사는 이미지 생성과정, 이미지 자체 그리고 그 과정에서 존재하는 여러 문맥적 요소들의 비선형적 통합을 인식할 수 있다. 그 속에서 예술가는 다음 치료 단계의 주요 기반이 되고 점진적 '지식'을 가능하게 하는 창작 이미지에 반응한다. 나는 이 것을 '예술가의 지식'이라고 제안한다. 지식을 알고 전달하는 수단으로 환원적 과정만을 사용하는 것은 윤리적인가? 아니면 이해와 소통을 위해 더 많은 통합적 방법을 사용해야 하는가? 윤리적인 미술치료사는 과학과 근거의 공인된 언어를 사용해 진리를 확인하고 설명하는 과학자의 입장에 서야 하는가? 혹은 윤리적인 미술치료사 연구자는 예술가의 방법을 사용한 지식의 조직화와 의사소통을 요구하는가?

타인과의 관계

연구자로서, 우리는 연구 참여자들과 사전에 관계를 맺으면 안 된다는 개념이 있다. 이 문제의 윤리적 전제는 연구 참여자와의 사전 관계가 참여자나 연구자의 행동을 왜곡하고 결과의 정확성을 해칠 수 있다는 것이다. 우리는 이 '오염' 문제에 사로잡혀 있으며, 그로 인해 이미 사전에 설정된 렌즈를 통해 참여자, 과정, 연구의 목적을 살피기 위한 절대적 객관성이란 존재하지 않는다는 것을 받아들일 수 없다. 만약 어느 정도가 아니라 '어떤 방식으로' 연구결과에 영향을 미치는지 고려한다면 좀 더 의미 있는 반성을 할 수 있다.

결과의 의의를 측정하는 데는 두 가지 중요한 방법이 있다. 신뢰성과 타당성이다. 신뢰성의 강조는 결과의 의미에 대한 확신의 기초로서 연구과정의 일관성과 관련이 있다. 타당성은 연구가 어떠한 결과를 수집하도록 설계되었는지에 따른 결과의 정확성 그 자체와 관련이 있다. WISC 지능검사와 같은 평가 관리 프로토콜에서 명확한 예를 찾을 수 있다. 피검자가 검사자에게 질문에 대한 설명을 요청할 때, 검사자는 질문을 반복하고 추가 설명을 하지 않도록 지시받는다. 다른 모든 검사자에게 일관된 응답을 제공하는 것은 신뢰성을 보장하기 위한 수단이지만, 응답이 지능에 대한 정확한 설명이 아니기 때문에 타당성에 부정적인 영향을 미칠 수 있다. 신뢰성에 관한 주장은 연구의 목적이 종적인 표본 결과를 비교하는 것이라면, 결과를 수집하는 프로토콜도 정확하게 일치하길 원한다. 하지만 정확히 같은 프로토콜은 없다. 객관적인 신뢰성을 달성하고자 하는 노력은 항상 타당성 강화의 가능성과 관련해서 평가돼야 한다.

촉토(Choctaw)족의 일원인 내 학생 한 명은 '통곡의 행렬(Trail of Tears)' 트라우마와 예술의 역할에 대해 연구하길 원했다. 이 연구 프로토콜의 윤리적 딜레마는 신뢰성과 타당성 사이의 강조점과 관련이 있었다. 이 학생이 연구 조사 대상자인 그 부족의 일원이라는 사실은 자료를 수집하는 과정에 영향을 미칠 수 있다. 신뢰성에 유리한 한 가지 접근방식은 조사를 수행하는 사람이 자료수집 대상과 아무런 연관이 없는 것이다. 이러한 관점에서 볼 때, 내 학생은 연구자가 아니었어야 했다. 그녀는 자료를 오염시킬지도 모른다. 다른 한편 타당성의 관점에서 본다면, 내 학생은 연구 참여자의 진정한 견해를 수집할 수 있는 훨씬 큰 가능성도 가지고 있었다. 그녀는 부족의 일원이었고 그녀의 조상들은 통곡의 행렬을 경험한 사람들이었기 때문에, 그녀의 정보 접근성은 크게 향상되었다. 그뿐 아니라, 그녀가 자료를 모으던 개인들과 그녀의 연관성은 그들의 반응에 대한 이해를 도왔고 수집된 자료의 정도와 깊이뿐 아니라 후속 질문의 명확성과 정확성을 보장했다. 따라서 수집된 자료의 타당성은 더 높아질 수 있었다. 민족학은 인간의 경험을 연구하는 인류학 분야에서 자료를 수집하는 주요 수단이다. 나는 내 학생에게 연구를 진행할 것을 격려했다.

우리가 객관성의 신화를 이룩하고자 오염의 두려움에 떨며 연구를 수행할 때, 자료의 타당성에 관한 우리의 그릇된 확신이 윤리적 딜레마를 만드는 것은 아닐까? 인간 경험의 이해와 변화의 가능성에 관한 연구를 수행할 때, 우리가 통계적 의미에 사로잡혀 있는 것이 윤리적 문제는 아닐까? 우리는 간단한 확률공식임에도 통계적 의미를 진리의 근사치와 연관시킨다.

연구자와 참여자의 관계는 자료, 참여자 및 대중의 타당성에 영향을 미치는 연구의 윤리적 변수다. 나는 최선의 연구윤리는 연구자의 편견과 연구 참여자와의 관계에 대한 영향을 결과를 보는 관점으로 간주하는 것이라고 생각한다. 우리가 참여자들과 '관계가 없을' 때 결과가 타당하다고 말하는 것은 비윤리적이라고 제안한다.

내 윤리적 딜레마

공동체 벽화 만들기 프로젝트가 임상적 문제를 일으킬지 아닐지 어떻게 알 수 있을까?

미술치료사로서, 나는 내가 일하는 대학의 기관생명윤리위원회(Institutional Review Board: IRB)의 위원으로 활동해왔다. 심의를 신청했던 한 연구가 지역사회의 불안을 해소하고 공동체의 협력과 응집력을 발전시키는 수단으로서 벽화를 제작하고 이미지를 완성하는 것을 포함했다. 벽화가 그려질 지역을 둘러싼 두 개의 폭력조직 일원들이 벽화를 만들 계획이었다. 나는 심의를 신청한 연구의 연구자, 조력자, 자문위원 중 그 누구도 미술치료사가 아니라는 것을 깨닫기 전까지, 그 프로젝트에 열의를 보였다.

당신은 어떻게 대응하겠는가?

저자의 답변은 부록 B에서 확인할 수 있다.

이미지와의 관계

참여자가 만든 이미지가 미술치료과정의 중심 요소지만, 지식의 방식으로, 이미지의 생성과 이미지 그 자체에 초점을 맞춘 연구와 관련된 윤리적 문제는 알려진 바가 거의 없다. 환원주의적 관점에서 이미지를 바라보는 문헌(예를 들어, 형식 요소의 정의, 크기 측정, 선의 질, 공간 사용)이 늘고 있다. 이러한 변수의 존재나 부재로 이미지를 환원하는 것은 가치 있는 일이지만, 이 같은 변수의 누적이 이미지 전체의 게슈탈트를 말해주진 않는다. 게다가, 우리가 미술치료의 중요한 신조라고 여기는 것이 바로 이 게슈탈트다. 연구의 관점에서, 어떻게 이미지의 생성과 이미지 그 자체를 자료로 활용할 것인가?

미술치료에서 이미지의 생성은 내부 의식과/또는 무의식적 요소, 의도와 기술

같은 외부 변수 그리고 수많은 상황 변수 사이의 협상이다. 미술치료 이론은 이 협상과정이 주요 치료 요소라는 생각을 포함하며, 다른 이론들은 외부 이미지에서 표현된 내부 요소를 이해하는 것을 치료과정의 중요한 요소라고 제안한다. 외부 이미지에 나타난 내부 요소를 결정하는 방법은 타당성과 신뢰성에 대한 연구기반의 윤리적 문제를 제기한다.

윤리와 근거

미술치료 분야는 환원적 절차 없이 이미지 자료를 식별, 조직, 전달하는 방법에 있어 타당성을 확립한 일반적인 프로토콜 개발에 성공하지 못했다. 하지만 환원적 절차는 전체 단위로 이미지를 볼 수 있는 능력을 제한한다. 「이미지를 자료로 삼아 치료적 의미에 대한 근거를 측정하려는 노력을 포기하는 것은 윤리적인가? 이 과정은 근거로 해석될 수 없고 예술가가 되어야 이해할 수 있다고 제안하는 것은 윤리적인가? 만약 우리가 무엇을 하고 있고 어떤 영향을 미치는지 명확하게 설명할 수 없다면, 일반 대중과 업무협약을 진행하는 것은 윤리적인가? 어떻게 작동하는지에 대한 근거를 만들 수 없을 때, 취약 계층과 계약을 이행하는 것은 윤리적인가?」

이러한 질문에 적절한 대답은 '그렇다'이다. 미술치료 서비스를 위해 취약 계층과 계약을 지속하는 것은 윤리적이다. 이미지가 지식의 방법이라는 근거가 없다는 것은 문제가 아니다. 이미지는 의미와 관련된 근거가 있고, 그 근거는 우리가 실행하는 방식의 기본 미술치료 전략이다. 우리가 근거가 없는 것은 문제가 아니다. 문제는 근거의 정의와 요구되는 언어에 있어서 연구모델에서 요구하는 것과 실행 모델에서 구현된 것 사이의 차이인 것이다. 하지만 우리는 '알고' 있다. 지금까지 그 지식을 과학의 언어로 옮길 수 없었을 뿐이라는 것을 말이다.

연구와 이중관계에 관한 결론적 생각

연구의 초점이 확립되지 않은 전형적인 프로토콜로 내담자와 함께 일하는 경우, 분쟁의 위험이 있다. 예를 들면, 내담자에게 치료 서비스를 제공할 수 있지만, 연구 목적을 위해 해당 내담자를 통제 집단에 두는 경우가 있다. 연구 목적만으로 내담자에게 최선이 아닌 서비스 방식을 제공하는 것은 비윤리적이다. 이런 경우는 명백한 듯 보이지만, 예를 들어, 통제된 환경에서 해당 불안감을 측정하기 위해 내담자에게 불안감을 조성하는 것이 연구 프로토콜인 경우가 있다. 불안의 자극과 그에 따른 통제된 개입이 치료적 효과를 나타내지 못했다면, 이는 내담자에게 비윤리적일 수 있다. 치료사와 내담자에서 치료사와 연구대상으로 관계 전환의 위험이 있을 때, 내담자와 함께 연구를 수행하는 것은 일반적으로 비윤리적이다. 하지만 앞서 언급했듯이, 연구의 초점이 치료과정이 내담자에게 미치는 영향일 때, 내담자와 함께 연구를 수행하는 것은 효과적이고 윤리적이다.

연구자가 참여자의 잠재적 멘토 혹은 교육자인 것처럼 이중역할 문제가 있을 때, 우리의 책임은 사전동의를 보장하는 것 이상이다. 서로의 힘의 차이를 고려할 때, 관계에 있어 잘 알려지지 않은 영향력을 행사하고 있을지도 모른다. 정리하면, 윤리는 미술치료사의 범위와 책임을 정의하고 대중을 보호하는 데 매우 중요한 요소다. 그 책임에는 (이중역할을 할 때와 같이) 보다 명확하게 이익이 되는 사례를 찾아내는 노력뿐 아니라 지식의 방법과 근거로서 예술에 대해 탐구하고 숙고하는 헌신이 포함된다.

반영적 미술경험과 토론을 위한 질문

1. 예술가의 관점에서 그리고 과학자의 관점에서 두 가지 풍경화를 그려라. 그 후에 하나의 풍경으로 통합하라.

2. 연구에서 선입견은 언제 손해이며, 언제 이점이 되는가?

3. 예술기반 연구방법을 사용하는 데 있어 미술치료사/연구자의 책임은 무엇인가?

참고문헌

Langer, S. K. (1942). *Philosophy in a new key: A study in the symbolism of reason, rite, and art*. London: Pelican Books.

Langer, S. K. (1953). *Feeling and form: A theory of art*. New York: Charles Scribner's Sons.

Moore, T. (1994). *Care of the soul: A guide for cultivating depth and sacredness in everyday life*. New York: HarperPerennial.

28

미술교육과 '미술치료' 사이를 맴돌며

가나인 미술교육자의 윤리적 관점

마비스 오세이

가나의 토속적 '미술치료'

예술은 가나 사회의 구조 안에 스며들어 있다. 시각예술로는 도자기(전통적으로 '아산카'로 알려진 도자기 그릇이나 항아리), 조각('아쿠아바' 혹은 나무인형), 의자, 추장의 대변인(아산테 통치자가 자문을 구할 때, 고위 고문인 '오케아메'가 권력과 책임에 관한 속담을 전달하기 위해 사용하는 참모진의 이미지), 직물(주로 아산티 지역의 풍부하고 다채로운 '켄테', 가나 북부의 '푸구', 왁스 프린트), 구슬 세공장식 그리고 난절법*이 있다. 공연예술로는 의례, 음악, 주술, 북 치기 그리고 춤이 있다.

　　가나에는 (전통적인 치료사로 알려진) 사제와 여사제가 있는데, 이들은 예술 제작과 창조성을 사용해 내담자의 사회적, 정서적 안녕을 증진한다. 그들은 아마도 서양의 미술치료사와 유사한데, 특히 미국 남서부에서 치유를 위해 형형색색의 모래 그림을 사용하는 원주민 치료사나 '샤먼'과 닮았다. 예를 들면, 매우 최근까지, 불임으로 믿었던 여성은 전통 사제를 만나 음악, 북, 춤이 에워싼 의례와 주문을 받았다. 그 후, 그녀는 '아쿠아바'라고 불리는 조각품, 즉 사제에 의해 축성된 나무

---

* 역주: scarification, 문신 등을 통해 부족 간에 서로를 인식하고 표식하는 방법

인형을 받았는데, 그 인형은 사용자에게 임신을 유도하기 위해 신에게 도움을 청하는 물건이었다. 이러한 인형은 출산과 관련이 있을 수도 아닐 수도 있지만 모두 특별한 이름을 갖고 특별한 힘을 부여받았다(Pyne, Osei, & Adu-Agyem, 2013). 자신의 아이를 갖기 바라며, 그 여성은 엄마로서 인형과 함께 역할극을 하도록 격려받는다. 많은 경우, 이것은 효과가 있었다! 전통적인 치료사가 예술을 사용해 (불임의 상태에서 엄마의 상태로) 변화를 돕고 내담자의 정서적, 사회적 안녕을 증진했다면, 이것은 미술치료가 아닌가? 내담자가 예술작업을 하지는 않았지만, 치료사는 예술의 형식을 사용했다. 그녀가 나무인형을 돌보는 일, 진짜 아이처럼 먹이고, 입히고, 등에 업는 것은 창조성의 발휘가 아닐까?

가나의 미술치료

미술치료는 1990년대 중반 두 가지 경로로 가나에 도입됐다. 이 업적을 달성한 사람은 나의 멘토이자 박사학위과정의 슈퍼바이저인 펠리가(Alhaji Yakubu Seidu Peligah) 교수였다. 그는 쿠마시 기술대학(구 쿠마시 폴리텍)의 창의예술기술학부에서 학과장을 역임한 미술교육 및 미술치료 교수였고, 1991년에서 1994년까지 센트럴 잉글랜드 대학(구 버밍험 폴리테크닉)의 박사과정에서 미술치료를 연구한 최초의 인물이었다. 그는 1995년 영국에서 돌아오자마자, 가나 아샨티 지역의 상업, 산업, 문화의 수도인 쿠마시에 있는 콰메 은크루마 과학기술대학교(Kwame Nkrumkah University of Science and Technology: KNUST)의 미술교육부서(현재 교육혁신부서)에 미술치료를 소개했다(Peligah, 1999). 미술교육자들은 특수교육이 필요한 아동들과 함께 일했기 때문에, 미술교육 커리큘럼 속 미술치료 요소는 두 분야의 기술이 모두 필요하다는 깨달음을 반영했다(Packard & Anderson, 1976). 한편, 조셉 아메노우드는 풀브라이트 장학금을 통해 뉴욕에 있는 프랫 대학에서 미술치료를 공부했고, 펠리가 교수 밑에서 박사학위를 취득하기 전인 1997년에 미술치료 석사학위를 받았다. 그 후 그는 정치경력을 쌓기 위해 2009년부터 2012년까지 (가나공화국의 10대 지역 중 하나인) 볼타 지역의 수장으로 활동했다.

펠리가 교수의 지도하에 있는 수많은 학생처럼, 나는 미술교육 학위과정에서 미술치료를 맛볼 수 있었다. 이 기간 동안 정신건강과 학교 환경에 관한 무수한 연구들이 진행됐다. Glime(1995)은 쿠마시에서 퇴원한 정신과 환자들과 함께 미술을 치료적으로 사용하며 성공적으로 일을 했고, Gombilla(1997)는 타마레에서 정신질환이 있는 사람들에게 미술을 유익하게 활용했다. 2004년 아큐아예가 가나의 정신의학 기관에서 미술의 역할을 평가했다. Obu(2010)는 쿠마시에서 퇴원한 정신과 환자들과 일하면서, 환자의 자존감을 높이기 위해 직물을 사용하는 기술을 소개했다. 내가 슈퍼비전을 했던 Arhin(2013)은 수학 성취도가 낮은 초등학교에서 62명의 학생에게 그림을 사용해 수학을 가르쳤고, 석사과정생 Saah(2017)는 자폐적인 학습자에게 미술치료를 기반으로 한 교수 모델을 개발했으며, 박사과정생 Aba-Afari (2017)는 인신매매 외상 피해자들의 심리적 안도감을 위해 미술을 이용했다. Koomson(2017)의 논문은 여성 수감자들과 함께 미술을 사용하는 데 초점을 맞췄고, Koney(2017)의 논문은 미술치료가 돌봄 센터에서 어떻게 사용되는지 평가했다.

미술치료와 우연한 만남

2000년에 나는 KNUST의 학부생이었다. 나는 화가로서 스튜디오에 있었는데, 역량 있는 예술가였던 펠리가 교수가 이곳에 잠시 들렀다. 우리는 내 작업과 아이들을 향한 나의 애정을 나눴는데, 이때의 관심사가 차후에 내 석사학위 논문과 박사학위 논문에 모두 반영됐다. 그는 내가 예술을 다른 환경에서 아이들과 어른들을 돕는 데 사용할 수 있을 뿐 아니라, 예술에 대한 내 열정과 아이들의 복지에 관한 관심을 결합할 수 있는 강좌가 실제로 있다고 말했다. 그 과정이 미술치료였다.

　　몇 년 후에, 나는 KNUST의 미술교육 석사과정에 등록했다. 내 목표는 학생을 도울 수 있는 미술치료 지식을 가진 교사가 되는 것이었다. 내 석사과정 첫 1년의 결과물을 보고, 학장이었던 펠리가 교수는 젊은 학자를 모집해 강의직에 앉히는 것을 목표로 하는 대학의 박사장학금을 신청하라고 권유했다. 내 논문의 초점은 아동의 학습능력을 향상하기 위해, 아동의 기질 평가에 예술을 사용하는 것이었다. 교사가 아동의 기질을 알고 이해할 때, 아동에게 적합한 교육의 설계가 수월해지며, 결과적으로 아동은 더 즐겁게 학습할 수 있다(Enti, 2008). 긍정적인 감정은 배움을 배가시키는 반면, 부정적인 감정은 그 반대라는 것이 밝혀졌다(Vail, 2001). 나는 "기질이 아동의 예술작품에 미치는 영향"(The Influence of Temperament on the Artwork of Children)이라는 제목의 박사학위 논문으로 가나의 예술과학 아카데미의

'인문학 은상'(Silver Award in the Humanities)을 수상했다. 펠리가 교수는 2006년에 다른 기관으로 이직했고 2009년에 내가 그의 뒤를 이었다.

미술치료에 대한 나의 윤리적 투쟁

미술교육 수업시간에 모든 학생이 무기력한 것처럼 보였다. 학기의 중반이었고 많은 과제가 있었으며, 학생들은 그들이 충분히 하지 못했음을 걱정했다. 그들은 학업 스트레스를 겪고 있음이 확실했다. 나는 강의를 멈추고 그들에게 원하는 것 어떤 것이든 그려볼 것을 요청했다. 그들은 신이 나서 그림 그리기에 몰두했다. 그들의 그림에 관한 토론에서 나타난 주제들은 놀라웠다.

학생 대부분은 향수병을 앓거나 과제가 쌓이는 것을 걱정하는 등 강의에 집중하지 못하는 이유를 그렸다.

이 학생들이 자신의 그림에 관해 이야기하면서 보여줬던 기분 변화는 내가 나중에 그것에 관해 따로 글을 썼을 정도로 내게는 값진 선물이었다(Osei, 2013). 그날 학생들이 수업 후 나가는 것을 보며, 나는 그들이 다음 수업을 더 잘 준비하리라는 것을 알 수 있었다. 실제로 연구는 긍정적인 정서가 배움을 증진한다는 것을 보여줬다(Vail, 2001). 내가 미술교육자 혹은 미술치료사로 행동했는지는 확신할 수 없지만, 내 목표는 학생들의 정서적 안녕을 증진하는 것이었다. 윤리적 딜레마는, 비록 내가 임상에서 미술을 진단적으로 사용하도록 훈련받지 않았지만, 그 당시 그들은 내가 학교의 상담사에게 가볼 것을 권했을 때조차 가지 않았기 때문에 나는 그들의 그림을 보며 어떤 학생이 정서적으로 힘든지 추론하며 조언방식을 찾을 수 있었다는 점이다. 학생들과 많은 부분에서 성공을 이뤘지만, 난 항상 내 역할이 궁금했다. 미술교육자인 것과 미술치료에 대한 약간의 지식이 있는 것 사이의 경계가 너무 흐릿해 보였다. 음!

미술치료 교육

나는 미술교육과에서 학부와 대학원 과정 모두에서 미술치료를 강의한다. 첫 학기 동안 학부생은 '미술치료 입문' 과목에서 미술치료의 이론과 기법을 배우고, 2학기에는 '미술치료 실습' 과목에서 이전 학기에 배웠던 것을 (주로 학교에서) 실습한다. 대학원 과정은 학부과정을 본떠 만들어지지만 더욱 심도 있게 진행된다. 대학원 수업에 있는 학생 대부분은 고등학교, 전문대, 대학의 강사들이고 그들 중 일부는 기관의 부서장이다. 몇몇 학생들은 군대나 경찰 업무에 종사한 경력이 있다.

미술교육자/'미술치료사'의 딜레마

내가 이 장을 쓰고 있는 지금, 가나에는 미국미술치료학회의 기준에 따라 미술치료사를 양성하는 석사학위과정이 없다. 그래서 주로 교사인 나의 학생들은 졸업할 때, 미술치료를 2학기 동안 경험했다는 이유로, 자신들이 자격을 갖췄고 특히 수업과 학교 현장에서 미술치료를 제공할 수 있다고 믿는다. 여기서 미술교육과 미술치료가 나뉜다. 이들이 취득한 학위는 미술교육 석사이지만 '선택강좌'로 미술치료과정을 이수했다면, 그들의 논문은 미술교육보다 오히려 '미술치료'에 대해 쓰였을 것이다. '그렇다면 그들은 미술교육자인가 미술치료사인가?' 그들은 학생들의 그림에서 학습장애 및 정서적 어려움의 징후를 볼 수 있었기 때문에, 아마도 필요시 미술교육자는 교실에서 일종의 '치료사'가 될 것이다.

내 윤리적 딜레마

예술을 '치료적'으로 사용할 기회

만약 자격을 갖춘 학문적인 미술치료 교육 프로그램이 없는 나라에서 미술교육자가 미술치료과정을 이수했다면, 예술을 '치료적'으로 사용할 기회를 무시하는 것이 더 윤리적인가? 혹은 덜 윤리적인가?

당신은 어떻게 대응하겠는가?

저자의 답변은 부록 B에서 확인할 수 있다.

미술치료와 가나: 미래

2008년에 박사학위를 받은 이후에도 나는 역량 있는 미술치료사가 되고자 노력했다. 나는 미술치료에 관한 연구를 지속하기 위해 미국미술치료학회에 가입했고, 2015년 미네소타 미니애폴리스에서 열린 미국미술치료학회 연례 컨퍼런스에 참석해, 연구위원회의 '연구 라운드 테이블(Research Round Table)'에서 발표했다. 2016년, 나는 수천 명의 지원자와 경쟁한 후, 뉴욕에서 임상미술치료를 연구하는 풀브라이트 장학금을 받았다. 마침내! 나는 내가 장학금을 받기 전에 작성한 계획서대로, 이것이 가나에서 1년 과정의 미술치료 프로그램을 수립할 수 있는 수단이 되기를 희망한다.

Talwar, Iyer, 그리고 Doby-Copeland(2004)는 "미술치료의 문화적 정체성은 유로 아메리카에 뿌리를 두고 있다"(p. 44)라고 보았다. 우리나라 사람들과 문화적으로 관련된 미술치료를 만들기 위해서, 나는 가나인의 맥락에서 특히 다문화적 역량과 토착 예술을 치료적으로 사용하는 방법에 초점을 맞추고 싶다. 앞서 언급한 대로, 가나의 예술 형태는 서양의 예술기반 평가와 치료적 개입에서 가장 두드러지는 그림과 회화를 능가한다. 게다가 많은 가나인이 전통적 형태의 치료를 '좋아하지' 않는다. 따라서 지역 미술치료를 포함해, 다양한 이론과 형식에서 도출되는 절충적 접근이 가나 공동체에 어울릴지도 모른다. 왜냐하면, 이런 방법은 가나 문화의 본질적 부분인 다양한 예술 형식의 탐색을 허용하면서, 사회적 행동과 변화를 위한 역량 강화(Jacobs, 2002)를 목표로 하는 참여적 실천이 될 수 있기 때문이다. 나는 꿈을 좇으면서, 더 많은 의문점이 생길 거라고 예상한다. 그렇지만 끈기와 창의성은 미술치료사들이 자신의 일에 적용하는 일부가 아닐까?

반영적 미술경험과 토론을 위한 질문

1. 당신이 선택한 (아마도 정체성의 위기와 관련된) 아프리카 속담을 사용해, 옷감의 무늬를 만들어라.

2. 도예기술을 사용해서 두 가지 항아리를 만들고 장식하라. 하나는 당신이 자신을 어떻게 인식하는지에 대해 묘사하고, 다른 하나는 사람들이 당신을 어떻게 인식하는지에 대해 묘사하라.

3. 가나인들을 위한 미술치료 교육 프로그램을 개발하는 당신을 그려보라. 어떻게 하면 특수한 사회 문화적 요구에 적합한 특정 교육과정을 만들 수 있는가?

4. 가나 사회에서 예술 형식의 광대한 다양성에 대한 저자의 설명에 근거해서, 문화의 고유한 부분인 시각 및 공연예술에 기초한 미술치료 중재를 개발하라.

참고문헌

Aba-Afari, S. (2017). *Art therapy as an intervention to mitigate traumatic effects upon victims of human trafficking: A case of Kumasi metropolis* (Unpublished doctoral dissertation). Kwame Nkrumah University of Science and Technology (KNUST), Department of Educational Innovations, Kumasi, Ghana.

Acquaye, R. (2004). *Evaluation of art therapy practices in psychiatric institutions in Ghana* (Unpublished master's thesis). KNUST, Kumasi, Ghana.

Arhin, E. L., & Osei, M. (2013). Children's mathematics performance and drawing activities: A constructive correlation. *Journal of Education and Practice, 4*(9), 28-34.

Enti, M. (2008). *The influence of temperament on the artwork of children* (Unpublished doctoral dissertation). KNUST, Kumasi, Ghana.

Glime, O. (1995). *The impact of therapeutic art in the rehabilitation of discharged psychiatric patients in Ghana: A case study of the Kumasi Cheshire Home* (Unpublished doctoral thesis). KNUST, Kumasi, Ghana.

Gombilla, E. (1997). *Art of the insane: A special study in Tamale* (Unpublished master's thesis). KNUST, Kumasi, Ghana.

Jacobs, J. A. (2002). Drawing is a catharsis for children. *National Undergraduate Research Clearinghouse, 5*. Retrieved from www.clearinghouse.net/volume/

Koney, J. N. A.(2017). *An evaluative study of art therapy in the management of trauma in children at the Touch a Life Care Center, Kumasi* (Unpublished master's thesis). KNUST, Kumasi, Ghana.

Koomson, E. (2017). *Art therapy for stress management among prison inmates: A case of Kumasi female prison* (Unpublished master's thesis). KNUST, Kumasi, Ghana.

Obu, P. (2010). *The response of discharged mental patients (inmates) to selected art activities in textiles at the Kumasi Cheshire Home* (Unpublished master's thesis). KNUST, Kumasi, Ghana.

Osei, M. (2013, November). Relieving stress: The art factor. Paper presented at *the 6th International Conference on Education, Research and Innovation*, Seville, Spain.

Packard, S., & Anderson, F. (1976). A shared identity crisis: Art education and art therapy. *Art Therapy: Journal of the American Art Therapy Association, 16*(7), 21-28.

Peligah, Y. S. (1999). What is art therapy? *Journal of the University of Science and Technology, Kumasi, 19*(1-3), 39-46.

Pyne, S., Osei, M., & Adu-Agyem, J. (2013). The use of indigenous arts in the therapeutic practices of traditional priests and priestesses of Asante, Ghana. *International journal of Innovative Research & Development, 2*(11), 464-474.

Saah, G. E. (2017). *Art therapy in special needs education: A case of autism at New Horizon Special School in Accra* (Unpublished master's thesis). KNUST, Kumasi, Ghana.

Talwar, S., Iyer, J., & Doby-Copeland, C. (2004). The invisible veil: Changing paradigms in the art therapy profession. *Art Therapy: Journal of the American Art Therapy Association, 21*(1), 44-48.

Tyng, C. M., Amin, H. U., Saad, M. N. M, & Malik, A. S. (2017). The influences of emotion on learning and memory. *Frontiers in Psychology, 8*, 1454.

Vail, P. L. (2001). The role of emotions in learning. Retrieved from www.great schools.net/cgibin/showarticle/2369

29

모든 것이 학문적이지는 않다
미술치료 교육에서 발생하는 비학문적인 윤리문제에 대한 고찰

매리 로버츠

난 이제 막 여기서 일하기 시작한걸요!

내가 미술치료 대학원 과정의 책임자로 있던 첫 두 달 동안, 한 교수로부터 다음과 같은 걱정 어린 이메일을 받았다. "제 수업의 개인 저널 과제에서 물질 사용*을 공개한 학생이 있어요. 어쩌면 좋을까요?"

　　내게 이 이메일은 마치 환한 스포트라이트로 윤리적 딜레마를 비추는 것 같았다. 그 즉시, 여러 가지 질문이 한꺼번에 떠올랐다. 「프로그램 책임자로서, 학생의 물질 사용에 대한 나의 역할은 무엇인가? 교육적 과제에서의 경계는 무엇인가? 이 학생이 환자들과 인턴십을 하기 위한 준비가 되었다고 어떻게 결정을 내려야 하는가? 우리 대학에는 정신질환 또는 다른 문제들로 인해 지원이 필요한 학생들을 위한 어떤 방침이 있는가? 이러한 문제가 프로그램에서 하차를 야기하는가? 혹은 하차하도록 해야 하는가? 미술치료사로서 나의 신념은 내가 교육자로서 지닌 가치와 목표, 그리고 근무하고 있는 이곳에서의 방침과 절차에 어떻게 교차하는가? 어떻게

---

* 역주: substance use, 여기서 물질이란 알코올, 마약류, 카페인, 니코틴 등 물질 관련 장애를 유발하는 물질을 포괄적으로 의미함.

하면 학생을 지원함과 동시에 교수를 지지하고, 프로그램 및 기관의 학문적 기준을 유지할 수 있을까? 어느 정도의 상황이 비밀유지가 되어야 하며, 무엇을 교수진과 학생 사무처, 또는 다른 대학 관계자들과 공유할 수 있을까?」

나는 어떻게 대처했는가?

나는 학기 중의 과제를 통해 드러난 물질 사용 및 교수와 학생 사이의 관계, 관련된 정책과 절차, 학생을 위해 제공 가능한 자료와 개입을 위한 선택 사항들을 조사할 필요성을 느꼈다. 나는 해당 교수에게 물질 사용 공개에 관련한 학생의 모든 작업과 강의계획서에 있는 과제도 함께 이메일로 보내 달라고 요청했다. 내게는 과제의 경계를 이해하는 것이 매우 중요하게 느껴졌는데, 당시는 내가 이 대학에 온 지 얼마 안 되었기 때문에 아직 모든 강의계획서와 강의 과제를 검토하지 못한 상황이었다.

그 후, 나는 미국미술치료학회의 『미술치료사를 위한 윤리강령』 중 '미술치료 학생과 슈퍼바이지를 위한 책임' 부문으로 눈을 돌렸다.

> 미술치료사는 학생 또는 슈퍼바이지에게 강의나 학위과정과 관련된 활동에서 개인정보를 공개하도록 요구하지는 않으나 다음의 경우를 예외로 두고 있다. (a) 학위과정 또는 훈련 기관이 이와 같은 요구사항을 입학 양식과 학위과정 자료에 명확하게 제시하였거나, 또는 (b) 개인적인 문제로 인해 학생 자신의 훈련 또는 관련된 활동을 적절히 수행하는 데 방해가 된다고 합리적으로 판단되는 경우, 또는 그러한 문제가 학생과 학생의 내담자 또는 다른 이들에게 위협이 된다고 합리적으로 판단될 수 있는 학생들을 지원하거나 평가하기 위해 정보가 필요한 경우이다.
>
> *미국미술치료학회, 2013, 원칙 8.5*

강의 개요와 과제는 학생들이 '수행할 활동'에 대한 반응을 자유롭게 선택할 수 있도록 안내하고 있었는데 일부는 다음과 같이 기술되었다.

다음 2주간의 수업 동안 취하지 않고자 하는 물질이나 참여하지 않고자 하는 활동을 찾으세요… 물질이나 활동을 자제할 수 있었는지에 따라 점수가 부여되지는 않지만 그에 대한 반응의 깊이, 반영적 기술 그리고 자기 이해는 참고될 것입니다.

교수의 보고에 따르면, 예전부터 대부분의 학생들은 술이나 마약보다는 설탕이나 카페인 같은 물질을 택했다고 한다. 해당 학생은 과제에 술을 끊기로 한 자신의 결정을 적었고 목표를 이루기 위한 어려움을 묘사했으며, 금주 중 여러 번 재발하며 점점 상태가 심각해지는 경험을 기술하였다.

나는 교수와 학생 사이에 주고받은 모든 서신을 전달해줄 것을 요청했고, 그를 통해 교육자/학습자 관계에 관한 대학의 정책과 다음의 미국미술치료학회의 윤리강령 원칙 8.2에 근거하여 관계의 전문성을 평가하고자 하였다.

미술치료사는 학생 및 슈퍼바이지에게 영향력을 주는 자신의 위치를 알고 있으며, 이들의 신뢰와 의존을 이용하는 것을 금지한다. 그러므로 미술치료사는 자신의 학생이나 슈퍼바이지와 치료적 관계를 맺지 않는다.

교육자로서, 나는 학업과 무관한 학생의 행동 평가에 대한 윤리적 경계들로 분투했다. 내 임상적 능력을 잠시 내려두고 중독 문제를 보이는 학생의 과제물을 평가하기란 어려운 일이었다. 내 고민에 대한 평가에 도움을 받기 위해 나는 학생 사무처장과 상의하기로 결정했고, 대학의 지원을 통해 다음 단계로 넘어가고자 하였다. 과제에 대한 학생의 반응을 평가하고 난 뒤, 학생처장은 학생의 과제 내용이 중재가 필요하다고 고려되는 수준이라는 데 동의하였다. 그 학생이 다음 학기에 인턴십을 등록할 계획이었기 때문에, 우리는 환자 돌봄에 대해서도 논의했다. 학생처장과 나는 그 학생을 면담하고, 물질 사용/중독 치료를 의뢰하며, 장애학생지원(Student Impairment Plan)에 대한 계획을 세울 이유가 충분하다고 판단했다.

그 학생은 과제로 제출한 저널의 내용이 사실임을 순순히 인정했음에도 정작 내가 그의 신체적, 심리적 안녕과 환자의 안전을 걱정한다는 것을 알게 되자 분노하고 불안해했다. 그 학생을 난처하게 하거나 그의 힘겨운 상태를 밝히지 않는 것도 고려했지만, 내가 이 대학에 새로 왔기 때문에 그의 지도교수가 그 학생의 문제를 인지하는 것이 최선이라고 생각했다. 고등교육 윤리강령 발전위원회(2006)는 "우리는 상호작용, 학생 기록, 법률 및 사적 문제와 관련된 정보의 비밀보장을 지킨다"라고 명시하고 있다(원칙 V). 따라서 나는 그 학생에게 특별히 지도교수와 정보를 공유해도 괜찮은지 물어보았고 동의를 받았다. 이로 인해 그는 원래 알고 있던 지도교수의 지원을 받을 수 있게 되었으며, 대학과 나의 도움으로 실질적인 지원 또한 받을 수 있었다.

학생사무처도 그가 장애학생지원을 받을 수 있도록 돕기 위해 개입하였고, 그 학생은 제3자로부터 정신건강 및 물질 사용/중독 평가를 받았다. 그 결과는 학생이 치료를 받고 '직무 적응' 능력에 대한 평가를 받을 것을 권했다. 이러한 결과로 그는 직무에 적응할 수 있을 때까지 중독치료를 받고, 익명의 알코올 중독자들 모임(Alcoholic Anonymous: AA)에 참석하며, 병가 중에 수강을 하거나 인턴십을 자제할 것을 권고받았다.

장애학생지원을 공식적으로 제정하고 조정하기까지는 한 달이 걸렸다. 그는 한 학기 동안 학생 지원과 치료에 모두 적극적으로 참여했고, 직무 적응 능력 평가도 성공적으로 완수하였으며, 치료와 모임을 병행하며 학업 요구사항과 인턴십을 충족하여, 다시 학위과정으로 복귀하였다. 장애학생지원에는 학생의 물질 사용 치료제공기관과 대학 사이에 정보가 공개된다는 것에 동의한다는 서명이 포함되어 있다. 그리하여 나는 치료제공기관과 의논하여 학생이 치료에 참석하고 적극적으로 참여했는지 확인할 수 있었고, 마찬가지로 교수진에게 그와 관련된 어떠한 정보를 공개하지 않고서도 그 학생이 환자에게 안전한 상태이며 잘 해나가고 있다는 확신을 줄 수 있었다. 결국 그 학생은 자신의 중독, 치료, 학문 및 비학문적인 도전들을 관리하는 데 성공하였고 프로그램도 훌륭히 이수하였다.

교육자들이 (미술)치료사일 때

그렇지만 내 다른 역할의 경계는 모두 무너졌는걸요

소규모의 대학 교육과정에서 교수들은 종종 학생들에게 강사, 조언자, 논문 심사위원장, 미술치료 슈퍼바이저 또는 관리자와 같은 다중적인 역할을 수행한다. 이와 같은 역할의 교차는 윤리적 딜레마를 손쉽게 발생시킨다. 또한, 미술치료의 교육이 임상 지향적이라는 것을 유념할 필요도 있다. 더 나아가 대부분 미술치료 학위과정의 교수진들은 치료적 임상에서 고등 교육으로 이동해 왔고, 그러한 경우 대개 교육에 관한 훈련은 받지 못했다. 학문 및 비학문적인 수행에 영향을 미치는 정신건강의 어려움을 보이는 학생들을 마주할 때, 미술치료 교수진들은 교육 정책과 절차보다는 치료적 지식을 언제, 어떻게 적용하거나 적용하지 않을 건지에 대한 윤리적 딜레마들을 직면할 수 있다. 때로는 인지하지도 못한 채 '판단'을 내릴 수도 있다.

내 윤리적 딜레마

'그의 정서적 상태를 고려했을 때 어느 정도 잘하고 있는 것 같아요'라는 말을 들으면 어떻게 반응해야 하는가?

정신건강 문제로 어려움을 겪는 것으로 알고 있는 학생이 당신의 강의에서 성적의 높은 비중을 차지하게 될 과제를 완수하는 데 지대한 어려움을 겪고 있는 것으로 보인다. 과제물은 이번 주에 마감이다.

당신은 어떻게 반응하겠는가?

저자의 답변은 부록 B에서 확인할 수 있다.

　　윤리적 딜레마에 직면했을 때 나는 종종 행정과 교육자 감독에 관해 내가 받았던 교육을 상기한다. 나는 미술치료 교육자들이 미술치료 현장에서 모범적인 임상을 위해 훈련받을 뿐만 아니라, 교육에 대해서도 훈련받는 것이 필수적이며, 교육과 관련된 법률(예를 들어 학생의 권리)을 숙지하는 것이 중요하다고 믿는다. 미국 미술치료 윤리강령 원칙 8.2를 확실하게 준수하기 위해 우리의 이중적인 직업 정체성을 학생을 교육하는 단일 정체성과 구별하는 것은 필수적이다.

하지만 저는 미술치료사예요—도대체 어떻게 학생의 예술작품에 성적을 매길 수 있을까요?

미술치료 교수진들은 대개 미술치료 학생들의 예술작품을 평가할 때 난색을 표한다. 만약 미술치료사로서 우리가 모든 예술적 창작물을 가치 있는 것으로 본다면,

미술 프로젝트 평가표

학생:

강사:

미술 프로젝트 평가표 주요 역량	10-9.4 고급	9.3-8.4 능숙-적절	8.3-7.4 성장	7.3-1 부상	0 부적절	종합 %
(60%) 예술작품 개념화의 명확성/노력의 투자 수준	(과제 주제) 탐구를 위해 특출한 기술과 노력을 투자함. 통찰이 이루어졌으며 그것을 창의적이고 간결한 방식으로 표현함. 독창성이 고려됨. 개인의 개방성과 자아 인식, 개념화와 개인의 노력 투자가 프로젝트의 주된 목표임	과정과 매체의 탐색에서 평균 이상의 노력을 투자하고 이루어졌으며 그것을 창의적이고 간결한 방식으로 표현함. 개인의 개방성과 자아 인식, 개념화와 개인의 노력 투자가 증가가 있음	평균적인 노력을 투자하고 탐구함	작업의 방향과 개념이 간신히 평균에 가까움. 개인적 탐색에서 노력의 투자가 부진함. 성급하게 프로젝트에 접근하고 있고, 심사숙고하지 않음	완수하지 못함	
(20%) 예술작품의 질	창의성, 재료 선택 및 미학에 관련하여 매체 사용에 대한 특출한 기술 작업과 노력을 투자함. 작품은 독특하고 독창적이며 시간을 들여 노력한 증거임	평균 이상의 창의성, 매체와 미학의 적절한 선택	평균적인 창의성과 매체 선택	시간과 노력의 투자가 거의 또는 전혀 없으며 평균적인 창의성보다 낮음	완수하지 못함	
(10%) 전시와 발표	예술작품이 관람객에게 영향을 미칠 수 있는 독특하면서도 예외적인 방식으로 전시됨. 발표자의 구두 해설이 발표 태도를 포함한 관련 및 설명이 전문적으로 제공됨	평균 이상이며, 예술작품을 심사 숙고하여 발표함. 예술작품을 인식하고 비언어적 표현에서 평균 이상 수준의 전문성을 보임	평균 및 예측 가능한 전시. 일부 영역은 명확성이 부족할 수 있으나, 전체적으로 효과적인 발표를 수행함	불분명한 메시지가 포함된 전시. 간략한 구두 발표. 체화과 설행이 증가 제시가 부족함. 이도가 불분명함	완수하지 못함	
(10%) 기술된 작품 설명의 명확성	예술작품 및 또는 창작과정의 의미를 자세하게 설명 또는 해석하여 기술함. 관람객이 작품과 작품 설명을 통해 예술작품의 의미를 이해할 수 있어야 함. 참고문헌이 인용됨. 글이 문법이 정확하고 오류가 없도록 편집됨	관람객/독자는 예술작품의 개념과 의도를 이해함. 그에 대한 질문은 거의 없음. 글에 일부 오류가 거의 없음	관람객/독자는 예술작품의 의미와 의도에 대해 전반적으로 과악함. 몇 가지 질문이 남아 있을 수 있음. 글에 일부 오류가 있음	글에서 전달하고자 하는 바가 명확하지 않음. 관람객은 예술작품의 의미와 의도에 대해 많은 의문이 생김. 글에 다수의 오류가 있음	완수하지 못함	

획득한 점수:
감점:
총점:

학생에 대한 피드백:

표 29.1 미술 프로젝트 평가표

메리 로버츠, EdS, LPC, ATR-BC(2013)와 셰릴 시플렛, PhD, LPC, ATR-BC(2014)가 제작하고 메류 버니어, MCAT, ATR-BC(2015)가 수정함.

거기에 어떻게 점수를 매길 수 있을까? 우리 프로그램은 미학 또는 예술적 재능에 근거하지 않고 예술작품 개념의 명확성, 시간과 노력의 투자 수준, 예술작품의 질, 전시와 발표 및 작품 설명의 명확성과 같은 주요 역량에 주목한 평가표를 만들어 학생의 예술작품을 평가하는 윤리적 이슈를 다루었다. 각 영역에서 학생들의 역량 정도는 발달적이고 성장 지향적 언어인 '고급의, 능숙한, 성장하는, 부상하는 및 부적절한' 등으로 표현된다([표 29.1] 참조). 미술작업을 서두르거나 최소한의 노력으로 과제를 하는 미술치료 학생들은 일반적으로 자신의 예술작품을 명확하게 개념화하지 못하는데, 이는 발표와 작품 설명에서 더 선명하게 드러난다. (예술작품과 작품 설명에서 흔적이 분명하게 보이는) 위험을 감수하고 자기인식을 드러내며, 학습과 기술을 창의적으로 적용하고, 학습을 시각화하는 데 시간과 노력을 투자한 학생들은 숙련되거나 고급 역량이 있는 것으로 평가된다. 이 평가표는 학생의 예술작품을 윤리적으로 바라보고 더 객관적으로 평가할 수 있도록 하며, 동시에 예술을 통해 학습과정의 다양한 측면들을 표현하고 반영하며 통합하는 가치 있는 관행을 유지하도록 한다.

협업, 의사소통, 합의

최고의 교육적 실천이란 하나의 교육전담팀이 집단적 사명, 비전 및 핵심 가치를 갖고, 그를 바탕으로 교수진과 학생 모두에게 영향을 미치는 교육의 실무, 정책 및 절차를 추진하는 것을 필요로 한다(Dufour, Dufour, Eaker, & Many, 2010). 따라서 나는 채용된 직후 교수 수련회를 진행하여 우리의 사명과 비전 선언문을 일괄적으로 수정하고 핵심 가치(성실성, 창의성, 자아 인식, 인간성, 협력 및 깊이)를 확인하는 시간을 가졌다. 우리 프로그램은 사회적 구성주의, 경험적, 그리고 성장 지향적인 교육 실무를 기반으로 한다(McAuliffe & Eriksen, 2011; Dweck, 2008). 우리는 사회적 맥락에서 성장 지향적 경험과 의미를 만드는 조직문화(Gorton, Alston, & Snowden, 2007)를 통해 예술가-치료사의 정체성과 역량을 함양할 수 있다고 믿는다. 이러한 과정에서는 교수진과 행정 직원의 협업이 매우 중요하며, 다양한 이슈, 우려, 선택지의 탐색 등에 관한 협업의 기회 제공을 위해 정기적인 교수회의 또한 필수적이다.
　특히 장애가 있는 학생들과 경계를 설정하는 일은 교수진에게 윤리적 문제들을 야기할 수 있다. 학생의 수행치가 기대를 밑돌 때, 그의 상황을 더 잘 이해하기 위해 치료적인 관점을 취하는 것이 자연스럽게 느껴질 수 있다. 그러나 이러한 방식은 프로그램 책임자와 다른 교수진에게 그 우려에 대한 보고가 이루어지지 않는 결과를 초래할 수 있다. 교수가 이러한 정보를 '상사'와 공유할 때 누군가의 약점을 고자질한다거나 교수자로서 자신의 능력이 부족한 것처럼 느껴질 수 있다. 그러나 이러한 이야기들이 언급되지 않는다면 염려했던 내용들을 해결하거나, 지켜보거나, 잠재울 수 없다. 다음 시나리오를 고려해보자.

내 윤리적 딜레마

한 학생이 기초 과목에서 낙제했고, 아무런 대비책도 없는 상태이다. 어떻게 해야 하는가?

첫 학기 수업활동에서, 한 학생이 글로 제출하는 과제에서 반복적으로 부진한 모습을 보이고 있다. 그녀의 글쓰기에 대한 전반적인 우려가 있었지만, 종합 및 형성평가에서 학생이 평균 이하의 수행을 보이고 있는 경우에 대한 명확하고 상세한 지침은 제공되지 않는다. 그녀가 이러한 기초 과목에서 낙제한다면, 내담자와 함께 작업하는 다음 학기로 진도를 나갈 수 없다.

당신은 어떻게 반응하겠는가?
저자의 답변은 부록 B에서 확인할 수 있다.

내 윤리적 딜레마

학업성적이 좋은 학생이 인턴십에서 성의가 부족한 모습을 보일 때 어떻게 해야 하는가?

교과 성적을 기준으로 학문적으로는 우수했던 학생이 인턴십에서 성의가 부족하고 자신에게 배정된 내담자에게 공감 능력이 부족한 모습을 보였으며, 슈퍼바이저나 교수진에게 알리지 않은 채 인턴십을 빠지고, 일지를 늦게 혹은 전혀 작성하지 않는 모습이 발견됐다. 몇 주 후, 그 학생은 자신의 정신질환이 자신의 수행 능력에 영향을 미치고 있다고 주장했다.

당신은 어떻게 반응하겠는가?

저자의 답변은 부록 B에서 확인할 수 있다.

우리의 윤리적 딜레마

어떻게 하면 정신질환이 있는 사람이 미술치료사가 되도록 허용할 수 있을까? 어떻게 하면 정신질환이 있는 사람이 미술치료사가 되는 것을 막을 수 있을까?

한 학생이 정신질환으로 인해 에너지를 고갈하고 있고 학업에도 피상적인 수준으로만 참여하고 있으며, 인턴십에서도 최소한으로 일하며 고군분투하고 있음을 공개적으로 밝혔다. 그녀는 한 학기 동안 논문 작업에도 진전이 없었다. 교수진들은 이 윤리적 딜레마와 씨름했다.

당신은 어떻게 반응하겠는가?

저자의 답변은 부록 B에서 확인할 수 있다.

결론

우리는 매주 열리는 교수진 회의에 학생 개개인의 성과에 대한 토론을 포함하도록 구성하여 우수한 학생들에게는 더 많은 도전을, 어려움을 겪고 있는 학생들에게는 추가적인 지원을 제공할 수 있었다. 진행 상황을 모니터링하기 위한 실행 계획과 방법은 회의록에 문서화되었다. 학생편람에 설명된 정책과 절차들은 교수진과 학생 모두의 역할, 책임 그리고 윤리적 경계를 반영한다. 모든 미술치료 프로그램은 발전하는 과정에 있으며, 자연스레 드러나는 모든 윤리적 딜레마는 프로그램이 개선될 기회를 제공한다. 미술치료 교육자들을 위한 윤리원칙의 개발은 논리적으로 따라오는 다음 단계이다. 윤리적 렌즈로 개별 상황을 신중하게 보아야만 미술치료 프로그램이 학생과 내담자 그리고 직업에서의 윤리적 책임을 다할 수 있다.

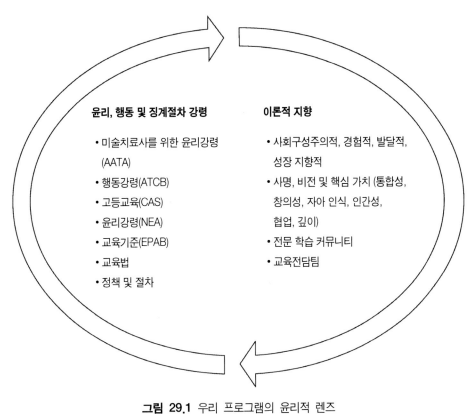

윤리, 행동 및 징계절차 강령

- 미술치료사를 위한 윤리강령
  (AATA)
- 행동강령(ATCB)
- 고등교육(CAS)
- 윤리강령(NEA)
- 교육기준(EPAB)
- 교육법
- 정책 및 절차

이론적 지향

- 사회구성주의적, 경험적, 발달적, 성장 지향적
- 사명, 비전 및 핵심 가치 (통합성, 창의성, 자아 인식, 인간성, 협업, 깊이)
- 전문 학습 커뮤니티
- 교육전담팀

그림 29.1 우리 프로그램의 윤리적 렌즈

반영적 미술경험과 토론을 위한 질문

예술가/치료사/교육자로서 당신의 정체성의 이미지를 만들어보라.

a. 예술 이미지의 형식적인 요소를 설명하라.

b. 예술가, 치료사 그리고 교육자를 상징하는 표현의 공간, 형태, 균형에 대해 서술하라.

c. 이러한 묘사가 당신의 핵심 영역과 전문적인 성장 욕구에 어떤 통찰력을 제공하는가?

d. 미술치료사로서 당신의 신념은 교육자로서의 가치관과 목표, 그리고 당신이 일하는 곳에서의 정책 및 절차와 어떻게 교차하는가?

장애가 있는 학생에 대한 시각적 표상을 만들어보라.

a. 그 이미지는 장애가 있는 학생에 대한 당신의 의도치 않은 편견에 관한 무엇을 드러

내는가?

b. 그 이미지는 장애가 있는 학생에 대한 당신의 미술치료사로서의 가치에 관한 무엇
을 드러내는가?

c. 그 이미지는 장애가 있는 학생에 대한 당신의 정서적 반응에 관한 무엇을 드러내는가?

d. 장애가 있는 학생에 대한 당신의 역할은 무엇이며, 윤리적 책임은 무엇인가?

참고문헌

American Art Therapy Association (2013). Ethical principles for art therapists. Retrieved from www.arttherapy.org/upload/ethicalprinciples.pdf

Council for the Advancement of Standards in Higher Education (2006). *CAS* Statement of Shared Ethical Principles. Retrieved from http://cas.membershipsoftware. org/files/CASethicsstatement.pdf

DuFour, R., DuFour, R., Eaker, R., & Many, T. (2010). *Learning by doing: A handbook for professional learning communities at work* (2nd ed.). Bloomington, IN: Solution Tree Press.

Dweck, C. (2008). *Mindset: The new psychology of success.* New York: Random House.

Gorton, R., Alston, J. A., & Snowden, P. (2007). *School leadership and administration: Important concepts, case studies, and simulations* (7th ed.). Boston, MA: McGraw-Hill.

Graduate Art Therapy and Counseling Program (2016). *Student handbook.* Norfolk, VA: Eastern Virginia Medical School.

McAuliffe, G., & Eriksen, K. (Eds.). (2011). *Handbook of counselor preparation: Constructivist, developmental, and experiential approaches.* Los Angeles, CA: Sage.

30

친권 종료에 대한 증언
조기 중재 프로그램에서의 미술치료와 사례 관리

셰릴 도비-코플랜드

미술치료사가 미술치료사로 불리지 않을 때

미술치료사로서 40년이 넘는 경험을 쌓아 왔지만, 내가 개인적으로 선호하는 임상적 정체성에 대해 스스로 상기시켜야 하는 순간들이 많았다. 나의 경험은 Gussak과 Orr(2005)가 설명했던 바와 일치하는데, 나는 좀처럼 미술치료사라는 전문적인 직함을 얻지 못했다. 나는 한 도시의 행동건강시스템에서 일하기 시작한 뒤 비로소 미술치료의 이익을 지지하면서도 사회복지사가 독립적인 임상과 사례 관리의 기준임을 제시하는 기관의 태도와 부딪히게 되었다. 이런 상황에서도 나는 전문적인 경력을 발전시키려고 애를 쓰며, 미술치료사라는 정체성을 유지해 올 수 있었다. 다행히도 수년간 개인적으로 지닌 가치를 설명하고 문화적 역량을 훈련하며, 미국미술치료학회 윤리위원회의 의장으로서 있었던 경험과 성찰적 슈퍼비전에서의 훈련들은 나에게 단단한 기초를 제공해주었고 이를 통해 매일 직면하는 윤리적 딜레마를 다룰 수 있었다.

나는 만성 조현병으로 인해 장기 입원중인 성인과 노인 환자 및 보안이 엄중한 소년원 시설에 있는 청소년 등을 포함하여, 다양한 대상에게 미술치료를 제공해왔다. 가족미술치료에 관한 내 경험은 지역사회 기반 병원에서 시작되었고, 그곳에서 대부분의 시간을 아동의 학교 및 가정에서 미술치료를 제공하는 데 힘썼다. 현재 나는 지역사회 기반의 조기 중재 프로그램의 창립 멤버로서, 주의력결핍 과잉행동장애(ADHD), 적대적 반항장애(ODD), 기분장애, 애착장애, 분노, 우울증 또는 자폐스펙트럼장애와 일치하는 행동을 보이는 8세 이하의 자녀를 둔 가족들에게 미술 및 놀이치료를 제공하고 있다. 나는 임상사례를 유지하며 관리하는 것 외에도, 소아정신과 치료팀의 임상프로그램 코디네이터로서 트라우마에 노출된 자녀를 둔 가족에게 아동-부모 심리치료를 진행하는 직원들을 훈련시키고 감독하며, 병원 프런트 데스크 직원도 함께 감독하고 있다.

추구하는 가치를 임상에 담기

나는 내담자가 우리 치료소로 들어오는 순간부터 프런트 데스크 직원이 내담자를 환영하고 공감적인 태도로 그들을 맞이하며, 긍정적인 관심과 치료소의 인간중심적인 치료방식을 전달하도록 격려한다. 내가 직원과 관리자들에게 사전정보동의서의 필요성을 자주 상기시키는 사람이라는 것을 알게 되었는데, 우리가 치료를 시작할 때뿐만 아니라 내담자들을 녹화할 때, 그들에게 새로운 증거기반 치료들을 제공할 때, 신문기사를 위해 인터뷰할 때, 회의에 그들을 초대하여 말하도록 할 때, 정신건강 서비스 및 슈퍼비전에 학생 및 인턴을 포함할 때, 또는 내담자의 예술작품을 나의 강의에 사용하길 원할 때에도 물론 그리하였다. 전반적인 정신건강 서비스, 특히 미술치료에 참여하는 것이 어색하거나 의심스럽거나, 또는 동기부여가 되지 않는 상태의 가족을 치료에 참여하도록 안내하는 것은 내가 거의 매일 하는 일이다. 나는 모든 내담자들이 가질 권리가 있는 '무해성의 원칙과 선행, 정의, 그리고 자율성'에 대한 존중을 전하기 위해 의식적으로 일한다(AATA, 2013). 우리는 정부가 운영하는 정신건강 서비스로서, 사회-정서 장애 문제를 보이거나, 가정 및 사회 폭력에 대한 노출, 애도와 상실, 방임, 성적/신체적/정서적 학대 그리고 위탁 양육되는 아동에게 발생할 수 있는 문제에 대해 증거기반 중재를 '충실히' 제공한다. 나는 개인적으로 내담자에게 충실하게 미술치료와 사례 관리 서비스를 제공하는 것을 가치 있게 여기며, 이를 통해 성실하고 '창의적으로' 일함으로써 치료적 관계에 대한 정직과 신뢰를 보장한다(AATA, 2013).

사례담당자와 미술치료사라는 역할을 수행하기

빈번하게 직면하는 윤리적 문제들

신의 대 내담자의 선택권   나는 처음 일을 시작했을 때 정신 재활에 관한 훈련을 통해 여러 사례관리 모델을 배웠다. 나의 치료적 접근과 매우 유사한 임상사례관리 모델은 효율적으로 사례를 관리하기 위한 여러 활동을 포함하는데, 내담자와 친밀해지기, 서비스를 계획하기, 서비스에 내담자를 연결하기 및 서비스 개선을 지지하기 등이 그 예이다(Anthony, Cohen, & Farkas, 1990). 나는 내가 담당하는 모든 내담자와 이러한 활동으로 엮여 있다. 우리 병원에 자녀를 데려오는 분들과 함께 일하는 것은 겸허한 일이다. 양육자로서 자신이 실패했다고 느끼는 부모, 자신의 자녀가 살해되었거나, 수감되었거나, 방임했거나, 학대를 했기 때문에 손주들을 키우고자 하는 조부모, 또는 혐의를 받아들인 양부모들이 있으며, 그들은 법원으로부터 병원에 가도록 명령을 받았거나, 가지 않는다면 주(state)에 매달 벌금을 내는 것을 감수하고 있다. 나는 강점기반 접근을 이용해 나와 함께 일하는 각 보호자들의 선한 의도를 알아내고자 노력한다. 그 예는 다음과 같다.

내 윤리적 딜레마

신의와 내담자의 선택이 갈등을 빚을 때, 나는 어떻게 진행하는가?

나는 보호자가 어린 자녀를 돌보며, 그들의 부모가 수감중이라는 사실을 말하는 대신 '대학에 진학했다'고 설명했다는 것을 듣게 되었을 때 종종 윤리적 딜레마를 경험했다.

당신은 어떻게 반응하겠는가?

저자의 답변은 부록 B에서 확인할 수 있다.

신체적 친밀감   치료에서 나의 모든 만남은 문화 교차적이다. 따라서 나는 임상가로서 아동과 가족이 치료 목표를 이룰 수 있도록 지지하기 위해 어떻게 하면 그들이 나에 대한 신뢰를 형성하도록 도울 수 있을지 알기 위해 노력한다. 내담자들

과 친밀해지는 과정에서 종종 신체적 접촉과 관련된 윤리적 딜레마가 발생하는데, 아동이 나를 포옹하거나, 손을 잡거나, 또는 내 장신구를 만지려 하는 반면, 성인 남성 보호자는 자연스레, 혹은 인사의 방법으로 나를 포옹하려 할 때도 있다. 비록 신체적 친밀감에 대한 욕구가 부적응적인 사회 기술, 불만족스러운 관계 및 부족한 경계에서 기인했을지라도, 각각의 사례는 내담자의 문화와 내담자가 나타내는 문제, 그리고 치료사에게 접촉하는 것의 필요성에 대한 근거를 이해하는 측면에서 개별적으로 보아야 한다(Furman, 2013). 달려와 격한 포옹으로 나를 반기는 세 살 아동의 행동은 50세의 아버지가 나를 포옹하려는 것과 다른 의미를 담는다. 충동 조절에 어려움이 있는 5세 아동이 복도를 뛰어다니는 대신 자연스럽게 내 손을 잡고자 할 때, 이것은 향상된 자기통제력을 나타내므로 허용된다. 나는 임상 슈퍼비전을 통해 오해를 피하기 위해 치료에서 신체적 접촉을 활용하는 것의 치료적 가치를 논할 수 있었다(Furman, 2013).

초기 면담이 끝나고 치료가 시작되면, 나는 어린 내담자의 부모에게 치료적 중재로서 미술작업을 사용하는 것에 대해 설명하는데, 종종 그들은 "그림은 집에서도 그릴 수 있어요!"라고 말한다. 그래서 미술치료를 다른 전문가들에게 설명하는 것 외에도 부모와 아동복지사, 소송 후견인 및 가정 법원 판사에게 미술치료에 대해 설명하는 일도 중요하다. 정신건강 서비스에 익숙하지 않은 가족에게 미술치료의 유용성을 설명하는 일은 어려울 수 있으므로, 종종 그들을 미술작업에 참여하도록 하여 치료목표를 달성하기 위한 미술치료의 유용함을 이해하는 데 도움을 준다. 만다라, 가족미술평가, 새둥지화, 양손 난화와 같은 미술작업 과제들은 어린 자녀가 있는 가족에게 미술치료를 소개하는 데 매우 유용했다.

선물 주고받기　　　내가 지역사회 기반 가족치료소에서 일했을 때, 기관에서 명절 때 내담자에게 선물을 주는 관행이 있었다. 그러나 이 관행은 윤리적 딜레마를 초래하였는데, 내담자의 형제자매는 선물 증정에 포함되지 않았기 때문이다. 결국 이 관행은 중단되었다. 선물을 주는 행위는 아동들이 휴가를 다녀와서 가져오는 선물부터 내가 치료를 끝낸 내담자에게 그의 성취를 기념하고자 상장이나 저널을 선물하는 것까지 복잡한 형식을 띤다(Furman, 2013). 많은 나의 아프리카계 미국인 내담자들은 나에게 작은 화병에서부터 세라믹 가면까지 선물을 해왔다. 나는 이런 선물들은 감사를 표하는 그들의 문화적 관행의 상징으로서 받아들이는 편이다. 그러나 동시에 나는 우리 치료소에서 선물의 가치를 10달러로 제한을 둔 것에 대해서도 염두하고 있다(Furman, 2013).

복잡한 윤리적 의사결정

Kapitan(2008)은 "모든 복잡한 윤리적 의사결정과정에서… 첫 단계는 위기에 봉착한 도덕적 차원을 깨닫는 것이다"(p. 155)라고 진술했다. 사례담당자이자 치료사로서, 나는 내담자에게 제공되는 서비스뿐만 아니라 아동이 더 이상 부모의 양육권 아래 있지 않게 되는 경우, 아동에게 최선인 환경을 찾을 수 있도록 지지해야 한다.

이 일을 해오며, 나는 여러 차례 법정에 소환된 적이 있다. 한번은, 나를 소환한 보호자의 변호사가 60가지 질문을 주며 나를 준비시켰다. 그 질문들은 내 증언의 주된 목적에 초점이 맞춰져 있었는데 내가 전문적 증인으로서 자격이 있다는 적격성에 관한 것이었고, 내가 아동에게 제공하는 치료 서비스와 장래의 양부모와 아동 간의 상호작용에 대하여 내가 관찰한 서술, 아동의 진단명, 그리고 모든 심리 검사 또는 다른 집행된 평가의 결과가 해당되었다. 또 다른 사례에서 나는 입양 전인 양부모의 변호사에 의해 소환되었다. 내가 아동과 입양 전인 양부모가 지난 2년간 약속했던 치료의 절반도 참석하지 않았음을 알렸을 때, 변호사는 내게 증언을 요구하지 않기로 결정했다.

내 윤리적 딜레마

친권 포기에 대한 증언을 위해 소환되었을 때 어떻게 대응해야 하는가?

모네는 26개월 된 여자아이로, 아버지의 가정 폭력과 약물사용, 그리고 어머니의 방임으로 우리 치료소에 오게 되었다. 모네는 배설물을 마구 문질렀고, 머리카락을 쥐어뜯었으며, 한 살짜리 여동생에게 공격적으로 행동했는데, 그 예로 동생을 밀거나 장난감을 뺏거나, 머리카락을 쥐어뜯었다. 아이들의 아버지가 주먹으로 벽을 쳐서 구멍을 내고 부모 모두가 PCP*에 양성반응을 보인 이후, 그 집은 두 어린 아동에게 안전하지

---

* 역주: 美속어로 crystal joint 환각제를 의미함.

않았기에 아이들은 모두 부모와 분리되었다.

치료의 궁극적인 목표는 두 아이들이 부모 중 한 명 혹은 부모 모두와 다시 함께 사는 것이었기에, 그 가족은 가족치료를 제공받았고 그 부모는 더 이상 부부로 함께 살지 않았음에도 지속적으로 참석하였다. 자녀의 어머니는 약물사용 검사를 받고 적절한 거주지와 직장을 얻으라는 법원의 요구에 순응했다. 두 부모 모두 자녀를 세심하게 잘 돌보았고 부모 및 자녀의 관계를 다루는 자녀 중심의 놀이치료와 미술치료에 참여했다. 사실 그들은 장난감을 가지고 놀거나 미술 활동을 지시하는 데 열중했기 때문에, 모네가 놀이를 이끌 수 있도록 지속적인 지지가 필요했다. 발음상의 문제로 모네가 말하는 내용을 이해하기 쉽지 않았기 때문에, 그녀의 놀이와 미술에 담긴 주제를 관찰하는 일은 특히 중요했다.

안타깝게도 일상에서 벌어진 여러 사건으로 인해 부모 모두가 다시 약에 손을 대며 체포되었고, 결국 모네의 어머니는 일자리와 거주지를 잃게 되었다. 아동복지기관은 보호 중인 아동에게 18~24개월 내로 영속적인 양육 환경이 마련될 것을 요구한다. 모네의 경우, 기관과 나는 2년이 넘도록 그녀의 어머니가 재발을 극복하고 자녀와 재회할 수 있다는 희망으로 필요한 서비스를 제공받을 수 있도록 지원하였다. 이러한 노력에도 불구하고 그녀의 어머니와 아버지는 또다시 재발하였고 어머니는 재수감되었다. 이와 같은 일들을 고려했을 때, 아동의 영속성 확보를 위한 아동복지기관의 계획은 가족의 재결합에서 양모의 입양으로 바뀌었고, 어머니의 변호사는 법정에서 가족치료에 대해 증언하도록 나를 소환하였다. 나는 윤리적 딜레마에 빠졌다는 것을 알게 되었다. 모네의 치료사로서, 나는 아동의 이익을 최우선시하였다. 모네의 어머니는 내가 그의 친권 포기에 반대하는 증언을 하길 기대했고, 나는 친권을 뺏기는 것이 계속해서 회복하려는 그녀에게 치명타를 입힐 것임을 알았다. 비록 아이들의 아버지가 보호자가 되겠다는 의지를 보였으나, 그는 아직 직업이 없었으며, 적절한 거주지도 없었다. 나는 선서하에 친권이 종료되어야 한다고 느끼는지에 대한 질문을 받을 것으로 예상하였다.

당신은 어떻게 반응하겠는가?

저자의 답변은 부록 B에서 확인할 수 있다.

결론: 윤리적 의사결정과정

미술치료에서 전문적 증인으로서 법정에 소환되어 증언하는 매 순간마다, 나의 치료적 중재에 대한 질문을 받을 것임을 예상한다. 내가 직원 및 인턴들을 훈련시키는 방식인 반영적 슈퍼비전은(Heffron & Murch, 2010) 중재방법을 개발하는 지침으로서 내담자와 치료사 그리고 슈퍼바이저의 행동의 의미를 알아내도록 촉진한다. 나는 내 자신의 반영적 슈퍼비전을 통해, 내 치료적 중재에 대한 영향과 법정 진술을 하는 동안의 내 행동, 단어, 반응들의 선택, 업무에 대한 문화 및 맥락적인 측면에서의 이해, 그리고 내 미술심리치료 접근방식이 어떤지, 또한 다른 관련된 경험들이 나의 일에 어떻게 정보를 제공하고 있는지를 논의했다. 경험이 많은 동료 두 명과의 임상 슈퍼비전에서 깨달음을 얻게 된 것 외에도, 내가 참석했던 최고의 윤리 교육 중 하나에서 윤리적 의사결정은 나의 의도된 행동, 도덕적 원칙, 올바른 임상 지식 및 신념의 용기로부터 유래한다는 것을 배울 수 있었다(Jobes, 2011). Jobes가 말한 '윤리적 실천의 기둥'은 사례 속 모든 가족 구성원에 대한 나의 윤리적 책임을 인식하기, 지속적으로 정보에 입각한 동의를 얻기, 철저하고 지속적으로 문서화하기, 전문적 상담을 기록하기, 그리고 내담자의 이익을 위해 행동할 수 있는 전문적인 근성을 개발하는 내용을 포함한다.

내가 증언하던 날, 스스로 상기한 많은 내용들 중 하나는 다음과 같다. '나는 내가 무엇을 알고 무엇을 모르는지 잘 알고 있다. 판사와 변호사 모두 내가 알고 있는 것을 모른다. 그렇기에 나는 확신을 가지고 증언한다.'

반영적 미술경험과 토론을 위한 질문

1. 보호자가 부모의 소재에 대해 함께 거짓으로 설명해달라고 요구한다면 치료사는 윤리적 딜레마를 느낄 수 있다.

    a. 당신은 이 상황에서 어떤 감정이 떠오르는지 그려보라.

    b. 위에서 설명한 상황에서 어떤 강점, 자원 및 치료 목표를 도출할 수 있겠는가?

2. 당신의 법정 증언이 친권 해지와 양부모의 자녀 입양을 뒷받침하는 것으로 나타난

후에 당신의 내담자 및 친부모와 가족치료 회기를 갖는 것을 상상해보라. 시간이 지남에 따라 다양한 가능성 및 사건들이 어떻게 변할 수 있을지를 염두에 두고, 내담자의 안녕을 위한 지지자로서 당신의 역할을 그려보라.

3. 아동의 최선의 이익을 위한 지지자 역할이 어떻게 부모의 가족 재통합에 대한 욕구와 대립할 수 있는지를 생각해보자. 치료과정 동안 부모와 형성한 치료적 유대의 붕괴를 최소화하기 위해, 당신은 부모에게 뭐라고 말할 수 있을 것인가?

참고문헌

American Art Therapy Association (2013). *Ethical principles for art therapists.* Alexandria, VA: Author.

Anthony, W., Cohen, M., & Farkas, M. (1990). *Psychiatric Rehabilitation.* Boston, MA: Boston University Sargent College of Allied Health Professions.

Furman, L. R. (2013). *Ethics in art therapy: Challenging topics for a complex modality.* London: Jessica Kingsley.

Gussak, D. E., & Orr, P. (2005). Ethical responsibilities: Preparing students for the real art therapy world. *Art Therapy: Journal of the American Art Therapy Association, 22*(2), 101-104.

Heffron, M. C., & Murch, T. (2010). *Reflective supervision and leadership in infant and early childhood programs.* Washington, DC: Zero to Three National Center for Infants and Toddlers.

Jobes, D. A. (2011, February). Contemporary ethics and risk management. Ethics training conducted at St. Elizabeths Hospital, Washington, DC.

Kapitan, L. (2008). Moral courage, ethical choice: Taking responsibility for change. *Art Therapy: Journal of the American Art Therapy Association, 25*(4), 154-155.

31

미술치료사/미술교사
치료 환경과 학교 환경에서 윤리적으로 임상하기

바버라 만델

깨달음

대학 도서관을 통해 훑어보다 이디스 크레이머의 『치료로서의 미술』*(1971)이라는, 내가 전혀 알지 못하는 분야이자 이전에 한 번도 들어보지 못한 한 저자의 책을 우연히 발견하게 되었다. 이것은 인생을 바꾼 경험이었다. 나는 즉시 내 미래의 직업을 발견했다는 것을 깨달았다. 미술교사로서 직업 안에서 발현해왔던 창의력을 통해 사람들의 삶을 향상시키고자 했던 나의 헌신은, 이제 '미술치료'라는 이름이 생겼다. 나는 교직도 좋았지만, 얼마 후 미술치료 대학원 과정에 들어갔고 미술치료사로서 나의 경력을 쌓기 시작했다. 이 장에서는 미술치료사와 미술교육자의 역할을 비교하고 두 직업에서 발생하는 윤리적 쟁점을 소개한다.

---

* 역주: 원서는 'Art as Therapy with Children(1971)'이며, 국내에서는 2007년 『치료로서의 미술(크레이머의 미술치료)』로 번역서가 출판되었음.

공통점과 차이점

미술치료사는 무의식적인 공포와 판타지를 검열 없이 자유롭게 표현할 수 있는 환경을 제공하고 창의적인 과정을 지시하지 않되, 안내해야 한다. 이러한 과정은 구체적인 시간제한, 공간의 경계, 발달 상태를 고려한 미술재료 그리고 (학대, 자살 또는 다른 이들을 해치려는 긴박한 의도가 있는 경우에만 위반되는) 비밀보장에 대한 약속을 요구한다. 신체 접촉을 제한하고 재료의 안전한 사용을 위한 일관된 규칙들은 준수되어야만 한다. 자기개방은 신중하게 다루어진다. 이러한 지침을 통해, 미술치료사는 내담자가 예술의 변화, 치유력 그리고 각자에게 존재하는 창의적인 잠재력을 활성화하는 데 도움을 줄 수 있다.

이와 유사하게, 미술교사도 교실이 안전하고 지지적이며 개성을 존중하고 문제를 해결할 수 있는 많은 방안이 있을 수 있다는 메시지를 전달한다. 미술매체는 발달적으로 적절해야 하고, 그것을 사용하는 방법과 규칙에 대한 분명한 기대가 있다. 교사와 학생, 그리고 모든 미술작품에 대한 존중이 강조된다. 그러나 교실에서의 목표와 윤리적 관행은 치료적 환경과 매우 다르며, 선택의 폭이 더 좁다. 미술교사는 매체를 고르고 프로젝트를 기획하며 기술을 가르침과 동시에 미학적으로 만족스러운 최종 작품을 위한 과정을 안내한다. (미술치료에서 주의 깊게 선택적인 상황에서만 허용되는) 예술작품 전시는 학생들의 예술가적 정체성을 기념하는 것이기에 매우 중요하다. 학생들로부터 선물을 받는 것은, 특히 공휴일이나 학년이 바뀌는 시기에는 허용된다. 신체적 접촉은 학년 말 작별 인사를 할 때와 같이 선택적으로 쓰인다. 자기개방은 오직 분명한 목적(예를 들어, 학생들에게 나의 예술작품을 영감의 자료로서 보여주거나 긍정적인 관계 형성을 위해 영화, 스포츠 그리고 음악에서의 공통적인 관심을 나누는 경우)에서만 일어난다. 학생의 장인정신, 창의성, 위험감수, 작품 완성 및 동료, 어른, 매체 그리고 작업실에 대한 존중을 포함하는 평가는 일반적이다.

미술치료

15년 동안 나는 정신증, 공격성 및 약물 오남용 이력이 있는 심각한 정서장애 아동과 청소년을 위한 거주치료센터에서 미술치료사로 일했다. 내담자들이 보통 그곳에 평균 1∼2년 정도 머물렀기 때문에, 나는 장기적으로 일하는 편이었다. 내담자들은 주치료사로부터 의뢰되었는데, 나는 미술치료 평가를 진행한 뒤 그들이 미술치료를 통해 혜택을 받을 수 있는지, 만약 그렇다면 그들을 개별적으로 만날지, 아니면 내가 개발한 여러 집단 중 하나에서 만날 것인지를 결정했다.

미술치료/인형극 집단

내 미술치료집단은 종종 연극적인 요소를 포함했다. 인형극은 사회적으로 고립된 아동들이 딜레마를 마주하고 새로운 해결책을 시도할 수 있게 한다. 이곳에서 아동들은 금기시된 희망과 충동을 안전하게 분출할 수 있다. 나는 1년 동안 10세 남자아이 네 명으로 구성된 인형극 치료집단을 이끌었다. 잭은 간헐적으로 정신이상 증세를 보였고 죽음에 대한 집착이 있었으며, 극심한 가족 역기능 및 신체적 학대의 피해자로 추정되었다. 그의 '마법사' 인형은 잭을 무력감으로부터 일시적으로 완화시킴과 동시에 병적인 판타지도 표현할 수 있도록 했다. 질 드 라 뚜렛 증후군(Gilles de la Tourette syndrome)으로 고통받던 존은 입을 테이프로 막은 '도둑' 인형을 만들었는데, 이는 충동을 통제하기 위한 그의 시도였다. 부모에게 버림받은 개리는 마리오네트를 만들었는데, 그는 인형에 연결된 줄을 조절하며 거절에 대한 두려움을 다루는 법을 연습하였다. 스탠리는 내성적이고 사회적으로 고립된 아이였으며 주로 투덜대거나 우는 방법으로 타인과 관계를 맺었다. 그는 '전화기' 인형을 만들었는데, 이는 다른 집단구성원들과 연결되고 싶은 바람의 반영이자, 대인관계 접촉의 두려움을 극복하기 위한 시도였다.

테마 미술치료집단

좀 더 나이가 있는 소년들, 그러니까 좀 더 개념적인 추리와 사회화가 가능한 아동들을 위해 나는 테마 집단을 기획했다. 비록 공간을 꾸미고 대량의 미술매체들을 수집하는 등, 내가 이 집단을 구상하고 준비하는 데 들인 시간과 관심은 아마도 미술교사라는 나의 역할에서 기인했는지 모르지만, 나는 이러한 치료적 여정의 모든 단계에서 미술치료사로서 받았던 훈련을 반영하는 방법으로, 각각의 집단구성원들의 개별적인 욕구, 강점, 정서적/사회적/인지적 목표를 고려하였다.

'우주여행' 집단   '우주여행' 집단을 준비하며 소년들에게 제공될 미술매체의 선택에 관한 윤리적 문제가 발생하였다.

내 윤리적 딜레마

내담자가 사용할 미술매체를 제공할 때 어떤 요인들을 고려해야 할까? 이 요인들이 서로 갈등을 일으킬 때 어떤 일이 벌어지게 될까(예를 들어, 안전한 공간을 만들기 위한 일이 근면성, 선택의 자유 및 자율성을 지지하는 것과 충돌할 때)?

나와 함께 일했던 소년들이 집에서 살았다면, 사회에서 클럽, 캠프, 음악 또는 춤 교습과 같은 활동에 참여하며 잠복기*의 과제들—사회성 기술 발달, 자율성과 독립심의 성장, 그리고 숙달성—을 학습했을 것이다. '우주여행' 착수를 위한 초대는 그들의 발달적으로 적절한 욕구에 관한 표현을 허가한다는 것을 의미한다. 나는 그들에게 파스텔, 물감 또는 점토와 같은 일반적인 미술치료 매체들을 제공할 수도 있지만, 창의적인 문제해결을 촉진시킬 목공 도구와 기초 미술 재료들을 제공할 수도 있었다. 나는 직원들에게 더 이상 작동하지 않는 오래된 가전제품—달걀 비터, 블렌더, 선풍기, 라디오, 레코드플레이어, 테이프 녹음기, 토스터, 헤어드라이어, 진공청소기—을 가져오라고 한 뒤, 소년들이 스크루드라이버, 렌치 그리고 펜치로 그것을 분해하며 발견한 물건들을 사용하여 헬멧으로 만들도록 이끌었다. 이 과정은 약간 위험할 수는 있으나 적절한 예방조치도 함께 마련될 수 있다.

당신은 어떻게 반응하겠는가?

저자의 답변은 부록 B에서 확인할 수 있다.

이 '우주여행'에서 소년들은 나무로 된 치즈용 바퀴로 만든 행성들, 마분지통으로 만든 로켓선, 그리고 큰 아이스크림 용기로 만든 우주 헬멧을 만들었다([그림 31.1] 참조). 각각의 행성은 사회적으로 고립된 소년들을 대변하는 반면, 그들이 개별적으로 만든 로켓선은(오직 그 행성의 '소유자'로부터 허가를 받는 경우에만 그곳에 착륙할 수 있었다) 향상된 대인관계에서 의사소통능력의 욕구를 나타냈다. 우주여행은

---

* 역주: 잠복기는 프로이트가 인간발달을 구강기-항문기-남근기-잠복기-생식기 5단계로 설명한 것으로, 리비도가 무의식 속에 잠복하여 동성 친구 및 외부세계에 관심이 집중되는 때를 이름.

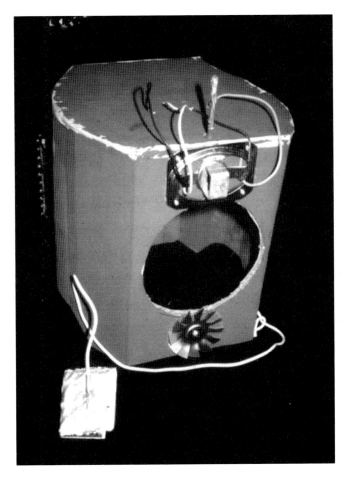

그림 31.1 우주여행을 위한 헬멧(사용된 매체를 볼 것)

의상, 은하계 여권 및 우주 음식을 나누는 경험으로 절정에 이르렀다. 방이 어두워지고 별처럼 반짝이는 요정 불빛이 줄지어 있으며 '발키리의 비행'이 배경에서 연주되는 가운데, 나는 기자 역할을 맡아 각 우주여행자들을 인터뷰하여 행성에 대한 관습, 습관, 관심사를 물었다.

'마법의 돌 차지하기', 보드게임 집단　　보드게임은 잠복기의 소년들과 작업하기 위한 또 다른 효과적인 수단이었다. 게임은 문제 해결, 협력 및 타협을 요구함과 동시에 충동 조절, 규칙 준수 및 끈기를 장려한다. '마법의 돌 차지하기'는 내가 개발한 보드게임으로, 보상을 찾아 장애물을 통과하는 삶의 여정을 상징한다. 그들은 스스로 판지로 만든 '문장 방패'(갑옷)를 완성한 후에 서로 연대하여 성을 건설했는데, 이는 함께 작업하여 얻을 수 있는 안전을 의미했다. '우정의 성배'는 '기사들'이 '신사도'(집단 규칙)를 따를 것을 맹세하며 모두가 서명한 이름이 담긴 족자를 포함했다. '마법사 카드'는 한 발짝 성을 향해 움직이기 위하여 집단구성원들이 정확하게 대답해야만 하는 깜짝 퀴즈를 제시했으며, '장애물'이라고 표시된 공간에 도착하면 전진하기 전에 신뢰 게임을 진행해야만 했다. 기사는 지렁이(뱀) 모양을 한 젤리가 매달린 후프 사이로 림보를 하거나 빨간 정사각형 카펫(용암 구덩이)에 착지하지 않고 방석 위에서 다른 방석으로 점프(디딤돌)해야 할 수도 있다. 게임의 목적은 마

그림 31.2 실물 크기의 야구 보드게임 작품

법의 돌을 잡고 그것을 성으로 돌려주는 것인데, 이는 장애물에 맞서고 삶의 상황들을 통제하는 데 필요한 기술의 발달을 상징했다.

야구 집단　봄은 야구를 테마로 한 집단을 소개하기에 완벽한 때였다. 미술치료 스튜디오의 바닥에 넓은 야구 다이아몬드를 그리고 난 뒤, 집단원들은 마분지로 베이스에서 베이스로 이동할 수 있는 뼈대 위에 서 있는 야구복을 입은 실물 크기의 형상을 만들었다(그림 31.2] 참조). 소년들은 앞면에는 사진, 뒷면에는 개인 통산 기록이 담긴 야구 카드를 디자인하고 상자로 야구 경기장을 만들었다. 집단을 마무리할 때엔 과정을 공유하고 작별 인사를 위한 수단으로 경기 후 기자회견과 연회를 열었다. 나는 기자/인터뷰 진행자의 역할을 맡아 질문을 하고 상을 수여하였다.

　　거주치료를 받는 동안 소년들은 잠복기 발달과정에서 또 다른 중요한 측면인 팀 스포츠 참여를 놓치고 있었다. 야구 집단의 목표는 소년들이 팀으로 작업하고 협력하는 능력을 향상시키면서 건강하게 경쟁할 수 있도록 돕는 것이었다. 상징적인 차원에서 야구 테마는 소년들의 치료 진행(그들이 베이스에서 베이스로 이동하는 것)과 궁극적 목표인 홈 베이스로의 복귀를 의미했다.

미술교육

미술치료를 15년 동안 수행한 뒤 미술교육으로 돌아왔을 때, 내가 학교 환경에서도 미술이 고통보다 즐거움에 가깝고, 생존보다는 풍요로움에 가까운 수준의 만족감을 찾을 수 있을지 의문이었다. 나는 곧 미술치료와 미술교육 모두가 아동들에게 감정 표현을 위한 출구와 자존감을 얻을 수 있는 길을 제공한다는 것에 감사하게 되었다. 가르치는 것은 좀 더 지시적이고 기술적인 전수에 초점이 맞춰져 있는 반면, 미술의 창조는 과정 및 그 자체로 치료적이다. 교실에서 미술교사로 일하는 미술치료사로서 나는 아동의 사회적, 정서적 요구에 지속적으로 관심을 기울이고 자기표현, 반영 및 집단 협력을 장려하는 개방형 프로젝트를 제공했다. 예를 들어, 중남미를 공부하는 동안 3학년 학생들은 멕시코에서 유래된 휴대용 제단인 레타블로(Retablos)를 만들었다. 레타블로는 작은 상자에 담긴 사람과 사물의 장면을 묘사한다. 상자는 숨어 있는 생각과 감정을 담고 방출하는 완벽한 매체로, 치료 및 학교

환경 모두에서 유용하다. 거주치료센터에서 나는 미술치료 내담자들이 종종 선호하는 표현방식으로 상자 구조물을 선택하여 사생활, 경계, 안전한 해방 및 트라우마 작업에 대한 욕구를 충족하는 것을 목격했다.

청소년들의 성찰을 장려하기 위해 자화상을 비롯하여 '창문', '거울'과 같은 주제를 소개했다. 칼리가 그린 거미줄에 둘러싸인 채 거울을 들여다보고 있는 한 소녀의 초상화는 '다른 사람이 되고 싶은 욕망'을 상징했다. 그 거미줄은 '미래에 희망이 없다고 느끼는 날들'을 나타냈으며, 거울은 '웃음, 희망, 따뜻함을 가진 또 다른 세계, 그리고 어쩌면 자신의 다른 모습'을 의미했다. 미술치료사로서 칼리에게 반응하는 것은 자연스러울 수 있었지만, 나는 더 깊은 내용이나 설명에 대한 탐색은 자제했다. 미술교사로서, 나는 치료사 역할을 한 적은 없지만 학교 상담교사에게 나의 우려를 나누긴 했다. 그럼에도, 내가 받은 미술치료 훈련과 경험은 다른 방식으로 드러났다. 예를 들어, 학생 미술 전시회를 심사하거나 대회에 학생의 예술작품을 출품하거나, 학생의 예술작품을 판매해보라는 요청을 받았을 때 거절한 것이다.

청소년들은 자기 탐구 외에도 자신에게 교육이 의미 있고 유용하다는 것을 느낄 필요가 있으며, 지역적으로는 물론 세계적으로 변화를 촉진하고 타인의 복지에 기여할 수 있다고 믿어야 한다. 이러한 글로벌 역량은 초등학교 차원에서도 다루어졌다.

내 윤리적 딜레마

공평하지 않은 문화교류는 윤리적인가?

미술의 창조와 관련된 윤리적 딜레마는 치료환경에서만 존재하는 것은 아니다. 다문화적 예술교류 기간 중, 1학년 학생들은 과테말라에 있는 한 학교를 위해 벚꽃에 에워싸인 DC 기념물 벽화를 그려 스페인어로 쓴 카드와 함께 보냈다. 그 대가로 과테말라 아동들은 우리에게 정성스레 꿰맨, 완성하는 데 수개월이 걸렸을 볼시타스(bolsitas)라는 작은 가방을 보냈다. 두 집단 모두 다채로운 전통을 공유하였으나 볼시타스는 훨씬 더 많은 공을 들여야 했다. 나는 과테말라 아동들이 자신의 소중한 물건을 나누어 주었을까 봐 걱정했고, 우리가 그들의 볼시타스를 받아들여야 할지 확신이 서지 않았다.

결론

이디스 크레이머는 그녀의 미술치료 접근방식이 "심리치료와 구별되며, 그것의 치유적 잠재력은 창조적 작업에서 활성화되는 심리학적 과정에 달려 있다"(Kramer, 1971, p. 25)라고 설명한다. "미술치료사는 기술적인 도움과 정서적인 지원을 모두 제공하면서, 스스로를 아동의 창조적인 모험의 동맹자로 만든다"(Kramer, 1971, p. 34). 미술치료사와 미술교육자 모두에게, 가르치는 기술은 우리의 궁극적인 목표인 내면세계를 나타내는 것으로 이어진다. 지난 세월 동안 나는 이와 같은 메시지를 수없이 전달해왔고 미술치료 내담자와 미술 학생들에게 동일한 많은 기술들을 사용했다. 미술치료는 과정 지향적이고 치료에 집중되어 있으며, 미술교육은 좀 더 결과물 지향적이면서 디자인 원리에 관심을 가지는 반면, 두 분야 모두 자신 내면의 감정을 전달하고 표현하는 예술의 힘을 다룬다. 두 직업 모두 개인에 대한 일관성, 안전 및 존중이라는 윤리적 원칙을 준수해야 한다. 그날 내가 대학 도서관 책 더미에서 크레이머의 책을 찾은 것이 얼마나 행운이었나 싶고, 내 대학원의 '아동미술치료' 수업 교수가 이디스 크레이머, 바로 그녀라는 것을 알게 되었을 때는 더 큰 행운이라 느꼈다! 직업을 미술교사로서 시작한 이디스 크레이머는 미술교육과 미술치료의 격차를 줄여주는 진정한 롤모델이었다.

반영적 미술경험과 토론을 위한 질문

1. 뜨겁게 녹인 밀랍으로 바틱*을 만들고 있다고 상상해보라. 암실에서 사진을 현상하기 위해 화학 물질을 사용하고, 뜨거운 접착제로 아상블라주를 만들며, 둥근끌로 조판하고, 칼과 바늘 도구로 점토 조각을 만들거나, 정밀칼로 골판지에 자국을 내보

---

* 역주: batik, 염색이 안 되게 할 부분에 왁스를 발라 무늬를 내는 염색법

라. 스프레이식 페인트, 페인트 희석제 또는 고정제를 사용하는 모습을 상상해보라. 베이거나 화상을 일으키거나 (독성이 없는 물질이라도) 연기에 노출될 수 있는 재료를 사용할 때 개인적으로 느끼는 편안함의 수준을 표현하는 예술작품을 만들어보라.

2. 잠재적으로 위험하거나 위험한 재료를 사용한 것에 대한 당신의 감정은 내담자를 위한 매체 선택에 어떤 영향을 미치는가? 이처럼 덜 전통적인 미술재료들을 어떤 상황에서 제공할 수 있을까? 안전을 위해 어떤 예방조치를 취할 것인가?

참고문헌

Ginott, H. (2003). *Between parent and child* (Rev. ed.). New York: Three Rivers Press.

Kramer, E. (1971). *Art as therapy with children*. New York: Schocken Books.

임상의 범위

한나 위트만 (컬러그림 참조)

우크라이나 내담자의 요구를 충족시키기 위한 본능적 외상반응 모델의 적용

윤리적 고려사항

이리나 나탈루시코

내 고향 우크라이나에서 나는 미술치료사 겸 (본능적 외상반응 모델 사용에 대한 자격증을 보유한) 외상 전문치료사로서, 단일 외상부터 반복적이거나 만성적인 외상, 태아기 및 언어가 시작되기 이전의 발달단계부터 매우 최근의 경험에 이르는 외상까지, 다양한 외상 이력을 가진 성인들과 함께 일한다. 나의 내담자들은 다양한 외상후 결과뿐만 아니라 그들이 가진 잠재력이 좌절되는 것에도 영향을 받는다.

우크라이나 역사와 문화 속 외상

우크라이나의 국민들은 세계대전과 홀로코스트, 1930년대의 인공적인 기근, 20세기 후반과 21세기 초반 경제 위기와 빈곤, 2014년 마이단(Maidan) 시위에서의 폭력과 총격, 그리고 우크라이나 동부에서 진행중인 군사분쟁과 같은 집단 역사적이고, 최근에 일어났으며, 계속되는 외상 경험에서 살아남았다. 이러한 집단 외상 경험에는 2016년 여름 우크라이나에서 시작된 소셜미디어 캠페인(#이제는말할수있다)*에

---

* #IAmNotAfraidToSay

서 공개적으로(아마 처음으로) 인정된, 끔찍한 성 학대의 일반화와 같은 개별적인 경험도 포함될 수 있다.

외상이 남긴 흔적은 세대를 거치며 자신과 타인에 대한 사람들의 감정, 자녀에 대한 양육, 훈육, 가르침 등의 방식에 반영된다. 한편으로, 그들은 계속 삶을 살아가기 위해 적응해왔다. 외상치료 서비스는 이로부터 혜택받을 수 있는 많은 사람들에게 언제나 제공되거나 활용되지는 못한다. 역사적으로 정신의학은 정치적인 억압을 위해 남용되었다. 외상중심 심리치료(trauma-focused interventions)에서 양질의 훈련을 받을 수 있는 기회를 경험한 치료사는 거의 없으며, 많은 내담자들은 재정적으로 취약한 상태라 다른 필요들을 두고서 치료 서비스를 우선할 수는 없다.

본능적 외상반응(The Instinctual Trauma Response) 모델

외상이 어떻게 경험되고, 외상 후 어떤 결과가 초래되는지, 그리고 어떻게 그 결과로부터 자유로워질 수 있는지에 대한 나의 이해는 두 모델에 근거한다. 하나는 신경정신과의사 다니엘 시겔의 정신건강에 대한 이해 및 통합으로서 치료과정이다(Siegel, 2012). 다른 하나는 나의 스승인 미술치료사 린다 간트와 정신과의사인 루이스 티닌에 의해 개발된 신경과학기반 접근법이다(Gantt & Tinnin, 2009; Tinnin & Gantt, 2013). 이 접근법은 외상후 스트레스장애와 해리장애를 가진 내담자를 대상으로 한 연구 결과(Gantt & Tinnin, 2007)에 의해 뒷받침되며, 외상 경험의 영향을 받는 대상들이 속한 다양한 환경에서 사용되었다.

본능적 외상반응(The Instinctual Trauma Response: ITR) 모델의 절차는 외상을 다루기에 앞서 선행하는 단계 지향적 치료로, 철저한 평가, 외상 선별, 심리교육 및 실제 활용 가능한 접지*/자원화(필요시 안정화도 포함)의 공급을 포함한다. 내담자에게 언어발달 이전 시기와 기타 임상적으로 유의미한 외상이 확인되었을 때 내담자와 치료사는 다음을 사용한다.

1. 외상 기억에 안전하게 접근, 통합하고 종결하기 위한 '유도된 심상(선택), 그

---

* 역주: grounding, 현실에 안정적으로 뿌리를 내리는 것

래픽 내러티브 및 그래픽 내러티브의 표현'

2. 외상성 해리나 피해자 신화를 전환하고 다른 외상 후 결과나 증상을 다루기 위한 '외현화된 대화'

또한, ITR 모델은 외상이 다뤄진 뒤 (필요한 경우 지원을 통해) 지속적인 자기관리 및 삶을 재통합할 수 있는 도구를 제공한다(Tinnin & Gantt, 2013).

모든 부분이 잘 구성되어 있고 전체를 사용하도록 의도적으로 제작되었으며, 각각이 중요한 역할을 맡고 있는 잘 연구된 치료 모델의 일부를 수정하는 것은 윤리적일까? 이 장에서는 ITR 모델의 일부와 특정 측면을 나와 내 우크라이나 내담자들에게 주어진 자원과 맥락을 감안하여 내담자의 요구를 충족하기 위해 적용했던 경험을 제시하고, 그와 함께 발생한 윤리적 문제를 설명한다. ITR 모델 사용법에 대한 지침을 그대로 옮긴다고 느끼지 않도록 모델의 목표, 작업 및 치료 단계들을 요약하는 대신, 내가 각색한 것을 보여주는 사례와 관련된 부분에만 초점을 맞추려 한다. 이 모델에 대해 더 알고 싶은 독자는 Tinnin과 Gantt의 『본능적 외상반응 및 이중 뇌 역학: 외상치료를 위한 가이드』*(2013)를 참조하라. ITR 모델에 관심이 있는 독자는 Tinnin과 Gantt의 ITR 교육기관(http://helpfortrauma.com/training)에 문의하여 모델 사용에 대한 교육과 인증을 받아야 한다. 내담자들의 필요를 충족하기 위해 내가 적용한 ITR의 일부분에 대해 설명하겠지만 독자들이 필요한 교육을 통해 ITR 모델 사용의 의도를 이해하고, 개인에 따라 다양한 방식으로 반응할 수 있다는 것을 예상하지 못한다면, 나의 방식과 유사하게 치료를 진행하는 것을 권하지 않으며 이는 내담자에게 의도하지 않은 결과를 초래할 수 있기에 주의를 요한다.

외상 이력 수집과 ITR 모델의 단일 회기 적용

외상 이력 수집 및 외현화

ITR 모델을 사용할 때 중요한 것은 외상 이력을 상세하게 수집하는 것이다. 내담자가 외상 기록을 외현화하도록 하는 한 가지 방법은 외상 사건을 구성하는 '인생 선

---

* 역주: The Instinctual Trauma Response and Dual-Brain Dynamics: A Guide for Trauma Therapy(2013).

(life line)'을 그려 각 사건이 발생한 시기를 표시하는 것이다(Tinnin & Gantt, 2013). 나의 경험상 '인생 선'을 사용하면 처음부터 내담자가 치료 파트너로 참여하게 되고, 내담자에게 발생한 외상의 범주, 유형 및 발달 단계에 대한 감각을 갖게 되며, 외상이 발생한 다른 관련 상황에 대한 논의를 통해 외상의 영향을 평가하고 스트레스 요인을 명확히할 수 있다. '큰 그림'을 시각화함으로써, '인생 선'은 가장 중요한 외상에 우선적으로 초점을 맞출 수 있도록 돕는다. 외상 이력을 작성하는 일은 1시간에서 몇 시간까지도 소요될 수 있는데, 복잡하고 복합적인 외상이 있거나, 내담자 자신에게 영향을 미친 충격적인 경험을 기억하거나, 검사하는 도중 떠오르는 진술을 조절하거나, 이 단계에서 얼마나 많은 세부적인 정보가 말로 표현하기 충분하고, 안전하며 도움이 되는지 결정하는 경우 등이 그러하다. 그러나 우크라이나에서 나는 일상적인 스트레스 요인에 대한 반응과 중복되는 복잡한 외상 이력에 의해 영향을 받는 사람들 중 1시간에서 몇 시간 내에 가시적인 치료 결과를 기대하는 사람들을 자주 본다. 이는 종종 개인과 지원 단체가 매우 제한된 시간과 자원을 가졌거나 치료의 경험이 거의 없는 내담자들이 가지는 기대이기도 하고, 즉각적인 필요가 지속적인 치료보다 우위에 있는, 스트레스가 많은 개인적이고 집단적인 맥락에서 살고 있기 때문이기도 하다.

비록 사례들은 '치료에서 단계의 흐름, 외상 이력을 수집해 외현화하는 시기와 범위에 대한 적응'을 설명하고 있으나 '그래픽 내러티브(a graphic narrative)'를 만드는 것'도 포함한다.

그래픽 내러티브 만들기

치료하고자 하는 외상 경험을 다룰 때, 내담자는 비언어적 외상 기억 요소를 시작, 중간 그리고 끝(사건 전; 투쟁/도피, 경직; 변성; 무의식적 복종; 자가 복구; 사건 후)이 있는 이야기로 구성하기 위해 일련의 그림을 포함하는 '그래픽 내러티브'를 만든다. 경험의 모든 측면을 포함한 내러티브로의 통합은 치료사에 의해 내담자가 외상 기억을 처리하고 종결하도록 (이야기를 들려주고) 제시된다(Tinnin & Gantt, 2013).

내 작업의 현실성과 필요성을 반영하기 위해 신중하게 구성된 다음의 사례와 맥락의 구성 요소에는 ITR 모델에 대한 적응, 이 모델이 필요한 이유, 그리고 이를 사용하기로 결정하는 과정에서 어떤 윤리적 고려가 발생했는지 들여다보기 위해 일부 회기의 자세한 정보는 생략했다.

사례 1—잉가

「32세의 미혼 여성 잉가는 우크라이나 동부 지역에서 민간인들이 탄 만원 버스가 폭발하는 모습을 담은 뉴스 방송을 본 지 일주일 후에 나를 찾아왔다. 그녀는 불안하고 산만한 상태로 도착했다. 그녀는 이번에 두 번째로 치료사를 만난 것이었고 첫 번째는 다른 전문가와 한 회기를 진행하였다. 그녀는 마음을 열고 나의 제안을 따랐으나 긴장한 듯 보였으며 무엇이 자신을 치료실로 이끌었는지 설명하기엔 확신이 없어 보였다. 나는 그녀에게 호흡과 오감을 결합시키는 접지 운동을 하도록 이끌었는데, 그제서야 자신이 왜 왔는지에 대해 말할 준비가 된 듯 보였다. 그녀는 일주일 동안 계속 그 폭발에 대한 뉴스 기사를 보고 있었는데 평소와 다르게 피곤했다고 말했다. 잉가의 친구들은 그녀가 그녀답지 않아 보인다고 했고 치료사와 상담할 것을 권한 것이다.」

잉가와 전화통화를 통해 회기 일정을 잡으면서, 나는 그날 우리가 2시간을 함께할 수 있다는 것과 그녀가 여러 회기를 고려하고 있지 않다는 것을 알고 있었다. 그녀가 좀 더 자세하게 뉴스를 보는 자신의 반응을 빠른 어조로 나누기 시작했기에 나는 외상 검사는 생략하기로 결심했고, 대신 그녀에게 하나의 이야기로써 시작과 중간 그리고 끝에 무슨 일이 있었는지 관찰자의 입장에서 그려보라고 요청('그래픽 내러티브'를 그리기 위한 지시)했다. 그녀가 이야기를 하면서 종이에 마커로 이미지를 그리면, 나는 그녀의 경험에서 본능적인 외상반응을 인식할 수 있도록 도왔다. 이야기의 줄거리는 자신의 일상으로부터 시작되어 뉴스 기사를 보는 본능적 외상반응 및 그녀가 회기에 오고 접지되는 자기 치유를 위한 증거까지 이어졌다. 나는 그녀의 경험을 대신 표현하였고, 그녀가 그것을 듣도록 초대하였으며, 그녀는 주의 깊게 경청하였다. 그 후, 그녀는 안전한 '이후 상황 그리기'를 자신의 내러티브에 추가했는데, 그 그림은 내가 그녀의 이야기를 표현한 후 회기중에 있는 나와 그녀의 모습을 보여주었다. 즉시, 그녀의 관심은 외상적 경험이 그 의미를 잃은 마냥 그날 저녁에 계획한 일을 이야기하는 것으로 전환되었다. 그녀의 신체는 좀 더 편안하고, 연결되어 있으며, 안정된 듯 보였다.

2시간짜리 회기의 마지막 15분 동안 나는 그녀에게 새 종이에 '인생 선'을 그리고, 나이를 적고 그날 그녀를 이끈 경험을 그리도록 초대했다. 그런 다음 인생에서 언제라도 버스 폭발이나, 사건이나, 그로 인해 그녀가 느꼈던 것들을 상기시키는 다른 사건이나 경험에 대해 생각하도록 했다. 그녀는 즉시 여러 개의 개별적이고 반복된 경험들을 그렸고, 그녀가 자라는 동안 가족이 자신을 신체적 및 정서적으로 학대한 사례들을 이야기했다. 그녀는 그것들의 연관성에 놀랐고, 현재 진행중인 군사적 충돌이 왜 자신에게 '이만큼' 영향을 미치고 있는지(직접 연루되거나 위험에 처한 가족이나 친구가 없었기 때문에) 확실히 알았다고 말했다. 나는 그녀가 안정된 상태인지 확인하고 외상이 미칠 수 있는 영향과 보다 장기적인 치료가 가져올 수 있는 치료적 변화에 대한 심리교육적 정보를 공유하였으며, 외상에 관한 전체적인 검사를 받고 이전의 외상을 치료받을 것을 권했다. 나는 회기에서 우리가 한 일을 요약하고 그 과정이 어떻게, 왜 효과가 있었는지를 묻는 그녀의 질문에 대답했다. 잉가는 나중에 그런 기억들을 통합하기 위해 치료사를 만나는 것을 고려하겠다고 말하고는 감사의 인사를 한 뒤 방을 나갔다.

그녀가 치료실에 오고서 그녀의 상태를 평가하고 우리에게 시간이 얼마 없다는 것을 알았을 때, 나는 잉가가 접지 상태가 되도록 돕고 그녀가 치료를 받으러 오게 된 경험을 다루는 데 우선순위를 두었다. 나는 그녀가 최근 사건에 대처하고 있을 때 완전한 트라우마 이력을 이끌어 냄으로써 잠재적으로 그녀를 압도하고 싶지 않았고, 우리가 함께하는 시간이 너무 짧았기에 그녀를 철저히 검사하고 평가할 수 없었다. 그러나 그녀가 뉴스 방송에 대한 반응을 소화하는 것을 도와준 뒤, 나는 이 기회를 통해 현재의 스트레스 요인에 기여했을지도 모를 외상적 경험을 확인하고 그녀가 여건이 될 때 초기 외상 기억을 다룰 수 있는 기반을 마련하기로 결정했다. 나는 잉가의 필요를 어떻게 우선할 것인지에 대한 갈등을 느꼈을까? 그랬다. 부분적으로 검사하거나 아예 검사를 하지 않는 것은 위험요소가 따르며(예를 들어, 중요한 이력을 놓치거나 위험을 발견하는 데 실패하는 것), 검사하는 데 모든 시간을 할애하고, 현재 진행중인 스트레스를 완화하는 데 실패하는 경우도 마찬가지다.

사례 2—디마

「디마라는 이름의 46세 남자와의 첫 번째 회기에서, 그는 자신이 우크라이나 동부 분쟁지역에서 1년 전에 떠났음에도 그곳의 경험이 여전히 자신에게 영향을 미친다고 느꼈고, 그 고통이 완화되길 바라고 있다고 나누었다. 그는 다른 치료사를 만난 적이 있었고 자신의 외상 이력을 이미 알고 있었는데, 그중 일부는 지난해를 걸쳐 그가 가능할 때마다 받았던 불규칙적인 회기를 통해 통합하려 했다. 그는 이전에 돌아볼 기회가 없었던 군사적 분쟁과 관련된 사건들, 즉 그가 도시에서 일자리를 구하고자 하는 자신의 능력에 영향을 미친다고 보는 사건에 대해서만 치료받고자 나를 찾아왔다고 말했다. 그는 정신적인 명료함이 취업 면접과 수습 기간을 성공적으로 헤쳐나갈 수 있게 해주기를 바랐다. 회기 전, 나는 그가 경험했던 것과 같은 경험을 다루는 데—혹은 다루기 시작하는 데—여러 시간이 소요될 수 있다고 설명했고, 그는 4시간의 집중적인 회기에 참여할 것을 약속했다.」

그의 트라우마 경험을 논의한 후, 나는 그에게 군사 분쟁 시기부터 현재까지 '인생 선'을 그려 달라고 요청했다. 그가 그린 '인생 선'에는 다음과 같은 것들이 포함되었다. 군사 분쟁이 시작되는 동안 고향에서 무장한 사람들을 보았던 것, 오랫동안 폭발음을 반복적으로 들었던 것, 분쟁이 시작된 지 몇 달 후에 분쟁지역을 벗어나는 위험과 스트레스를 경험한 것, 새로운 도시에서 자원과 집을 찾는 것, 버려진 그의 아파트의 잠재적인 손실에 대해 걱정하는 것, 집에 애착을 가지고 이사하길 거부한 대가족 구성원들에게 불안을 느끼는 것, 우크라이나 동부 지역의 사람들이 여전히 위험에 처해 있고 기본적인 자원들도 부족한 상황에서 도시의 명백한 일상생활에 충격을 받은 것 등이다.

그중 어떤 사건이나 상황이 자신에게 가장 큰 영향을 미쳤다고 생각하는지에 대한 질문에 그는 망설임 없이, 자라면서 가까웠던 삼촌이 분쟁지역이나 평생을 보낸 아파트를 떠나기를 거부하여 그의 안전과 신체적, 정신적 건강이 걱정된다고 말했다. 이제 우리가 함께 작업하기 위한 목표가 생겼기에, 나는 그에게 마커를 사용하여 종이에 '그래픽 내러티브'를 만들도록 했다. 그는 열심히 그림을 그렸고 사건이 어떻게 전개되었는지를 설명했다. ITR 유인물을 사용하여 그의 작품에 나타난 본능적인 외상반응들을 확인하도록 격려했을 때, 그는 삼촌에게 닥칠 수 있는 위험에 대한 자신의 걱정에 반응하는 방식으로 그것들을 모두 인식할 수 있었다. 이러한 과정에서, 그는 삼촌이 살고 있는 지역이 지난 3개월 동안 훨씬 더 안전하게 변했다는 것을 깨달았고, 이에 따라 합리적으로 안전한 '이후' 이미지를 그림에 추가하였다.

디마가 들을 수 있도록 내가 그 경험을 서술한 뒤, 나는 그에게 부분적 '인생 선'에 드러난 갈등과 관련된 사건들을 다시 보고, 그 순간 그것을 어떻게 경험했는지 주목해 달라고 부탁했다. 그는 자신이 묘사한 사건들을 살펴보는 시간을 가졌고, 전체 타임라인에서 느꼈던 강렬함이 훨씬 줄었다고 말했다. 나는 그의 정서와 자세에서 침착함과 존재감이 더 커졌음을 관찰하였다.

때때로 내담자들은 완결이나 충격의 정도가 다른 일련의 중복되는 최근의 스트레스 요인들(개별 사건 또는 지연된 맥락에서)을 경험하지만, 이상적인 기간 동안에 치료에 참여할 수 없다. 디마의 상황이 이 점을 잘 보여준다. 그가 가진 최근 스트레스 요인들과 삶에 미치는 강도, 그의 상태와 기능에 대한 나의 관찰과 그의 설명, 그리고 초기 트라우마에 대해 개방적인 그의 모습을 감안했을 때, 나는 특정 시기를 확대해서 볼 수 있도록 짧은 '인생 선'을 사용할 것을 제안했고, 부분적이지만 실질적인 이완을 가져오도록 집중할 수 있는 목표를 선택했다. 이걸로 충분했을까? 아마도 아닐 것이다. 그러나 모든 내담자에게 그랬듯이, 나는 심리-교육적인 정보를 제공했고 그에게 자원이 생길 때 임상적으로 중요한 모든 트라우마를 치료할 수 있도록 격려했다.

내 윤리적 딜레마

복잡한 요구를 위한 유일한 회기

트라우마 이력을 포함한 복잡한 요구를 가진 내담자와 단일 회기를 가질 것으로 예상한다면, 윤리적으로 무엇을 성취하고자 노력해야 할까?

당신은 어떻게 반응하겠는가?

저자의 답변은 부록 B에서 확인할 수 있다.

맺는 말

절실한 상황에서, 절차와 타협 사이 어디에 선을 긋는가? 타협의 결과가 도움이 아닌 해가 될 정도로 우리의 원래 의도를 희석시킬 때는 언제인가? 나는 이 질문에 대한 답을 가지고 있지 않지만, 우크라이나에서 일을 계속하는 한 이 질문들은 내게 남아 있을 것이다.

반영적 미술경험과 토론을 위한 질문

1. 훈련을 받았던 효과적인 치료방법이 기존의 치료 상황이나 당신, 당신의 내담자, 혹은 기관이 이용할 수 있는 자원과 맞지 않았던 때를 생각해보라. 당신이 배운 것을 윤리적으로 어떻게 각색할 것인가?

2. 그 경험을 회상하면서, 각색하는 것에 대해 갈등을 느끼는 당신의 모든 부분에 주목하라. 이를 '감각, 감정, 생각, 또는 태도'로써 인식하고, 몸 안이나 주변에서 그것들을 어떻게 경험하는지 주목해보라. 미술재료를 사용하여 각 부분이 포함된 이미지를 만들어보라. 이미지와 글쓰기로 대화하여 그들을 알고 그들의 우려나 의도를 파악하고, 더 나아가 그 우려를 다뤄보라.

3. 치료방식을 교육받은 대로 사용하는 것이 도움이 되지 않았던 직업 환경을 떠올려보라. 윤리적 방법으로 이러한 접근방식을 각색하는 것에 대해 어떻게 생각하는지 주목해보라. 토론이나 저널 작성을 통해 당신의 과정을 성찰하라.

참고문헌

Gantt, L. M., & Tinnin, L. W. (2007). Intensive trauma therapy for PTSD and dissociation: An outcome study. *The Arts in Psychotherapy, 34*(1), pp. 69-80.

Gantt, L. M., & Tinnin, L. W. (2009). Support for a neurobiological view of trauma with implications for art therapy. *The Arts in Psychotherapy, 36*(3), pp. 148-153.

Siegel, D. J. (2012). *The developing mind: How relationships and the brain interact to shape who we are* (2nd ed.). New York: Guilford Press.

Tinnin, L. W., & Gantt, L. M. (2013). *The instinctual trauma response and dual-brain dynamics: A guide for trauma therapy.* Morgantown, WV: Gargoyle Press.

33

앱, 원격보건, 그리고 미술치료
디지털 세대를 위한 온라인 치료와 윤리적 문제들

엘렌 G. 호로비츠

'원격보건'이라는 용어는 전화, 이메일, 문자 및 원격 모니터링을 포함한 다양한 통신기술들을 포함할 수 있지만, '원격의료'는 실시간 대화형 화상 회의를 통한 정신건강 진단, 치료 혹은 관리 서비스의 제안 및/또는 시간경과에 따른 변화와 모든 종류의 치료효과를 측정하기 위한 회기 전과 회기 사이 앱의 사용을 포함한다. 원격의료에 관한 연구는 다음과 같은 내용을 보여준다.

- 원격의료는 멀리 있거나 외딴 곳에 있는 환자에게 기술을 통한 의료 서비스를 50년 이상 제공해왔다.
- 행동보건을 관리하는 일은 원격의료를 통해 가장 먼저 제공된 건강전문 분야 중 하나이다(사실, 정신의학 및 기타 행동보건 서비스는 방사선학 다음으로 가장 빈번한 유형의 원격의료 서비스이다).
- 최근 기술 비용과 품질의 개선으로 인해 일상적인 진료의 전개가 가능해졌다.
- 원격정신보건에 대한 실증적인 근거는 진단의 정확도와 치료효과가 대부분의 임상군 및 환경에서 대면과 동등하다는 것을 일관되게 보여준다(Fishkind

& Cuyler, 2013; Grady, Myers, & Nelson, 2009; Yellowlees, Shore, & Roberts, 2010)

이 장에서 나는 세 가지 앱의 사용에 대해 설명하고자 한다.

1. 우울증, 불안, 스트레스의 측정도구인 DASS-21(우울, 불안 및 스트레스 척도)
2. 사전 회기에 대한 요약(각 회기 전 내담자들에게 제시된 질문들)
3. 회기중 또는 회기 사이에 그림을 그리고, 페인팅을 하고, 의사소통을 하는 데 사용할 수 있는 앱인 페이퍼53(Paper 53).

제시된 사례에서는 치료의 효과성을 추적하기 위해 이러한 도구의 사용을 설명한다. 우선 원격보건 시스템 내에서 운영하는 데 필요한 윤리지침을 이해하는 것이 중요하다.

원격의료로 이루어지는 정신건강 관리를 위한 윤리지침

원격의료를 통합하는 진료를 구축하는 일은 일부에게는 새로울 수 있지만 적절히 수행된다면 내담자들의 접근성을 개선하고 임상가들에게 효율성과 유연성을 높일 수 있는 옵션을 제공하는 안전하고도 효과적인 방법이 될 수 있다. 많은 원격보건 회사들이 있으나 미국 의료정보보험법(Health Insurance Portability and Accountability Act 1996: HIPAA)을 준수하고 필요한 기술을 제공하며, 경영보조를 지원하면서 고객지원 서비스를 제공하는 회사를 선택하는 것이 중요하다. 이 장에서는 (지금은 개인 임상가들에게는 적용되지 않는) 브레이크스루*와 아이카우치**의 특징을 언급하지만, 원격의료 실천에 관심이 있다면 자신에게 어떤 기능이 필요한지 판단하고 다양한 원격보건 업체들이 제공할 수 있는 것들을 비교해보길 바란다.

원격정신의학/임상에 대한 기본 규칙을 구성하는 법률 및 규정은 대면치료에 사용되는 동일한 관리 기준을 따른다. 예를 들어, 전문가는 다음을 수행해야 한다.

---

* 역주: Breakthrough, 피트니스 플랫폼 애플리케이션
** 역주: iCouch, 정신건강 서비스의 운영, 관리, 예약, 비용 지불, 소통 등을 위한 애플리케이션

- 거주지 및 서비스 제공지에 대한 주(州) 면허를 보유한다.
- 적절한 방음 장치, 타인의 방해나 소란으로부터의 자유, 파일 또는 전자 의료 기록에 대한 안전한 접근, 최신 안티바이러스 보호 기능이 포함된 암호로 보안된 컴퓨터, 그리고 안전한 e-헬스 커뮤니케이션 등의 특성을 고려한다.
- 원격의료를 통한 서비스 제공을 설명한다는 정보가 담긴 '치료에 대한 동의서'에 서명을 받으며(일부 원격보건 업체들은 이 양식을 제공한다), '개인정보 보호관행에 대한 HIPAA의 통지'를 제공하고, 검사, 병력, 필요에 따른 의뢰 등을 위한 의사/환자의 관계를 확립하며, 지역사회에서 응급 서비스(인근 응급실, 위기안정서비스)의 가용성 및 응급 상황 관리 절차를 결정하고 내담자에게 조언한다.
- 회기를 진행하기에 앞서 조명, 카메라 및 오디오 피드백이 작동하는지 확인한다. 임상가와 환자가 모두 헤드폰을 착용하면 울림 및 주변 소리는 일반적으로 차단된다.
- 치료 계획, 위험 관리, 평가 및 재평가를 제공한다.

후자에 관해, (브레이크스루 앱을 통한) 각 회기에 앞서 환자는 회기 시작 전에 임상가에게 전송되는 사전 회기 요약서를 작성한다. 이것은 임상가에게 환자가 어떻게 느끼는지에 대한 짤막한 묘사를 제공하고 내담자가 현재 고민하는 부분에 초점을 맞출 수 있도록 한다. [표 33.1]은 환자의 첫 번째 및 여섯 번째 회기 전에 제공된 회기 전 질문과 응답을 보여준다. 둘을 비교하면 회기 1과 6 사이에 환자의 기분과 전반적인 정신건강이 개선되었음을 알 수 있다.

시간에 따른 결과를 그래프로 표시하는 브레이크스루 앱의 기능을 통해 임상가는 환자의 진행 상황을 시각적으로 모니터링할 수 있다(자세한 내용은 www.breakthrough.com/for-provider를 참조할 것). 나는 때때로 환자들과 결과를 공유하여 그들이 자신의 진행 상황을 추적할 수 있도록 한다. [그림 33.1]은 위의 회기 1과 6 사이에 내담자의 진행 상황을 보여준다.

사전 회기 요약, 1회기

지난 2주 동안 얼마나 자주...

질문	1회기	6회기
불행하거나 슬퍼했는가?	매우 자주	가끔
에너지가 거의 또는 전혀 없었는가?	매우 자주	드물게
긴장하거나 신경이 과민했는가?	매우 자주	가끔
미래에 대하여 좌절감을 느꼈는가?	가끔	드물게
(지나치게 많거나 적은) 수면 문제를 겪었는가?	자주	드물게
자신을 해칠 생각을 했는가?	드물게	전혀 아님
일이나 다른 일상활동에서 비생산적이라고 느꼈는가?	매우 자주	드물게
집중하는 데 어려움을 느꼈는가?	매우 자주	드물게
가족과 친구들과 어울리는 데 어려움을 겪었는가?	자주	드물게
외롭다고 느꼈는가?	매우 자주	가끔
당신의 음주나 약물 사용에 대하여 우려하는 사람이 있었는가?	전혀 아님	전혀 아님
한 번에 다섯 잔 이상의 술을 마셨는가?	전혀 아님	전혀 아님
직장, 학교 혹은 가정에서 약물 또는 알코올 사용으로 인해 문제가 발생했는가?	전혀 아님	전혀 아님

사전 회기 요약, 6회기

지난 2주 동안 얼마나 자주...

표 33.1 1회기와 6회기 전 답변한 예비 질문(브레이크스루 앱의 형식)

지난 2주 동안 얼마나 자주…

불행하거나 슬퍼했는가?

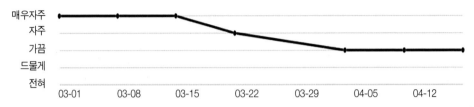

에너지가 거의 또는 전혀 없었는가?

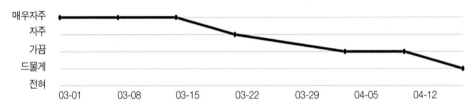

긴장하거나 신경이 과민했는가?

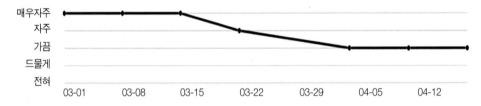

미래에 대하여 좌절감을 느꼈는가?

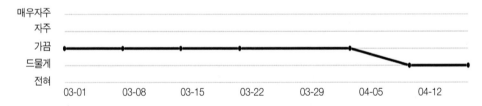

(지나치게 많거나 적은) 수면 문제를 겪었는가?

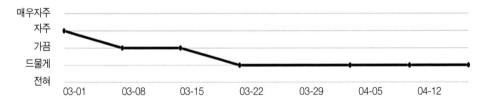

자신을 해칠 생각을 했는가?

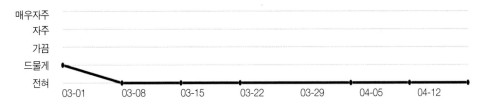

일이나 다른 일상활동에서 비생산적이라고 느꼈는가?

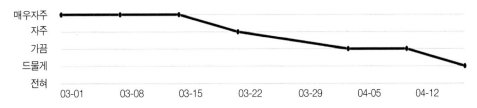

집중하는 데 어려움을 느꼈는가?

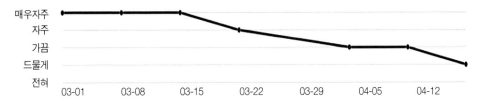

가족과 친구들과 어울리는 데 어려움을 겪었는가?

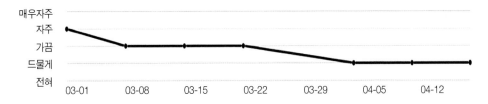

외롭다고 느꼈는가?

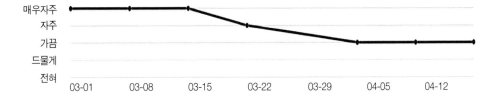

당신의 음주나 약물 사용에 대하여 우려하는 사람이 있었는가?

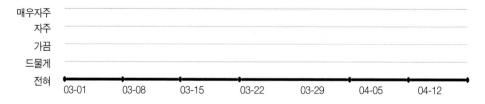

한 번에 다섯 잔 이상의 술을 마셨는가?

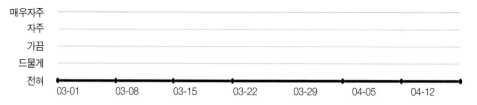

직장, 학교 혹은 가정에서 약물 또는 알코올 사용으로 인해 문제가 발생했는가?

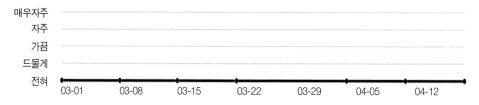

그림 33.1 PDF로 추출된 사전 회기 요약 그래프(브레이크스루 앱 서식)

원격보건 애플리케이션의 장점

- 홈 오피스의 사생활 보호부터 내담자가 편리한 거의 모든 시간에 치료를 제공할 수 있으며, 당신이나 내담자가 여행 중이거나 응급 치료 회기가 필요할 때도 마찬가지이다.
- 정교한 메시지 시스템은 내담자가 메시지를 보내는 즉시 당신에게 이메일을 보내고 예정된 약속을 확인할 수 있도록 도우며, 회기 사이에 내담자의 상태를 확인하거나 중요한 부분을 재정리할 수 있다.
- 회기 간, 심지어 회기중에 파일을 공유할 수 있으므로 내담자와 치료사가 회기중에 예술작품을 보며 토론할 수 있다. 이는 내담자나 치료사가 예술작품을 들고 있을 때 얼굴 표정을 가리는 시각적인 간섭 없이 거의 실시간에

가까운 토론을 가능하게 한다.
- 회기당 정액 치료비가 측정된 경우, 일부 원격보건 업체는 치료비를 청구하고, 보험사를 상대할 것이다.

온라인 치료에서의 윤리적 도전

원격으로 치료를 제공하는 데에는 분명한 단점이 있다. 나의 임상에 영향을 받은 것은 다음과 같다.

원격으로 지지하기. 내담자가 눈에 띄게 속상해하거나 울기 시작할 때 티슈를 건네거나 안심시키기 위해 손 또는 어깨에 부드러운 손길을 내밀 수 없다.

내담자에 대한 제한적인 시야를 갖는 것. 특정한 주제(일부 성적 학대와 같은)에 관해 이야기하는 것은 극도의 동요를 유발할 수 있다. 만약 모니터상 시야가 내담자의 가슴 위로 고정된 경우 대면 회기에서는 분명한 비언어적 단서들(신경질적으로 경련을 일으키거나 바닥을 발로 툭툭 치는 행동 등)을 놓칠 수 있다. 우리가 요청하지 않는 한, 내담자의 전체 모습을 한 번도 볼 수 없을지도 모른다. 섭식장애, 성적학대, 외상후 스트레스장애를 앓고 있는 내담자와의 치료에서 내담자의 전신을 다루는 것은 중요한 부분이었기에, 나는 내담자에게 '프라나야마'*/요가 호흡 운동을 할 때 카메라로부터 물러서 달라고 요청함으로써 그녀의 전신이 지시사항에 대해 어떻게 반응하는지를 확인할 수 있었다.

회기중에 미술재료를 제공할 수 없는 것. 때때로 나는 회기를 시작하기 전에 (우편을 통해) 환자의 집으로 재료를 보내고, 회기 진행을 위해 '페이퍼 53(Paper 53)'과 같은 앱을 사용할 수 있다. (다른 앱에 대해서는 『디지털 미술치료: 매체, 방법, 적용』**[Garner, 2016]을 참조할 것) 환자가 실제로 예술작품을 만드는 모습을 보려면 슬래시탑(Splashtop)의 360미러링(360Mirroring) 프로그램을 통해 내담자와 치료사는 데스크톱을 공유하고 각자 자신의 앱을 사용

---

* 역주: Pranayama, (요가)호흡제어를 의미함.
** Garner, R. L. (Ed.). (2016). *Digital art therapy: Material, methods, and applications*. Philadelphia, PA: Jessica Kingsley.

해 함께 그림을 그릴 수 있다.

온라인 치료를 위한 준비된 슈퍼비전의 부족. 슈퍼비전이나 지지를 구하는 임상가들에게 온라인 공간은 꽤 외로울 수 있다. 나는 원격보건 세계에서의 운영이 어떠한지 거의 알지 못하는 동료들과의 만남에 의존해야만 했다. 아이카우치 앱 플랫폼의 슈퍼비전 사이트는 원격보건 제공자들로 하여금 실시간으로 서로를 보면서 이러한 문제들을 논의할 수 있도록 한다.

그럼, 온라인에서 어떻게 앱이 치료효과를 높일 수 있는지 한 사례를 간단히 살펴보자.

앱, 회기 요약 그리고 역전이

나는 환자와 직접 일하기로 할 때, 우리의 첫 미팅 이전에 건강 설문을 작성하여 보내줄 것을 요청한다(샘플 양식은 부록 Horovitz & Elgelid, 2015에서 찾을 수 있다). 아이카우치 앱의 원격보건 플랫폼을 사용하면 페이퍼 시스템을 통해 문서를 보낼 수 있다. [표 33.2]는 브레이크스루 앱의 플랫폼을 사용하여 내담자와의 초기 영상 회기 전에 받았던 정보를 보여준다.

또한, 나는 내담자에게 DASS(우울, 불안 및 스트레스 척도)를 온라인으로 작성하도록 요청했다. 경미한 불안, 중증도 우울, 극심한 스트레스를 나타낸 내담자의 반응은 치료의 진행 또는 퇴행을 측정하는 지표가 된다([그림 33.2]).

나는 내담자의 가족 구성과 문화에 대해 배울 수 있었다. 가계도 분석 앱(Genogram Analytics App, Horovitz, 2014)은 회기중에 가계도를 생성하고 정보가 드러날 때 추가할 수 있다. 나는 내담자에게 메시지나 (아이카우치 앱상의) 페이퍼 시스템을 통해 PDF나 jpeg의 형식으로 가계도를 보내어 회기 간에 내담자가 이를 수정하거나 추가하도록 할 수 있다. 이를 통해 내담자와 치료사 사이의 대화가 회기 간 계속될 수 있어 영상과는 달리 대면 접촉이 없음에도 치료 동맹을 더욱 강화할 수 있다.

이러한 이유로 첫 회기에서 나는 이미 내담자에 대해 꽤 많이 알고 있었다. 처음으로 대면하는 영상 회기에서 나는 그녀와 그녀의 남자친구가 4년 동안 사귀

지난 2주 동안 얼마나 자주…

불행하거나 슬퍼했는가?	**자주**
에너지가 거의 또는 전혀 없었는가?	**가끔**
긴장하거나 신경이 과민했는가?	**자주**
미래에 대하여 좌절감을 느꼈는가?	**가끔**
(지나치게 많거나 적은) 수면 문제를 겪었는가?	**매우 자주**
자신을 해칠 생각을 했는가?	**전혀 아님**
일이나 다른 일상활동에서 비생산적이라고 느꼈는가?	**전혀 아님**
집중하는 데 어려움을 느꼈는가?	**자주**
가족과 친구들과 어울리는 데 어려움을 겪었는가?	**가끔**
외롭다고 느꼈는가?	**가끔**
당신의 음주나 약물 사용에 대하여 우려하는 사람이 있었는가?	**전혀 아님**
한 번에 다섯 잔 이상의 술을 마셨는가?	**드물게**
직장, 학교 혹은 가정에서 약물 또는 알코올 사용으로 인해 문제가 발생했는가?	**드물게**

표 33.2 사전 회기 질문에 대한 내담자의 응답(브레이크스루 양식)

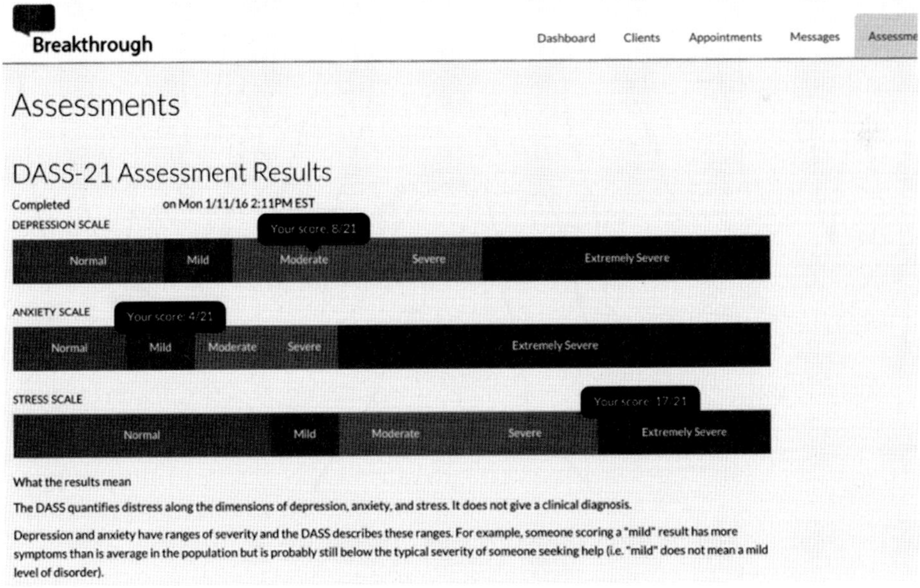

그림 33.2 내 내담자의 DASS 결과

었고 2년 동안 동거했다는 것을 알게 되었다. 둘 다 직장 때문에 일주일에 4일씩 여행하며 주말만 함께 보냈다. 문화적으로 그들은 매우 달랐고 그녀가 그의 모국어인 스페인어를 배우려고 시도하는 동안, 그녀의 남자친구는 스페인어로 그녀와 말하기를 거부하였고 그의 문화에 대해 더 잘 알고 적응하고 싶은 그녀의 욕구를 날카롭게 일축하였다. 그녀는 지난 한 해 동안 11번의 결혼식에 참석했으며 그녀의 남자친구는 언젠가 아이를 갖는 것에 대해 언급하긴 했지만, 결혼이라는 주제를 열심히 피했다. 그녀는 29살이었다.

　　나는 그녀가 다음 단계로 넘어가고자 하는 욕구에는 공감했으나 좀 더 심층적인 문제를 탐색하는 것이 중요하다고 느꼈다. 그녀가 수면장애를 겪고 있어서 메시지 앱을 통해 그녀가 오디오로 들을 수 있도록 내 목소리로 녹음한 요가 니드라* MP3를 보냈는데, 이로써 그녀는 좀 더 편안히 잠들 수 있었다. 나는 그녀에게 호

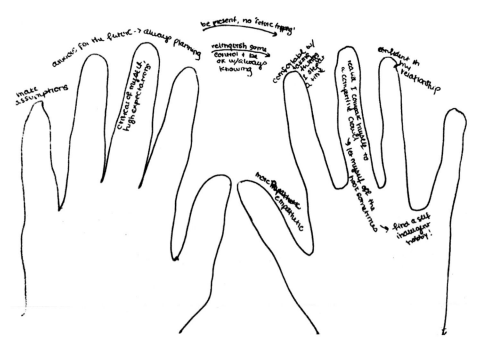

그림 33.3 목표에 대한 내담자의 과제(페이퍼53 앱 사용).

---

* 역주: Yoga Nidra, 요가 수면. 요가 명상에 의하여 유도되는 수면 단계로 깨어 있는 것과 수면 사이의 의식상태를 말함.

흡 운동을 연습하고 남자친구와 겉으로 드러난 문제들에 대해 좀 더 편안히 대화할 것을 제안했으며, 또한 메시지 서비스를 통해 회기중 하이라이트의 요약을, 페이퍼53(Paper 53) 앱을 사용해 다음 회기 전에 해야 할 과제와 함께 보냈다. 나는 그녀에게 자신의 손을 본뜨고 목표를 쓰도록 했는데, 왼손에는 현재 어디에 있는지, 오른손에는 미래에 어디에 있길 원하는지 쓰도록 지시했다(그림 33.3).

내 윤리적 딜레마

원격보건에서 역전이를 어떻게 다룰 것인가?

다섯 번째 회기에서 내담자가 치료는 '다른 사람들'에게는 비용적으로 감당할 여유가 안 되기 때문에 지위의 상징으로 여겨진다고 언급하였을 때 나는 강한 역전이를 인식했다. 그녀는 고등학교 동성 친구가 자신의 치료사에 대해 너무 자주 말해서 그 친구의 치료사 이름도 알고 있다고 농담했다. 나는 그녀의 친구 치료사의 이름이 회자되었듯 내 이름 또한 그런지 궁금했다. 나는 잠시 멈춰, 내담자가 나를 구찌 가방처럼 자신을 장식하는 무엇으로 여기는 상상을 했다. 나는 이런 인식이 점점 더 불편해지고 있었다.

당신은 어떻게 반응하겠는가?

저자의 답변은 부록 B에서 확인할 수 있다.

어느 날, 내담자는 자신의 남자친구가 해외 근무 제안을 받았다는 메시지를 나에게 보냈다. 그녀는 이것이 자신에게 어떤 영향을 미치는지 남자친구와 이야기하길 거부했는데, 이러한 논의가 그의 결정을 바꾸지 못할 것이라고 믿었기 때문이었다. 그녀는 '조금 막막함을 느껴서 이 문제에 집중하지 않으려고' 노력할 것이라는 글로 마쳤다. 나는 그날 밤, 긴급 영상 회기를 위한 일정을 잡았고, 그녀가 자신의 감정들을 꺼낼 뿐만 아니라, 그에게 자신이 얼마나 '슬펐는지'를 전하는 선택과 방법들을 논의하였다. 결과적으로 그들이 대화했을 때 그녀의 두려움은 가라앉았다. 그는 그녀와 상의하지 않거나 결정과정에 그녀를 제외한 채 그 제안을 받아들일 계획은 없었다. 게다가 그 제안은 단지 예비 단계였을 뿐이었다. 그들이 가졌던 오해의 일부는 (a) 근무 제안에 대한 정보가 모두 문자로 전달되었고, (b) 일주일 중 4일을 출장중이던 때에 통화를 하지 않아서 발생한 일이었다. 역설적이게도, 그

들이 디지털 메시지에 의존했던 점이 그들 사이에 오해를 일으켰기에 그들이 업무 중일 때에는 페이스타임, 스카이프, 또는 유사한 시각적 의사소통 수단들을 고려할 것을 제안하였다.

10회기가 되자, 상황이 개선되어 그들은 새 아파트로 함께 이사를 했다. 회기가 끝난 후, 나는 다음과 같이 요약한 메시지를 보냈다.

1. 공동 재정에 대해 대화를 나눔으로써 투명성을 확보하고 서로를 보호하도록 하세요(남자친구에게는 내가 이 제안을 했다고 말하세요).
2. 두 사람이 바쁘다는 이유로 금요일 밤의 이벤트를 포기하지 마세요. 이것은 당신에게 하이힐을 꺼내 신고 밖으로 나가 당신이 '진정으로' 사랑하는 사람들과 어울릴 기회를 줄 것입니다.
3. 약혼을 과시하는 사람들을 무시하도록 하세요.

정리해보면, 나의 내담자는 치료를 의뢰하게 된 근본적인 이유를 극복했다. 더 많은 회기가 분명히 도움이 될 수 있었겠지만 치료는 그 시점 직후 종결되었다; 그녀는 자신을 괴롭혔던 문제에 효과적으로 대처할 수 있는 더 나은 무기를 갖추었다. 1년 후 그녀의 소식을 들었고 커플 치료를 1회기 진행했으며, 그녀가 남자친구와 헤어졌을 때 6개월을 함께 더 작업하였다.

결론

원격보건은 아직 당신의 치료 도구가 아닐 수 있지만 분명한 디지털 미래의 일부이다. 그렇다면 미래에는 무슨 일이 일어날까? 원격의료에 대한 진료 지침은 양질의 보건 서비스의 효과적이고 안전한 제공을 보장하기 위해 중요하다. 기존의 진료 지침은 원격의료 커뮤니티에서 좋은 평가를 받아 수많은 임상에 적용되고 있다. 일부 주(州) 의료위원회는 "의사가 미국원격의료협회(American Telemedicine Association: ATA)에서 승인한 기준에 따라 원격진료를 실시해야 한다"고 명시함으로써 미국원격의료협회의 진료 지침을 규정에 포함시켰다(Krupinski, Antoniotti, & Burdick, 2010; Krupinski & Bernard, 2014). 우리는 미술치료 분야에 대한 원격보건 지침을 개발해야 할 것이다. 비록 그것이 치료비를 지불하는 자와 입법자에게 원격의료가 환자를 치료하는 효과적인 또 다른 방법이며, 그렇기 때문에 다른 의료 개입과 동일한 방식으로 환급되어야 한다는 것을 설득하기 위해 필요하지만, 동시에 세상이 점점 디지털화됨에 따라 우리의 임상 윤리원칙이 뒤처지지 않도록 보장하는 수단이 된다.

반영적 미술경험과 토론을 위한 질문

1. 내담자와 데스크톱을 공유하는 기회를 상상하라(이 작업은 미러링360[Mirroring 360] 앱을 통해 실행할 수 있다. www.mirroring360.com 참조). 페이퍼53(Paper 53), 스튜디오 아티스트(Studio Artist) 또는 코렐 페인터11(Corel Painter 11)과 같은 간단한 그리기 또는 페인팅 애플리케이션을 사용하여 내담자와 데스크톱을 공유하라. 빈 데스크톱 상태에서 그날 저녁의 대화를 시작하고 15분 동안 함께 미술작업을 한 다음 나머지 회기는 (비디오 피드를 통해) 대면으로 내담자와 경험을 논의하라.

2. 영상으로 경험했지만, 함께 예술작품을 창작한 느낌은 어땠는가?

3. 내담자에게 (가능하면 가족 또는 내담자가 치료에서 논의하는 사람 등 다른 사람과 함께 찍은) 자신의 사진을 가져오도록 요청하라. 사진에서 무슨 일이 일어나고 있는지 번갈아가며 논의하라(예: 내담자에게 '이 사진에 대한 캡션을 써야 한다면 무엇이라고 말할까요?' 등을 질문하라). 이 경험에서 무엇을 배웠는가? 두 사람이 사진을 어떻게 다르게 보았는지 그리고 어떤 정보를 얻었는지 토론하라.

참고문헌

Fishkind, A., & Cuyler, R. (2013). Telepsychiatry. In L. S. Lun (Ed.), *Behavioral emergencies: A handbook for emergency physicians*. New York: Cambridge University Press.

Garner, R. L. (Ed.). (2016). *Digital art therapy: Material, methods, and applications*. Philadelphia, PA: Jessica Kingsley.

Grady, B., Myers, K., & Nelson, E. (2009). Evidence-based practice for telemental health. *American Telemedicine Association*, July. Retrieved from www. americantelemed.org/docs/default-source/standards/evidence-based-practice-for-telemental-health.pdf?sfvrsn=4

Horovitz, E. G., & Eksten, S. L. (Eds.). (2009). *The art therapists' primer: A clinical guide to writing assessment, diagnosis, and treatment.* Springfield, IL: Charles C. Thomas.

Horovitz, E. G. (Ed.). (2014). *The art therapists' primer: A clinical guide to writing assessment, diagnosis, and treatment* (2nd ed.). Springfield, IL: Charles C. Thomas.

Horovitz, E. G., & Elgelid, S. (2015). *Yoga therapy: Theory and practice.* New York: Routledge.

Icouch. Retrieved from www.capterra.com/p/142270/iCouch/

Krupinski, E. A., & Bernard, J. (2014). Review: Standards and guidelines in telemedicine and telehealth. *Healthcare, 2,* 74-93.

Krupinski, E. A, Antoniotti, N., & Burdick, A.(2010). Standards and guidelines development in the American Telemedicine Association. In A. Moumtzoglou, & A. Kastania (Eds.), *E-health systems quality and reliability: Models and standards* (pp. 703-732). Hershey, NY: Medical Information Reference.

Yellowlees, P., Shore, J., & Roberts, L. (2010). Practice guidelines for videoconferencing-based telemental health. *Telemedicine and e-Health, 16*(10), 1074-1089.

34

안전한 공간, 기준, 그리고 '직감'

미술치료 훈련 집단의 윤리 및 문화적 다양성

다이앤 윌러

수년 동안 나는 여러 유럽 국가에서 미술심리치료 훈련 워크숍을 진행했는데, 대부분은 영국과 미국에서 사용되는 미술치료 및 집단 작업 모델에 익숙하지 않았다. 1980년부터 1987년까지는 불가리아 소피아의 메디컬 아카데미에서 정신과의사와 정신건강 간호사를 교육했는데, 이 프로그램은 불가리아 국립보건서비스에 새로운 심리사회적 개입을 확립하기 위해 세계보건기구가 자금을 지원한 프로젝트의 일부였다. 나의 공동진행자는 심리학자들이었는데, 그들은 예술에 관심이 있었고 정신건강에 대한 일반적인 의학적 접근방식을 바꾸고 알코올 및 약물 중독과 같은 상태에 대한 새로운 통찰을 제공하는 것을 목표로 삼았다. 그들은 불가리아의 어려운 재정 상황에도 불구하고 미술치료 서비스를 계속 개발했다.

1992년부터 2004년까지 진행한 다른 장기 프로젝트는, 스위스에 두 개의 미술치료 석사 후 연수 프로그램을 개발하는 것을 도와주는 일이었는데, 이 프로그램은 전에 대학 수준에서 독립적으로 제공되었을 때 런던 대학교로부터 승인을 받았다. 부다페스트, 레이우아르던, 베를린, 볼로냐에서도 비슷한 프로젝트들이 진행되었다. 구 유고슬라비아에서 진행했던 훈련 워크숍들은 내전으로 중단될 때까지 계속되었다. 1984년과 2004년 사이에, 나는 유엔(UN) 후원 계획의 일환으로서 약물남용 치료 및 해당 분야에서 일할 직원 양성을 위해 이탈리아, 스페인, 남미, 동남아시아에서 온 직원들에게 집중적인 미술치료 훈련을 제공하고자 매년 몇 차례나 이탈리아를 방문했다.

숙련도, 행동, 훈련 및 윤리의 기준

1997년 영국 보건부를 설득하기 위한 오랜 캠페인 끝에, 의회법을 통해 예술치료는 영국 보건복지전문직위원회(Health and Care Professions Council: HCPC)가 규제하는 (심리학 및 사회복지학을 포함한) 16개의 직업 중 하나가 되었다. 따라서 예술치료라는 타이틀을 보호받고 HCPC가 정한 법적인 집행이 가능한 숙련도, 행동 및 역량, 훈련 및 교육의 기준이 적용되었다.

　　1970년대 런던 대학교 골드스미스에서 미술치료 석사 후 교육 프로그램을 설립하고 국민보건서비스(National Health Service: NHS)에서 미술치료가 인정을 받는 데 중요한 역할을 해온 나는, 1980년대 초 해외에서 일하기 시작했을 때 명확하고 실용적인 윤리기준을 바탕으로 일하는 것에 익숙했다. 돌이켜보면 동유럽과 서유럽 국가에 존재하는 '미술치료라는 용어조차' 이해하는 데 엄청난 차이가 있다는 사실에 이제서야 놀라지만, 그것을 전달하는 데 발생할 수 있는 모든 문제점에 대한 생각을 뒤로할 만큼 일에 대한 열정이 있었다. 유럽의 미술치료 발전에 관한 책(Waller, 1998)을 제작하는 일은 그러한 차이를 이해하고 동료들이 다양한 사회문화적 맥락에서 적절한 훈련 프로그램을 제공하도록 돕는 현실을 이해하는 하나의 방법이었다. 나는 주최국의 언어, 문화, 정치 및 관습이 무시된 문화적, 학문적 식민주의의 사례가 되는 유사 학문의 훈련 프로그램들을 목격한 경험이 있었기에, 예술과 디자인의 확고한 기반과 함께 영국에서 훈련받았던 이론적 기초를 제공한 심리치료와 정신분석에 관해, 영국적인 생각으로 지배되지 않고 문화적으로 섬세한 훈련을 제공하기 위해 최선을 다했다. 그렇게 시도했을 때 다음과 같은 질문들이 제기되었다. 「어떻게 하면 차이점을 존중하면서 윤리기준을 유지할 수 있을까? 누구의 윤리기준이 유지되고 있는가? 윤리기준은 문화적 맥락과 어느 정도 밀접한 관련이 있는가?」 내가 논의하고자 선택한 윤리적 도전들은 수년 전에 이탈리아에서 일어난 일을 기반으로 하지만 다른 곳에서도 유사한 문제들이 발생해왔다.

경계 문제: 공간과 참여자

경계를 다시 그리기

미술치료사들은 식당, 복도, 보일러실 및 오두막에서 일해왔다. 오래된 정신병원의 경우, 미술치료사들에게는 종종 병원의 다른 부분과 격리된 대형 스튜디오가 주어졌는데, 직원들은 그곳에 '어려운 환자'들을 보냈다. 오늘날의 미술치료사들은 이상적이지 않은 공간에 적응해야 할 때도 있지만, 건강 및 안전 기준 덕분에 우리는 모든 사람이 편안하게 돌아다닐 수 있는 공간, 사생활 보호 및 수도 시설에 대한 접근과 같은 기본 요구 사항이 제공되도록 요청할 수 있다.

미술치료사이자 집단심리치료사로서 경력을 쌓던 초반에, 나는 이탈리아에서 휴가를 보내는 동안 대학 의료센터 직원을 위한 경험적 워크숍을 일주일간 운영해 달라는 제안을 수락했다. 매우 열성적이었던 정신과 과장은 자신의 서비스에 새로운 치료법을 도입하고 싶어 했고, 정신질환이 있는 이들에게 미술치료의 가능한 이점을 약술한 나의 강연 중 하나를 들은 적도 있었다. 활용할 수 있는 공간이 다소 작았기에, 나는 8명을 한 집단으로 구성하여 작업할 수 있겠다고 말했다. 그날 아침 14명이 도착했고, 일부는 상당히 멀리서 왔다. 테이블을 배치하는 것이 불가능했기 때문에 집단은 벽을 이용하여 종이로 그곳을 덮고 심지어 바닥까지 덮어버릴 것을 제안했다! 또한 그들은 창문까지 활짝 열고, 사람들이 바깥의 잔디 위로 올라갈 수 있도록 하여 경계를 더욱 확장해버렸다!

나는 지금이라면 그랬겠지만, 그때는 참여자들을 미리 인터뷰하지 않았다. 그래서 집단에 가족인 구성원들이 있고 대부분의 사람들이 일을 통해, 또한 사회적으로도 서로 잘 알고 있다는 것을 알게 되었다. 또한 선임 상담가와 초임 의사가 참석했는데, 위계적 측면에서 참여자들에게 어려움이 있을지 탐구할 시간도 없었다. 그 첫날에, 나는 너무 많은 도전에 직면하게 되었고 그에 관해 윤리적으로 문제가 있는지 아니면 모두가 환영했던 문화적 맥락에서 일하려는 나의 목표가 앞서야 할지 매우 신속하게 생각해야 했다. 나는 우리가 집단으로써 몇 가지 문제를 해결한다면 경계를 유지하는 것이 가능할 것이라고 결단을 내렸다. 정신의학과 정신건강에서 탄탄한 경력이 있었지만 정신분석에는 그렇지 않았던 참여자들에게 위의 내용을 어려움의 한 종류로 설명하거나 집단의 잠재적인 위험으로 제기하는 일은 어려웠지만, 그들은 나의 입장을 수용하였고 발생한 모든 문제들을 공개적으로 논의하는 데 동의하였다. 우리는 자발적인 역할극에 참여하고, 영화도 만들고, 대규모의 집단 이미지들을 만들어 방에서 창문을 통해 밖으로, 그리고 잔디 위로 옮기며 의욕적으로, 종종 유쾌하게 한 주를 보냈다. 나는 진행된 모든 작업의 과정을 신중하게 처리하고, 매우 수용적이면서 동시에 꽤나 논쟁적인 집단의 역동을 논의해야 한다고 주장했다.

윤리적 문제들은 다음과 같았다. 나는 집단의 잠재적인 구성원들이 센터의 직원이거나 책임자의 동료였기 때문에 미리 인터뷰하지 않았다. 따라서 나는 그들이 미술치료집단에서 무엇을 기대할 수 있을지에 대한 정보를 제공하지 않았다. 나는 집단을 8명으로 유지할 것을 고수하지 않았으며, 어느 누구도 제외되지 않기를 바라는 참여자들의 요구를 따랐다. 나는 경계의 확장을 허용했고 심지어 창문이 바닥층과 가까워서 위험하진 않았을지라도 그곳을 통해 밖으로 넘어가는 것을 허용함으로써 위험을 부담했다. 나는 참여자들을 몰랐기 때문에, 가족 구성원, 친구들 또는 (다른 사람에 대한 감독 권한이 있는 사람들을 포함한) 동료들과 함께 작업하는 것의 영향을 적절히 다루지 않았다.

다시 돌이켜봐도, 그곳에 온 모든 이들과 함께하고 싶다는 참여자들의 소망을 그대로 가져가는 것이 더 중요했다고 생각한다. 미술치료를 받기 위해 장거리를 여행한 이들의 참여를 거부하는 것은 다른 지역의 병원 동료들에게 제공되는 강한 환대 의식을 침해했을 것이다. 나는 항상 참여자의 안전을 보장하고 경험 많은 전문가 집단의 자원을 투입했으므로 윤리기준이 유지되었다고 믿는다.

경계를 깨기

필요한 자원에 대한 세심한 설명을 보냈음에도, 일주일간 진행되는 미술치료 워크숍을 운영하기 위해 이탈리아 남부에 도착했을 때 배정받은 방에는 학교 책상들이 줄줄이 세워져 있었고 물을 사용할 수 없었으며, 재료를 보관할 공간도 없다는 것을 알게 되었다. 그러나 나는 이대로 포기하거나, 거의 작업이 불가능하게 느껴지는 장소를 받아들이고 싶지 않았기 때문에 보다 나은 장소를 찾기 위해 그 기관과 주변 건물을 전부 탐색했다. 그 결과, 매우 넓은 다락방을 발견하고 그곳을 사용하기로 협상했는데, 그곳에는 넓은 외부 발코니가 있었고 그 발코니에는 식물에 물을 주기 위해 사용되는 수도꼭지가 있었다. 이러한 공간은 미술치료 워크숍 목적에 이상적이었고 나는 발코니가 워크숍이 진행될 공간의 경계의 일부가 될 수 있겠다고 생각했다.

도착하자마자 내가 예상했던 12명이 아닌 16명이 집단에 참여한다는 것을 알게 되었다. 그 사실이 그다지 내키지는 않았지만 기관장이 모든 집단구성원을 만났고 각 구성원이 일주일 내내 머물기로 약속했다고 안심시켜 주었기에 동의했다. 그럼에도 불구하고 이전 경험을 바탕으로 나는 워크숍 시작 전날 모든 사람을 인터뷰하여, 앞으로 마주할 경험의 본질에 대해 조언하기로 결정했다. 대부분은 내가 이전에 진행한 워크숍에 참여했던 동료들로부터 미술치료에 대해 들어본 인근 정신건강센터들의 직원이었다.

인터뷰를 시작하기 전에, 내가 마르타라고 부를 한 여성이 도착했는데 내가 커피를 마시고 있던 테이블에 앉더니 자신의 그림을 보고 감상을 말해줄 것을 요청했다. 위험 신호가 울렸다. 그녀는 매우 극성스러웠으며 요구사항이 많았다. 나는 이렇게 하는 것이 적절하지 않을 것이라고 정중하게 말했고, 다가오는 워크숍의 미술치료사이자 진행자로서의 나의 역할을 설명했다. 그녀는 뭐가 문제인지 알지 못했고 내가 그 그림을 보고 조언할 수 있도록 특별히 그림을 가져왔다고 말하며 화를 내기 시작했다. 나는 내가 그녀나 그녀의 그림을 무시하는 것이 아니라 단지 나에게 할당된 역할에 충실하고 있다는 것을 납득시키는 데 시간을 들였다. 그녀는 집단과정이 어떻게 작동하는지 이해하지 못한 듯했고, 나와의 일대일 관계를 원했기에 그녀가 워크숍에 참석하는 게 적합할지 걱정되기 시작했다. 나는 워크숍이 그녀의 취향과 맞지 않을 수 있고 아마 그녀도 개인 미술치료사를 만나는 것을 더 선호할 것임을 넌지시 알렸으나 그녀는 내 제안을 깔보듯 거절했다. 그녀를 집단에 받아들이면 안 된다고 주장해야 한다는 매우 강력한 촉이 왔지만 이는 그녀가 센터 경영진의 추천을 받았기 때문에 갈가리 해체되었다. 결과적으로 내 '직감'이 맞았다.

마르타가 과거 어떤 충격적인 사건을 경험했고 집단에서 다른 이들과 관계를 맺는 데 어려움을 겪었으며, 그와 연결된 모든 대상이 여성이라는 점은 금세 명백해졌다. 그녀는 분노에 차 있었고, 다른 이들의 노력을 무시했으며, 집단의 피드백을 듣기를 거절한 채 계속해서 내게 자신의 작업에 대해 말해 달라고 직접적으로 요청했다. 그녀가 세 명의 여성으로 구성된 소규모 집단에서 작업하면서 위기가 발생했다. 경계에 대한 지침을 명확히하기 위해, 나는 다락방과 발코니는 워크숍 시간에만 사용할 수 있음을 집단에 알렸다. 나는 우리가 도착하는 매일 아침 8시에 잠긴 문을 열었지만 휴식시간에는 문을 닫았다가 일정이 끝나는 5시에는 다시 잠갔다. 모두 그 방이 워크숍을 위해서만 사용할 수 있는 특별한 장소라는 것을 이해하고 있는 듯 보였다. 이 점은 매우 중요했는데, 상호작용적인 미술치료집단 중에는 강한 감정들이 올라오기 때문에 사람들은 그 공간이 안전하며 자신이 집단에 속해 있다는 것을 느낄 필요가 있었다. 그들은 일주일 동안, 혹은 집단이 끝나고 작품이 철거될 때까지 아무도 공간에 들어가지 않을 것임을 이해한 것 같았다. 넷째 날에 방을 열었을 때, 나는 마르타가 속했던 소집단이 만든 조각에 여러 가지 큰 변화가 생겼음을 눈치챘다. 그때, 내 충격을 상상해보라. 참여자들이 도착했을 때, 세 사람 사이에 분노에 찬 말싸움이 벌어졌으며 그들은 누군가 자신의 작품을 바꿨고, 사실상 침범한 것에 대해 서로를 비난했다. 집단의 모든 사람이 관여했으며, 마르타는 사건 전날까지 쌓여 온 매우 공격적인 관심의 중심에 있었다.

나는 집단에게 원 형태로 둥글게 모여 달라고 요청하며, 이것이 우리가 다뤄야 하는 '방해물'을 구성한다고 말했다. 주제 중심의 상호작용에서, 방해물은 항상 다른 문제보다 우선하는 심각한 문제이다. 마르타와 나를 향한 많은 불평과 분노에 찬 발언이 있었으며, 집단은 그 문제에 대해 논의하기를 전반적으로 주저하였다. 누군가는 그녀에 대해 "저 사람은 일주일 내내 불친절했을 뿐만 아니라 여기에 있고 싶지 않아 하는 것 같은데, 그냥 내쫓아 버려요!"라고 외쳤고, 다른 사람들도 그에 동조했다. 그 세 명의 집단원이 개별적으로 작업한 조각들을 부착해서 만든 조각상을 살펴봤을 때, 조각이 놓인 바닥이 짙은 색으로 다시 칠해진 것을 알 수 있었고, 한 여성이 '평화를 위한 공물'로 마르타에게 주었던 작은 인형이 부서져 큰 돌 밑에 깔려 있었으며, 빨간색 페인트가 마치 피처럼 전체 영역에 뿌려져 있었다. 그 작품은 마치 살인이 발생한 것마냥 폭력적인 분노감을 담고 있는 듯 보였다. 그 전날, 마르타는 화가 나서 가위로 상자를 찌르고 조각조각 내어 파괴했었다. 이것을 목격하며 나는 오싹함을 느꼈고, 그녀가 말로 할 수 없는 심각한 외상적인 사건을 해소하고 있는 중인지 의심했다. 나는 딜레마가 생겼다.

내 윤리적 딜레마

집단이 필요한 것처럼 보이지만 그 경계를 위반하고, 상징적이긴 하지만 공격적으로 행동한 사람을 집단에 두는 것은 윤리적인가?

나는 그 집단에게 워크숍의 경계가 침범되었고 집단의 규칙 중 하나(다른 사람이나 자신의 작업을 훼손하지 않을 것)가 깨졌으며, 우리는 왜 이런 일이 발생하게 되었는지, 그리고 다음에는 무엇을 해야 할지 생각해야 한다고 지적했다. 마르타가 있는 집단의 두 여성은 점점 더 격분했다. "그녀를 내보내!"라는 목소리는 점점 더 강해지고 있었다.

집단 상호작용적 미술치료 윤리와 집단 관리의 기초에 대해 떠올리려고 노력하면서, 나는 이것이 심리적 전가이며 마르타가 스스로에게나 다른 이들에게 즉각적인 신체적 위협을 가하지 않는 한 그녀를 내쫓을 수 없는 것을 알았다. 그렇지만 내가 어떻게 해야 했을까? 그녀는 페인팅과 인형을 학대하는 것을 통해 비록 상징적일지라도 공격적으로 행동해왔다. 그녀에게 떠나 달라고 요청함으로써 그녀가 제외되었다는 느낌을 확인시켜 주는 것이 더 나빴을까? 그녀의 행동은 어떤 심각한 학대, 아마도 성적 학대를 당한 것을 상징적으로 보여준 것이었을까? 그녀가 다른 집단구성원에게 신체적 또는 심리적 위협을 가했는가? 집단에 머무르는 것이 그녀에게 해를 끼치는 것일까? 그녀는 자신의 작업에 대해 이야기하도록 요청받을 때마다 자신의 작업은 그 자체로 설명된다며 거절했고, 생각을 더 나누거나 피드백 듣기를 거부했다.

당신은 어떻게 반응하겠는가?

저자의 답변은 부록 B에서 확인할 수 있다.

결론

이 경험들을 기록하면서 나는 그때의 상황으로 다시 돌아간 듯한 기분이 들었다. 심장이 똑같이 빨리 뛰었고 다소 메스꺼운 기분과 함께 내가 심각한 실수를 저질렀거나 그럴 뻔했다는 걱정도 들었다. 집단 상호작용적 미술치료의 이론적 토대로 돌아가 잠시 멈추고, 반영하며, 내가 경험한 집단의 자원을 믿는 방법밖에 없었다

(Waller, 2014). 현실에서 의사결정은 종종 신속하게 이루어져야 하며, 물리적인 폭력이 발생할 수 있는 상황에서도 당황하지 않고 그 과정을 신뢰하는 것이 필수적이다. 쉬운 듯 들리지만 그렇지 않다. 우리에게 왜 경계가 필요한지, 왜 공간이 안전하게 유지되어야 하는지, 그리고 왜 우리가 참여자들에게 어떠한 해도 미치지 않도록 긴장해야 하는지에 대해 철저히 이해함으로써, 우리는 우리가 아는 최선의 방법으로 이러한 윤리적 딜레마를 관리할 수 있다.

우리가 일할 수 있는 매우 다른 사회적, 문화적 맥락에도 불구하고, 내게 그러한 기초들은 우리가 격한 감정들을 담을 수 있는 장소를 유지할 수 있도록 하는 데 관련이 있고, 더 나아가 도움이 되는 것 같다.

반영적 미술경험과 토론을 위한 질문

1. 다음은 시간 제한적인 활동으로, 예를 들어, 10명의 슈퍼비전 집단에서 다섯 쌍으로 나뉘어 자신의 작품을 만들어 집단과 나누면 집단은 여기에 응답할 수 있다.

2. 파트너와 함께 과거에 직면했거나 현재 직면하고 있는 윤리적 딜레마를 반영하는 작품을 즉흥적으로 만들어보자. 당신이 무언가를 만드는 동안 파트너가 당신을 도울 수 있도록 당신의 감정을 나누어본다. 그런 다음 위치를 바꾸어 파트너가 직면한 윤리적 딜레마를 반영하는 작품을 만들도록 하라. 그 후 전체 집단과 과정을 공유하고 집단은 모든 작품을 위한 안전한 환경을 구축하여 반응하도록 한다.

3. 가장 스트레스가 많았던 임상 경험 중 하나와 그로부터 무엇을 배웠는지 공유해보자.

4. 다른 모든 요인에도 불구하고 윤리적 문제를 해결하는 방법에 대한 '직감'이 옳았던 경우를 서술하라. 당신은 '직감'에 얼마나 많은 무게를 두어야 하는지 어떻게 결정하는가?

참고문헌

Waller, D. (2014). *Group interactive art therapy: Its use in training and treatment* (2nd ed.). Hove: Routledge.

Waller, D. (1998). *Towards a European art therapy: Creating a profession.* Buckingham: Open University Press.

그렇다면 누가 우선시되어야 할까?

트라우마 장애를 위한 협동적 치료로서 미술치료

탈리 트립

미술치료사들은 종종 내담자의 치료방법을 확장하거나 향상시키기 위해 다른 정신건강 전문가들과 협력한다. 그러나 트라우마 치료에 부가적인 치료방식을 추가하는 것의 장점을 규명하는 것은 통합적이고 효과적인 결과를 보장하기 위해 관련된 모든 이들과 신중하게 협력되어야 하며, 아마도 가장 중요한 점은 이러한 치료 계획 결정으로 인해 의도하지 않은 윤리적 결과가 초래되지 않도록 보장해야 하는 것이다.

35년 동안 나는 트라우마 치료를 위해 나에게 내담자를 의뢰한 정신과의사, 사회복지사, 심리학자, 가족상담사 등과 같은 수많은 정신건강 전문가들과 함께 일해왔다. 치료 계획에 미술치료를 포함시키는 이유는 다양하지만 일반적으로 세 가지의 이유가 있다.

1. 내담자가 입원치료 동안 긍정적인 미술치료 경험을 했을 때
2. 내담자가 미술작업에 관심을 보이거나 소질이 있을 때
3. 치료사가 내담자와 더 이상 언어를 통해 효과적으로 소통할 수 없는 난관에 봉착했을 때, 즉 '말로 충분하지 않을' 때

트라우마 치료를 위한 보조 치료로서 미술치료의 장점

증상 관리와 외상 해결을 위한 경험적이고 표현적인 치료법의 사용은 이제 트라우마를 연구하고 치료하는 연구자, 학자 및 임상가들에게 열린 자세로 받아들여진다. 미술치료, 안구운동 민감소실 및 재처리 요법(EMDR), 트라우마 치유요가, 마음챙김, 뉴로피드백, 신체치료, 침술 및 다양한 경험적 및 통합적 접근법들은 최고의 치료법들로 점차 인식되고 있다.

미술치료는 언어에만 의존하는 치료에서 쉽게 지나칠 수 있는 내현적, 정서적 상태에 직접 접근할 수 있기 때문에 외상 기억에 대한 신속한 접근과 치유과정을 촉진하는 독특한 위치에 있다(Tripp, 2007, 2016). 트라우마 치료사로서 나의 경험은 효과적인 치료가 '이야기에 관한 것이 아니라'(J. Fisher, personal communication, October 29, 2015; Tripp and Beauregard, 2013-2014), 오히려 개인의 삶과 세계관에 매우 극적으로 영향을 미치는 트라우마 경험의 지속적인 각인을 다루는 것이라는 믿음에 확신을 더한다(van der Kolk, McFarlane, & Weisaeth, 1996; van der Kolk, 2014).

트라우마 치료에 미술치료와 같은 보조 치료방법들을 추가하는 것에 대한 '장점'은 명백하지만, 개인치료를 다른 임상가들과 협동하는 치료 모델로 전환할 때 치료사는 복잡성, 위험, 그리고 윤리적 딜레마에 직면한다. 내 관점에서는 일련의 협력적인 치료 의사결정과정에서 필수적인 다음과 같은 질문들이 있다.

- 내담자가 의뢰된 이유는 무엇이며 치료에 대한 상세한 기대 혹은 목표는 무엇인가? 이것들이 현실적인가?
- '보조' 회기들이 얼마나 자주 제공될 것인가(주, 달 혹은 필요할 때마다)? 빈도가 회기에 어떤 영향을 미치며, 치료가 바뀔 때마다 어떻게 이것을 해결할 것인가?
- 각 접근법의 고유한 측면은 무엇인가? 하나의 방법이 다른 방법들의 흐름, 속도 혹은 강도를 어떻게 지지하거나 영향을 미치는가?
- 치료팀 구성원들 사이의 역할과 경계는 무엇인가? 치료사들이 얼마나 자주 정보를 공유하는가? 전이와 역전이에 어떻게 대처하는가? 동일한 임상 상황에서 두 명의 치료사가 다른 반응을 보일 때 어떤 일이 일어나는가?

위 질문들에 구체적으로 명시된 잠재적인 우려들은 전반적인 치료과정에 긍정적이거나 부정적인 영향을 줄 수 있다. 궁극적으로, 협력적 치료의 이점은 최소 하나의 주의사항과 함께 잠재적 위험에 반해서 평가되어야 한다. 즉, 트라우마 치료는 수년간의 전문적인 훈련과 경험이 필요하다는 것이다. 따라서 협동적인 팀 접근은 최선의 치료를 제공하기 위한 최선의 선택인 경우가 많다. 다음은 미술치료를 보조 치료수단으로 사용할 때의 잠재적인 장점 및 어려움을 설명하는 몇 가지 사례이다.

협력 사례

해리성 정체성장애(DID)를 진단받은 마티나는 자신의 정신과 주치의에게 "미술치료사를 찾아달라"고 간청했다. 이 같은 요청은 그녀가 입원 치료 중 매주 미술치료를 받은 것에 대해 긍정적인 반응을 보였기 때문이다. 그녀는 미술치료가 언어적 심리치료가 하지 못하는 방식으로 트라우마와 해리감의 치유와 해결을 촉진하는 다른 무언가를 제공한다고 믿었다. 따라서 마티나는 계속되는 외래 치료에서 나와 진행하는 미술치료와 정신과의사와 함께하는 일반 심리치료 모두를 받았다. 그녀와 그녀의 해리된 '부분들'은 두 치료방법 모두를 동일하게 가치 있다고 여겼으며, 그녀가 좋은 결과를 얻기 위해 두 명의 치료사와 함께 협력해야 한다고 강하게 느꼈다. 본질적으로 미술치료는 아동기 외상의 암묵적인 기억이 담고 있는 더 이른 시기의 덜 언어적인 부분들을 다루었으며, 일반 심리치료는 그녀가 심상을 언어적으로 탐색하고 더 많은 통찰력을 얻을 수 있도록 해주었다. 예술이 그녀의 해리된 자아들 내에서의 소통뿐만 아니라 두 치료사 사이의 소통 또한 촉진한다는 사실은 놀라운 일이었다.

치료사들이 그녀의 치료과정에 대해 정기적이고 일관적으로 소통했기 때문에, 서로 다른 두 치료법들은 큰 무리 없이 함께 적용되었다. 그리고 매우 잘 진행되었기에, 우리는 함께 치료를 진행하는 것이 마티나(그리고 그녀의 인격들)가 트라우마를 해소하고 다른 인격들을 통합하는 능력을 실제로 향상시켰는지 때론 궁금했다. 이 경험은 '이상적인' 협력치료 결과의 한 예시이지만, 대부분의 경우 이러한 협력치료는 관리하기 더욱 어렵고 윤리적 딜레마로 가득 차 있다.

초기 상담: 우리는 왜 함께 일하는가?

미술치료는 '마음을 닫은' 것처럼 보이고 이성적 사고나 언어를 통해 외상적인 기억에 접근하거나 연결할 수 없는 것처럼 보이는 내담자들에게 훌륭한 도구이다. 미술치료사와 함께 미술작업을 하는 것은 공간 안에 풍부한 무의식적 심상을 가져옴으로써 전통적인 언어를 통한 심리치료의 속도를 가속화시킬 수 있다. 그러나 상황과 관계없이, 미술치료의 사용 목표를 정하고 전반적인 치료 계획에 미술치료가 미칠 수 있는 잠재적 영향력을 신중히 고려하는 것은 중요하다.

협력과정에 발생할 수 있는 잠재적인 위험들

당신은 헤어짐을 말했지만 나는 시작을 말했어요

한 치료사가 내담자의 미해결된 아동기 트라우마가 그들의 치료과정을 방해하고 있다는 사실을 깨닫고 나에게 내담자를 의뢰했다. 수년간 그 내담자와 '지지적인' 상담을 진행했음에도 불구하고, 치료사는 자신이 그녀의 트라우마를 치료할 능력이 없다고 느꼈다. 나는 보조 미술치료를 하나의 방법으로 추천하기 전에 내담자와 몇 번의 탐색적인 회기를 진행하기로 했다. 미술치료가 순조롭게 진행되는 동안, 나는 내담자의 주치료사가 내담자와의 회기 빈도를 줄였다는 것을 알게 되었다. 내가 주치료사에게 연락했을 때, 그녀는 미술치료의 역동적 접근방식과는 대조적으로 자신의 치료가 효과가 없는 것 같다고 인정했다. 그녀는 나 혼자 계속해서 내담자를 치료할 것을 제안했다. 이 변화는 내담자에게는 버림받는 것에 대한 이슈를, 나에게는 '떠넘겨진' 느낌을 불러일으켰다. 이러한 문제는 모든 일이 진행되기 전에 해결되어야만 했다.

얼마나 많이, 얼마나 자주, 얼마나 잘 해야 할까?

트라우마 관련 장애를 치료하기 위해 '팀' 방식을 적용하는 것은 드문 일이 아니다. 예를 들어, 트라우마 중심 인지행동치료는 생각과 역기능적 신념들을 바꾸는 데 도움을 준다. 뉴로피드백과 신체치료는 자기 조절과 정동 관리에 유용하다. 미술치료는 창의적인 표현과 의사소통을 촉진하는 데 특히 더 효과적이다. 그러나 '많을수록 좋다'고 가정하지 말라. 좋은 기술과 적절한 의사소통이 있더라도 모든 내담자가 모든 치료방법에서 도움을 받는 것은 아니다.

내가 치료를 진행했던 여성 거식중 내담자는 심리학자, 정신과의사, 영양사, 라이프 코치 및 멘토 또한 만나고 있었다. 이 같은 집중적인 외래 치료 방식에도 불구하고, 그녀의 '팀원' 중 몇 명이 같은 주에 휴가를 갔을 때 그녀가 입원을 요청했다는 사실에 우리는 놀라움을 금치 못했다. 명백하게도, 치료가 너무 분화되고 조각난 나머지 내담자가 그녀 자신의 내적 자원을 인식하거나 사용할 수 없었던 것이다. 입원 후, 치료팀은 내담자의 자기 주도권을 촉진하기 위해 치료방법의 수를 줄이기로 결정했다. 궁극적으로 내담자는 더 적극적이고 자립적이게 되었으며 그녀 일상생활에서 발생하는 방해물과 부재에 대해 더 잘 대처할 수 있게 되었다.

예술적 시기심: 비미술치료사가 미술재료를 제공할 때 어떻게 해야 할까?

협력중인 일반 심리치료사가 심리치료 회기에 미술작업을 진행하려 할 때 미술치료사는 '예술적 시기심'을 겪을 수 있다. 이는 어떤 치료사든지 미술치료를 제공할 수 있다는 생각을 가진 내담자의 악의 없는 요청에 따른 반응일지도 모른다. 그렇지만 훈련받지 않은 치료사가 그들의 회기에 미술작업을 사용할 때 문제가 발생하지 않는 경우는 드물다.

나는 주치료사인 심리치료사와 함께 협력하며 외래 병동에서 미술치료를 진행했다. 우리가 미술치료를 시작했을 때, 한 내담자는 친척의 손에 의해 오랜 시간 동안 겪었던 악의적인 신체 및 성적 학대로 인해 거의 말을 하지 않는 상태였다. 이 내담자는 극심한 불안과 만성적 해리로 인해 고통받고 있었으며, 우리는 미술치료가 새로운 언어와 의사소통방법이 되기를 바랐다. 실제로 내담자는 점토와 수채화 작업을 통해 어려운 감정들에 접근하고 그것들을 표현하는 데 큰 진전을 보였다. 문제는 그녀가 강렬한 감정들, 특히 그동안 의식적인 인식과 분리되어 있던 심각한 트라우마를 둘러싼 분노와 수치심에 접근하기 시작했을 때 발생했다.

나의 역할은 '보조'였기 때문에, 응급 사례관리 및 안정을 도모하는 것은 주치료사의 임무였다. 그러나 내담자의 고통스러운 기억들에 접근하는 것은 그녀로 하여금 이성을 잃게 하고 자살 사고를 갖게 하였으며, 그 결과 그녀는 회기 사이 위기 상황에서 내게 빈번하게 전화하거나 이메일을 보냈다. 내담자가 내 이메일로 최근 '언어' 심리치료 회기에서 작업한 이미지를 보냈을 때 비로소 나는 주치료사가 미술을 사용하기 시작했다는 것을 알게 되었다! 그 치료사가 자신의 전문성 밖의 치료를 행함으로써 자신도 모르게 전문적이고 윤리적인 경계를 침범하는 사이, 그 미술작품은 내담자에게 트라우마 반응을 불러일으킨 것이다. 따라서 나는 주치료사와 함께 속마음을 나누고, 이후 내담자에게 비미술치료사가 어떻게 예술을 사용할 수 있는지에 대해 명확히하기 위해 내담자와도 대화를 나눌 필요가 있었다. 이를 위해 (a) 주치료사를 배제하지 않고 (b) 내담자를 수치스럽게 하지 않으면서 논의하는 것은 쉽지 않았다. 나와 주치료사는 또한 저명한 트라우마 전문가와 상의했고, 그것을 통해 우리의 치료 계획을 더욱 잘 조정할 수 있었다.

때로는 협동치료과정에서 미술치료는 몇 번의 치료 회기에서는 주치료인 일반 심리치료를 완전히 대체할 것이다. 일반 심리치료와 미술치료 사이에서 치료의 주요 초점이 이동할 때 녹록지 않은 어려움이 발생할 수 있다. 내담자가 예술이 완전히 새로운 정보를 수면 위로 불러온다는 것을 발견하는 것은 흔한 일이며, 이는 원래의 치료사에게 돌아갈 것을 논의할 때 긴장을 유발할 수 있다. 각 치료사의 역할을 명확히하고 규정된 경계를 침범하지 않는 것이 중요하다.

내 윤리적 딜레마

"집 전체를 개조하는 것이 아니라 주방 리모델링만 부탁했잖아요!"라는 말에서 내가 무엇을 취할 수 있을까?

엘렌은 심한 아동기 트라우마 경험과 관련된 지속된 우울과 불안으로 인해 고통받는 30살의 독신 여성이었다. 그녀는 무질서하고 안전하지 않은 가정환경에서 자랐다. 그녀의 부모님은 언어 및 신체적으로 서로를 학대했으며 엘렌은 종종 그 싸움의 희생양이었다. 엘렌은 관계 안에서 안전감을 단 한 번도 느껴본 적이 없었으며 늘 고립되었고, 불안했으며, 불안정했다. 그녀 역시 그녀의 삶에서 친밀함을 갈구했지만, 그녀는 데이트를 기피하고 대부분의 밤을 집에서 대마를 피우고 TV를 시청하며 보냈다.

엘렌은 수년간 전통적인 심리치료를 받았지만 치료는 한계에 다다랐고, 심지어 감정을 더욱 억제하게 만들었다. 대부분의 트라우마 생존자들과 마찬가지로, 엘렌은 자신의 근본적인 문제가 그녀의 행복을 방해한다는 것을 알고 있었음에도 불구하고 감정을 마주하는 것을 두려워했다. 최근 연인으로부터 이별을 통보받은 그녀에게, 미술치료는 감정에 접근하고 심리치료를 '촉진'하기 위해 권장되었다.

내가 엘렌과 치료를 진행하는 동안 일반 심리치료는 10주 동안 중단되었다. 이 일을 의뢰한 심리학자와 나는 그녀에게 우리가 그녀의 진행 상황을 정기적으로 소통할 것임을 약속했다. 우리는 그녀에게 충성심을 반으로 갈라 두 치료방법을 동시에 탐색할 것을 기대함으로써 그녀 부모의 역기능적인 양육방식을 재현하지 않으려 노력했다. 이 방법을 통해 내담자는 특정 기간 동안 오롯이 미술치료에 전념할 수 있었다.

초기 미술치료 회기에서, 내가 그녀에게 자유로운 난화를 그린 후 그 안에서 고유의 심상을 찾아달라고 요청했을 때 엘렌은 눈물을 흘렸다([그림 35.1]). 그녀는 '불안정한' 붉은색 형상을 그렸는데, 앞으로 나아감과 동시에 뒤로 떨어지고 있는, 마치 균형을 잡으려는 듯이 보였다. 이 은유는 적절한 자화상이었으며, 우리는 그녀가 한 발은 과거에, 다른 한 발은 현재에 있는 것처럼 자신의 길을 확신하지 못하는 것에 대해 나누었다.

그림 35.1 불안정한 자화상

이 난제를 이해하는 것은 중요했으며 다음과 같은 문제를 부각시켰다. 엘렌은 현재의 감정들을 느끼고 그녀의 외상적인 과거를 다룰 준비가 되었는가? 이 작품은 일반 심리치료에서 대부분 회피했던 그녀의 외상 기억에서 유래된 주제들을 예견했다. 이 길이 과연 그녀가 가고 싶은 길이었을까?

미술치료를 진행한 처음 한 달간 극도로 혼란스러운 기억들이 빠른 속도로 연달아 나타났다. 파스텔을 강하게 사용한 한 작품에서, 엘렌은 납덩이에 의해 가슴이 뭉개진 상태로 등을 대고 누워 있는 모습을 묘사했다. 그녀는 두렵고, 슬프고, 가슴을 찢고 심장을 꺼내고 싶고, 죽기를 바라며 잠을 자는 어린아이의 기억으로 이 작품을 묘사했다. 엘렌은 감정에 휩싸여 흐느끼며 실제로 이 감각이 그녀의 몸을 뭉개는 것을 경험했다.

엘렌은 미술치료를 통해 자신의 문제에서 '벗어나고', 어느 정도의 안도감과 관계에 대한 자신의 어려움에 대한 통찰을 얻기를 원했다. 그러나 그녀는 고통스럽고 감정적인 어릴 때의 기억들을 다시 방문하고 싶지 않다는 점을 확실히했다. 그럼에도 불구하고, 그녀가 만든 작품들은 그녀의 외상적인 과거의 암묵적인 기억들로 우리를 계속 끌어당겼다.

당신은 어떻게 반응하겠는가?

저자의 답변은 부록 B에서 확인할 수 있다

요약 및 제언

만약 트라우마 장애를 치료하기 위해 협력적으로 치료를 진행할 고민을 한다면, 당신은 다음과 같은 사항들을 고려할 수 있다.

- 계약: 내담자와 치료사의 역할과 기대를 명시하는 구두계약을 체결하는 것은 문제를 예방할 수 있다. 의뢰한 치료사에게 다음과 같이 질문하라. '미술치료가 당신의 내담자와 지속적인 치료를 하는 것에 어떤 영향을 미칠 것이라고 보는가?'
- 교육: 미술치료는 예쁜 그림을 만드는 것 이상의 것이며, 예술은 자극제가 될 수 있고 과거로의 퇴행을 유발할 수 있음을 분명히 전달하는 것이 중요하다. 나는 미술치료가 치료과정을 바꿀 수 있다고 종종 치료사와 내담자에게 말한다.
- 의사소통: 치료사는 치료의 지속을 위해 서로 정기적으로 소통하고 필요시 상담을 받아야 한다. 의사소통 및 이해에 도움이 될 수 있는 지속적인 대화

를 도모할 수 있게, 미술치료사는 내담자에게 작품의 사진을 찍어 일반 심리치료사와 작품 사진을 공유하도록 장려할 수 있으며, 이는 의사소통과 이해를 증진할 수 있다.

- 전문적인 경계: 협력하는 치료사들은 너무 빨리 진행하도록 독촉하거나, 치료의 경계를 침범하지 않도록 대비를 해야 한다. 치료사들은 상호 보완적인 속도를 찾기 위한 계획을 세워야 한다.

- 유연성은 내담자의 치료에 여러 방식을 통합할 때 핵심적이다. 방식의 수와 관계없이 개인의 고유한 욕구를 기반으로 한 개별화된 접근은 중요하다. 그리고 가장 중요하게는, 당신이 트라우마 장애를 가진 사람과 치료를 진행할 때, 당신이 다른 치료사들과 협력하든 혹은 혼자 치료를 진행하든지 간에 말이다.

- 정서 조절: 트라우마 기억을 바꾸기 위해 그 기억을 방문하는 것도 필요하지만, 혼란스러운 내담자는 안전지대 없이는 치료를 진행할 수 없을 것이다. 트라우마 치료의 기본은 접지 및 안정화 방법의 개발이 반드시 포함되어야 한다.

반영적 미술경험과 토론을 위한 질문

1. 내담자의 여러 담당자들의 목표가 서로 충돌하거나 상충했다고 느꼈던 경우를 설명하라. 이것은 당신에게 어떤 영향을 미쳤으며 전반적인 치료에 어떤 영향을 주었는가? 그 상황은 어떻게 해결되었는가? 당신은 그 상황이 어떻게 해결되기를 바랐는가?

2. 과거를 되돌아봤을 때, 당신이 내담자의 자율성을 더 지지해줄 수 있었던 때를 떠올려보자. 그 당시에는 무엇 때문에 그렇게 하지 못했다고 생각하는가?

3. 내담자와의 관계에서 단독 치료사로서 당신의 모습을 그려보라.

4. 내담자와의 관계 및 내담자의 다른 치료사들 및/혹은 치료팀 구성원들과의 관계 안에서 당신의 모습을 그려보라. 첫 번째 그림 혹은 관계에서 바꾸고 싶은 변화들을 두 번째 작업에 반영하라. 두 작품에 대해 논의하라.

참고문헌

Tripp, T. (2007). A short-term approach to processing trauma: Art therapy and bilateral stimulation. *Art Therapy: Journal of the American Art Therapy Association, 24*(4), 176-183.

Tripp, T. (2016). A body-based bilateral art protocol for reprocessing trauma. In J. King (Ed.), *Art therapy, trauma and neuroscience: Theoretical and practical perspectives* (pp. 173-194). New York: Routledge.

Tripp, T., & Beauregard, J. (2013-2014). It's not about the story: Using art, yoga and the body in trauma treatment. Workshops presented at *Integrative Psychotherapy Institute*, Washington, DC.

van der Kolk, B. A. (2014). *The body keeps the score: Brain, mind and body in the healing of trauma*. New York: Viking Penguin.

van der Kolk, B. A., McFarlane, L., & Weisaeth, A.C. (Eds.). (1996). *Traumatic stress: The overwhelming experience on mind, body, and society*. New York: Guilford Press.

기억력 향상을 위해 그리기를 적용할 때의 윤리적 우려

아이슬란드에서 수행된 연구

우누르 오타르도티르

아이슬란드에는 대략 20명의 미술치료사가 있으며, 그중 절반은 내가 집필한 시점에 임상을 하고 있다. 아이슬란드에서 직업으로서 미술치료의 역사는 약 40년에 걸쳐 이어진다. 아이슬란드 미술치료협회(Icelandic Art Therapy Association)는 자체 규정 및 윤리강령과 함께 1998년에 설립되었다. 아이슬란드에는 대학원 미술치료 교육 프로그램이 없기 때문에 모든 아이슬란드의 미술치료사들은 해외에서 교육을 이수받았고, 이들 중 대부분은 석사학위가 있으며 한 명은 박사학위 소지자이다. 아이슬란드의 미술치료사들은 면허의 형태로 국가로부터 인정받길 원했지만 아직 성공하지 못했다. 그렇지만 그들은 정부로부터 어떠한 규제 없이도 개인치료실 운영이 자유롭다.

개인 미술치료실을 차리는 것에 대한 정부의 규제가 미비하다는 것과 아이슬란드에 미술치료사들이 적다는 것은 새로운 아이디어와 방법을 발생시킬 수 있는 비옥한 토지를 만들지만, 새로운 방법을 중심으로 경계를 형성하는 데는 시간과 시행착오, 세심한 사고가 필요하며 그동안 윤리적인 우려들이 제기될 수 있다.

미술교육적 치료

미취학 및 중고등학교에서 아동들과 함께 교사와 미술치료사로 일했던 경험이 이 장에 소개된 연구의 배경이다. 연구를 진행하게 된 동기는 원래 아이슬란드 학교에서 미술치료사인 동시에 특수교육 교사로 일하며 아동들의 수업활동 학습과 정서적 복지에 예술작업 적용의 효과를 관찰한 데서 비롯됐다. 이 장의 주제는 내가 아이슬란드 학교에서 미술치료사, 특수교육 교사 그리고 박사 연구원으로 일했던 기간과 관련이 있다(Ottarsdottir, 2005, 2010a, 2010b). 연구에 참여한 5명의 아동은 스트레스 및/또는 트라우마를 경험했고 특정한 학습장애들을 경험하고 있었다. 그들은 정서적 행복과 학습과정 촉진을 목적으로 교과목 학습이 미술치료로 통합되는 미술교육적 치료(Art educational therapy: AET)(Ottarsdottir, 2010a)를 받았다. 나는 연구를 통해 AET를 개발했고 그것의 이론적 체계는 미술치료와 교육적 심리치료에서 파생된 이론들로 구성되어 있다(Best, 2014). AET의 중요한 측면은 단어와 이미지 간의 상호작용이며, 이를 '이미지 쓰기'라고 부른다(Ottarsdottir, 2010b). AET에서, 아동들은 예술작업, 수업학습 활동, 언어표현 측면에서 그들이 선호하는 작업방식을 자유롭게 선택할 수 있다.

AET의 윤리적으로 민감한 측면 중 하나는 그리기를 통한 암기를 포함한다. 특히 기억 그림이 교육적 맥락 안에서 만들어질 때, 그 과정은 개인적인 경험의 기억과 관련된 감정이 가득 담긴 자료들을 불러내지만, 그러한 감정을 다루고 통합하는 데 필요한, 충분하고 단단한 감정적 담아주기는 못할 수도 있다는 우려가 있다.

사례연구: 리사

11~14세 아동 5명이 부모의 사전동의를 얻어 연구에 참여했다. 모두 합쳐서 그들은 123회의 치료적 회기를 받았다. 사례연구방법은 각 아동의 교육적, 치료적 과정을 심도 있게 연구하기 위해 사용되었고, 데이터 분석에는 근거이론 연구방법이 적용되었다. 이 장에서는 기억 그림과 관련한 아동 중 한 명인 리사의 사례연구 일부를 설명한다.

11살의 리사는 41회기를 일주일에 두 번씩 참석했다. 회기는 (a) 자발적인 미술작업, (b) 미술작업을 통해 미술치료로 통합된 수업과정, (c) 직접적인 교육 및 (d) 위 모든 것의 통합을 포함했다. 리사는 자유롭게 함께 작업할 방법, 주제, 과정, 그리고 재료들을 선택할 수 있었다.

리사는 노르웨이에서 태어났으나 리사의 가족은 그녀가 한 살 때 아이슬란드로 이사했고 이후 5년 동안 자주 이사를 다녔다. 6살 때, 리사는 이전의 집으로 돌아가고 싶다며 자신의 모든 것을 가방에 담아 짐을 꾸리기도 했다.

리사가 한 살이었을 때, 설사로 인해 일주일 동안 병원에 입원했다. 다음 해에 심장질환이 발견되었고 그때부터 주치의가 정기적으로 그녀를 관찰하였다. 유아기에는 복통과 중이염으로 자주 아팠다. 6살 때 편도선이 제거된 후 리사는 더 건강해졌으나, 11살이 되어서도 종종 복통과 두통을 호소했다. 그녀는 의사들을 두려워하는 듯이 보였다.

리사의 부모 모두가 긴 근무시간으로 인해 집을 일찍 나와 늦게 복귀했기 때문에, 리사는 방과 후 오후 중반부터 초저녁까지 혼자 있었다. 리사는 좀처럼 어머니가 집에 오기 전에 숙제를 마무리하지 못했는데, 어머니가 자신이 귀가하기 전 리사가 숙제를 끝내면 돈을 주었음에도 그랬다. 그녀의 어머니에 따르면, 리사는 '게으름뱅이'였다. 때때로 어머니는 리사의 숙제를 밤 12시 30분까지 도왔다. 리사는 숙제를 하면서 쉽게 짜증을 냈는데, 가끔씩 숙제를 구기며 어머니에게 "날 내버려 둬!"라고 말했다. 그녀의 어머니는 리사의 수학 숙제를 이해하지 못했고, 15살에 의무 교육을 마친 그녀의 아버지는 리사의 수업과정을 도울 수 없었다.

리사는 말을 일찍 뗀 아이였고 그녀의 독해 능력은 정상적으로 발달했다. 치료를 시작하기 1년 전, 그녀는 대부분의 과목에서 어려움을 겪기 시작했는데, 독서보다는 주로 수학과 역사, 즉 사실을 기억하는 것과 관련된 것이었다. 그녀는 학교에서 미술 수업과 뜨개질을 즐겼고, AET 회기에 참석하게 되어 기뻐했다.

치료를 시작했을 때, 리사는 창백했고 의기소침했으며, 낮고 숨죽인 목소리로 말했다. 그녀의 움직임은 확신이 없었고 주저하였다. 그녀는 기꺼이 접촉하려는 것처럼 보였지만, 다소 소극적이었다. 그녀는 질문에 단답형으로 대답했고 먼저 대화를 시도하지 않았다. 처음에 그녀는 수업과정을 하거나 그에 대해 말하기를 거부했는데, 시간이 지나면서 리사는 회기가 시작할 때 도움을 요청하며 책들을 열심히 책상 위에 올려놓고 기꺼이 공부하게 되었다. 리사의 선생님은 치료의 첫 6개월 동안 리사가 학교에서 훨씬 더 잘하고 있다고 보고했다. 그러나 치료가 끝나갈 무렵, 그녀는 회기중에 더 이상 공부하고 싶지 않아 했고 선생님은 리사의 행동이 치료 전 단계로 되돌아간 것에 대해 불평하였다. 리사는 우리에게 곧 다가올 헤어짐에 대한 자신의 감정을 표현한 뒤 다시 한번 학습에 대한 열의를 가지게 되었는데, 이는 분리불안, 외로움, 그리고 접촉의 결핍이 그녀의 능력과/또는 공부 의지에 지장을 준다는 것을 보여주었다.

리사는 AET 회기에 다양한 과목의 수업과정을 가져왔고, 이러한 분야의 학습은 최대한 미술작업으로 통합되었다. 리사는 지리 교과서에 있는 정보를 이해하고 기억하는 데 어려움을 겪었다. 한 회기에서 그녀는 노르웨이의 주요 산업에 관한

그림 36.1 석유 플랫폼과 사람들이 일하고 있는 화물

부분을 선택해 큰 소리로 읽었고, 나는 어려운 단어들을 설명했으며, 이어서 그녀는 불안정하게 보이는 석유 플랫폼에서 일하는 많은 사람들을 그렸다([그림 36.1] 참조). 그녀가 노르웨이를 선택한 것은, 어느 정도 수준에서는 그녀가 초기 경험과 관련된 감정적인 재료로 작업을 하고 있었을지도 모른다는 것을 나타낸다.

리사는 시를 암기하는 학습에 어려움을 느꼈다. 또 다른 회기에서, 그녀는 관절염이 심하고 글쓰기에 어려움을 겪는 한 남자에 대한 시를 써보기로 결정했다.

그림 36.2 아프고 동굴에 혼자 있는 남자

리사는 종종 나와 함께 그림을 그리고 싶어 했기 때문에—내가 생각하기에 그녀의 외로움과 관련이 있는 것 같았다—나는 우리 각자가 시의 한 행씩 적어 그것을 묘사할 것을 제안했다([그림 36.2] 참조). 나는 시의 첫 행을 썼고, 그 끝에 행의 의미를 전달하는 이미지를 그렸다. 그 행에는 '글씨를 쓸 때 남자의 손이 뻣뻣해졌다'고 적혀 있었고 나는 점들이 찍힌 펼쳐진 책을 그렸다. 리사는 두 번째 행을 썼는데, 그 행은 '그 남자의 무기(그의 펜)가 그의 손에서 느슨해졌다'라고 쓰였으며, 그녀는 남자가 그의 무기를 떨어뜨리는 모습을 그렸다. 우리는 그 시를 완성하기 전까지 이런 방식으로 교대하였다. 페이지 하단에 리사는 아프고 혼자 동굴에 있는 한 남자를 그렸는데, 이것은 그녀 자신의 외로움과 건강 문제를 상징했을지도 모른다. 리사가 내용을 보지 않고 시를 암송하려다 어려움을 겪자, 나는 그녀에게 "마음속에 그려져 있는 그림을 상상하면, 그땐 기억할 수 있겠니?"라고 물었다. 그녀는 이러한 방법으로 그 글을 기억할 수 있었다. 처음에 그려지고 시각화된 그림들은 그 시에서 그녀의 기억으로 가는 다리 역할을 하는 듯했다.

리사가 치료를 시작하기 전 받은 성적과 치료 중의 성적, 그리고 치료를 마친 후 받은 성적을 비교해보니 AET 과정과 이후 두 학기 동안 모든 과목에서 향상된 것으로 나타났다. AET 시작 전과 완료 후에 리사의 어머니는 아동행동 체크리스트(The Child Behaviour Checklist)를 작성했는데, 결과는 리사가 치료 후 신체적 고통에 대해 덜 불평하고, 덜 불안해했으며, 더 사회적이 된 것을 보여주었다. 어머니가 작성한 주의력결핍 과잉행동장애등급 척도-IV는 치료 후 집중력이 더 좋아졌다는 것을 나타냈다. 그녀의 전반적인 아이큐 점수는 AET가 끝난 후에 7점 상승했다.

2000년 초에 치료가 시작된 이후 몇 달간, 나는 여러 사례연구를 통해 리사의 사례에서 그녀가 시를 암기했을 때처럼, 그리기가 교과과정의 기억을 용이하게 하는 듯 보이는 다양한 경우들을 목격했다([그림 36.2]). 그리기가 기억력에 미치는 영향을 좀 더 체계적으로 연구하기 위해, 나는 9세에서 14세 사이의 아동 134명을 대상으로 양적 연구를 수행했다. 연구 결과는 첫 암기 9주 후, 그리기를 활용했을 때의 기억이 쓰기만 사용했을 때보다 평균 5배 높은 것으로 나타났다(Ottarsdottir, 2018).

윤리적 우려

그리기가 일반적으로 쓰기보다 장기 기억력을 훨씬 더 용이하게 한다는 것은 단지 좋은 소식일 뿐일까? 미술치료적 관점에서, 그에 대한 답은 학생과 내담자의 정서적, 인지적 안녕에 관한 복잡한 윤리적 질문과 우려에 대한 신중한 사고를 포함한다.

리사가 그릴 과목들을 선택하는 경우, 주제는 개인적인 연관성과 민감한 정서적 소재를 반영하는 듯했다. 만약 그녀가 자신이 태어난 노르웨이([그림 36.1])에 초점을 맞추기로 한 결정이 발달 초기 언어 이전의 경험(병으로 병원에 입원한 것, 지역을 이동한 것)과 관련이 있었다면, 강력하고 안전하게 감정을 담아주는 치료적 환경 내에서 이루어지는 기억 그리기의 중요성을 강조할 것이다. 마찬가지로 리사가 아프고, 혼자 있고, 글쓰기에 어려움을 겪고 있는 누군가에게 초점을 두기로 한 결정은 자신의 특정한 학습적 어려움, 고립, 그리고 지속적으로 건강상태를 확인하고 병원을 가야 하는 자신의 심장 상태를 포함하는 병을 상징하는 것일 수 있다. 따라서 이 사례연구는 리사가 교육자료를 암기하는 수단으로 그리기를 활용하는 동안, 그 과정은 무의식적이고 아마도 그녀가 그리기로 선택한 과목과 관련된 언어 이전의 기억과 관련될 수 있는 감정들을 건드린 것으로 보인다고 시사했다. 치료적 관계는 그녀의 정서적, 학업적 발전을 위해 중요한 연결과 담아주기를 동시에 제공했는데, 리사가 다가올 헤어짐에 관해 치료에서 다룰 수 있게 되었을 때, 치료가 종결될 무렵 발생했던 학업의 차질을 되돌릴 수 있었다.

미술치료 이론에 따르면, 그림은 감정, 개인적인 경험, 그리고 무의식을 건드릴 수 있다. 이러한 이유로, (a) 특정 단어에 반응하여 이미지를 그리는 사람은 그 단어를 쓸 때보다 자신 내면의 더 깊은 근원에서 오는 그림(단어)과의 연결된 의미를 부여할 수 있으며, (b) 그리기를 통해 개인적인 의미로 연결되는 사실적인 내용의 과정은 글을 쓰는 것보다 교과 내용을 더 쉽게 암기할 수 있도록 한다. 그리기는 글쓰기보다 개인적인 의미에 좀 더 다가갈 수 있기 때문에 기억 그림을 그리는 개인이 취약하거나 어려운 경험이 많았거나 지원이 부족한 경우, 치료가 필요할 수 있다.

1973년, Paivio와 Csapo는 그림 대 단어의 단기기억 회상을 비교한 연구 결과를 발표했는데, 한 실험에서 그들은 그림이 단어보다 더 쉽게 기억된다는 것을 발견했다(Paivio & Csapo, 1973). Wammes, Meade와 Fernandes(2016)는 단어와 그림의 암기를 비교하는 기억 그리기에 관한 양적 연구를 수행했는데, 어떤 면에서는 내가 (이 장의 앞부분에서 언급한) 2000년에 수행한 기억 그림의 양적 연구와 유사했다. 그들은 단기간에 있어서는 쓰여진 단어들보다 그림이 더 잘 기억된다는 것을 발견했고, 그림이 시각, 운동, 의미 정보를 통합함으로써 응집력 있는 기억 추적을 만들어낸다고 주장했다. 연구원들은 그리기 과정에 잠재적인 감정의 관여를 고려한 것에 대해서는 언급하지 않았다.

내 의견으로는, 왜 그리기가 기억을 촉진하는지에 대해 Wammes, Meade와 Fernandes(2016)가 제시한 설명에 중요하게 덧붙일 설명은 그리기가 개인적으로 의미 있는 경험과 감정의 연결을 촉진할 수 있다는 것이다. 즉, 미술치료의 핵심 전제 말이다.

내 윤리적 딜레마

어떻게 하면 기억 그림을 그리는 내담자와 학생들에게 충분한 감정을 담아줄 수 있는 전문가들을 준비시킬 수 있을까?

기억 그리기는 민감한 감정적 소재를 불러낼 수 있으며, 특히 비치료사가 그리기를 진행하는 경우 이와 같은 아이들의 감정들을 다루고 통합하는 데 도움이 되지 않을 수 있다는 점에서 취약한 아동에게 추가적인 어려움을 야기할 수 있다.

당신은 어떻게 반응하겠는가?

저자의 답변은 부록 B에서 확인할 수 있다.

결론

우리가 리사의 사례에서 보았듯이, 미술치료는 취약 아동들이 기억을 그리는 과정에서 나타날지도 모르는 감정을 다루고 통합할 수 있는 안전한 공간을 제공할 수 있다. 함께 작업했던 아동들을 관찰하면서, 나는 새로운 기억 그리기 방법을 위해 경계를 형성하는 것이 중요하다는 것을 점점 더 깨달았다. 이를 위해 기억이 그려지는 공간을 유지하는 사람에게 미술치료의 이론과 방법을 일부분 소개하는 형태를 취할 수 있다. 여기에는 전문가들이 아동 그림에 내포된 상징적 표현을 더 잘 이해할 수 있도록 미술치료 이론 및 방법과 관련된 기억 그리기에 대한 교육이 포함되고, 이로 인해 치료가 필요할 수 있는 취약계층 아동들의 감정을 담아주고 이해하거나/또는 인식할 수 있게 된다.

반영적 미술경험과 토론을 위한 질문

1. 당신이 어렸을 때 어려웠던 학교 과목을 생각해보라. 그 과목과 관련된 그림을 그려라. 그림을 그릴 때 당신의 생각과 감정을 인식해보라. 어떤 종류의 환경과 관계가 학교 과목을 암기하고 그리기 과정에서 발생한 감정을 다루고 통합하는 데 가장 도움이 될 것 같은가?

2. 교육적 환경에서 기억 그림 연구를 수행하는 경우의 장점과 단점에 대해 토론해보라.

3. 만약 당신이 25명의 아동으로 구성된 학급에서 교육적인 목적으로 기억 그림을 그리고 있는데, 한 아이가 감정적으로 민감한 소재가 포함된 이미지를 만들고 있는 것을 목격한다면 어떻게 하겠는가?

참고문헌

Best, R. (2014). Educational psychotherapy: An approach to working with children whose learning is impeded by emotional problems. *Support for Learning*, *29*(3), 201-216.

Ottarsdottir, U. (2005). *Art therapy in education: For children with specific learning difficulties who have experienced stress and/or trauma* (Unpublished doctoral dissertation). University of Hertfordshire, Hatfield.

Ottarsdottir, U. (2010a). Art therapy in education for children with specific learning difficulties who have experienced stress and/or trauma. In V. Karkou (Ed.), *Arts therapies in schools: Research and practice* (pp. 145-160). London:

Jessica Kingsley.

Ottarsdottir, U. (2010b). Writing-images. *Art Therapy: Journal of the American Art Therapy Association*, *27*(1), 32-39.

Ottarsdottir, U. (2018). Processing emotions and memorising coursework through memory drawing. *ATOL: Art Therapy OnLine*, *9*(1). Retrieved from http://journals.gold.ac.uk/index.php/atol/article/view/486/pdf

Paivio, A., & Csapo, K. (1973). Picture superiority in free recall: Imagery or dual coding? *Cognitive Psychology*, *5*(2), 176-206.

Wammes, J. D., Meade, M. E., & Fernandes, M. A. (2016). The drawing effect: Evidence for reliable and robust memory benefits in free recall. *The Quarterly Journal of Experimental Psychology*, *69*(9), 1752-1776.

37

인도에서 미술치료사로서 일한 첫해

윤리, 문화, 실행 그리고 슈퍼비전의 문제

산기타 프라사드

나는 1987년 미국에서 미술치료 석사과정을 마친 뒤 인도로 돌아와, 내 어머니께서 1965년 설립하시고 50년 뒤 폐교할 때까지 교장으로 계셨던 유치원과 초등학교에서 일할 생각에 들떠 있었다. 그곳에서 유치원 교사로 일했던 나는 교사들을 잘 알고 있었고, 그들 역시 내가 학교에 미술치료를 소개해주기를 고대하고 있었다. 인도에서는 아직 특수교육이 자리잡지 않았으며 극소수의 학교만이 지적장애가 있는 아동들을 대상으로 교육하고 있었다. 정신건강은 아직 학교 환경 내에서 다루어야 할 필요가 있다고 여겨지지 않았기 때문에 상담사들은 학교 직원 소속이 아니었다. 이 학교에는 특수교육이 필요한 아동이 일부 있었기 때문에, 교사들은 그들에게 어떻게 다가가야 할지에 대한 도움을 찾고 있었다.

나는 곧 윤리, 문화, 실행, 슈퍼비전상의 고려해야 할 많은 문제들이 있다는 것을 깨달았고, 인도에는 미술치료협회, 미술치료 교육 프로그램, 또는 미술치료사들을 위한 윤리강령이 없었다. 사실 나는 이 나라에 있는 다른 미술치료사를 한 명도 알지 못했다. 이 장에서 나는 내가 직면했던 몇 가지 윤리적인 어려움을 공유하고 그것들을 어떻게 다루었는지 설명하고자 한다. 비록 이러한 성찰들이 여러 해 전의 것이긴 해도, 나는 미술치료사들이 특히 새로운 문화나 환경에 미술치료를 도입하면서 오늘날 이러한 문제들과 씨름하고 있는 것을 발견한다. 나는 이러한 상황을 다루는 유일하거나 최선의 방법이 아닌, 비슷한 상황에 처한 미술치료사들에게 유용할 수 있는 아이디어를 개발하는 방법으로 나의 접근법을 제시한다. 각 문제의 논의에 따라 미국미술치료학회(American Art Therapy Association: AATA)의 『미술치료사를 위한 윤리강령』(2013) 또는 미술치료자격위원회(Art Therapy Credentials Board: ATCB)의 『윤리, 행동 및 징계절차 강령』(2018)의 관련 기준이 제시된다. 미술치료자격위원회는 내가 지금 언급하는 당시에는 존재하지 않았다.

윤리적 도전

1. 나는 광범위한 장애를 가진 사람들과 함께 작업할 수 있는 기술을 훈련받았는가?
학교에 도착하자마자 받았던 목록에는, 미술치료가 필요한 아이들의 명단이 있었는데 자폐증, 다운증후군, 뇌성마비, 주의력결핍(ADD) 및 과잉행동장애(ADHD)로 소아과의사로부터 진단을 받은 아동들이 포함되어 있었다. 나의 첫 번째 질문은 내가 이런 조건을 가진 아동들과 함께 일할 자격이 있는지 여부였다. 나는 정서적으로 장애가 있는 특수학교의 아동들 및 정신과 폐쇄병원에 있는 성인들과 인턴십을 했었다. 두 미술치료 프로그램 모두 정신역동 지향적이었다. 이러한 접근법이 이 환경에서 이 아이들에게 효과가 있을까? 그들과 함께 성공적으로 작업하기 위해 내가 사용해야 할 다양한 미술치료방법은 무엇이 있었을까?

　내가 가장 먼저 했던 일은 아동 각각의 상태를 더 많이 배우는 것이었다. 나는 학교를 방문하고 다른 전문가들과 이야기를 나누었으며, 인도에서는 미술치료 책을 구할 수 없었기 때문에 내가 미국에서 다녔던 미술치료 프로그램 책임자에게 이 주제에 대한 재료를 요청하는 편지를 썼다. 이에 대한 답변으로 그녀는 이 분야의 전문가들이 기증한 미술치료 학술지 전집을 나에게 보내주었다. 이것은 내가 발달장애를 가진 아동들과 함께 일할 때 미술치료사들이 사용하는 다양한 접근방식을 배울 수 있도록 도와주는 놀라운 자료였다. 나는 자폐증과 다른 지적장애를 가진 아동들과 함께 발달적이고 미술 자체를 치료로 보는 접근법을 사용하기로 결심했다.

1.2.3 미술치료사는 교육, 훈련 및 경험에 의해 결정된 자격을 갖춘 경우에만 평가, 치료 또는 조언해야 한다.

미술치료자격위원회, 2018

2. 인도에서는 (인터넷이 생기기 이전에) 미술치료에 대한 추가 교육이나 훈련을 받을 수 없었는데, 나는 어떻게 경험을 계속 확장하면서 미술치료사로서의 역량을 키울 수 있었을까?

미술치료 슈퍼비전이 불가능했기 때문에, 나는 다른 형태의 도움에 의존해야만 했다. 나는 도시의 여러 심리학자들과 사회복지사들에게 연락해 서로가 서로에게 배울 수 있도록 작은 동료 토론 집단을 만들었다. 이는 내가 직면하고 있는 몇 가지 문제에 대해 임상적 배경을 가진 사람들과 이야기할 수 있는 기회를 주었다. 나중에 미국으로 돌아와 미국미술치료학회 등록미술치료사(ATR)로 지원했을 때, 나는 인도에서 했던 작업을 복습하고, 무엇이 효과가 있고 그렇지 않았는지 통찰을 얻게 되었다. 물론 오늘날 사람들은 슈퍼비전, 상담 또는 멘토링을 위해 인터넷을 통해 전 세계의 미술치료사들에게 손을 뻗을 수 있다.

3. 인도의 학교는 교육 진행 상황을 추적하는 성적표와 노트(일반적으로 부모에게 말로 전달되는 정보) 외에 기록 보존을 하지 않았는데, 치료 작업에 대한 기록을 남겨야 했을까? 그렇다면 어떤 기준이나 모델을 따라야 했을까?

가족력과 교사들의 고민을 수집하며, 각 아동에 관한 기록을 만들어야 하는지 의문이 들었다. 누가 이 기록을 보게 될까? 우리 학교 직원? 학부모? 아이들이 이 학교를 떠난 후에 가게 되는 다른 교육 프로그램의 직원들? 정신건강 및 학교 전문가들 사이에 정보가 교환되는 과정이 있었던가? 나는 인도의 학교에서는 대부분의 정보가 구두로 전달되었고 부모나 다른 전문직 종사자들이 보고서를 요청하거나 받지 않는 것을 알게 되었다. 경영진과의 협의에서 개인 메모는 내가 보관하고, 부모나 다른 전문가가 정보를 요청할 경우 부모의 동의를 받아 구두 또는 서면으로 아이의 진행 상황에 대해 답변하기로 결정되었다. 학교에는 어떤 기록도 남지 않을 것이다.

수년 동안, 기록의 보존은 인도의 많은 특수교육 학교에 도입되었다.

만약 내가 그곳에서 계속 일했다면, 정신건강 분야의 다른 전문가들이 따르는 법이나 규정을 연구하고 공식적인 기록보관 시스템을 마련했을 것이라 믿고 싶다. 지금에 와서 돌아보면 명확하지만, 한 걸음 물러서서 주기적으로 우리가 새로운 직업 환경에 통합되는 과정에서 개발한 해결책과 타협이 다음에 제시되는 것과 같은 우리의 전문적 윤리기준에 부합하는지 확인하는 것은 매우 중요하다.

2.7 미술치료사는 다음과 같은 기록을 유지해야 한다.
2.7.1 연방, 지방, 주 및 지역 규정과 미술치료 서비스가 제공되는 장소에서 요구하는 모든 면허 요건을 준수한다.
2.7.2 미술치료사를 고용한 장소의 기준, 정책 및 요구 사항을 준수한다.

미술치료자격위원회, 2018

4. 어느 정도까지 내가 배운 교육과 경험을 한 문화에서 다른 문화로 옮길 수 있을까 또는 옮겨야 할까?

비록 예술이 인도의 일상생활, 종교, 그리고 사회적 상호작용의 일부이긴 하지만, 대부분의 학교에서 교과과정의 일부는 아니었다. 미술교사 중 미술교육 학위를 가진 이는 없었으며 대부분은 훈련을 받았거나 독학한 예술가였고, 미술 수업은 그리기, 페인팅 그리고 조각 기술을 배우는 것과 미술을 복사하고 색칠하는 것을 포함했다. 부모와 아이들은 모두 이 활동이 (기존의 경우) 매력적인 예술 상품으로 귀결될 것을 기대했다. 랑골리 문양(콜람*이라고도 불리는 바닥 그림), 엽서 같은 이미지(삼각산, 일출, 개울), 종교적 아이콘(가네샤 또는 다른 신들의 형상화)의 출현은 문화의 예술적 표현 중 일부였다.

내가 서양에서 받은 미술치료 훈련은 교육, 장애, 예술에 대한 매우 다른 관점을 제공해주었고, 위에서 설명한 종류의 예술작품을 만드는 것이 서양의 아동 작품에서 발견되는 전형적인 슈퍼히어로와 만화 캐릭터들에 의해 충족되는 것과 비슷한 욕구를 충족시키는지 의문이 들었다. 나는 문화적 관점에서 이 이미지들을 보는 법을 배워야 했다. 기존의 예술 형태 안에서 창의적 사고를 장려해야 할 것인가?

---

* 역주: 쌀가루, 분필, 분필 가루 또는 암석 가루를 사용하여 그린 그림의 한 형태로 Muggu라고도 불림.

이 문화는 어떻게 창의성을 바라보고 이러한 관점은 문화의 가치 체계에 어떻게 부합하는가? 만약 미술시간에 무엇을 해야 하는지, 그리고 강사의 지시에 따라야 한다는 말을 듣는다면, 이런 환경 속에서 창조적인 사고는 어떤 역할을 할까? 나는 창의적인 사고를 장려해야 하는가, 아니면 기술개발에 힘써야 하는가? 무엇이 자아 존중감의 발달에 기여하는가?

나는 아이들이 만들기로 선택한 이미지나 디자인을 더 발전시키도록 격려하는 나 자신을 발견했다. 예를 들어, 만약 한 아이가 코끼리 신 가네샤의 그림을 그린다면, 나는 그에게 "가네샤가 입기(또는 먹거나 하기) 좋아하는 것은 무엇일까?"라고 물어보았을 것이다. 항상 만들어졌던 전통적인 가네샤 형태에 우산을 추가한 아이가 생각난다. 그리고 변화와 함께, 종종 이야기가 오곤 했다… 나는 또한 인도에서 구할 수 있는 지역 미술매체와 방법을 사용하기 시작했다. 윗면이 까만 테이블이나 시멘트 바닥에 놓인 분필은 아동들이 억제된 느낌 없이 자신의 생각을 표현할 수 있는 훌륭한 방법이었다. 어쨌든 아이들은 이 방법이 친숙했던 것이다. 인도 남부에서는 매일 아침 6시에 그들의 어머니, 또는 가사도우미가 현관 바깥 산책로에 흰 분필 가루로 된 10인치 정사각형 콜람을 그려 넣곤 했는데, 이는 좋은 영혼들이 집으로 들어오는 것을 환영하는 방법이었다. 다음 날 아침, 이 콜람은 지워지고 새로운 콜람이 자리를 잡게 된다. 예술이 영구적일 필요는 없었다. 이러한 관습은 (미술치료의 격언인) 작품이 아닌 과정에 초점을 맞추고, 공간이나 매체를 재사용하는 것이 비용을 최소화한다는 중요한 예를 보여주었다.

대부분의 아동이 미국에서 내가 자주 사용했던 커다란 종이와 넓은 공간을 불편하게 느끼는 것을 관찰하면서, 곧 작은 종이, 신문, 갈색 종이가방, 재활용 종이가 그들에게 더 적합하다는 것을 깨달았다. 나는 값비싼 템페라 물감을 사용하는 것보다 가루 물감을 섞어 쓰는 것이 재료의 사용에서 좀 더 자유로워진다는 사실을 발견했는데, 아이들이 작업하면서 더 이상 '물감 낭비'를 걱정하지 않았기 때문이다. 아이들이 미술치료와 미술수업을 구분할 수 있도록 돕기 위해 나는 미술치료 회기를 개별적으로 진행하거나 별도의 방에서 소그룹으로 진행했다. 미술 표현 수업을 할 때마다 책상 공간은 구하기 어려웠다. 그렇지만 교실이 외부로 개방되어 있었기 때문에 아이들이 예술작품에 사용할 우연히 발견한 물건들(꽃, 잎, 돌 등)을 수집하기 위해 외출하기는 용이했다. 나는 또한 나만의 점토를 만들었다. 현지 제품들은 쉽게 구할 수 있었고 더 비싼 수입 미술재료보다 훨씬 더 나은 선택이었다.

7.2 미술치료사는 문화 간에 존재하는 차이에 민감하게 반응할 수 있도록 합리적인 조치를 취한다. 그들은 문화적으로 관련된 중재와 치료를 제공하기 위해 어떤 특정 문화 집단에 속한 사람들의 믿음 체계에 대해 배우려고 노력한다.

미국미술치료학회, 2013

비밀보장 및 사전동의의 개념. 나는 인도의 교육 환경에서 표준이었던 정보의 구두 교환이라는 약식 행위는 좋았지만, 비밀보장이 부재한 점이 걱정되었다. 교사와 밴 운전기사, 일부 아동들을 학교에 데려다준 가사도우미, 확장된 가족 등 수많은 사람들이 아동과 교감하는 환경에서 어떻게 비밀보장을 유지할 수 있을까? 자녀에게 미술치료의 잠재적인 이점에 대해 부모와 토론하는 것보다, 그들에게 정식으로 작성한 '치료허가서'를 요청했어야 했을까? 내가 부모에게 예술작품 및 작품을 만든 아동들과 사진을 찍기 위해 '정보공개' 양식에 서명하도록 요청해야 했을까? 부모들은 치료, 상담, 예술을 어떻게 생각했을까? 그들은 미술치료에서 예술은 자기표현의 수단이기에, 예술작품 전시를 자랑스럽게 여길 수 있는 예술 수업과는 달리 그것을 비밀로 유지할 필요가 있다는 점을 이해했을까? 나는 미술치료가 무엇인지 충분히 잘 설명하는 역할을 했는가, 아니면 사생활을 동일한 방법으로 간주하지 않는 (사실은 낯설고 매우 불편한 것으로 인지하는) 문화에서 서구적 개념을 도입하려 했는가?

내 윤리적 딜레마

비밀보장 및 동의의 경계

미국에서 치료적 작업의 중요한 특징인 비밀보장 및 사전동의에 관한 엄격한 경계를 보다 비공식적인 문화적 환경에 도입할 필요가 있는가?

당신은 어떻게 반응하겠는가?

저자의 답변은 부록 B에서 확인할 수 있다.

결론

이 장을 쓰면서, 내가 묘사한 대부분의 사건이 일어난 지 30년이 지난 지금, 나는 인도에서 다섯 명의 미술치료사들과 세 개의 표현예술치료 자격증 수준의 프로그램을 알게 되었다. 인도 미술치료학회의 발전에 대한 관심이 표현되었을 뿐 아니라, 다른 사람들이 그들의 환경 내에서 미술치료를 도입해온 방법을 소개하고, 미술치료사들이 이 분야의 성장을 돕기 위해 필요한 훈련과 지지 및 자원들을 얻을 수 있는 방법도 설명하는 뉴스레터가 만들어졌다.

인도의 미술치료 발전에 관한 질문과 아이디어, 정보 교환을 위한 포럼을 제공하고, 그곳에서 일하는 젊은 미술치료사들에게 멘토링을 제공하기 위해 2015년에 나는 인터넷에 '인도미술치료 토론 포럼'을 개설하였다. 인도와 인연이 깊지만 지금은 미국에서 생활하고 일하는 미술치료사로서 이 포럼이 정보격차를 해소하는 데 도움이 되고, 인도에서 활동하는 미술치료사들이 의문을 제기할 수 있는 자리를 마련해주길 바란다. 인도의 한 정신건강 시설에 있는 소년 재활센터에서 자신의 경험을 공유했던 한 미술치료사가 기억난다. 그녀는 한 달 동안 그곳에서 미술치료를 했고 그 소년들이 직원들로부터 학대 및 혹사를 당하고 있다고 느꼈다. 그녀가 무엇을 할 수 있었을까 혹은 했어야 했을까? 이와 같은 상황은 문화적 맥락 안에서 독특한 윤리적 도전들을 제기한다. 한 문화에서 비윤리적으로 보일 수 있는 것이 다른 문화에서는 일반적일 수 있다. 브루스 문(Moon, 2015)이 훌륭히 기술한 바와 같이, "각 미술치료사는 윤리 문서의 원칙들이 자신이 직면한 특정 문제에 어떻게 적용되는지 판단해야 한다. 이것은 어렵고 때로는 혼란스러우며, 겁이 나는 일이 될 수 있다"(p. xi).

반영적 미술경험과 토론을 위한 질문

1. 미술치료가 새로운 환경, 문화, 세팅에서 일할 때, 일을 시작하기 전 반드시 고려해야 할 윤리적 문제들은 무엇이 있을까?

2. 익숙하지 않은 재료들을 사용하여, 새로운 환경에서 자신의 역할을 나타내는 작품을 만들어보라.

3. 문화적 경험, 교육, 윤리적 관행을 새로운 환경에 통합하려면 어떻게 해야 할까?

4. 종이 위에 작업하거나 3차원 재료를 사용하여 자신을 나타내는 상징을 만들어보라. 다른 종이 한 장 또는 점토나 비슷한 것들로 새로운 환경을 나타내라. 당신이 '잘 적응하기 위해' 새로운 환경에서 자신을 어디에 배치하고 (스스로에게, 환경에) 어떤 변화나 적응을 해야 하는지 생각해보자.

참고문헌

American Art Therapy Association (2013). *Ethical principles for art therapists*. Alexandria, VA: Author.

Art Therapy Credentials Board (2018). *Code of ethics, conduct, and disciplinary procedures*. Greensboro, NC: Author.

Moon, B. L. (2015). *Ethical issues in art therapy* (3rd ed.). Springfield, IL: Charles C. Thomas.

::38

일본 학교 환경에서의 소규모 미술치유 회기 프로그램

유리코 이치키, 메르세데스 발베 테르 마트

발언이 은이라면 침묵은 금이다.
재앙은 입으로부터 생긴다.
땅 밖으로 보이는 못은 박아 넣어야 한다.

이 속담들은 내가 1980년대 중반 미국의 미술치료 석사과정을 밟기 위해 교토를 떠났을 때 문화적 표준이었던 전통적 일본 평등주의의 특징을 잘 보여준다. 나는 일본으로 돌아오자마자 임상심리학 박사학위를 취득했고 치료와 평가를 위해 정신 건강병원, 요양원, 아동센터 등 다양한 환경에서 일했다. 현재 나는 대학교수로서 교육 전공생들에게 학교심리학과 임상심리학을 가르친다. 나는 또한 학교 상담사로서 공립 학교에서 아동 및 그들의 부모와 함께 일하며 필요에 따라 교사들과 상담한다. 이 이야기에서 공유하고자 하는 내가 안고 있는 어려움 중 하나는, 어떻게 치료적인 예술 개입이 윤리적이고 안전하며 위협적이지 않은 방법으로 일본 교육 시스템에 통합될 수 있는지에 대한 것이다.

지난 20년 동안 일본은 학생들에게 제공하는 심리적 지지 형태에 변화를 보여 왔다. 학교 상담사는 1995년 일본에서 중학교에서 초등학교 순으로 소개되었고, 학교 상담이 "학교에서 개성의 발견"(2000, p. 91)을 향한 단계라고 말한 임상심리학자 카와이(Kawai)의 연구가 없었다면 불가능했을 일이었다. 실제로 "학생의 개성을 발견하기 위해"라는 문구는 교육부 교육과정 편성과 관련한 일반정책(1998, p. 1)에 제시되어 학교가 학생들의 사회적이고 개인적인 요구와 학업적인 요구에 부응해야 한다는 뜻을 내비치고 있다. 2006년에 학교 상담사들은 모든 중학교에 배정되기 시작했다. 교사들은 사회적 기술 훈련, 주장 훈련, 의사결정 기술과 같은 주제에 대해 학급에서 발달에 적합한 심리교육 프로그램을 수행하도록 훈련받고 있다. 이 프로그램들은 건강한 대인관계를 형성하고 학교 거부, 괴롭힘, 비행과 같은 학교 관련 문제들을 예방하는 것을 목표로 한다.

나는 이러한 변화를 학교 환경에 미술치료의 개입을 도입하는 기회로 보았다. 학교에서 심리적인 욕구를 표현하기 위한 비언어적 매개체로 미술을 활용하려는 시도가 제한적이었기 때문에(Okada, 2009), 나는 일본의 아동들이 좀 더 편하게 감정을 표현할 수 있도록 돕기 위해 '소규모 미술치유 회기 프로그램'(Mini Art Therapeutic Session Program: MATSP)을 개발했다. 일본 학교에서 학교 심리학자는 물론, 미술치료사의 수 역시 상당히 제한적이기 때문에(직책이 계속 바뀜에 따라), 난 올바른 태도와 지식, 훈련을 가진 교사들이 이 프로그램을 성공적으로 수행할 수 있을 것이라 생각했다. 어찌됐든, 학급 교사는 학생들에게 가장 친숙한 사람이자 학생들이 신뢰한다고 느껴지는 학교 사람이다. 아래에서 프로그램과 구현과정에서 발생한 윤리적 딜레마에 대해 자세히 논의한다.

소규모 미술치유 회기 프로그램

내가 초등학교에서 학교 상담사로 일하던 때에, 한 4학년 교사가 반 학생들을 걱정하며 "[그들은] 호기심이 없는 것 같아요"라며 내게 다가왔다. 수년간 교사로 일했던 그녀는 학생들의 감정을 평가하는 능력 면에서 자신이 이처럼 제대로 이해하지 못한 반을 한 번도 맡아본 적이 없다고 말했다. 그녀는 학생들이 자신의 생각, 감정, 아이디어를 나누지 않는다며 걱정했다. 나는 미술이 학생들이 자신의 감정과 표현방법을 더 많이 배울 수 있도록 돕는 완벽한 매개체가 될 것이며, 소규모 미술 치유 회기 프로그램(MATSP)이 교사들이 학생들을 더 잘 이해할 수 있도록 도울 수 있을 것이라고 생각했다. 교사들은 이미 학생들에게 무슨 일이 일어났는지, 어떻게 느꼈는지를 설명하는 문장을 적는 것으로 그들의 하루를 요약해달라고 요청하고 있었다. 나는 이 '한 줄 일기' 작업의 대안으로 MATSP를 사용할 것을 제안했다. 교사와 학교 행정관들은 미술치료방법을 통해 학생들이 자신의 생각과 감정을 표현할 수 있도록 돕는 MATSP를 학급에서 사용하자는 나의 제안을 받아들였다. 요약하면 다음과 같다.

- 예술 활동은 간략히(5~10분 이내) 진행하여 일일 학교 일정에 쉽게 통합될 수 있도록 한다.
- 주제는 비교적 간단해야 하며 학생들과 교사는 그것의 목적과 의미를 쉽게 이해할 수 있어야 한다.
- 절차는 일관성 있게 준수해야 한다.

나는 크레용, 색연필, 작은 종이(복사기 종이의 절반 크기)와 같은 간단한 미술용품들을 사용할 것을 제안했다. 내가 제안한 첫 번째 기술은 만다라 그림이었는데, 원의 외부와 내부에 그림을 그리는 기회는 학생이 내적, 외적 세계를 경험하는 방법의 암시를 줄 수 있었다. 나는 이 그림들을 '그날의 느낌 그림'이라고 불렀는데, 이 작업이 감정 표현을 지향했기 때문이다. 나는 이 미술작업에 한 단계를 더 보탰는데, 일본어를 번역하자면 '지저귀기'였다. '지저귀기'는 그림에 단순히 두세 개의 단어 또는 제목을 추가하여 교사들이 그림을 더 쉽게 이해할 수 있도록 돕고, 학생들이 느낌 상태와 관련된 단어를 탐구하도록 도전하는 작업이다. 비록 학생들은 처음에는 소규모 미술치유 그림들을 완성하기 위해 더 많은 시간을 원했지만, 점차 형식에 익숙해져 주어진 시간 내에 과제를 끝낼 수 있었다.

MATSP가 시작되기 전에, 학생들은 활동의 절차와 목적을 배웠다. MATSP는 일주일에 한두 번 방과 후 5~10분 동안 그날의 감정이나 그 밖에 생각나는 것을 표현하기 위해 색, 선, 모양을 비지시적으로 사용하는 것으로 구성되었다. 그림이 완성되면 학생들은 그것을 개별 파일에 풀로 붙여 교사에게 주었다. MATSP에 참여하는 동안과 이후, 아이들이 떠들거나 서로 놀리는 일이 없도록 강조되었다.

도와주세요

매달, 나는 교사들과 학교 간호사, 그리고 (스카이프를 통해) 미국의 미술치료사(이 장의 공동저자)를 만나 소규모 미술치유 회기에 대해 이야기하고 학생들의 그림을 보았다. 한번은 교사가 검은 크레용으로 그려진 '도와주세요'(Help)라는 제목의 낙서 그림을 보여주었다. 교사는 학생에게 그날 수업이 끝나기 전에 자신의 그림에 대해 이야기하거나 필요한 유형의 도움이 있다면 명확히 알려달라고 요청하지 않았다. 그 후 며칠 동안 그녀는 그 학생을 자세히 관찰했지만, 걱정할 만한 행동 변화나 이유가 없다고 보고했다. 그 학생은 그 이후 소규모 미술치유 회기에서 비슷한 그림을 그리지 않았기에, '괜찮다'고 여겨졌다.

　　나는 교사들이 그림의 내용으로 인해 걱정을 유발할 수 있는 작품을 보게 될 수 있다는 것을 예상했기 때문에, 학생들의 사생활을 존중하기 위해 이런 상황에서 학생들에게 과민반응을 일으키거나 다른 학생들 앞에서 그들의 작품의 의미에 대해 물어보지 말 것을 조언했다. 학생의 미술작품에 대한 교사의 표정, 언어적 언급, 또는 반응들은 부정적인 보복, 당황, 또는 망신에 대한 두려움으로 인해 미래의 그림, '지저귀기' 혹은 학생들이 자신의 그림에 대하여 이야기하고자 하는 의지에 영향을 미칠 수 있다고 설명했다.

　　내가 이 교사와 당시 상황을 확인했을 때, 그녀는 그 학생이 '도와주세요' 그림을 그리기 직전에 친구와 싸우는 것을 목격했으며, 그녀는 그가 그 싸움 때문에 '비참함'을 느꼈을 것이라는 결론을 내렸다. 교사는 학생의 그림이나 '도와주세요'라는 단어에 대해 구두로 대응하지 않고, 대신 직감적으로 미소를 지어주며 그녀의 미소가 그를 달래주기를 바라는 것으로 의식적인 결정을 내렸다. 교사의 이야기를 들으면서 나는 그녀가 옳은 일을 했다고 확신했다. 하지만… 만약 교사가 그 싸움을 목격하지 않았다면 어떻게 되었을까? 만약 그녀가 내게 너무나도 명백해 보이는 시각적 단서(즉, 학생이 도움을 요청했다는 것)를 해석하지 못했다면 어땠을까? 그녀가 만약 미래에 이런 일이 다시 일어난다면 무엇을 할 수 있을지를 물었을 때, 나는 계속해서 그 학생을 주의 깊게 지켜보라고 제안했다.

예술작품의 소유권

또 다른 문제는 MATSP의 최종 생산물로, 각 학생의 개별 교육 파일에 붙여진 예술
작품에 관한 것이다. 학년이 끝날 무렵, 나는 MATSP에서 만들어진 예술작품을 학
생들에게 돌려주어야 할지, 아니면 그들의 교육 파일의 일부로 보관해야 할지를 결
정하는 데 어려움을 겪었다. 미국미술치료학회의 『미술치료사를 위한 윤리강령』
(2013)은 '미술치료사는 내담자의 예술작품을 보관하기 위해 내담자로부터 또는 법
적 보호자로부터 서면으로 사전동의를 얻어야 한다(원칙 4.2)'라고 규정하고 있지
만, 일본 학교에서는 미술 창작이 (숙제, 짧은 에세이, 시험과 같은) 교육적 과제로 간
주된다. 그리고 그것은 교사의 재량에 따라 학생에게 반환될 수도 있고 반환되지

않을 수도 있다.

내 세 번째 윤리적 딜레마

예술작품은 누구의 소유인가?

예술작품은 학생 예술가에게 속하는가 아니면 그것이 만들어진 교육 시스템에 속하는가?

당신은 어떻게 반응하겠는가?

저자의 답변은 부록 B에서 확인할 수 있다.

동의의 문제

내 이전의 딜레마는 또 다른, 더 광범위한 딜레마를 초래했다. '한 줄 일기'를 활용했던 교사들은 학부모들에게 이 활동을 알리거나 설명하지 않았다. MATSP는 이 '한 줄 일기'의 대체물이 되었다. 교사들이 학부모들에게 알리지 않는 관행을 갑자기 바꾸어야 했을까? 학부모들에게 MATSP를 시행하기 전에 알리는 것은 교사나 학교의 책임인가? 학부모들이 학생들의 참여에 동의해야 했을까?

'도와주세요'라는 글자가 새겨진, 당황스러운 검은 크레용 낙서 그림을 학생이 집에 가져갔다고 가정해보자. 그의 부모님은 어떻게 반응했을까? 나는 그들이 그러한 그림/활동의 의미에 대해 혼동할 수 있을 것이라 예상한다. 한번은 한 학부모가 교사에게 MATSP에 대해 물어보았다. 딸에게 그에 관해 들어봤기 때문이었다. 부모는 아이가 학교에서 버릇없이 굴었기에 그림을 그리는 것인지 걱정했다. 교사는 딸이 사회적, 학습적으로 어떻게 하고 있는지 학부모에게 흔쾌히 설명하며, 소규모 미술치유 그리기를 통해 감정을 전달하는 것의 가치를 강조했다. 비록 이런 종류의 부모-교사 간의 의사소통이 매우 효과적일 수 있지만, 교사들은 민감한 정보의 무엇을 어떻게 부모들과 공유할 수 있는지 방법을 배울 필요가 있고, 부모들은 학생들에게 잠재적인 피해, 당황 또는 수치심을 초래하지 않는 방법으로 민감한 정보를 받을 수 있도록 신뢰할 필요가 있다.

> ## 내 네 번째 윤리적 딜레마
>
> **부모가 결정해야 할 것인가?**
>
> 부모가 자녀들의 MATSP 참여에 사전동의과정을 통해 결정할 권리가 있어야 할까 아니면 MATSP는 필수 교육 학교 교과목의 일부로서 부모 동의가 필요하지 않은 대상일까?
>
> **당신은 어떻게 반응하겠는가?**
>
> 저자의 답변은 부록 B에서 확인할 수 있다.

> ## 내 다섯 번째 윤리적 딜레마
>
> **미성년자의 비밀보장**
>
> 비밀보장과 관련하여, 학부모와 학교 관계자(교사, 간호사, 상담사) 간의 심의에서 미성년자(학생)의 권리는 무엇인가?
>
> **당신은 어떻게 반응하겠는가?**
>
> 저자의 답변은 부록 B에서 확인할 수 있다.

맺는 말

나는 소규모 미술치유 회기 프로그램을 학교 환경 내 심리교육 활동으로 소개했지만, 정서적 이해를 위해 예술을 이용하는 것은 윤리적 딜레마를 초래하는 우려를 낳았다. 내가 이 프로젝트를 나의 방식대로 제안해야 했을까?

MATSP가 치료적인 틀 안에서 또는 치료적 도구(이것은 심리교육 활동이었다)로 시행되지 않았음에도 불구하고, 예술은 때때로 메시지를 전달하고 자신감을 이끌어낼 수 있다. 학교 환경에서 예술은 개인정보를 드러낼 수 있으며, 이는 문제를 평가하고 필요한 심리적 지원을 제공하는 전문적인 훈련이 부족할 수 있는 교사가 관리할 수 있다. '도와주세요'라는 학생들의 요청에 대해 잘 알고 있으나 그러한 도움을 제공할 자격이 없고 훈련되지 않은 전문가들이 가진 내재된 문제들을 감안한 채 MATSP의 유용성을 평가할 때, 나는 학교 상담사이자 미술치료사로서 일본 학교에서 MATSP의 사용을 계속 지원해야 하는가?

부록에 나와 있긴 하지만, 앞에서 언급한 윤리적 딜레마에 대한 해결은 일본 학교에서 부모의 권리를 인정하면서 MATSP를 채택하는 것과 학생들의 개인정보의 프라이버시를 존중하는 것 사이에 적절한 균형을 유지할 수 있게 하는가? 교사들을 훈련함으로써 어려움에 처한 이들에게 정서적인 지원을 제공하는 것이 그 해답이 될 수 있을까? 만약 당신이 교사, 부모, 혹은 아동이라면 무엇을 하고 싶을까?

반영적 미술경험과 토론을 위한 질문

1. 당신을 가장 잘 이해하는 것처럼 보였던 교사를 생각해보라. 둘의 관계를 그려라.

2. 교사들이 수업시간에 만드는 예술작품을 통해 학생들을 더 잘 이해하도록 어떻게 도울 수 있을까?

3. 임상적으로 다른 전문가들과 공유해야 한다고 생각하는 아동의 예술작품과 당신만 알고 있어야 한다고 느끼는 메시지가 있는 예술작품 사이의 어느 곳에 경계를 그을 것인가? 다른 사람들(예: 전문가, 부모 등)에게 걱정스러운 예술작품에 대해 말할 수 있는 가장 좋은 방법은 무엇일까?

참고문헌

American Art Therapy Association (2013). *Ethical principles for art therapists*. Alexandria, VA: Author.

Kawai, H. (2000). *Nihon Bunka no yukue*. Tokyo, Japan: Iwanami Gendaibunko.

Ministry of Education (1998). *General policies regarding curriculum formulation*. Tokyo, Japan: Author.

Okada, T. (2009). Psycho-educational approach with application of psychotherapy in elementary school: Trial and results of the technique picture drawing play. *Japanese Arts Therapy Journal*, *40*(1), 43-45.

39

GPS 없이 여행하기

최초의 100% 온라인 미술치료 석사과정 프로그램 만들기

페넬로페 오르

왜 미술치료에서 온라인 석사학위 프로그램이 필요한가?

25년 넘게 미술치료사로 일하면서, 내가 이 직업에 대해 오랫동안 고민해온 두 가지는 미술치료 임상가 집단에 다양성과 훈련 프로그램에 대한 빠른 접근이 부족하다는 것이다. 나는 장애가 있거나, 성별이 다르거나, 피부색이 다르거나, 다양한 종교를 가진 사람들이 많지 않다는 것이 걱정된다. 미국미술치료학회의 회원조사(2013)는 회원 중 93%가 여성이며, 87.8%가 백인임을 보여준다. 그 조사는 다른 다양한 요인들에 대해서는 묻지 않는다. 내가 염려하는 것은 수년 동안 미술치료사와 미술치료 서비스를 받는 많은 사람들 사이의 차이점에 대한 나의 관찰에서 비롯되었다.

교육적 프로그램에 쉽게 접근할 수 없다는 불편함은 내가 미술치료자격위원회의 회원이었던 동안에 생겼다. 미술치료사가 되고 싶었던 사람들과 이야기를 나누면서, 많은 사람들이 직업으로 인해 시간을 뺄 수 없고, 가족을 떠날 수 없으며, 미술치료 학비를 감당할 수 없기 때문에 그렇게 할 수 없다는 것을 알게 되었다. 나는 우리 분야에 학생들이 이동하거나 광범위하게 여행할 필요가 없이 접근 가능

하고 비용적으로 효율적인 미술치료 프로그램이 필요하다는 결론에 도달했다. 미술치료 학습에 대한 접근성을 확장하기 위해 내가 걸어온 여정은 멀고도 돌아가는 길이었다. 온라인 교육 환경은 미술치료 분야의 새로운 영역이었기 때문에 나는 스스로를 이끌기 위해 GPS 없이 일하고 있다는 것을 알게 되었다.

요구를 충족하기 위한 준비

2008년, 나는 유명한 대학원 미술치료 프로그램에서 미술치료 프로그램이 없는 주립대학의 미술교육부로 옮기기로 어려운 결정을 내렸다. 왜냐하면 후자는 내가 구상하는 종류의 프로그램 개발을 지지했고, 내 미래의 학생들이 감당할 수 있도록 학비가 낮다고 알려져 있기 때문이었다. 나는 이 프로그램이 미술치료사가 되고 싶어 하는 모든 학생들이 접근할 수 있도록 하기 위해서는 온라인에서도 제공되어야 한다고 생각했기 때문에, 다음과 같은 첫 번째 윤리적 딜레마에 부딪히게 되었다.

- 치료적 상호작용 기술을 온라인으로 잘 가르칠 수 있는가?
- 온라인에서 미술작업 상호작용을 어떻게 가르칠 것인가?
- 원격 슈퍼비전이 우수한 미술치료사를 배출하기에 적절한가?
- 온라인 프로그램은 임상가가 되기 위해 학습하는 학생들에게 필요한 지지를 제공하는가?

윤리적으로, 나는 모든 석사과정 프로그램이 학생들이 내용적인 측면과 치료 기술, 예술 기술, 미술치료 기술에서 탄탄한 교육을 받고, 훌륭한 미술치료사가 되기 위해 잘 준비가 되어 졸업하도록 하는 데 책임이 있다고 생각한다. 나는 미술치료자격위원회 전문가 임상 강령을 검토하여 아직 고려되지 않은 윤리적 문제를 파악했다. 나는 온라인 미술치료 교육이 윤리적인지, 심지어 가능한지도 온전히 이해하기 위한 정보가 부족하다고 느꼈다. 그 당시에는 이러한 문제에 대한 연구가 없었기에, 나는 이 목표를 향해 천천히 그리고 조심스럽게 나아가, 그 노력의 모든 측면을 이해하려 했다. 나는 미국미술치료학회의 교육 자격 요건들을 충족하면서 학생과 슈퍼바이지에게 윤리적으로 책임을 질 수 있는 프로그램을 만들고 싶었으며(ATCB, 2011), 전문적 역량 및 진실함의 윤리적 기준을 갖춘 미술치료사를 배출하고자 했다.

'파일럿 프로그램' 개발

2009년, 나는 미술교육 동료들과 함께 100% 온라인 미술교육 석사과정을 개발하기로 결심했는데, 이미 그런 프로그램들이 존재했고 선택할 수 있는 좋은 모델들이 있었기 때문이다. 이 과정에서 이전에 떠오르지 않았던 다음과 같은 또 다른 윤리적 문제를 확인할 수 있었다.

- 프로그램에서 학생들이 스스로 작업을 하고 있는지 어떻게 확인할 수 있나?
- 잠재적이라도 해를 미칠 수 있는 치료사를 세상에 내보내지 않기 위해, 학생들의 성향을 어떻게 모니터링할 수 있을까?

두 번째 문제와 관련하여, 우리는 학생들이 스스로 모니터링하는 것과 토론 질문 및 학생 작문 과제를 통해 교수진들이 모니터링하는 것을 포함한 프로토콜을 개발하였다. 우리는 또한 모든 미술교육 수업을 위해 매주 실시간 온라인 미팅을 실시했으며, 학생들과 대화하고 교류함으로써 그들을 잘 알게 될 수 있었다. 우리는 퀴즈 관리를 위한 제재 방안을 개발하기 위해 기술 사무소와 협력했으며, 제출된 과제를 위해 내장된 표절검사 도구를 도입했고 시험감독 수행을 위한 프로세스를 만들었다. 또한 나는 학생들이 프로그램의 일환으로 예술작품을 창조하고 그들의 작품을 다른 수강생들에게 실시간으로 발표하도록 했다. 이는 온라인에서 미술작업의 공유가 어떻게 작용하는지, 그것의 특징은 무엇이었는지, 그리고 미술작업을 둘러싼 학생들의 상호작용의 본질은 무엇인지 판단하기 위해서였다.

나는 온라인 미술교육 석사 프로그램 개발을 윤리적 문제가 불거질 때 이를 시험하고 해결할 수 있는 일종의 파일럿 프로그램으로 활용했다. 미술교육 석사과정 학생들은 이미 미술교원 자격증을 취득했기 때문에, 나는 그들이 자신의 분야에서 일할 자격이 있고 해를 끼치지 않을 것이라는 것을 알았다. 따라서 나는 교육과정과 온라인 교육의 과정 자체로도 약간의 실험을 할 수 있었고, 두 가지를 모두 학습 경험으로 사용할 수 있었다. 교육을 제대로 받지 않거나 부적절한 전문가로 졸업할 위험 없이 말이다. 나는 수업을 듣고, 온라인 강사 자격을 취득하고, 'Quality Matters(QM)'라고 불리는 온라인 교육의 표준을 제공하는 이들과의 연수를 통해 온라인 교육의 모범 사례를 연구할 수 있었다.

미술교육 분야의 온라인 석사 프로그램은 2010년에 시작되었다. 나는 온라인 미술치료 석사과정 프로그램을 시작하기 전에, 충분한 데이터를 수집하고 발생한 문제를 해결하기 위해 적어도 2년 동안 그 프로그램에서 일하기로 결정했다. 모든 과정이 광범위하게 들리고 실제로도 그랬지만, 나는 견고하고 윤리적으로 건전하며, 쉽게 접근할 수 있는 미술치료 대학원 과정을 만드는 것이 매우 중요하다고 느꼈는데, 첫 번째 온라인 미술치료 석사과정으로서 면밀한 조사를 받게 될 것이기 때문이었다.

기술이 발전되기를 기다리며

온라인 미술교육 석사과정에는 없었지만, 내가 탐구해야 할 요소는 인턴십 학생들을 온라인으로 슈퍼비전하는 능력이었다. 이에 나는 학부 미술교육 교사들과 함께 원격 슈퍼비전을 연구했고(Orr, 2010), 원격 슈퍼비전에 관한 최신 연구, 스카이프를 이용한 원격 슈퍼비전의 효과, 그리고 발생된 윤리적 문제에 대해 탐구했다. 이를 통해 내담자의 비밀보장과 관련된 문제를 파악하고 해결할 수 있었고, 인턴을 관찰하고 피드백을 제공할 수 있었으며, 인터넷을 통해 사례연구 발표를 할 수 있었다. 당시에는 HIPAA 인증 이메일, 온라인 플랫폼, 동영상 서비스가 없었기 때문에 식별 정보를 사용하지 않고 내담자의 정보를 공유하는 프로토콜을 개발해야 했다. 나는 여전히 이것이 미술치료 내담자를 보호할 만큼 충분히 진행되지는 않았다고 느꼈지만, 온라인 미술치료 프로그램의 이런 측면을 어떻게 완성해야 할지 확신이 서지 않았다. 나는 온라인 프로그램의 교육적인 측면을 구축하기로 결심했고, 미래에는 기술이 나를 따라잡아 필요한 플랫폼을 제공하길 바랐다.

온라인 미술치료 석사학위과정 프로그램 만들기

나는 2011년에 미국미술치료학회의 교육 지침과 상담 및 관련교육 프로그램 인가 위원회(Council for Accreditation of Counseling and Related Educational Programs:

CACREP)의 프로그램 품질관리를 통해 온라인 미술치료 석사과정 프로그램에 대한 작업을 시작했다. 나는 우려와 피드백을 이끌어내기 위해 미술치료 커뮤니티와 온라인 교육에 대해 이야기하기 시작했다. 그 반응들은 즉각적이었으며 매우 부정적이었다. 나는 그에 대한 언급이 주로 윤리나 교육의 질에 집중될 것으로 예상했지만, 대부분 온라인 환경이 치료나 예술을 가르치기에 '적당하지 않거나 부적절하다'는 확신을 전달했다. 이미 나는 그들이 언급한 여러 우려 사항을 조사했고 상담분야에서 성공적인 온라인 프로그램이 만들어졌다는 것을 알고 있었기 때문에, 나는 내 프로그램을 개발하기 시작하는 데 필요한 문제들을 해결했다는 것에 안도를 느꼈다.

다행히도, 2012년에 내가 온라인 프로그램의 교육적인 면을 완성했을 때, 기술이 이 프로그램을 실행할 만큼 발달했다. 이제 HIPAA가 인증한 문서 공유(Sookasa), 이메일(Virtru), 그리고 온라인 회의 및 화상 회의(Zoom)가 있었다. 비밀보장에 관한 나의 윤리적 우려는 진보된 기술에 의해 해결되었다.

에딘보로 대학(Edinboro University)의 미술치료 석사과정 온라인 프로그램은 2013년 가을에 처음 학생들을 받았고, 전국 예술 및 디자인 학교 협회(National Association of Schools of Art and Design: NASAD)와 미국 고등교육위원회(Middle States Commission on Higher Education)에 의해 인증을 받았으며, 이 책이 출판되는 동안 미술치료 교육인증위원회(Accreditation Council for Art Therapy Education: ACATE)의 인가를 신청하고 있다. 이 프로그램은 새로운 규제와 표준이 등장하고, 새로운 기술이 개발되고, 새로운 윤리적 문제가 발생함에 따라 계속해서 발전할 것이다. 현재로서는 학생들의 접근성을 높일 수 있는 프로그램을 만들겠다는 나의 목표는 이미 성공하고 있다. 우리는 인종, 성별, 나이, 성적 지향, 장애의 다양성을 확보하는 데 성공했으며, 미국과 캐나다를 포함하여 인도, 남아프리카, 레바논, 태국 등 이전에는 미술치료 학위를 취득할 수 없었을 사람들에게 기회를 제공하였다.

최근의 윤리문제
부적절한 학생들을 온라인 미술치료 프로그램에 입학시키는 것
서류상으로 좋아 보였고, 괜찮은 추천서가 있었으며, 스카이프로 면접도 잘해서 입학을 시켰는데, 나중에 그 학생이 성격이나 기질적인 이유로 적합하지 않다는 것을 알게 된 경우가 몇 번 있었다. 이러한 상황은 오프라인 대학의 석사학위과정에서도 발생하지만, 내 우려는 이러한 특성을 원격 환경에서 확인하고 기록하기가 더 어려울 수 있다는 점이다. 「온라인 지원과정에서 후보자의 적합성을 선별하는 나의 능력을 어떻게 향상시킬 수 있을까? 프로그램에 입학한 학생에게 부적절함이 보인다면 어떻게 모니터링하고 해결할 수 있을까?」

먼저 나는 확립된 모범 사례를 조사하여 내 프로그램의 특정 요구에 맞게 수정하였다. 나는 우리의 학생 태도 관리정책을 검토하고, 그것이 합법적이고 충분한지 확인하기 위해 다른 대학들의 정책과 비교했으며, 오리엔테이션 책자, 온라인 오리엔테이션 모듈, 인턴십/실습 매뉴얼에 규정이 있는지 확인하였다. 전문가 임상 과정에 학생 태도 관리에 대한 부문을 추가했으며, 첫 학년도로 그 과목을 옮김으로써 학생들이 처음부터 전문가로서 그들에게 기대하는 바를 이해할 수 있도록 했다. 나는 (첫 12학점을 이수한 시점처럼) 특정 시기에 학생들의 상호작용의 적절성에 대한 검토를 요구하는 정책을 만들었고, 필요한 경우 교정 계획이 수립되도록 했다. 합격 통지서와 함께 이러한 정책을 설명하는 서식이 발송되었고, 학생들은 그 양식에 서명하고 반환함으로써 그들의 수락 여부를 표시해야 했다.

부적합한 학생이 입학하는 일을 줄이기 위해 2016년 가을 학기에 나는 동료들과 스카이프를 통해 집단 입학 면접을 실시하기 시작했고 이를 통해 학생들이 서로 간에, 그리고 우리와 상호작용하는 것을 확인함으로써 프로그램에 입학하기 전에 각 학생이 전문적이고 사회적 환경에서 어떻게 기능하는지 이해하고자 했다. 또한 나는 모든 학생들이 문제가 발생했을 때 지원받을 수 있도록 그들이 살고 있는 곳에서 상담에 참여할 것을 요청하였다.

슈퍼비전 관찰 및 HIPAA 준수

우리는 우리가 학생 인턴의 현장에 실질적으로 있지 않을 때 어떻게 슈퍼비전을 제공하는가? (예를 들어, 우리 학생들 중 한 명은 태국에 있다) CACREP의 요구대로 학생들이 자신의 슈퍼바이저와 공유하기 위해 녹화 회기를 가지려고 한다면 어떻게 HIPAA를 준수하는 방식으로 할 수 있을까? 학생은 비밀보장을 위해 어떻게 비디오를 찍고, 저장하고, 전송해야 하는가?

나는 CACREP와 ACATE가 슈퍼비전 측면에서 요구하는 것을 조사하면서 시작했다. CACREP는 모든 인턴, 심지어 오프라인 프로그램에 다니는 경우에도 슈퍼바이저 교수에게 자신의 회기에 관한 평가와 함께 3~5개의 영상을 제출할 것을 요구한다. ACATE는 각 인턴/실습생에게 내담자와 만나는 10시간마다 1.5시간의 집단 슈퍼비전 및 대학원 수준의 정신건강 자격 증명을 갖춘 현장 슈퍼바이저를 요구한다. HIPAA 인증을 받은 줌(Zoom) 화상 미팅을 통해 온라인 슈퍼비전을 제공하면 학생들이 카메라를 통해 실제 내담자의 작품을 보여주고 HIPAA를 준수하는 방식으로 내담자에 대해 말할 수 있다.

영상 녹화라는 요구 조건은 슈퍼바이저가 실습 중인 학생을 볼 수 있게 해주지만, 관리 및 비밀보장이 매우 어려울 수 있다. 미국의 일부 현장은 외부의 슈퍼바이저와 그 녹화물을 공유하는 것은 고사하고 녹화하는 것을 전혀 허용하지 않을 것이다. 우리가 개발한 시스템은 완벽하지 않고 앞으로도 나는 개선하고자 애쓰겠지만 현재로서는 효과가 있다. 나는 학생들에게 만약 그들이 현장에서 영상 녹화를 하는 것이 허락된다면, 적절한 정보공개동의서를 얻고 자신의 휴대폰이나 카메라를 사용하여 메모리 스틱/카드에 직접 영상을 찍도록 조언한다. 이렇게 하면, 그 비디오는 절대 휴대폰에 남지 않는다. 그런 다음 메모리 스틱에서 영상을 직접 HIPAA 인증을 받은 우리의 보안된 드롭박스인 수카사(Sookasa)로 전송할 수 있으며, 이 방식은 해당 동영상이 학생의 개인 컴퓨터에 절대 존재하지 않을 것을 보장한다. 그 후, 전송 및 저장의 비밀보장을 위해 메모리 스틱을 부러뜨리고 영구 폐기해야 한다. 어떤 현장에서 비디오를 허용하지 않지만 오디오 녹음을 허용하는 경우 동일한 방식으로 처리한다. 만약 현장에서 둘 다 허용하지 않을 경우 현장 슈퍼바이저에게 내담자보다는 학생의 태도와 행동에 초점을 맞춘 지침을 이용해 회기를 관찰한 뒤 학생과 만나 회기를 검토할 것을 요청한다. 그런 다음 현장 슈퍼바이저의 평가 보고서와 학생의 성찰문이 드롭박스에 업로드된다.

내 윤리적 딜레마

예술작업의 상호작용을 윤리적으로 온라인에서 가르칠 수 있을까?

모든 학생이 서로 다른 장소에 살고 물리적으로 서로 다른 공간에 있을 때, 어떻게 라포 형성, 집단 기술, 예술적 상호작용 기술을 가르치고 배울 수 있는가?

당신은 어떻게 반응하겠는가?

저자의 답변은 부록 B에서 확인할 수 있다.

교훈

미래의 미술치료사들이 윤리적이고, 유능하고, 창의적이고, 지식이 풍부하도록 훈련하는 것은 매우 중요하다. 온라인 환경에서 이 교육을 실시할 때 고유한 윤리적 문제가 발생할 수 있다. 다음은 온라인 강의 또는 온라인 미술치료 프로그램 개발을 고려하는 모든 사람을 위한 '검증된' 권장 사항 목록이다.

1. 미술치료자격위원회의 『윤리, 행동 및 징계절차 강령』(2018), 미국미술치료학회의 『미술치료사를 위한 윤리강령』(2013), ACATE 프로그램 기준을 잘 숙지한다.
2. 온라인 강의 전에 'Quality Matters'의 교육과정을 수강하고 온라인 강사 자격을 획득한다. 온라인 강의는 대면 강의와 다르다.
3. 온라인 강좌를 수강하라. 그것이 학생 입장에서 어떤지 알 수 있고 다른 온라인 강사들이 잘하고 있는 것과 못하고 있는 것을 분별할 수 있다.
4. 당신의 온라인 학생 코호트와 커뮤니티를 구축하라. 이는 매주 실시간 온라인 세미나를 계획하고 페이스북 집단을 형성하고, 집단 예술(메일 예술작업 및 예술가 트레이딩 카드 등)을 하며, 학생들이 주 및 전국 컨퍼런스에서 만날 수 있도록 격려함으로써 이루어질 수 있다. 커뮤니티 구축을 통해 당신은 학생들을 알게 되고 그들은 미술치료사들이 필요로 하는 부드러운 기술을 연습하게 된다.
5. 양질의 학생 태도 관리 정책을 구축, 모니터링하고 시행한다.
6. 로그인을 여러 단계로 설계하여 학생의 신원을 보장하고 '브라우저 잠금' 및 '턴잇인'과 같은 도구를 사용하여 부정행위 및 표절 사례를 줄인다.
7. 가능하면 HIPAA 인증을 받은 소프트웨어를 사용하고 프로그램에 도움이

될 수 있는 변화하는 기술을 지속적으로 검토한다.

8. 학생들이 모든 수업의 일부로 예술작품을 만들고 그들의 작업과 다른 사람들의 작업에 대한 생각을 공유하도록 한다. 미술작업은 사진과 영상을 통해 기록될 수 있다.

가장 중요하게 깨달아야 할 것은 고등교육에서 가르치든 온라인 미술치료 프로그램에서 가르치든, 어떤 문제에 대한 완벽한 해결책은 없다는 것이다. 그러나 우리는 최선을 다하고 스스로를 정보에 능하도록 하며, 우리의 지식과 윤리적 이해 속에서 계속 진화하고 있다.

반영적 미술경험과 토론을 위한 질문

1. 온라인으로 친구와의 관계에 대해 문자 메시지나 페이스북을 통해 대화를 해보라. 그리고 나서, 당신이 같은 친구와 직접 만나 토론을 한 후에, 이 두 가지 상호작용 사이의 유사점과 차이점을 탐구하는 예술적 이미지를 만들어보라.

2. 친구와 줌, 스카이프 또는 다른 형식의 화상 채팅을 해보자. 당신과 친구가 공통으로 알고 있는 친구/가족 구성원에 대해 토론하라. 그 토론에 관한 작품을 만들어보라. 여기서 사용된 기술로 인해 이 토론에서 어떤 점이 효과가 있었는지, 그리고 어떤 점이 효과가 없었는지를 살펴보라. 장점/단점이 있었는가? 이전 활동의 문자 토론과 비교해본다.

3. 현재 상담 분야의 트렌드는 온라인 상담을 수용하고 있다. 당신이 내담자를 직접 만날 수 없고 스카이프, 줌 또는 기타 회의 플랫폼을 통해 만난다면, 어떤 윤리적 문제를 고려해야 할까? 이 질문에 대한 답변을 보았을 때, 미국미술치료학회 및 미술치료자격위원회에서 식별한 윤리적 문제와 연계된 문제는 무엇이며, 당신의 개인적 가치에만 부합되는 문제는 무엇인가? 개인의 가치/윤리는 직업적 가치/윤리와 동일한가?

4. 미술치료의 온라인 교육은 위치, 장애, 시간적 제약으로 인해 소외된 모집단에 대한 접근을 제공하도록 설계되었다. 온라인 상담은 종종 같은 이유로 정당화된다. 자금 부족, 교통비 부족, 서비스 거리 또는 장애 때문에 교육이나 미술치료 상담에 대한

접근을 거부하는 것은 윤리적인가? 이러한 유형의 서비스 및 교육 장벽이 특정 모
집단에 더 많은 영향을 미치는가? 이러한 문제를 윤리적으로 어떻게 해결할 수 있
을까?

참고문헌

Art Therapy Credentials Board (2011). *Code of professional practice*. Greensboro, NC: Author.

Art Therapy Credentials Board (2018). *Code of ethics, conduct, and disciplinary procedures*. Greensboro, NC: Author.

Elkins, D., & Deaver, S. (2015). American Art Therapy Association, Inc.: 2013 Membership survey report. *Art Therapy, 32*(2), 60-69.

Orr, P. (2010). Distance supervision: Research, findings, and considerations. *Arts in Psychotherapy, 37*(2), 106-111.

40

미술치료에서 윤리적 치료 렌즈를 확대하기

시각적인 발언의 자유와 통합적 스튜디오 환경

마이클 A. 프랭클린

파리 오랑주리 미술관에서 'Nymphéas'로도 알려진 모네의 '수련' 전시회를 나갈 때, "평화롭게 방문해주셔서 감사합니다"라고 쓰인 간판이 있다. 나는 이 유별나게 큰 갤러리를 두 번 방문했는데 그때마다 모두 같은 현상을 관찰했다. 마치 무작위로 모이게 된 집단의 권리를 존중하듯, 관람객들이 깊은 생각에 잠겨 이 기념비적이고 강렬하면서도 고요한 그림들을 관찰하는 동안, 공공의 목소리는 낮은 속삭임으로 줄어들었다. 공동의 침묵은 예술과 교감하는 관람객의 권리를 존중하면서 작품의 조용한 위엄을 반영하는 듯하다.

평화롭게 방문하기

모네 갤러리에서 관찰된 자의적인 행동과 유사하게, 스튜디오 공간은 표현적 평등이라는 민주적 실천에 바탕을 둔 독립적인 자기성찰의 기회를 초대한다. 예술가와 예술가의 관계를 펼치는 데 있어 전문지식이 현명하게 공유됨에 따라 수직적 계층은 평탄해진다. 이러한 가치를 지원하는 스튜디오를 설계하려면 몇몇 요소를 다루어야 하는데, 신중히 작성된 사명 선언문, 쉽게 이해할 수 있는 참석/출석 양식 및 윤리적으로 동의하는 규칙(면제/자격박탈 정책 포함) 외에도 다양하다. 그러나 미술치료계는 이 급성장하는 분야를 위한 윤리적 지침을 아직 명확히하지 않았다. 2001년 9월부터 안정적으로 기능해온 나로파 지역사회 아트 스튜디오(Naropa Community Art Studio: NCAS)에서 우리의 작업은, 이 장의 전체에 걸쳐 제안한 시각적인 발언의 자유와 관련된 윤리적 질문에 대한 실험적인 역할을 한다(Franklin, 2010; Franklin, Rothaus, & Schpock, 2005).

미술치료에 대한 스튜디오 접근: 지침 찾기

미국미술치료학회의 『미술치료사를 위한 윤리강령』(2013) 서문에는 "미술치료사는 기본 인권을 보장하는 핵심 가치에 의해 의사결정을 한다"고 기술되어 있다. 그러나 문서 전체에 삽입된 대부분의 언어는 예술가가 아닌 내담자로서 미술치료 서비스의 소비자에게 특권을 부여하여 그 분야가 심리치료와 어느 정도 조화를 이루었는지를 강조한다. 지역사회에 기반을 둔 미술치료 스튜디오가 근본적인 인권을 유지하고 지속하기 위한 장소로서 당면하고 있는 윤리적 문제들에 대해서는 거의 언급된 바 없다. 이 장에서는 NCAS에서 예술가로 활동하는 우리 학생들과 수석 미술 멘토들이 직면하는 질문과 우려들을 설명한다. 이 작업 공간 내 환경은 치료적이지만 확실히 임상적이지는 않다.

치료적이라 함은, 미술심리치료사에 의해 제공된 심리치료적 중재보다는 지역사회에서 미술매체의 사용과 과정이 직접적으로 연계된 회복적이고 개선적이며, 심지어 보상적인 결과를 의미한다. 이 접근방식은 진단, 평가 및 치료 계획과 같은 특권적이고 서구적인 의료 모델 원칙을 의도적으로 피하므로, 비임상적이고 지역사회 관점에서의 윤리지침에 대한 고려가 절실히 필요하다. 이 장에서 명명될 첫 번째 윤리적 관점은 사실 미술치료의 실천에 대한 우리의 가정, 문화적 조율 역량, 적절한 이론적 응용을 제공하는 시기 및 방법을 포함한 특권적 편견에 맞설 필요성에 대한 것이다.

시각적인 발언의 자유

발언의 자유는 개인의 견해를 그에 따른 결과 없이 공개적으로 소통하고 표현할 수 있는 보편적인 자유를 보장하고 보호하는 수정헌법 제1조이다. 이와 관련된 문구인 표현의 자유는 비슷한 목적을 가진 예술적 노력에 참여할 권리를 부여한다. 이러한 특권은 종종 사법적 규정에 따라 결정되며, 기본 인권에 대한 존중, 주최기관이 정한 규칙, 그리고 암묵적 공동체 규범과 같은 고려사항과 연결되어 있다. 미술치료 서비스는 스튜디오에서든 심리치료환경에서든, 일하고 있는 장소와 함께 일하는 대상, 그리고 특정한 환경에서 특정 내담자를 지지하기 위해 가장 잘 맞는 이론을 사용함에 따라 결정된다.

임상환경에서, 내담자들은 자유롭게 말하고 미술치료사에게 주제를 전달하는 예술작품을 보여주도록 독려된다. 그들은 처음부터 언어적이고 시각적인 표현은 비밀보장에 의해 보호되는 특권적 의사소통이라는 설명을 듣는다. 실제로 치료관계는 누군가 자신이나 다른 사람에게 위험한 존재가 아닌 이상, 프라이버시는 단단히 밀봉된다.

그렇다면 스튜디오에서 시각적 또는 언어적 표현은 어느 정도 자유로울까? 치료는 이 장에서 지지하는 스튜디오 접근법의 목표가 아니기 때문에 비밀보장에 대해선 그다지 크게 고려하지는 않으며, 이러한 공동공간은 기밀 대화를 보호하는 시능을 하지도 않는다. 스튜디오에서는 폭 넓고 자유로운 시각적인 발언의 자유를 장려하나, 거기에도 한계가 있다. 예를 들어, 예술작품이 다른 참여자에게 혐오스럽게 공격적이라면 예술가는 이러한 견해를 자유롭게 표현할 권리를 쉽게 주장할 수 없다. 이에 대한 이의가 제기된다면, 스튜디오 공동체는 이를 다룰 것이며 그것은 스튜디오에서 허용되는 한도를 정의하고 적용하는 데 도움이 된다. 억제받지 않은 표현에 대하여 구성원은 매우 관대하며, 드문 경우로 누군가가 떠나게 된다.

스튜디오의 윤리적 딜레마: 세 가지 삽화

NCAS는 10대부터 노인까지 지역 소외계층에게 번창하는 스튜디오 환경과 무료 미술매체를 제공한다. 우리는 안전의 문제가 아닌 이상, 진단명이나 병력에 대한 정보를 요구하지 않는다. 우리는 긴급 상황이 발생했을 때 정보를 바탕으로 결정을 내릴 수 있을 정도의 정보만 요청한다. 예를 들어, 음식이 자주 제공되기 때문에 911을 부를 수도 있는 심각한 알레르기가 있는지는 알아야 한다. 어떤 형태의 정신질환을 앓고 있는 사람들과 함께 일할 때, 우리는 그들의 사례담당자에게 허가를 구한다. 이 허가는 의도적으로 개인정보를 아주 최소한으로 제공하되, 참여자가 스튜디오에서 요구하는 사항과 대학 내에 있는 우리 환경에 적합한지의 여부를 사례담당자가 고려하여 전달하도록 한다.

NCAS의 정책 및 절차에는 아래 항목에 관한 참여자의 동의를 요구하는 양식이 포함되어 있다.

- 나는 자신과 타인, 예술작품, 미술재료, 스튜디오 공간 및 나로파 대학 캠퍼스 시설에 대한 존중을 실천할 것이다.
- 나는 스튜디오에 온다는 것이 술에 취하지 않고 예술을 만드는 것을 의미한다는 것을 알고 있다. 스튜디오에서는 불법 약물 사용과 음주를 삼갈 것이다.
- 나는 'NCAS가 심리치료 집단이 아니며' 스튜디오 직원이 심리치료사나 상담사가 아닌 미술 멘토 역할을 한다는 것을 이해한다.
- 내가 스튜디오 과정에 방해가 되는 경우, 요청을 받을 시 떠나는 데 동의한다.
- 나는 시간 약속을 지킬 것이다. 두 모임을 놓치면 스튜디오에서의 자리를 잃을 수 있다.
- 나는 의사가 제안한 치료와 의학적 조언을 내밀히 준수할 것이다.
- 이 양식의 사본을 내 사례담당자에게 줄 것이다(해당되는 경우).
- 응급 상황의 경우 NCAS 멘토가 911에 전화할 것임을 이해한다.

(정말로) 언제까지 참아야 하는가?

비아트리스는 예술작품을 하고 싶은 갈증으로 우리와 함께했다. 그녀는 남다른 예술적 배경을 갖고 있었으며 재료와 과정을 실험하려는 의욕이 강했다. 그녀는 자주 자신의 사생활 보호를 주장하며 다른 스튜디오 구성원들과는 독립적으로 작업했다. 그녀는 무리에서 떨어져 조용히 배경에 녹아들곤 했으며, 그녀의 작품은 사려 깊고 기술적으로도 정교했다.

비아트리스는 자신의 조각품들을 자랑스럽게 여겼으며 자신의 작품이 스튜디오 모임 사이에 보관될 때 안전하길 바랐다. 작업을 보호하고자 하는 그녀의 요청은 언제나 진지하게 수용되었다. 나는 그녀가 자신의 조각품을 폼, 버블 랩, 그리고 다른 보호물로 덮는 것을 여러 번 도왔다. 그녀는 다음 주에 돌아와서 그 형상들을 풀고 자신의 프로젝트를 꼼꼼히 살펴보곤 했다. 결국, 그녀는 모임 사이에 누군가 자신의 작업을 망쳤다고 주장하면서 독설을 퍼붓기 시작했다. 처음에 비아트리스는 학생 멘토들이 할 일을 하지 않았다며 비난하기 시작했고, 그 주장들은 곧 가혹한 모욕으로 변했다. 학생들과 스튜디오 구성원들은 비아트리스의 불합리하고 의심스러운 행동에 점점 더 불편해졌다. 곧 나를 포함한 모든 사람들이 비난을 받았다. 나는 이 집단의 수석 멘토로서 개인적으로, 그리고 필요할 때, 선동적인 상황을 해결하기 위해 공개적으로 개입하는 것은 내 의무였다. 나는 비아트리스를 진정시키려고 노력했지만, 그녀의 의심은 자신을 위로하려는 어떤 시도보다도 컸다. 결국 그녀의 행동은 더 이상 스튜디오에 있기 적합하지 않은 것처럼 보였다.

학생 멘토들과 나는 비아트리스의 잘못된 지적과 행동을 수용하기 위해 계속 유연하게 대응할 수 있다고 믿으며 이 평가에 대해 고민했다. 그러나 그녀를 수용하려고 할수록, 우리는 더 많은 문제에 휩싸였다. 우리의 정책과 절차는 우리의 우려를 정의하고 사각지대를 직면하며 안전이 점점 더 위태로워지고 있다는 것을 인식하는 데 도움이 되었다. 참여자들은 자신이 위협받고 있고 안전하지 않다고 느꼈으며 돌아오지 않을 것이라고 말했고, 학생 멘토들은 자신들도 불안하다 느꼈다며 입을 모았다. 일치된 응답을 통해 우리는 문제의 본질을 확인할 수 있었고 비아트리스에게 스튜디오를 나갈 것을 요청하기로 결정했다.

처음 비아트리스는 다른 사람들의 잘못이라고 주장하며 강제 퇴장에 동의하지 않았다. 그녀는 대학원의 행정 직원들과 자신의 주장을 논했는데, 그들은 그녀의 말을 듣긴 했지만 비아트리스가 서명했던 동의서에 명시되어 있는 규칙을 포함한 NCAS의 정책과 절차를 계속 상기했다. 그녀를 내보내기로 한 우리의 결정을 뒷받침한 것은 바로 이 양식과 우리의 출석 요구 사항이었다.

선을 얼마나 넘었을 때 많이 넘은 것인가?

전달된 바에 의하면 해리엇은 다른 구성원에게 로맨틱한 제스처를 취했는데 결국 이는 상대를 괴롭혔다. 그러한 행동을 멈추라는 요구를 받았을 때, 그녀는 자신의 애정을 계속해서 표현할 수 있는 다른 방법을 찾아냈다. 상대방은 갈수록 불편해졌고, 대학 행정관들에게 전화를 걸었으며, 결국 극도의 개인적인 불편함 때문에 스튜디오에 더 이상 참석하지 않기로 했다.

우리의 수석 멘토는 해리엇을 부드럽게 제지하며 스스로의 충동을 통제해달라고 부탁했는데, 이는 이루어질 수 없는 요구였다. 우리는 추가적인 상황파악을 위해 해리엇의 치료사에게 여러 차례 전화를 걸었다. 해리엇이 NCAS에 계속 오기를 원했기 때문에, 그녀와 그녀의 치료사는 그녀의 행동과 그것이 다른 구성원에게 미치는 영향에 대한 인식을 인정하고 자제할 것을 약속하는 편지를 만들어달라는 요청을 받았다. 안타깝게도 그녀는 무엇이 잘못되었는지를 부인하면서, 약속을 지키지 못했다. 그녀의 치료사와 추가적인 상담을 통해 해리엇이 상황의 심각성을 인식하지 못하고 있다는 사실이 밝혀졌다. 비아트리스와 마찬가지로 해리엇도 자신의 독특한 관점에서 관리자에게 사건을 보고했다. 수석 멘토는 해리엇에게 다른 NCAS 집단에 자리를 제공하는 것에 대해 잠시 논의했지만, 그녀의 변함없는 관점과 통찰의 부족으로 인해 그렇게 하지 않기로 결정했다. 우리는 소외된 지역사회 구성원을 수용하기 위해 열심히 노력하며(예를 들어, 모두가 지키기로 동의하는 간단한 규칙을 제공함으로써), 비아트리스와 마찬가지로 NCAS 참여자에 대한 연민과 NCAS 환경의 안전성의 균형을 맞추기 위해 노력했다. 법률 전문지식을 갖춘 행정대리인과의 심의 교류는 이뤄져야 할 부분을 명확히해주었다. NCAS가 시작된 이후 두 번째로, 우리는 스튜디오에서 해리엇을 내보내게 되었다.

10대 청소년, 분노, 물질문화

스튜디오 환경에 대한 윤리적인 문화 적용을 지원하기 위해서는 리더십이 필요하다. 스튜디오에는 물질문화가 풍부하기 때문에 때로는 제한되지 않은 창의적 자유 및 침략적인 행동과 관련된 부적절한 이미지 사이에 건강한 긴장이 발생할 수 있다. Bolin과 Blandy(2003)가 제안하는 물질문화는 모든 목적의 범위인, '인간이 매개하는 광경, 소리, 냄새, 취향, 물체, 형태, 표현'(p. 250)을 다룬다. 그러므로 인간의 활동에 의해 만지고 드러나는 것은 물질문화의 일부가 된다. 물질문화의 합법적 확장으로서 누군가의 예술이 어느 시점에서 스튜디오 환경에서 "불이야!"라고 외치는 형태가 될 수 있을까? 자살 충동적인 메시지가 예술작품이나 대화로 전달될 때, 우리는 참여자를 보호하고 올바른 의료 또는 법 집행 기관에 전화를 걸어 개입해야 할 시민의 의무가 있다. 관용의 규범이 관례인 반면, 안전은 핵심이다. 스튜디오 내 행동이나 이미지가 도를 넘었을 때 평가하는 것도 나의 역할 중 하나지만, 수석 멘토로서 스튜디오 구성원들과 가능한 한 많은 힘을 공유하여 갈등이 발생했을 때, 특히 스튜디오 구성원들만의 자기 주도적 자원이 되도록 돕는 것이 내 목표이다.

내 윤리적 딜레마

스튜디오에서 시각적인 발언의 자유에 어떻게 대응해야 할까?

지역사회 스튜디오에 새로 온 10대 청소년과 함께 일하는 동안, 나는 그에게 그가 생각할 수 있는 모든 것을 창조할 수 있다고 말했다. "무엇이든 괜찮다고요?" 그가 물었다. "응, 맞아"라고 나는 대답했다. 그러고 나서 그는 커다란 방습지를 들고 크게 정자로 "엿 먹어(FUCK YOU)"라고 썼다.

당신은 어떻게 반응하겠는가?

저자의 답변은 부록 B에서 확인할 수 있다.

결론

우리는 시각적인 발언의 자유를 인권으로 믿기에, 미술치료사들은 가난이 존재하고 정신질환과 억압이 당연시되는 사회안전망의 가장자리에 사는 사람들과 기꺼이 협력할 것이다. 내 생각에는, 예술가가 되는 것만으로는 충분하지 않다. 크레이머의 '세 개의 다리를 가진 걸상(three-legged stool),' 즉 예술가, 치료사 및 교육자의 역할을 동시에 하기 위한 조언은 우리가 심리적인 과정을 이해하고, 미술재료를 능숙하게 사용하도록 가르치고, 인간 행동의 복잡성을 지적으로 파악해야 한다고 주장한다(Franklin, 2018; Kramer, 1994). 우리가 임상적 충동을 억제하면서 행동적 이상에 섬세히 반응하기 위해 노력할 때, 이 세 가지 역할은 모두 스튜디오 모델에서 사용된다. 치료사로서의 나의 정체성은 언제든지 준비되어 있으며, 드물게 심각한 갈등이 발생하는 순간에 나에게 도움을 준다. 내 예술가 정체성과 타인에 대한 인본주의적인 지향은 나의 NCAS 예술가들 간의 관계를 이끄는 전면에 있다. 마지막으로, 열망과 미덕의 윤리는 내가 관계의 사각지대를 다루기 위해 노력하는 동안 나의 가치를 사전 및 사후적으로 성찰하는 데 도움을 준다(Corey et al., 2015; DeSouza, 2013).

심리치료적 관계와는 달리 스튜디오에서의 경계는 유동적이다. 우리는 장례식, 출산에 함께했으며 엄청난 규모의 화재와 홍수의 생존자들을 환영했다. 물론 외부에서의 관계적인 접촉에는 한계가 있지만, 그 이유는 서로 다르며 이중관계에 대한 전통적인 정의에는 쉽게 맞지 않는다. 우리는 이타주의에 대한 집단적 능력을 경험하기 위해 서로에게 열려 있으며, 포용이 자신과 타인이라는 공동체 전체로 이끈다고 믿는다.

9개월 동안 진행되는 우리 집단의 많은 구성원들은 무려 10년 동안 참석했다. 그들은 자신이 환자, 진단명 또는 사례연구로 인식되지 않을 것이라는 것을 알고 매년 기꺼이 돌아온다. 모네 갤러리와 같이, 우리는 그들이 평화로이 방문할 수 있도록 노력한다. 어려움이 발생했을 때, 신중한 정책과 절차가 결합된 포부 및 덕목에 대한 윤리적 소양을 함양하는 일은 스튜디오 환경 내에서 시각적인 발언의 자유와 관련된 공정함에 대해 균형을 맞출 수 있도록 도와준다.

반영적 미술경험과 토론을 위한 질문

1. 다양한 미술매체를 사용하여, (a) 미술치료사의 안팎, (b) 의뢰인의 안팎, 그리고 (c) 치료관계의 맥락적인 물리적 공간이라는 세 가지 측면의 도전적인 치료관계를 그림으로 재현해보자(Franklin, 1999). 이 과정으로 당신은 자신, 당신의 내담자, 그리고 당신의 치료적인 관계에 대해 무엇을 배웠는가?

2. 지역 예술 스튜디오나 임상실습과 관련된 어려운 상황을 생각해보라.

3. 3피트의 방습지를 펼쳐라. 그리고 이 어려운 상황의 다양한 측면을 나열하고 정의
   해보라. 양심적 의사결정에 필요한 시간적 단계를 안내하는 로드맵을 그려보라.

4. 당신이 속한 환경에 있는 개개인의 필요에 따라 당신만의 지역사회 아트 스튜디오
   를 설립하는 것을 상상해보라. 나로파 모델의 구조와 지침을 당신의 특정 환경에 있
   는 사람들의 요구에 반응하도록 어떻게 바꿀 수 있을까?

5. 지역사회 아트 스튜디오에 다니는 참여자를 내보내려면(즉, 퇴장시키려면) 무엇이
   필요할까? 두세 개의 시나리오를 상상해보고 당신의 의사결정과정을 안내하는 윤리
   적 고려와 갈등적인 상황이 상호작용을 지배했을 때 해당 사람에게 어떻게 말할지
   도 생각해보라.

참고문헌

American Art Therapy Association (2013). *Ethical principles for art therapists.* Alexandria, VA: Author.

Bolin, P., & Blandy, D. (2003). Beyond visual culture: Seven statements of support for material culture studies in art education. *Studies in Art Education, 44*(3), 246-263.

Corey, G., Corey, M., Corey, C., & Callanan, P. (2015). *Issues and ethics in the helping professions* (9th ed.). Stamford, CT: Cengage Learning.

DeSouza, N. (2013). Pre-reflective ethical know-how. *Ethical Theory and Moral Practice, 16*(2), 279-295.

Franklin, M. (1999). Becoming a student of oneself: Activating the witness in meditation and super-vision. *American Journal of Art Therapy, 38*(1), 2-13.

Franklin, M. (2010). Global recovery and the culturally/socially engaged artist. In D. Peoples (Ed.), *Buddhism and ethics* (pp. 309-320). Ayuthaya, Thailand: Mahachulalongkornrajavidyalaya University.

Franklin, M. (2018). Understanding lineage, difference, and the contemplative dimensions of Edith Kramer's art as therapy model. In L. A. Gerity, & S.

Anand (Eds.), *The legacy of Edith Kramer: A multifaceted view* (pp. 205-213). New York: Routledge.

Franklin, M., Rothaus, M., & Schpock, K. (2005). Unity in diversity: Communal pluralism in the art studio and the classroom. In F. Kaplan (Ed.), *Art therapy and social action: Treating the world's wounds* (pp. 215-232). London and Philadelphia: Jessica Kingsley.

Kramer, E. (1994). *A portrait of artist/art therapist Edith Kramer.* Sacramento, CA: Chuck Conners Productions.

전이와 역전이

지드 슈완파흐 라타나피뇨퐁 (컬러그림 참조)

41

펼쳐진 책
사별한 미술치료사는 사별한 내담자와 어떻게 거리를 유지하는가?

샤론 스트라우스

초인종이 울리고 그동안 천 번도 넘게 그랬듯이 현관문으로 다가갔다. 기대감이 차 올랐다. 나는 문을 열고 낯선 영역으로 발을 내디뎠다. 새로운 내담자, 에이프릴이 었다.

내가 쓴 『예술적 슬픔: 치유의 일기』(Artful Grief: A Diary of Healing)가 막 출판 되었을 무렵이었다. 에이프릴은 그 책을 읽고 내게 연락한 것이었다. 그래서 내가 2001년 10월 11일에 뉴욕 경찰국으로부터 당시 열일곱이었던 내 딸 크리스틴이 대 학 기숙사 건물 옥상에서 떨어졌다는 전화를 받았던 사실을 에이프릴은 이미 알고 있었다. 또한 내가 "기존의 치료방식에서 평안을 찾지 못했고 그 어떤 말과 글에서 도 위안을 얻지 못했으며 [중략] 크리스틴의 죽음을 받아들이기 위해 콜라주를 만 들기 시작했다"는 것도 알고 있었다(Strouse, 2013, back cover). 나는 내 책의 출판이 가져올 수 있는 영향에 대해 생각했다. 책에는 나의 삶과 상실 그리고 치유가 생생 하게 묘사되어 있었고 이 책이 대중에게 공개된 것이다. 그런 의미에서, 나는 한 사람의 전문가로서 유가족인 내담자와 어떻게 거리를 유지해야 할지 고민했다.

나는 상담 며칠 전에 에이프릴과 전화 통화를 했고 그녀가 어떤 사람인지, 무 엇을 원하는지 파악하기 위해 오랜 시간에 걸쳐 대화를 나누었다. 나는 예약을 잡고 우리 집 현관 앞에서 에이프릴을 직접 만나기 전에 미리 나의 업무방식을 그녀에게 설명하고 우리가 서로 잘 맞을지 알고 싶었다. 삼십 년 전만 해도 이런 종류의 생각에는 전혀 관심이 없었다. 나는 민간 정신병원의 입원 및 외래 병동에서 미술치료사로 근무했는데, 당시의 나는 안전이 보장되고 체계가 있는 기관의 지극히 업무적인 공간에서 일하는 전문가였다. 그곳에는 규칙과 규정 그리고 윤리강령이 있었다. 내담자와의 경계는 잘 지켜졌고 개인정보도 안전하게 보호되었다. 정신분석적 관점에서, 좋은 치료란 "치료사가 내담자의 감정이 투영될 수 있는 특정하지 않은 대상 혹은 '백지상태'이어야 한다"(Kosminsky & Jordan, 2016, p. 112)라는 생각에서 출발한다. 나는 미술치료 수련과 임상과정 초기에 이 같은 생각을 받아들였고, 시간이 지나면서 치료는 관계를 맺는 과정이고 치료사와 내담자 간의 유대감에 따라 치료의 효과가 달라진다는, 보다 현대적인 정신역학 치료모델에 이끌리게 되었다.

홈 스튜디오

내 직업적인 면에서나 개인적인 면에서 여러 변화가 있었다. 크리스틴의 자살 후 지난 15년이라는 세월은 나를 재정립하고 재정의하는 시간이었다. 나는 콜라주라는 창의적인 작업을 통해 나 자신의 조각나고 찢어진 부분을 이해할 수 있었다. 나는 이마에 자살이라고 써 붙인 듯한 비참한 처지의 엄마 그 이상의 존재라는 점을 깨달았다. 나는 예술가였고 작가였으며 교사이자 임상가였다. 이 모든 성취는 내가 슬픔과 애도를 연구하며 쌓아 올린 것이었다. 나는 목적과 의미를 되찾았고 정식 면허가 있는 공인 미술치료사가 되어 외상성 상실을 중점적으로 다뤘다. 우리 집 지하에는 감사하게도 미술 스튜디오가 있었기에 나에게 개인적 영역이자 직업적인 영역이기도 한 그 공간에서 치료 서비스를 제공하기로 마음먹었다. 개인적인 생활과 직업적인 생활을 한 지붕 아래서 따로 꾸리려니 몇 가지 문제가 생겼는데, 먼저 안전에 대한 우려가 있었다. 내 스튜디오에는 다른 직원에게 위험 상황을 알리는 비상 버튼 같은 것이 없었기 때문이다. 나는 내담자에 대한 확신을 얻기 위해 오로지 기나긴 전화 인터뷰와 내 '직감'에 의존했다. 위층에서 남편이 계단을 밟는 소리가 나거나 의도치 않게 대화를 엿듣는 상황을 피하고자 밤보다는 낮에 내담자와 만나기로 했다. 내 프라이버시를 지키기 위해서 내담자들이 스튜디오에 있는 뒷문으로 들어오게 하는 방법도 생각해봤지만, 풀로 덮인 언덕으로 걸어 내려오게 하는 것도 안전에 대한 우려가 있었다. 내 '사무실'이 집 안에 있다 보니 개인적 영역과 직업적 영역의 경계가 흐려지지 않도록 조심했고 두 공간의 모습과 느낌이 확연히 다르도록 온갖 애를 썼다.

사적인 질문

에이프릴은 우리 집 문지방을 넘어 함께 아래층에 있는 미술 스튜디오로 내려갔고 나는 그녀를 따라 들어가며 스튜디오의 문을 닫았다. 에이프릴은 내가 상상했던 대로였다. 로마 신화의 목신인 판(faun)을 닮았고 어수선해 보였으며 눈은 슬픔으로 흐려져 있었다. 헝클어진 머리는 뒤로 모아 머리핀을 꽂아 놓았고 화장기는 없었다. 그녀는 무더운 여름날인데도 어두운 색 스웨터를 두르고 있었다. 에이프릴의 10대 아들은 몇 주 전 자신의 침실에서 총으로 자살했다. 아들을 발견하고 구급차를 부른 사람이 에이프릴이었다. 그녀는 소파 가운데에 앉았고 나는 맞은편에 있는 흔들의자에 앉았다. "선생님의 책을 두 번째 읽고 있어요." 그녀는 말했다. "제가 미쳐가는 게 아니라는 걸 알게 되니 마음이 놓여요. 선생님을 보면 희망이 생깁니다. 선생님이 어떤 일을 겪으셨는지 알고 있지만 이렇게 보니 훌륭히 이겨내신 것 같습니다."

에이프릴은 이미 전화 통화를 하면서 그녀의 아들 저스틴에게 무슨 일이 있었는지 말해줬지만, 다시 한 번 빠트렸던 내용을 채워서 말해주기 시작했다. 그러다 어느 순간 말을 멈추고 내가 여전히 크리스틴의 추락과 그 후 딸아이의 몸이 어떤 모습이었는지에 대해 생각이 나는지 물었다. "저스틴의 모습이 머리에서 떠나가질 않아요." 그녀가 말했다. "아들의 방에도 못 들어가요. 피가 정말 많았거든요." 그러고 나서, 그녀는 친구가 와서 아들의 방을 청소하도록 해줘야 할지, 아니면 자신이 직접 청소를 할 수 있을 때까지 기다려야 하는지도 물었다. 그리고 내게 크리스틴의 방과 아이의 개인적인 물건들에 대해 질문했다. 이런 직접적이고 사적인 질문들에 어떻게 대답해야 할지 고민했던 부분들이 내 책의 근간을 이루고 있다. 그리고 그런 고민은 우리가 함께 시간을 보내면서 점차 사라졌다. 내 개인적인 경험과 이 경험을 나누고자 하는 의지가 우리의 교류에 있어서 핵심이었다. 에이프릴이 『예술적 슬픔』(Artful Grief)을 읽으며 느꼈을지도 모르는 나의 "공감하는 마음"이 "애도과정을 도와주는 임상과정의 기반"(Kauffman, 2012, p. 12)이 되었을 수도 있다는 느낌을 받았다. "치료사가 자기 자신의 감정적 고통과 상처의 근원에 대한 통찰

그림 41.1 옛날 옛적에(Once Upon A Time), 콜라주 #3(2003)

을 얻는 과정"(Kosminsky & Jordan, 2016, p. 127)이라고 하는 나의 자기 인식이 결과적으로 에이프릴이 "자신의 슬픔과 상실을 대면하고 상실을 표현할 방법을 찾을 수 있는 안전한 장소"를 만들어주었다(Cacciatore, 2012, p. 16).

나는 "사랑하는 사람의 갑작스럽고 폭력적인 죽음은, 그 방식이 사고, 자연재

그림 41.2 멋진 여성 창조주(Golden Creatrix), 콜라주 #23(2006)

해, 살인, 자살 등 무엇이었든지 상관없이 복잡한 애도과정을 겪을 위험이 더 커진다"(Jordan & McIntosh, 2011, p. 34)는 사실을 알고 있었다. 저스틴의 사체를 발견한 에이프릴에게는 특히 더 힘든 일이었다. 우리는 콜라주를 만드는 단계로 넘어가면서 그 발견의 순간에 대해 더 자주 반복해서 나누었다. 책에서 나는 여러 콜라주 이미지를 활용해서 내 치유의 여정을 시각적으로 풀어냈는데, 첫 번째 회기에서 에이프릴은 이 콜라주들을 언급했다. 그녀는 나의 작품([그림 41.1], [그림 41.2])을 통해 치유받고 용기를 얻었다고 말했다. 그녀는 그 말을 한 뒤 깊은 한숨을 내쉬었다. "이렇게 저를 이해해주는 사람과 이야기하니 정말 마음이 놓이네요." 그녀가 말했다. "선생님과 저 사이에는 자연스럽게 오고 가는 무언가가 있어요. 이전에 만났던 치료사와는 그런 게 없었는데 말이에요."

에이프릴과의 첫 회기는 한 시간 반 동안 이어졌다. 회기를 진행하면서 그녀는 종종 말을 멈추었고 나는 그녀가 자신의 감정을 제대로 느낄 수 있도록 기다려주었다. 회기가 끝날 때쯤 에이프릴은 몸의 긴장도 풀리고 편안해 보였다. 우리는 다음 회기 일정을 잡고서 함께 계단을 올라갔다. 그녀가 떠나기 전 내게 두 팔을 뻗었다. 나는 그 행동에서 도움을 청하면서 동시에 도움을 주고자 하는 그녀의 마음을 느낄 수 있었다. 순간 내 머릿속 한편에서는 내담자와 신체적으로 접촉하는 것이 적절하지 않다고 생각했지만 동시에 다른 한편에서는 "슬픔에 잠긴 사람이 자신에게 마음을 열어주는 특권을 누리고, 또 누군가가 자신에게 마음을 열어주는 것을 영광이라 여기면서 서로 감사를 나누는 행위"(Kauffman, 2012, p. 14)라고 생각했다. 우리는 포옹했다.

전화

첫 번째 회기 이후 에이프릴과의 회기는 매주 50분씩 2년간 이어졌다. 미술치료를 시작한 후 한 달 정도 지난 어느 일요일 오후에 그녀에게서 전화가 한 통 걸려왔다. "갑자기 연락드려 죄송해요. 제 상태가 좋지 않아서요. 저 지금 가도 될까요?" 에이프릴이 말했다. 그녀의 헐떡이는 숨소리를 듣고 무언가 잘못됐음을 알 수 있었다. 그날 아침 교회 예배시간에 한 교인이 그녀를 위로하며 이렇게 말했다. "저스틴이 방황하다 끝내 자살로 신을 외면하다니 참 안타깝습니다. 그가 어디에 있든

간에 그의 영혼을 위해 기도하겠습니다." 나는 개인적인 경험을 통해 "자살 유족은 가까운 사람의 죽음을 받아들일 뿐만 아니라, 수치심과 낙인, 죄책감, 비난, 혼란 속에서 모든 것을 견뎌내야 한다"(Jordan & McIntosh, 2011, p. xxvii)는 사실을 알고 있었다. 나는 에이프릴이 도움을 청했다는 사실이 기뻤다. 나는 크리스틴이 자살하고 얼마 지나지 않아 약속도 없이 도움을 받았던 것을 떠올렸다. 내가 감정의 소용돌이에 휩싸여 있을 때 치료사가 곁에 있다는 사실이 정말 감사했었다. 데이비드 월린은 "안정적인 치료사가 갖는 재량과 자유란 변화하고 적응하는 능력이자 자신에게 익숙한 기존의 직업적 영역에서부터 나아가 내담자가 원하는 지점까지 다가설 수 있는 능력을 말한다"고 했다(Wallin quoted in Kosminsky & Jordan, 2016, p. 126). 한 시간 후 에이프릴이 도착했다.

그 후 다섯 달 동안 회기시간 외에 걸려온 전화가 몇 통 더 있었다. 사촌의 결혼식 후와 추수감사절 전날 만나고 싶다는 것이었다. 이는 최근 유족이 된 사람이 할 만한 요구였고, 내게 그녀를 만날 재량과 자유가 있다는 사실에 기뻤다. 홈오피스가 주는 특혜 중 하나였다.

크리스마스 선물

크리스마스 직전에 가졌던 회기에서 에이프릴은 쑥스러운 듯 자신의 토트백에서 작은 선물을 꺼내고는 깊은 감사를 전하며 나에게 주었다. 그녀는 말했다. "선생님이 저를 살렸어요." 나는 우선 선물을 주고받는 것이 부적절할 수 있다는 점을 에이프릴이 충분히 알고 있다는 사실을 확인하고 끄덕이며 선물을 받았다. 연휴는 자식을 잃은 부모에게 특히 더 힘든 날이므로 그녀를 군이 더 힘들게 할 필요가 없다고 생각했다. 나는 감사를 전한 다음에 이렇게 말하였다. "보통은 개인적인 선물을 받으면 안 되지만 에이프릴이 주는 선물은 이 스튜디오에 주는 선물이라고 생각하고 받을게요. 여기에 오는 사람들 모두가 이 사랑스러운 잠자리 조명을 보고 좋아할 거예요."

현재

모든 게 처음이었던 그해의 추운 겨울이 지나고 봄이 찾아왔다. 5월과 어버이날이 다가올 무렵, 에이프릴은 그녀의 둘째 딸에게 관심을 두었다. 그녀는 내가 책에서 언급했던 나머지 두 아이에 대해 궁금해했다. 『예술적 슬픔』의 내용은 2011년에 끝나지만, 에이프릴은 두 아이가 지금 어떻게 지내고 있는지 알고 싶어 했다. 나는 에이프릴의 치유과정을 돕기 위해서라면 책과 관련하여 내 이야기를 해도 괜찮다고 생각했다. 하지만 내 아이들에 대한 질문에는 아주 조심스럽게 일반적인 내용으로 답했다. 예를 들어, 아이들은 잘 지내고 있으며, 딸아이는 미술 석사과정을 밟고 있고 아들은 의대를 졸업한 뒤에 정신과 레지던트를 하고 있다고 말해주었다. 자세한 내용까지 말할 필요는 없었다. 에이프릴이 진짜 알고 싶었던 건 '아이들이 치유받았고 지금도 행복한가?'였다. 나는 아이들의 삶이 앞으로 나아가고 있으며 각자가 선택한 길에서 의미를 찾았다고 말해줄 수 있었다.

내 윤리적 딜레마

참석해야 할까 불참해야 할까?

저스틴의 사망 1주기가 마침 '정신건강에 대한 인식 고취, 교육 및 자살 예방을 위한 크리스틴 리타 스트라우스 재단(KRSF)'이 후원하는 연례 모금행사와 겹친다는 사실을 알게 되었다. 마침 재단의 옐로우 드레스 골프 클래식(Yellow Dress Golf Classic) 컨트리클럽이 15주년을 맞는 해이기도 해서 이날을 축하하기 위해 연사도 요청했다. 옐로우 드레스 골프 클래식은 소셜미디어를 통해 널리 알려졌고 자살 생존자 모임을 포함한 여러 지역 정신건강 단체에 홍보도 한 행사였다. 에이프릴은 행사에 대해 전해 듣고 연사의 강연을 듣기 위해 티켓을 구매했다. 다음에 있었던 회기에서 그녀는 자랑스럽게 KRSF티켓을 보여주었고 자신의 집에서 열리는 저스틴의 1주기 추도식에 나를 초대하였다. 어떻게 대답해야 할지 고민하던 순간, 햇빛이 스튜디오 창문으로 비쳐 들어와 소파까지 빛을 비추는 광경이 눈에 들어왔다. 한 해 동안 함께 시간을 보내며 에이프릴은 치유받았고 더 강해졌으며 덜 불안해했다. 그녀는 그날 화사한 여름 원피스를 입고 그에 어울리는 편안한 머리와 화장을 하고 있었다.

결론

딸 크리스틴의 자살 이후, 내 개인적인 치유의 여정을 담은 나의 책, 『예술적 슬픔』이 출간된 후, 나는 마치 활짝 펼쳐진 책처럼 속이 낱낱이 드러난 느낌이 들었다. 그렇지만 나는 펼쳐진 책처럼 내 이야기를 드러내 보이면서 동시에 지금 겪고 있는 개인적인 경험에 대해서는 스스로를 존중하려 했다. 내 책을 읽은 첫 내담자였던 에이프릴과의 회기는 특히 무엇을 말하고, 말하지 않을지 결정할 때마다 어느 정도가 적절한 경계인지 가늠할 기회가 되었다. 민감하고 현재 신경 쓰는 일에 대해서는 철저하게 함구했고, 최근 북아트 기법을 활용한 콜라주 작업에 대해서도 마찬가지였다. 나는 치유의 여정이 『예술적 슬픔』 이후로도 계속되고 있다는 사실을 알고 있었다. 내 치유 경험은 현재 진행형이고 이 사실이 사별한 내담자에게도 도움이 되리라 믿는다. 간디는 이렇게 말했다. "세상이 변하기를 바란다면 당신이 그 변화가 되어야 한다." 임상가이자 아내, 엄마, 친구 그리고 한 인간으로서 내 슬픔을 다루는 일은 필수적이다.

> 애도 치료사가 상실로 힘들어하는 내담자를 돕기 위해서는 자신의 상실, 이별, 심리적 트라우마의 경험을 인지하고 들여다보며, 어느 정도는 받아들여야 한다.
>
> *Kosminsky & Jordan, 2016, p. 125*

반영적 미술경험과 토론을 위한 질문

1. 치료자와 내담자가 공유하는 경험이 외상적 상실이 아니라 정신질환(예를 들어, 우

울증 진단)일 경우, 유지해야 할 경계가 달라지는가? 신발 상자를 이용한 콜라주 작업을 통해 탐구해보자. 상자의 구조가 무엇이 안에 가려져 있고 무엇이 세상 밖으로 나오는지 보여줄 것이다.

2. 당신의 사적인 이야기를 내담자와 나눈다면 긍정적인 변화가 있었겠지만 그 변화를 감당하기가 두려워 말하지 않은 순간을 생각해보자. 이때의 감정을 콜라주를 통해 탐구해본다. 두려움을 형태로 만들어보라. 긍정적인 측면과 부정적인 측면에서 실제로 어떤 일이 일어났고 일어날 수도 있었는가? 자신이 만든 콜라주와 대화하고 글을 써보자.

참고문헌

American Art Therapy Association (2013). *Ethical principles for art therapists*. Alexandria, VA: AATA.

Cacciatore, J. (2012). Selah: A mindfulness guide through grief. In R. A. Neimeyer (Ed.), *Techniques in grief therapy: Creative practices for counseling the bereaved* (pp. 16-19). New York: Routledge.

Jordan, J. R., & McIntosh, J. L. (2011). *Grief after suicide: Understanding the consequences and caring for the survivors*. New York: Routledge.

Kauffman, J. (2012). The empathetic spirit in grief therapy. In R. A. Neimeyer (Ed.), *Techniques in grief therapy: Creative practices for counseling the bereaved* (pp. 12-15). New York: Routledge.

Kosminsky, P. S., & Jordan, J. R. (2016). *Attachment-informed grief therapy: The clinician's guide to foundations and applications*. New York: Routledge.

Strouse, S. T. (2013). *Artful grief: A diary of healing*. Indianapolis, IN: Balboa Press.

42

남자들이 그렇지
남성, 윤리, 그리고 미술치료

마이클 프렛저

나는 미술치료 대학원에 지원했던 해에 메디케어*에 가입했다. 메디케어에 가입하는 데는 전혀 어려움이 없었지만 대학원에 가는 것은 걱정이 됐다. 어떤 대학이 커리어가 아주 짧을 사람한테 투자하려고 할까? 스물 두 살짜리에게 투자하는 게 더 이득이지 않을까?

하지만 나이는 성별만큼 중요하지 않았다. 미술치료사들은 남녀 할 것 없이 모두 내가 대학원에 붙을 것이라고 장담하며, "걱정하지 마, 넌 남자잖아"라고 말했다. 여성과 남성의 성비가 약 14 대 1에 달하는(Elkins & Deaver, 2015) 직종에서 내가 남성이라는 것은 분명히 강력한 이점이었으며, 우연히도 나의 대학원 동기들의 성비도 14 대 1이었다. 사실 지금껏 나 자신을 소수자라고 생각한 적은 거의 없었다. 지난 70여 년간 나는 백인이자 남성으로 살아왔다. 도로에서 경찰이 내 차를 세울 때는 내가 정말로 과속할 때뿐이었다. 그렇지만 소수자에 속하는 상황에서도 나는 혜택을 누리고 있었다. 정의는 어디에 있는가?

나는 미술치료사가 되기로 마음먹으면서 나 자신을 성찰해볼 기회를 가질 수

---

* 역주: Medicare, 65세 이상 가입 조건의 미국 노인의료보험제도

그림 42.1 저자가 그린 미국 남성 미술치료사들의 초상화

있었다. 그리고 적극적 우대 조치의 특이 케이스로서 받는 혜택의 윤리성에 대해 고민했다. 내가 가진 특권이 부끄럽기도 하고 죄책감이 생기기도 했지만 동시에 기분이 좋기도 했다. 되돌아보면 내 성별보다는 과거 경험과 내가 받은 교육 덕분에 유력한 지원자 후보가 될 수 있었다고 생각한다. 하지만 나는 압도적으로 여성이 다수인 직종에서 일하는 남성으로서 나의 위치와 행동에 대해 계속해서 진지하게 고민하고 있다.

미국미술치료학회(American Art Therapy Association: AATA)의 『미술치료사를 위한 윤리강령』(2013)과 미술치료자격위원회(Art Therapy Credentials Board: ATCB)의 『윤리, 행동 및 징계절차 강령』(2018)에서는 '남자', '남성' 혹은 '여자', '여성'이라는 단어가 언급되지 않는다. 두 문서 모두 특정 성별에만 적용되는 규칙은 없다. 전반적으로 이는 '한쪽에 적용되는 것은 다른 쪽에도 적용된다'는 태도이다.

AATA의 윤리강령 중 원칙 1.4에서는 "미술치료사는 자신이 내담자에게 끼칠 수 있는 영향을 인지하고 내담자의 신뢰와 의존성을 착취하지 않는다"라고 기술하고 있다. 이 원칙에서도 특정 성별을 암시하지 않으며 중립적인 언어를 사용하고 있다. 물론 '착취'라는 단어에서 성별에 대한 약간의 암시가 있을 수 있다. 예를 들어 한 미술치료사가 내담자의 신뢰와 의존성을 착취하고 있는 장면을 상상해보자. 그리고 그 장면에서 착취당하는 내담자와 미술치료사의 성별을 지정해보자.

나쁜 남자

착취자를 남성으로 생각했다면 그리 놀랄 일은 아닐 것이다. 대중은 계속해서 남자들이 나쁜 행동을 하고 또 할 수 있으며, 남성으로서 자신이 누리는 특혜와 권력을 남용한다는 생각을 뒷받침할 만한 사례들을 끊임없이 접하고 있다. 대학 미식축구 수석 코치가 샤워실에서 어린 소년들에게 지나칠 정도로 친근하게 대한다거나, 전 미국 하원의원이 과거 미성년자와 성관계를 가졌던 사실을 은폐하려 한다거나, 가톨릭 신부가 미사를 돕는 복사 소년들을 대상으로 자신의 성적 판타지를 실현하는 등의 사건 말이다.

그에 반해 정신과의사나 심리학자, 사회복지사 그리고 표현예술치료사의 범칙 행위는 설사 있다고 하더라도 전국적인 뉴스가 되는 경우는 거의 없다. 일반 대중은 영화나 TV 프로그램을 통해 치료사에 대해 실제와는 다른 허구적인 이미지를 구축하게 된다. 1981년 영화인 〈보통 사람들〉(Ordinary People)에 나오는 버거 박사와 같은 몇몇 예외를 제외하고는 치료사들에 대한 묘사가 그리 좋지 않다(Fass, 2014). HBO에서 방영한 드라마 〈인 트리트먼트〉(In Treatment)에 나오는 심리학자 폴 웨스턴은 내담자와 연애 관계를 형성하는 등 여러 차례 윤리적 경계를 넘나든다. 하지만 영화 〈카인의 두 얼굴〉(Raising Cain)에 나오는 아동 심리학자 카터 닉스에 비하면 폴은 성자다. 닉스 박사는 영화 속에서 납치와 살인 등의 비윤리 행위를 저지른다(Horsley, 1992).

남성 치료사

2011년에 나온 영화인 〈데인저러스 메소드〉(A Dangerous Method)에 따르면, 칼 구스타프 융은 실제로 환자와 성관계를 가진 초기 치료사 중 하나였다. 융은 사비나 슈필라인과 꼭 성적인 관계가 아니더라도 자신의 환자이자 학생 그리고 후에는 동료로서 다양한 관계를 맺었는데(Van Nuys, 2012), 만약 그가 오늘날 같은 행위를 했다면 윤리적인 부분에 대한 문제 제기가 있을 법한 일이었다.

이와 관련되어 이루어진 여러 설문조사에서 남성 치료사 중 0.9~12%, 여성 치료사 중에서는 0.2~3.6%가 내담자와 성관계를 맺은 적이 있다고 대답했다(Gabbard, 1991). 그리고 남성 치료사 중 14%, 여성 치료사 중 8%가 과거 자신의 내담자였던 상대와 성관계를 가진 적이 있다고 대답했다(Pope, 2001).

남성 롤 모델

물론 남성과 관련된 윤리적 문제들이 모두 성적인 것은 아니다. 나는 10년간 두 딸과 아들 하나를 돌보며 전업주부로서 생활했다. 아이들은 내가 한 사람의 남성으로서 내 안에 있는 줄도 몰랐던 연민과 배려심을 이끌어냈다. 지금은 성인이 된 내 아이들이 나를 일깨워주지 않았더라면 미술치료사가 되겠다는 용기와 확신을 가질 수 없었을 것이다.

특히 여성 청소년은 나에게서 부성을 끌어낸다. 예를 들어, 한 10대 내담자에게는 유난히 보호하고 싶은 마음이 들었는데 딸이 속해 있는 축구팀의 한 여자아이가 생각났기 때문이었다. 종종 어려움을 겪는 10대 아이를 내 자식처럼 안아주고 싶을 때도 있다. 하지만 치료적이고 윤리적인 이유로 결코 부성에서 우러나온 포옹이나 입맞춤을 해서는 안 된다는 사실을 알고 있다.

몇 번은 10대 남자아이와 상담을 가진 적도 있었는데, 보통 아버지가 없거나 어떤 방식으로든 폭력적인 아버지를 둔 아이들이었다. 그 상황에서 나는 내담자가 경험해볼 수 없었던 친절하고 배려심 있는 남성 롤 모델이 된다. 이는 꽤 괜찮은 관계다. 어린 소년들은 "다른 남성과 남성성에 대해 터놓고 이야기"할 드문 기회를 감사히 여기며, 미술치료는 남자아이들이 남자다움에 대한 경험을 부정하지 않으면서 "자의식을 기르게" 해준다(Choi, 2013, p. 30).

내가 로버트를 만났을 때 그는 농구를 잘하고 패션에 관심 많은 열세 살 소년이었다. 로버트는 아버지가 누구인지 알지 못했고 생물학적 어머니는 그를 입양 보냈으며, 첫 번째 양모는 사망했고, 두 번째 양모도 그와 잘 맞지 않았다. 그는 누구와도 눈을 맞추지 않았다. 내가 로버트와 회기를 시작하기 일주일 전에 우연히 그가 새 농구화를 자랑하는 것을 듣게 되었다. 첫 회기를 가지려고 로버트가 스튜디오에 들어온 뒤 나는 문을 닫아 외부로의 시야를 가렸다. 로버트와 나란히 옆에 앉은 다음 각자 신발을 한 짝씩 벗어 탁자에 올려놓고, 그 신발을 그려보자고 제안했다. 그 회기 후에도 나는 우리가 교감하고 있다는 신호를 포착하기 위해 로버트와 눈을 마주치려 노력했다. 나는 여자아이나 성인 여성들도 좋은 남성 롤 모델이 필요하다고 믿는다. 하지만 만약 로버트가 여자아이였다면 남성으로서 내 접근방식은 더 신중하게 행해졌을 것이다. 문을 닫아 스튜디오를 외부로부터 차단하지도 않았을 것이고 아이와 나란히 앉지도 않았을 것이다. 그리고 착용하고 있는 의복을 벗어보라고 요구하지도 않았을 것이다.

> ## 내 윤리적 딜레마
>
> **남성 미술치료사로서 여성 내담자의 명백한 경계선 침범에 어떻게 대응해야 할까?**
>
> 미술치료사로 일한 지 얼마 되지 않았을 때, 한 16세 내담자를 담당하면서 여성 동료 치료사들과 나의 인식과 반응이 어떻게 다른지를 포함하여 많은 것을 배울 수 있었다. 실비는 열 살 때 어머니가 돌아가셨고, 남자를 싫어할 만한 이유가 넘쳐났다. 아버지로부터 정서적으로 버려졌다고 느꼈으며 믿었던 남자는 그녀를 성폭행했다. 미술치료를 받으러 왔을 때 실비는 문을 조금 열어달라고 부탁했다. 유난히 북적이고 떠들썩했던 집단 회기중에 내가 실비의 주의를 끌기 위해 그녀의 팔을 살짝 건드린 적이 있었는데 실비는 정색하며 "만지지 마세요"라고 말했고 나는 즉시 사과했다. 내가 윤리적으로 잘못된 행동을 한 것을 알았기 때문이다.
>
> 한 번은 실비가 무엇을 그릴지 결정하는 데 어려움을 겪고 있었던 적이 있었는데, 당시 실비는 작업대 한쪽에서 의자에 걸쳐 앉아 있었고 나는 작업대 반대쪽에 서서 카운터에 손바닥을 아래로 한 채 손을 올려 두고 있었다. 실비는 갑자기 내 왼손을 이리저리 움직여 각도를 잡으며 손등에 물감을 칠하기 시작했다. 그녀는 "선생님 손이 부드럽네요"라고 말한 뒤 바로 "좀 이상한 말이었네요"라고 수습했다. 나는 그 순간 불안하기도 하고 약간 당황스럽기도 했다. 나는 실비의 정서적 거부감과 성폭행 사건, 그리고 접촉을 혐오하는 성향 등을 떠올렸다. 여성 내담자와 있는 남성 치료사로서 우리 사이에 있던 경계가 침범됐다고 생각했다. 하지만 그때 실비의 미술작업을 멈추게 해야 했을까 아니면 그대로 뒀어야 했을까?
>
> **당신은 어떻게 반응하겠는가?**
>
> 저자의 답변은 부록 B에서 확인할 수 있다.

나는 적어도 열두 명 이상의 미술치료사들에게 실비의 이야기를 들려줬고, 여러 다른 반응이 돌아왔다. 몇몇 남성 미술치료사는 나의 행동에 주목하고 상황을 개선할 방안을 제시했다. 예를 들어 실비의 기분을 상하게 하지 않으면서 그녀의 행동을 멈추게 하거나 멈추라고 말하는 방법 등이었다. 그중 한 명은 실비의 트라우마 이력을 고려해볼 때 애초에 내가 실비와 만난 것이 현명하지 못했다고 말했다. 여성 미술치료사들은 모두 하나같이 실비에 집중했고 그리 문제가 될 일은 아니라고 대답했다. 여성 치료사들의 눈에 실비는 자신의 미술치료사와 긍정적 관계를 만들어가려는 내담자로 보인 것이다. 그들의 관점에서 실비는 자신의 주위에 경계선을 그려 놓고 자기가 경계선 너머로 너무 멀리 갔다고 깨달았을 때 "좀 이상한 말이었네요"라고 하며 적절하게 다시 돌아온 것이다. 나는 점차 여자 동료들의 관점을 이해할 수 있게 되었다. 실비는 자신만의 방식으로 나와 가까워지려 한 것이다. 그리고 내담자의 행동은 내가 남성이어서 느끼는 편집증보다 더 중요하다.

나는 성별과 관계없이 내담자들에게 다음과 같은 질문을 던진다. 문은 열어둘까요? 아니면 닫아둘까요? 제가 여기 앉는 게 좋겠어요? 아니면 저기 앉는 게 좋은 가요? 대화를 할까요? 아니면 조용히 작업할까요? 같이 작업을 해도 괜찮을까요? 작품을 같이 보게 옆에 서도 괜찮을까요? 작품을 만져도 괜찮을까요? 어떤 때는 학생이 내게 "마이클 선생님, 무슨 질문을 그렇게 많이 하세요?"라고 되물을 때도 있다. 누군가의 롤 모델이 된다는 생각을 지나치게 하면, 오히려 나는 헷갈리게 된다. 남성이자 미술치료사로서, 내가 남성 롤 모델이 아닌 때는 언제인가? 나는 회기 시작 전에 "잘해야 해. 이제는 내가 남성 롤 모델이 되어줘야 할 내담자를 만날 시간이야" 하고 생각한 적이 없다. 나는 모든 내담자에게 항상 같은 방식으로 다가간다.

남자의 특성

인간의 행동은 우리의 가장 신비스러운 기관인 뇌에서 비롯된다. 남성의 뇌 구조는 여성의 뇌 구조와 다르고 그 차이에서 오는 영향은 여전히 논쟁이 된다(Nature Neuroscience, 2005). 예를 들어서 남성의 뇌는 집중을 요하는 일을 도와주는 회백질이 약 6.5배 더 많고, 여성의 뇌는 정보의 동화 및 통합에 유용한 백질이 약 10배 더 많다(University of California, Irvine, 2005). 공포심을 처리하고 보호적 공격성을 유발하는 편도체와 성적인 반응을 자극하는 시상하부는 남성의 뇌에서 더 활성화된다(Brizendine, 2010). 20~30세 남성의 뇌는 약 1분에 한 번씩 성적인 생각을 하고, 여성의 뇌는 대략 하루에 한 번 성적인 생각을 한다(Brizendine, 2006). 남성과

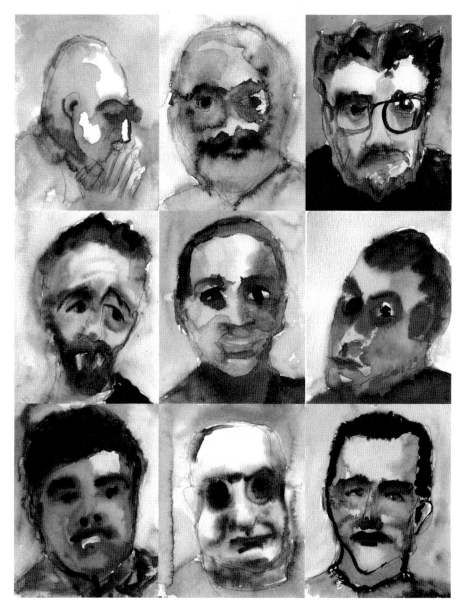

그림 42.2 남성 치료사들이 자문한다. "우리는 호감을 얻기 충분한가? 충분히 열려 있는가? 충분히 배려하고 있는가?" (컬러그림 참조)

여성의 뇌는 호르몬의 수프에 절여져 있다고 할 수 있다. 남성의 뇌에는 경쟁심과 공격성을 자극하는 테스토스테론과 바소프레신이 다량 있지만 동시에 주로 여성의 뇌에 많이 있는 에스트로겐과 옥시토신 또한 존재한다. 남성의 노년기에는 테스토스테론과 바소프레신 수치가 줄어들고 에스트로겐과 옥시토신이 증가한다(Brizendine, 2010).

일부 연구자는 남성의 공격성과 공감 능력 부족을 단순히 뇌의 구조와 화학작용 때문이라고 탓하기에는 지나치며, 오히려 남성의 이러한 행동으로 인해 그들의 뇌가 사회적 기대에 순응하려고 바뀌었을 수도 있다고 주장한다. 아주 어린 남자아이와 여자아이는 공감 능력이 비슷하지만 사회적으로 정립된 '보이 코드'(boy code)로 인해 정형화된 남성 행동이 만들어진 것이다. 이 보이 코드란 남자는 절제하고 자립적이며 적극적이고 대담하며 강해야 한다는 고정관념을 말한다(Pollack, 1998). 보이 코드의 성인 버전이 바로 '맨 박스'(man box)인데 내용은 유사하다. 남자는 강해야 하고 분노를 제외하고는 감정을 보여서는 안 된다는 것이다(Porter, 2016).

최근 연구에 따르면 일부 뇌 기능은 생물학적 성만큼이나 젠더 정체성과 긴밀하게 연관되어 있을 수도 있다고 한다(Eliot, 2009). 문화적으로 모든 종류의 성적 정체성과 성적 취향에 대한 사회적 수용력이 증가함에 따라 남성과 여성의 차이를 이분법적으로 보던 시각에서 벗어나서 남성성과 여성성을 하나의 연속선상에 있는 개념으로 인식하는 시각이 늘고 있다. 하지만 개인의 성격을 남성적, 여성적, 양성적, 구분되지 않음을 기준으로 분석하는 벰의 성 역할 검사(Bem Sex-Role Inventory)에서 여성에 대한 묘사 중 '자립적인'과 '적극적인'에 해당하는 점수가 늘어나고 있지만 그에 반해 남성에 대한 묘사 중 '부드러운', '온화한'의 점수는 그다지 변하지 않았다(Rosin, 2012).

미술치료에서의 남성

남성 치료사들은 여성이 만들고 또 90% 이상의 동료가 여성인 직종에서 일하고 있지만 우리가 하는 일에서는 비교적 안정적으로 보인다. 남성 미술치료사를 대상으로 한 설문조사에서 자신이 소위 경멸적인 용어로 '여자들이 하는 일'을 하고 있다고 생각하는 사람은 소수였다(Tavani, 2007). 상상력, 창의력, 호기심, 통찰로 이루어진 '5가지 요소 모형'을 사용했을 때(McCrae & John, 1992) 여성 미술치료사들은 남성 미술치료사들의 가장 주요한 성격으로 개방성/지성 그리고 호감(이타심, 공감, 배려심)을 가장 많이 언급했는데, 이는 여성 치료사들이 자신의 성격 중 가장 주요하다고 생각하는 성격과 일치했다(Pretzer, 2014). 남성 미술치료사 중 일부는 Franklin(2007)이 말하는 중간자인, "학습한 대로 무심하고 왜곡된 허세를 부리는 남성으로 구분되는 것을 거부하고, 대신에 양육자로서의 정체성을 기르려는 남성이 되었거나 되어가고 있다"(p. 5).

맺는 말

미국에 있는 350~400명 정도의 남성 미술치료사들이 윤리적인 측면에서 얼마나 잘하고 있냐고 묻는다면 그럭저럭 잘하고 있다고 답할 수 있겠다. ATCB(미술치료 자격위원회)에서 미술치료사의 전반적인 (혹은 각 성별의) 윤리 위반에 대해 가용한 데이터를 제공하고 있지는 않지만, 심사절차 관계자에 따르면 거의 모든 윤리 위반 사건들이 경미하거나 쉽게 중재된다고 한다.

남성(주로 백인)이 받는 특혜에 대한 윤리적 문제와 관련해서는 점점 나아지는 중이라고 할 수 있다. 2007년에 시행한 설문조사에 따르면, 남성 미술치료사 중 21%가 자신의 성별 덕분에 해당 직종에서 승진했다고 믿었고 17%는 같은 이유로 앞으로 더 승진할 것이라고 대답했다(Tavani, 2007). 여성 미술치료사들은 남성 동료들에게서 공격성, 정서적 이해 부족 그리고 권력에 대한 갈망의 신호를 포착한다. 한 여성 치료사는 남성의 오만이 드러나는 상황을 너무나 많이 접한 뒤, "그 사람들이 미술치료 회기중에는 어떻게 행동할지 상상도 하기 싫다"라고 말했다. 다른 여성 치료사는 남성들이 자신이 이 직종에서 소수라는 점을 이용하여 "곤란한 상황을 모면"하는 것처럼 느껴진다고 말했다(Pretzer, 2014, pp. 35-36).

몇 년 전, 나는 한 남성 미술치료사가 치욕적이라고 불평하는 것을 들은 적이 있다. AATA 학술대회에 여성 치료사들이 많다 보니 남자 화장실 일부를 여성 화장실로 바꾼 것이다. 그 남성은 화장실을 가기 위해 다른 층으로 가야 한다며 씩씩댔다. 너그럽지 못한 것이 윤리적 차원의 문제인지 나쁜 매너의 문제인지는 잘 모르겠으나 남성의 특권을 사용한다는 것 자체가 우리의 여성적인 면이 아직 진화하는 중이라는 점을 보여준다.

1. 자신을 여성으로 정체화한다면, 보는 사람이 남자가 만든 것으로 생각할 만한 이미지를 만들어보자. 자신을 남성으로 정체화한다면, 반대로 여자가 만든 것으로 생각될 만한 이미지를 만들어보자.

2. 자신의 가장 여성적인 성격을 표현하는 이미지를 만들어보자. 그리고 자신의 가장 남성적인 성격을 표현하는 이미지를 만들어보자.

3. 개인의 노력보다는 자신의 성별 때문에 남보다 앞서거나 혹은 뒤처진다고 생각하는 일을 묘사해보자.

4. 이제 반대편에서 생각해보자. 자신이 다른 사람에게 암묵적으로 성차별적이었을 수도 있는 행동을 했던 상황에 대해 토의해보자.

참고문헌

American Art Therapy Association (2013). Ethical principles for art therapists. Retrieved from www.americanarttherapyassociation.org/upload/ethicalprinciples.pdf

Art Therapy Credentials Board (2018). Code of ethics, conduct, and disciplinary procedures. Retrieved from www.atcb.org/resource/pdf/2016-ATCB-Code-of-Ethics-Conduct-DisciplinaryProcedures.pdf

Bader, M. (2011). The biggest myth about therapy that HBO's In Treatment promotes. *Huffpost Entertainment.* Retrieved from www.huffingtonpost.com/michael-bader-dmh/the-biggest-myth-about-th_b_802668.html

Brizendine, L. (2006). *The female brain.* New York: Morgan Road Books.

Brizendine, L. (2010). *The male brain.* New York: Broadway Books.

Choi, D. (2013). From boys to men: The experience of maleness in 4 boys aged 6-12 who utilized art therapy with a male art therapist. *Canadian Art Therapy Association Journal, 26*(2), 8-32.

Eliot, L. (2009, September 8). Girl brain, boy brain? *Scientific American.* Retrieved from www.scientificamerican.com/article/girl-brain-boy-brain/

Elkins, D. E., & Deaver, S. P. (2015). American Art Therapy Association, Inc.: 2013 membership survey report. *Art Therapy: Journal of the American Art Therapy Association, 32*(2), 60-69.

Fass, T. (2014). Therapists on the big and small screens versus real life. *Huffpost Entertainment.* Retrieved from www.huffingtonpost.com/tara-fass/therapists-on-the-big-and_b_4263798.html

Franklin, M. (2007). Contemplations of the middle man: Anima rising. *Art Therapy: Journal of the American Art Therapy Association, 24*(1), 4-9. doi: 10.1177/0022487104273761

Gabbard, G. O., & Menninger, W. W. (1991). An overview of sexual boundary violations in psychiatry. *Psychiatric Annals, 24*(11), 649-650. doi: 10.3928/0048-5713-19911101-05

Horsley, R. (1992). Raising Cain. Retrieved from www.imdb.com/title/tt0105217/

McCrae, R. R., & John, O. P. (1992). An introduction to the five factor model and its applications. *Journal of Personality, 60*(2), 175-215.

Nature Neuroscience (2005). Separating science from stereotype [Editorial]. *Nature Neuroscience, 8,* 253.

Pollack, W. (1998). *Real boys.* New York: Henry Holt.

Pope, K. (2001). Sex between therapists and clients. In J. Worell (Ed.), *Encyclopedia of women and gender: Sex similarities and differences and the impact of society on gender* (pp. 955-962). Cambridge, MA: Academic Press.

Porter, T. (2016). Thinking outside the "man box." *Omega Institute.* Retrieved from www.eomega.org/article/thinking-outside-the-man-box

Pretzer, M. (2014). *Female perspectives of men in art therapy.* Unpublished master's thesis. The George Washington University, Washington, DC.

Rosin, H. (2012). *The end of men and the rise of women.* New York: Riverhead Books.

Tavani, R. (2007). Male mail: A survey of men in the field of art therapy. *Art*

Therapy: Journal of the American Art Therapy Association, 24(1), 22-28.

University of California, Irvine (2005, January 22). Intelligence in men and women is a gray and white matter. *Science Daily.* Retrieved from www.sciencedaily. com/releases/2005/01/050121100142.htm

Van Nuys, D. (2012). A dangerous film? Puts bad light on Jungian analysis and therapy in general. *Psychology Today.* Retrieved from www.psychologytoday. com/blog/the-happiness-dispatch/201202/dangerous-film

방에 색 입히기
거주형 약물 및 도박 중독치료에서의 미술치료

토드 C. 스토넬

나는 약물, 도박, 비디오게임, 인터넷 중독 때문에 도움이 필요한 성인들을 위한 28일간의 거주형 치료시설에서 미술치료사로 일하고 있다. 다양한 배경과 신념, 역사를 가진 환자들은 시설에서 생활하는 동안, 궁극적인 '방'(익명의 알코올 중독자들 모임 [Alcoholics Anonymous: AA]과 같은 회복 모임을 일컫는 용어)에 들어가기 전에 치료를 위해 서로 어울리는데(예: 알코올 중독치료가 필요한 남녀가 도박 중독을 극복하려는 이들과 함께 집단에 참여하기), 이 과정에서 여러 가지 윤리적 문제가 발생할 수 있다.

창의성을 재정의하기

"저는 창의적이지 않아요", "저는 졸라맨도 겨우 그리는데요." 이런 말을 한 번쯤 들어봤을 것이다. 모든 환자들이 중독치료의 일환으로 시설에서 미술치료를 받다 보니 나는 대부분 미술 활동에 거부감이 큰 환자들을 대하곤 한다. 그 거부감의 원인이 자신에게 예술적 재능이 부족하다고 믿거나 예술을 하는 게 '의미 없다'고 생각하는 것과 관계없이, 나는 보통 그에 관해 중독의 독특한 측면을 언급하며 반응한다. 그것은 바로, 많은 경우에 창의성이 중독을 부추기는 측면이 있다는 점이다.

환자들이 한창 중독에 빠져 있을 때의 일화들만 들어봐도 (예: 계속 약물을 사용하기 위해 썼던 방법, 잃은 돈을 만회하기 위해 꾸며낸 치밀한 계획) 그들의 창의성에 놀라지 않을 수 없다. 나는 때때로 영화 〈미션 임파서블〉에서나 나올 법한 이야기를 듣고 말문이 막히기도 했다. 나의 목표는 충동이나 절박함 때문에 조작이나 속임수에 쓰여온 환자들의 창의성을 그들의 현재 목표를 이루는 데 쓸 수 있도록 도와주는 것이다.

창의적 과정에는 위험을 감수하거나 규칙을 파괴하는 요소들이 포함되어 있다. 그림이든 글쓰기이든, 혹은 춤이나 음악이든, 예술을 만드는 과정을 통해 우리가 겪고 있는 어려움에 접근할 때면 어떠한 '규범을 무시하는' 듯한 느낌을 받게 된다. 그 과정에서 환자들은 몇 가지 도전 과제와 맞닥뜨리게 된다. 첫 번째는 생각보다 자신의 목소리가 중독 말고도 다른 곳에 사용될 수 있다는 점을 아는 것이고, 두 번째는 자신의 목소리를 신뢰할 수 있다고 믿는 것이며, 세 번째는 다른 사람들도 자신의 목소리를 듣고자 한다는 점을 깨닫는 것이다. 환자들은 특정 미술재료의 사용과 치료사의 개입을 통해, 자신의 감정을 부정하거나 감정에 매몰되는 대신 경계를 풀고 안전하게 자신의 감정을 표현할 수 있게 된다. 자신의 약물 사용의 역할과 영향력을 탐구해보면서 역설적으로 약물의 영향을 받지 않을 때 자신이 실제로 어떤 힘을 가졌는지 발견하게 된다.

거주형 중독치료에서 발생하는 윤리적 문제

동료 환자 간의 경계

남녀가 함께 시설에서 생활하다 보니 환자들 사이에 독특하고 심지어 로맨틱한 유대감이 형성되기도 한다. 환자들끼리 서로를 알아가다 보면 조심스러운 말 몇 마디가 점차 '중독과의 전쟁'에 대한 부적절한 대화나 성적인 농담으로까지 이어질 수도 있다. 환자들끼리 대화를 하다 보면 중독을 부추기거나, 자신의 중독을 시험하게 될 수도 있다. 지극히 단순한 환자들끼리의 활동(예: 휴지 뭉치를 휴지통에 던져 넣기)을 하다가 경쟁심에 내기를 하거나, 서로를 알아가려고 시작한 게임이 갑자기 누가 가장 세게 던질 수 있는지 겨루는 싸움이 된다면 어떤 일이 벌어질까? 우리는 환자들에게 다른 환자의 권리를 존중할 뿐만 아니라 그들 자신이 불편하다고 느낄 때는 경계를 두라고 말하지만 이런 상황이 생기는 것을 보면 중독 사이에는 큰 차이가 없다는 사실을 알 수 있다.

음식이 어디에나 있다는 사실이 섭식장애를 앓고 있는 사람에게는 지속적인 문제로 작용할 수 있는 것처럼, 어떤 형태의 기술에 중독된 사람은 언제 어디서나 존재하는 이 '마약'과 싸워야 한다. 약물 중독을 치료할 때는 보통 약물 사용을 중단하는 방식을 사용하는 데 반해 인터넷이나 게임 중독을 치료하고자 하는 사람들에게는 해를 줄이는 방법을 사용하는데, 환자들은 역설적이게도 이렇게 다른 방식의 치료를 받는 것이 부당하다고 생각할 수 있다. 우리는 환자들에게 맞춤형 치료를 제공하며 개개인의 치료과정이 다르게 보일 수 있다는 점을 알려줘야 한다.

신체적 접촉

환자나 동료 치료사에게 접촉에 대한 주제를 꺼내면 각자 느끼는 감정에 따라 상반된 의견들이 나올 수 있다. 신체적 접촉은 환자뿐만 아니라 우리 치료사들에게도 다양한 반응과 기억을 불러일으킬 수 있다. 성적 트라우마나 폭력에 대한 트라우마를 가지고 있는 사람은 타인과의 경계선을 긋는 데 어려움을 느끼며 실제로 자신이 어디까지 감당할 수 있는지 모를 수 있고, 그 결과 타인에게 너무 가까워지거나 혹은 완전히 멀어질 수 있다. 고지식한 규칙 신봉자인 나는 특히 환자가 회기중에 울기 시작할 때마다 '그녀를 도와줘!'라고 소리 치고, 안아주고 싶은 감성적인 나와 논쟁을 벌이고는 한다. 환자가 내게 안아달라고 요구하면 문제는 더욱 어려워진다. 나는 한순간 멈칫하고 내가 취할 행동이 초래할 영향을 고민한다. 그 상황에서 나는 서로의 친밀감뿐만 아니라 내가 선례를 남길 수도 있다는 점도 고려해야 한다. 「다른 환자가 안아달라고 요구하면 어떤 일이 생길까? 그날 이 환자가 내가 다른 동료를 포옹하는 장면을 봤다면? 포옹이 환자와 치료사 간의 관계 발전에 어떤 영향을 줄까?」 궁극적으로 각 상황에 따라 결정은 달라진다. 무엇보다 서로의 경계에 대해서 분명하게 대화를 하고, 일관성을 유지하며(거주형 환경 안에서는 매우 중요함), 경계선을 일단 긋거나 이 경계선을 침범하면 나중에 경계선을 정리하기 전까지는 그대로 상태가 유지될 수 있다는 점을 기억하는 것이 핵심이다.

자기개방

거주형 치료환경은 때로 굉장히 친밀한 장소가 될 수 있다. 환자들은 예기치 않게 우리 치료사의 삶의 작은 부분들을 들여다본다. 아침에 주차장에 차를 댈 때 환자들은 우리가 어떤 차를 모는지(내 차가 얼마나 지저분한지) 알 수 있고, 건물로 걸어 들어가고 커피나 차를 부어 마시는 모습을 보며, 우리가 무슨 음식을 먹는지 등을 알게 된다. 그렇다고 해서 환자들이 쌍안경을 들고 창문에서 우리의 일거수일투족을 살펴보거나 우리가 차에서 내릴 때 무엇을 하는지 정말로 관심을 갖는 것은 아니다. 하지만 환자들이 우리의 일상과 선택을 관찰할 수도 있다는 사실을 알고 있는 것이 중요하다. 나는 시설에 들어가기 전에 힘들었던 지난밤의 일과 아침의 피곤함을 털어버리는 것이 중요하다고 생각한다. 한 회기가 끝나고 다음 회기로 가던 길에 환자들이 어떤 치료사에 대해 "돈만 벌려고 여기 오는 것 같다" 혹은 "항상 우울해 보인다"라고 말하는 것을 들은 적이 있다. 치료사가 환자에게 열린 마음을 가지길 바라듯이 환자들도 치료사들에게 열린 마음을 가지고 다른 사람들도 살면서 어려운 일을 겪고 있을지 모른다는 점을 고려하라고 말하면서도 "환자들이 내 이야기를 하는 걸까?", "문을 열기 전에 크게 한숨 쉰 걸 보지는 않았을까?" 하는 걱정이 드는 것은 어쩔 수 없다. 비이성적인 편집증에 불과하더라도 내 행동이 끼칠 영향에 대해 분명하게 알고 있어야 하기 때문에 이런 생각을 하게 된다.

게다가 환자들은 직원들도 자신이 겪고 있는 중독이나 중독과 관련된 어려움을 경험한 적이 있는지 물어보고는 한다. 처음에 나는 약물 사용과 관련하여 자세한 이야기를 나누게 되면 환자들의 받는 치료 경험을 해치거나 그 경험이 무의미하다고 여겨질까 봐 걱정했다. 그리고 한편으로는 내가 중독에 대한 개인적인 경험이 부족하다고 생각하면 환자들이 치료를 받으면서 겪는 과정에 대해서 이해하지 못하리라 생각하지 않을까 우려했다. 하지만 내가 환자들의 질문에 솔직하게 대답하면서부터 환자들이 나와 동질감을 느낀다는 점을 깨닫고 나면서부터 더는 문제가 되지는 않았다. 어떤 환자들에게는 수년에 걸쳐 중독에서 벗어난 경험이 있는 동료 상담사와 대화를 나누도록 장려할 때도 있는데 항상 내가 적극적으로 환자들의 회복과정을 함께하고자 하고 환자를 아끼는 마음에 내가 이 시점에 해줄 수 있는 일들을 해주고 싶다고 말한다.

소진: 자신의 (기능적) 역량 이상의 일을 하는 것

소진(Burn out)은 서서히 다가온다. 만성적 스트레스 상태를 의미하는 소진은 신체적 및 정서적 탈진, 냉소, 무심함, 무능감 그리고 성취감 부족으로 이어질 수 있다(Carter, 2013). 소진이 진행되면 스트레스 관련 질병과 불안, 우울증, 자존감 저하 등의 정신건강 문제가 생길 수 있다. 흥미롭게도, Elman과 Dowd(1997)에 따르면, 약물 남용 분야에서 일하는 상담사들이 특히나 소진을 겪을 위험이 크다고 한다. 왜냐하면 상담사는 환자에 대해 감정 이입을 하기도 하고 동시에 치료 후에 다시 중독이 재발하는 경우 그 여파를 감당해야 하기 때문이다.

치료사의 직장환경 내부 및 외부의 여러 가지 요소가 소진의 원인이 될 수 있다. 기관 내부적으로는 환자들을 보는 사이 휴식시간이 너무 적거나 업무량이 과다할 수도 있다. 그리고 직원의 높은 이직률과, 환자가 더 이상 보험 적용을 받지 못하게 될 때, 일정과 구조가 빈번하게 바뀔 때, 이는 직장에서의 안정감을 지속하기 어려운 요인이 된다. 그렇다면 불편하지만 안전한 '원래 방식'을 받아들이다가 환자뿐만 아니라 팀과 자신을 위해 변화를 꾀해야 하는 시점은 언제인가? 근본적으로 소진은 '나는 아무런 통제력이 없다'는 믿음에서 비롯된다.

보험 종류에 따라 더 짧을 때도 있지만, 우리는 대부분의 환자와 28일을 함께한다. 치료사들이 환자들의 치료에 어느 정도 통제력을 가지고 있다는 느낌은 그 환자들이 퇴원할 때 사라진다. 우리가 할 수 있는 한도 내에서 아무리 최선을 다해도, 환경적 혹은 개인적 장애물은 환자의 중독을 재발시킬 수 있다. 이렇게 중독이 재발할 경우 직원들의 사기도 크게 떨어진다. 나는 회의실에서 과거에 시설에서 치료받던 환자들의 이야기를 나누다가 여러 명이 재발했다는 사실을 들었던 때가 떠오른다. 당시 내 마음에는 절망과 패배감이 뒤섞였다. "도대체 성공 사례는 아무도 없나요?"라고 나는 물었다. 중독 분야에서 일할 때는 실제로 도움이 필요한 사람의 수에 비해 도움을 줄 수 있는 사람의 수가 상대적으로 적다. 그렇다 보니 힘들지라도 환자들이 거주형 치료시설에서 보낸 시간이 각 환자의 치료과정에서 작은 부분만 차지하고 있다는 사실을 받아들이는 것이 필요하다.

내가 미술치료 학위를 받았을 때 얼마나 의욕 넘치고 신났었는지 떠오른다. 당시에는 갈고닦은 능력을 발휘하고 나 자신을 증명할 기회를 가질 수 있는 일을 얼른 시작하고 싶었다. 많은 졸업생이 그렇듯이 이 넘치는 에너지로 내 한계를 모른 채 어려운 사례를 맡았고, 아주 많은 시간을 할애하며, 가능한 한 많은 경험을 흡수하려 했다. 그러다 소진이 올 때는 수년간 나 자신을 돌보지 않았던 안이함이 한순간 나를 덮쳐오는 듯했다. 때로는 환자의 질병이나 트라우마에 무력감이나 심지어 정서적 무감각을 느끼는 '동정 피로'가 수반되었다(Burnett & Wahl, 2015). 이런 상황에서는 환자와 교감하는 일이 더 어려워지고 진정성도 잃게 된다. 소진의 영향이 취약한 환자들에게까지 미치게 되면 그 환자들에게 더 큰 피해를 줄 위험이 있다.

내가 소진의 영향을 느끼기 시작했을 때 나는 환자들에게 자신을 돌보는 방법을 알려주고 균형을 찾는 게 중요하다고 말하면서도 머릿속에서는 코미디 시트콤에서 틀어주는 관객의 웃음소리가 울려 퍼지는 듯했다. 나조차도 자신을 제대로 돌보지 못하면서 다른 사람에게 자기만을 위한 시간을 내라고 말하는 상황이 위선적이라고 느꼈다. 이 시기에는 내 '소진에 시달리는 뇌'가 내 안의 불균형에 대해 환자를 탓하려고 이렇게 말하는 듯했다. "이 사람들은 내가 지금 소진 상태라는 거 안 보이나? 오늘은 날 좀 내버려 둘 수 없나?"

내 윤리적 딜레마

소진 상황을 환자에게 알리기—말해야 할까, 하지 말아야 할까?

문제는 환자들이 실제로 치료사들이 그날그날 어떤 감정을 느끼는지 알아보는 것 같다는 데 있다. 환자들은 치료사의 에너지가 거의 밑바닥일 때 이를 눈치채고 그중 다수가 이 같은 내용을 회기중에 언급하기를 주저하지 않는다. 그럴 때 내가 굳건하게 유지하던 '강하고 확신에 찬 치료사로서의 가면'이 벗겨지거나 부서지고, 나의 연약함이 드러나는 듯한 느낌을 받는다. 이런 내 감정을 환자들이 알아챈다는 것은 내가 할 수 있는 최선을 다해 지금 이 순간에 충실하거나, 내담자의 협력자로서의 내 역할을 다하지 못하고 있다는 뜻이다. 이런 상황에서 치료사가 일과 일 이외의 부분 사이에서 균형을 잡기 위해 애쓰고 있다는 것을 환자에게 이야기해도 괜찮을까?

당신은 어떻게 반응하겠는가?

저자의 답변은 부록 B에서 확인할 수 있다.

결론

거주형 치료시설에서 일하면서 나는 윤리적으로 더 안정적인 치료방식을 고안해볼 기회를 가질 수 있었다. 앞서 말한 것처럼 거주형 시설에서는 굉장히 다양한 사람들을 치료하고 그에 따라 해결해야 할 문제도 여럿 발생한다. 나는 '초보' 치료사로서 직업적인 성장의 과정을 새로운 미술매체의 사용법을 배우는 과정에 빗대어 이해하게 되었다. 이 과정에서는 인내와 실험, 그리고 아주 약간의 실패가 필요하지만 궁극적으로는 놀라운 결과로 이어질 수 있다. 성장이라는 예술이 형태를 갖춰가면서 어떤 부분은 더 손을 대야 할 것이고 또 어떤 부분은 더 단단하고 강해질 것이다. 내 삶은 현재 진행형이며 이 과정이 지나면 어떤 미래가 있을지 기대된다.

반영적 미술경험과 토론을 위한 질문

1. 치료사로서 자신의 역할이 정말로 효과적이라고 느꼈던 순간을 그려보자. 원하는 매체를 사용해서 그 순간에 느낀 감정을 표현해보자. 이제 자신의 역할이 효과적이지 않다고 느꼈던 순간을 떠올려보자. 다시 이 감정을 매체들을 활용하여 표현해보자. 세 번째로는 자신이 무능하다고 느끼는 시기에 활용할 수 있는 자원을 표현해보자.

2. 직장에서 소진되고 있다는 것을 알려주는 당신만의 경고 신호는 어떤 것이 있나? 이럴 때는 어떻게 하는가?

3. 자신의 회복력을 자연물 혹은 추상적 에너지로 상상해보자. 이를 표현하는 작품을 만들고 어떻게 하면 이 회복력을 필요할 때 발휘할 수 있을지 고민해보자.

4. 소진 혹은 개인적 문제로 직장에서 어려움을 겪을 때 동료에게 바라는 점은 무엇인가?

참고문헌

Burnett, H. J., & Wahl, K. (2015). The compassion fatigue and resilience connection: A survey of resilience and compassion fatigue, burnout, and compassion satisfaction among trauma responders. *International Journal of Emergency Mental Health and Human Resilience, 17*(1), 318-326.

Carter, S. B. (2013, November 26). The tell tale signs of burnout… do you have them? *Psychology Today.* Retrieved from www.psychologytoday.com/blog/high-octane-women/201311/the-tell-tale-signs-burnout-do-you-have-them

Elman, B. D. & Dowd, E. T. (1997). Correlates in inpatient substance abuse treatment therapists. *Journal of Addictions and Offender Counseling, 17*(2), 56-65.

Oser, C. B., Biebel, E. P., Pullen, E., & Harp, K. L. H. (2013). Causes, consequences, and prevention of burnout among substance abuse treatment counselors: A rural versus urban comparison. *Journal of Psychoactive Drugs, 45*(1), 17-27.

44

가자(Gaza)는 달랐다
중동 미술치료의 여정에서 생긴 윤리적 문제

시린 야이시

나의 미술치료 여정은 영국의 미술심리치료 대학원 과정을 모두 마친 후에 고향인 요르단에 돌아오면서부터 시작되었다. 나는 늘 난민이나 고아와 같은 심리적 지지 가 필요한 이들을 돕는 일을 하고 싶어 했다. 그 후 2012년에 아랍 세계 최초의 미술심리치료센터인 암만(Amman)의 카이노나 아랍미술치료센터(Kaynouna Arab Art Therapy Center)를 설립하게 되었다(Freij, 2016). 아마도 내가 마주한 첫 번째 윤리적 문제는 이 센터가 시리아나 팔레스타인 난민들의 트라우마를 치료할 수 있는 장소 가 될 것이라고 상상한 것이다. 나는 곧 내가 그들을 찾아가야 하며, 그들이 나를 찾아올 것이라고 기대하지 않아야 한다는 사실을 깨닫게 되었다. 그렇게 점점 더 센터에서 보내는 시간은 줄어들었고 요르단과 레바논, 팔레스타인의 난민 캠프와 고아원을 가는 데에 내 시간을 더 할애했다. 나는 아이들과 여성들이 겪는 트라우 마를 지켜보며 나 자신을 위한 심리치료와 슈퍼비전을 지속하였고, 그들을 계속 지 원하면서 내가 보고 들은 것을 소화하고, 담아내고, 다룰 수 있도록 했다. 그런데 가자(Gaza)는 뭔가 달랐다.

가자의 심리사회팀과의 미술치료

가자에는 전쟁의 트라우마를 다루기 위해 아이들이나 가족들을 지원하는 정신건강 전문가들로 이루어진 심리사회팀이 있었는데, 나는 이들을 훈련하고 미술치료집단 회기를 제공할 목적으로 초청됐다. 나에게 주어진 3주의 시간은 이들이 겪고 있는 트라우마를 충분히 알아보기에는 부족했기 때문에 나는 '지금 그리고 여기'에 집중을 하며, 그들이 회복력과 자기 자율권 그리고 자기위로 능력을 습득하도록 돕기로 결심했다. 해안에 위치한 가자에 마침내 들어가게 되었을 때의 느꼈던 흥분이 아직도 선명하게 기억난다. 나는 지난 4년간 시리아 및 팔레스타인 난민과 일하고 아랍 세계의 심리사회팀들을 훈련하면서 보낸 경험을 통해 내가 가자에서 일할 충분한 준비가 되었다고 생각했다. 하지만 이 생각은 틀렸다.

"외국인?"

첫날의 집단미술치료는 예상보다 늦게 시작했는데, 회기 참여자들이 그날 아침 내내 한두 명씩 드문드문 들어왔기 때문이었다. 내가 집단원들에게 앞으로 3주간 회기를 진행하는 동안에는 제시간에 와달라고 요청했을 때 한 사람은 늦게 시작하는 것이 문화적인 규범이라고 답하며 내가 외국인처럼 행동한다고 말했다. 나 스스로가 방어적인 태도로 돌아서는 것을 느끼면서 내가 외국에서 경험한 미술치료 훈련 때문에 내가 일할 곳의 규범(실제로 '내가 속한' 문화의 규범)을 사실은 간과한 것은 아닐지 고민했다. 참여자들이 처해 있는 상황을 고려했을 때 집단 회기를 제시각에 시작하지 않는다고 큰 문제가 될까? 또 한편으로, 나는 분쟁을 겪고 주위 상황에 아무런 통제권이 없는 사람들에게는 일관성을 유지하는 것이 치료에 효과적일 수 있다는 사실을 알고 있었다. 나 스스로도 팔레스타인 사람이기에 특정한 '서구적인' 기준을 적용하거나 치료적 경계를 두는 것에 대한 이유를 설명하면서 이를 지키도록 요구할 자신이 있었다.

    Casement(1991)는 치료사는 환자나 집단으로부터 그 무엇도 기대해서는 안 된다고 말하는데, 그로 인해 그들의 성장이 제한되고 새로운 것을 경험할 능력이 방해받기 때문이다. 나는 참여자들이 미술작업과 작업이 끝난 후 나누는 토론을 싫어할 것이라고 예상했으나 이런 생각은 도움이 되지 않았다. 참여자들은 놀라우리만

그림 44.1 체험미술치료 훈련(첫 회기) (컬러그림 참조)

큼 적극적으로 미술작업에 임했고 열린 태도로 자신의 공포와 억압, 그리고 가자 도시에서 일하는 심리사회팀의 구성원으로서 경험한 이야기들을 나누었다([그림 44.1] 참고).

결국에는 바퀴벌레만 살아남는다

20대 여성 라일라는 자신이 느낀 추함과 절망을 표현한 그림([그림 44.2])을 그린 뒤 가자의 봉쇄로 인해 더 좋은 삶과 더 좋은 세계를 향한 희망, 사랑 혹은 믿음을 모두 잃어버렸다고 설명했다. 집단의 참여자들은 라일라의 이야기에 공감했고 고통과 상실, 그리고 몇몇은 최악의 시기에 맡았던 살과 피의 냄새를 나누었다.

　이는 마치 트라우마와 포위에 대한 압박이 내면화된 것처럼 보였다.

그림 44.2 내면화된 포위

디마는 바퀴벌레를 그리며, 전쟁으로 인해 사람들은 모두 죽었지만 바퀴벌레
는 살아남았다고 설명했다(I그림 44.31 참고). 어떤 사람은 만약 포위 공격이 그들의
인류애와 꿈을 말살시켰다면 "남아 있는 건 바퀴벌레의 껍질밖에 없는 걸까요?"라
고 물었다. 또 다른 사람은 계속되는 포위 공격으로 가자 밖에 있는 사람들도 모두

그림 44.3 내부의 바퀴벌레

죽고 바퀴벌레만 남아 이 도시가 고통받는 동안 침묵하며 바라보고 있는 건 아닌지 물었다.

'슈퍼휴먼'

집단 참여자들은 가자에서 24시간 내내 '항상 대기중'이나 다름없던 심리학자나 치료사로 지냈던 것에 대한 압박에 대해 토론했다. 가자 사람들은 극심한 불안, 공포와 상실로 고통받고 있었으며 이로 인해 이웃, 친척, 심지어 모르는 사람들도 끊임없이 자녀들의 공황발작, 소아 야뇨증, 고통과 우울증을 어떻게 해결해야 할지에 대한 조언을 구했다.

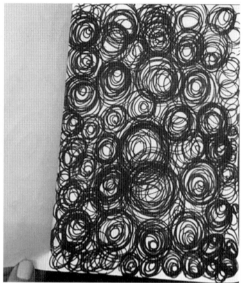

그림 44.4 "사람들은 희망적인 모습의 나를 보고 있지만, 내 안에서 일어나는 전쟁은 보지 않는다."

두 아이의 아버지이자 치료사인 알리는 밝은 모습의 겉면과 어두운 모습의 내면세계를 표현한 카드를 만들었다([그림 44.4] 참고). 알리는 "만약 '우리'가 트라우마를 이겨내지 못하면 다른 일반 사람들은 어떻게 이겨낼 수 있겠습니까? 다른 사람들을 위해 우리는 고통을 겪고 있지 않는 것처럼 보여야 합니다"라고 말했다.

라마는 자신이 그린 강하고 애국적인 팔레스타인 여성을 설명하면서 실제로는 자신이 얼마나 연약하고 갇혀 있다고 느끼는지에 관해 말했다. 그리고 그림 속에 등장하는 새는 사람들이 그녀에게 기대하는 무게와 자신의 영혼으로 보고 느낀 트라우마 때문에 아래로 끌려 내려가는 모습이라고 설명했다([그림 44.5] 참고).

집단원들은 자신의 직업과 가자 주민들에게 '슈퍼휴먼'처럼 보여야 하는 문화적인 기대감에 대한 마음의 짐을 나누며, 세 아이의 아버지이자 사회복지사인 아메드가 모든 것 중 가장 최악인 부분을 이야기하자 모두가 공감했다. 그는 "제 주변의 모든 사람이 현재의 삶이 정상적이고 봉쇄 상태가 하나의 생활양식이 된 것처럼 행동하고 있습니다. 이 '정상' 상태에 '정상'인 부분은 하나도 없습니다"라고 말했다.

그림 44.5 겉으로는 강한 여성이나 그 내면은 새장에 갇힌 새

　　나는 그들이 정상과 비정상에 대해 혼란스러워하는 모습을 이해했다. 이 시기에 우리는 이웃에 살던 사랑스러운 노부부의 따뜻한 식사 자리에 초대받았다. 노부부의 딸은 아이를 출산한 지 얼마 되지 않았는데, 그 아이는 심장병이 있었다. 젊은 엄마는 아이가 예루살렘에 있는 병원에 있는데도 아이와 있을 수 있도록 허가받지 못했다고 말했다. 음식이 목에 메이는 것 같았다. 나는 숟가락을 내려놓고 그녀와 그녀의 아이, 그리고 그녀의 부모를 위해 울어주고 싶었다. 아이가 병원에 있는 동안 엄마가 아이와 떨어져 있어야 하는 상황이 정상적인 상황은 아니었지만 가자에서는 흔히 있는 일이었다.

갑옷

가족이나 이웃에게 '아니오'라는 말을 못하거나 자신만의 경계를 긋지 못하는 것은 예술 안에서 반복적으로 다뤄지는 주제였다. 치료사이며 예술가인 야스민은 사람들이 치료사는 언제나 치료사이길 바라지만 그녀 역시 자신과 타인의 고통으로 인

그림 44.6 캄캄한 숲 속에 숨기

해 압도되었음을 나누었다. 집단에서 고통으로부터 자신을 보호할 수 있는 상상의 갑옷을 외적으로, 내적으로 떠올려볼 것을 요청받았을 때, 야스민은 숲을 그렸다. 야스민은 혼자 있는 시간이 필요하다고 말하며 혼자만의 시간을 보내는 동안 숲의 나무와 어둠이 다른 것들을 쫓아내줄 것이라고 말했다(그림 44.6 참고).

　　Von Franz(1991)는 숲으로 가라앉는 것은 신체적 무의식과 관련된 심신 영역과 관련이 있다고 설명한다. 나는 신체 내부에 숨는 것과 우울증에 빠지는 것 사이의 경계가 미묘함을 느꼈으며, 그들이 만든 갑옷의 대부분에 우울과 무기력이 반영되었음을 발견하고 이에 대해 집단나눔시간에 우려를 표했다.

전쟁의 북소리

하루는 미술치료집단 회기 전날 밤에 공습이 있었고 요란한 폭발음이 이어졌다. 다음 날 집단의 회기에서 참여자들은 반복되는 공황 발작과 계속되는 전쟁의 북소리,

그리고 계속 남아 있는 불탄 시체의 냄새 등을 상징하는 작품을 만들었다. 자말은 확성기를 그리며, 매일 밤마다 사람들이 자신의 귀에 대고 소리를 지르는 것 같다며 영속적인 트라우마가 이제는 자신의 일상이 되어버렸다고 말했다.

'셀카'

나는 집단 참여자들의 솔직함에 깊이 감동했고 지속적인 공격과 트라우마에 시달리면서 자신의 자기(self)와 소통하고 다른 사람을 돕고 베푸는 것이 얼마나 어려운지 (소리 내어) 생각했다. 심리사회팀의 직원들은 혼자 있을 시간도 없었고 자신의 감정을 곱씹고 고민해볼 기회가 없었다. 우리는 추함, 내면화된 포위, 그리고 갑옷의 개념을 살펴봤다. 그리고 나는 집단 참여자들에게 건강하고 존재감 있으며 트라우마도 이겨내고, 공격뿐만 아니라 안팎으로부터 오는 비현실적인 기대로부터 자신을 보호하기 위해 경계를 지을 수 있도록 '상위 자기(higher self)'의 '셀카'를 그려

그림 44.7 셀카(selfie)

보라고 했다. 이 활동의 목적은 그들이 사방으로 포위되어 닿을 수 없는 듯 보이는 부분을 인식하고 그와 연결되도록 도와주는 것이었다.

집단 참여자들이 만든 '셀카'에는 희망과 절망이 모두 담겨 있었다. 작품을 통해 그들은 비인간적인 환경에서 인간성을 유지하기 위한 지속적인 투쟁을 표현했다. 참여자 중에 가장 어린 예술가인 파라는 아직 사랑할 수 있고 꽃의 형태로 희망을 주는 나무를 '자기'의 이미지로 그렸다. 그녀는 자신을 신체적으로 그리고 정신적으로 어쩌지도 못하게 만드는 벽으로 포위된 상황을 표현했는데, 그녀의 사랑과 인류애가 이 벽을 관통하고 있었다. 그림 속 태양에 관해서 물었을 때, 그녀는 이 나무도 결국에는 불타버릴 것이라고 답했다([그림 44.7] 참고). 회기가 끝나고 집으로 돌아왔을 때 나는 난생 처음으로 공황 발작을 경험했다.

내 윤리적 딜레마

타인이 나눈 경험이 너무나 압도적이라 우리가 지금 하는 일로 충분할지에 대한 의문이 들면 어떻게 해야 할까?

라마가 그린 강한 팔레스타인 여성이 내면에는 연약한 새가 있는 것처럼 느낀다고 했듯이, 나 역시 모든 사람을 돕고 싶다는 강한 욕구에 사로잡혀 있으면서도 동시에 팀원들에게 미술치료의 '맛'만 보여주고는 떠나버릴 것이라는 데 죄책감을 느끼고 있었다. 그리고 타인을 돕는 일을 하는 참여자들이 적극적으로 전달하는 생생한 이미지가 내 안에 불러일으키는 거센 감정에 압도되는 것 같았다. 정작 나부터 도움이 필요한 상황인데 다른 사람을 돕는 이들을 내가 어떻게 도울 수 있겠는가? 슈퍼비전과 치료는 너무 멀게 느껴졌다.

당신은 어떻게 반응하겠는가?

저자의 답변은 부록 B에서 확인할 수 있다.

만다라 만들기

다음 날, 나는 참가자들에게 '만다라'의 개념과 역사를 소개하고 만다라를 만들면서 성찰과 '자기(self)' 모색을 할 수 있으며 혼자만의 시간이 필요할 때 명상도 할 수 있다고 설명했다. 체험미술치료 훈련을 시작한 이래 처음으로 집단은 두 시간 내내 한마디도 하지 않고 그림을 그렸다. 참가자들은 미술작업에 완전히 몰두해서 마치 이들에게는 혼자만의 시간과 내면과 소통하는 시간, 그리고 자신의 '자기(selves)'가 사실 생생히 살아 있고 그동안 겪은 모든 트라우마의 무더기 아래에서 꿈틀거리고 있다는 사실을 되새기는 시간이 가장 필요한 것 같았다. 그들은 만다라를 다 그린 후에는 더 이상 느끼지 못하리라 생각했던 안도감을 느꼈다고 말했다.

3주간의 미술치료는 이 심리사회팀이 경험했고 앞으로도 계속 경험할 트라우마를 해결하기에 충분하지 않았으나 예술이 자신을 표현하고 고통을 견뎌내거나 자신의 '자기'와 소통할 필요가 있을 때 얼마나 힘이 되는지 알려줄 수 있었다. 우리는 예술작업을 그들이 절실하게 필요로 하는 자기관리 과정의 일환으로 계속해서 활용할 수 있는 방법에 관해 이야기를 나눴다(그림 44.8 참고).

그림 44.8 "마지막으로 오늘처럼 고요함을 즐겼던 때가 언제인지 기억나지 않아요" (마지막 회기) (컬러그림 참조)

맺는 말

가자에서는 여러 세대에 걸쳐 이어질 것이 틀림없는 집단적 트라우마가 진행되고 있다. 나는 봉쇄된 지역을 떠나면서 그곳에서 보낸 시간에 겸허함과 감동을 느꼈고 심리사회팀이 계속해서 미술 활동을 지속하기 바랐다. 나는 이 글을 쓰는 당시 수천 명의 난민과 소외된 아동, 그리고 청년 및 여성과 함께 일했던 미술치료사로서의 여정을 계속하며, 그동안의 경험이 어떻게 미술치료에 대한 나의 비전과 오늘날 미술치료사인 내 모습을 만들었는지 확인할 수 있었다. 나는 이런 여정이 계속될 것이라 기대한다. 물론 이는 편하지 않고 편해서도 안 되는 과정이다. 제대로만 하면 '괜찮을 것'이라 생각하면서 훈련을 통해 배운 내용을 단순히 적용하기만 하면 얼마나 쉬울까? 하지만 우리가 대면하는 사람들은 복잡하고 계속 변화하기에 범주화할 수 없다. 미술치료사들도 마찬가지다. 적어도 우리가 할 수 있는 일은 그 어떠한 예상과 기대도 내려놓은 채로 우리 앞에 앉아 있는 유일무이한 인간에게 집중하고 미술치료에 종사하기로 한 사람들에게 관심을 기울이는 것이다. 이런 과정을 통해 우리가 걷기로 약속한, 신나면서도 힘들고 끝나지 않을 발견의 여정의 다음 단계를 준비할 수 있을 것이다.

반영적 미술경험과 토론을 위한 질문

1. 기본 매체를 사용하여 다른 사람들이 생각하는 자신의 '셀카'를 만들어보자(다른 사람에게 자신이 어떻게 비춰지는가?) 그다음, 기본적인 재료를 사용해서 자기가 느끼는 자신의 내면(예: 자신의 걱정, 공포, 억압)을 '셀카'로 만들어보자.

2. 내담자가 나누는 내용에 너무나 압도되어서 어떻게 해야 할지 몰랐던 순간을 이야기해보자. 어떤 감정을 느꼈고 무엇이 당시에 도움이 되었는지, 이후 비슷한 상황에서 무엇이 도움이 되었는지 나누어보자.

3. 내담자와의 회기가 어떠할 것이라고 예상했는데 그 예상이 빗나간 때를 떠올려보자. 그때 어떤 감정이 들었는가? 그 이후 비슷한 상황을 겪은 적이 있는가? 자신이 세운 예상 때문에 회기가 달라질 뿐만 아니라 내담자에게도 영향을 미칠 수 있는 상황을 나누어보자.

참고문헌

Casement, P. (1991). *On learning from the patient*. New York: Guilford Press.

Freij, M. (2016, November 13). Orphans turn to art as a form of therapy. *Jordan Times*. Retrieved from www.jordantimes.com/news/local/orphans-turn-art-form-therapy

Von Franz, M. L. (1991). *The cat: A tale of feminine redemption*. Toronto: Inner City Books.

미술작업은 모두 윤리적인가?

호주 미술치료 교육생의 반응미술작업이 내포하는 딜레마

페트리샤 페너, 리비 번

회기 또는 슈퍼비전 등에서 진행하는 임상작업과 관련된 치료사의 미술작업을 '반응미술작업'이라 부른다(Fish, 2008, 2012; Havsteen-Franklin, 2014; Marshall-Tierney, 2014). 치료사가 내담자와 직접적으로 작업을 함께 진행하는 것은 임상적으로 도움이 되지 않는 것으로 여겼으나(Case & Dalley, 1992) 점차 긍정적으로 고려되고 있다. 회기중 치료사의 미술작업이 내담자의 시각으로 볼 때 어떤 영향을 주는지에 관한 연구는 부재하지만, 미술치료 슈퍼비전 내에서의 미술작업은 좋은 슈퍼비전 사례의 필수적인 요소로 여겨지고 있다(Brown, Meyerowitz-katz, & Ryde, 2003). 이 장에서 우리는 '반응미술작업'의 기능을 살펴보며, 긍정적인 영향에도 불구하고 치료적 관계, 혹은 슈퍼비전에 있어서 윤리적인 문제가 생겨날 수 있는 가능성을 새로운 치료사 교육 및 양성에 대한 영향을 중심으로 점검하고자 한다.

반응미술작업이란 무엇인가?

'반응미술작업'은 치료사가 회기중 혹은 회기 후에 치료과정중 떠오른 아이디어에 대해 만든 미술작품으로 정의된다. 혹자는 이 용어를 회기중 내담자가 미술작업을 하는 동안 치료사와 내담자 간의 역동에 대한 영향을 주기 위해 치료사가 만드는 미술작품에 한정하기도 한다(Havsteen-Franklin, 2014; Marshall-Tierney, 2014). 이 밖에도 내담자의 작업에 대한 회기 후 슈퍼비전(Elkis-Abuhoff et al., 2010), 혹은 자기돌봄의 전략으로서 미술작업을 의미하기도 한다(Fish, 2008). 내담자가 주위에 없을 때 임상현장에서 '반응미술작업'을 했던 Marshall-Tierney(2014)의 경험은 보다 다양한 시각을 제공한다. '반응미술작업'은 다양한 방식으로 여러 기능을 수행하는데, 치료사의 감정을 담거나(Fish, 2008), 자기를 위로하는 전략이자 역전이 반응을 깊게 탐구하는 도구로도 사용되며, 슈퍼비전에서 무의식과의 상호작용을 환기하는 방법으로도 사용된다. '반응미술작업'은 내담자가 만든 이미지와 미술을 하는 방식, 혹은 내담자가 선호하는 매체 등을 따라해보는 과정을 통해 내담자의 경험에 대한 공감을 더욱 불러일으킨다(Fish, 2012; Havsteen-Altamirano, 2014). 이는 모델링을 통한 치료적 동맹을 형성하고, 적극적 경청의 형태로도 효과적일 수 있다(Fish, 2008).

치료사들의 다른 기술들과 마찬가지로 '반응미술작업'도 경험을 통해 숙달할 수 있다. Havsteen-Franklin(2014)은 '반응미술작업'의 임상적 활용에 대한 임시 가이드라인을 통해 치료사가 이미지에 담겨 있는 감정요소와 상호 역동의 관계, 그리고 내담자의 이미지에 지속적으로 관심을 기울이도록 장려한다. 우리는 이러한 지침이 임상뿐만 아니라, 우리의 목적인 미술치료사가 되려는 수련생들에게 도움이 될 것이라고 말하는 그의 주장을 지지한다. 우리는 학생들의 교육방식에 윤리적 책임을 지고 있는 대학의 강사로서, 이러한 예술기반 실습을 면밀하게 조사하기로 결정했다.

Bragge와 Fenner(Fenner는 이 장의 제1저자이다)는 2009년에 상호주관적인 임상의 틀 안에서 자폐 아동과 함께하는 미술작업의 장점을 보여주는 논문을 출간했고(2009), 이를 통해 Schaverien의 삼각형(Schaverien, 2000)에 대안하는 '상호작용의 사각형'이라는 개념을 제안했다. 이 사각형은 자폐 아동의 이미지에 대응하여 치료사가 미술작업을 할 때 발생하는 다양한 커뮤니케이션 패턴과 그로 인해 창조되는 대화적 예술기반 상호작용을 보여준다. 이 연구결과를 보면 치료사의 미술작업이 치료과정에 포함될 때 자폐 아동의 사회 참여와 의미 있는 언어 능력의 향상이 가능했다는 것을 알 수 있다.

Case와 Dalley(1992)는 치료사가 내담자에게 온건히 관심을 쏟으면서 미술작업을 하는 일은 불가능하며, 회기중 치료사의 '솔직한' 미술작업으로 인해 '내담자를 생각'하지 못할 위험이 있다고 염려했다(p. 209). Bragge와 Fenner(2009)의 경험이 보여주듯이 치료사의 미술작업이 잘 조율된 치료적 대화처럼 온전히 내담자의 이미지와 이야기에 대한 진지한 경청을 중심으로 이루어진다면 이러한 걱정은 하지 않아도 될 것이다. 하지만 우리는 이제 미술치료를 막 시작하는, 치료사 훈련의 초기 단계에 있는 학생들이 갖는 잠재적인 취약성에 대해 공감한다. 우리가 초점을 두는 것은 이 시기인데, 이는 학생의 미술작업이 수행하는 역할과 기능이 타인의 요구를 다루기 위해 전환되어야 할 때이며, 내담자를 위한 미술작업을 하기 위함이다.

우리는 예술기반 인식론에 기반한 예술기반 방법론을 사용하는 출판 경험이 있는 연구자로서, 지식이 말로만 성립되는 것이 아닌 다른 방법을 통해 출현된다고 믿는다. 우리는 '반응미술작업'이 갖는 긍정적 가치를 의심하지 않지만, 몇 가지 아래와 같은 질문을 살펴보려 한다.

- 반응미술작업을 행할 때 누구의 요구가 충족되고 있는지 항상 확실한가?
- 치료의 내용이 버겁다고 느낄 때, 미술매체와 창의적인 표현이 학생에게 안전한 공간을 제공할 수 있을까?
- 치료시간에 어떠한 이미지도 만들어지지 않을 때, 학생 치료사에게 어떤 영향이 있을까?
- 내담자에 관한 내용이 불안을 조성할 때, 때로는 미술매체의 활용과 미술작업이 회피 또는 저항을 나타낼 수 있을까?

우리는 치료사 교육에 있어서 이러한 문제들이 어떻게 나타날 수 있는가에 대해 다양한 시나리오를 갖고 토론할 것이다.

미술치료 전공생

미술치료를 공부하는 학생들은 많은 개인적 자원을 투자해야 하기 때문에 필연적으로 매우 의욕이 높을 수밖에 없다. 대개 학생들은 미술작업의 힘을 경험하면서 열정을 느낀다. 물론, 미술치료를 배우고 미술치료사로서 자격을 얻고자 하는 바람은 프로그램을 실제로 졸업하기 몇 년 전부터 시작될 수도 있다. 교육과정에서 미술을 통해 사람들과 소통하려는 개인의 노력은 치료사로서의 정체성으로 이어진다. Gadamer(1975)가 주장한 것처럼, 일이 억제된 욕망 혹은 재교육된 욕망이라면 근본적으로 사적인 표현인 미술작업의 기능이 타인을 위한 하나의 과정으로 바뀌는 변화도 도전받게 될 것이다. 학생들은 치료사가 되어가는 여정에서 여러 상황을 경험하기 때문에 치료사로서 정체성을 확고히하는 것은 고통스러운 일이 될 수 있다. 우리는 미술작업이 우리를 세계와 소통하게 하고 내적인 충동에 형태를 부여하면서 자기표현을 이끌어내고 우리를 충족시킨다고 말한 Hendriksen(2009)의 의견에 동의한다. 만약 미술이 우리의 욕망을 일깨우고 일이 그러한 욕망을 억제한다면, 적어도 우리 중 일부는 이 두 가지의 힘 사이에서 갈등을 분명히 느낄 것이다.

미술 실습을 진행하는 것은 치료사의 임상 능력을 여러 방향에서 향상시키지만, 많은 미술치료 전공생들은 자신만의 편안한 방법으로 미술작업을 할 시간이 줄어든다는 고충을 겪는다. Moon(2002)이 말했듯이, 예술가의 정체성이 "실습을 구성하는 다양한 힘의 집합체"(p. 22)라면, 학생과 치료사들 모두 임상의 안과 밖에서 자신을 표현할 기회를 탐색할 것이다. 따라서 미술을 지속적으로 하려는 마음과, 동시에 학생과 치료사로서 우리가 가진 다른 책임을 지키려는 욕망 사이에 직업적인 긴장감이 생길 수 있다.

치료사가 되는 과정에서, 특히나 내담자와의 만남이 거듭 진행되면서 높은 불안을 느끼고 자신감이 흔들릴 수 있다. 치료사의 발전에 있어서 중요한 요소 중 하나는 내적 경험의 저장고를 만드는 것이다. 초기 단계에서 저장고가 없을 때는 임상 기술을 개발하는 데 조언을 얻기 위해 임상 슈퍼비전에서 슈퍼바이저와 동료들에게 높은 의존성을 보인다(Folkes-Skinner, Elliott, & Wheeler, 2010; Skovholt & Ronnestad, 1992). 미술치료의 치료적 삼각형 혹은 상호작용의 사각형에서 이미지가 역동적인 역할을 수행하는 것처럼(Schaverien, 2000; Bragge & Fenner, 2009) 미술치료 슈퍼비전에서 이미지는 큰 힘을 발휘할 수 있다.

반응미술작업에서 발생할 수 있는 윤리적 문제

아래에 등장하는 미술치료 훈련생과 내담자 간의 임상실습중 대화에 대한 가상 시나리오는 대학에서 이루어진 집단 슈퍼비전에서 우리가 경험하는 문제들을 보여준다. 각각의 사례에서 '반응미술작업'은 좋은 의도로서 내담자에게 긍정적인 결과를 줄 수 있다. 그러나 동시에 윤리적 딜레마도 내포하고 있으며, 극심한 고통을 겪는 사람과 관계를 맺을 때 생겨나는 감정의 굴레로부터 자신을 보호하고자 미술작업에 의지할 수도 있다. 각각의 시나리오는 학생에게 무슨 일이 일어나는지, 그리고 '반응미술작업'이 어떠한 역할을 수행하는지에 대해 토론할 기회를 제공한다. 우리는 먼저 학생들은 이처럼 다양한 경험을 통해 배울 수 있고, 모든 치료사가 가끔은 판단 실수를 할 수 있다는 사실을 강조하고 싶다.

내담자의 뇌를 그린 샌디의 그림

병원의 재활 병동에서 일하면서 샌디는 한 여성 내담자에게 과할 정도로 동정심을 느끼게 되었다. 이 내담자는 다발성 경화증(Multiple Sclerosis: MS)을 앓고 있었고, 언어를 또렷이 구사하는 데에 어려움을 겪고 있었다. 갑자기 어눌해진 그녀의 목소리는 내담자 자신뿐만 아니라 샌디에게도 힘든 일처럼 여겨졌다. 샌디는 MS가 진행됨에 따라 점점 바뀌어가는 내담자의 뇌에 대한 자신의 생각을 그림으로 나타냈다. 샌디는 자신의 시각적인 표현이 내담자가 새로운 맥락 안에서 두려운 경험을 이해할 수 있도록 도울 수 있기를 바랐다.

샌디의 반응에서 미술작업은 누구를 위해 어떤 기능을 수행했는가?

이 상황에서, 샌디는 내담자가 겪는 어려움을 해결하거나 개선하지 못하는 무능감에 압도되는 등의 상황에 직면하기 위해 '반응미술작업'을 수행했다. 샌디는 내담자가 자신에게 일어나는 일에 대한 통찰이 부족했다고 짐작했다. 샌디는 합리적인 체계를 받아들인다면 일정 수준의 인지적 자각이 내담자의 정서에 변화를 줄 수 있을 거라 생각했다. 하지만 작업과정에서 샌디는 내담자의 고립, 슬픔, 고통, 혼란, 상실의 정서적 경험을 견디지 못했다. 그녀는 통제를 하며 그녀와 내담자가 겪고 있는 극심한 경험을 제한하기 위해 미술작업을 했다. 이 과정에는 여러 문제가 있었다. 샌디는 내담자의 뇌를 상상에 근거하여 그림으로 표현하면서 자신의 전문 영역과 권한의 정도를 벗어났다. 샌디는 역전이 반응을 인지하거나 점검하는 대신, 자신의 그림을 내담자의 세계 속 일부분으로 만들어버렸다. 샌디는 내담자와의 경계를 넘었을 뿐만 아니라 해당 내담자와 관계된 다양한 분야의 팀원들과의 경계도 넘어버렸다. 샌디는 미술작업을 하면서 자신이 미술치료사의 역할을 하고 있다고 느꼈다. 샌디의 이러한 미술작업방식으로 인해 내담자는 자신의 경험을 탐색할 필요가 없어졌고 수동적인 역할로 돌아갔다. 이런 상황에서는 어떤 방식이든 미술작업은 효과적인 반응이 아닐 수 있다. 단순하게 듣거나 언어적으로 반응하는 것이 배려적이고 치료적일지 모른다. 미술작업은 요구하지 않았던 구조방식으로 활용되었다.

레이가 그린 내담자의 초상화

레이는 대형 공립 병원의 완화의료 병동에서 실습을 하게 되었는데, 이 병동의 환자들은 제한적인 신체 능력과 강력한 정서적 반응으로 인해 종종 여러 제약을 경험하고 있었다. 레이의 환자 중 한 명은 암 때문에 한쪽 눈을 잃었고, 이로 인하여 거울에 비친 환자 자신의 모습을 볼 때마다 암이 자신의 정체성을 빼앗아 간 것 같다며 힘겨워했다. 레이는 환자를 돕기 위한 방법으로 그녀의 모습을 다른 모습으로, 아마도 도움이 되는 방식으로 재조명하는 수단으로서 환자의 초상화를 그려도 되는지 동의를 구했다. 환자는 레이와 함께 보내는 시간을 좋아했기 때문에 그에 동의했다. 환자는 완성된 초상화를 마음에 들어 했고, 레이는 그 과정과 긍정적인 관계를 형성하는 이 새로운 방식에 대해 만족했다. 시간이 지남에 따라 레이는 자신과 그림을 그리며 시간을 함께 보내는 것을 좋아하는 병동 환자들의 초상화를 그릴 기회를 주기적으로 찾았으며 그에 대한 동의를 받았다. 레이가 그린 환자들의 초상화는 병동의 다른 사람들에게도 성공적이었고, 몇 달 후 병원 관리자들은 레이의 초상화들을 공개적으로 전시했다.

레이의 초상화 작업에서 미술작업은 어떤 기능을, 누구를 위해 수행했는가?
레거시 프로젝트와 같이 확실하게 동의를 받은 반응미술작업은 환자와 그의 가족들에게 효과적인 결과를 가져올 수 있다. 레이가 그린 초상화의 기법은 점점 자연스럽게 발전했고, 치료적으로 달리 효과적인 반응을 찾기 힘들었을 환자들과 소통할 수 있었다. 레이가 그린 그림들은 또한 환자들이 세상을 떠난 후에도 남을 수 있는 선물이 되었다. 처음에 신체적인 변화를 받아들이기 위한 전략으로서 암으로 인해 생성된 정체성을 변화시키기 위해 초상화를 그리는 것으로 시작한 것이 결국은 하나의 레거시 프로그램으로 변화한 것이다. 이러한 개입이 활기를 띠면서, 더 많은 환자들이 초상화를 받게 되었다. 가족들과 병동의 직원들이 이 감동적인 초상화들을 기념하는 동안, 레이는 자신의 예술적인 기술이 다른 사람들을 위해 도움이 된다는 사실을 알게 되었다.

레이와 환자, 그리고 환자의 가족들이 자칫 놓쳐버린 점은 환자를 수동적으로 앉아서 누군가에 의해 그려지고 초상화를 받는 대상의 위치에 두면서, 환자 스스로가 미술작업에 참여할 수 있는 주체성을 잃을 위험이 있었다는 점과, 상실을 통한 의미 찾기처럼 존재론적 위기의 순간에 미술치료가 도움이 될 수 있는 탐색의 기회를 앗아갔다는 점이다.

레이는 내담자가 미술치료에 적극적으로 참여할 수 있는 방법을 찾아야 하는, 보다 어려운 길을 회피했다. 레이가 그린 초상화는 내담자가 주체가 아닌 미술치료사가 만들어낸 해결책으로서, 이는 감정과 죽음 이전의 여러 문제를 담는 매체로 사용되었다. 레이는 슈퍼비전에서 자신의 활동이 병원의 커뮤니티에 미치는 긍정적인 부분만 보려고 했다. 레이가 받은 타인의 축하와 칭찬은 레이로 하여금 그와 같은 개입이 자신의 욕구를 충족시키고, 기관에서의 불편한 감정을 누그러뜨리려는 용도라고 생각하기 어렵게 만들었다.

관계적 힘의 균형이 거의 없는, 고도로 의존적인 환자의 요구는 항상 우선으로 고려되어야 한다. 레이가 만들어놓은 상황으로 인해 죽음에 가까운 환자들이 거부할 권리와 자신의 요구를 표현할 권리를 부인해버릴 위험이 있었다. 이러한 상황은 병동에서 원하는 긍정적인 부분과는 대치된다. 의도한 상황은 아니었을지라도 레이가 그린 초상화는 환자들에게 자칫 의도치 않은 강요의 매개체가 될 수 있었다.

우리의 윤리적 딜레마

미술작업이 어떤 기능을 수행했을까?

타냐는 급성 정신병동에 입원한 10대들을 대상으로 실습중이었다. 시간이 지나면서 타냐는 어린 환자들의 대부분이 완전하게 회복되기 한참 전에 병원에서 퇴원한다는 사실을 알게 되었다. 슈퍼비전 수업중 타냐는 병동에서 그녀가 담당한 일에 대해 말로 설명하기 어려워하여 시각적으로 보여주기로 했다. 타냐는 완전히 몰두하여 그림을 그린 다음, 눈물을 참으며 자신이 그린 그림에 대해서 말하고 싶지 않다고 했다. 타냐는 자신이 그린 그림이 모든 이야기를 하고 있으며, 자신이 하는 일에서 언어는 중요하지 않다고 했다.

타냐의 미술작업은 어떤 기능을 수행했을까? 그리고 그녀의 슈퍼바이저는 그림이 "모든 이야기를 하고", "미술치료에서 언어는 중요치 않다"라고 말한 타냐의 주장을 어떻게 다룰 수 있을까?

당신은 어떻게 반응하겠는가?
저자의 답변은 부록 B에서 확인할 수 있다.

결론

윤리적인 측면에서 보면, 이 장에서 다룬 것과 같은 상황일 때 '반응미술작업'은 감당하기 어려운 감정을 피하는 도피처가 될 수도 있으며, 이는 기만적인 대처 전략으로 기능하여 역설적으로 자신과 타인에 대한 인식을 저해시킬 수 있다. 미술치료사에게 미술작업은 적절한 반응이 될 수 있다. 미술치료사 자신의 역량과 대처방식에 대한 질문에 답을 줄 수 있으며, 특별히 실습생에게는 상황을 잘 다루고 있다고 보여주는 방법이 될 수도 있다. 미술치료사에게 미술은 치료의 한 방식이므로 어떤 경우에는 '반응미술작업'이 대화를 사용한 심리치료와 같은 역할을 할 수도 있다. 그리고 동시에 우리가 그리는 그림은 성공적인 그림이 가지는 힘으로 인해 잘못된 판단을 불러일으킬 수 있다. 우리가 주로 사용하는 수단을 비판하는 것이 위험하게 들릴 수도 있지만 우리는 회기중에 미술재료로 손을 뻗을 때마다 스스로 다음과 같은 질문을 던져야 한다. 「나는 왜 (지금) 이것을 하고 있을까?, 내가 무언가를 피하고 있지는 않을까?, 나를 압도할 수 있는 감정은 무엇이 있을까?, 내담자와 하는 미술작업이 나에게는 도움이 되는지는 모르겠지만 그것이 내담자가 지금 필요로 하는 것인가?」

치료중에 반응을 위한 작품을 만드는 데 미술치료의 다른 영역에서 적용하는 윤리적 기준을 동일하게 적용할 필요가 있다.

반영적 미술경험과 토론을 위한 질문

a. 내담자와 함께한 미술작업의 특정 경험을 탐구하는 그림을 그려보자.
b. 자신의 미술작업과정의 특정 부분을 탐구하는 그림을 그려보자.

1. 각각의 그림에서 어떤 부분이 눈에 띄는가?
2. 그림들의 유사점과 차이점에서 어떤 부분이 와닿고 와닿지 않는지를 나누어보자.
3. 이 활동을 통해 알 수 있는 윤리적인 암시는 무엇인가?

참고문헌

Bragge, A., & Fenner, P. (2009). The emergence of the 'interactive square' as an approach to art therapy with children on the autistic spectrum. *International Journal of Art Therapy*, *14*(1), 17-28.

Brown, C., Meyerowitz-katz, J., & Ryde, J. (2003). Thinking with image making in supervision. *International Journal of Art Therapy*, *8*(2), 71-78.

Case, C., & Dalley, T. (1992). *The handbook of art therapy.* New York: Routledge.

Elkis-Abuhoff, D., Gaydos, M., Rose, S., & Goldblatt, R. (2010). The impact of education and exposure on art therapist identity and perception. *Art Therapy: Journal of the American Art Therapy Association*, *27*(3), 119-126.

Fish, B. (2008). Formative evaluation research of art-based supervision in art therapy training. *Art Therapy: Journal of the American Art Therapy Association*, *25*(2), 70-77.

Fish, B. (2012). Response art: The art of the art therapist. *Art Therapy: Journal of the American Art Therapy Association*, *29*(3), 138-143.

Folkes-Skinner, J., Elliott, R., & Wheeler, S. (2010). 'A baptism of fire': A qualitative investigation of a trainee counsellor's experience at the start of training. *Counselling and Psychotherapy*, *10*(2), 83-92.

Gadamer, H. (1975). *Truth and method.* London: Sheed & Ward.

Havsteen-Franklin, D. (2014). Consensus for using an art-based response in art therapy. *International Journal of Art Therapy, 19*(3), 107-113.

Hendriksen, J. O. (2009). *Desire, gift, and recognition: Christology and postmodern philosophy.* Grand Rapids, MI: William B. Eerdmans.

Marshall-Tierney, A. (2014). Making art with and without patients in acute settings. *International Journal of Art Therapy, 19*(3), 96-106.

Miller, A. (2012). Inspired by *el duende*: One-canvas process painting in art therapy supervision. *Art Therapy: Journal of the American Art Therapy Association, 29*(4), 166-173.

Moon, C. H. (2002). *Studio art therapy: Cultivating the artist identity in the art therapist.* London: Jessica Kingsley.

Schaverien, J. (2000). The triangular relationship and the aesthetic counter-transference in analytical art psychotherapy. In A. Gilroy, & G. McNeilly (Eds.), *The changing shape of art therapy* (pp. 55-83). London: Jessica Kingsley.

Skovolt, T. M., & Ronnestad, M. H. (1992). Themes in therapist and counsellor development. *Journal of Counselling and Development, 70*, 505-515.

46

미술치료 슈퍼비전의 다중적 역할

'엘 듀엔데(El Duende)'를 사용한 단일 캔버스 프로세스 페인팅

아비 밀러

> 음악을 타는 육체여, 밝아지는 시선이여,
>
> 우리가 어떻게 춤과 춤추는 자를 구별할 수 있겠는가?
>
> *윌리엄 버틀러 예이츠, "학생들 사이에서"(Yeats, 2010)*

나는 뉴잉글랜드에 있는 대학원 미술치료 프로그램에서 임상가, 교수, 슈퍼바이저, 교수진의 고문, 지도교수, 그리고 학과장의 역할을 맡고 있다. 내 소개를 하자면 나는 예술가이자 예술심리치료사이며, 아내이자 어머니이며, 딸이자 친구이고, 언니이자 여행자이며, 몽상가이자 운동선수, 학자 등으로, 이 모든 역할들을 통해 60년 동안 풍성한 안무를 만들어내 온 댄서와 같다고 정의할 수 있다. 이는 적어도 대학원 강사와 임상가로서의 역할을 모두 맡고 있는 미술치료 교육자에게 있어서 이례적인 일은 아니다.

    슈퍼비전에서 표현예술의 사용은 경계 문제와 이중관계, 감독 권력의 사용 등에 대한 윤리적 우려를 제기하는데, 이는 예술을 활용할 때 발생하는 친밀함으로 인해 발생될 수 있다(Purswell & Stulmaker, 2015). 이러한 윤리적 도전은 '엘 듀엔데' 단일 캔버스 프로세스 페인팅(*el duende* one-canvas process painting: EDPP) 슈퍼비

전 세미나에서 보여주었듯이 또한 학습 기회가 될 수 있다(Miller, 2012; Miller & Robb, 2017). EDPP는 '엘 듀엔데'라는 스페인 용어를 바탕으로, 예술적 투쟁에서 영감을 받은 예술기반 접근법이며, 이는 항상 보이거나 설명되는 것은 아니지만 느낄 수 있는 정서적 반향의 신비한 힘을 의미한다(Maurer, 1955/1998). 이 방법은 인턴십 기간 동안 동일한 캔버스에 그림을 그리면서 생기는 임상적 통찰과 원형적인 인식을 통합한다. EDPP 슈퍼비전은 (a) 즉흥적인 그림, (b) 복합적인 반영과정, (c) 이미지의 미적 표현에 대한 집중, 이 세 가지 주요소로 이루어져 있다.

슈퍼바이지와 단일 캔버스의 관계는 변화를 담는 주요한 틀이 된다. 캔버스 위에 겹겹이 쌓아 작업을 하는 동안 긴장감, 호기심, 표현력이 활성화되며 진정한 직업적이고 개인적인 목소리의 통합이 유도된다(Miller, 2012).

이 장은 예술기반 슈퍼비전에서 슈퍼바이저와 학생 사이의 복합적인 관계에서 발생하는 윤리적인 쟁점들을 다룬다. 경계와 담아주기는 슈퍼비전에서 중요한 역할을 한다. 심층 지향적 모델은 미술치료사들에게 특히 흥미로운데, 미술치료과정과 그 결과물과의 관계의 복잡성이 학습의 중심이기 때문이다. Goren(2013)은 역할에 대한 복잡한 윤리적 갈등보다 이러한 갈등에 관한 비밀유지가 어려움을 지적한 바 있다. EDPP는 윤리적인 방법으로, 대부분은 감춰질 수 있는 자료를 드러내는 고유한 방법을 제공한다.

제1부. 깊은 곳으로 들어가기

> 나선형 원을 넓게 그리며 빙빙 돌고 도는
> 매는 매 사냥꾼의 소리를 들을 수 없다.
> 만물이 무너져 내린다. 중심을 지탱할 수 없다.
> 무질서만이 온 세상에 펼쳐진다.
>
> *윌리엄 버틀러 예이츠, "재림"(Yeats, 2010)*

왜 깊은 곳에 잠수하려 하는가? 왜냐하면 그곳에서는 변화가 일어나며, 창의적인 과정에 대한 깊고 지속적인 신뢰가 치유적 매체로써 빛을 발하기 때문이다. 그 심연은 미술치료의 활기 있고, 열정적인 매력이 존재하는 곳이다. 깊이 잠수하는 방법과 시기를 배우는 것은 미술치료사의 진정한 자신, 즉 댄서를 발견하게 한다.

이 영역 안에서는 모든 경계가 허물어져야 한다. 이 과정에서 치료적 관계가 반영되며 모든 것이 엉망이 되거나, 심지어 혼란스러워질 수도 있다. Miller(2012), Moon(2015) 그리고 McNiff(1998)는 심층지향 예술기반 학습을 장려하고, Robbins (1999)는 이 혼돈의 힘을 내면으로부터 올라오는 재료들을 충분히 담을 수 있는 공간을 만들어야 하는 슈퍼바이저의 책임으로 연결 짓는다. 미술치료사들은 학생들이 경험과 성찰을 통해서 획득하는 창의적 활동과정 자체가 '담아주기'라는 것을 알고 있다. 그들이 '중심'을 잡으려면 그들은 반드시 그것을 느껴야 하고, 관계적인 공간에서 소화해야 하기 때문이다. 슈퍼바이저의 역할은 중심이 되는 것이 아니라, 그것을 담아주는 슈퍼비전 자체에 참여하면서 학생들로 하여금 중심이 되는 방식을 스스로 발전시켜 나가도록 돕는 것이다.

담아주기와 경계

학생들이 불안할 때 중심을 잡고 힘의 역동에 대해 깊게 귀 기울이며, 발생하는 윤리적 문제를 고민함으로 인해 그를 다루는 방법에 대해 배우려면 경계와 담아주기가 필요하다.

슈퍼비전은 경험적인 모델링을 담아준다. 동료들과 슈퍼바이저 사이에서의 긴장이 받아들여지고 다뤄지는 방법은 신뢰구축에 직접적인 영향을 미친다. 신뢰를 형성하는 데에 필수적인 자질은 판단을 내려놓는 것이지만, 나는 교수로서 학생들의 그림 그리는 과정을 무비판적인 자세로 지켜보는 동시에 그들의 성과와 능력을 늘 판단한다. 나는 슈퍼바이저, 교육자, 임상가로서의 복잡함을 슈퍼비전에 담고, 지도교수로서의 관찰을 전문적 수행 평가로 엮으며, 학과장으로서 학생들과 교수진들의 '뒷이야기'에 대해 알게 된다. 복잡성을 담을 수 있는 개념적 형태의 담아주기는 동시다발적으로 일을 처리하는 작업이며(Doehrman, 1976), EDPP에서와 같이 깊이 있는 예술작품과 결합하여 전문적 자율성을 높일 수 있는 기회(Mills & Chasler, 2012)와 윤리문제를 탐구할 수 있는 공간을 조성함으로써 슈퍼비전의 동맹적 관계에 깊이를 더한다.

EDPP세미나는 너무 긴장되지도 않고 그렇다고 아주 느슨하지도 않은 경계를 가진, 직접적인 동시에 은유적인 담아주기이다(Gilligan, 1997). 유동적 다섯 단계의 모델(원형을 불러내기, 웜업을 통해 긴장을 인식하기, 작업의 진행 사항을 사진촬영하며 대형 캔버스에 그림을 그리기, 적극적 상상의 저널링과 목격하기, 그리고 최종 작품)은 적극적인 슈퍼비전 요소들의 변화를 위한 담아주기를 제공한다. 여기서 대형 캔버스(24"×36")는 학생들을 위한 경계이자 담아주는 틀이다. 학생들은 캔버스 위에 자연스럽게 떠오르는 이미지를 겹겹이 쌓고, 심미적으로 초점을 맞춘 복잡 미묘한 성찰의 과정과 함께 다양한 관계를 살펴볼 수 있는 직접적인 기회를 갖게 된다. 이는 종종 직업적이고 개인적인 정체성의 깊은 층들을 활성화시키고 생각, 믿음, 그리고 인식의 탈바꿈을 위한 발판을 마련한다. 캔버스는 학생의 진화하는 자기의 반영이자 은유가 된다(Miller, 2012; Moon, 2009).

캔버스의 크기는 작업의 '크기'를 나타낸다. EDPP는 기본적으로 실재하는 캔버스의 중요성을 활용하여 슈퍼비전과 심리치료 사이의 다소 흐릿한 경계에 대응한다(Mills & Chasler, 2012). 윤리적 문제는 슈퍼비전과 치료적 신뢰 속에서의 미묘한 차이와 유사성에서 발생한다. EDPP에서 캔버스는 '문제'를 예술적으로 담아주며 치료사의 역할을 수행한다. 신뢰라는 것은 알고 있는 것에서부터 상호 주관적인 관계의 층 사이에서 만들어진다(Van Lith, 2014). 연민의 윤리적 탐구를 기반으로 하여, 이미지는 '그것'에서 사랑하는 '당신'(Buber, 1958)으로 바뀐다.

「에이미는 불안감을 느꼈고 그것이 수용될지에 대한 확신이 없었다. 나는 수용이라는 개념을 탐색하는 수단으로서 그녀에게 캔버스 위에 '불안함'(그것)을 그려보라고 지시했다. 그때 태아의 모습이 나타냈다(타인). 그 시각화된 연약한 모습을 보며 그녀의 동료 집단과 나는 연민을 표했다. 에이미는 또한 태아의 형태를 자기연민(당신)으로 받아들였으며, 캔버스 '치료사'가 안전하고 넓은 담아주기 역할을 하는 동안 '그녀'는 성장할 수 있었다.」

힘의 역동

Goren(2013)은 슈퍼바이저, 실습생, 환자 3인조의 권력 및 권한의 본질적인 문제를 인식한다. EDPP는 슈퍼비전의 문제를 해결하기 위해 즉흥적이고 지시적이거나 즉각적인 반응을 보여주는 이미지를 사용한다. 역사적으로, 윤리의 복잡 미묘한 영역은 개인적인 문제가 생기거나 학생들이 환자와 슈퍼바이저에 대해 특별히 격양된 역전이 문제에 직면할 때 나타난다. 권위 있는 인물들은 언제나 최적의 투사 대상이 된다. 이러한 투사를 통해 학생들을 지도하는 복잡성은 학계의 계층적 권력 체제 안에서 특히나 성적 등급을 매기는 문제를 중심으로 고조된다. 슈퍼바이저가 두 명 이상인 경우(실습 현장과 수업을 담당하는)에는 경계가 모호해질 수 있다. 학생 성과에 대한 현장 슈퍼바이저의 피드백에 동의하지 않으면 어떻게 될까? 윤리적으로 나는 그 둘을 나누고 싶지는 않지만, 학과장으로서 종종 나의 학생들을 보호하고자 하는 마음이 생긴다. 나는 캔버스를 학생들이 작업하는 공간으로 허용하고, 학생들이 그들의 슈퍼바이저를 그림 속으로 끌어들인 다음, 미술작업을 통해 얻은 통찰을 분석하도록 지도한다.

Fish(2008)는 슈퍼비전에서 동료집단 구성원들 사이의 신뢰구축의 중요성을 언급하는데, 이는 일반적으로 무의식적인 형제자매와 같은 힘의 역동이 작용하는 영역이다. EDPP에서 동료 성찰은 이뿐만 아니라 대인관계 성찰로 딜레마를 다루는 것을 목표로 한다. 이중역할과 결부될 때, 가장 중심이 되는 권위를 갖는 자가 되는 것은 추가적인 윤리적 딜레마를 야기할 수 있기 때문에, 나는 언어 상호작용, 개인 저널링 및 동료의 피드백을 위해 구성된 시간 동안 중심 역할과 주변부에서 참관하는 역할 사이를 왔다 갔다 한다. 이것은 계층구조('지배하는 권력')에서 그룹 간 상호작용('타인과의 권력')의 동적인 구조로의 전환을 가능하게 한다.

심층지향 예술기반 모델(Miller, 2012; Robins, 1999; Moon, 2009)은 발전하는 전문가의 목소리의 일환으로 즉흥적인 강력한 이미지를 중시한다. 이것이 나타날 때, 슈퍼바이저와 슈퍼바이지 사이에서 어떠한 '춤'이 활성화될 것인가? 불안에 관한 것일까 아니면 호기심에 관한 것일까?

불안

Edwards(2010)는 동료, 슈퍼바이저 및 미술작업 사이에서 일어나는 불안 수준이 계속 변함으로 인해 창조적 과정의 흐름이 방해될 수 있다는 것을 밝혔다.

EDPP의 경계와 담아주기는 직업적인 불안감과 개인적인 불안감을 감추기도 하고 드러내기도 한다. 나는 나의 다양한 역할들이 서로 어떻게 영향을 미치는지, 그리고 어떻게 영향을 미치지 않는지 설명함으로써 프로그램에 소속된 모든 학생들 사이에서 내가 다양한 역할을 수행함에 따라 발생할 수 있는 윤리적 문제를 해결하려고 노력한다.

Purswell과 Stulmaker(2015)는 슈퍼바이지가 이러한 불안감에 대응하여 해결책을 찾기 전에 모호성에 대한 저항력을 개발하도록 돕는 것이 중요하다는 점에 주목한다. 취약성과 자기개방에 대한 불편감을 언어적 및 비언어적으로 표현하는 학생들은(AATA, 2013, 8.5) 윤리적 딜레마가 발생했음을 시사할 수 있다. 슈퍼바이저의 책임은 학생들이 긴장상태 속에서 성장할 수 있도록 돕는 것이지만, 유사한 문제가 명백히 개인적인 문제일 경우, 이러한 상태를 도와주는 것은 치료가 아님에도 치료처럼 느껴질 수 있다. 나는 비언어적인 긴장상태를 구분하기 위해 신체 지각 윤리 지향(body awareness ethics orientation)(Taylor, 1995)을 사용한다(예를 들어, 권력 투쟁은 종종 명치에 위치하는 반면, 기초적인 문제는 천골 척추로 내려간다). 신체적 표현은 신체를 가꾸는(Dennison, 2014) 지향성을 예술적 인식에 통합하면서 미술작업으로 초대된다. 만약 학생이 신체적으로 안정될 수 없다면, 그는 정서적으로도 안정될 수 없다는 것을 의미한다.

호기심

Purswell과 Stulmaker(2015)는 어떤 표현기법을 사용할지 결정할 때 슈퍼바이지의 발달 단계를 고려할 것을 제안한 반면, Lett(1995)는 학생들이 예술적 호기심의 방식을 직관적으로 이끌 수 있도록 하여 진정한 발견의 순간을 이끌어낼 수 있도록 자발적 표현 능력을 갖추어야 한다고 강조한다. 단일 캔버스에 지정된 아크릴 물감을 사용되는 것은 제한적으로 느껴질 수 있기 때문에, EDPP 과정 초기에 매체 사용 능력과 관련한 윤리적 문제가 나타날 수 있다. 학기가 계속되면서, 학생들은 창의적인 호기심을 다양한 매체로 드러낼 수 있다는 것을 알게 된다. 윤리적으로 근거 있는 세 가지 의도는 슈퍼비전에서 매체 선택에 대한 인식을 유도하고, 매체 사용이 슈퍼비전 및 치료적 담아주기에 어떤 영향을 미칠 수 있는지에 대한 동시적인 학습을 제공한다.

1. EDPP 과정을 존중하면서 학생의 자발적 능력 및 역량을 존중하라.
2. 다양한 매체에 대해 배우는 것은 편안함과 불편함에서 나온다는 것을 인정하라.
3. 알 수 없는 것에 대한 호기심을 자극하라.

「지나가 그녀의 빈 캔버스에 사용할 자와 연필을 요청했을 때, 나는 그 과정이 항상 아크릴 물감으로 시작되기 때문에 망설임을 느꼈다. 나는 그녀가 감정적인 과정에 집중하도록 지지하기 위해 불안과 호기심에 대해 그녀와 이야기를 나누었다. 그녀는 처음에는 연필로, 다음에는 수채화로, 그리고 마지막으로 아크릴 물감으로 반응했다. 만약 그녀가 내담자였다면, 나는 매체 선택을 좀 더 명시적으로 지시했을지도 모르지만, 나는 그녀의 편안한 영역을 확장하기 위한 각각의 노력을 지켜보고 격려했다. 수업이 끝날 무렵, 모든 사람은 예전보다 장난기가 많아진 그녀의 모습을 알아챘다. 엘 듀엔데의 혼란스러운 이미지가 캔버스 위에 드러났다.」

제2부. 희망으로의 여정

창의성을 통해 우리는 파편과 조각을 함께 놓는 데 있어서 희망이 가능하다고 말하고 있다.

Robbins, 1999, p. 124

미술치료 슈퍼비전을 하는 동안, 나는 슈퍼바이지들이 예술적 표현을 통해 다양한 층위의 취약성을 탐색할 수 있는 환경을 조성하려고 노력한다. 시아라와 함께 작업을 진행하는 동안 내가 대학원 과정에서 맡은 여러 역할로 인해 생길 수 있는 윤리적 딜레마를 헤쳐 나갈 때 나타나는 나의 취약점들을 볼 수 있었다. 시아라는 미국 미술치료학회(AATA)의 승인을 받은 대학원 미술치료 프로그램을 다니던 2년 차 때, 두 번째 인턴십에서 EDPP세미나에 참가했다. 나는 35년 이상 트라우마 치료를 진행한 전문 예술심리치료사로서 언제나 열정적으로 세미나를 진행한다. 우리는 그녀의 프로세스 페인팅 여정을 시작했는데, 그것은 상호 주관적이고 평행적인 과정을 바탕으로 하는 15주의 학기 기간을 거치는 여정이었다.

첫 번째 수업에서, 학생들은 개인적이고 직업적인 면에서의 그들 자신을 위한 작은 워밍업으로 캔버스(3"×3")를 만든다. 이것은 그들을 반대되는 것을 탐구하는 표현적인 세계로 몰아넣는 반면, 나는 담아주기에 긴장감을 불어넣음으로써 일정 수준의 힘, '듀엔데'를 확고히한다. 시아라는 시각적으로 구분되는 두 개의 이미지를 만들어 감정적인 것과 인지적인 과정의 분리에 대한 욕구를 나타냈다.

그림 46.1 첫 번째 그림

　다음으로, 학생들은 결과물을 신경 쓰지 않고 큰 캔버스에 그림을 그리면서 반대되는 에너지의 투쟁에 굴복하도록 지시받는다. 시아라는 언어적으로 불편함을 표현하면서, 대안학교 환경에서의 인턴십 경험에 대한 감정을 표현하고 색을 추상적으로 배치하기 시작했다([그림 46.1]). 나는 그 그림 자체가 그녀의 개인적이고 직업적인 성장을 심화시키기 위해 도전하는 이미지를 드러낼 것이라고 믿었다.

　시아라는 자신의 이미지에서 아름다움이 부족하다고 생각하며 좌절했고, 나는 그녀가 색을 입힐 때 몸의 불편함을 느꼈다. 혼돈과 고립([그림 46.2]의 중앙에 홀로 있는 형상을 보라)은 격자형 배열을 만들기 위한 시도로 마치 경쟁하는 것처럼 보였다. 나는 신체적 언어와 작품의 이미지를 통해 캔버스에 가까이 갔다가 멀리 떨어지는 그녀의 반복적인 움직임을 감지했다. 그녀가 이탈리아 형태의 윤곽을 그리기 시작했을 때, 시아라는 심미적인 불편함을 표현했지만, 이 긴장을 어떻게 풀어야 할 지 확신하지 못했다. 나는 그녀에게 경계의 개념을 탐구해볼 것을 제안했다. 그녀는 이탈리아 주변의 원형으로 색깔이 있는 티슈페이퍼를 겹겹이 쌓았는데, 이는 아마도 불시의 혼돈을 억누르는 무의식적인 노력이었을 것이다([그림 46.3]). '부츠'

그림 46.2 혼돈과 고립

모양을 한 이탈리아 맨 아랫부분의 빨간색 영역이 눈길을 끌었기에, 나는 그녀가 그것을 더 깊게 탐색하기를 원하는지 물었다. 그러자 그녀의 미묘한 감정은 왈칵 쏟아진 눈물과 수치심을 동반한 얼어붙은 듯한 외상반응으로 전환되었다.

그림 46.3 캔버스에 담긴 이탈리아

내 윤리적 딜레마

슈퍼비전과 치료의 경계가 무너지기 시작할 때 어떻게 진행해야 할까?

나는 잠재적인 요소들이 나타남에 따라 경계가 모호해질 수 있음을 인지하고 있었다. 처음에는 대부분의 학생들이 취약성(눈물)이 장점이라는 개념을 꽤 이질적으로 받아들였기에 나는 학과장이자 교수로서의 내 역할이 그녀의 불편함을 가중시킬 수 있을 것이라 생각했다. 유사한 의식으로, 나는 트라우마와의 관련성을 인지하고는 그녀에게 접지*과 중심화** 기술을 소개했다. 시아라는 눈물을 주체하지 못한 채 교실을 나갔다. 아직 그녀에게는 그 세미나가 혹은 내가 흘러넘치고 있는 감정을 담아줄 것이라는 믿음이 없었다. 나는 시아라에게 깊은 연민을 느꼈고 평소 치료사로서 반응을 내비치고 싶었는지도 모르지만, 멘토이자 슈퍼바이저로서 나는 강점기반 접근법(strength-based approach)을 시행해야 했고 '상처받은 치료사'의 개념을 떠올렸다. 나는 이것을 공유함으로써 시아라가 자신의 상처에 의식적으로 주의를 기울여보는 것이 그녀의 환자들을 균형과 희망으로 인도하는 데 도움이 될 것임을 믿기 바랐다. 나의 지혜로운 생각과 마음, 그리고 직감에 귀 기울이며, 시아라가 다시 수업에 참여하도록 격려하기 위해서 복도로 나갔다. 그녀는 자연스럽게, 그녀의 그림 속 이탈리아 지도 및 청소년기 소녀들과의 실습을 통해 떠오른 어린 시절 아동 성학대에 관한 자신의 과거를 밝혔다.

당신은 어떻게 반응하겠는가?
저자의 답변은 부록 B에서 확인할 수 있다.

시아라는 두려움과 함께 다음 수업에 참석했는데, 그동안 깊게 쌓여온 문제들이 수면 위로 올라온 이후에는 드문 일이 아니다. 나는 그녀를 캔버스라는 튼튼한 담아주기에 초점을 맞췄다. 프로세스 페인팅이 그녀를 중요한 자각으로 이끌었고, 만약 더 많은 감정적인 에너지가 느껴진다면 그것 또한 그림과 콜라주로 나타낼 수 있으며, 이 과정이 궁극적으로 시아라가 예술을 통해 환자들을 인도하는 데 필요한 기술들에 대한 인식을 발전시키는 데 도움을 줄 것이라는 것을 언급했다. 그녀는 검은색과 붉은색 층을 겹겹이 쌓음으로써 대담하게 자신과 환자 모두의 고통과 분노를 표현했다. 동료의 이미지를 함께 들여다보며, 페인팅 중에서 재갈을 물린 얼굴의 이미지가 주목받았고([그림 46.4]) 그녀는 지지를 받았다. 시아라가 캔버스가 자신을 담아줄 수 있다는 것을 신뢰하면서, 나는 슈퍼바이저로서의 역할에 집중할 수 있었고, 병렬과정 통합의 미묘한 차이에도 주의를 기울였으며, 몇 가지 윤

---

* 역주: grounding, 현실에 안정적으로 뿌리를 내리는 것
** 역주: centering, 자신의 내면의 중심에 집중하는 것

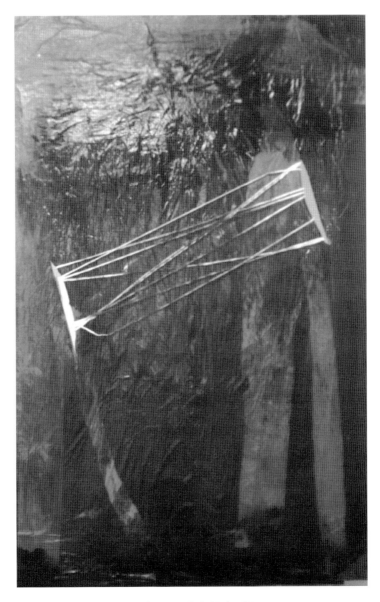

그림 46.4 재갈 물린 얼굴

리적 문제도 누그러졌다. 다음 수업 동안, 시아라가 부러진 뼈를 치료하는 데 사용되는 석고 거즈를 이용한 예술에서 보여준 통합은 그녀의 마음이 아래에서 위로, 빛을 향해 가는 신호처럼 보였다([그림 46.5]).

그림 46.5 석고 거즈

주요한 변화로, 그림의 방향을 바꾸는 것은 다양한 의미를 알아차릴 수 있게 한다. 시아라가 캔버스를 돌리고 직감에 의해 모든 것을 겹겹이 하얀색으로 덮었을 때, 어린 소녀의 머리와 상반신의 이미지가 나타났다. 시아라는 상처를 입은 것에 대한 연민의 표시로 'HOPE'라는 단어가 나타날 때까지 소녀의 초상화를 공을 들여 구체화했다([그림 46.6]).

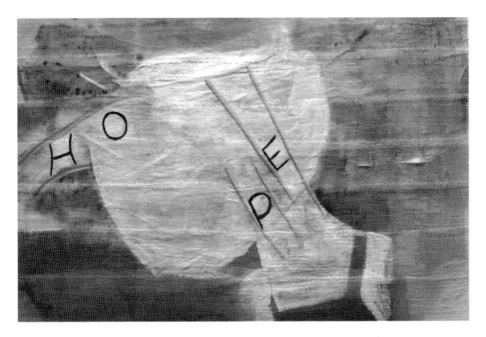

그림 46.6 희망이 나타나다

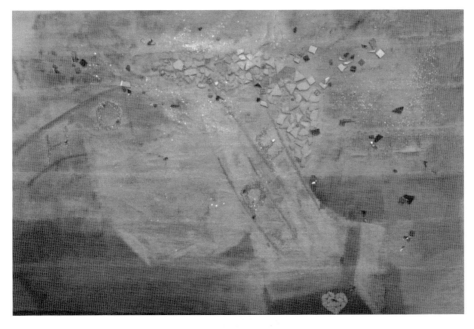

그림 46.7 희망으로의 여정

마지막 수업에서 시아라의 캔버스에는 반짝이는 은빛 글리터(시아라가 마음을 달래기 위해 처음으로 사용했던 파란색 글리터를 떠올리게 한)와 조각났지만 완전한 형태의 하트가 색종이 조각 같은 무지개 빛깔의 유리조각으로 둘러싸인 모습이 빛을 발했다. 시아라는 작품의 제목을 〈희망으로의 여정〉이라고 지었다([그림 46.7]).

희망과 기억 사이에는 딸이 하나 있는데, 그 딸의 이름은 예술이다.

윌리엄 버틀러 예이츠, '켈트족의 황혼'(Yeats, 2010)

반영적 미술경험과 토론을 위한 질문

1. 임상가, 슈퍼바이저, 교육자 등 다양한 역할을 맡고 있는 당신의 이미지/예술적 반응작업을 하라.

2. 예술작품을 반영했을 때, 다양한 역할들 사이에서 어떠한 긴장이 느껴지는가? 그 역할들은 어디에서 서로를 강화시키는가? 이미지를 보고 있으면 어떠한 미학적인 해결방안이 떠오르는가?

3. 슈퍼바이저로서 힘들었던 순간을 떠올린 후, 그 어려움이 반영된 구체적인 예술작품을 만들어보자. 그리고 작품 사진을 찍자. 겹겹이 쌓아 올린 반응 예술작품을 만들어보면서, 이미지의 흐름을 계속 따라가 보자. 변화를 마주하고 반추하자.

4. 겹겹이 쌓고자 하는 충동은 어려운 순간에 관한 무엇을 의미하는가? 겹겹이 쌓아 올리는 과정 중에서 가려지고, 드러나고, 변형되는 것은 무엇이며, 이것이 어려운 순간의 의미를 어떻게 변화시키는가?

참고문헌

American Art Therapy Association (2013). Ethical principles for art therapists. Retrieved from www.arttherapy.org/upload/ethicalprinciples.pdf

Buber, M. (1958). *I and thou* (2nd ed.). New York: Charles Scribner's Sons.

Dennison, B. (2014). Speaking & teaching. Retrieved from www.clearingtrauma.

com/Speaker.html

Doehrman, M. J. (1976). Parallel processes in supervision and psychotherapy. *Bulletin of the Meninger Clinic, 40,* 1-104.

Edwards, D. (2010). Play and metaphor in clinical supervision: Keeping creativity alive. *The Arts in Psychotherapy, 37*(3), 248-254.

Fish, B. (2008). Formative evaluation research of art-based supervision in art therapy training. *Art Therapy: Journal of the American Art Therapy Association, 25*(2), 70-77.

Gilligan, S. (1997). *The courage to love.* New York: W.W. Norton.

Goren, E. (2013). Ethics, boundaries, and supervision: Commentary on trauma triangles and parallel processes: Geometry and the supervisor/trainee/patient triad. *Psychoanalytic Dialogues, 23,* 737-743.

Lett, W. (1995). Experiential supervision through simultaneous drawing and talking. *The Arts in Psychotherapy, 22*(4), 31-328.

Maurer, C. (Ed.). (1955/1998). *Federico Garcia Lorca: In search of duende.* New York: New Directions.

McNiff, S. (1998). *Trust the process: An artist's guide to letting go.* Boston, MA: Shambhala Publications.

Miller, A. (2012). Inspired by *el duende*: One-canvas process painting in art therapy supervision. *Art Therapy: Journal of the American Art Therapy Association, 29*(4), 166-173.

Miller, A., & Robb, M. (2017). Transformative phases in *el duende* process painting art-based supervision. *The Arts in Psychotherapy, 54,* 15-27.

Mills, J., & Chasler, J. (2012). Establishing priorities in the supervision hour. *Training and Education in Professional Psychology, 6*(3), 160-166.

Moon, B. L. (2009). *Existential art therapy: The canvas mirror.* Springfield, IL: Charles C. Thomas.

Moon, B. L. (2015). *Ethical issues in art therapy* (3rd ed.). Springfield, IL: Charles C. Thomas.

Purswell, K., & Stulmaker, H. (2015). Expressive arts in supervision: Choosing developmentally appropriate interventions. *International Journal of Play Therapy, 24*(2), 103-117.

Robbins, A. (1999). Chaos and form. *Art Therapy: Journal of the American Art Therapy Association, 16*(3), 121-125. doi: 10.1080/07421656.1999.10129652.

Taylor, K. (1995). *The ethics of caring: Honoring the web of life in our professional healing relationships.* Santa Cruz, CA: Hanford Mead.

Van Lith, T. (2014). A meeting with 'I-Thou': Exploring the intersection between mental health recovery and art making through a co-operative inquiry. *Action Research, 12*(3), 254-272.

Yeats, W. B. (2010). *The collected works of W. B. Yeats, volume I: The poems* (R. J. Finneran, Ed.). New York: Simon & Schuster.

47

트라우마와 전위적 공격성
스웨덴의 난민들과 함께 일하는 미술치료사

캐서린 로저스 존슨

시작하며…

나는 스웨덴 사람과 사랑에 빠졌고 우리는 결혼했으며, 지금으로부터 20년 전에 알래스카에 있는 페어뱅크스에서 스웨덴으로 이사했다. 내 남편인 얀과 나는 밀, 귀리, 보리, 카놀라 밭에 둘러싸인 백 년 묵은 전형적인 스웨덴식인 빨간색과 흰색으로 뒤덮인 집에 살고 있다. 오래된 북쪽의 숲은 어느 방향에서도 곡물 밭의 가장자리에 맞닿아 있다. 우리 땅에는 현재까지도 1000여 년 전의 고대 바이킹 문화의 잔재가 남아 있다. 몇몇의 암석 노출부에서는 룬(rune) 무늬와 바이킹 신들과 여신들에게 제를 올릴 때 사용된 컵과 같은 모양이 조각된 것을 볼 수 있다. 고고학자들이 말하기를 바이킹 족장의 무덤이 이 근처 언덕에 있다고 한다.

한 작은 마을에서의 난민 체험에 대한 개인적 견해

스웨덴 시민 수백 명이 사는 작은 농촌 마을에 키오스크*, 주유 펌프가 있는 카페,

---

* 역주: Kiosk, 신문, 음료 등을 파는 매점

초등학교, 그리고 거의 천 년이 된 교회가 있다. 몇 년 전, 난민들과 망명 신청자들은 정착과 거주 지위에 대한 스웨덴 이민국의 허가를 기다리며 마을로 이동하기 시작했다. 한때, 약 50명의 난민과 망명 신청자들은 4층으로 된 아파트와 연립주택 단지의 임시 숙박시설에서 살았다. 난민들은 그들의 출생지, 언어, 소속 종교가 고려되지 않은 채 주택에 배치되었고, 각기 다른 배경을 가진 4명의 여성 또는 남성이 한 원룸에서 네 개의 1인용 침대 아니면 두 개의 이층 침대에서 지냈다. 그들을 미술치료에 초대하기 위해 한 무리의 난민들을 방문하던 중, 나는 이층 침대의 일층이 온통 커튼, 수건과 침대 시트로 다 덮인 채 다른 침대와 완전히 격리되어 있는 것을 발견했다. 이 임시변통의 텐트가 그 사용자에게 약간의 사생활과, 어느 정도의 안정감을 주고 있었다. 스웨덴 공군 기지에서 밤낮으로 들려오는 제트기의 이착륙 소리는 전쟁으로 피폐해진 시리아와 아프가니스탄과 같은 나라에서 온 난민들을 무의식적으로 움찔하고 웅크리게 만들며 이전의 트라우마를 다시 일으켰다.

몇 명의 은퇴한 초등학교 교사들은 난민들에게 스웨덴어와 문화에 대한 기초적인 수업을 제공해주었다. 이 교사들은 난민이나 망명하려는 사람들을 가르쳐본 적이 없었고, 성인에게 스웨덴어를 제2외국어로 지도해본 경험도 있지 않았음에도 이들을 도와주고 싶어 했다. 그들의 방법은 이들을 어린 학생들이라 생각하고 가르치는 것으로, 1학년 학생들을 위한 활동지를 나눠주고 간단한 노래를 가르쳐주었다.

몇 년 전, 24명의 난민들이 매주 두 번, 오전에 교회 안에 있는 비공식 스웨덴 학교에 다니고 있었다. 다른 난민들과 망명 신청자들은 아파트에서 시간을 보냈다. 우울증은 난민 공동체 안에서도 높게 나타나며, 트라우마도 마찬가지이다. 몇 주 동안은, 심지어 때로는 몇 달까지도, 동네 한 바퀴를 도는 이러한 가벼운 일상이 어려운 과제일 수 있다. 대부분의 난민들은 모험심을 발휘하여 밖으로 나가 마을에서 쇼핑을 하거나 용감하게 시내버스를 타고 근처 마을로 가서 할랄식품을 구매했다. 트라우마를 배제하고도, 스웨덴어는 대부분의 사람들이 숙달하는 데 몇 년이 걸리는 어려운 언어이다. 배움에 있어서 트라우마를 안고 있는 희생자들은 더 큰 어려움을 느낀다. 나는 박사학위 및 의학박사학위를 소지한 이들 및 문맹자인 난민들과 함께 일해 왔다. 모국어의 문맹은 다른 언어를 읽고, 쓰고, 구사하는 것을 배우는 데 있어서 큰 장벽이 된다.

거의 모든 난민들과 망명 신청자들은 스웨덴 이민국에 망명을 청원함으로써 스웨덴 거주지를 신청한다. 이민국은 보호를 청원하는 사람이 스웨덴의 이주법에 따라 거주 허가를 받을 권리를 갖고 있는지의 여부를 평가한다. 비인가 스웨덴 학교에 다녔던 난민들은 이것이 스웨덴 영주권 신청에 도움이 될 것이라는 믿음을 가지고 학교에 다녔다. 몇 달 후, 그들은 이와 같은 행동이 영주권 결정에 있어서 아무런 관련이 없다는 것을 깨달았다. 그들이 학교를 다닌 것과 상관없이 일부의 난민들은 다른 유럽 연합국의 국경으로 추방되기 시작했고, 또 일부는 본국으로 송환되었다. 학교 출석률은 급격히 줄었다.

난민들에게 미술치료를 소개하기

공인 미술치료사(Auktoriserad Bildterapeut)로서, 나 역시 돕고 싶었다. 나의 첫 단계는 미술치료가 무엇이고 난민들과 망명자들이 미술치료로부터 무엇을 얻을 수 있는지를 설명하는 방법을 찾는 것이었다. 나는 스웨덴 현지에 오랫동안 머문 이라크 시인에게 연락하여 나의 기본적인 소개와 덧붙여서 미술치료의 원칙과 관례에 대한 간단한 설명을 번역해줄 것을 요청했다. 그러고는 미술재료와 미술제작과정의 사진을 활용한 파워포인트 프로그램을 만들었다.

나는 난민들과 함께 일주일에 한 번 한 시간씩 시간을 내어 그들의 수업시간에 일하기 시작했다. 난민들과 학교 선생님들에게 파워포인트를 보여준 후에, 큰 도화지, 초크 파스텔, 오일 파스텔, 템페라 물감, 붓, 그리고 팔레트용 종이 접시를 나누어주었다. 선생님들도 포함해서, 모든 사람들이 참여했다! 그 즉시 윤리적인 문제가 발생했다. 사회봉사의 경험이 전혀 없고 치료적 프로토콜이나 심리역동적 집단과정을 모르는 듯했던 교사들은 미술치료시간에 머무는 내내 내담자들을 마치 어린아이처럼 다루며 돕고자 하였는데, 이를테면 "정말 예쁘다!" 정말 멋지다!" 또는 "저쪽에 파란색을 더 칠해봐"와 같은 코멘트를 덧붙여 제안을 했다. 첫 번째 회기에 파워포인트 자료가 성인을 지지하기 위한 주제를 미술치료에서 적절히 다루기에 불충분하다는 것을 깨달았는데, 이는 어쨌든 교사들의 역할은 아니었다. 나는 또한 내가 그들의 '학교 수업시간' 동안에 미술치료 회기를 진행하고 있다는 사실을 매우 잘 인식하고 있었다. 나는 난민들에게 치료적 혜택을 주기 위해서는 미술치료집단을 학교로부터 분리시켜야 한다는 결론에 도달했다.

또 비슷한 시기에, 그 지역의 목회 집사님이 나에게 미술치료에 관한 프로그램을 지역 교회 지도자들에게 보여달라고 부탁했다. 나는 내가 누구이며 무엇을 하는지에 대한 강의 소개를 미술치료 파워포인트를 활용해서 만들었다. 결과적으로, 나는 스웨덴 교회를 통해 미술치료사라는 계약직 제의를 받았고, 그 이후로 계속 그들에게 고용되어왔다. 그 후 나는 다른 날에 내 회기를 따로 열면서 스웨덴 학교로부터 미술치료집단을 분리할 수 있게 되었다.

나는 다국적, 다문화, 다양한 종교적 미술치료집단을 만드는 데 많은 어려움에 직면할 것이라는 것을 알고 있었지만, 매주 그 모임이 지속되면서 그 문제들은 점점 더 커지고 깊어졌다. 난민들은 미술치료집단으로 온갖 종류의 상황, 예를 들면, 감염된 치아, 눈, 귀라든지, 으스러지고 어설프게 골절된 뼈가 맞춰진 팔꿈치라든지, 우울증, 공포증, 극단적인 놀람 반응, 촉각 방어, 슬픔, 불면증, 외상후 스트레스장애로 인한 악몽과 같은 심리적인 문제들, 그리고 수많은 사회 서비스 문제들을 가져왔다. 그들이 나누어준 이야기들로 가슴이 찢어질 듯 아팠다. 내 성인 내담자 중 한 명은 독일 난민 캠프에 머무르는 동안 실제로 자녀를 잃었다. 또 다른 내담자는, 리비아 난민 캠프에 있는 동안 강제적으로 박테리아가 득실대는 물을 마셨고 간부전 상태에 빠졌었다. 다행히도, 그녀는 이탈리아 난민 캠프에 있는 동안 간 이식 수술을 받았다. 그녀는 수술 1년 후에 스웨덴에 도착했고 감염과 다른 장기 거부 증상에 대한 지속적인 의학 관찰이 필요하다. 몇몇 여성 내담자들은 리비아, 터키, 독일, 이탈리아 캠프에서 낮과 밤으로 겪었던 테러를 넌지시 알려주었다. 남성과 여성 난민 모두 밤에 캠프를 배회하는 남성 무리들에 의해 겁에 질려 있었다. 나는 그들 중 일부가 강간을 당했다는 의심이 든다. 약탈은 빈번하게 일어났다. 이 사건들에 대한 자세한 사항은 언어와 문화적인 장벽으로 인해 잘 알려지지 않았다.

나의 에리트레아 내담자들은 리비아의 인신매매범들이 이탈리아로 향하는 난민 보트에 그들을 태우기 위해 여분의 돈을 요구했다고 보고했다. 이들은 난민들에게 휴대전화를 건네면서, 에리트레아에 있는 가족들에게 전화를 걸어 인신매매범들의 은행 계좌에 돈을 입금하라고 지시했다. 돈을 마련할 수 없는 경우에는 난민들에게는 선택권이 주어졌는데, 두 발로 걸어서 에리트레아로 돌아가거나 혹은 인신매매범들에게 그들의 신장 하나를 주거나 하는 것이었다. 나는 오로지 신장 제거를 위한 목적으로만 설치된 수술실과 같은 임시의 텐트가 있다고 들었다. 내 내담자들은 아무도 신장을 잃지 않았다고 했지만, 모두 장기를 불법으로 파는 인신매매범과 마주치지는 않을까 하는 두려움에 떨고 있었다.

미술치료집단의 임상 및 윤리문제

나는 시리아, 에리트레아, 소말리아, 수단, 이란, 이라크, 아프가니스탄의 여러 나라에서 온 난민 집단에게 어떻게 실행 가능한 미술치료 평가를 관리하고 해석할 수 있었을까? 나는 어떻게 비스웨덴어권의, 비영어권의, 그리고 제한된 영어만을 구사하는 난민들과 망명 신청자들에게 미술치료적인 개입을 할 수 있었을까? 내가 어떻게 회기를 구조화했을까? 나는 떠나는 구성원뿐만 아니라 새로운 구성원들을 어떻게 임상적으로 면접하고 상호작용하며 평가할 수 있었을까?

나는 일주일에 두 번, 한 시간 반씩 집단미술치료를 진행했다. 참석률은 불규칙적이었다. 세 명의 내담자들로 구성된 집단이 규칙적으로 왔고, 일곱 명에서 열 명의 내담자들이 불규칙적으로 왔다. 대다수의 내담자들은 여성이었는데, 아프리카 여성이 중동 여성보다 더 꾸준하게, 그리고 미혼 여성이 기혼 여성보다 더 선뜻 집단에 참여했다. 대부분의 내담자들은 15분 늦게 왔고, 다른 내담자들은 그 후 언제라도 나타났다. 회기를 마칠 때면, 모든 내담자들은 내가 시키지도 않았는데 자발적으로, 그리고 적극적으로 물건들을 치우고 정리했다. 내담자들은 테이블, 의자, 그리고 다른 작업대를 깨끗하게 청소하고, 바닥을 쓸고, 붓을 빨고, 싱크대를 닦고 나서 쓰레기를 싸매고 쓰레기통 비닐봉투를 교체한 다음, 다 싼 봉투를 건물 밖의 쓰레기통으로 날랐다. 이런 식으로 그들은 미술치료 공간에 대한 감사함과 동시에 그들 자신이 치료실의 공동 소유자라는 것을 표현하는 것처럼 보였다.

적절한 미술치료 평가 및 개입을 선택하기

미술치료사들은 주의를 갖고 개입해야 할 윤리적인 책임을 가지고 있다. 어떤 미술치료 평가와 접근법은 난민들에게 도움이 되지 않거나 심지어는 해로울 수도 있었다. 마치, 평생을 사막 환경에서 살아온 사람에게 "빗속의 사람을 그리세요"라는 지시를 내린다면, 내담자 입장에서 적용하기란 어려울 것이다. 마찬가지로, "나무에서 사과를 따는 사람을 그리세요"라는 지시는 사과나무가 자라지 않는 에리트레아, 소말리아, 수단 사람들에게 적용하기는 어렵기에, 이를 대신하여 벨레스 선인장 과일*로 바꾸었다. 비슷한 이유로, 많은 난민들이 '새 둥지' 평가에 응답하는 것을 어려워했다. 신체본뜨기를 표현하는 것은 종교적 신념과 문화적 전통이라든가, 성폭행과 생식기가 훼손된 개인의 과거 사건에 매우 직접적으로 대치되는 상황이다. 대신 (자리에 남아 앉아 있는) 몇몇 여성들은 팔과 머리, 가슴을 탁자 위에 붙여 놓은 벽화 종이 위에 놓고, 그 주변을 같은 여성 집단원이 그리도록 했다.

반면, 대부분의 난민들은 '안전한 장소'를 만드는 데 적극적으로 임했다. 한 시리아 남자는 땅 위에 누워 있는 죽은 여성을 조각했다. 조각된 그녀는 그녀를 죽인 군인 앞에 누워 있는 모습이었다. 그 내담자의 안전한 장소는 벽의 뒤쪽이었다. 그러고는 그는 자신과 그의 아내, 그리고 6명의 아이들을 군인들로부터 보호하고 숨기기 위해 점토 탱크를 만들었다. 40대의 한 에리트레아 여성은 유일하게 안전한 공간인 부표를 만들었는데, 이 부표는 지나치게 많은 사람들로 꽉 찬 난민 보트에서 볼 수 있는 유일한 안전한 장소이며, 악어들이 그 배를 둘러싸고 있다. 30대의 소말리아 여성은 엄마, 아이, 그리고 할머니가 길을 걷고 있는 모습을 조각하였는데, 그 길에는 누워 있는 뱀들이 등장한다.

미술재료의 선택과 사용에 있어서 내담자의 선택의 자유를 존중하는 것은 매우 중요했다.

내 윤리적 딜레마

투사와 전위적 공격성에 대해서 어떻게 반응해야 할까?

나는 마을에서 난민들과 함께 일을 하며 점차 인기가 많아졌고, 더 큰 마을에 위치하고 있는 스웨덴 교회에서도 회관을 제공해주며 내가 난민들과 함께 미술치료작업을 할 수 있도록 후원해주겠다고 제안했다. 나는 참여자들에게 일주일에 한 번, 한 시간 반 동안 오픈 미술치료 워크숍을 제공했다. 어느 날 오후, 아프가니스탄에서 온 한 남자와 그의

---

* 역주: 선인장 배의 지역명인 벨레스는 장마철에 에리트레아에서 가장 인기 있는 신선한 과일임.

아내, 그리고 두 명의 아이들이 나의 오픈 워크숍 미술치료집단에 왔다. 내가 그를 맞이했을 때 그는 다소 긴장한 듯한 말투를 내비쳤지만, 그는 영어를 매우 잘 구사했다. 그의 아내와 아이들은 테이블에 앉아서 템페라로 그림을 그리기 시작했다. 내가 어떻게 그림물감으로 모노프린트를 만들 수 있는지 시연해보이자, 그들은 기꺼이 그 과정에 참여했다.

내가 테이블 위에 놓인 플라스틱 컵에 물감을 채우고 있을 때, 그 남자가 내게 다가와서 말을 건넸다. 내가 그에게 미술재료로 점토와 물감 모두 제공되니 무엇을 하고 싶은지 물었을 때, 그는 잔뜩 화가 난 사람처럼 나를 쳐다보았다.

그는 갑자기 "힐러리 클린턴이 아프가니스탄에서 ISIS를 시작했다는 것을 알고 있었나요?"라고 불쑥 말했다.

나는 몰랐다고 말했다.

"음, 그녀가 그랬어요!"라고 그가 힘주어 말했다. "그녀가 나타나기 전에는 아프가니스탄에 ISIS가 없었어요!"

나는 그 사실에 대해 몰랐다고 아주 차분하게 답했고, 그에게 시선을 집중하면서 그의 말을 경청하고 있음을 보여주었다.

더 큰 목소리로 그는 말을 이었다. "힐러리 클린턴이 아프가니스탄에 더 많은 군대를 보냈고, 그때 더 많은 ISIS가 왔죠!"

이제 그는 정말 화가 나서 내게 큰 소리로, "이전에는 '절대' 그런 ISIS가 없었어요!"라고 외쳤다.

나는 이렇게 대꾸했다. "좀 더 자세히 말씀해주세요. 처음 듣는 얘기네요." 그의 눈은 툭 튀어나왔고 얼굴은 벌겋게 달아올랐다. 그는 주먹을 불끈 쥐었다. 그는 더 이상 나와 대화하는 게 아니었다. 그는 힐러리 클린턴에게 이야기하고 있었다. 마치 내가 아프가니스탄의 ISIS 반란군들에 대한 책임이 있는 것 같았다.

그 남자의 아내와 아이들은 테이블에 남았으나 잔뜩 화가 나 보였다. 아이들은 테이블 위에 놓인 예술작품과 아버지의 얼굴 사이를 번갈아 가며 쳐다보았다. 그 방에 있던 다른 난민 내담자들은 영어를 거의 이해하지 못하는 에리트레아인들이었다. 내담자들은 남자의 감정 폭발로 인해 걱정하는 눈빛으로 겁에 질린 듯했고 그를 가까이서 지켜보았다. 미술치료집단의 분위기가 서늘해졌다. 그 방의 안전감은 사라졌다. 이윽고 방 안은 조용해졌고 긴장감이 감돌았다.

맺는 말

2016년, 천만 명 미만의 인구가 있는 스웨덴은 망명을 원하는 7만 명에 가까운 사람들에게 보호를 허가했다.

한 작은 마을에서 난민들과 망명 신청자들을 만난 경험은 미술치료가 추방으로 어려움을 받고 있고 트라우마로 고통받고 있는 사람들에게 강력한 자원이 될 수 있다는 것을 보여주었지만, 그것은 극히 적은 부분에 불과하다. 나는 스웨덴 국립미술치료사협회(Svenska Riksförbundet för Bildterapeuter: SRBt)에 도움을 요청할 계획이며, 205명(25명의 유지 회원, 19명의 공인 회원[미국의 ATR과 유사한 자격], 그리고 161명의 정규 회원)의 다른 회원들 중 이 대상과 함께 일하는 사람이 있는지 알아보려고 한다. 스웨덴의 난민들과 망명 신청자들과 함께 일하면서 좋은 치료를 논의하고 탐구할 수 있는 지원의 장을 서로에게 주는 것 외에도, 종종 자신들의 요구를 오해받는 사람들과 함께 일하는 것에 대한 관심을 불러일으킬 수 있을 것이다.

반영적 미술경험과 토론을 위한 질문

1. 트라우마를 경험했거나 추방된 내담자들과 공감할 수 있는 방법으로, 상자 안에서 달걀을 집어서 원하는 대로 색을 칠하고, 이끼, 잎, 꽃, 가지, 흙, 모래, 점토, 나무껍질, 판지, 노끈, 실, 테이프, 또는 글루건과 같은 천연재료를 활용하여 안전한 장소를 만들어보자. 만든 달걀에 대해 이야기해보자. 만약 달걀이 깨졌다면 당신이 어떻게 대처했는지를 기록하자(예: 껍데기를 모으기, 깨진 조각을 이어 붙이기, 새로운 달걀을 다시 집어서 새로 만들기).

2. 집이라고 부르는 장소에 대한 예술작품을 만들어보자. 만든 작품이 빼앗겼다고 상상해보자. 당신에게 남겨진 것과 남겨진 것으로부터 당신이 할 수 있는 것을 나타내

는 두 번째 작품을 만들어보자.

3. 당신은 당신의 '부류'로부터 쫓겨난 느낌을 받은 적이 있는가? 그리고 당신이 어떻게 느끼고 무엇을 필요로 하는지 의사소통할 수 없는 경험을 한 적이 있는가? 그 순간에 가장 도움이 된 것은 무엇이었나? 또는 그 당시에 가장 도움이 될 만한 것은 무엇이라고 생각하는가?

4. 당신은 난민이나 망명 신청자들과 함께 시간을 보낸 적이 있는가? 그렇지 않다면, 시간을 가져보는 것은 어떨까?

권력남용

크리스티나 노왁 (컬러그림 참조)

48

신념이 없다면, 어떤 것에든 속아 넘어갈 것이다
옳지 않은 것에 대항하여 용기를 낸다는 것

레슬리 밀로프스키

슈퍼바이저나 관리자로부터 비윤리적이거나 불법적인 일을 하도록 요청받은 적이 있는가? '윗사람'에게 비윤리적인 대우를 받아본 적이 있는가? 미국 전역의 지역 미술치료협회 회원들은 익명성 보장하에 이러한 설문에 참여했고, 이메일, 전화 또는 우편으로 답변을 공유했다(연락처는 제공하지 않았다). 작성자들은 해당 상황에 어떻게 반응했는지, 돌이켜볼 때 본인이 다른 반응을 했기를 바라는 마음이 있다면 그 반응은 어떤 것인지, 그리고 무엇이 그런 식의 반응을 막았다고 생각하는지 기술해야 했다. 많은 미술치료사들은 '따르지 않으면' 마주하게 될 응징, 실직, 고립에 대한 두려움 때문에 자신들의 신념을 저버렸다고 답했다. 그들은 권력의 위치에 있는 사람들에게 대항하여 도덕적 선택을 할 용기를 내지 못한 것을 후회했다. 나는 자기 연민과 용서가 나이, 경험 부족, 두려움으로 인한 선택에 대한 후회와 수치심을 대신할 수 있다는 사실을 전달하고 싶다.

다음에 등장하는 이야기들은 주제별로 분류된, 작성자가 식별되지 않는 형태로 소개된 것이다. 나는 설문 응답자의 수가 상대적으로 적은 이유가 오랫동안 기억의 형태로 남아 있는 불편한 경험에 관한 감정을 되살리는 것에 대한 두려움 때문인지, 식별되지 않는 개인적인 진술이 어떻게든 특정 기관이나 슈퍼바이저와의 종속 관계에 연관될 경우에 따르는 보복의 두려움 때문인지, 혹은 무력감을 느끼는 것을 인정하고 싶지 않기 때문인지 궁금했다. 수많은 지원자들 중 우리를 뽑은 상사, 즉 우리의 강점을 믿어주고 다방면의 지원을 약속했던 상사에 대한 믿음을 잃는 것은 이상적인 부모상에 대한 믿음을 잃는 것과 무엇이 다른가?

슈퍼바이저와 슈퍼바이지가 연루된 윤리적 딜레마는 왜 그토록 어려운가?

우리 대부분은 '큰 인물'을 믿고 싶은 유년기 욕망의 흔적을 우리의 성인기와, 대학에서의 공부, 그리고 직장 생활에서 맺는 관계로 가져간다. 고용주와 고용인, 슈퍼바이저와 슈퍼바이지 사이의 권력 격차에 관한 많은 연구가 있다. 신뢰가 희미해지면 그 영향력 사이의 역동은 매우 불편해진다. 딜로이트 컨설팅의 2010년 윤리 및 직장 설문조사에 따르면, 새로운 직장을 찾기로 계획한 미국 고용인들의 34% 중 48%는 고용주에 대한 신뢰 상실을, 46%는 회사 경영진의 투명하지 않은 의사소통을 이직의 이유로 들었다(Harris, 2012, p. 1).

　　Guest(2013)는 메이어가 진행했던 3만 명의 고용인들을 대상으로 한 세 연구에서, 참여자의 약 20%가 비윤리적인 행동을 목격했다고 답했음에 주목했다. 사람들은 '소용없을 것이라는 생각이나 보복에 대한 두려움' 때문에 관찰한 것을 보고하지 않았다(Guest, 2013, p. 1). Gerhardt(2011)에 따르면 "연구 결과 전체 슈퍼바이저의 50%가 윤리행동지침을 준수하지 않는 것으로 나타났다… 너무나 자주, 슈퍼바이저들은 성적 접촉, 고용인들 간의 차별과 같은 비윤리적인 관행을 고수한다"(p. 1). 이는 불신, 업무 효율 저하, 결근 및 고용인의 불안 증가로 이어지며, "이러한 상황은 슈퍼바이지가 슈퍼바이저와 상호작용해야 할 때마다 지속적으로 불안, 스트레스, 불편함, 두려움의 상태를 초래한다"(p. 1).

　　"도와주세요! 제 슈퍼바이저가 비윤리적이에요"라는 기사에서, Reamer(2013)는 "만약 좀 더 온건한 노력이 실패할 경우 윤리적으로 부당한 행위에 대해 고발해야 한다"(p. 1)는 임상가들의 내재적 의식을 다루지만, "기관 기반의 정치 및 조직의 역동은 이러한 윤리적 딜레마를 관리하는 데 상당한 기술과 뉘앙스를 필요로 한다"(p. 1)라고 말한다. 미술치료자격위원회(Art Therapy Credentials Board: ATCB,

2018)는 자격을 갖춘 미술치료사들이 "다른 미술치료사가 법률이나 본 강령에 포함된 윤리 및 행동기준을 위반한 행위를 하고 있다고 믿을 만한 사유가 있을 경우 미술치료자격위원회에 보고할 것"을 기대하지만(기준 1.2.10), 대부분의 미술치료사들은 미술치료사가 아닌 다른 정신건강 전문가들에게 슈퍼비전을 받는다.

임상가로서 우리는 슈퍼바이저가 우리의 내담자, 우리 자신, 그리고 조직에 가장 도움이 되는 바를 추구한다고 믿고 싶어 하지만, 아래 소개될 내용에서 볼 수 있듯이 늘 그렇지는 않다.

내 윤리적 딜레마

다음에 등장하는 짤막한 글들은 윤리적 딜레마를 경험하고 이를 제출한 미술치료사들이 응답한 자기경험적 서술이기 때문에, 독자에게 '당신은 어떻게 반응하겠는가?'라고 직접적으로 묻거나, 그들의 딜레마에 대한 해결책을 설명하는 부록 B의 페이지를 제공하지는 않는다.

그렇지만 이 짧은 글들을 읽는 동안, 독자들은 여기 제시된 윤리적 문제에 직면했을 때 어떻게 반응했을지 곰곰이 생각해보기를 진심으로 권한다.

신고할 의무가 있지 않은가?

학교에서 정서장애와 학습장애가 있는 아동청소년을 위한 미술치료사로 활동하던 시절, 나는 말수가 적은 청소년과 함께 개인미술치료를 진행했다. 그 학생은 갑자기 미술작품에 다른 사람들에 대한 공격성 충동을 드러내기 시작한 터였다. 학교 선생님이 보여준 학생의 그림과 글에는 최근에 아이가 본 영화인 〈헬터 스켈터〉(Helter Skelter) 속의 찰스 맨슨의 목소리를 듣고 있다는 조짐이 보였다. 학생은 나에게 '찰리'가 자신에게 누구를 죽일지 말하고 있다고 하며 다른 두 학생의 이름을 언급했다.

나는 이 같은 정보를 학교 심리학자에게 보고했고, 심리학자는 그 학생을 가능한 한 빨리 정신의학적 진단을 받도록 해야 한다는 데 동의했지만, 학교장은 그 상황을 심각하게 받아들이지 않았다. 다음 회기에서 그 학생은 나에게 세 명의 교직원을 죽이고 싶다고 말했고, 그들의 이름이 새겨진 비석 그림을 그렸으며, 다음 날

버스에 식칼을 가지고 탈 계획이라고 말했다. 나는 즉시 이 상황을 보고했고 마침내 책임자들이 사건의 심각성을 알아차렸다. 세 명의 교직원에게 이 상황에 대한 위험을 알렸고 그 청소년은 주의 깊게 관찰되었으며, 그날 오후에 병원에 입원되어 추후 조현병 진단을 받았다. 돌이켜 생각해보면, 피해자로 겨냥되었던 두 명의 학생들 역시 보호받아야 했고 그들의 가족 또한 조심하라는 주의를 받았어야 마땅하다. 나보다 힘 있는 이들의 말을 따르는 대신, 잠재적으로 위험한 상황에 대한 조치를 취하자는 내 입장을 단호히했으면 좋았을 것이라는 아쉬움이 남는다.

───────────────

수년 전, 나는 잠복기(latency-aged)에 해당하는 정서적으로 불안정한 아이들이 있는 초등학교에서 근무했다. 하루는 내가 학교 화장실 밖에 서 있는 그때에 '짜악' 하고 살가죽이 부딪히는 소리가 반복적으로 들렸고 이어서 아이의 비명소리가 들려왔다. (교사가 학교에 오라고 불렀던) 한 학부모가 벨트로 그의 자녀를 때리고 있었던 것이다. 나는 행정실로 달려가서 이 사실을 교장과 임상 코디네이터에게 알렸으나 그들은 나에게 아동보호서비스(Child Protective Services: CPS)에 전화하거나 개입하지도 말라고 하며, 아이가 맞을 만한 이유가 있었을 것이라고 했다. 당시 나는 '신입'이었기 때문에 이후에 맞이할 상황이 두려워서 그들에게 아무 말도 하지 못했다.

최근, 나는 학부모들이 교직원들의 지원을 받아 폭력적이라고 여겨지는 학생들을 위해 사용되었던 격리실이 딸린 학교의 건물에 아이들을 데리고 간다는 사실을 알게 되었다. 어머니가 겁을 먹고 움츠러든 장애를 가진 자녀를 나무라며 때리는 동안 아버지는 방문을 지키고 서 있었고 나는 그에게 비켜달라고 요구했다. 나는 이 상황을 비협조적인 관리부에 보고했고 곧바로 CPS에 전화를 했다. 이제 나는 이러한 상황에서 용기를 가지고 진실되게 행동할 수 있는 경험이 있지만, 그 사실이 과거에 학교조차 안전하지 못한 곳이 되어버린 그 어린아이를 보호하지 못한 그날의 기억을 지울 수는 없다.

───────────────

한때 나는 에이즈 말기의 환자들을 위한 전담 부서가 있는 대형 호스피스에서 미술치료사로 일했다. 보다 차분하고 고분고분한 환자들이 친구와 가족을 통해 얻은 약물(헤로인 또는 크랙 코카인)을 복용한다는 것은 직원들 사이에 공공연히 알려진 사실이었다. 윤리적으로나 법적으로나 문제가 될 수 있는 사항임에도 간호 직원들은 모른 척했고, 나 또한 관찰한 바에 대해 함구했다. 나는 여전히 연민에서 우러나온 그때의 판단을 후회하지 않는다.

———

어느 날 나는 사립 거주기관 안의 여성 병동을 막 떠나려던 중에, 격리실에서 HIV 양성으로 알려진 환자를 발견했다. 비록 그녀의 옷은 병원 가운으로 대체되었지만, 자신의 팔에 마찰 화상을 입힘으로써 자해하기 위해 사용했던 플란넬 셔츠를 소지하는 것이 허용된 것이다. 나는 간호사들이 셔츠를 수거해가도록 간호사무실에 이 사실을 보고했다. 다음날 나는 휴게실에 앉아 있는 소녀의 셔츠가 수거되지 않았으며, 그로 인해 그녀가 여러 화상 부위를 드레싱하고 옷을 갈아입는 것을 보았다. 한편, 그녀의 오염된 거즈 붕대는 다른 사람들에게 그녀의 체액을 노출한 채 공공장소에 널브러져 있었다.

다른 날에는 어느 환자가 간호사무실 근처 화장실에서 화장지가 필요하다고 외치는 소리를 들었다. 그녀는 손을 사용한 다음 싱크대에서 씻으라는 지시를 받았다. 나는 슈퍼바이저에게 이 골치 아픈 사건들을 보고했지만 아무런 변화가 없었다. 이 병동에서 일어난 또 다른 사건으로는 서로 속삭일 수 있도록 방 사이의 벽을 뚫어 구멍을 낸 두 소녀가 있었는데, 이 사건이 보고되었음에도 불구하고, 그 구멍이 수리되는 데 몇 주가 걸렸다. 그 후 얼마 지나지 않아, 그 병동에 배치된 사회복지사 중 한 명이 내 집으로 전화를 걸어 그녀가 매일같이 발생하는 환자의 권리 침해에 관해 외부 기관에 신고하고 있음을 공유했다. 비록 나는 그녀가 조치를 취한다는 것에 안도했으나, 곧 조사가 있을 것이라는 사실을 고용주에게 알려야 할 의무가 있다고 느꼈다. 슈퍼바이저에게 내가 알고 있는 것을 공유하자, 나는 즉시 CEO 사무실로 불려가 질문을 받았고 (그들이 불안정하다고 생각하는) 동료와 사적으로 얽히지 말라는 말을 들었으며, 그녀의 부정행위 신고 계획에 대한 자세한 정보를 얻기 위해 몰래 그녀에게 전화를 걸어달라는 요청을 받았다. 나는 거절했다. 그때 사회복지사 동료가 했던 일을 할 수 있는 힘이 나에게도 있었으면 좋았을 텐데. 나는 환자의 권리를 지키기 위해 무엇을 할 수 있는지 상기하기 위해 수십 년 동안 그녀의 용기에 대한 기억을 가슴에 품어 왔다.

———

내가 공립학교에서 미술치료를 제공했던 교실 건너편에 있는 커다란 창고에서 외부 배관 기술자가 공사를 진행하고 있었는데, 그 배관 기술자는 내 싱크대에 물 동이를 버려도 되겠냐고 물었다. 물을 버리면서, 그는 파이프에서 상당한 양의 석면 단열재를 도려내고 있다고 말했다. 내가 물었을 때, 그는 보호조치를 취하지 않고 있는 이유가 꽤 오랫동안 그 일을 해오면서 건강이 이미 나빠졌기 때문이라고 답했다. 나는 저장 창고가 학생과 직원들의 보호를 위해 제대로 봉쇄되지 않았다는 우려를 알렸으나, 내 슈퍼바이저는 이를 퉁명스럽게 무시했다. 그 후 나는 시설 사무실에 연락을 했고, 그들은 상황을 점검한 뒤 실제로 석면 공사가 적절한 절차를 따르지 않고 있다는 사실을 발견했다. 즉시 시정조치가 실시되었다.

내 첫 직장이었던 심리-교육 시설에서 미술치료 일을 시작한 첫 주에 나는 한 아이가 소리 지르며 우는 소리를 듣고 사무실 문을 열고 나와 상황을 살폈다. 복도 모퉁이를 돌아보니 교장이 아이의 뒤에서 무릎을 꿇고 있는 모습을 보았고, 보아하니 그 아이를 진정시키고 있는 것 같았다. 나는 "무슨 일이에요?"라고 물었다. 교장은 나를 올려보며 화를 내며 큰소리로 말했다. "선생님한테 미술치료를 어떻게 하라 말할 일 없으니 내가 내 학교를 어떻게 운영하든 참견하지 마요!" 너무 놀라 말문이 막힌 나는 뒤로 물러나 내 방으로 돌아와 문을 닫으면서, 마치 나를 언제든 해고할 수 있는 불량배에게 겁을 먹고 어려움에 처해 있는 아이를 외면한 듯 느꼈다. 창피하지만 나는 그가 "내 미술치료를 어떻게 하라 말할 일이 없다"는 것을 알게 되어 약간 마음이 놓였다. 그 당시 나는 어렸고, 내 업무 능력에 대해 걱정하고 방어적이었으며, 갈등을 마주하는 것에 대해 불편함을 느꼈기 때문에 그런 불편한 상황을 피하기 위해 많은 노력을 기울이는 경향이 있었다. CPS에 전화를 하지도 않았다. 시간이 흘러, 교직원들은 교장의 부적절한 행동에 대해 의견을 모아 보고서를 만들었고 그는 해임되었다.

에이즈 환자들을 위한 말기 거주치료 시설의 책임자로 일하면서, 나는 미술치료 서비스를 제공할 뿐만 아니라, 목회 봉사, 자원봉사 프로그램, 특별 행사 등을 기획했다. 어느 날 저녁, 내가 환자의 방에 들어갔을 때 두 명의 간호사가 침대에 있는 환자의 손목을 잡고 4인치 크기의 십자가를 환자의 이마에 바짝 대면서, "그의

죄를 속하여주시고, 안에 깃든 악령을 물리쳐주시고, 그의 영혼을 구원해주시옵소서"라며 예수의 이름을 부르짖고 있었다. 나는 간호사들에게 그 환자를 놓아주라 말했고 그들의 신념에 따라 환자가 어떻게 될지 판가름할 수 없다고 충고했으며, 환자가 자신의 영적인 욕구를 표현하거나 의식에 기꺼이 참여하기에는 너무 위태로운 상황이라고 말했다. 나는 악령을 쫓는 의식은 방해했지만 간호사들을 그들의 슈퍼바이저에게 보고하지는 않았다. 간호사들이 진심으로 환자를 위한 일을 하고 싶어 하는 것 같았기 때문이다. 나는 여전히 내 결정이 적절했다고 생각한다.

이건 사기 아닌가요?

내가 근무했던 한 기관에서는 집단 회기에 막 도착한 내담자들에게 서명할 것을 요구했다. 많은 내담자들의 기능 수준이 현저히 떨어지고 집단을 잘 견디지 못했기에 그다지 오랜 시간을 보내지 않았다. 그럼에도 불구하고, 단체에서는 내담자가 단지 5분을 머물더라도 집단에 대한 비용을 청구했다. 나는 미술치료집단의 내담자들에게 회기가 끝날 때 서명하도록 요구했고, 다른 사람들과 함께 보험사에 불만사항을 접수했다. 그 기관은 조사를 받아 징계를 받았고 결국에는 문을 닫았다.

대규모 공립학교에서 근무하던 시절, 내가 막 퇴근하려는 어느 날 교장이 실행되고 있지 않았던 IEP* 미팅을 위한 개별화된 교육 계획에 서명을 요청했다. 내가 서류에 서명하는 것을 거절하자 교장은 다른 사람들은 모두 서명했다고 말했다. 나는 교장이 학부모와 전화로 짧은 미팅을 한다면 기꺼이 늦은 시간까지 있을 수 있다고 말했다. 교장은 시간이 없다고 대답했고, 내가 가려고 돌아섰을 때 특수교육 학생을 위해 할당된 돈을 잃게 될 것이라고 말했다. 나는 상관에 맞서서 법에 따라 학부모와 학생이 발언권을 갖도록 하는 내가 자랑스러웠다. 돌이켜보면 이 일을 교장의 상관에게도 보고했다면 더 좋았을 것이다.

나는 높은 '노쇼**' 비율을 가진 외래병동에서 근무했다. 치료사들의 시간이

---

* IEP(Individualized Education Plan): 개별화 교육 프로그램으로, 특수교육대상자 개인의 능력을 계발하기 위해 장애유형 및 장애특성에 적합한 교육목표, 교육방법, 교육내용, 특수교육 관련 서비스 등이 포함된 계획을 수립하여 실시하는 교육 프로그램
** 역주: No show, 예약을 했지만 취소 연락 없이 나타나지 않는 내담자

'사용'되지 않았기 때문에 그 기관도 그 시간에 대한 환급을 받지 못했다. 그 결과, 기관 책임자는 우리에게 내담자를 '이중예약'(두 내담자를 같은 시간으로 예약하는 것) 할 것을 지시했다. 이는 내담자 한 명이 오지 않더라도 치료사는 다른 내담자를 만날 수 있다는 것을 의미했다. 물론, 내담자 두 명이 모두 오는 경우에는 같은 시간대에 한 명이 회기를 받는 동안 다른 한 명은 기다려야 하며, 이들 모두 상담을 짧게 받아야 한다는 뜻이기도 했다. 이중예약에 대한 강한 압박에도 불구하고 나는 응하지 않았으나 이러한 비윤리적인 관행이 중단되도록 조치를 취하지도 않았다.

병원 재활 프로그램에서 미술치료사로 일하는 동안, 나는 작업치료사가 하던 일을 하도록 요청받았는데, 알고 보니 그 일은 원래 물리치료사가 하던 일이었다. 이렇게 함으로써, 이 프로그램은 작업치료와 물리치료 서비스 각각의 가격 모두를 청구하여 돈을 모으고 있었다. 나는 그 일을 하기를 거부했다. 그 일로 나는 작업치료 슈퍼바이저와의 사이가 나빠졌고, 1년 후에 해고되었다.

인종차별 및 종교차별

나는 공립학교의 유일한 백인(그리고 유태인) 직원으로 많은 편견의 대상이 되었다. 한번은 어떤 교실을 방문하려고 노크했을 때, 한 직원이 다른 직원에게 "네 키 작은 백인 친구 왔어"라고 말하는 것을 들었다. 학교 교장은 나의 인종에 대해 다른 이들에게 험담한 뒤, "내 말이 그 의미가 아니란 것을 알잖아요…"라고 여러 차례 말하곤 했다. 이러한 상황은 반유대적인 것은 물론 나의 '다름'을 강조한 것이다. 내가 속한 지역사회에 융화되기 위해 아무리 노력을 해도 나는 피부색 때문에 약자였고 외톨이였으며, 그러한 상황에 침묵한 것이 창피했다. 몇 년 후, 내 동료가 같은 슈퍼바이저에게 반유대주의적인 말을 들은 것을 신고했고, 그 슈퍼바이저가 아닌 신고를 한 내 동료가 다른 학교로 전근을 가게 되었다는 것을 알게 되었다.

성희롱

대학원 졸업 후 나의 첫 직장은 장기 입원환자를 위한 정신병원으로, 그곳에서 나는 13~19세 성범죄자들을 대상으로 미술치료를 담당했다. 병동 동료 중 노련하고 매력적인 임상가이자 나보다 10년 내지 20년 경력이 많은 병동 책임자가 있었다.

이 사람은 치료 관련 팀 회의중 환자들의 성적인 접근에 대해 어떻게 대처해야 하는지를 통합 치료팀의 팀원에게 이야기를 하다가, 나를 보며 "예를 들어 만약 내가 제인의 가슴을 갑자기 잡으려 한다면…"이라고 말했다. 나는 그가 어떤 상황을 말하고자 한 건지 전혀 이해할 수 없었다. 나는 그저 내가 모욕을 당했고 그 사람 때문에 팀원들이 내 가슴에 집중했다는 것만 알 뿐이었다.

또 다른 상황도 있다. 성범죄자 병동에 입원중인 환자 몇몇은 내가 집단치료 중에 다리를 벌리고 원피스 아래에 아무것도 걸치지 않았다고 신고한 적도 있었다. 병동 책임자는 나를 범죄자들의 휴게실로 데려가서 모든 환자와 이 사태를 해결하라고 했다. 환자들은 공격적이고 위협적이었으며, 서로의 말도 안 되는 이야기를 증언이라고 이야기했다. 병동 책임자는 이 환자들에게 내가 불편해하고 눈물을 참는 모습을 그대로 보게 하였고, 이러한 문제를 환자들과 효과적으로 해결할 수 있는 나의 능력을 무시했다. 이것은 마치 병동 책임자가 환자들이 최초 허위 신고를 통해 성취하고자 했던 것에 힘을 보태준 것이나 다름없다. 환자들은 권한을 부여받았고, 나는 무기력과 수치심을 느껴야 했다.

이런 상황에 대해 내가 병동 책임자에게 그의 행동들에 대해 말할 수 있는 용기가 있었으면 좋았겠지만, 나는 그렇게 하는 대신 내 감정을 직속 슈퍼바이저와 나눴고, 이것이 더 안전한 대안책이라고 느꼈다. 그렇게 함으로써 나는 성범죄자 병동 책임자가 이러한 상황을 잘못 처리함으로 인해 배울 수 있는 기회를 빼앗았고, 내 자신이 그와 맞섬으로 인해 카타르시스와 우월함을 느낄 기회를 빼앗았다. 솔직히 말해서 이 상황을 복잡하게 한 요인은 내가 그에게 매력을 느꼈다는 것이다. 이는 그 당시 내가 깨닫고자 의도했던 것도 아니었고, 깨달을 수 있는 것도 아니었다.

공립학교에서 근무했을 때, 교장은 나를 헌신과 유능함을 갖춘 모범 인물로 종종 치켜세웠는데, 이로 인해 나는 직장에서 친구를 사귀지 못했다. 그가 내 노고를 칭찬하면서 나를 '스타' 선생이라고 부르며 팔을 두른 적도 몇 번 있었다. 나는 불편함을 느꼈지만, 차라리 그의 호감을 받는 것이 더 낫다고 생각했다. 교장의 이러한 행동에 내가 우쭐한 기분을 느낀 것은 확실하다. 많은 젊은 여성들이 이러한 권력의 불균형을 경험하고, 보복에 대한 두려움 때문에 감정을 표현하는 데 어려움

을 느낀다고 생각한다.

슈퍼바이저가 당신의 역할을 폄하하는 경우

정신과 입원병동에서 불안, 우울, 트라우마 병력을 가진 청소년 여자 내담자와 개인미술치료 회기를 진행하고 있을 때였다. 치료과정에서 내담자는 '변형된 책'* 프로젝트를 통해 자해 충동과 같은 격한 감정을 소화하고 책에 담았다. 내담자는 담당 심리치료사와 치료 회기를 진행하는 동안 그녀의 책 속에 담긴 격한 이미지를 나누었다. 언어 심리치료사는 나와 상의도 없이 내담자에게 그녀의 미술작업을 '긍정적인 확언'으로 덮을 것을 유도하였고, 내담자의 작품을 담당 정신과의사에게 설명했다. 이 정신과의사는 내담자의 치료 작품이 담긴 책을 불법적인 물건인 것처럼 취급했고 이 책이 다른 환자들에게 좋지 않은 영향을 줄 수 있다며 압수해갔다. 나는 담당의사의 이러한 행동에 대해 어떤 의견도 제시할 수 없었고, 그저 그의 지시를 따라야만 했다. 이후 내담자는 밝아진 듯한 모습을 보이며 옷을 다르게 입기 시작했고, 치료 회기 동안 표면적인 감정만 담은 작품을 만들기 시작했다. 내담자는 퇴원 뒤 자살을 시도했다. 다시 병원에 입원했을 때, 내담자는 자신의 감정을 표현한 작품이 '나쁘고' 검열을 받아야 한다는 것에 수치심과 벌 받는 느낌을 받아서 본인의 감정을 표현하는 것이 두렵다고 말했다.

나는 이 내담자가 자신의 감정이 작품으로 표현하기에 너무 격하다는 메시지를 받은 것에 좌절감을 느꼈고, 미술치료사와 상의 없이 이러한 결정을 내린 다른 치료사들로 인해 사기가 떨어졌다. 그리고 이 내담자가 재입원을 한 것에 대해 죄책감을 느꼈는데, 나는 내담자가 방어적인 태도로 표면적인 감정만을 표현해왔다는 것을 알았지만 그녀의 담당 정신과의사와 치료사에게 반대하는 의견을 제시할 수 없다고 느꼈기 때문이다. 나는 미술치료사의 역할과 '변형된 책' 프로젝트의 치료 목적을 설명하면서 그들의 우려를 다루는 시간을 가졌어야 했다.

내 슈퍼바이저가 두 달간 휴가를 갖는 동안 나는 정신병원에서 미술치료 인턴으로 일하고 있었다. 슈퍼바이저가 없는 동안 나를 임상 지도해주기로 한 정신과의

---

* 역주: altered book, 책을 원래의 형태에서 다른 형태로 바꾸어 외양과 의미를 변화시키는 혼합 매체 예술작품의 한 형태

사는 이전에 나에게 데이트 신청을 했었는데, 나는 거절했었다. 그 후 두 달 동안 내가 매주 약속된 슈퍼비전을 지키도록 노력했음에도 불구하고, 그는 계속하여 만남을 꺼려했다. 우리가 실제로 만났을 때, 그는 내가 염려하는 것을 다루는 데 있어서 잘난 체하거나 아무런 관심이 없는 듯 보였다. 나는 정말로 의지할 사람이 아무도 없었고, 슈퍼비전을 바라는 내 요구에 대한 그의 반응에 분노와 더불어 무력감과 수치심을 경험했다. 내 슈퍼바이저가 돌아왔을 때 나는 내 경험을 공유하지 않았는데, 왜냐하면 그녀와 정신과의사가 친구사이라는 것을 알고 있었기 때문이다. 내가 정신과의사에게 실망감을 직접적으로 논의했더라면 좋았을 텐데. 나는 잃을 것도 없었고 자신감에 있어서 얻는 것도 많았을 텐데 말이다.

나는 저명한 미술치료사인 초청 연사가 이끄는 워크숍이 포함된 미술치료과정을 수강했던 기억이 생생하다. 예술작품을 만든 후에 우리는 이름이 호명되면, 연사의 코멘트를 받기 위해 예술작품을 들고 방의 앞쪽으로 오도록 되어 있었다. 미술치료사가 내 작품을 해석하는 동안 내 얼굴은 붉어졌다. 그녀의 평가는 고통스러울 정도로 정확했고 나는 학생들 앞에서 눈물을 보였다. 그녀는 자기가 한 말의 영향에 대해서는 언급하지 않았다. 그녀는 자신의 기량을 보여준 것이다. 한 학생을 희생하면서…. 그 워크숍 이후 수십 년 동안, 그 경험은 내 임상뿐만 아니라, 미술치료 학생들의 교육자로서의 업무에도 깊은 영향을 끼쳤다. 나는 학생들이 그들의 예술작품을 서로 혹은 나와 공유하도록 '만들지' 않으며, 그들이 작품을 공유할 때 그것을 해석하지 않는다. 나는 교육과 치료 사이의 선을 지킨다.

미술재료에 대한 주문서를 작성할 수 없어서 나는 이 문제를 직원회의에서 제기했다. 미술재료 없이는 미술치료사로서의 일을 할 수 없다고 설명하자 부서의 책임자는 이렇게 답했다. "당신은 미술치료사잖아요. 창의력을 발휘하세요!" 나는 어리고 경험이 부족했지만 그에게 내가 얼마나 창의적인지를 증명해보이기로 마음먹었다. 내가 전에 들었던 드로잉 수업에서 지역에 있는 출판사로부터 무료 두루마리 종이를 받았던 것을 기억하여 그들과 연락을 취했고, 내가 가져가지 않았다면 어쨌거나 폐기됐을 두루마리 종이를 가지러 가기로 했다. 내 노력의 결과를 자랑스럽게 책임자에게 알리자 그는 기부를 받는 것은 법에 어긋나는 것이라고 큰소리를 쳤다.

나는 아직도 내가 얼마나 당황스러웠고 화가 났는지 기억한다. 만약 오늘날 비슷한 일이 생긴다면, 나는 이 문제를 책임자의 슈퍼바이저에게 가져갈 것이다.

수년 전, 정신병원에서 미술치료사로 일하는 동안, 매해 모든 환자의 작품을 포함한 전시회를 하도록 요구받은 적이 있다. 나는 이에 반대했는데, 그 이유는 환자들은 전시가 아닌 치료 목적으로 예술을 창조하고 있었고 많은 환자들이 그들에게 무엇이 요구되는지 이해하지 못했기 때문이었다. 새로 교육받은 미술치료사로서 나는 이 관행이 환자들에게 최선의 이익이 아니라는 것을 당국에 납득시킬 수 없었다. 만약 오늘 그런 요구를 마주한다면, 나는 참여하기를 원하는 환자들만 포함시킬 것이고 그들은 진정한 사전동의를 할 수 있어야 할 것이다.

우리가 먼저 숨 쉴 수 있어야 한다

슈퍼바이저나 상관 책임자의 잘못된 행동을 비난하기는 쉽다. 하지만 많은 설문 응답자들은 그들 스스로 자신이 처한 상황을 어떻게 처리했는지에 대해 되새기면서 괴로워하고 있음을 보여주었다. 우리는 종종 우리가 가진 가치에 자신이 일관성 있게 대응하지 않는 것에 대해 스스로를 가혹하게 평가한다. 우리에게는 내담자가 필요로 하는 것을 최우선 순위로 대하지 않는 것이 우리의 자아를 소외시키는 것이다. 누군가 또는 어떤 것이 우리의 신념에 따라 행동할 수 있는 능력과 타협하려 할 때, 우리가 만약 다르게 행동한다면 어떻게 될지에 대한 생각을 통해 이러한 경험을 배우는 것은 중요하다. 하지만 우리 자신을 아끼는 것 역시 중요하다. Neff (2015)는 자기 공감을 배우기 위한 8주 프로그램을 고안했는데(http://self-compassion. org/about/), 나에겐 이 프로그램이 꽤 유용했다.

우리가 지치거나, 아프거나, 역전이에 대응해야 하거나, 치료사와 개인의 삶 사이의 경계를 유지하는 것이 어려워서 우리가 바랐던 것들이 최선을 다해도 이루어지지 않았을 때, 슈퍼비전이나 상담, 치료뿐만 아니라 자기 돌봄을 행하는 것이 중요하다. 미술치료사들의 경우, 작품 활동을 통해 자기 돌봄을 할 수 있다. 미술치료사 대부분은 미술치료사가 한 명뿐인 직장에 근무하기 때문에, 우리는 소외감을 느낄 수 있으며, 특히 다른 직원들이 우리 직업을 잘 이해하지 못할 때 그렇다.

신뢰할 수 있는 동료들과 미술치료 슈퍼비전을 위한 팀을 만들고 이러한 활동에 참여하는 것은 우리가 느낄 수 있는 소외감을 없애고 서로의 경험을 통해 배우는 데 도움이 될 수 있다. 비록 대학원을 벗어난 사회에서는 '다시 하기(do-overs)'가 존재하지 않지만, 그다음의 노력으로 '바로잡을 수 있는' 기회를 계속해서 잡을 수 있을 것이라는 점을 기억해야 한다.

반영적 미술경험과 토론을 위한 질문

1. 안전한 공간 안에 '담겨 있는' '수치심'의 이미지를 표현하라.

2. 출생부터 자기 용서 혹은 자기 수용까지의 연속체를 그리고, 그 연속체 위에 자신을 놓아보자.

3. 당신이 미술치료라는 직업을 처음 접했을 때의 자신을 지도하고 있다고 상상해보자. 가능하다면, 실제로 일터 혹은 실습 환경에서 당신의 진실성을 타협했다고 느꼈을 때의 경험을 회상해보자. 좀 더 경험이 많은 미술치료사로서 당신은 (감정적으로, 그리고 언어적으로) 어떻게 반응하는가?

4. 부하 직원 혹은 슈퍼바이지 위치에서 당신의 가장 긍정적인 경험을 떠올려보자. 왜 이 경험이 다른 경험들과 차별화되는지 생각해보자.

참고문헌

Art Therapy Credentials Board (2018). Code of ethics, conduct, and disciplinary procedures. Retrieved from www.atcb.org/resource/pdf/2016-ATCB-Code-of-Ethics-Conduct-DisciplinaryProcedures.pdf

Gerhardt, P. (2011, September). Ethical supervisor behavior: Why it is so important. Retrieved from https://leadershiplessonsblogdotcom.wordpress.com/2011/09/05/the-ethical-supervisor-behavior

Guest, G. (2013, April). Blowing the whistle on bad behavior takes more than guts. Retrieved from www.highbeam.com/doc/1G1-327987845.html

Harris, D. (2012, July). How to work with the biases you bring to every decision.

Retrieved from https://diversitymbamagazine.com/leadership/trust-and-ethics-
for-leaders-the-impact-of-biases-by-doug-harris

Neff, K. (2015, September). The five myths of self-compassion. Retrieved from https://
greatergood.berkeley.edu/article/item/the_five_myths_of_self_compassion

Reamer, F. (2013, June). Help! My supervisor is unethical. Retrieved from
www.socialworktoday.com/news/eoe_062113.shtml

제3부

종결의 그림

앤 코르손 (컬러그림 참조)

치료를 매듭짓지 않은 채 미술치료를 종결하기

아동의 장기치료 종결의 윤리적 문제

P. 구시 클로러

그냥 작은 여우일 뿐이에요

"이 작은 여우 장난감을 갖고 싶어요." 네 살배기 줄리가 마지막에서 세 번째 회기의 말미에 모래놀이상자 장난감을 정리하며 말했다(이 사례에 대한 자세한 분석은 Klorer, 2000, 2017을 참조할 것). 줄리의 어머니는 줄리와 그녀의 오빠에게 총을 겨눈 후 자살했으며, 세상에 떠난 그들과는 달리 줄리는 홀로 남겨져 치료를 받고 있었다.

"글쎄, 다음 시간에 와서 가지고 놀아야 하니 여기 두면 좋겠는데"라고 내가 말했다.

"그럼 빌려가도 될까요?" 아이가 물었다.

"그건 안 될 것 같아. 네 또래의 아이들이 올 때, 가지고 놀 수 있도록 모든 동물 장난감들을 여기에 보관해야 하거든. 너도 여기 왔을 때 동물 친구가 없는 건 원치 않지?"

"다음에 올 때 다시 가져올게요."

"여기에 놓아두고 다음에 오면 그때 갖고 놀자."

"나 화났어요!" 줄리가 소리쳤다.

그날의 회기는 순식간에 눈물바다로 번졌다. 줄리는 울면서 자신은 그저 작은 여우를 원했을 뿐이라며 방을 뛰쳐나갔다.

"줄리, 네가 왜 여우를 원하는지 알 것 같아." 나는 말했다. "아마도 너는 우리가 보낸 시간을 기념할 물건을 갖고 싶은 거야. 너는 여기 와서 즐거운 시간을 보냈고, 그래서 집으로 가지고 갈 만한 걸 원하는 것 같아."

"맞아… '아니에요'!"라고 그녀가 두 손으로 귀를 막으며 소리쳤다.

"왜 그러니? 얘기하기 싫어? 나는 네가 정말 그리울 거야. 네가 내 곁에 와서 우리가 함께 이야기를 나누면 좋겠어."

"싫어요, 말하고 싶지 않아요. 나는 속상해요!"

줄리는 그녀의 아버지와 내가 널브러진 장난감들을 치우는 동안 계속해서 방을 들락날락했다. 팔이 너무 아파서 함께 정리정돈하는 것을 도울 수 없다고 울었으며, 신발을 찾을 수 없다며 또다시 울었고, 신발이 어디에 있는지 기억해냈을 때는 너무 속이 상해서 그것을 주울 수 없다고 말했다. 또 한 번의 강렬한 회기를 위한, 참으로 힘들고 끝나지 않는 마무리였다.

나는 20년 넘게 심한 정신적 외상을 받은 아이들과 함께 작업을 해왔지만, 줄리에 대한 애착이 컸고, 역전이의 감정은 압도적이었다. 나 또한 회기를 종료하고 싶지 않았다. 그것은 너무 이른 종결이었고 줄리는(어쩌면 내가?) 준비가 되어 있지 않았지만, 아버지와 함께 살기 위해 주(州) 밖으로 이사하라는 법원의 명령이 내려졌다. 이 작은 플라스틱 모래놀이상자 장난감은 1달러도 하지 않았고, 수백 개의 장난감 소장품 안에서도 특별히 중요한 것은 아니었다. 아무도 그것을 갖고 싶어 하는 것도 아니었고, 심지어 줄리가 가장 좋아하는 장난감 중 하나도 아니었다. 회기를 종결하는 것은 무척 힘들었고, 아이는 매우 슬퍼했다. 나는 4개월간의 작업을 성공적으로 끝내고 싶었고, 그녀에게 무엇을 제공해줄지 결정하기까지 두 번의 회기가 남아 있었다.

> **내 윤리적 딜레마**
>
> **그냥 작은 여우를 그녀에게 주면 안 됐을까?**
>
> 단순히 줄리에게 여우를 주는 것에 관한 윤리를 고려해보자.

종결의 윤리와 과제

미술치료자격위원회(The Art Therapy Credentials Board: ATCB)의 『윤리, 행동 및 징계절차 강령』(Code of Ethics, Conducts, and Disciplinary Procedures)(2018)에는 "미술치료사는 내담자가 공식적 목표와 목적을 달성했거나 미술치료 서비스로부터 혜택을 받지 못했을 때 미술치료를 종료한다"라고 명시되어 있다(원칙 2.8.1), 이는 위의 사례에서 모두 적용되지 않았다. 미국미술치료학회(American Art Therapy Association: AATA)(2013)와 미국상담협회(American Counseling Association: ACA)(2014)의 윤리 문서에서는 종결과정에서 내담자를 다른 치료사에게로 원활하게 전환하거나 혹은 독립적인 기능을 수행할 수 있도록 충분한 시간을 제공하는 것이 치료사의 책임이라는 점을 언급하고 있다. 그러나 가정위탁보호제도 혹은 거주치료 시설에 속해 있는 아동의 경우, 사전통지 없이 갑자기 거주지가 바뀔 수 있고 판사들은 법원의 명령을 내릴 때 우리의 윤리 문서를 거의 고려하지 않는다.

치료의 가장 중요한 작업은 종종 상실과 버려짐의 문제가 강렬하게 촉발될 때인 종결시 일어난다. 이는 치료사와 내담자 모두에게 매우 어려울 수 있기 때문에, 종결시 많은 윤리적 문제가 발생한다. 아이들과 함께 일하며 자주 발생하는 문제로는 종결을 보상이 아닌 처벌로 인식하는 아이(Hutchinson, 1990), 종결시 내담자에 대해 보호적이거나 소유적이 되는 치료사(Kranz & Lund, 1979), 그리고 객관성을 침해하는 치료사의 구원 환상(rescue fantasies)이 있다. 종결을 둘러싼 질문들은 다양하며 그에 대한 대답은 결코 간단하지 않다. 예를 들면, 내담자에게 작별 선물을 주는 것이 적절할까? 치료사가 직장을 그만둔 뒤 그곳으로 돌아가 치료환경에 있는 내담자를 방문하는 것이 적절할까? 만약 내담자가 마지막 회기의 말미에 매우 충격적인 말을 내뱉을 경우, 종결을 잘 할 수 있도록 또 다른 회기의 약속을 잡아도 괜찮을까? 명확한 규칙이 세워져 있다면 좋겠지만, 많은 경우 그 대답은 '상황에 따라 다르다.' 36년 동안 치료를 진행하며, 몇 차례 규정을 어긴 적은 있지만, 모두 내 스스로의 역전이에 대해 철저히 점검을 마친 뒤 내담자를 위한 최선을 우선시하며 행한 일이었다.

내 윤리적 딜레마

내담자를 대신하여 내려진 결정에 치료사가 동의하지 않을 때 어떤 일이 벌어질까?

나는 라일라가 다섯 살이었을 때 그녀와 함께 치료를 시작했다. 3년 후, 그녀는 성적 학대에 대한 치료에서 많은 진전을 보였다. 그녀의 외상후 스트레스장애의 증상은 여전히 만연했지만 더 이상 자위행위를 하지 않았고 학교에서 자신의 사적인 부분을 보여주지도 않았다. 라일라는 어머니를 면회한 뒤 지속적으로 악몽을 꾸었고, 8살이 되던 해, 더 이상의 면회를 거부했다. 나는 법정에서 어머니에게 불리한 증언을 했고, 그 때문에 어머니의 변호사가 이번 사례에서부터 나를 제명해줄 것을 요청했다. 비록 치료가 끝나려면 아직 멀었고 라일라가 나에게 치료적 애착을 형성하였었음에도 불구하고, 나는 우리가 3년 동안 해온 일을 3주 안에 종결해야 했다. 라일라에게 왜 더 이상 우리가 만날 수 없는지 설명하는 것은 복잡한 일이었는데, 판결에 전혀 동의하지 않았음에도 불구하고 아이 앞에서 판사에 대한 부정적인 말은 할 수 없었기 때문이다. 나 또한 라일라만큼 속상한 상황에서 어떻게 이에 대해 아이에게 알려줄 수 있었을까?

당신은 어떻게 반응하겠는가?

저자의 답변은 부록 B에서 확인할 수 있다.

내 윤리적 딜레마

내담자와 치료사가 친구가 될 수 있을까?

치료가 종결이 된 후, 라일라의 양어머니는 매년 학교 첫날과, 라일라의 아홉 번째와 열 번째 생일에 아이의 최근 사진들을 계속해서 내게 보내주었다. 우리는 회기가 종결된 지 2년 만에 다시 전화로 대화를 나눴다. 양어머니는 라일라가 여전히 나에 대해 이야기를 하고 그리워하고 있다고 했으며, 우리는 라일라와 내가 만나는 것이 적절한지에 대해 숙고했다. 라일라는 여전히 법원 명령에 의해 다른 치료사를 만나고 있었고,

나는 분명히 라일라의 치료사가 될 수는 없는 상황이었다. 우리가 가볍게 친구처럼 다른 환경에서 만나는 것이 괜찮을까? 만약 그렇다면, 어떤 장소가 적당할까?

당신은 어떻게 반응하겠는가?

저자의 답변은 부록 B에서 확인할 수 있다.

대상군, 환경의 형태, 치료기간의 영향

Gil과 Crenshaw(2016)는 특별히 아동 내담자를 대상으로 하는 힘든 종결에 관해 저서 한 권 전체를 집필하는 데에 바쳤고, 노련한 치료사들조차도 종종 종결기에는 좌절감을 느끼고, 감정적으로 영향을 받는다고 언급했다. 내가 가장 힘들었던 종결 중 하나는 학대받는 아이들을 위한 장기 거주치료센터를 떠날 때 일어났다. 나는 그곳에서 9년 동안 근무했고 많은 아이들이 자라는 과정을 지켜보았다. 아이들이 스스로를 사랑받을 수 있는 존재로 경험할 수 있도록 돕는 것은 이 아이들을 위한 치료의 중요한 목표이며, 만약 종결이 적절하게 다뤄지지 않는다면 그동안의 치료가 모두 수포로 돌아갈 수 있다. 이런 환경에서 학대를 당한 아이들과 관계를 맺는 것은 매우 복잡하기 때문에 많은 문제들을 일으킬 수 있다(Klorer, 1993; Nell, 1988). 부모의 부재 혹은 그들의 일관성 없는 개입으로 인해 모성의 전이 및 치료사의 역전이 반응은 매우 격렬하게 나타날 수 있다. 예를 들어 미술치료시간 외에도 나는 아이들과 함께 수영, 승마, 캠핑을 하고 식사를 하며, 그들의 방에서 함께 시간을 보내는 등 가족이 하는 모든 일을 했다. 비록 이러한 일들은 치료사와 내담자 관계의 보편적인 경계를 훨씬 넘어섰지만, 거주치료환경에서는 전혀 문제가 되지 않는 일이다.

　종결시, 직업적인 경계를 유지하는 것은 매우 중요하다. 따라서 아이가 새로운 치료사와 함께 작업하는 것을 방해하지 않으면서도, 부모와 같은 사람에게 또다시 버림받았다고 느끼고 그로 인해 스스로를 무가치하다고 여기는 아이들의 경향에 대해서 주의를 기울일 필요가 있었다. 나는 내가 담당하는 아이들을 모두 한 날에 개별적으로 만나기로 결정했고, 그리하여 아이들이 나로부터 직접 소식을 들을 수 있도록 했다. 나는 내가 떠나는 이유와 아이들의 감정, 그리고 치료에서 그들의 성취감을 충분히 다루기 위해 4주간의 시간을 할애했다. 나는 아이들 한 명, 한 명에게 개인적으로 선물을 주고 싶었으나, 그 마음은 떠나는 내 자신의 죄책감을 반영했고, 만약 아이들이 선물을 비교라도 하게 된다면 문제를 일으킬 수 있었다. 따라서 선물을 주는 대신, 나는 어떻게 작별 인사를 할지 각각의 아이들과 개별적으로 계획을 세웠다. 처음 치료를 시작했을 때, 나는 아이들에게 우리가 서로를 잘 알게 되면 초상화를 그려줄 것이라고 말했었는데, 이는 아이들로 하여금 치료를 받는 동기가 되길 바라는 마음에서 장려한 것이었다. 내가 떠난다는 소식에 많은 아이들이 나에게 그들의 초상화를 그려달라고 부탁하기 시작했다. 나는 아이들의 모든 요구를 들어주었고 마지막 날에 모든 아이들에게 꽃 한 송이를 가져다주었는데, 돌이켜 회상해보면 그것은 아마도 나 자신을 위해 한 행동인 것 같다.

윤리적이고 건강한 종결은 어떤 모습일까?

종결하기 전에 충분한 시간을 가진 내담자들은 미리 그에 대한 감정을 표현하고, 치료적인 성장을 반영하는 동시에, 갑작스럽고 사전에 계획되지 않은 종결을 맞이한 내담자들보다 더욱 긍정적으로 치료실을 떠나는 경향이 있다(Knox, 2011). 언제 종결에 대한 이야기를 꺼내야 할까? 시간이 제한적이고 문제를 해결하는 것에 초점을 맞춘 집단의 리더들은 아마도 첫 회기에서 종결에 대한 과업을 다룰 것이다. 그렇지 않다면, 적어도 종결하기 전에 서너 번의 회기를 미리 준비하여 내담자의 감정을 다루는 데 충분한 시간을 갖고, 그동안의 성취를 반영하고, 예술작품을 검토한 후 작별 인사를 할 계획을 한다. 치료사와 내담자가 함께 의미 있는 종결을 만드는 것은 종결에서 오는 스트레스를 경감시키고, 내담자가 관계를 추억으로 간직할 수 있는 유형의 상징물을 제공한다(Dallin, 1986; Franklin, 1981; Gil & Crenshaw, 2016; Headley, Kautzman-East, Pusateri, & Kress, 2015). 오늘날, 나의 업무는 주로 개인치료실의 아이들과 가족이기에 대부분 종결을 위한 '열린 문(open door)' 기법을 사용한다(Gil & Crenshaw, 2016). 나는 부모와 아이들이 치료실에 돌아오고 싶을 때 다시 올 수 있다고는 말하지만, 그들의 치료적 성취와 치료로부터의 '졸업'을 강력히 지지한다.

맺는 말

종결은 애착과 상실, 강력한 전이와 역전이 감정들의 문제를 불러일으킨다. 치료사가 얼마나 많은 경험을 갖고 있는지는 중요하지 않으며, 종결시의 임상 문제를 잘 다룰 수 있는 중립적인 누군가가 있다는 것이 더 중요하다. 슈퍼바이저 혹은 전문성을 갖춘 동료는 주어진 상황에서 객관성을 제공할 수 있으며, 따라서 치료사는 자신의 필요가 아닌 내담자의 필요를 우선적으로 고려하여 결정할 수 있다.

반영적 미술경험과 토론을 위한 질문

1. 당신이 다루었던 종결 중 '다시 다룰 수 있는' 기회가 주어지길 바랐던 경우를 떠올려보자. 미술매체를 사용하여 이 종결의 두 가지 버전을 모두 표현해보자.

2. 종결은 치료사 자신의 상실에 대한 문제뿐만 아니라 내담자에 대한 상실의 문제도 일으킨다. 당신이 경험한 상실감을 떠올린 후, 어떤 특징을 가진 내담자가 당신의 역전이의 감정을 불러일으킬지 생각해보자.

3. 이러한 내담자군에게 중립을 지키고 경계를 세우려면 어떻게 해야 할까?

4. 다시 볼 수 없는 종결한 내담자를 기리기 위한 예술작품을 만들어보자.

5. 어떤 중요한 사안에서 내담자에 관한 치료팀의 결정과 당신의 의견을 달리한 적이 있는가?

6. 그렇다면, 당시엔 그 사안을 어떻게 다루었는가? 같은 상황에서 지금 다룬다면 다르게 다룰 것인가? 점토를 사용하여 치료팀과 팀에 있는 당신의 역할을 나타내는 조각을 만들어보자.

참고문헌

American Art Therapy Association (2013). Ethical principles for art therapists. Retrieved from www.americanarttherapyassociation.org/upload/ethicalprinciples.pdf

American Counseling Association (2014). ACA Code of ethics. Retrieved from www.counseling.org/docs/ethics/2014-aca-code-of-ethics.pdf?sfvrsn=4

Art Therapy Credentials Board (2018). Code of ethics, conduct, and disciplinary procedures. Retrieved from www.atcb.org/resource/pdf/2016-ATCB-Code-of-Ethics-Conduct-DisciplinaryProcedures.pdf

Dallin, B. (1986). Art break: A two-day expressive therapy program using art and psychodrama to further the termination process. *The Arts in Psychotherapy*, *13*(2), 137-142. doi: http://dx.doi.org/10.1016/0197-4556(86)90021-3

Franklin, M. (1981). Terminating art therapy with emotionally disturbed children. *American Journal of Art Therapy*, *20*(2), 55-57.

Gil, E., & Crenshaw, D. (2016). *Termination challenges in child psychotherapy*. New York: Guilford.

Headley, J. A., Kautzman-East, M., Pusateri, C. G., & Kress, V. E. (2015). Making the intangible tangible: Using expressive art during termination to co-construct meaning. *Journal of Creativity in Mental Health*, *10*(1), 89-99.

Hutchinson, R. L. (1990). Termination of counseling with children: Punishment or reward? *Journal of Mental Health Counseling*, *12*(2), 228-231.

Klorer, P. G. (1993). Countertransference: A theoretical review and case study with a talented client. *Art Therapy: Journal of the American Art Therapy Association*, *10*(3), 32-40.

Klorer, P. G. (2000). *Expressive therapy with troubled children*. Northvale, NJ: Jason Aronson.

Klorer, P.G. (2017). *Expressive therapy with traumatized children* (2nd ed.). New York: Rowman & Littlefield.

Knox, S., Adrians, N., Everson, E., Hess, S., Hill, C., & Crook-Lyon, R. (2011). Clients' perspectives on therapy termination. *Psychotherapy Research*, *21*(2), 154-167.

Kranz, P. L., & Lund, N. L. (1979). A dilemma of play therapy termination anxiety in the therapist. *Teaching of Psychology*, *6*(2), 108-110.

Nell, R. (1988). Transference and countertransference in a therapeutic community. *Dynamic Psychotherapy*, *6*(1), 61-66.

미술치료사가 내담자보다 먼저 떠날 준비가 되었을 때

개인치료실 문을 닫을 때의 윤리적 문제

데보라 A. 굿

임상을 그만둘 때 그리고 그와 관련된 내담자를 위한 최선의 윤리적 결정을 내릴 때 직면해야 하는 어려움에 대해 나에게 말해준 사람은 아무도 없었다. 뇌졸중으로 갑자기 쇠약해진 내담자나, 치료의 마지막 주에 자녀가 예기치 않게 사망한 내담자를 당신은 어떻게 떠날 수 있을까? 이러한 문제들은 내가 몇 달 전 임상을 그만두었을 때 직면했던 어려움의 일부이다.

나는 44년 동안 정신건강 분야에서 일을 했고, 26년간 집단치료를 진행하면서 많은 고민과 고민 끝에 집단치료에서 은퇴하기로 결심했다. 비록 그 기관이 장기치료를 종결하는 것에 대한 명확한 지침을 가지고 있지는 않았지만, 나는 내가 속해 있는 미국미술치료학회(AATA), 미술치료자격위원회(ATCB), 미국상담협회(ACA)에서 각각의 윤리규정지침을 찾았다. 나의 주된 관심사는 나와 2년에서 20년 동안 함께 시간을 보냈던 모든 내담자들에게 내 은퇴 날짜에 대해 정확히 알리는 것과, 그들이 필요한 경우 새로운 치료사에게 의뢰받을 수 있도록 하는 것이었으며, 내가 담당했던 기관에서 그들의 기록을 안전하게 보관해준다는 것을 이해시키며(Hartsell & Bernstein, 2008), 우리의 치료적 관계에 대해서 철저하고 신중한 결말을 제공해주는 것이었다. 우리 관계의 필연적 종결을 준비하기 위해 1월에 나는 그들에게 내가 올해 말에 은퇴할 것을 통보했다. 그렇게 했어도, 은퇴 4개월 전 예정된 치료시간에 내담자들과 이야기를 나누었을 때, 몇몇은 치료가 끝나가고 있다는 것을 알고 낙담했다고 말해주었다. 종결과정이 진행되면서 대부분의 내담자들은 감사함을 표했고 격려를 아끼지 않았으나 그렇지 않은 사람들도 있었다.

나의 임박한 은퇴에 대한 반응

내 윤리적 딜레마

내담자가 먼저 작별인사를 고하는 경우

내가 은퇴 날짜를 정하기 6개월 전, 나는 의료시술을 받아야 했다. 나는 해리성 정체성장애(DID)와 외상후 스트레스장애(PTSD) 진단을 받은 내담자 카린에게 시술로 인해 며칠간 사무실에 없을 것이며 전화가 되지 않을 수도 있음을 알렸다. 카린은 의료 분야에서 일하며 스스로의 업무능력에 대해 자부심을 가지고 있었다. 그럴더라도, 나에게 즉각적인 조치가 필요한 의학적 문제가 있다는 생각은 우리의 치료적 관계에서 그녀를 불안정하게 했다. 카린의 진단과 심각한 애착 문제는 그녀에게 전달되는 정보를 소화하지 못하도록 방해했고 그녀는 즉시 내가 자기 돌봄에 소홀한 것에 대해 나를 꾸짖었다. 그녀에게 있어서 우리의 치료적 혹은 '애착 관계'(Bowlby, 1969/1982)의 정서적 참여는 위협받았고, 따라서 그녀 또한 위협받았다. 그녀는 말로 너무 심하게 나를 공격해서 내 사무실과 가까운 주변에서 진행되고 있던 여러 다른 치료 회기들마저 중단되었다. 나는 그녀에게 감정을 쏟아내게 한 뒤 그녀의 걱정거리가 무엇인지는 알고 있지만 회기가 통제 불능이 되었기에 다음 주 그녀의 회기에서 이 문제에 대해 이야기할 수 있기를 바란다고 말했다. 당시 그녀와 대화를 지속하는 것은 헛된 일이었을 것이며, 몇몇의 다른 내담자들과의 회기를 심각하게 지연시켰을 것이다.

다음 주가 돌아왔고, 카린은 자신의 행동에 대해 사과하면서 내가 그녀에게 큰소리를 친 것에 대해 사과하기를 기대했다고 말했다. 나는 내가 그녀에게 큰소리를 쳤다는 것에 동의할 수 없었고, 우리가 그 점에 대해서는 동의하지 않는다는 것에 대해 합의할 필요가 있을 것이라고 답했다. 그날 저녁 늦게, 카린은 나에게 개인 음성 메시지를 남겼는데, 그녀의 상황적 인식에 대한 내 믿음이 부족하기 때문에 치료를 끝낸다고 통보하였다. 나는 그녀가 이 사건을 통해 과거에 다른 상황에 대한 그녀의 반응들을 점검하고 공감적인 방식으로 애착에 대한 우려를 다룰 수 있기를 희망했으며, 과거의 트라우마에 의해 영향을 받고 있는 현재의 행동들을 되돌아볼 수 있는 계기가 되길 바랐다.

당신은 어떻게 반응하겠는가?

저자의 답변은 부록 B에서 확인할 수 있다.

내 윤리적 딜레마

내담자가 너무 많은 변화를 경험하는 경우

랄프의 아버지는 병을 잠시 앓다가 최근에 세상을 떠났고, 홀로 남겨진 그의 어머니는 스스로를 돌볼 수 없는 상태였다. 랄프는 유산을 정리하고, 어머니를 위한 의료시설을 찾으며 그가 어린 시절에 살던 집을 정리하고 팔기 위해 자주 국토를 횡단했다. 랄프는 그와 그의 아내가 은퇴할 수 있도록 자신의 집 외에도 한 채를 더 증축하는 것을 막 끝낸 상태였다. 그는 지난 몇 년간 자신을 괴롭히는 경미한 신체적 문제를 겪고 있었는데, 그 문제로 안면 근경련이 생기기 시작하며 연주자라는 직업을 가진 그를 당혹스럽게 만들었다. 여러 차례 의료시술과 물리치료를 통해 상태를 완화한 뒤, 그는 몸을 진정시키고 마음을 편안하게 하며, 스스로 인내심을 가지면서 조절할 수 있다는 느낌을 받기 시작했다. 명상은 그의 일상생활에서 중요한 부분이 되었다.

1월에 나는 랄프에게 여름에 내 치료실 문을 닫을 것이라고 말했다. 다음 몇 달 동안, 그는 어머니와 그녀의 집을 돌보기 위한 수많은 이동으로 인해 정기적인 약속을 잡을 수 없었다. 그의 형제들은 어머니의 건강에 대한 모든 책임을 그에게 떠맡겼고, 아버지의 죽음과 어머니에게 생긴 변화들에 대해 슬퍼할 시간을 거의 남겨두지 않았다. 그는 극심한 스트레스와 과중한 부담을 느꼈고, 불안 때문에 약을 복용하는 것을 고려했으며, 상황적 우울증으로 검사받을 생각을 했다. 나는 그가 주치의와 이야기하도록 격려했다.

치료실이 문을 닫기 전 6개월 동안 나는 랄프를 네 번 만났고, 만남 사이에도 긴 공백이 있었다. 비록 내가 그에게 나의 마지막 출근 날짜를 상기시켰고 그는 내가 은퇴하기 전에 나를 몇 번 만나겠다고 약속했지만, 그는 그렇게 할 수 없었다. 내가 근무 마지막 주에 회기 일정을 잡으려고 그에게 전화를 했을 때, 그는 그 주에 시내에 없을 거라고 말했다. 랄프는 화가 났다. 그의 주치의는 막 은퇴했고, 나도 은퇴할 예정이었으며, 랄프는 버림받은 기분이 들었다. 나는 랄프를 내 동료 중 그에게 적합하다고 생각되는 임상가에게 의뢰했다. 내가 랄프에게 그에 대한 정보를 알려주려고 전화했을 때, 랄프는 내가 그를 '떠넘겼다'고 언급했다. 랄프는 내가 의뢰한 임상가와 자신의 사례에 대해 의논하도록 동의해주었기에, 즉시 치료사에게 랄프와 가능한 한 빨리 약속을 잡고 그의 감정 상태를 관찰하도록 이야기했다.

당신은 어떻게 반응하겠는가?

저자의 답변은 부록 B에서 확인할 수 있다.

내 윤리적 딜레마

내담자가 종결을 거부하는 경우

벳시는 20년 전에 나와 함께 치료를 시작한 중년의 여성이었다. 그녀는 아동학대와 트라우마에 관한 악몽을 꾸고 있었고, 미술치료가 도움이 될 것이라고 생각했다. 그녀는 분명히 큰 상처를 입었고 어린 시절과 어른이 되어서도 수많은 학대를 겪었다고 보고했다. 빈정대고 종종 비꼬는 듯한 그녀의 말투는 주변의 동료들을 화나게 만들었고 그녀의 업무 성과에도 영향을 주었다.

벳시는 미술치료를 통해 안전함을 느꼈고 매주 참여했으며, 종종 회기 사이 감정을 안정시키기 위해 작품을 만들었다. 20년 이상의 치료기간 동안, 그녀는 학대에 대한 잊히지 않는 기억들로 인한 큰 고통, 내적 분열 및 극도의 외로움을 담고 있는 그림을 만들어냈다. 비록 벳시가 외상후 스트레스장애라는 진단을 받았지만, 그녀의 행동은 성격장애를 보여주는 지각과 대인관계의 왜곡을 반영하고 있었고(van der Kolk, McFarlane, & Weisaeth, 2007), 더 명확하게는 경계선 성격장애(American Psychiatric Association, 1994)를 보이고 있었다. 치료는 벳시가 다른 사람들에게 자신을 표현하는 방식과 이것이 사람들과의 관계에 어떠한 영향을 미쳤는지에 대해 이해하는 것에 중점을 두었고, 그녀가 자기조절능력을 향상시키고, 침습적 기억을 줄이며 자기 돌봄에 집중하게 하였다. 벳시가 분리적 삽화(dissociative episodes)를 경험한 것이 침습적인 트라우마 사고의 대처 수단인 것이 명백해졌을 때, 그녀가 집에서 할 수 있는 현재에 집중하는 것에 도움되는 기초적인 접지 기술*과 예술 활동을 치료에 추가했다.

　벳시와의 관계는 강렬했고, 거부반응이 잇달아 나타났다. 친구관계는 언제나 지속되지 못했고, 사회적 상호작용은 줄어들었다. 그녀에게 있어서는 치료야말로 유일하게 안전한 장소인 듯했다. 치료적 관계에 대한 과의존은 전이를 물들이게 했는데, 이는 보다더 건강한 관계로 발전하기 위한 기초적인 역할을 하는 대신, 그녀가 앞을 향해 나아갈 수 없도록 하는 장소가 되어버렸다. 이는 어린 시절, 적절한 애착의 결핍과 불안정한 애착 발달이 같이 일어난 상태를 보여주었다(Ein-Dor, 2015).

　치료작업을 하는 내내, 벳시는 나에게 '무언가'가 일어날 것 같은 강렬한 두려움을 묘사한 많은 그림을 그렸다. 그녀는 나에게 어떤 끔찍한 일이 생기면 그녀에게도 안 좋은 어떤 일이 일어날 거라고 믿는 것 같았다. [그림 50.1]은 비행에 대한 그녀의 강한 두려움을 반영하며, 내가 불에 타고 있는 비행기에서 낙하산으로 뛰어내리고 있는 모

그림 50.1 버려짐에 대한 두려움

---

* 역주: grounding techniques, 현재와 접촉하도록 돕는 기법

습을 보여준다.

벳시에게 연민을 가지고 접근하는 동안 건강한 경계를 세우고 모범을 보이며, 상황이 발생함에 따라 그것을 재구성하는 것이 지속적으로 필요했다. 행동반응을 재훈련하기 위해 상황을 재구성하고, 그것이 생성하는 반응을 보기에는 많은 시간이 소요된다. 미술치료는 그녀의 상호작용을 도표화하거나 만화화하는 것에 매우 효과적이었기 때문에 이러한 문제들을 살펴볼 수 있는 훌륭한 공간을 제공했다. 도화지는 각 행동 선택으로 인해 발생할 수 있는 결과를 보여줌으로써 상황에 대한 적절하고 부적절한 반응을 연습할 수 있는 장소가 되었다. 벳시는 좋아지는 것 같았고 나는 그녀의 회기 약속을 2주에 한 번 만나는 것으로 바꿨다.

벳시는 사회 활동을 늘리고 자신의 재능을 사용할 수 있는 방법을 찾고 싶다고 결심했다. 그녀는 노래를 부를 수 있고 자신이 배웠던 악기 하나 정도 연주할 수 있을 법한 성가대에 들어가기로 결정했다. 내가 휴가에서 돌아온 후 그녀를 만났을 때, 그녀는 내가 없는 동안 불안감이 줄어들었다고 말했다. 그녀는 우리가 논의했던 예술과 접지 기술을 사용했고, 성가대에 참여하여 만난 몇몇 사람들에게 편안함을 느꼈다. 합류한 성가대에 대해 더 말해달라고 했을 때, 그녀는 이 성가대가 교회 안에 있다고 말했는데, 바로 내가 다니는 교회임을 그녀는 이미 알고 있었다.

벳시의 대답에 나는 깜짝 놀랐다. 내가 살고 있는 도시는 종종 소도시처럼 보이고 가끔 내 삶은 현 내담자와 이전 내담자의 삶과 교차한다. 나는 내 내담자의 사생활을 깊이 존중하고, 내가 초대받거나 그들이 나에게 다가올 때에만 내담자에게 다가간다. 친구나 가족 중 내가 누구랑 인사를 했는지 묻는다면 다소 상황이 불편해질 수 있다. 대답을 해달라고 계속 재촉한다면, 내담자가 제안한 "직업상 아는 사람이에요"라는 코멘트로 응답한다. 나는 이 설명이 충분하고 광범위한 가능성을 내포한다는 것을 알았다. 초반에 벳시는 내 사생활을 존중하는 것처럼 보였고, 회기 밖에서 우리 상호작용은 최소한으로 이루어졌다. 나는 교회에서 아무도 그녀가 내 내담자라는 사실과 우리의 직업적인 관계에 대해 알지 못한다고 굳게 믿었다.

벳시는 1년 안에 직장을 그만둘 것이라는 것과 그녀의 퇴직 소득을 보충하기 위해 다른 일을 찾는 것에 대해 종종 언급했다. 나는 벳시에게 그녀가 은퇴하기로 계획한 그 여름에 이 치료실도 문을 닫을 것이라고 말하며, 남은 치료기간 동안 그녀가 구상해놓은 은퇴 계획과 서로의 관계에 대한 끝맺음에 대해 이야기해보자고 말했고, 그녀는 마지못해 동의했다. 이때는 치료실 문을 닫기 1년 전이었다. 6개월 후, 그녀는 내게 자신이 목사님께 과거의 성적 학대에 대해서 털어놓으며 내가 그녀의 치료사라는 것을 말했다는 이야기로 회기를 시작했다. 그녀는 또한 목사님께 내가 변하고 있고, 거리감을 두는 것 같다고도 말했다고 했다. 벳시는 내가 곧 은퇴하는 것을 두려워했고, 그에 대한 마음의 준비가 되어 있지 않다고 말했다. 나는 우리가 6개월 전 나누었던 대화에 대해 상기시켜주었으나 그녀는 이에 대해 생각하고 싶지 않다고 말했다. 나는 내가 그녀에게 이미 여러 번 알려주었고 그녀의 은퇴와 관련해서 이야기를 나눌 수 있는 6개월의 시간이 있다며 그녀를 안심시켰다. 그녀는 위협을 느끼거나 스트레스를 받을 때마다 그녀에게 안정감을 주는 삼각형을 그렸다. 짙은 채색과 윤곽을 나타내는 삼각형은 퇴행 상태에서의 정서적 스트레스 수준을 의미한다(Bender, 1938, 1946; Drachnik, 1995). Rhyne(1979)과 Spring(1993)의 연구에 따르면, 내담자가 위협을 느끼거나, 불안하거나, 흥분할 때 쐐기 모양 혹은 삼각형이 그림에 나타난다고 한다.

벳시는 그녀의 삶의 변화에 스트레스를 받았다. 그녀는 자신이 무조건적으로 수용된다고 느꼈던 치료적 관계를 끝내도록 강요받고 있었고, 새로운 사람과 치료를 시작한다는 생각이 그녀를 두렵게 만들었다. 벳시는 직장을 그만두고 싶었지만, 다른 대안이 없었으며 경제적인 안정이 우려되었다. 비록 그녀에게는 임시적인 일자리를 구할 시간이 충분했지만, 벳시는 나와의 치료가 끝나기 전까지 어떠한 노력도 하지 않았다.

최근 벳시를 교회에서 볼 때면, 그녀는 종종 나와 개인적으로 이야기하길 바란다. 그녀는 내가 그립다는 내용의 카드를 우리 집으로 보냈고, 나의 개인 음성사서함에 그녀의 최근 소식에 관해서 남기곤 한다.

당신은 어떻게 반응하겠는가?

저자의 답변은 부록 B에서 확인할 수 있다.

내 윤리적 딜레마

아무도 예상하지 못한 경우

카리나는 만성적인 우울증에 시달리고 있으며, 화학적 불균형으로 인해 이따금씩 절망의 구렁텅이에 빠진다. 그녀가 우울삽화를 보일 때면, 비통하게 울음을 터뜨리고 며칠 동안 집 밖으로 나가지 않는다. 여러 신체적 질병은 그녀가 꾸준하게 일을 하지 못하도록 방해한다. 10년 전에 그녀는 창작에 대한 관심으로 인해 미술치료를 받도록 나에게 의뢰되었다. 만성적인 고통에도 불구하고, 카리나는 예술을 다양한 형태로 계속해서 만들며 큰 기쁨과 만족감을 얻었다. 지난 몇 년간, 우리는 그녀가 예술적인 시도에 흥미를 잃었을 때, 그녀의 우울증이 악화되고 있다는 징후라는 것을 알았고, 그녀의 약이 효과가 있을 때 그녀는 많은 창작물을 만들었다. 그녀가 만든 섬유와 도자기 공예 창작물 중 몇 작품은 [그림 50.2]에서 볼 수 있다.

그림 50.2 카리나가 만든 도자기 단추가 달린 털실로 뜨개질한 지갑

카리나는 근처에 가까운 친척 한 명 없이 혼자 산다. 그녀의 부모님은 돌아가셨으며, 다른 주에 거주하는 친언니들과는 껄끄러운 관계를 맺고 있다. 그녀는 자신이 좀 더 보살핌을 받길 바라는 가족관계에 대해 끊임없이 슬퍼하고, 더 호감 있고 예쁘거나, 사랑받지 못하는 자신을 질책한다. 그녀는 우리가 함께 치료를 시작하기 직전에 세상을 떠난 어머니의 죽음에 대해 자책하며, 그녀가 할 수 있는 일이 있었을 것이라 믿고 있다. 그녀의 어머니는 알츠하이머 합병증으로 돌아가셨다. 카리나는 자신에게 어머니와 비

숫한 증상이 나타나지 않을까 걱정하며 만약 자신에게 무슨 일이 생기면 누가 자신을 돌보아줄지에 대해 걱정한다.

카리나는 대부분의 활동을 교회를 중심으로 두고 있으며, 교회 공동체는 그녀에게 대리 가족이 되었다. 교회는 또한 그녀가 매주 받는 치료를 지원한다. 이처럼 꾸준히 보살펴주는 무조건적인 관계는 카리나 삶의 공백을 채우는 듯하다. 내가 그녀에게 은퇴할 거라고 말했을 때, 그녀는 매우 걱정스러워졌다. 비록 우리는 그녀를 기관 내의 다른 치료사에게 넘겨주도록 주선했지만, 그 치료는 내가 은퇴할 때까지 시작되지 않았다.

내가 은퇴한 지 일주일 뒤에 카리나는 심한 뇌졸중으로 쇠약해져 병상에 누워 있어야만 했고, 걷거나 손을 쓸 수도 없었다. 그녀가 자신에게 무슨 일이 일어났는지 이해하지 못하게 되면서 우울증은 더 심해졌다. 나는 카리나가 뇌졸중을 겪었으며 그녀가 나를 찾고 있다는 연락을 받았다. 그녀는 병원에 입원했고 그녀의 언니들은 그녀의 치료를 위한 영구적인 준비를 위해 시내에 도착하고 있었다. 그녀는 앞으로의 남은 삶을 요양시설 안에서만 지내게 될 것이다.

당신은 어떻게 반응하겠는가?

저자의 답변은 부록 B에서 확인할 수 있다.

내 윤리적 딜레마

불가능한 종결의 경우

노린은 자신에게 깊은 불안감을 주는 것 외에도 뇌리에서 떠나지 않는 불분명하면서도 불쾌한 과거에 얽힌 질문에 대한 답을 찾고 있었다. 그녀는 여러 번 결혼했고 10대 때 두 아이를 낳았다. 그녀는 한 명의 친구가 있었고, 몇몇의 사회활동에 참여하고 있었다. 몇 가지 신체적 문제로 인해 그녀는 이전에 만족감을 가져다주었던 많은 일들을 할 수 없었다. 노린은 치료가 삶의 변화와 그녀의 과거와 관련된 불안의 감정을 다루는 데 도움이 될 수 있기를 바랐다.

노린이 그림을 그리고 싶어 하지 않았기 때문에 나는 그녀에게 다양한 콜라주 재료와 종이를 제공했다. 그러자 바로 그녀는 잡지 사진을 찢기 시작했고 그녀가 정확히 놓고 싶은 곳에 배치하기 전까지 조심스럽게 사진들을 종이 위에 올려놓았다. 여러 콜라주를 만든 후, 그녀는 나에게 고개를 돌려 "이것들에 대해 말해주세요"라고 말했다. 나는 그녀에게 이미지의 배치와, 각각의 이미지와 다른 이미지와의 관계, 그리고 왜 그녀가 이러한 이미지들을 선택했는지에 대해 질문하는 것으로 시작했다. 천천히, 콜라주는 이야기를 들려주기 시작했다. 어느 날, 노린은 어머니와 이모의 사진이 담긴 액자를 몇 개 가지고 와서 나에게 그들의 관계, 특징과 성격, 그리고 마침내 그들의 삶과 죽음에 대한 이야기를 들려주었다. 계속되는 콜라주 작업을 통해서 그녀는 자신의 기억을 불러낸 소리와 냄새를 떠올렸다. 이때쯤 노린의 사촌이 그녀를 방문했고, 그들은 오후 내내 가족과 그들 서로가 기억하는 것에 대해 이야기를 나누었다. 하루가 끝날 무렵 그들은 가족의 과거에 대한 포괄적인 기억을 하나로 연결했다. 노린은 자신이 발견한 것에 대해 슬퍼했지만, 가족에 대한 진실을 알게 되어 다행으로 여겼다.

미술치료와 다시 불붙은 그녀의 사촌과의 관계는 노린이 자신을 괴롭혔던 것과 그녀의 삶에서 놓쳤던 것을 밝혀내는 데 도움을 주었다. 그녀는 잠을 더 잘 자기 시작했고 몇 달 동안 해결되지 않았던 건강 문제에 대해 노력을 기울이기 시작했다. 그녀는 나에게 치료를 끝낼 준비가 되어 있다고 말했고, 내가 은퇴하더라도 다른 치료사에게 가지 않아도 된다고 말했다. 나는 그녀의 진전에 기분이 좋았고 그 의견에 동의했다.

내가 마지막으로 출근하기 일주일 전, 노린의 딸이 예기치 않게 사망하였다. 그녀는 엄청나게 충격을 받았고 그녀의 딸과 함께 있지 않았기 때문에 죄책감에 사로잡혀 있었으며, 슬픔을 어떻게 감내해야 할지 몰랐다. 그녀는 딸의 유해를 수습하러 동네를 떠나야 했기 때문에 우리의 마지막 회기를 취소해야만 했다.

당신은 어떻게 반응하겠는가?

저자의 답변은 부록 B에서 확인할 수 있다.

맺는 말

해리성 정체성장애와 중증 외상후 스트레스장애, 또는 이중진단을 받은 사람들과 작업을 할 때는 감정적 거리를 유지하는 것이 중요하다. 현재의 딜레마를 해결하기 위해 내담자와 관계를 맺는 것과 내담자의 이야기 및 과거의 트라우마에 감정적으로 얽히는 것 사이의 균형을 유지해야 한다. 나는 카린과 벳시가 나를 대하는 태도에 쉽게 화가 나거나, 마음의 상처를 입거나, 기분이 상할 수 있었다. 내담자의 병리적인 상태가 이런 방식으로 나타난다는 점을 기억하는 것은 공격적이거나 혹은 수동 공격적인 행동을 개인적으로 받아들이지 않는 데 도움이 된다. 이것은 또한 내담자가 다른 사람들과 어떻게 상호작용을 하는지를 보여주고, 그가 건강하고 장기적 관계를 유지할 수 있는 능력이 얼마나 부족한지를 보여준다.

그 수준에 관계없이 우울증을 겪고 있는 내담자들은 명확하게 생각할 수 없고 그들이 할 수 있는 가장 최상의 결정을 내릴 수 있도록 치료사를 의지한다. 내담자와 치료사 사이의 깊은 관계는 많은 내담자 삶의 다른 측면에서는 찾기 어려운 자기표현의 안전한 장소를 제공한다. 내담자가 새로운 친밀한 안전 장소를 찾는 것을 돕는 일은 어려울 수 있지만, 치료를 종료하는 과정의 중요한 부분은 내담자가 새로운 치료사와 다시 시작할 수 있도록 힘을 주는 것이다.

치료실을 정리하며, 나는 수많은 치료적 관계를 한꺼번에 끝맺는 과정에 관여할 수 있는 수많은 지층과 일어날 수 있는 상황들에 대해 알지 못했다. 치료실 청소를 끝낸 날, 회기가 종결된 내담자에 대한 내 책임은 끝나지 않았다. 그들이 나와의 치료에서 벗어나 새로운 치료관계로 전환하는 과정에서 얼마나 오랫동안 도움을 줄 것인가 하는 딜레마는 각각의 사례에 따라 별개로 분리하여 결정할 수 있을 것이다.

> **반영적 미술경험과 토론을 위한 질문**
>
> 1. 임상을 그만두는 것은 감정적이면서도 매우 전문적인 경험이다. 당신 인생에서 다른 페르소나로 전환되는 감정을 당신은 어떻게 표현할 수 있겠는가? 이와 같은 직업적인 변화를 한다는 것은 어떤 모습일까? 이러한 인생의 변화를 만드는 것에 대한 감정을 반영한 예술작품을 만들어보자. 그리고 이러한 변화를 만든 것에 대한 당신의 전문가적 식견을 담은 작품을 만들어보자. 그리고 이 두 작품을 비교하고, 이 작품과의 교감을 글로 남겨보자.
>
> 2. 여러 차례 반복적으로 시험을 받은 당신의 윤리적 경계가 어떤 의미를 갖는지 상상해보라. 이렇게 상상된 이미지에 모양, 색상, 형태를 부여해보자. 그리고 그러한 경

계가 산산조각 나는 것을 상상해보자. 산산조각 난 이미지에 모양, 색상, 형태를 다시 부여해보자. 두 이미지를 비교하고 이 창작과정에 대한 당신의 생각이나 감정을 글로 남겨보자.

3. 내담자의 고통과 분노에 대한 이미지를 듣고 보면서 느끼는 감정적 스트레스를 당신은 어떻게 다루는가? 스스로를 위한 어떤 자기 돌봄을 규칙적으로 행하는가?

4. 당신이 내담자에게 더 이상 치료를 제공할 수 없을 때, 내담자의 치료를 의뢰하기 좋은 치료사는 누가 될 것이라 생각하는가? 어떤 기준으로 당신은 결정을 내릴 것인가?

참고문헌

American Psychiatric Association (1994). *Diagnostic and statistical manual of mental disorders* (4th ed.). Washington, DC: Author.

Bender, L. (1938). *A visual motor Gestalt test and its clinical use.* New York: American Orthopsychiatric Association.

Bender, L. (1946). *A Bender motor gestalt test.* Washington, DC: American Orthopsychiatric Association.

Bowlby, J. (1982). *Attachment and loss. Volume 1: Attachment.* New York: Basic Books. (Original work published 1969)

Drachnik, C. (1995). *Interpreting metaphors in children's drawings.* Burlingame, CA: Abbeygate Press.

Ein-Dor, T. (2015). Attachment dispositions and human defensive behavior. *Personality and Individual Differences, 81,* 112-116.

Hartsell, T. L., & Bernstein, B. E. (2008). *The portable ethicist for mental health professionals.* Hoboken, NJ: John Wiley & Sons.

Rhyne, J. (1979). *Drawings as personal construct: A study in visual dynamics.* Unpublished doctoral dissertation. University of California, Santa Cruz, CA.

Spring, D. (1993). *Shattered images: Phenomenological language of sexual trauma.* Chicago, IL: Magnolia Street.

van der Kolk, B., McFarlane, A., & Weisaeth, L. (Eds.). (2007). *Traumatic stress: The effects of overwhelming experience of mind, body and society.* New York: Guilford Press.

부록 A

개인치료실 계약서[*]

앤 밀스

다음 6쪽은 앤 밀스가 2017년에 개발한 개인치료실의 계약서이다. 2장에서 언급했듯이 사회, 윤리강령 및 법률이 변화함에 따라 지침이 마련되어야 하며 새로운 현안을 다뤄야 한다. 그런 이유로, 그녀는 자신의 계약서를 일 년에 세 번 갱신한다.

앤은 독자들이 자신의 계약서 전부를 그대로 사용하거나 일부만을 적용하는 것을 환영한다고 말한다. 그러나 독자들은 계약서를 사용시 자신에게 적용되는 법률이나 규정, 윤리강령에 맞게 계약서를 조정하고, 정신건강 관련 법률 전문 변호사의 검토와 수정을 거치는 것의 책임은 오직 스스로에게 있다는 점을 반드시 기억하기 바란다.

앤은 미국 도시의 비법인사업체의 소유주로서 이 글을 쓴다. 그녀는 치료실의 유일한 치료사이다. 그녀는 아동과 성인에게 미술치료와 다른 정신건강 서비스를, 정신건강 전문가들에게 슈퍼비전과 상담을 제공한다. 이와 같은 기술이 당신이나 당신의 임상, 정책 등과 유사하지 않다면 당신의 계약서는 상당히 다를 수 있으며, 앤의 치료실에 맞는 선호도나 문제해결 방안이 당신에게는 적절하지 않을 수도 있다. 그 외 주의사항은 2장에서 확인할 수 있다.

---

* 역주: 앤 밀스의 챕터는 계약서 행을 중심으로 설명이 이루어졌다. 그러나 번역과정에서 행 번호가 바뀌었기에 원문을 부록에 함께 싣게 되었다. 독자들은 원문의 행에 담긴 내용을 참고하여 번역본을 확인할 것을 권한다.

Anne Mills, MA, ATR-BC, LCPAT, LPC
Registered and Board Certified Art Therapist
Licensed Professional Counselor #PRC 1127

Art Therapy Services
P.O. Box 9853, Alexandria, Virginia, 22304
phone (703) 914-1078 fax (703) 663-8817
<annemills@cox.net> http://www.anne-mills.com/

Studio/Office: 3811 Porter St. NW, 2nd floor, Washington, D.C. 20016

Welcome to my practice. I am pleased to have the opportunity to serve you. Please ask questions at any time. This document contains important information about my services, business policies, and your privacy and other rights. Summary information is given about the Health Insurance Portability and Accountability Act (HIPAA), a federal law that covers the use and disclosure of your Protected Health Information (PHI).

Services Offered

I am a licensed professional counselor in the District of Columbia, where I practice, and am a registered and board certified art therapist. I am a licensed clinical professional art therapist in Maryland. I offer art therapy evaluations, art psychotherapy, counseling, consultation by Skype, Intensive Trauma Therapy, hypnotherapy, family art evaluations, sandtray, Eye Movement Desensitization and Re-processing (EMDR), and other related services. I have no specialized training in distance counseling.

The process of making art may be tremendously beneficial to some individuals while, at the same time, there are some risks. The risks may include increased awareness of feelings, facing unpleasant thoughts, or alteration of an individual's ability to deal effectively with others. I am available to discuss any possible negative side effects of our work together.

Art therapy is not like a medical doctor visit, and there are no guarantees of what you will experience. Instead, it calls for a very active effort on your part. In order to have a successful experience, you will have to work on things we talk about, during our sessions and at home.

Should you become involved in legal proceedings that require my participation, you will be expected to pay for my professional time and expenses, even if I am called to testify by another party. Court proceedings are often adversarial experiences. You may have the right to protect certain information that I may be called to testify about. I strongly encourage you to engage an attorney to advise you about your rights. My role and my fees differ for this service and I will provide you with my fees in the event that I am called to testify. I would appreciate it if you would discuss this with me in advance and I also refer you to the section below regarding confidentiality.

Because of the nature of my practice, I often require as a precondition that you have a treatment team. In this way, I can best serve the needs of the client who is dealing with especially difficult issues, is distressed, or where the use of medication or hospitalization may be required. When I am working as part of a team, I will ask that you sign a release form to allow me to discuss our work in order to collaborate as a team. When you have a treatment team, it is

574 부록 A

46 important that you are clear about who is your 'primary therapist'—that is, the person who you
47 see most often and your main professional resource outside of sessions. My expectation is that
48 the primary therapist will be updated at regular intervals on the work you are doing with other
49 team members.
50
51 Contact Information
52
53   Please tell me how you wish to be contacted for routine matters: ___ personal e-mail
54 ___ work e-mail ___ mobile phone ___home phone ___ work phone ___ postal mail. Your
55 signature on this contract authorizes me to contact you by the check marked methods.
56   Due to my work schedule, I am usually not immediately available by telephone. You can
57 leave a confidential voice message for me at the number above. I check for messages once a day and
58 I use my best efforts to return calls within 24 hours or the next business day.
59   If you need to contact me between sessions, the best way is by texting. Telephoning is
60 second best, and my voicemail is a safe and confidential place to leave personal information.
61 Normal unencrypted e-mail is good for setting up appointment times. Encrypted e-mail is a good
62 way to update me with feedback or detailed information.
63   If you use e-mail to send content related to your therapy sessions, please know that it may not
64 be secure or confidential. If you choose to communicate with me by e-mail, please be aware that all
65 e-mails are retained in the logs of your and my internet service providers. While it is unlikely that
66 someone will be looking at these logs, they are available to be read by the system administrator(s) of
67 the internet service provider. You should also know that I print out and store electronically all e-
68 mails and texts that I receive from you and all e-mails and texts that I send to you, and they become
69 part of your treatment record. **If you contact me between sessions, I will understand that you are**
70 **giving me permission to respond using the same medium, which may not be secure or**
71 **confidential.** For example, if you e-mail me using normal unencrypted e-mail, I will understand that
72 you are giving me permission to respond using normal unencrypted e-mail.
73   For encrypted e-mail, I use Hushmail <arttherapyservices@hushmail.com> You can get a
74 free Hushmail account, but you have to log in once every three weeks to maintain the account.
75 Please note Hushmail has size limitations that will affect your ability to send and store large files like
76 art images. Please notify me by telephone or e-mail to annemills@cox.net when you have sent a
77 message to me by Hushmail; I may not see it otherwise.
78
79 Safety and well-being
80
81   Your safety and well being are very important to me. During sessions I ask that you not harm
82 yourself, or the office, or me. I expect you to inform me by a telephone message if you are in distress
83 between sessions and I expect you to follow your self-care plan. You are informing me so that I will
84 have the information and you will know that it is time for you to activate your own supports.
85   **If you need an immediate response, are unsafe, or are experiencing a life-**
86 **threatening emergency, go to the nearest hospital emergency room and request to**
87 **be seen by a mental health professional immediately.**
88   Should updates or requests for support between sessions become lengthy or customary, we
89 will discuss instituting a prorated fee for these services.
90

91   <u>Timely payment and late cancellation policy</u>
92
93   Your initial fee is $_____ (co-pay is $_____) for a 45 minute session, and $_____ for a 53
94   minute or longer session. I may make an annual adjustment to this fee and will provide you at least
95   60 days notice of any change to your fee. The charge includes art supplies, record keeping,
96   collaboration with other members of your healthcare team as needed, preparation for sessions and all
97   other related tasks. Charges may differ for family, group, or extended sessions. I charge an
98   additional prorated fee for specialized reports that you may ask me to prepare, and for customized
99   CDs or mp3s for relaxation, etc.   Your signature on this contract indicates that you understand you
100   are responsible to pay me in full at the time service is provided, regardless of whether the fee is
101   covered by your insurance, such as co-pays or deductibles.
102   You must pay for the session before it begins, unless other arrangements are made.
103   A $20 late fee will be charged per month on any overdue balances of 30 days or more.
104   Consistent therapy appointments develop a rhythm that is conducive to steady progress. My
105   services are by appointment only, and I commit to a specific time just for you. If either of us is
106   unable to keep an appointment, every effort should be made to tell the other well in advance. My
107   schedule is usually very busy; thus, the cancellation or re-scheduling of an appointment without
108   sufficient notice means the loss of a therapy appointment that could have been scheduled for
109   someone else. My policy is that if you fail to arrive for your session or cancel it with less than 24
110   hours advance, a charge at the usual rate for a 45 minute session (not the copay amount) will be
111   levied. I cannot bill your insurance company for such a charge. It is your responsibility.
112   Payment can be made by cash, check, PayPal, or credit card. Please let me know if you want
113   a receipt for your insurer, a statement for tax purposes, or to leave your credit card on file with me
114   with permission to run charges as above. I do not send monthly statements. Upon request, I will
115   provide you with a receipt for your payment, or a summary of charges and payments received. Your
116   signature on this contract serves as your "signature on file", authorizing me to use electronic billing
117   as needed.
118
119   <u>Distance counseling</u>
120
121   You have the right to choose to work with a counselor face-to-face rather than on the phone
122   or by electronic means.
123   A benefit of phone counseling is it may lower the barriers to receiving help. A risk in phone
124   counseling is the absence of non-verbal information, which may slow communications down and/or
125   result in inaccurate or incomplete impressions. I use a cell phone, which is unsecured and therefore
126   may limit the confidentiality of our conversations.
127   Our successful work will depend on maintaining a private meeting time without
128   interruptions, and preventing potential misunderstandings arising from the lack of visual clues or
129   equipment failure. My expectation is that we will both strive to state what we observe out loud in
130   the moment. This will allow us to double check the accuracy of our perceptions.
131   Claims submitted to health insurance companies for distance counseling or teletherapy may
132   be denied.
133   When feasible, we will meet face-to-face.
134
135   <u>Beginning and ending treatment</u>
136

137   Your signature on this contract is your consent to treatment by me. Although the chances for
138 achieving your goals for therapy will be best met by adhering to therapeutic suggestions, you
139 understand that you have the right to discontinue or refuse treatment at any time. When you are
140 ready to leave, I will assist you with your transition and would appreciate receiving several weeks
141 advance notice. When you provide notice of terminating therapy, it will allow me to assist you as
142 your counselor. I also reserve the right to terminate counseling sessions if you fail to perform any
143 responsibilities as set forth in this contract or if you threaten or harm me in any way. If I terminate
144 my services, I will endeavor to provide you with several weeks notice, if possible. If you request a
145 referral, I will make my best efforts to provide you with a referral to another therapist. Additionally,
146 if you terminate working with any member of your treatment team, you need to notify me of that in
147 advance, as well.
148   I feel strongly about the importance of allowing adequate time and discussion for your
149 feelings about termination and other disruptions of treatment. If it is at all possible, I will make
150 arrangements so that you can do that work with me directly. However, if, due to circumstances
151 beyond my control, I am unable to continue my counseling practice or keep any further
152 appointments, I ask that you allow another therapist to assist you in that process. I have designated a
153 colleague as my professional executor, in the case of my death or disability, to have access to your
154 records to update you, to provide psychological services if needed, or to refer to another qualified
155 professional if needed. I have every confidence my professional executor will handle this transition
156 period ethically, confidently, and discreetly for us all.
157   If you stop seeing me and do not respond to my attempts to reach you, you are no longer in
158 therapy with me. Our work will be considered to have ended 10 days after my first attempt to reach
159 you.
160   Art produced in our sessions, which is your property, will remain in my safekeeping during
161 the course of our work. Your artwork is kept strictly confidential. When our relationship ends, you
162 will take your art with you and I will take photographs of your work to retain for my records.
163
164 Social media policy
165
166   It is NOT a regular part of my practice to search for clients on Google or other search
167 engines. This is out of respect for your privacy. If there are things you wish to share with me from
168 your online life, I strongly encourage you to bring them into our sessions where we can talk about
169 them together, during the therapy session.
170   I do not accept or make friend requests of current or former clients. Please be aware that I
171 will not follow you or friend you. This holds true on LinkedIn and all other social networking sites.
172 If you have questions about this, please feel free to bring it up during a session.
173   If you use Foursquare, Uber, or other location tracking services, please be aware that
174 appearing at the location of my studio/office regularly may compromise your privacy. You may
175 want to bear this in mind, or turn apps like this off when on the way to a session.
176
177 Referrals
178
179   My practice operates on referrals, and I welcome working with clients you think may benefit
180 from therapy with me.
181
182 Limits on Confidentiality

```
183
184        The code of ethics of the American Art Therapy Association, the Art Therapy Credentialing
185   Board, the American Counseling Association, state law, and the federal HIPAA Act all protect the
186   privacy of communications between you and me.  In most cases, I can only release information
187   about your treatment to others if you sign a written authorization.  You can revoke the authorization
188   at any time, unless I have taken action in reliance on it.  However, there are some disclosures that do
189   not require the client's authorization, as follows:
190                  -where I am subpoenaed by a court and you have not filed a timely objection;
191                  - where a Court order has authorized the release of information
192                  -if a government agency is requesting the information for health oversight activities
193                  -if a client files a complaint against me, I may disclose relevant information in order
194   to defend myself
195                  -when a client files a worker's compensation claim, upon appropriate request, I must
196   provide a copy of the record to the D.C. Office of Hearings and Adjudications, the employer, or
197   insurer
198                  -if required by health insurers whose involvement the client has requested
199                  -if I know or have reason to suspect that a child has been or is in immediate danger of
200   being neglected or mentally or physically abused
201                  -if I have substantial cause to believe that an adult is in need of protective services
202   because of abuse, neglect, or exploitation by someone other than my client
203                  -if I believe that a client presents a substantial risk of imminent and serious injury to
204   another individual, I may be required to take protective actions.  These actions may    include
205   notifying the potential victim, contact the police, or seeking hospitalization for the client.
206                  -in an emergency, if I believe that a client presents a substantial risk of imminent and
207   serious injury to him/herself, I may be required to take protective actions, including notifying
208   individuals who can protect the client or initiating emergency hospitalization.
209        I strongly encourage you to consult an attorney who would be able to advise you in these
210   situations. In all other situations, I will ask you for an advance authorization before disclosing any
211   information about you or showing your art.
212
213   Professional Records
214
215        You should be aware that, pursuant to HIPAA and as of April 2003, I keep Protected Health
216   Information about you in two sets of professional records.  One set is your Record of Consultation;
217   the other is my Notes. The Record of Consultation includes information about your reason for
218   seeking my services, a description of the ways in which your problem affects your life, our goals,
219   your progress, your treatment history including records I have received from other professionals, and
220   dates on which we have met.  Except in unusual circumstances that involve a substantial risk of
221   emotional impairment or serious physical danger to yourself and others, you may examine and/or
222   receive a copy of your Record of Consultation, if you request it in writing.  Because these are
223   professional records, they can be misinterpreted or be upsetting to untrained readers.  For this reason,
224   I recommend you initially view them in my presence, or have them forwarded to a mental health
225   professional so you can discuss the contents.  If I refuse your request for access to your records, you
226   have a right of review, which I will discuss with you upon request.
227        The Notes are for my own use and are to help me provide you with the best services.  The
228   Notes contain contents of our conversations, my thoughts on those conversations, and how they
```

229 affect your work with me. The Notes also contain sensitive information that you may reveal to me
230 which is not required to be included in your Record of Consultation. The Notes are separate from
231 the Record of Consultation, and cannot be sent to anyone without your signed authorization.
232 Insurance companies cannot require your authorization as a condition of coverage nor penalize you
233 in any way for your refusal to provide it.
234
235 Your Consent to Treatment and Your Rights
236
237   You have certain rights with regard to your Record of Consultation and disclosures of
238 protected health information. These rights include: requesting that I amend your record; requesting
239 restrictions on what information is disclosed to others; and requesting an accounting of disclosures
240 of protected health information that you did not authorize.
241   If you are concerned that I have violated your privacy rights, or you disagree with a decision
242 I made about access to your records, you may send a written complaint to the Secretary, U.S.
243 Department of Health and Human Services. I can give you the address if needed. The Art Therapy
244 Credentials Board oversees the ethical practice of art therapists and may be contacted with client
245 concerns (3 Terrace Way Greensboro, NC 27403-3660 Toll Free - (877)213-2822).
246   When you sign this agreement, you acknowledge that you have been given HIPAA-related
247 information about your personal health information, and that we agree to work together according to
248 this agreement. You may revoke this agreement in writing at any time. That revocation will be
249 binding unless I have taken action in reliance on it (for example, if you have not satisfied any
250 financial obligations you have incurred).
251   I again welcome you to our work together. It is my honor to be of service to you.
252
253
254
255 _____
256 Anne Mills, MA, ATR-BC, LCAT, LPC
257
258 I have read the above material and accept its terms.
259
260
261 _____
262 Signature and date
263 If signing as the legally authorized custodial parent, please give me a copy of the appropriate
264 papers for my records.

앤 밀스, MA, ATR-BC, LCPAT, LPC

공인 미술치료사
전문 상담사 면허 #PRC1127

미술치료 서비스

P. O. Box 9853, Alexandria, Virginia, 22304
전화번호 (703) 914-1078 팩스 (703) 663-8817
〈annemills@cox.net〉 http://www.anne-mills.com/

스튜디오/사무실: 3811 Porter St. NW, 2nd floor, Washington, D.C. 20016

제 치료실에 오신 것을 환영합니다. 귀하와 일할 수 있는 기회가 생겨 기쁩니다. 궁금한 점이 있다면 언제든지 말씀해주십시오. 본 문서는 제 서비스와 치료실 정책 및 귀하의 사생활 보호와 다른 권리에 관한 중요한 정보를 담고 있습니다. 귀하의 건강정보보호(Protected Health Information: PHI)의 관리와 공개를 포함하는 연방법인 건강보험 양도 및 책임에 관한 법(the Health Insurance Portability and Accountability Act: HIPAA)을 요약한 정보 또한 포함되어 있습니다.

제공되는 서비스

저는 제가 임상을 하는 워싱턴 D.C.의 면허를 가진 전문 상담사이자, 학회에서 공인하는 미술치료사이며 메릴랜드 주의 면허를 가진 임상 전문 미술치료사입니다. 저는 미술치료평가, 미술심리치료, 상담, 스카이프를 통한 자문, 집중적 외상치료, 최면치료, 가족미술평가, 모래치료, 안구운동 민감소실 및 재처리 요법(EMDR) 및 그 외 다른 서비스를 제공합니다. 원격상담에 대한 전문 훈련은 받지 않았습니다.

미술작업의 과정은 몇몇 개인에게는 굉장히 유익할 수 있지만, 동시에 일부 위험 부담이 있습니다. 위험 부담에는 감정의 고조, 불쾌한 생각의 대면, 또는 대인관계능력의 변화가 포함될 수 있습니다. 함께 작업하며 나타날 수 있는 부정적인 영향에 대해 언제든지 말씀해주시기 바랍니다.

미술치료는 의사 진료와는 다르기에, 귀하가 어떤 경험을 하게 될지 예측할 수 없습니다. 대신, 미술치료는 귀하의 매우 적극적인 노력을 필요로 합니다. 성공적인 경험을 위해, 귀하는 우리가 나누는 것들에 대해 회기중 그리고 댁에서도 숙고의 시간을 가져야 할 것입니다.

귀하가 진행중인 법적 분쟁에 제 참여가 요구되는 상황이 발생하는 경우, 귀하는 제 전문적인 시간과 비용에 대해 추가적인 비용을 지불할 의무가 있습니다. 이는 상대편에서 저에게 증언을 요청할 시에도 동일하게 적용됩니다. 법적 분쟁은 종종 대립적인 경험이 되기도 합니다. 귀하는 제가 증언해야 할지도 모르는 특정 정보를 보호할 권리가 있습니다. 귀하의 권리에 관해 조언해줄 수 있는 변호사와 상담할 것을 권합니다. 법적 분쟁과 관련된 저의 역할과 비용은 치료 및 상담 서비스와는 구분되며, 제가 참고인으로 출석해야 할 상황이 온다면 보다 자세히 알려드리겠습니다. 이 부분에 대해 미리 저와 의논해주시기를 바라며, 아래 비밀보장에 관한 부분을 읽어보시기 바랍니다.

제 임상의 특징상 저는 종종 내담자가 전담 치료팀에 속해 있어야 함을 제 치료 서비스의 전제로 합니다. 이는 특히 심각한 문제로 인해 심적으로 고통받거나, 약물치료나 입원이 필요한 내담자에게 필요한 서비스를 가장 잘 제공하기 위함입니다. 팀에 소속되어 일하는 경우, 저는 치료적으로 협력하기 위해 우리의 상담과정을 논의할 수 있도록 귀하에게 정보공개동의서에 서명할 것을 요청할 것입니다. 귀하를 담당하는 치료팀이 있다면, 귀하의 '주치료사'가 누구인지 명확히하는 것이 중요합니다. 주치료사란, 귀하가 가장 자주 만나고 치료시간 이외에 전문적 자원을 담당하는 사람입니다. 주치료사는 귀하의 치료과정에 대해 다른 팀원들에게 정기적으로 알려줄 수 있는 사람이어야 합니다.

연락망

연락 가능한 방법을 선택해주시기 바랍니다: ＿＿ 개인 이메일 ＿＿ 업무 이메일 ＿＿ 휴대전화 ＿＿ 집전화 ＿＿ 직장전화 ＿＿ 우편. 귀하가 계약서에 서명시 귀하가 선택하신 방법으로 연락을 받는 것을 동의하는 것으로 간주합니다.

제 임상 스케줄로 인해 대부분의 경우 전화 응답을 할 수 없습니다. 귀하는 위에 명시된 전화번호로 비밀보장이 되는 음성 메시지를 남길 수 있습니다. 저는 일 1회 메시지를 확인하며, 24시간 혹은 다음 업무일에 회신하도록 노력합니다.

만약 회기 사이에 연락을 원하신다면 문자 메시지로 연락하시는 것을 권합니다. 전화는 차선책이며, 제 음성 사서함은 개인정보를 남기기에 안전하고 비밀이 보장됩니다. 암호화되지 않은 일반 이메일은 약속시간을 정하기에 적절합니다. 암호화된 이메일은 귀하가 제게 피드백을 남기거나 특정 정보를 공유하는 방법으로 좋습니다.

만약 귀하가 이메일로 치료 회기와 관련된 내용을 보낸다면, 그 행동은 귀하의 안전과 비밀보장을 지켜주지 않습니다. 저와의 연락수단으로 이메일을 선택하신다면, 모든 이메일이 귀하와 제 인터넷 서비스 제공사의 기록에 남아 있다는 점을 기억하시기 바랍니다. 제3자가 그 기록을 볼 확률은 희박하지만 인터넷 서비스 제공사의 관리자들은 확인할 수 있습니다. 또한 저는 귀하와 주고받는 모든 이메일과 문자를 전자화 및 인쇄된 문서의 형태로 보관하며, 이는 귀하의 치료 기록의 일부가 됩니다. **만약 귀하가 회기 사이에 연락한다면, 귀하가 선택한 연락 수단과 동일한 방법으로(그것이 안전하거나 비밀보장이 되지 않더라도) 응답을 하는 것에 대해 동의한 것으로 간주하겠습니다.** 예를 들어, 귀하가 암호화되지 않은 일반 이메일을 보낸다면, 저 또한 귀하에게 동일하게 암호화되지 않은 일반 이메일로 답을 해도 무방하다는 것으로 이해할 것입니다.

암호화된 이메일을 위해 저는 허쉬메일 〈arttherapyservices@hushmail.com〉을 사용합니다. 귀하도 허쉬메일 계정을 무료로 만들 수 있지만 계정을 유지하기 위해 3주마다 로그인을 해야 합니다. 또한, 허쉬메일은 용량 제한이 있기 때문에 용량이 큰 작품사진 같은 파일을 보내고 보관하는 데에 제한적일 수 있습니다. 허쉬메일로 이미지를 보내는 경우 전화나 annemills@cox.net 이메일을 통해 알려주시기 바랍니다. 그렇지 않다면 확인을 못할 수 있습니다.

안전과 안녕

귀하의 안전과 안녕은 저에게 매우 중요합니다. 치료과정중 귀하는 자신, 치료실, 또는 저를 해치지 않을 것을 약속합니다. 만약 귀하가 회기 사이에 극심한 고충을 겪는다면, 저에게 음성 메시지로 알려주시면 귀하가 스스로를 돌볼 수 있는 방법에 대해 알려드리겠습니다. 이를 통해 저는 귀하의 상황에 관한 정보를 가질 수 있고, 귀하는 스스로를 돌보고 보호해야 한다는 것을 인지하게 될 것입니다.

만약 즉각적인 대응이 필요하거나, 안전하지 못하거나, 생명을 위협하는 응급 상황일 경우, 즉시 가장 가까운 응급실을 방문하여 정신건강 전문가에게 진료를 받을 것을 권장합니다.

회기 사이의 지원 요청이 길어지거나 습관적으로 발생한다면, 이와 같은 서비스에 비례한 추가 비용이 발생할 수 있습니다.

치료비용 및 당일 예약 취소 정책

귀하의 치료비는 45분당 \$_____ (본인 부담은 \$_____)이며, 53분 이상 진행될 경우 \$_____ 입니다. 저는 연중 이 비용을 조정할 수 있으며 비용 변동이 발생하는 경우 최소 60일 전에 알려드릴 것입니다. 치료비는 미술재료, 기록 보존, 필요시 귀하의 타 건강 전문가들과의 협력, 회기 준비 및 그 외 다른 연관된 업무를 포함합니다. 가족, 집단, 혹은 연장된 회기일 경우 비용은 달라질 수 있습니다. 귀하를 위한 특정 서류, 명상을 위해 맞춤화된 CD, MP3 등을 요청하시는 경우, 그에 상응하는 비용이 발생합니다. 귀하가 본 계약서에 서명시, 제 서비스에 대한 비용을 성실히 지불할 의무에 동의하는 것으로 간주합니다. 이 비용이 보험에 의해 일부 혹은 전체 지급되거나 차감될 경우에도 동일합니다.

사전에 논의된 상황이 있지 않는 한 치료비는 회기 시작 전에 지불해야 합니다.

30일 이상 연체된 비용이 있다면 \$20의 수수료가 청구됩니다.

정기적인 치료는 꾸준한 회복과정에 긍정적인 영향을 줍니다. 제 치료실은 예약제로 운영되며, 그 시간은 오롯이 귀하를 위해 사용됩니다. 만약 우리 둘 중 한 사람이 예약을 취소해야 하는 경우, 사전에 상대에게 고지해야 합니다. 대부분의 시간은 예약되어 있기 때문에, 충분한 고지 없는 예약 취소나 변경은 다른 내담자가 사용할 수 있었던 치료의 기회를 박탈함을 의미합니다. 따라서 귀하가 24시간이 남지 않은 상황에서 회기를 취소하거나 정시에 도착하지 못한다면 45분 회기의 일반적인 치료비(보험 공제 비용이 아닌 전체 비용)를 부과합니다. 이 비용은 보험회사에 청구할 수 없기 때문에 귀하의 책임입니다.

치료비는 현금, 수표, 페이팔, 또는 신용카드로 지불 가능합니다. 보험회사를 위한 영수증, 세금 정산을 위한 서류가 필요하거나, 치료비 지불을 위해 신용카드 번호를 제게 위탁하고 싶다면 알려주십시오. 저는 매달 청구서를 보내지는 않습니다만, 요청하실 경우 치료비 지불에 대한 영수증 또는 지불받은 치료비 내역서의 요약본을 제공할 것입니다. 귀하가 본 계약서에 서명시, 저는 전자 청구서를 발행할 수 있는 권한을 갖게 됩니다.

원격상담

귀하는 전화나 전자기기가 아닌, 대면상담을 선택할 권리가 있습니다.

전화상담은 상담의 진입 장벽을 낮춰줄 수 있다는 장점이 있습니다. 전화상담의 단점은 비언어적인 정보의 부재로 인해 대화의 흐름이 부진할 수 있다는 것이며, 이는 부정확한 혹은 불안정한 의사소통을 야기할 수 있습니다. 저는 전화상담시 휴대전화를 사용하며 이는 안전이 보장되지 않기에 비밀보장에 제한이 있을 수 있습니다.

성공적인 치료는 방해 요소가 없는 온전한 회기 시간을 유지하는 것과 제한된 시각적 단서 및 장비 부족으로 인해 발생하는 잠재적인 오해를 예방하는 데 좌우될 것입니다. 저는 우리 두 사람 모두 순간에 충실하고 경험한 것을 활발히 나눌 것을 기대합니다. 이를 통해 우리가 가진 관점의 정확성에 관해 확인할 수 있을 것입니다.

원격상담 혹은 전화상담과 관련하여 보험회사에 청구된 비용은 승인이 거절될 수도 있습니다.

가능하다면 대면으로 회기를 진행할 것입니다.

치료의 시작과 종결

본 계약서에 기재된 귀하의 서명은 제가 진행하는 치료에 대한 귀하의 동의입니다. 치료 목적을 달성하는 것은 내담자가 치료적 제안에 충실할 때 가장 잘 이루어지지만, 귀하는 언제든지 치료를 중단하거나 거부할 권리가 있습니다. 귀하가 치료실을 떠날 준비가 되었을 때, 제가 그 과정을 도울 수 있도록 적어도 몇 주 전에는 알려주시기 바랍니다. 귀하가 종결을 알린다면, 저는 귀하의 치료사로서 귀하를 보조할 수 있습니다. 저 또한 만약 귀하가 이 계약서에 명시된 책임과 의무를 다하지 않거나 어떤 방식으로든 저에게 협박 또는 해를 가한다면, 상담 회기를 종결할 권리가 있습니다. 제가 종결을 하는 경우, 저는 가능한 한 몇 주 전에 알려드리려고 노력할 것입니다. 귀하가 다른 상담사에게 의뢰받기를 원한다면, 저는 최선을 다해 다른 치료사에게 위임하겠습니다. 또한, 귀하가 귀하의 전담 치료팀원 중 한 명과 종결을 한다면, 그에 관해 미리 공지해주시기 바랍니다.

종결 및 회기의 다른 방해 요소에 관한 귀하의 감정에 대해 충분한 시간과 토론을 갖는 것은 매우 중요합니다. 가능하다면 저는 귀하가 그 작업을 저와 직접 할 수 있도록 제 스케줄을 조정할 것입니다. 그러나 상황이 여의치 않을 경우, 다른 치료사가 귀하를 도울 수 있도록 조치를 취하겠습니다. 저는 저의 사망이나 장애가 발생할 경우를 대비하여 제 동료를 전문 집행인으로 지정해 놓았으며, 유사시에 그 동료가 귀하의 기록에 접근하여 귀하에게 연락을 취하고 필요시 심리 서비스를 제공하거나 다른 전문가에게 위탁할 것입니다. 저는 제 전문 집행인이 그러한 과도기를 윤리적으로, 비밀보장하에, 신중히 처리할 것임을 약속합니다.

만약 귀하가 저와 만나는 것을 중단하고 저의 연락에 응답하지 않는다면, 치료는 중지됩니다. 제가 최초로 연락을 시도한 날로부터 10일 후에 우리의 치료는 종결되는 것으로 간주될 것입니다.

치료과정에서 제작된 미술작품은 귀하의 소유물이며, 치료 기간 동안에는 제가 안전하게 보관할 것입니다. 귀하의 미술작품은 절대적으로 비밀이 보장됩니다. 치료 관계가 종결되면, 저는 기록을 위해 귀하의 미술작품을 사진 촬영할 것이며, 작품은 귀하가 가져가실 수 있습니다.

소셜미디어 방침

구글이나 다른 검색 엔진을 통해 내담자를 검색하는 것은 제가 임상에서 하는 일이 아닙니다. 이는 귀하의 사생활을 존중하기 때문입니다. 귀하의 온라인 삶에 관해 저와 나누고 싶은 것이 있다면, 치료실에서 회기중에 함께 보면서 이야기할 것을 권합니다.

저는 현재나 과거 내담자들의 친구 신청을 수락하지 않습니다. 저 또한 귀하를 팔로우하거나 친구 신청을 하지 않는다는 점을 알아주십시오. 이는 링크드인(LinkedIn)이나 그 외 모든 소셜네트워킹 사이트도 동일합니다. 이에 관해 질문이 있다면, 회기중에 나눠주시기 바랍니다.

만약 귀하가 포스퀘어, 우버, 혹은 다른 위치추적 서비스를 사용한다면, 제 치료실의 위치를 정기적으로 입력하는 것이 귀하의 사생활을 노출할 수도 있습니다. 이 점을 명심하고 치료실에 오는 길에는 이와 같은 앱을 종료할 것을 고려하십시오.

의뢰

제 치료실은 의뢰를 받아 운영됩니다. 만약 제가 도울 수 있는 내담자가 있다면 언제든지 환영합니다.

비밀보장의 한계

미국미술치료학회, 미술치료자격위원회, 미국상담학회, 주(state)법, 그리고 연방법인 HIPAA는 귀하와 저의 소통에서 발생하는 사적인 부분들을 보호합니다. 대부분의 경우, 저는 귀하의 서면동의가 있을 경우에만 귀하의 치료에 관한 정보를 제3자에게 공유할 수 있습니다. 제가 정보 사용중이 아니라면, 귀하는 그 동의를 언제든지 취소할 수 있습니다. 그러나 일부 다음과 같은 상황에서는 내담자의 서명 없이도 정보공개가 가능합니다.

- 제가 법원에 참고인으로 소환되었는데 귀하가 적시에 이의신청을 하지 않은 경우
- 법원이 정보공개를 요청하는 경우
- 정부기관이 건강관리 활동을 위해 정보를 요청하는 경우
- 내담자가 저에 대한 불만사항을 접수하는 경우, 저 자신을 보호하기 위해 관련된 정보를 공개하는 경우

- 내담자가 산재보상금을 청구할 때 합당한 요청하에 워싱턴 D.C.의 판결 공청회 사무소, 고용주 또는 보험사에 해당 기록의 사본을 제출해야 하는 경우
- 내담자가 요청한 보험회사가 요구하는 경우
- 아동이 방임이나 정신적 혹은 신체적 학대로 인해 위험에 처해 있다고 믿을 만한 상당한 근거가 있는 경우
- 성인이 학대, 방치, 혹은 착취로 인해 보호기관이 필요하다고 믿을 만한 상당한 이유가 있는 경우
- 내담자가 타인에게 즉각적인 심각한 부상을 입힐 위험이 상당하다고 판단하고 보호조치를 취해야 하는 경우. 이러한 조치에는 잠재적 피해자와 경찰에게 그에 관해 알리거나, 내담자를 입원시키는 것이 포함될 수 있음
- 응급 상황에서 내담자가 스스로에게 즉각적인 심각한 부상을 입힐 위험이 상당하다고 판단하고 보호조치를 취해야 하는 경우. 이러한 조치에는 내담자를 보호할 수 있는 사람에게 알리거나 응급 입원을 진행하는 것이 포함될 수 있음

이런 상황에 관해 귀하에게 조언해줄 수 있는 변호사와 상의할 것을 강력히 권합니다. 그 외 모든 상황에서, 귀하 또는 귀하의 미술작품에 대한 그 어떤 정보도 공개하기 전에 귀하에게 사전동의를 구할 것입니다.

전문 기록

HIPAA에 따라, 2003년 4월 기준으로 저는 귀하에 관한 건강정보를 두 세트의 전문적인 기록에 보관하고 있습니다. 한 세트는 상담 기록이고 다른 세트는 제 노트 필기입니다. 상담 기록은 귀하의 치료 이유, 귀하의 문제가 삶에 미치는 영향에 대한 기술, 치료 목표, 귀하의 진행상황, 타 전문가들로부터 받았던 기록을 포함한 귀하의 치료 이력, 그리고 우리가 만나온 날짜 등을 포함합니다. 자신과 타인에게 상당한 정서적 손상이나 심각한 신체적 위험이 수반되는 특수한 상황을 제외하고, 귀하는 서면 요청을 통해 귀하의 상담 기록을 검토하거나 사본을 받을 수 있습니다. 이러한 사본은 전문 기록이기 때문에 숙련되지 않은 독자에게는 잘못 해석되거나 불쾌감을 줄 수 있습니다. 이러한 이유로 저는 귀하가 처음에는 저의 주제하에 기

록을 접하거나 정신건강 전문가와 함께 내용을 검토할 것을 권합니다. 만약 제가 귀하의 기록 공유 요청을 거부한다면, 귀하는 검토권을 행사할 권리가 있으며 이는 요청시 논의할 것입니다.

제 노트 필기는 저를 위한 기록이며 귀하에게 최선의 치료를 제공하기 위해 돕는 자료입니다. 노트 필기는 우리의 대화, 대화에 대한 저의 생각, 그리고 어떻게 그것들이 치료과정에 영향을 주는지에 대한 내용으로 구성됩니다. 노트 필기는 귀하의 상담 기록에는 포함되지 않을 수 있지만 귀하가 저와 공유할 수 있는 민감한 정보도 포함합니다. 이 노트는 상담 기록과는 구분되며 귀하의 서면동의 없이는 아무에게도 공유될 수 없습니다. 보험회사는 보장 조건으로 귀하의 동의를 요구할 수 없으며, 기록 제공 거부에 대해 어떠한 방식으로든 불이익을 줄 수 없습니다.

치료에 대한 동의와 귀하의 권리

귀하는 자신의 상담 기록과 건강정보보호의 공개에 관해 특정한 권리가 있습니다. 그 권리는 저에게 귀하의 기록을 수정하도록 요청하는 것, 타인에게 공개되는 정보의 범위를 제한하는 것, 귀하가 승인하지 않은 건강정보보호의 공시 회계를 요청하는 것입니다.

만약 제가 귀하의 권리를 위반하는 것이 염려되거나 귀하의 기록에 대한 접근 방식에 관해 제가 결정한 사항에 대해 동의하지 않는다면, 미국 보건인적서비스 부서에 서면으로 불만사항을 접수할 수 있습니다. 필요시 주소를 알려드리겠습니다. 미술치료자격위원회는 미술치료사의 윤리적 임상을 관리하며 우려되는 사항이 있다면 내담자가 직접 연락을 취할 수 있습니다(3 Terrace Way Greensboro, NC 27403-3660 무료전화: 877-213-2822).

본 계약서에 서명시, 귀하는 건강정보보호법에 관한 HIPAA 관련 정보를 받았으며 우리가 이 계약서에 적힌 내용대로 함께 치료에 임할 것임에 동의함을 의미합니다. 귀하는 이 계약서를 언제든지 철회할 수 있습니다. 제가 계약서에 대해 어떤 조치를 취하는 중이 아니라면(예를 들어, 귀하가 그동안 재정적 의무를 충실히 이행하지 않은 경우), 계약 해지는 효력이 있습니다.

다시 한번 치료실에 오신 것을 환영합니다. 귀하와 함께 일하게 되어 영광입니다.

앤 밀스, MA, ATR-BC, LCAT, LPC

본인은 위 계약서를 숙지했으며 상기 내용에 동의합니다.

서명 및 날짜
법적 보호자가 서명하는 경우, 기록을 위해 사본을 제출해주시기 바랍니다.

부록 B

챕터 저자들의 윤리적 딜레마에 관한 그들의 해결방안

3장. 마리아 레지나 A. 알퐁소

심리사회지원팀과 재난 생존자들 사이에 힘의 역동이 있다면 다루어져야 하는가? 그렇다면 어떻게 해야 하는가?

우리는 원주민에 대한 일부 자원봉사자들의 인식에 대한 우려에도 불구하고 자원봉사팀의 인성, 전문성, 역량에 대한 신뢰, 그리고 미술작업의 과정을 믿었기 때문에 지역사회에 참여하기로 결정했다. 우리의 우려를 다루기 위해, 자원봉사자들이 방문하는 동안 훈련가들이 동행하여 지역사회가 자가치유를 위한 자신들의 힘과 능력을 재발견할 수 있도록 돕기 위한 우리의 역할을 부드럽게 상기시켜주었다. 우리는 또한 행동으로 그들을 이끌었고, 딱반와 문화에 대한 열망과 존중을 바탕으로 각 지역사회에 다가가며, 마음으로 듣는 것을 실천하면서 자원봉사자들이 이 과정을 따라올 것이라고 확신했다.

섬에서 돌아온 뒤, 우리는 우리가 참여했던 '상호문화의 원주민 스토리텔링' (Macneill, 2014)을 기반으로 지역사회의 필요, 능력, 자원에 대한 자원봉사자들의 인식을 논의했다. 그중 하나의 이야기가 그 지역사회의 결속력에 대한 강점을 두드러지게 보여주었다. 한 어머니는 폭풍이 한창일 때, 섬 전역에 있는 가족들이 이웃의 실종된 딸을 찾기 위해 흩어진 뒤 성공적으로 찾았던 것을 기억했다. 그 지역사회에 대한 보다 깊은 의식과 존중이 드러났으며, 자원봉사자는 각 공동체가 가진 결속력, 희망, 음악과 춤에 대한 사랑 등 풍부하고, 가시적이지는 않지만 뚜렷한 보물을 감사히 여길 수 있었다.

고유의 문화적 유산과 관행을 가지고 있는 원주민 사회에 주류문화의 예술기반 접근을 도입하는 것은 윤리적인가? 이는 또 다른 힘의 역동인가? 만약 도입하기로 결정한다면, 어떻게 진행해야 하는가?

'수링' 춤에 관해 배우는 것은 우리의 다음 방문을 어떻게 시작할지 결정하는 데 도움을 주었다. 평범한 '꾸무스타한'(Kamustahan) 뒤에 자원봉사자들은 '수링'을 배우고 싶다고 요청했는데, 이는 지역사회 원로들과 어린이들이 빨리 나누고픈 마음에 그 즉시 자리에서 일어날 정도로 놀라운 열정을 불러냈다. '수링' 춤을 보여준 뒤 그들은 계속해서 자원봉사자들에게 다른 춤과 노래, 그리고 기도문을 가르쳐주었다. 이를 통해 진행자들은 그들에게 휴식을 취하는 데 도움이 될 만한 다른 방법들을 공유할 수 있는지 물어볼 수 있게 되었고, 그들은 호흡하는 것과 박자를 맞춰 두드리는 것의 기초와 그 지역의 미술재료를 사용하여 자연조각을 만드는 방법을 소개했다. 지역사회의 열렬한 반응은 그들의 대처 방식을 우리에게 가르쳐주려는 그들의 흥분보다 더하면 더했지 덜하지 않았다. 딱반와족의 관습을 우선으로 기린 것은 공동체를 중심으로 한 교차문화적 예술 통합 과정의 모든 변화를 일으켰으며, (비록 의도하지는 않았지만) 힘의 역동을 소멸시켰다.

프로그램을 지속하려는 장기적 계획이 없는 재난 후 심리사회지원 프로그램에 참여하는 것은 지역사회에 도움이 될까?

지속 가능성이라는 중요한 문제에 대한 해결책의 일부가 보트(!)라는 것을 우리는 거의 깨닫지 못했다. 카트휠 재단이 속한, 섬들을 위한 지속적인 협력적 재건 프로그램의 일부였던 보트의 재건은 딱반와족의 생계유지 수단이 복구되었다는 것을 의미했다. 해초를 수확하는 이들에게 보트는 생존을 위해 필수적이다. 쿨리온에서 수확물을 팔면서, 그들은 보트를 위한 연료와 커피(그들의 영혼을 위한 연료!)를 포함한 기본적인 생필품을 살 수 있었다. 이는 또한 의료 서비스에 대한 접근과 본토 팀의 지속적인 심리사회적 지원에 대한 문제도 해결했다. 뿐만 아니라, 각 섬 학교의 카트휠 자원봉사 교사들(지원팀의 일부인)은 학생들과 학부모들을 위한 장기적인 치유공간을 구축하기 위해 그들의 교실에서 예술을 기반한 심리사회적 활동을 통합하는 훈련을 받게 되었다. 섬을 위한 팀들의 후속 방문은 적어도 향후 4년에 걸쳐 이루어질 것이다.

만약 지역사회가 커피를 필요로 했다면 왜 미술재료를 가져가는가?

우리는 커피를 선물로 가져가고 싶었지만, 커피가 대처 수단의 하나로 인식되었기 때문에 우리가 그렇게 하는 것이 외부로부터 들어온 물품에 의존하는 기존의 문화일 수도 있음이 걱정되었다. 이에 관해 충분히 고민하며, 우리는 사회적 소외로 인해 전반적으로 소극적인 딱반와 공동체의 특성처럼, 그들의 다른 현실들 또한 이 문제와 연관이 있는지 궁금했다. 커피의 부재가 (그들의 아기를 위한 음식이 없는 상황에서) 어머니들에게는 목숨을 위협하는 걱정처럼 간주될지 모르지만, 우리는 이 정보를 엄마와 아이들을 위한 우리의 건강 및 영양 프로그램을 알리기 위해 사용하기로 결정했다. 다행히도, 우리는 미술작업이라는 우리의 선물이 지역사회에 다른 방법으로 영양을 공급하고, 그들 자신의 토속적인 예술 형태의 아름다움을 깨우며 커피보다 좀 더 지속 가능한 무언가를 제공하는 것을 보았음에 기뻤다.

Reference

Macneill, P. (Ed.). (2014). *Ethics and the arts*. New York: Springer.

4장. 마티나 E. 마틴

강한 역전이를 경험할 때 나는 어떻게 치료적 틀을 유지하는가?

내담자와의 언쟁 후 얼마 지나지 않아, 나는 그의 출석률이 점점 저조해지는 것을 알아차렸다. 그는 점점 더 결석이 잦아졌으며, 참석했을 때에는 막대한 신체적 고통으로 인해 겨우 입을 뗄 정도였다. 한 달 뒤 퇴근길에서 나는 그를 로비에서 마주쳤는데, 그가 무언가 달라졌다는 것을 느꼈다. 그의 얼굴에서는 내가 한 번도 보지 못했던 빛이 나고 있었고 고통을 찾아볼 수 없었다. 비록 금방 자리를 떠야 했지만 나는 그와 잠깐 이야기를 나누기 위해 자리에 앉았고, 그는 내가 앉자마자 울음을 터뜨렸다. 그는 자신의 어려운 질문들을 감당할 수 있었던 나의 참을성과 의지에 감사하며, 특히 그를 포기하지 않은 것에 대한 고마움을 표시했다. 그는 자신의 행동이 다른 이들을 멀어지게 한 순간들을 알고 있었으며, 자신의 분노에도 불구하고 내가 그를 한순간도 포기하지 않았다는 사실에 놀라움을 감추지 않았다. 그는 기쁨에 찬 모습으로 지난 주 영성 집단에서 기독교인이 되었으며, 생애 처음으로 진정한 마음의 평화를 느꼈다고 말했다. 나는 그의 친절한 말들에 고마움을 표했고 그를 격려해주었다. 한 주가 채 지나기 전에 우리는 그가 사망했다는 소식을 접했다.

5장. 하이디 바르도

편견이 옳을 때도 있을까?

우리는 두 학생의 정서적 안녕감을 위해 그들을 인턴십 기관에서 철수시키기로 결정했다. 학생들이 수련을 계속하는 것은 불가능했고 그들에게 해를 끼칠 수 있었으며 그들의 배움과 경험에 상당한 영향을 줄 수 있었다. 기관에 연락을 취하기 전, 우리는 지역 담당자들에게 현 상황을 설명했고 어떻게 하면 기관에 문화적으로 민감한 방법으로 말할지와(서양인들이 기관에 가서 그들이 잘못한 것을 지적하는 것이 아니라), 그럼에도 그 관습에 영향을 주기 위해 우리가 무엇을 할 수 있는지에 대해 브레인스토밍을 했다. 지역 담당자는 취약층 아동들의 처우에 적용되는 법률에 어떤 것들이 있는지 알아보기 위해 인권변호사였던 지인에게 연락을 취했다. 그 후 그녀는 기관에서 일반적으로 어떤 개입을 하는지 알아보고자 다른 정신병원을 알아보았다. 두 번째 기관의 치료적 개입이 훨씬 인간적이라는 것을 발견했을 때, 우리는 두 번째 기관에서 일하는 해당 분야의 지역 전문가가 첫 번째 기관에 협력 연수 및 조언을 제공할 것을 제안했다. 이는 외부인이 아닌 지역민이 제공하는, 비판적이고 가혹하기보다는 지지적이고 교육적인 개입으로 작용했다.

수업중 이루어진 토론은 인간이 다른 인간을 해할 때는 편견이 옳을 수 있다는 것으로 마무리되었다. 그러나 해를 끼치는 것에 대한 정의가 문화적 맥락에서 논의되었을 때 토론은 복잡해졌다. '체벌이 해로울까? 남/여 할례가 해로울까? 안락사는 해로울까?' 더불어 만약 어떤 편견이 현 시대에 적합하다면 그것은 과연 편견일까? 이에 대한 답은 독자들에게 맡긴다.

이주 가족과 효과적으로 치료를 진행하기 위해, 미술치료와 심리치료에 대해 배운 것들을 반드시 버려야 할까?

비록 내가 학교에서 진행한 미술치료는 정신병원에서 행한 미술치료에 비해 미술치료처럼 보이지는 않았지만 윤리적이었다. 공동체 의식을 함양하는 문화적 관습들을 수용하고 신뢰와 긍정적인 치료적 개입을 위한 장을 마련하기 위해 나는 몇 가지 규칙들과 규범들을 버렸다. 그리고 나는 또 그럴 것이다.

현 집단의 문화적 규범과 사회심리학적 지향성을 고려할 때, 내가 효과적인 미술치료 집단을 진행할 수 있을까?

나의 결정은 바꾸거나 순응하는 것이 아니라 타협하는 것이었다. 두 세계의 긍정적인 측면들—미국에서 배운 미술치료와 이 지역 공동체에서 배운 것들의 장점들—을 통합함으로써 나는 경계선들을 넘지 않되 이를 확장하기로 했다. 나는 미술치료 및 사회심리학, 윤리의 모호한 영역, 그리고 동일하게 중요한 두 가지 문화적 방식 중에서 가장 잘 시행될 수 있다고 생각한 행동과 기준을 선택했다.

나는 서로 소통하고, 연결되고, 생각과 감정들을 나누는 대안 방안으로서 미술치료를 소개했다. 이 집단 구조의 중요한 차이 중 하나는 두세 명만 참여할 수 있었던 과거와는 다르게, 이제 모든 이들이 참여할 기회를 가졌다는 것이었다. 우리는 계속해서 마테차가 권해지고 케이크와 마시타스들을 먹을 수 있는 친밀하고 편안한 주방에서 만났다. 나는 내담자들이 오고갈 때 입맞춤을 했으며, 하루 일과를 마치면 집에 가는 버스를 타기 위해 참여자들과 함께 시내로 가는 차편에 동승했다. 나는 방에 가득한 담배 연기를 견딜 수 없었기에 흡연은 문제가 되었는데, 우리는 열린 창문 근처에서만 잠깐씩 하는 것으로 합의했다. 나는 모든 사람이 그림을 그릴 수 있도록 탁자를 더 놓았으며, 미술치료의 기본 원리 및 가능한 주제, 그리고 이차원적인 미술재료를 알려주었다. 내가 '그들 중 하나'였기 때문에, 참여자들은 거부하지 않고 기꺼이 새로운 것들을 시도했다.

마지막으로 풀어야 할 것은 시간 개념이었다. 집단구성원들이 자유로이 도착하고, 대화에 지쳤을 때 떠나는 이 집단의 전통을 유지해야 하는가? 이러한 양상은 출석 및 참여에 대한 최소한의 기대로 인해 그동안은 잘 유지되어 왔다. 아니면 내가 효과적이라고 생각했던, 미국에서 내가 배우고 수련한 나의 적응적인 백인스러움에 더 가까운 대안적인 구조를 제안해야만 하는가? 내가 가진 가치를 절대로 강요할 의도는 없었지만, 나는 모두가 그림을 그리고, 나누고, 집단미술치료의 장점들을 경험할 수 있는 환경을 제공하고 싶었다. 따라서 나는 집단을 17:00시에 시작하고 20:00시에 마칠 것이라고 공표했다. 놀랍게도, 첫 번째 모임에서 거의 모든 사람들이 그날의 주제들을 따르고 그림을 그리려는 열정을 갖고 정시에 도착했다. 특별한 지도 없이 그들은 순서대로 미술작업들을 공유하고, 서로에게 의견을 주고, 그들이 이미 갖고 있는 유대감을 지지했다. 심지어 그들은 집단의 모두가 나눌 기회를 갖지 못했을 경우 20:00시를 넘어서까지 집단에 남는 것에 동의했다. 집단이 끝나갈 무렵, 참여자들은 집단의 규칙을 언급하며 다음 주에 기관에 정시에 도착할 것을 서로 격려했다. 그렇지 않으면 미술치료집단에 늦을 수도 있기 때문에 말이다.

이 변화는 나와 그들 모두에게 매우 놀라운 일이었다. 그들은 미술치료에 정신없이 빠져들었다. 그들은 서로 지지해주며 경청하는 동안 자신들의 문제를 다루고 그릴 수 있는 기회와 그를 위한 구조에 목말라 있었다. 그들은 사회심리학자들의 방식(좀 더 노골적인 뉘앙스가 강한)과는 다른, 나의 부드럽지만 직면하는 방식에 감사했다. 나는 관찰하고, 조용히 머물며, 내가 머리로 알고 있는 것과 마음으로 느꼈던 것을 통합해준 미술치료에 대한 이해를 넓히는 법을 배웠다.

7장. 데어드레 M. 코간

어떻게 하면 나의 환자와 병원심의위원회 모두에게 최선의 서비스를 제공할 수 있을까?

비록 중립성을 유지하기는 어려웠지만, 나는 심의위원회의 위원으로서의 내 역할을 내 임상적 목적의 우위로 두었다. 나의 역전이에도 불구하고 나는 객관적으로 접근하기로 결정했다. 그에 따라 행동하는 것은 비윤리적이고 다른 팀원들이 나를 부적절하게 생각하도록 만들었을지도 모르지만, 나는 위원회 멤버들과 내 감정을 공유하기는 했다.

개인을 공감하는 것과 그들의 병리적인 측면과 결탁하는 것은 다르다. 나는 위원회와 함께, 그 내담자가 그의 공격적인 충동성을 통제하는 모습을 보여줄 때까지 그를 주간치료 프로그램으로 이전하는 것을 미루는 데에 투표했다. 윤리적 딜레마를 어떻게 해결할 것인지에 대한 갈등이 있을 때, 보통 환자의 자율성을 존중하는 것이 우선시되어야만 한다고 생각했지만, 이 경우는 예외였다. 이 결정은 지역사회를 잠재적인 위험으로부터 보호한 것이 다가 아니었다. 이 결정은 환자가 주간치료로 옮기는 것을 그가 보다 성공적으로 할 수 있는 시기로 늦췄던 것이다.

8장. 에머리 허스트 마이클

가정방문시 비밀보장을 어떻게 유지할 수 있을까?

그 당시 나는 학교를 졸업한 지 2년밖에 되지 않았고 가정방문은 처음이었다. 나는 굿리치 부인을 몇 달간 봐왔으며 우리는 좋은 관계를 맺고 있었다. 사라는 짧게 한 번 만난 적이 있었다. 사라에게 대답하는 것이 무언가 석연치 않았지만 왜 그런 마음이 드는지는 확실하지 않았다. 나의 내담자에 대한 정보를 누설할 수 없다는 것을 알았지만, 그녀의 상태가 악화되는 것을 사라에게 말해도 되는지 고민했다. 나는 사라에게 굿리치 부인의 가족과 확인해야 할 것이라고 말을 더듬었고, 미소를 띤 채 복도를 지나갔다. 나는 굿리치 부인이 돌아가시기 전에 사라가 그녀를 볼 수 있도록 그녀의 친구였던 부인의 병세 악화에 대해 말하고 싶은 충동이 들었고, 부인의 가족은 그것을 알릴 여유가 없을까봐 걱정이 되었다.

슈퍼비전에서 이 문제에 대해 말하면서, 내가 갈등을 느꼈던 한 가지 이유는 그것이 내가 결정할 수 없는 부분이기 때문이었다는 걸 깨달았다. 나는 내담자의 가족이 다른 사람들과 어디까지 나누고 싶어 하는지 알 수 없었다. 더불어, 비록 사라가 나와 안면이 있기는 했지만 누구든지 우리의 대화를 들을 수 있었으며, 이는 아파트 및 생활보조시설 등과 같은 공공장소에서 특히 더 조심해야 하는 부분이다. 텅 빈 복도에서 동료를 만났을지라도 내담자에 대해 이야기하는 것은 옳지 않을 것이다. 아파트의 문들은 방음이 되지 않는다. 만약 내담자의 정보를 공유해야만 한다면, 더 안전한 장소로 이동할 필요가 있다.

만약 누군가가 굿리치 부인이 나의 내담자냐고 물었다면 내가 들었던(그리고 현재 사용하고 있는) 최고의 답변은 "저는 긍정도 부정도 할 수도 없습니다"이다. 만약 내 내담자가 아닐 경우 내가 항상 "아니오"라고 답하지만 내 내담자일 때 다른 대답을 한다면, 그것은 마치 "제 내담자가 맞아요"라고 밝히는 것과 같다. 또한 나는 내 내담자의 집으로 가기 전에 그 질문을 한 사람이 자리를 떠날 때까지 기다려야 한다. 위에서 언급한 대답을 한 후 내가 그 사람이 보는 앞에서 곧장 굿리치 부인의 집으로 가는 것은 매우 비윤리적일 것이다.

되돌아보면, 나는 사라에게 아무 말도 하지 않았거나, 위에 언급한 것 같은 말을 했거나, "미안해요, 저는 지금 가봐야 해요"라고 말했어야 했다. 이 모든 대응은 상냥하게 미소를 지으며, 그러나 확신 있게 말할 수 있는 것이다.

9장. 헤일리 버만

우리가 제공하는 서비스를 받기 위해 아이들이 자발적으로 나타났을 때, (사전정보동의서와 관련된) 우리의 윤리적 책임은 무엇인가?

미성년자를 위한 윤리적 책임이란 무엇일까? 동의서를 받지 못했기 때문에 그들을 돌려보내야 할까? 아동이 서비스를 받기 위해 부모가 서면동의를 제출하는 것, 즉 다른 곳에서는 동의서에 관한 규범으로 여겨지는 것이 여기서는 통상적으로 일어나지 않는다. 오픈 스튜디오나 공휴일 프로그램에 참여하기 위해 레피카에 오는 아동의 부모 중 대다수는 거의 소통하지 않는다. 비록 몇몇 부모는 관심을 갖고 관여하려고 하지만, 대부분의 부모들은 우울하고, 무기력하며, 생계를 위해 바쁘기 때문에 주체의식이 결여되어 있다. 때로는 문맹이 저조한 소통의 원인이기도 하다. 또 다른 복잡한 사유는 아이들을 돌보는 사람이 항상 '법적 보호자'가 아니라 그저 좀 더 나이가 많은 형제인 경우이다. 따라서 아이들이 자발적으로 지지적이고 포용적인 돌봄 공동체를 찾고 그 일원이 되고자 할 때, 우리는 그들을 환영한다.

10장. 박소정

치료에서 선물에 대한 방침도 문화에 따라 변해야 하는가?

한국에서는 내담자가 치료실에 오면서 치료사를 위해 집에서 만든 음식이나 치료사와 자신이 마실 커피 등을 함께 구매해 가져오는 것이 그리 드문 일은 아니다. 나는 이 상황을 어떻게 다루는가? 내가 가장 먼저 하는 것은 이 특정한 행동을 서구적인 관점으로 읽거나 분석하는 것으로부터 나 자신을 멈추는 것이다. 대신, 나는 내담자에게 내가 정을 나누고 싶은 대상이 되었음을 인식할 수도 있고, 이 행동이 내담자가 나를 자신의 '심리적 집안'으로 초대하는 것일 가능성을 고려할 수도 있다. 아마도 나는 그 '선물'을 이번 한 번만 받을 것임을 설명하며 여전히 경계의 선을 긋겠지만, 그 전에 '선물'에 대한 적절성을 문화적인 규범에 기반하여 판단할 것이다. 한국인의 관점에서, 치료 자체는 정으로부터 분리될 수 없다. 한국인 학생들이 정과 치료적 경계에 대해 혼돈할 수 있듯이, 내담자들 역시 동일하다. 치료사의 경계를 세우는 행위가 정에 대한 거절, 혹은 내담자에 대한 거절로 인식될 수 있다는 점을 생각할 때, 나는 치료적 경계를 다룰 필요가 있다고 느낄 시 최대한 조심스럽고 민감하게 반응한다.

11장. 제니퍼 비비안

배움의 순간: 나는 언제 어떻게 목소리를 내야 하는가?

간호사가 부모를 지나쳐 내게 말하기 위해 다가왔을 때, 나는 가족의 사적인 의료 정보에 대해서는 가족과 이야기해야 할 것이며, 그 정보를 나와 나누는 것과 누구나 엿들을 수 있는 개방된 복도에서 말하는 것은 부적절하다고 말했다. 그 당시에 나는 이런 혹은 비슷한 종류의 불안을 조성하는 상황이 발생할 시 내가 어떻게 하기를 바라는지에 대해 가족과 미리 나눌 기회가 있었다면 좋았을 것이라 생각했다. 그날 이후, 나는 전에 함께 일했던 다른 원주민들과 이에 관해 나누었다. 내담자들이 내가 본인과 다른 의료진들 사이에서 중간 역할을 해줄 것을 요청할 때가 있었지만, 그럴 때 나는 특히 내 경계를 명확히해야 한다. 의료진이 원주민이 앞에 있음에도 불구하고 직접 말하지 않을 가능성이 있다는 것은 유감이다.

사랑의 다양한 의미: '사랑'이라는 용어에 대한 우리의 반응은 문화적으로 고려되는가?

사랑을 배타적이고 친밀한 것으로 생각하는 유럽 중심의 사고와는 달리, 지역 원주민에게 사랑은 누군가에게 기쁨, 즉 긍정적 경험을 가져다주는 것이다. 따라서 나는 이 상황을 정신분석적 관점으로 보지 않았고, 그저 일어날 수 있는 염려 정도로 여겼다. 아동과 함께 시간을 보내면서, 예술가로서의 정체성이 강화되고 우리의 치료관계가 성장했을 때, '사랑'이라는 단어가 나타났다. 이 단어를 처음 접했을 때 이것이 아동에게 어떤 의미인지에 대해 열린 마음으로 생각하지 않고 대응했다면, 결과는 달랐을 것이라 믿는다.

치료적 동맹 구축시 정직함의 역할: 내담자와 어디까지 당신의 이야기를 나눌 수 있는가?

정직함과 지혜의 신성한 가르침을 기리며, 나는 미술작업이 어떻게 나의 삶에 도움을 주었는지에 대한 개인적 경험을 내담자와 나누었다. 나는 가능한 한 일반적인 것들에 대해 말했지만 사랑의 신성한 가르침을 존중하고 진심으로 대하려 노력했다. 치료적 동맹을 구축하기 위해 나는 내담자에게 진술하고 그를 신뢰해야만 한다는 것을 알고 있었다. 나는 이 내담자와 함께 미술작업을 하기로 선택했지만 회기 중 내 작업에 집중하지는 않았다. 나중에 내 작업을 감상하는 기회를 통해 역전이 문제에 대한 통찰을 얻을 수 있었고, 이렇게 나의 생각을 나눔으로써 단지 개인이 아닌 공동체의 노력의 일환인 치유의 개념을 존중하였다. 또한 이는 권위자로서가 아닌 치료적인 미술작업의 관행을 구축함으로써 도움을 제공할 수 있는 사람으로 나의 입장을 분명히 보여주었다.

이 세 가지 윤리적 딜레마에 어떻게 답할지를 고민할 때, 나는 비밀보장을 유지하는 선에서 공동체 사람들에게 사랑과 치유에 대한 그들의 개념에 대해 일반적으로 말해줄 수 있는지 물었다. 그들은 매우 귀중한 답변을 해주었다.

비밀보장을 파기해야 할까?

내 내담자는 암묵적인 협박을 했고, 집단 안에서 그녀의 기분은 달라졌으며, 그동안 스스로 병원에 갈 의지를 보이지 않았다. 비록 과거에 그녀가 도발적인 행동들을 했었지만, 이번 행동은 진정으로 도움을 청하는 것처럼 보였다. 나는 그녀에게 응급실에 오라고도 할 수 없었으며 그녀의 안전을 보장할 다른 방법도 없었다. 만약 그녀가 집에 계속 있다면 정말로 스스로를 해칠 수 있을 것이라고 믿었기에 나는 비밀보장을 파기하기로 결정했다.

먼저 나는 그녀의 정신과의사에게 연락했는데, 그는 나에게 보안관 부서에 연락해 누군가 그녀의 집으로 가서 확인하도록 요청하라고 알려주었다. 나는 또한 보안관 부서에 내담자가 스스로를 해할 수 있는 총이나 과다복용할 수 있는 약들을 치워줄 것을 부탁했다. 이전에도 그녀가 괜찮은지 확인하려 여러 번 전화를 걸었었기에 그들은 그녀에 대해 잘 알고 있었으며 어디에 거주하는지도 알고 있었다. 그들은 그녀가 안전할 수 있도록 할 것이며, 만약 안전을 보장할 수 없다면 병원으로 이송할 것이라며 나를 안심시켰다. 이후, 나는 그들이 그녀의 무기들을 수거했으며, 그녀가 다음 날 오후에 의사를 만나러 갔다는 것을 알게 되었다.

나는 그녀의 정신과의사 그리고 보안관 부서 모두에 전화를 걸음으로써 내가 두 번이나 비밀보장을 파기한 것에 내담자가 화를 낼 것이라는 걸 알고 있었다. 2주 후 그녀가 집단에 다시 참여했을 때, 그녀는 처음에는 화를 냈지만 이후에는 내가 그녀를 기꺼이 도왔다는 것에 감사했다. 나는 그녀가 자살사고를 느꼈을 때 어떤 마음이었는지 말할 수 있게 해주고 그녀가 정말 괜찮은지 확인하면서, 항상 그녀와 줄타기를 하는 것 같았다.

통역사가 무시당할 때 어떻게 해야 할까?

내 모국어가 영어라는 것을 알고, 아버지와 딸은 어머니를 배제시키고 통역사를 건너뛰며, 회기 동안 스페인어로 대화할 것이라는 나의 말도 무시한 채 스페인어에서 영어로 바꾸어 말하며 한계를 시험했다. 나는 대화를 중단하고 통역사가 모든 것을 통역할 수 있도록 모두가 스페인어로 말할 것을 요청했다. 이 딜레마는 가족역동이 얼마나 복잡한지에 대해 보여주지만, 나의 작은 역할은 통역사를 포함한 모두가 목소리를 낼 수 있도록 하는 것이었다.

14장. 데이비드 E. 구삭

비밀유지는 법정에서 어떻게 되는가?

비록 재판 도중과 이후에 피고인의 동의 없이도 윤리적으로 피고인의 미술작품에 대한 나의 결론을 제시할 수 있는 법적인 권리가 주어졌지만, 나는 피고인에게 내가 그의 작품과 그가 가진 비밀보장의 권리를 존중한다는 것을 알릴 필요성을 느꼈다. 나는 피고인에게 공개 포럼, 발표, 그리고 출판물에서 내가 그의 작품을 사용할 수 있도록 허가해주는 동의서에 그의 서명을 구함으로써 이 문제를 해결했다. 이는 나의 직업적 진실성으로 인한 행동이었다.

15장. 카리나 도널드

비밀보장에 대한 한계를 다시 설정해야 하는가?

가장 먼저, 나는 내가 따로 타고 갈 대체교통편이 있는지를 알아보았지만 없었다. 이 상황을 해결하기 위해 혹시 사회복지사가 있는지 물어보았지만 그렇게 임박한 상황에서 가능한 사람은 아무도 없었다. 나는 결정을 내리기 전에 내 온라인 미술 치료 슈퍼바이저에게 연락하여 비밀보장, 결정 권한, 그리고 이중관계에 대해 물어보았다. 이 상황에서는 내담자들의 안전이 최우선이었고 그들은 달리 살 곳이 없었다. 나는 내담자들에게 많은 사람들이 내 직업을 알고 있으며, 내 친인척이 아닌 아이들이 나와 있는 것을 본다면 내 직업과 연결시킬 것이기에 그들의 비밀보장이 깨질 수도 있음을 알려주었다. 나는 그들에게 페리를 타고 가는 동안 나와 함께 앉거나 그러지 않을 선택권을 주었다. 아이들은 페리의 다른 편에 앉아서 가는 것을 선택했지만, 가는 도중에는 그들의 비상상황이나 치료에 대한 이야기는 하지 않기로 약속했다. 우리가 도착했을 때 사회복지사가 그들을 반겨주었다.

자기개방에 대한 나의 방식을 수정해야 할까?

만약 내담자가 그녀가 말한 사람과 내가 가족인지 계속 물었다면 나는 내 자신을 개방하지 않는 것이 그녀를 불편하게 하는지 물어보았을 것이며, 미술 혹은 언어를 통해 의미 있는 방법으로 (나와 그녀의) 개인적 경계를 다룰 것을 제안했을 것이다. 이것이 왜 그 질문과 그에 대한 답이 그녀에게 그렇게 중요했는지 명확히해주었기를 바란다. 만약 이 문제가 계속 발생하였고 치료를 지속하지 못할 정도의 상호적인 불편감이 느껴졌다면, 나는 최후의 수단으로 그녀가 다른 기관의 치료사에게 의뢰되기를 바라는지 직접 논의했을 것이다.

16장. 매리 엘렌 러프

집단치료를 할 때 발생한 윤리적 딜레마에 나는 어떻게 대응해야 하는가?

가족집단 안에서 스콧의 새어머니의 행동이 방해가 되었기 때문에 집단을 지키기 위해 나는 그녀에게 집단에 참여하는 것을 모두 중지할 것을 요청했다. 이러한 결정은 집단을 위해서도 옳은 결정이었고, 스콧을 위해서도 좋은 일이었으며, 아마도 새어머니를 위해서도 나은 선택이었을 것이다. 그녀는 변덕스러운 발언을 일삼았기 때문에 나는 그녀에게 개인치료를 받을 것을 권했다. 나는 그녀가 그에 수긍할 준비가 안 되어 있다고 생각했지만 그녀는 그 제안을 받아들였다.

가족치료를 할 때 발생한 윤리적 딜레마에 나는 어떻게 대응해야 하는가?

이 상황은 나에게 개인적으로 또 직업적으로 엄청난 스트레스를 야기했다. 내 소속기관의 반대에도 나는 내담자의 편에서 증언하는 것을 선택했다. 나는 내 개인적이고 직업적인 윤리에 따른 결정에 대해 옳은 일을 했다고 느낄 수 있었지만, 이러한 결정은 내 직장에서 어마어마한 역동을 일으켰고 나는 결국 내 직책을 내려놓았다. 합법적인 소송절차 내내 나는 내 기관의 변호사에 의해 미숙하고, 비전문적이며, 경계가 허물어진 사람으로 묘사되었다. 나는 좋은 슈퍼비전 덕분에 그리고 내 윤리관에 대한 확신, 또 비록 어려웠지만 옳은 결정이었다는 믿음으로 그 폭풍을 견딜 수 있었다.

커플치료를 할 때 발생한 윤리적 딜레마에 나는 어떻게 대응해야 하는가?

엘렌과 키이스의 치료는 특히 어려웠다. 나는 그들 모두에게 개인적으로 그리고 부부로서도 신의를 지켜야 한다고 느꼈다. 나는 그들이 치료를 하게 된 첫 번째 의뢰 사유인 그들의 슬픔에 집중하려고 노력했다. 하지만 종종 그렇듯이, 치료는 더 깊고 근본적인 관계의 문제로 전개되었다. 엘렌의 비밀을 폭로하는 것은 내 역할이 아니었고 나는 그 점에 관해서는 명확했다. 그러나 나는 키이스에 대한 내 긍정적인 관점에 쏠리기도 했다. 나는 그 두 사람이 관계를 탐색할 수 있는 공간을 만들 수 있도록 엘렌의 비밀을 지킬 필요가 있다고 생각했고 기다리기로 결정했다. 엘렌은 우리가 함께하는 동안에 그녀의 외도 사실을 키이스에게 결코 말하지 않았고 내가 아는 한 그들은 여전히 함께 살고 있다. 나는 그 당시 옳은 결정을 했고 지금도 같은 결정을 내리리라 생각하지만, 나는 종종 키이스를 생각하며 그녀의 외도로 인한 그의 삶의 어두운 부분이 떠오른다. 나는 그 상황에 대한 개인적인 감정을 버리고 부부로서의 그들의 발전에 집중해야 했다. 나는 그들 각각에 공감할 수 있었지만 내 업무는 그들을 부부로 바라보는 것이었고, 나는 부분의 합보다 더 큰 전체로서 그들을 볼 필요가 있었다.

17장. 제인 스콧

한 장의 그림에 누설된 범죄정보를 발견했을 때 어떻게 해야 하는가?

나는 절차를 존중하고 윤리적 상황에 대한 도움을 요청하기 위해 존의 종이를 관리자에게 가져갔다. 솔직히 말해, 신입 미술치료사로서 나는 그 노트가 가져올 파장에 휩싸이고 싶지 않았다. 종이를 그냥 버리고 못 본 척할 수는 없었을까? 이건 정말 심각한 일 아닌가! 결국, 그 종이는 경찰에게 전달되어 증거로 채택됐다. 나는 조직폭력 중재기관의 대표와도 얘기를 나눠야 했다. 그것은 힘든 경험이었지만 나는 윤리의 진정한 의미를 배웠다. 아무도 보지 않을 때, 그리고 불편함을 감수하고도 옳은 일을 한 것이다. 상황을 보고할 때 초조하고 당황하고 갈등을 느끼는 것은 자연스러운 일이다. 중요한 것은 내담자를 보호하기 위한 최종결정을 내리는 것이다.

이런 시나리오의 윤리적 문제는 구치소에서 종종 발생한다. 청소년들은 페이스북이나 유튜브와 같은 소셜 네트워크에 그들이 누설한 많은 수의 범죄성 게시물, 영상, 사진에 대한 법적 통찰력이 거의 없다. 공개가 의도적이든 아니든, 법원 시스템에서 일하는 미술치료사로서, 우리는 반드시 특정 정보 및 미술작품을 보고해야 한다. 때로는 우리의 임상적 판단에 따라 결정될 수도 있다. 센터의 경험이 많은 심리학자가 나를 슈퍼비전하며 이렇게 말했다. "내담자가 비밀보장의 경계라는 현실을 직시해야 하는 순간은 어렵습니다. 가장 중요한 것은 사전동의를 얻는 것입니다" 라고. 내담자는 무엇이 보고되고 무엇이 보고되지 않는지 명확하게 알 필요가 있다.

이 윤리적 딜레마의 교훈은, 우리가 때때로 법률사건에 연루되기를 원치 않거나 증거를 제출하거나 보고서를 만드는 것이 두렵더라도, 이런 상황에 앞장서는 것이 윤리적 의무라는 것이다. 의심스러울 땐 도움을 청하라. 당신이 믿고 건전한 윤리적 판단을 보이는 직장의 다른 전문가에 의지하고 자신 있게 상의하라. 소년원 환경에서, 업무의 일부분은 겁이 날 때 꿋꿋이 버티는 것이다.

18장. 엘리자베스 스톤

종교적 환자가 미술치료에서 금기시된 이미지를 만들었을 때, 나는 어떻게 반응해야 할까?

이 경험의 다문화적 차원을 상기시키는 것은 종교적 교리를 어긴 것에 대한 나디마 자신의 편안함 정도에 의문을 제기하는 데 도움을 주었을 수 있으며, 임상적 상황에 윤리적 요소를 도입하도록 했을 것이다. 실습생은 나디마가 서구적인 예술 표현 방식에 매우 빠르게 적응하는 것처럼 보인다고 소리 내어 관찰하고 그것이 그녀의 종교적 신념 때문에 어떤 갈등을 일으키지는 않는지 질문했을 수도 있다. 궁극적으로, 나디마가 새로운 주변 문화에 매끄럽게 '적응'하도록 압박을 받고 있다고 느꼈던 건 아닌지 확인하는 공감적인 조율은 그녀의 감정을 정리하는 데 도움을 줄 수 있었다. 그러면 그녀는 향후 절제되지 않은 그림을 그리든 아니면 더욱 신중한 그림을 그리든, 실습생이 그녀의 문화적 금기와 딜레마를 이해한다는 것에 안도감을 느꼈을지도 모른다.

이 딜레마를 다룰 때 AATA의 윤리강령 기준 7.2와 7.5뿐 아니라 ATCB의 윤리강령 기준 1.2.4가 특히 도움이 되었다.

미술치료실의 벽에 걸린 그림이 윤리적 딜레마가 될 때, 어떻게 하면 좋을까?

나는 이 작품을 대체하기로 결정했다. 왜냐하면, 대부분의 내 이슬람 환자들이 다소 관대하긴 해도 누드화가 누군가에게는 불편할 수도 있었기 때문이다. 나는 보수적인 쪽이 더 낫다고 느꼈고, 앞선 글에서 묘사한 것과 같이 환자가 그녀의 주변 문화에 적응하도록 압박을 느끼는 상황을 재현하는 위험을 감수하지 않기로 했다.

별첨

이전 단락을 쓴 지 몇 달 후, 나는 우연히 그 예술가 마거릿 모티페에게 내가 가졌던 윤리적 딜레마와 해결 방식에 대해 언급했다. 그녀의 그림이 내려지고, 사이즈는 크지만 누군가의 마음을 상하게 하지 않을 이디스 크레이머의 산 풍경화로 대체된 것을 안타까워하며, 나 또한 그녀의 사랑스러운 누드화가 그립다고 말했다. 갑자기 나는 또다시 딜레마에 빠졌다. 그 그림을 내렸을 때, 나는 그것을 내 시야뿐 아니라 몇 달 동안 그림을 보아왔던 암 환자(그리고 다른 환자들)의 시야에서도 사라지게 했다. 그 작품의 창작과정은 작가의 치료적 요소를 담고 있었다. 그 그림을 보는 사람들을 위한 요소는 없었을까? 나는 그 그림이 명확하지 않을 만큼 충분히 추상적이라는 것을 알았다. 내가 어떻게 했을까? 나는 눈에 덜 띄는 벽으로, 그림을 위한 새로운 장소를 찾기로 했다. 그것은 현재 대기실의 움푹 들어간 공간에

그림 B.1 마거릿 모티페의 Femme Sans Titre (원본의 선명한 청록색과 금색 톤을 그대로 담을 수 없어 아쉽다)

있는데, 의자에 앉아 있는 사람들에게 바로 보이지는 않지만 프린터가 있는 공간으로 걸어가면서는 볼 수 있다.

편집자 주: 작가가 잘 묘사한 문화적 사항을 고려할 때, 이 책에 내담자의 사진을 포함시킬 것인가에 대한 문제가 있다. 모티페의 사랑스러운 그림은 또 다른 윤리적 딜레마를 불러일으켰다. 이 주의사항을 고려했을 때, 나와 저자는 이 페이지가 그림에 대한 또 다른 종류의 '움푹 들어간 공간'이 될 수 있다고 생각했다. 어떻게 생각하는가?

참고문헌

American Art Therapy Association (2013). *Ethical principles for art therapists.* Alexandria, VA: Author.

Art Therapy Credentials Board (2018). *Code of ethics, conduct, and disciplinary procedures.* Greensboro, NC: Author.

19장. 리사 래이 갈록

셜리 메이슨의 예술작품: 전시해야 할까 혹은 하지 말아야 할까?

우리는 그녀의 작품을 전시했다. 전시를 진행하기 위해 상당한 시간, 비용 및 노력이 소모되었다. 전시의 주제가 트라우마였지만, 셜리 메이슨이 슈라이버가 책에 '문서화한' 중요하고 가학적인 트라우마를 경험했는지에 관한 여부를 말할 수 있는 방법은 없었다. 비록 우리는 시간상 그렇게 할 수는 없었지만, 이 전시는 사례와 예술작품에 대한 윤리 세미나 및 토론을 위한 좋은 기회를 제공했을 것이다.

지역사회 기반 예술가들의 작업실과 미술치료: 둘은 적절한 조합인가?

미술재료를 사용할 때 일어나는 배움은 광범위하고 그 과정은 몸과 마음을 자극하고 발달시킨다. 기술, 개인의 스타일 및 비전을 개발하는 것과 매일 창의적인 활동을 유지하는 것, 그리고 미술매체로 자신을 표현하는 것은 높은 수준의 작업이다. 이는 인지장애가 있는 사람들이 그들의 독특한 흥미와 능력과는 상관없이 자주 하게 되는 매일 봉투를 채워 넣는 일과 대조된다. 잘 운영이 된다면, 이와 같은 미술의 제작은 상업적인 목적이 있음에도 불구하고 치유적인 이득이 있다.

사실 진짜 질문은 '이런 종류의 기관에 학생들을 배정하는 것이 윤리적인가?' 이다. 미술품이 궁극적으로는 판매용일지라도, 학생은 이와 같은 작업이 치료적인지 볼 수 있는 경험이나 이해가 없다. 학생들은 미술교육보다 미술치료를 하는 법을 배워야 하며, 상업적 목적으로 작품을 만드는 것은 그들의 목표가 아니다. 미술치료 슈퍼바이저는 자신의 학생이 내담자와 치료적으로 작업하게 함으로써 모든 것을 변화시킬 수 있다. 이러한 기관 중 한 곳은 우리가 학생들을 보내는 것을 중단했던 반면, 미술치료 슈퍼바이저가 있는 다른 스튜디오들은 학생들을 위한 훌륭한 수련기관이 되었다. 이 기관들은 미술치료와 오픈 스튜디오 작업을 성공적으로 통합시켰고 상황에 대한 시야를 넓혀주었다.

슈퍼비전에서 만들어진 작품들을 전시하는 것: 과연 좋은 생각일까?

인턴과 슈퍼바이저들이 전시를 위해 작품을 만드는 프로젝트는 선택사항이었다. 예술작품을 전시하거나 전시하지 않는 것 사이의 스펙트럼은 각 개인이 활동의 맥락과 목적을 고려하여 그 스펙트럼의 어느 지점에서 스스로가 편안할지에 대한 결정을 내릴 수 있는 공간을 마련해준다. 개인적으로 나는 미술치료사로서 예술가적 자아를 지속적으로 발달시키고 육성하는 것이 우리의 직업적 책임이라고 믿으며, 여기에는 우리의 예술작품을 전시하는 것이 포함될 수 있다. 최소한 우리는 내담자들에게 최선을 다하기 위해 새로운 기술을 배우고 내담자와 관련된 반응미술작업을 만들며, 예술적으로나 심리학적으로 환기하는 등 주기적으로 우리 스스로의 예술작품을 만들 필요가 있다.

20장. 파멜라 레예스 H.

개인정보에 대한 환자의 권리와 전시에 대한 기관의 바람을 어떻게 저울질할 것인가?

내가 이 딜레마에 맞선 방법은 환자들의 작품 전시 제의를 단호히 거절한 것이 아니었다. 이러한 요청은 종종 우리가 미술치료 워크숍에서 무엇을 하는지에 관심이 있는 팀원에게서 나왔으며, 환자들의 작품은 이미지 일부가 가진 이상함, 강렬함, 또는 미묘함으로 인해 그들을 매료시키기에 충분했다. 내가 이 딜레마 해결을 위해 한 일은 환자들에게 보건팀의 요청을 공유하고, 작품을 전시함으로써 발생할 수 있는 잠재적인 문제와 이점을 제시하고, 그들이 참여하길 원하는지 확인함으로써 그들이 선택할 권리를 존중하는 것이었다. 때때로 우리는 전시 구성에 대한 치료 목표를 인지할 수 있었고, 그것은 미술치료 워크숍에서 환자들이 다른 사람(가족, 보건팀, 지역사회)에게 자신의 어떤 부분을 보여주길 원하거나 원하지 않는지 분석하도록 이끌었다. 이러한 방식으로만 나는 기관의 요구사항과 내 환자들의 개인정보 관리의 균형을 맞출 수 있었다. 서서히 나와 함께 일했던 보건팀은 예술을 통한 치료와 건강 속 예술에 대한 다른 층위를 이해하기 시작했다.

21장. 로리 모리-헤슬러

몇 십 년은 어떤 차이를 만들까?
레지를 위한 보다 윤리적인 최신 사례개념화와 치료계획은 무엇을 수반하는가?

내가 이 글을 쓰는 현재 유효한 강령에 근거하면, 사회복지과가 투입되어 가정의 안전, 어머니 스스로가 치료받을 의지, 그리고 집에서든 가족쉼터에서든, 아이들의 생활환경과 보살핌을 개선하기 위한 가정방문 서비스를 받을 가족의 자격요건 등을 평가했을 것이다. 만약 조건이 충족되지 않는다면, 아이들은 가족과 함께 또는 지역사회 내 전문 위탁가정에 배치되었을 것이다. 가정기반 서비스는 집에서든 쉼터에서든, 위탁가정이나 어머니에게 제공되었을 것이다.

가정기반 서비스팀의 미술치료사/면허를 소지한 전문 상담사는 가정 내 가족 전체를 위해 일하고 각 가족구성원의 치료를 지원하기 위해 다른 지역사회 서비스에 참여하도록 배정되었을 것이다. 목표는 치료, 교육 및 방문을 통해 형제자매, 어머니, 할머니와의 애착을 유지하는 것이다. 레지뿐 아니라 두 살 난 남동생도 애착이나 트라우마 문제로 평가될 것이며, 치료와 자기표현을 위해 미술치료가 권장되었을 것이다. 약물남용 중재 이외에도, 아이들을 양육하든 위탁을 하든 상관없이 가족치료 및 가족미술치료가 엄마와 할머니를 위해 제안되었을 것이다. 목표는 애착을 유지하고, 양육기술, 가족 역동, 의사소통을 개선하며, 가족 전체의 안녕과 복지를 증진하고 가족을 보존하는 것이다. 만약 어머니가 아이들을 돌볼 수 없게 된다면, 친권이 종료되지 않는 한 혹은 종료될 때까지 사회복지과 및 가정기반 서비스와의 협조적인 노력을 통해 아이들과의 지속적인 접촉을 지원했을 것이다.

22장. 그웬돌린 M. 쇼트

직원들이 미술치료에서 표현의 자유를 제한할 때 어떻게 대응해야 하는가?

나는 세 갈래로 접근했다. 첫째, 나는 직원들이 일할 때 소년들 주변을 맴돌기보다는 집단에 참여하도록 그들을 초대하고 독려했다. 이것은 미술치료에 대한 그들의 이해를 증진했고 그들은 그 과정에 몰입한 나머지 소년들에게 집중하지 않게 됐다. 둘째, 나는 개별적으로 각 소년을 만나기 위해 마지막 시간의 일부를 할애했고, 이 시간에 소년들이 직원들의 간섭을 받을 염려 없이 자신을 표현하고 작품을 탐구할 수 있는 약간의 프라이버시를 제공해주었다. 셋째, 나는 미술치료에서 그리고자 하는 모든 것(마약용품을 포함한)을 그리는 기회가 실제로 어떤 성취를 낳을 수 있는지, 개별적으로 그리고 직원들과 함께하는 소그룹에서 이야기해보기로 결심했다.

23장. 도널드 J. 커쳐

왜 내가 일을 혼자 다하는 것 같을까?

먼저, 실제로 내가 모든 일을 하고 있는지 확인한다. 만약 그렇다면 멈춘다!

둘째, 모든 당사자의 기대와 책임을 치료과정의 시작에 다루어 공식화하고, 그것들이 주기적인 검토의 대상이며, 각 당사자에 의해 지켜지지 않을 때마다 적시에 제기되도록 보장한다. 다시 말해, 치료과정을 위험에 빠뜨릴 정도로 중요한 문제가 되기 전에 말이다.

셋째, 환자와 상황에 대한 나 자신의 역전이를 조사한다! 이것은 내담자의 치료과정인가 아니면 나의 치료과정인가?

넷째, 환자와 함께 세 갈래의 접근방식을 시작할 것을 고려한다.

(a) 나는 모든 당사자의 책임, 변화에 대한 기대치 그리고 치료의 확립된 목표의 발전을 재도입하면서 치료적 관계를 증진하기 위해 노력한다. 나는 다양한 미술치료 기법(예를 들어, 공동 그림, 난화, 미술일기)과 대화를 사용해

미술치료 회기에서 나타난 갈등의 해결방안 등을 탐구한다.

(b) 계약을 통해 자신과 환자의 한계를 설정한다. 계약에는 다음과 같은 요소가 포함되어야 한다.

- 문제의 명확한 정의
- 모든 당사자와 관련된 달성해야 할 목표
- 준수, 검토 및 필요할 경우 수정을 위한 명확한 일정
- 계약 불이행에 대한 정의된 결과 및 그로 인한 결론
- 모든 계약 당사자의 서면동의

(c) 나는 환자의 치료계획에서 나타난 모든 변화에 주목하면서, 추가 서비스가 필요할 경우 적절히 조치하고, 내담자의 구체적인 요구를 충족시킬 수 있는 역량이 있음을 보장한다. 만약 그렇지 않다면 적절한 수련과 슈퍼비전 경험을 쌓거나 환자의 요구를 충족시킬 수 있는 기술을 가진 사람에게 환자를 보낸다.

24장. 샬롯 G. 보스턴

병원 정책과 환자들의 요구가 충돌할 때 어떻게 진행해야 하는가?

환자와 공감하면서 어떻게 불리길 원하는지 물어보라. 그녀가 통제할 수 없는 문제가 있더라도, 치료에 집중하는 방법을 그녀와 개별적으로 이야기하라. 그녀와 개인 미술치료를 하는 것을 고려하라. 지역사회 모임에서 차별에 대한 문제를 다루고, 미술치료에서 그러한 문제가 나타날 때마다 필요에 따라 규칙을 제정하라.

집단회기 전에 직원들과 함께 논의하고, 선호하는 이름과 서류상의 이름이 다른 환자들을 신중하게 구분하라. 병동 직원에게 서류상의 이름 옆에 내담자가 '선호하는 이름'을 쓸 것을 요청하라. 환자의 권리를 지지하고 기존 정책을 수정하여 아래의 내용을 제공하기 위해 행정직원(개인 또는 다른 직원과 함께)을 만나라.

(a) 환자 목록에서 '선호하는 이름'을 적을 공간

(b) 청소년, 성인 트랜스젠더 환자를 위한 개인 병실

환자가 많아서 (b)를 제공하기 어렵다면, 성전환 수술을 받은 사람들을 위한 방 배정은 출생시 성별이 아닌 젠더 성별에 기초해야 한다. 청소년 [성소수자] 환자의 경우, 이러한 정책의 근거를 부모에게 알린다.

25장. 미셸 L. 딘

여러 요소가 얽혀 있는 상황에서 어떻게 해야 할까?

나는 그 목사에게 내 예전 종교적 소속에 대해 말하지 않았고, 심사숙고 끝에 내가 그녀의 교회 신념에 동의한다고 서류에 서명하는 것은 잘못된 일이라고 느꼈다. 그것은 복잡하고 깔끔하게 분류되기를 거부했던 나의 영적인 믿음을 배신하는 일이라고 생각했다. 또한, 이는 다양성을 수용한 나의 직업윤리 규범(American Art Therapy Association, 2013; American Counseling Association, 2014)을 부정하는 듯했다. 나를 탄탄한 임상가로 만든 것은 종교적이거나 세속적인 신념이 아니라 교육과 전문지식이라고 생각했다. 만약 레이첼과 계속 일할 수 있도록 그 서류에 서명했다면, 내 진실성에 어떤 영향을 미쳤을까? 또한, 다른 사람의 방향이나 의지에 굴복하는 것이 레이첼에게 어떤 메시지를 전달했을까? 내가 겪은 불편함은 레이첼이 겪은 외상과 유사한 과정처럼 느껴졌다. 다양성을 지지하는 내 신념과 일치하지 않는 행위와 체계에 복종하도록 강요받았던 점 말이다. 결국, 나는 그 성명서에 기술된 내용에 진심이 아니었고 치료와 관련이 없다고 생각했기 때문에 서명하지 않았다. 나는 성명서에 서명한다면 교회의 사명에 책임을 지게 될 것이라고 느꼈다. 나는 치료에서 말하거나 말하지 않는 것이 종교적 교리에 얽매여야 한다고 믿지 않는다. 왜냐하면, 때로는 치료에서 표현해야 할 것들은 종교적 가르침과 양립할 수 없는 바로 그 걱정거리나 투쟁이기 때문이다.

4개월 동안, 치료를 중단하는 것 외에는 어떤 결정도 내릴 수 없다는 사실을 확인하면서 레이첼의 무력감은 더욱 커졌다. 우리는 그녀의 분노, 문제, 분리에 대

그림 B.2 종결 회기에 레이첼이 그린 나무에서 사과를 따는 그림

한 우려 그리고 종결의 세부사항을 함께 논의했다. 마지막 회기를 준비하면서, 나는 '나무에서 사과를 따는' 그녀를 그려달라는 요청했고 레이첼은 응답으로 [그림 B.2]를 그렸다.

레이첼이 그린 첫 번째 '나무에서 사과를 따는' 그림([그림 25.1])은 내 챕터의 삽화로 있다. 우리는 4년의 격차가 있는 첫 번째와 두 번째 그림을 비교했다. 최근 그림에서 눈에 보이는 튼튼한 사다리가 보여주듯, 그녀는 분명하게 더 많은 지지를 받고 있다. 사과는 그녀의 손이 닿는 곳에 있고, 땅과 그녀가 가져갈 가방에는 사과가 넘친다. 그녀의 몸은 작지만 4년 전처럼 왜곡되거나 과장되지 않았다. 나는 이것이 그녀의 외상 반응의 일부였던 왜곡과 반응성의 감소를 나타낸다고 믿었다. 그녀의 모습은 투명해 보이는데, 이전의 외상으로 인해 상당히 혼란스러웠던 자신의 지속적인 발전을 반영하거나, 어쩌면 그녀의 소원이 이루어지지 않아서 부분적으로 보이지 않는 것처럼 느꼈을지도 모른다. 그녀의 주변에는 꽃과 일부 가려진 태양이 있고, 그녀는 이들이 떠나는 것에 대한 슬픔과 함께 일한 것에 대한 감사를 모두 반영한다고 하며, 처음 치료를 받았을 때보다 밝아진 경향을 반영했다. "나무에 뿌리가 있는 것을 보면 기뻐하실 거예요"라고 그녀는 소리쳤다. 나는 "저건 다리처럼 보여요. 마치 일어나서 걸을 준비가 된 곤충의 다리 같아요"라고 말했다. 레이첼은 나를 보고 웃었다. 나는 레이첼이 잘되길 바랐고 그녀가 돌아오길 원한다면 항상 치료실 문은 열려 있다는 것을 상기시켰다.

참고문헌

American Art Therapy Association (2013). *Ethical principles for art therapists*. Alexandria, VA: Author.

American Counseling Association (2014). 2014 ACA code of ethics: As approved by the ACA Governing Council. Retrieved from www.counseling.org/resources/aca-code-of-ethics.pdf

---

26장. 조던 S. 포타시

내담자의 커뮤니티 아트 이니셔티브를 어떻게 최선을 다해 도울 수 있을까?

이 딜레마를 해결하기 위한 첫 번째 단계는 잠재적인 역할갈등을 파악하는 것이었다. 내 내담자는 이 행사의 주최자였지만 진행자들의 직속 슈퍼바이저는 아니었기 때문에, 우리는 교류가 거의 없을 상황이었다. 따라서 그가 착취의 위험(미술치료자격위원회 원칙 2.3.4)에 처하거나 나의 행사 참여가 치료적 관계를 방해(미국미술치료학회 원칙 1.4)할 것처럼 보이지는 않았다. 나의 존재가 그에게 내가 그의 노력을 지지해주었음을 보여줄 것인가 아니면 그를 처음 치료실로 데려온 그가 겪었던 힘들었던 시간들을 상기시킬 것인가? 이 질문에 답하기 위한 의사결정 과정의 중요한 요소는 그와 대화를 하며 내담자의 자율성을 촉진하는 것이었다. 논의의 한 측면은 우리가 이 행사에서 가질 수 있는 모든 상호작용이 비임상적인 맥락 안에서 일어날 것을 확인하며, 우리의 임상적 관계를 인정하는 데 있었다.

우리는 또한 행사에서 함께 일하는 것에 대한 기대에 관해 논의했는데, 이는 우리가 서로 상호작용할 수 있는 범위와 우리 중 누군가가 다른 이에게 우리가 치료적 관계에 있다는 것을 알려주는 것(내가 그러지는 않겠지만)을 포함하였다. 우리가 각자의 역할을 파악하고 역할의 차이를 인정함으로써—예를 들어, 자원봉사자의 안내를 책임지는 사람으로서 내 내담자는 나보다 우위의 직책을 갖고 있었다—우리는 서로의 기대치를 공유하며 관계의 충실성을 유지하게 되었다.

더불어, 내 참여가 나의 객관성과 치료적 입장을 유지하면서 내담자의 예술적 성취를 지지해줄 수 있는지 판단하기 위해 슈퍼비전과 전문적인 상담을 받았다. 나의 참여가 이익의 가치, 즉 나의 존재가 내담자와 지역사회 모두의 복지를 증진시킬 수 있는 것에 뿌리를 두고 있는지 확실히하고 싶었다. 지역사회에서 잘 알려진 미술치료사로서, 나의 존재는 행사에 신뢰를 줄 수 있었으며 이는 지역사회 내에서의 입지를 뒷받침하여 내담자의 목표를 더욱 발전시킬 수 있었다. 결국 나는 내가 일하는 기관의 다른 동료들과 함께 행사에 참여하기로 했다. 모두 함께, 우리의 존재는 지역사회 예술과 웰빙 프로젝트를 지지하기 위한 기관의 이니셔티브를 반영했다.

27장. 리처드 캐롤란

공동체 벽화 만들기 프로젝트가 임상적 문제를 일으킬지 아닐지 어떻게 알 수 있을까?

심의를 신청한 연구 프로젝트의 참여자 중 미술치료사가 없다는 것을 알았을 때, 나는 제안서를 작성한 이들에게 다음의 문제들에 대한 명확성을 요청했다. 어떤 문제에 대해서도 답변이 만족스럽지 못하다면 IRB 심의에 승인이 거부될 수 있었다. 단지 연구자들이 미술치료사가 아니라는 것 자체가, 프로토콜에서 예술의 사용이 비윤리적이라는 것을 의미하진 않았다.

1. 연구자들이 자신을 미술치료사로 구분하고 있거나 연구 참여자나 대중이 그들을 미술치료사라고 믿도록 제안서와 모집공고에 제시되어 있는가? 만약 그렇다면, 대중을 오도할 뿐 아니라 보호되는 범위를 침해할 수 있다.

2. 제안된 연구는 연구자의 역량 범위 내에 있는가? 협업 집단 예술과정에 취약계층을 이끄는 데에 필요한 교육과 경험을 보유하고 있는가? 연구자들은 이러한 유형의 벽화를 제작할 만한 경험이 있거나 교육을 받았는가?

3. 연구자들은 연구 참여자에게 이 연구의 위험을 적절하게 알리는 사전조항을 만들었는가? 위험을 최소화하고 해결기반 대안을 확인하기 위한 적절한 조치가 취해졌는가?

28장. 마비스 오세이

만약 자격을 갖춘 학문적인 미술치료 교육 프로그램이 없는 나라에서 미술교육자가 미술치료과정을 이수했다면, 예술을 '치료적'으로 사용할 기회를 무시하는 것이 더 윤리적인가? 혹은 덜 윤리적인가?

현재로선 이 점을 기억하는 것이 중요할 것 같다. 가나에는 미술치료 교육 프로그램이 없을 뿐 아니라, 국가 또는 지역 미술치료협회도 없고, 미술치료의 임상 기준이나 윤리강령도 없으며 '미술치료사'라는 직업도 공식적으로 인정받지 못했다. 그러므로 위에서 설명한 상황에서 가나인 미술교사의 윤리적 위치는 공식적인 미술치료 교육 프로그램이 풍부하거나, 적어도 접근이 가능한 국가에서 일하는 미술교사가 단지 미술치료 강좌를 몇 개 듣고 수업에서 미술을 치료적으로 사용하려는 경우의 윤리적 위치와 비교할 수 없다. 미술교육과 미술치료 양쪽 모두를 다루면서, 가나의 미술교사들은 그들의 교수법과 학생들의 학습을 증진하기 위해 양쪽 분야의 적절한 지식을 사용할 것이다. 만약, 언젠가 공식적인 미술치료 교육 프로그램과 교육을 위한 자격증 프로그램이 개발된다면, 나는 그들이 가장 먼저 신청할 것이라고 믿는다.

'그의 정서적 상태를 고려했을 때 어느 정도 잘하고 있는 것 같아요'라는 말을 들으면 어떻게 반응해야 하는가?

학생이 장애지원 사무실을 통해 공식적인 협조를 요청했거나 모든 학생이 협조를 받는 것이 아닌 이상, 어떠한 학생도 학생 핸드북에 설명되어 있는 정책범위를 벗어난 협조를 받아서는 안 된다. 예를 들어, 한 명의 학생만이 아닌 모든 학생의 과제 마감일은 연장될 수 있다. 교수진이 학생 핸드북에 기술된 윤리적 관행, 프로그램의 정책 및 절차에 따르지 않거나 개별적으로 학생을 위한 협조사항들을 만들 때 윤리적인 우려가 발생한다. 개별적 상황에서 예외를 두는 교수진은 정직, 공평한 정의의 적용과 관련된 윤리적 위반을 자초하게 되는 것이다.

한 학생을 다른 학생들과 다르게 대하려고 할 때, 교수진은 문제의 학생과 관련된 역전이를 탐색할 뿐만 아니라, 자신의 다중역할(즉, 미술치료사이기도 한 교수진인 것)과 관련 있을 수 있는 문제들을 명확히 하는 것이 중요해진다.

한 학생이 기초 과목에서 낙제했고, 아무런 대비책도 없는 상태이다. 어떻게 해야 하는가?

학생과 만나 학습에 어려운 부분을 다루고, 만약 학습장애가 있는 경우에는 검사를 받도록 제안하라. 이는 학생에게 추가적인 지원을 제공할 수도 있을 것이다. 학습의 어려움을 다루는 학업 수행 계획서를 추천하고 인턴십 학기로 넘어가기 전에 학생이 기술적 표준과 최소 학업역량을 충족하는 데 동의하는 기간을 문서화하라. 휴학도 고려해보라.

교수진을 만나 학생의 진행상황을 지속적이고, 시기적절하며, 명확하고, 상세하게 보고할 수 있는 체계적인 방법을 구상하라.

학업성적이 좋은 학생이 인턴십에서 성의가 부족한 모습을 보일 때 어떻게 해야 하는가?

비록 학업적으로는 잘하고 있으나, 현장 슈퍼바이저나 교수진과 소통 없이 인턴십에서 책임감 없이 행동한 학생은 부족한 판단력과 결여된 진실성으로 인해 결국 내담자들의 심리적 안녕감을 저하시켰다. 슈퍼바이저는 슈퍼바이지의 행동에 대한 법적 책임이 있기 때문에 그녀는 또한 현장 슈퍼바이저와 미술치료 프로그램도 위험에 빠뜨렸다. 그녀의 정신질환은 그녀가 인턴십을 빠지기 시작한 지 한참이 지난 후에도 공유되지 않았으며, 현장 슈퍼바이저는 정신질환으로 인한 학생의 어려움에 대해서 전혀 통지받지 못했다. 미국미술치료학회의 윤리강령 원칙 1.5에 따르면 이와 연관된 내담자에 대한 책임은 다음과 같이 명시되어 있다. "미술치료사는 자신의 개인적인 문제로 인해 업무 관련 활동을 유능한 방식으로 수행하지 못할 가능성이 상당하다는 것을 알거나 알아야 하는 경우 활동에 참여하는 것을 삼간다 (AATA, 2013)."

인턴십 현장에서 그녀의 상호작용 방식이 보여준 판단력의 부족과 진실성의 결여 외에도, 그녀는 프로그램 정책, 절차 및 윤리원칙을 준수하지 않았기 때문에 미술치료 프로그램을 중단할 것을 권고받았다. 그녀는 기꺼이 그것을 받아들였으며 현장 슈퍼바이저들은 즉시 학생의 결석과 부실한 학업과정을 미술치료 프로그램의 교수인 슈퍼바이저와 행정 담당자에게 보고하도록 요청받았다.

어떻게 하면 정신질환이 있는 사람이 미술치료사가 되도록 허용할 수 있을까? 어떻게 하면 정신질환이 있는 사람이 미술치료사가 되는 것을 막을 수 있을까?

그 학생이 정신질환을 앓고 있는 자신의 어려움을 교수진에게 공개하기로 결정하면서 학기 초에 교수 회의에서 우려사항을 논의하고 주간 교수회의 보고서에 그녀의 진행 상황을 추적할 수 있었다. 지속적인 모니터링을 통해 그 학생은 수습기간을 가지고 활동계획을 제공받기로 결정되었는데, 이는 학생이 지속적으로 치료에 참여하고 있음을 입증하고 적절한 자기 돌봄 방법을 지원받으며, 미완성된 과제를 완료하도록 프로그램이 요구할 수 있다는 것을 의미한다. 학생은 수업 및 인턴십에 성의를 다했으며, GPA 요건을 충족했다.

참고문헌

American Art Therapy Association (2013). *Ethical principles for art therapists*. Alexandria, VA: Author.

신의와 내담자의 선택이 갈등을 빚을 때, 나는 어떻게 진행하는가?

신의를 지키고자 하는 나의 관점에서, 나는 자녀에게 진실(부모가 수감되었다는)을 말할 것을 지지하지만, 윤리적 관행에서는 치료 목표로서 어떻게 그리고 언제 진실을 말할지 결정하는 동안 보호자의 요청을 존중할 것을 지시한다. 이런 경우, 우리는 아동의 연령에 맞는 공유된 언어를 사용하기로 결정했으며, 이로 인해 나는 부모가 멀리 대학에 갔다고 말하지 않아도 되었다. 나는 어린 아동들에게 수감된 부모에 대해 말하는 것에 관한 읽기자료를 제공했고, 특히 교도소 방문 계획이 잡혔을 때 아이들에게 진실을 말하는 것을 점차적으로 논의했다.

친권 포기에 대한 증언을 위해 소환되었을 때 어떻게 대응해야 하는가?

나는 어떻게 증언할 것인지 결정하기 위해, 내가 받았던 윤리교육을 바탕으로 다음과 같은 단계를 밟았다(Jobes, 2011).

- 윤리적 문제를 명료히한다.
- 미술치료사를 위한 윤리원칙(AATA, 2013)을 참고한다.
- 잠재적인 윤리적 문제와 그에 따른 결과를 고려한다.
- 모든 관련 정보를 검토하고 기억한다.
- 부모, 자녀, 양부모의 권리, 책임 및 취약성에 대하여 슈퍼바이저, 동료 및 기관의 법률 자문위원과 논의한다.
- 가능한 한 모든 행동방침을 식별하고 평가한다.
- 자신의 행동의 잠재적인 결과들을 확인한다.
- 최선의 행동방침에 따라 결정을 내린다.
- 시행하고 결정을 전체 문서화한다.

임상 슈퍼바이저를 만난 이후에, 나는 기관의 법률고문에게 연락하여 청문회에서 증언하는 것이 내가 2년 이상 함께 일한 부모의 친권을 박탈하는 결과를 가져올 수 있다는 것에 대한 고민을 논의했다. 아동의 어머니는 재발에도 불구하고,

내 가족미술/놀이치료 회기를 가장 꾸준히 참여했던 이들 중 한 명이었다. 나의 우려는 부모의 물질사용, 최근 수감이력 및 지속적인 실직상태를 고려했을 때 두 어린 자녀를 적절하게 돌볼 수 있는 그들의 능력에 집중되었다. 치료 동안 내가 관찰한 바는 아이들은 부모와 함께 있을 때 매우 편안해 보였고 부모는 자녀에게 집중하고 있다는 나의 믿음을 뒷받침했다. 나는 증언하는 동안 내 임상 프로세스 노트*를 법정으로 가지고 들어갈 수 없었기 때문에, 치료과정 전반에 걸쳐 시행한 (모네의 진행, 성장 및 발달을 지원하는) 표준화된 평가와 모든 임상문서를 검토하여 치료에서 모네의 진전을 보여주는 주요 날짜와 지표를 떠올렸다. 증언하는 동안 임상사례 노트나 프로세스 노트가 있으면 소송중에 확인될 수 있으며, 이는 변호사가 당신의 노트를 요청하고 받을 수 있는 권리이다(Remley & Herlihy, 2007).

　　증언 당일, 나는 아동 어머니의 변호사, 아버지의 변호사, 각 자녀의 소송 후견인, 위탁(입양 전) 어머니의 변호사 그리고 법원의 아동보호부서 법무차장의 질문을 받았다. 자녀를 부양할 수 있는 부모의 능력에 대한 내 의견을 물었을 때, 나는 긍정적인 태도로 대답하지 않았기 때문에 친권 종료를 지지하는 입장이 되었을 것이다. 대신, 나는 수입이 있는 일자리, 적절한 주거지, 금주 없이는 부모 모두가 자녀를 적절하게 돌보는 것이 매우 어려울 것이라고 말했다. 양부모(입양 전)가 치료 회기에 참여하지 않았기 때문에 나는 그에 관해 대답하길 요청받았을 때 아이들이 잘 먹고 잘 지내는 것처럼 보였다고 간단히 말했다. 결국 친권은 박탈되었고 두 아이 모두 입양되었다.

참고문헌

American Art Therapy Association (2013). *Ethical principles for art therapists*. Alexandria, VA: Author.

Jobes, D. A. (2011, February). Contemporary ethics and risk management. Ethics training conducted at St. Elizabeths Hospital, Washington, DC.

Remley, T. P., & Herlihy, B. (2007). *Ethical, legal, and professional issues in*

---

* 역주: process notes, 공식 치료일지(progress notes)와는 구분되는 회기에 관한 치료사의 개인 기록 노트.

counseling. Upper Saddle River, NJ: Pearson Merrill Prentice Hall.

내담자가 사용할 미술매체를 제공할 때 어떤 요인들을 고려해야 할까? 이 요인들이 서로 갈등을 일으킬 때 어떤 일이 벌어지게 될까?

안전한 환경 설정과 소수의 집단 구성원, 그리고 소년들에 관해 이미 알고 있던 많은 양의 정보를 감안했을 때, 나는 잠재적인 위험을 제한하는 예방조치들을 취함으로써 소년들의 연령대의 중요한 발달 과제(예를 들면, 근면, 선택, 자율성)를 지원할 수 있는 기회를 제공하는 것이 가능하다고 판단했다. 동료 치료사와 나는 그들에게 명확한 안전 지침을 제공한 다음, 적절한 도구 사용과 거칠거나 뾰족할 수 있는 물체를 다루는 안전한 방법들을 시연했으며 보안경과 장갑을 나눠주었다. 네 명의 소년들이 낡은 가전제품을 분해하는 동안, 우리는 그들의 활동을 주의 깊게 관찰하며 소년들이 숙련된 감각을 기르고 창의력을 북돋울 수 있는 충분한 공간을 제공했다. 소년들의 열정은 몸으로 느껴질 정도였다! 예술작품으로서 가전제품을 해체하고 재구성하는 일은 예술에 대한 개념을 확장시켰고 자신감과 역량을 쌓는 것처럼 보였다. 불현듯, 그들은 예술가, 엔지니어 그리고 발명가가 되었다!

공평하지 않은 문화교류는 윤리적인가?

과테말라 아동들의 노력과 그들의 관대함, 그리고 대대로 전해 내려오는 전통적인 바느질 방법을 접하게 된 기회는 우리를 겸손하게 만들었다. 동등한 교류가 이상적이긴 하지만, 볼시타스를 거절했다면 아이들의 기분을 상하게 만들 위험을 무릅써야 했을 것이다. 우리는 그들에게 감사하며 받아들였다.

트라우마 이력을 포함한 복잡한 요구를 가진 내담자와 단일 회기를 가질 것으로 예상한다면, 윤리적으로 무엇을 성취하고자 노력해야 할까?

이러한 상황에서 나는 모든 회기를 마지막 회기로 여기며 가능한 한 효율적이고, 효과적이며, 안전하게 종결하는 방법을 배웠다. 동시에 내담자가 지속적인 스트레스를 받을 때 감정을 조절하는 법을 배우도록 돕고, 간단한 심리교육적 정보를 제공하며, 주어진 시간에 가능한 한 실제적인 치료 성과가 드러나도록 지지할 뿐만 아니라 초기 트라우마의 원인을 선별하고 복잡한 트라우마 이력을 가진 사람들에게는 나중에 사용 가능한 자원이 생겼을 때 전문가를 만나도록 권장하는 것을 의도했다.

33장. 엘렌 G. 호로비츠

원격보건에서 역전이를 어떻게 다룰 것인가?

나는 신뢰할 수 있는 동료에게 슈퍼비전을 청했다. 우리는 그 사례에 대해 길게 나누었는데, 내가 내담자의 말을 듣고 어떻게 느꼈는지, 그리고 내가 그녀에게 이 주제를 꺼낼 수 있는 방법에 대한 내용을 포함하였다. 영상치료 상담의 매개변수에 대한 동료의 이해가 부재했음에도 그의 현명한 조언은 내가 '멋내기 장식용 파트너'처럼 느껴지는 역전이적 문제를 돕는 데 도움이 되었다.

치료를 특권층을 위한 공물이라고 여기는 생각은 나를 불편하게 했다. 나는 이 '계층 개념'을 잠재우기 위해 나만의 예술작품을 만들어야 한다는 것을 알았다. 나는 전통과 현대의 퀼팅 기법과 가마에 구운 유리, 그리고 수제 구슬장식이 어우러진 '이종 간의 프러포즈'(Interspecies proposal)라는 작품을 만들었다. 이 퀼트는 무릎을 꿇은 수컷 안킬로사우루스가 암컷 알로사우루스에게 황수정 약혼반지를 주는 장면이며, 충격에 빠진 스테고사우루스는 이 사건을 목격한다. 알로사우루스와 안킬로사우루스 모두 화려한 옷과 맞춤 보석으로 장식되어 있는 반면, 명백히 나의 입장을 대변하는 스테고사우루스는 평범한 옷을 입고 곧 약혼할 이 커플을 충격받

그림 B.3 이종 간의 프러포즈

은 얼굴로 쳐다보고 있다. 심지어 예술작품조차 영상치료의 수단에 의해 영향을 받았다. 퀼트는 알로사우루스와 안킬로사우루스의 행동을 포함하고 있는 반면, 커플 뒤의 유리 조각은 그들의 문제를 반영한다. 스테고사우루스는 그들의 대화에 반영되지는 않지만, 치료사(나)처럼, 그 사건을 목격한다. 이 퀼트는 내 내담자가 필요로 하는 것들을 나의 것이 아닌 그녀의 문화와 사회 세계의 맥락 안에서 볼 수 있도록 해주었다. 완성된 작품을 동료와 공유함으로써 나는 내 내담자의 문제를 보다 넓은 관점에서 볼 수 있었다. 즉, 그녀가 나를 치료사로서 만나게 된 것은 그녀가 원한다고 생각했던 것(예: 약혼과 그녀가 만족스럽고 행복하게 느낄 수 있는 물질적인 것들로 가득 찬 행복한 인생)과 복잡하게 얽혀 있었다. 또한 이 퀼트는 약 1년 후, 이 커플이 약혼을 파기했기 때문에 미래의 사건을 예고하는 것처럼 보이기도 했다.

내가 내담자에게 나의 반응을 이야기했을지도 모르겠으나, 나는 그것이 내 역전이와 관련이 있고 이를 공유하는 것이 그녀에게 도움이 되지는 않을 것임을 알았다. 종종, 예술작품을 만드는 것은 내게는 정말 효과가 있는 유일한 해결책이지만, 놀라운 일은 아니다. 사실, 이것이 우리가 전하고 행하고자 하는 바가 아닐까?

34장. 다이앤 윌러

집단이 필요한 것처럼 보이지만 그 경계를 위반하고, 상징적이긴 하지만 공격적으로 행동한 사람을 집단에 두는 것은 윤리적인가?

나는 집단 전체에 걸쳐 명확하게 언급되고 강화되어 온 규칙을 갖는 이유에 초점을 맞추어, 집단역동을 어느 정도 가르치는 것으로 이 문제를 다루기로 결심했다. 나는 이 사건을 미술심리치료집단과 같은 강력한 개입 내에서 필수적인 경계 설정과 감정 담아두기가 얼마나 중요한지 강조하는 교육의 도구로 사용했다. 규칙이 무시되면 집단은 모두에게 안전하지 않게 된다. 이 방법은 당시 상황을 진정시키고 개인의 부담을 덜어주었지만 사건 자체를 처리하지는 못했기 때문에, 집단에게 어떻게 우리가 이를 대처해야 하는지에 대한 조언을 묻되, 마르타를 배제하는 것은 선택 사항이 아니라고 말했다. 사실 나는 의사결정 과정에 마르타를 참여시키려고 노력했지만 성공하진 못했다. 그녀는 집단에 남을 수 있다는 것에 대해 당혹스러워 보였다. 그녀의 분노는 가라앉았지만 밤늦게 방의 열쇠를 가져와 소집단의 작업을 방해한 자신의 행동이 부른 충격을 인정할 수는 없었다. 그녀는 그 중요성을 부인했고 인형을 으스러뜨린 것에 대해 "그건 그냥 플라스틱일 뿐이에요…"라며 일축했다. 나는 그녀를 더 이상 추궁하지 않기로 했다. 나는 이 집단이 마르타가 원래의 트라우마를 재체험하기 위한 장소가 아니며, 그녀가 자신뿐만 아니라 다른 사람들에게도 안전한 수준으로 집단에 머물러야 한다는 것을 깨달았다. 그녀는 비록 남은 일주일 동안 조용하고 다소 의기소침해 보였으나 집단을 떠나지는 않았다.

불행히도, 마르타의 방어가 너무 강했기에 우리가 처음 만났을 때, 그녀가 나에게 자신의 작품을 보고 말하도록 요구했던 그 불안감을 함께 나눌 수는 없었다. 만약 내가 그녀가 원하는 대로 해주었다면, 나는 그녀가 참여자들에게 상당한 감정적, 심리적 통찰력을 요구하는 워크숍에 참여할 심리적인 상태가 아니라는 것을 이해했을지도 모른다. 나는 차분하고 친절하게 그녀에게 도움을 구하라고 조언하고 추가적인 정보를 줄 수 있었다. 「내 직감을 따르지 않고, 그녀의 작품을 보지 않았으며, 그녀가 집단에 들어오지 못하게 설득하지 않았던 것은 잘못이었을까? 마르타가 심각한 트라우마를 경험했다고 가정하고, 집단의 경계를 침범한 그녀의 필사적인 행동이 학대의 트라우마를 회복하는 고통스러운 과정을 시작할 수 있는 움직임이었다고 가정한 것은 잘못이었을까?」 나는 내가 틀렸다고 생각하지 않으며, 이 사건을 처리하기 위해 집단심리치료의 이론적 측면으로 돌아감으로써, 그로 인해 발생한 피해를 제한했다고 믿는다. 만약 내가 집단에서 마르타를 퇴출시켰다면 이것은 그녀에게 해를 끼쳤을 것이고, 집단은 안전하고 감정을 담아주는 공간을 유지하는 것의 중요성을 인식하지 못한 채 죄책감을 느꼈을 것이라고 본다. 나는 마르타가 자신의 행동과 감정을 탐색하도록 끈질기게 설득하지 않고, 자신의 안전한 심리적 공간에 머물 수 있도록 한 것이 옳았다고 믿는다. 이것은 내가 집단미술치료를 수행하면서 가장 스트레스가 많았던 경험 중 하나였으며 그를 통해 참여자를 신중하게 검토하고 '집단 규칙'을 강화해야 할 필요성에 대해 정말 많은 것을 배울 수 있었다.

35장. 탈리 트립

"집 전체를 개조하는 것이 아니라 주방 리모델링만 부탁했잖아요!"라는 말에서 내가 무엇을 취할 수 있을까?

치료사는 '내담자가 있는 곳에만' 있을 수 있다. 즉, 내담자는 자신이 언제 깊이 파고들 준비가 되었는지 그리고 언제 수면 위에 머무를 것인지를 결정해야 한다. 엘렌의 경우, 나는 그녀의 아동기 동안 발생한 애착의 상처와 공명의 심각한 결핍이 현재 그녀의 친밀한 관계 유지와 관련된 문제의 근원임을 알았다. 이와 같은 맥락에서 이 대인관계 트라우마를 다루는 것은 고통스럽고 어려운 여정이라는 것 또한 분명했다.

몇 번의 회기 동안 나는 압도적인 감정들을 조절하고 그녀가 감정에 점철될 가능성을 줄이기 위해 우리의 진행 속도를 늦출 것을 권장했다. 안정이 되면, 그녀의 삶에 부정적으로 영향을 주고 있던 트라우마 및 방임의 근본적인 주제들에 대해 함께 작업할 수 있다고 제안했다. 나는 이것이 힘든 일이 될 것이라고 경고했지만, 우리가 치유를 위해 꼭 필요한 일을 한다고 믿었다. 그러나 속도를 늦추거나 트라우마를 치료하는 것은 엘렌의 계획이 아니었다. 그녀는 내가 다음 단계로 넘어가지 않고 현재 그녀의 관계 속 문제들을 마술처럼 '고칠' 수 없다는 사실에 극도로 화를 냈으며, 내가 치료의 속도를 통제하고 있음에 분개했다. 우리의 치료는 더 이상 진전될 수 없었다. 나는 치료 속도를 늦추고 초기 트라우마를 다루고 싶었고, 그녀는 치료를 빨리 진행해서 현재 증상들을 치유하고 싶었다. 이 교착된 상태를 해결할 수 없었던 엘렌은 회기를 빠지기 시작했으며 종결에 대해 말하기 시작했다.

결국, 우리가 서로 다른 목적을 갖고 치료에 임했다는 점이 분명해졌기 때문에 우리는 치료를 종결했다. 내 입장에서 나는 엘렌을 도울 수 없었고 그녀의 작품에 너무 많은 것이 있었기 때문에 그녀가 나에게 의뢰된 '이유'만 다룰 수는 없었다. 우리의 마지막 회기에서 그녀는 실망감을 내보였으며, 눈물을 흘리며 "나는 당신에게 주방만 고쳐달라고 했는데 당신은 집 전체를 개조해야 한다고 느꼈잖아요!"라고 말했다.

나는 매일 내담자로부터 배운다. 엘렌은 나에게 치료사가 알고 있는 모든 지식에도 불구하고 '주방에만 머물러 있어야' 하며 계약에 충실해야 한다는 것을 가르쳐주었다. 미술치료는 지속적인 치료에 많은 도움이 될 수 있지만, 성공적인 결과를 위해 우리는 내담자의 욕구와 기대를 존중해야만 한다.

36장. 우누르 오타르도티르

어떻게 하면 기억 그림을 그리는 내담자와 학생들에게 충분한 감정을 담아줄 수 있는 전문가들을 준비시킬 수 있을까?

완료된 과제:

- 나는 3년간의 프로젝트를 위해 아이슬란드 연구센터에 보조금 신청서를 제출했다. 그 프로젝트는 기억 그림 연구를 확고한 이론적 맥락에 두고, 그것에 대해 글을 쓰고 출판하며, 그 방법을 적용하는 데 관심이 있는 전문가들을 위한 교육 연수 프로그램과 교육과정을 개발하고, 연구 결과를 전문가들에게 소개하며 그 주제에 대한 추가 연구를 수행하는 것을 포함했다. 그러나 지원받지 못했다.

- 18년이 지나고 나서야 나의 기억력 연구의 결과에 대해 안전하게 소개할 수 있는 충분한 자원들이 있다고 판단했다. Wammes, Meade와 Fernandes (2016)의 기억 그림 연구 결과에 대한 소개는 이 분야에서 연구중인 다른 연구자들이 있으며, 그들 또한 연구를 알리고 맥락을 만들어가는 것의 책임감을 가지고 있는 것을 분명하게 보여주었다. 이는 추가 정보를 얻기 위해 연락할 수 있는 연구자들이 있다는 것을 의미했다. 동시에 나는 그들의 연구에 중요한 미술치료적 맥락이 누락되었다고 주장하는데, 바로 내가 포함시킨 부분을 말한다.

- 나는 기억 그림에 대한 논문을 작성했고 이 논문은 무료저널인 『미술치료 온라인』(ATOL: Art Therapy OnLine)에 게재되었다(Ottarsdottir, 2018). 논문에는 미술교육적 치료사례 연구와 연관된 기억 그림의 양적 연구와 드로잉 및 그림에 대한 기억과 관련된 문헌, 학교에서의 미술치료, 트라우마의 기억과 관련된 미술치료 문헌에 관한 상세하고 맥락화된 고찰이 포함된다.

- 2018년 아이슬란드에서 개최된 제20회 북유럽 미술치료 컨퍼런스에서 기억 그림 연구에 대한 기조강연을 하였다.

수행중인 과제:

- 이 장을 작성하며 미술치료 이론 및 방법의 맥락 내에서 기억 그림 연구를 소개하고 관련된 윤리적 문제를 다루고 있다.

앞으로 수행할 과제:

- 강의, 출판 및 워크숍에서 기억 그림 연구를 더 소개한다.
- 학교 환경에서 기억 그림을 적용할 수 있는 교육자 또는 그 외 비치료사를 위한 슈퍼비전을 제공한다.
- 대학의 교육, 심리치료 및 미술치료학과 학생들을 위한 기억 그림 교육과정을 만든다.
- 학생들에게 기억 그림을 교육할 목적을 가진 유사 교육기관과의 협력을 구한다.
- 다시 한번 아이슬란드 연구센터에 보조금을 신청한다. 이번에는 기억 그림 연구 분야의 진행상황을 업데이트한다.

참고문헌

Ottarsdottir, U. (2018). Processing emotions and memorising coursework through memory drawing. *ATOL: Art Therapy OnLine*, *9*(1). Retrieved from http://journals.gold.ac.uk/index.php/atol/article/view/486/pdf

Wammes, J. D., Meade, M. E., & Fernandes, M. A. (2016). The drawing effect: Evidence for reliable and robust memory benefits in free recall. *The Quarterly Journal of Experimental Psychology*, *69*(9), 1752-1776.

37장. 산기타 프라사드

미국에서 치료적 작업의 중요한 특징인 비밀보장 및 사전동의에 관한 엄격한 경계를 보다 비공식적인 문화적 환경에 도입할 필요가 있는가?

1980년대 후반 인도의 주요 신문에 미술치료에 관한 기사를 써달라는 요청을 받았을 때, 나는 영광스러웠으며 사례연구가 포함된 기사를 제출했다. 그리고 나서 편집장에게 아이들이 예술작품을 만드는 모습을 찍어 보내달라는 전화를 받았다. 학부모와 학교 행정부에 아이들을 촬영하기 위해 기자가 와도 되겠느냐고 물었을 때 모두가 동의했고, 사실 아이들은 뿌듯하고 기뻐하는 것 같았다. 신생 미술치료사로서, 나는 그들에게 공식적인 동의서에 서명하도록 요청하는 것이 그들에게 항상 구두로 동의가 이루어지는 환경 내에서, 마치 내가 그들이 (입으로 하는) 말을 믿을 수 없다고 여기는 인상을 줄 수 있겠다는 느낌을 받았다. 기사가 났을 때, 많은 교사들과 학부모들은 그것이 좋다고 했고, 사진이나 내가 쓴 글에 대해서는 어떤 이의도 제기하지 않았다.

오늘날 이러한 상황이 일어났다면 나는 매우 다르게 반응했을 것이다. 수년 동안 나는 미술치료에서 만든 이미지를 사용할 때마다 동의를 얻는 것이 얼마나 중요한지 깨달았다. 특히 한 사건이 나에게 이것을 가르쳐주었다. 병원 경영 부서에 있는 한 지인이 나에게 말하길, 한 기자가 항암치료를 받고 있는 아동들에게 미술, 음악 및 기타 활동을 제공하는 자원봉사자들에 대한 기사를 쓴 적이 있었다. 게재된 기사에는 치료를 받고 있는 아동의 사진이 첨부되었다. 아동의 가족은 다른 가족구성원들이나 그들 주변에 아들이 항암치료를 받는다는 것을 알리지 않았기 때문에 매우 화를 냈다. 이는 왜—사전동의를 규율하는 공식적인 정책, 규정 또는 법률이 없는 국가에서도—개인의 예술작품 또는 예술작업을 하는 당사자의 사진을 사용하도록 허가할 권리를 존중해야 하는지에 대한 이유를 보여주는 좋은 예이다. 우리는 사생활 침해의 영향이 얼마나 클지 알 수조차 없다.

요즘 시대에는 소셜미디어의 이미지를 동의 없이 다른 사람이 재사용할 수 있는 경우, 그것을 만든 사람뿐만 아니라 그것을 공유한 사람에게도 피해를 줄 수 있다. 최근에는 인도에서 제작된 작품이 인도 작품과는 전혀 무관한 표현예술치료 프로그램을 광고할 목적으로 재사용된 적이 있다! 이는 동의를 받는 것의 중요성과 허락된 경우, 출처를 표기하는 것의 중요성을 다시 강조한다.

2.2.2 미술치료사는 내담자나 내담자의 부모 혹은 법적 보호자의 명시적인 서면동의 없이 말로 표현한 것과 예술표현을 포함한 내담자의 미술치료 회기를 공개적으로 사용하거나 복제할 수 없다.

2.2.3 미술치료사는 내담자의 예술표현을 촬영하거나, 비디오 또는 오디오 녹음을 하거나, 다른 방법으로 복제하거나, 제3자의 미술치료 회기 관찰을 허용하기 전에 내담자 또는 해당되는 경우, 부모 또는 법적 보호자로부터 서면동

의를 얻어야 한다.

미술치료자격위원회, 2018

참고문헌

Art Therapy Credentials Board (2018). *Code of ethics, conduct, and disciplinary procedures*. Greensboro, NC: Author.

38장. 유리코 이치키, 메르세데스 발베 테르 마트

교사 또는 다른 비미술치료사가 예술을 심리교육적 방식으로 사용하도록 훈련하는 것이 윤리적일까?

소규모 미술치유 회기 프로그램(MATSP)을 일본 학교에 통합하는 가장 윤리적인 방법은 무엇일까?

공동저자와 상의하여, 나는 현재 미국미술치료학회(2013, 2016)와 각국에서 활동하고 있는 다른 미술치료사들에 의해 제작된 비미술치료사 양성 지침에 따라서 교사들을 훈련시키고 있다(Kalmanowitz & Potash, 2010). 훈련을 받는 동안, 교사는 다양한 미술재료의 사용, 학생들에게 제공할 수 있는 지침의 가치 및 유형, 미술작업과 관련한 고려사항(예: 공간, 시간, 소유권, 보관), 그리고 그려진 것들을 가장 잘 이해하는 방법을 터득함으로써 미술의 심리교육적 응용을 배운다. 교사들은 개인적인 언급이나 해석을 덧붙이지 않고 학생들이 들려주는 이야기를 듣고 이끌어내도록 훈련된다.

내가 처음 추천했던 것과는 달리, 교사들은 이제 우려스러운 이미지가 나타날 경우 학생들과 개인적으로 대화를 나누도록 권장된다. 따라서 '도와주세요'를 그린 학생이 상황을 해결하지 않고 집으로 돌아가도록 두는 대신, 이제 교사는 '도와주세요'가 의미하는 바를 자세히 알아보기 위해 학생과 개인적으로 대화하도록 격려받을 것이다. '도와주세요'가 친구와의 싸움이 아니라 학교 밖에서 즉각적인 개입이 필요한 위험한 상황을 언급한 것이었다면, 교사는 부모와 대화를 나누는 것과 같은 적절한 조치를 취할 수 있었을 것이다. 역할극 기회를 통해 교사들은 부모 및 학생들과 섬세한 방식으로 대화하는 방법을 연습할 수 있다. 우리는 일본의 학교 환경에서 심리교육적으로서 MATSP를 윤리적으로 사용하도록 비미술치료사를 훈련하는 방법이 있다고 결론 내렸다.

예술작품은 학생 예술가에게 속하는가 아니면 그것이 만들어진 교육 시스템에 속하는가?

미술치료사로서 우리는 예술작품이 내담자의 의료 또는 임상기록(또는 우리의 경우처럼 교육기록)의 일부라는 것을 명시하지 않는 이상, 그것을 만든 사람의 것이라고 배웠다. 비록 학교는 치료적 환경이 아니며 학생들이 MATSP에 참여하고 있을 때에도 치료중인 것은 아니지만, 우리는 학교에서 학생들이 만든 예술작품은 학생들의 것이라고 생각한다. 시험, 완성된 숙제, 학교 프로젝트, 그리고 '한 줄 일기'는 교사의 재량에 따라 학생들에게 반환되지만 늘 그래왔듯이, 교실 활동의 일부로 만들어진 예술도 반환되어야 한다. 학부모들에게 MATSP의 목적과 가치에 대해 교육하고 알리기 위한 일환으로, 학생들의 예술작품은 학생들의 소유이며, 그들에게 반환될 것임을 분명히하기 위해 성명서가 추가된다.

부모가 자녀들의 MATSP 참여에 사전동의과정을 통해 결정할 권리가 있어야 할까 아니면 MATSP는 필수 교육 학교 교과목의 일부로서 부모 동의가 필요하지 않은 대상일까?

비밀보장과 관련하여, 학부모와 학교 관계자(교사, 간호사, 상담사) 간의 심의에서 미성년자(학생)의 권리는 무엇인가?

첫 번째 질문에 대해서 우리는 MATSP가 학교 교육과정의 일부이므로 부모의 동의는 불필요하다고 생각한다. 교사들이 '한 줄 일기'를 기본 교육과정의 일환으로 흔히 사용하는 것처럼 학생들이 단어를 통해 자신의 감정을 탐구하는 데 참여하도록 하는 소규모 미술치유 그리기도 그렇다.

두 번째 질문은 더 복잡하다. 일본에서 부모는 자녀와 관련된 모든 학교 심의에 대해 법적 권리가 있다. 그러나 우리는 도덕적으로나 윤리적으로나 학생의 안녕이 위협받지 않는 이상 학생 심의는 사적이고 비밀이 보장되는 것으로 간주되어야 한다고 주장한다. 하지만 '해로운' 수준에 도달하지 못하는 정보는 어떤가? '말할 것인가 말하지 않을 것인가'라는 문제는 좀 더 적절하게 두 가지로 쪼개어질 수 있을 것이다. 바로 '누구에게 말할 것인가'와 '무엇을 말할 것인가'이다. 자녀에게 드러난 특정한 정보('해롭다'고 생각되지 않는 정보)에 대하여 학부모가 알아야 한다고 판단될 때, 우리는 어떤 정보를, 어떻게 학부모와 공유할 것인지 결정하는 과정에 학생들을 참여시키도록 교사를 훈련한다.

교사들은 나, 즉 미술치료사 또는 학교 상담사와 격주로 상담 회기에 참여해야 한다(일본에서는 많은 학교 상담사가 임상심리사로 등록되었고, 투사그림검사의 시행 및 해석 교육을 받는다). 상담은 MATSP에 참여하는 교사들에게 지속적인 지지와 훈련을 제공한다. 우리는 교사들이 MATSP를 사용하고, 학생들과 그림의 의미를 탐색하며, 필요에 따라 학부모들과 대화를 나누고, 도움이 필요한 학생들을 학교 상담사에게 의뢰하여 보다 심층적이고 전문적인 지원을 받도록 할 것을 권장한다.

참고문헌

American Art Therapy Association (2013). *Ethical principles for art therapists*. Alexandria, VA: Author.

American Art Therapy Association (2016). Art therapists training non-art therapists. Retrieved from www.arttherapy.org/upload/ECTrainingNonATs.pdf

Kalmanowitz, D., & Potash, J. D. (2010). Ethical considerations in the global teaching and promotion of art therapy to non-art therapists. *Arts in Psychotherapy, 37*(1), 20-26.

39장. 페넬로페 오르

예술작업의 상호작용을 윤리적으로 온라인에서 가르칠 수 있을까?

온라인으로 미술을 가르치는 방법 외에는 내가 참고할 만한 어떤 연구도 없었다. 그러나 동영상을 본 뒤 예술작품을 만들어 교사에게 보내는 것은 미술치료 교육과정의 자격요건을 충족시키지 못한다. 나는 온라인 상담지침을 연구하고 무엇이 치료적이고 치료적이지 않은지, 그리고 그것이 미술치료에 어떻게 적용될 수 있는지를 평가하기 위해 온라인 화상회의 사례들을 살폈다.

　나는 매체수업을 듣는 학생들에게 혼자서, 또한 그들이 사는 곳에 형성된 집단 내에서 작품을 만들라고 요청할 것을 결심했는데, 이것은 그들이 고립된 상태에서 작품을 만드는 것과 집단 내에서 만드는 것의 차이를 반영하도록 한다. 다른 수업에서 나는 학생들이 '메일 아트(mail art)'를 만들어 다른 학급 구성원들에게 보내는 것, 온라인 예술작품/콜라주를 함께 만드는 것, 그리고 개별적으로 예술을 창조하고, 다른 학급 구성원들로부터 그것에 대한 피드백을 이끌어낸 다음 다시 작업하는 것 등 다양한 수준의 상호작용을 시도할 수 있는 경험들을 제공하였다. 나는 또한 학생들이 미술치료 평가를 실시하고, 비밀보장을 존중하며, 이미지들과 그들의 아이디어를 학급과 공유하여 적절한 피드백과 분석을 연습할 수 있도록 요청하였다.

　집단수업은 온라인 화상채팅에서 만나 함께 예술을 창작하고, 다른 사람들이 당신이 무엇을 하고 있는지 볼 수 있고 당신은 또 다른 이들이 무엇을 하는지 볼 수 있도록 예술작업을 가장 잘 보여주는 위치를 찾으려고 노력한다. 우리는 집단에서 직접 만나 예술을 창조하는 것과 집단 내에서 온라인으로 예술을 창조하는 것이 어떻게 다른지 그리고 각각의 장점과 단점에 대해 논의한다. 학생들은 프로그램 내내 교수들과 개별적으로 공유하는 비주얼저널을 써야 한다. 학생들은 슈퍼비전 하에 전통적인 면대면 인턴십과 실습을 이수해야 한다. 이러한 활동들의 조합은 각 활동의 본질에 대한 학생들의 성찰과 함께 미술치료에서 예술작업 과정을 둘러싼 상호작용을 이해하는 데 도움을 준다.

40장. 마이클 A. 프랭클린

스튜디오에서 시각적인 발언의 자유에 어떻게 대응해야 할까?

나에게 충격을 주려는 10대 청소년의 시도에 대한 나의 간단한 대답은 다음과 같다. "이것이 네가 할 수 있는 최선이니? 진짜 하려는 말이 뭐니? 그걸 보여봐… 말해봐… 네가 보여주고 싶었던 이 '엿 먹어'의 이면에는 무엇이 있는 거니? 더 깊이 파고들어 네가 정말로 의미하는 바를 찾아보렴. 혹시 도움이 필요하다면, 난 여기 있을 거야." 그는 미끼를 물고 이 자전적인 소재를 살피는 자기성찰적인 예술가가 되기 시작했다.

이처럼 의미심장하면서도 피상적으로 대체된 공격성을 예술적으로 승화시키기 위해 그를 초대하기 전에, 내가 그의 행동과 시각적 소통을 다르게 표현하고 되새기는 간단한 상담 기술을 적용했다고 주장할 수 있다. 나는 비록 진단적 사고에는 관심이 없었지만, 이 언어는 확실히 나의 임상적이고, 치료로서 예술을 보는 본능으로부터 파생되었다. 중요한 것은, 심리적 통찰력을 발전시키기 위해 가족의 역사를 밝히거나 더 깊은 감정을 능숙하게 파고들지는 않았다는 점이다. 대신 내 목표는 한 예술가로서 다른 예술가에게 말함으로써 그 순간에 무슨 일이 일어나고 있는지를 이해한 다음, 예술을 더 풍부한 예술로 옮기는 것이었다. 예술을 심리치료와 스튜디오 작업 사이를 스케이트 타듯 오가는 치료적 관점으로 가정할 때, 나는 혼란스럽게 배출된 그의 충동에 의문을 제기하고 미적 자아가 가진 자원을 구체적으로 표현할 수 있도록 초대하고 싶었다(Gerity, 2001). 스튜디오에서 나는 치료로서 예술을 보는 관점으로 생각하지만, 나의 중재가 전통적인 치료과정에 관여하기 위함은 아니다.

참고문헌

Gerity, L. A. (2001). *Art as therapy: Collected papers of Edith Kramer*. London: Jessica Kingsley.

41장. 샤론 스트라우스

참석해야 할까 불참해야 할까?

나는 에이프릴이 KRSF재단의 옐로우 드레스 스피커 행사 티켓을 보여주자 당황했다. 나는 내 스튜디오에 오는 개인 내담자들에게 우리의 행사를 홍보하지 않았다.

재단을 홍보하고 티켓을 파는 것이 부적절하게 느껴졌기 때문이었다. 에이프릴은 자살 생존자 지원 모임에서 우리의 정보를 우연히 발견했다. 나는 그녀의 지지에 감사를 표했으며 연사의 상실과 치유의 이야기가 강렬할 것이라고 말했다. 나는 그날 저녁, 그녀에게 자기 돌봄을 잘하도록 격려했다.

우리의 대화를 마칠 무렵, 에이프릴은 내게 저스틴의 첫 기념일이 다가오고 있다는 것과 그녀가 특별한 추도식을 가질 것임을 상기시켰다. 저스틴의 묘비가 놓여지고, 이어 집에서 가족, 친구들과의 모임이 이어진다는 것이다. 그녀는 나를 초대했다. 순간 나는 그녀의 아들을 위한 추도식에 참석하라는 초청과, 그녀가 내 딸을 기리는 공공행사에 참석한다는 것과 우리 재단의 일에 대한 언급이 전부 같은 선상에 있음을 알아차렸다. 나는 직업의 경계를 감지하며 잠시 멈추었다. 에이프릴의 기념행사는 사적인 것이었다. 나는 그녀의 집에 들어가서 그녀의 가족, 친구들과 어울렸을 것이다. 내가 참여를 하는 것이 에이프릴에게 가장 최선일까, 아니면 우리 사이의 명확한 경계를 유지하는 것이 좋을까? 미국미술치료학회의 『미술치료사를 위한 윤리강령』(2013) 전문은 다음처럼 신의를 강조한다. "미술치료사는 내담자와 동료, 그리고 지역사회 구성원들에게 진실하게 행동해야 하는 자신의 역할과 책임을 받아들인다. 미술치료사는 정직한 대처, 관계 설정의 명확성, 약속에 충실함 및 일에 대한 진실성을 유지한다." 이 지침은 다음의 원칙 1.3에서 더욱 명확해진다. "치료적 관계의 모호성을 피하고 내담자와 치료사 사이에 존재하는 서로 다른 치료적 역할에 대한 명확성을 유지하는 것은 미술치료사의 전문적인 자질이다." 나는 에이프릴이 이 특별한 행사에 나를 초대하고 싶어 하는 것에 대해 깊이 감사했고, 정중히 그녀의 초대를 거절하였다.

참고문헌

American Art Therapy Association (2013). *Ethical principles for art therapists.* Alexandria, VA: Author.

남성 미술치료사로서 여성 내담자의 명백한 경계선 침범에 어떻게 대응해야 할까?

16세 내담자가 내 신체 일부를 캔버스처럼 사용하는 일은 나를 소위 통제된 공황 상태로 빠지게 했다. 내 마음 한쪽은 '윤리위반'이라고 소리쳤고, 다른 한쪽에서는 '내담자를 생각해'라고 소리쳤다. 나는 내담자가 남성으로부터 받은 정서적이고 성적인 학대와 부모의 거부에 대한 이력을 감안하는 쪽으로 기울었다. 실비가 내 손에 그림을 계속 그리도록 한 것이다. 그 후 그 그림은 내 피부에 얼룩처럼 스며들었고 나는 남자 화장실에서 그림을 문질러 씻어냈다.

나는 실비가 내 손에 그림을 그리도록 놔둔 것은 윤리위반이 아니라고 결론내렸다. 하지만 그 후 그림을 씻어내 버린 것에 문제가 있음을 깨달았다. 내담자의 예술작품을 동의 없이 망가뜨린 것이다. ATCB(2018)의 강령 중 기준 2.1.9에서는 다음과 같이 기술한다. "내담자가 만든 모든 작품의 원본을 보존하기 어렵다면 치료내용 기록과 관련하여 가능한 한 사진으로 보관해야 한다." 내가 내담자의 법적 보호자에게서 서면동의를 받았다면 내담자에게 그녀의 그림을 사진으로 남길 것이라고 설명하고 난 뒤에 그림을 씻어냈어야 한다. 그리고 그 사진을 내담자의 임상기록에 기밀로 보관할 것이라고 말했어야 할 것이다. 그래야 ATCB의 강령과 AATA(2013)의 강령에서 기술하고 있는 "미술치료사 혹은 임상기관이 미술작품의 복사, 사진, 디지털 이미지를 내담자의 임상기록 파일에 보관하는 경우에 이를 내담자에게 알린다"(원칙 4.1.a)라는 원칙을 지킬 수 있다.

참고문헌

American Art Therapy Association (2013). *Ethical principles for art therapists.* Alexandria, VA: Author.

Art Therapy Credentials Board (2018). *Code of ethics, conduct, and disciplinary procedures.* Greensboro, NC: Author.

소진 상황을 환자에게 알리기—말해야 할까, 하지 말아야 할까?

물론 환자의 요구와 환자와 치료사 간의 관계에 따라 다르지만 이런 상황에서는 솔직하게 이야기하는 게 도움이 된다는 사실을 알게 되었다. 충동적이고 강박적인 성향의 사람들은 치료사가 소진을 겪는 것을 보게 되면 자칫 자기 자신을 혹사하고도 다음 날 와서 똑같은 일을 하는 것이 '괜찮다'고 받아들일 수 있다. 그렇다 보니 치료사가 자신의 소진을 해결하지 않으면 환자들도 속도를 줄이고 휴식을 취하거나 그저 가만히 아무 일도 하지 않고 있어서는 안 된다는 믿음을 강화할 수 있는지, 나는 걱정할 수밖에 없다.

특히 내가 회기에 집중하지 못하는 경우에는 환자들에게 내 현재 상태를 더 솔직하게 알려주려고 하는데, 이를 통해 환자들이 균형을 잃거나 스트레스가 쌓인 상태가 어떤 느낌인지 탐구해보도록 할 수 있다. 그리고 나서 상황을 개선할 방법에 대한 대화로 이어질 수 있다. 또 다른 중요한 고려 사항은 환자 입장에서 자신과의 상호작용이 직접적으로 치료사의 행동 변화에 영향을 미쳤다고 생각할 수 있다는 점이다. 다시 말해, 환자들은 자신 때문에 우리가 현재의 마음 상태를 갖게 되었다고 생각할 수 있다. 이런 오해를 바로잡는 솔직한 대화를 통해 환자와 치료사 간의 동맹 관계를 건강하게 이어 나갈 수 있다. 또한 환자들도 (직접적으로 치료사에게 말하지 않더라도 자기 자신에게) "휴. 내 문제가 아니라 당신 문제네"라고 생각할 수 있다. (누구나 듣고 싶은 말이지 않은가?)

나는 소진뿐만 아니라 내 삶의 다른 중요한 순간에 나 자신을 유지하는 것이 얼마나 어려웠는지 생각하면서 '꽃폭탄(Flowerbomb)'([그림 B.4])을 만들었다. 나 자신을 연민하는 일은 쉽지 않고 계속해서 연민하기 위해서는 매우 열심히 노력해야 한다는 사실을 깨달았다. 연민은 소진을 이겨내는 데 필수적이다. 에너지와 동기가 부족할 때 동반되는 비난의 칼날을 연민을 통해 무디게 만들 수 있기 때문이다. 이 시기에 나는 나 자신을 보호할 수 있는 내부의 힘과 자원을 모색하며, 그 또한 성장이 필요하다는 점을 기억한다.

그림 B.4 꽃폭탄(Flowerbomb)

44장. 시린 야이시

타인이 나눈 경험이 너무나 압도적이라 우리가 지금 하는 일로 충분할지에 대한 의문
이 들면 어떻게 해야 할까?

나는 내 영혼의 중심, 내면 깊은 곳에 느껴졌던 확신을 향해 손을 뻗을 필요성을

느꼈고 미술매체에 의지했다. 나는 산스크리트어로 '원(circle)'을 의미하는 '만다라'를 그리기로 했다. 칼 융은 만다라를 그렸고(1972) 환자들에게도 만다라를 만들어 보라고 했는데, 그는 만다라의 형태가 다른 무엇보다도 전체를 상징한다고 여겼다. 그래서 그날 저녁 나는 만다라를 그렸고 다음 날 집단으로 돌아가 집단구성원들에게 만다라의 개념을 소개했다.

참고문헌

Jung, C. G. (1972). *Mandala symbolism*. Princeton, NJ: Princeton University Press.

45장. 페트리샤 페너, 리비 번

미술작업이 어떤 기능을 수행했을까?

타냐의 슈퍼바이저는 그림이 "모든 이야기를 하고", "미술치료에서 언어는 중요치 않다"라고 말한 타냐의 주장을 어떻게 다룰 수 있을까?

타냐의 슈퍼바이저는 그녀가 언어로 경험을 표현하도록 도왔고, 이를 통해서 타냐의 수치심과 절망감이 드러났다. 타냐의 미술작업은 자신이 느끼는 괴로움의 감정을 담아냈을 뿐만 아니라 자신의 필요를 명확히하지 않으려는 저항의 매개체로도 작용했다. 타냐는 병원에 있는 어린 환자들의 요구를 더 잘 충족시키지 못한 것에 대해 수치심을 느꼈고, 암묵적으로 그것이 자신의 책임이라고 느꼈다. 초보 치료사와 실습생들은 이와 같은 비현실적이고 부적절한 기대에 부딪히곤 한다. 자신을 시각적으로 표현할 수 있는 능력이 있다는 느낌은 개인적 역량의 대리적 표현 방식을 제공했다. 타냐는 이미지에 가장 큰 권한을 주는 형태로 이미지가 갖는 의사소통의 힘을 주장했다. 그러나 이 사례에서 언어적 설명이 없었다면 타냐는 그림으로 인해 중요한 것을 보지 못하고 배움에 대한 잘못된 생각을 가질 수 있었다.

슈퍼비전과 치료의 경계가 무너지기 시작할 때 어떻게 진행해야 할까?

시아라의 자기개방이 가져올 강력한 영향을 인지한 채, 나는 그녀에게 추가적인 지원(개인치료)이 있음을 강조하고 그녀가 이 여정을 계속할 수 있다고 확신시키며,

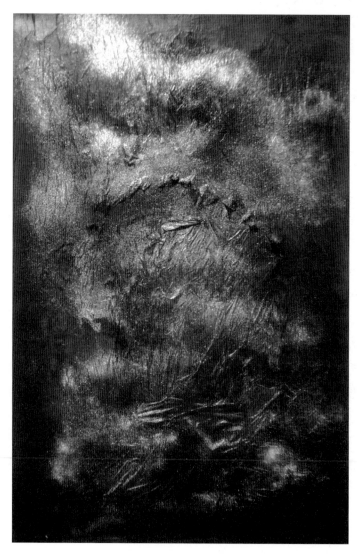

그림 B.5 진정시키는 파랑

미국미술치료학회의 『미술치료사를 위한 윤리강령』(2013) 원칙 8.5를 마음에 새겼다. 슈퍼바이저이자 학과장인 내 자신이 이끄는 진심 어린 언어적 대화가 이어졌고, 이는 공감과 공명이라는 내 임상적 기술에 의해 더 확대되고 유지되었다. 페인팅 과정에서 비언어적으로 대화를 이어가는 것은 그녀에게 달려 있었다. 나는 시아라가 스스로를 재자극하기보다는 차분하게 그림에 다시 몰입할 수 있도록 그녀를 진정시키는 색을 사용할 것을 제안했다. 그녀는 전체 표면에 은빛 반짝임이 있는 파란색을 겹겹이 쌓아 올려 중앙에 나타냈다.

참고문헌

American Art Therapy Association (2013). *Ethical principles for art therapists*. Alexandria, VA: Author.

47장. 캐서린 로저스 존슨

투사와 전위적 공격성에 대해서 어떻게 반응해야 할까?

그가 나에게 힐러리 클린턴이 아프가니스탄에서 ISIS를 시작했다는 것을 알았냐고 질문했을 때, 나는 내 자신이 폭력의 공포에 대한 생리적 반응을 일으키며 긴장하기 시작했음을 인식했다. 나는 더 깊게 호흡하며, 더욱 그에게 집중하였다. 그가 극도로 더욱 흥분했을 때, 나는 자동적으로 내 몸을 그의 측면으로 돌리며 예전에 내가 정신병원에서 일했을 때 배웠던 위협적이지 않은 자세를 취했다. 이 자세는 동시에 다른 테이블에 있는 내담자들을 관찰하며 그들의 반응을 살피고, 그들이 안전한지 확인할 수 있다는 장점이 있었다. 내가 그와 논쟁하거나 어떤 식으로든 그에게 맞서지 않을 것이라는 것을 알았을 때, 그의 행동은 더 이상 고조되지 않았다. 그는 폭력적으로 변하지 않았고, 아프가니스탄의 공용어인 다리어(페르시아어의 파생어)로 그의 아내에게 소리를 지르더니 돌연히 방을 나갔다. 그의 가족은 재빨리 일어서서 예술작품을 놓고 그를 따라 방을 나갔다.

나는 다른 내담자들에게 가서 모두 괜찮은지 물었다. 그들은 모두 그 사건을 담담하게 받아들이는 것 같았지만, 공통어가 없어서 나는 확신할 수 없었다. 상황을 환기하고 남아 있는 내담자들이 그들의 작업에 다시 집중하는 것을 돕기 위해, 나는 몇몇 호흡운동과 팔 스트레칭을 시작했다. 모두 미술작업을 또다시 시작하였고 그 과정에 집중하였다.

나는 그 남자가 트라우마의 흔한 증상인 전위적 공격성을 경험하고 있었다는 것을 깨달았다.

비록 나는 힐러리 클린턴은 아니지만, 그녀처럼 나는 백인이자, (집단의 리더로서) 권력의 위치에 있는 특권층 미국 여성이다. 회기를 마친 후, 그 남자와 그의 가족은 다시는 미술치료집단으로 돌아오지 않았다. 나는 그와 그의 가족과 다시 함께 일할 수 있었으면 했다. 어쩌면 미술치료는 그들이 살아온 삶과 그들이 사랑했던 고향으로부터 단절된 것에 대한 분노, 슬픔, 향수, 그리고 난민으로 살아가는 좌절감을 표현하는 데 도움을 주었을지도 모른다.

49장. P. 구시 클로러

그냥 작은 여우를 그녀에게 주면 안 됐을까?

나는 개인치료실을 운영중이었고 회기에 대해 상의할 치료팀이 없었기 때문에, 정신과의사이자 정신분석가에게 슈퍼비전을 의뢰했다. 나의 역전이 감정은 강렬했고, 나는 우리의 모든 시간에 줄리의 이야기만 했기 때문에, 내가 여우 장난감에 대한 이야기를 꺼냈을 때, 슈퍼바이저는 이미 그 사례에 대해 잘 알고 있었다. 나는 줄리에게 여우 장난감을 주고 싶은 이유를 설명한 후에, 내가 정말로 주고 싶었던 것은 아이가 매 회기 가지고 놀았던 작은 공주 모형이었다는 것을 시인했다. 이 상담을 통해 나는 내가 이미 알고 있던 것을 재차 깨달았다. 여우와 공주 모두 줄리의 필요를 채워줄 수 없다는 것과, 설령 이것들을 줄리가 갖더라도 결국은 실망하게 될 것이라는 것을 말이다. 장난감은 우리 둘 중 어느 한 사람이 종결기에 느끼는 이 슬픔을 해결해줄 수는 없었다. 슈퍼바이저는 또한 줄리에게 내 모래놀이상자의 장난감을 주는 것은 상징적인 의미가 가득하며, 네 살짜리 아이에게 너무 많은 책임을 지게 하지 않을지 우려했다. 비록 슈퍼바이저는 장난감을 주는 것이 아이가 아닌 나를 위함이라고 말했지만, 나는 결국 줄리를 위해 내 장난감 선반에는 없는 작은 피규어를 구매하는 것에 슈퍼바이저의 동의를 얻었다. 나는 '예쁜 소녀' 조각상(줄리의 놀이에서 자주 등장했던 주제)을 발견하고 줄리의 마지막 회기에 그녀에게 선물하려고 그것을 포장했다. 그녀가 그 선물에 대해 별 반응을 보이지 않았던 것은 다소 실망스러운 일이었다. 그녀는 아무 말도 하지 않고 다른 것을 가지고 놀기 시작했다. 나는 선물은 결코 종결기에 일어나는 상실의 감정을 보상할 수 없다는 현실을 또다시 맞닥뜨렸다.

내담자를 대신하여 내려진 결정에 치료사가 동의하지 않을 때 어떤 일이 벌어질까?

라일라는 다음 치료 회기에 왔을 때 매우 화가 나 있었는데, 양어머니에게서 엄마를 다시 면회하고 새로운 치료사를 구해야 한다는 판사의 결정을 전해 들었기 때문이다. 내가 판사에게 보고서를 제출하고 이야기를 나눈 것을 알고 있었던 라일라가 들어와 앉아서 소리쳤다. "멍청한 판사 같으니라고! 왜 더 이상 선생님을 보러 올 수 없다는 거예요? 그리고 왜 그 멍청한 판사는 내가 엄마를 봐야 한다고 생각하는 거예요? 난 안 갈 거예요!" 나는 직업상 중립을 유지해야 했기 때문에 그 결정에 대한 내 감정을 그대로 표출할 수 없었다. 그 후 2주 동안, 나는 라일라에게 그녀의 감정을 표현하도록 독려하면서, 재판관들은 법정에서 많은 다른 사람들의 의견에 귀 기울여야 하고, 때때로 그들은 우리가 좋아하지 않는 결정을 내릴 수도 있다고 덧붙여 설명했다. 라일라가 다른 치료사에게 가고 싶지 않다고 단호하게 말했기 때문에, 나는 라일라가 비록 새로운 사람을 알아가는 데에는 시간이 걸릴 수 있지만, 그녀가 새 치료사를 좋아하게 될 것이라는 믿음을 주었다. 마지막 회기에서, 라일라는 나에게 작별 선물로 자신이 그린 그림을 가져다주었다. 나는 이 그림이 얼마나 아름다운지 말해주었고, 내가 그것을 볼 때마다 그녀를 생각할 것이라고 했다. 라일라는 자신이 치료를 받으러 오는 것을 정말 좋아했다고 말했다. 그녀는 미술작업도 좋아했지만, 중요한 것은 자신의 감정을 내게 말하고 그것을 내가 판사에게 전달하는 것이라는 것도 알고 있었다. 우리가 대화를 하는 동안 나는 라일라에게 작별 그림과 카드를 만들어 주었다. 수양 가족이 라일라를 데리고 등산을 했던 적이 있었던 터라 아이가 산꼭대기로 등산하는 모습을 그렸다.

나는 라일라가 얼마나 특별한 존재인지 말해주었고, 사람들이 듣지 않는다고 느껴지더라도 계속해서 자신의 기분에 대해 표현해보라고 말했다. 라일라는 마지막 프로젝트로 내가 그녀를 위해 만들고 있던 카드를 보관할 상자를 장식하기로 결심했다. 아이는 내 앞에서 카드를 읽는 대신 양어머니와 함께 읽기 위해 대기실로 카드를 가져갔다.

내담자와 치료사가 친구가 될 수 있을까?

나는 라일라를 만날지에 대한 여부를 저울질하면서 장단점을 생각했다. 나는 라일라의 치료사가 될 수 없었고, 아이가 현재 받고 있는 치료의 경계에 끼어들고 싶지도 않았다. 라일라는 우리의 만남을 어떻게 생각할까? 우리가 만나는 목적은 무엇이 될까? 나는 라일라가 무척 보고 싶었지만, 나의 필요를 충족시키기 위해 아이를 만날 수는 없었다. 양어머니는 라일라가 나를 그리워하고 내 이야기를 자주 했다고 말해주었다. 나 또한 라일라를 기억하고 있고 여전히 마음을 쓰고 있다는 것을 아는 것이 과연 아이에게 좋은 것일까? 나와 양어머니는 이 사안에 대해 함께 의논하였고 내가 라일라를 만나는 것이 좋겠다는 판단을 내렸다. 우리는 방과 후 방문 일정을 잡았고, 양어머니는 라일라에게 이 만남이 정식 치료 약속이 아닌 편안하고 친근한 만남이라고 설명했다. 나는 라일라가 내게 만들어 준 그림을 액자 틀에 끼워 대기실에 걸어 두었는데, 라일라는 내가 여전히 그녀에 대해 생각하고 있다는 것을 알 수 있었을 것이다. 아이는 들어오면서 흥분하여 양어머니에게 그림을 손가락으로 가리켰다.

"선생님, 보고 싶었어요!" 라일라가 나를 안아주며 말했다. "나도 네가 보고 싶었어." 나도 아이를 안아주며 말했다. 나는 더 이상 아이의 치료사가 아니었기 때문에, 10살짜리 아이에게 일반적으로 질문하는 것(예를 들면 학교, 스포츠, 방학에 관한) 외에 감정을 파고드는 다른 질문은 하지 않았다. 우리는 마치 오랜 친구처럼 만났다. 내가 말했다. "라일라, 내가 더 이상 네 치료사가 될 수 없다는 걸 알잖아. 그래서 우린 그냥 편하게 만나기만 하는 거야, 알았지?" 양어머니는 "구시는 이제 너의 친구야"라고 덧붙였다. 라일라는 나에게 여름방학에 관한 모든 이야기를 해주었고, 나의 새 사무실 안 선반 위에 기존의 모든 아이템들이 제자리에 잘 있는지를 둘러보며, 간식을 먹은 후 모래놀이상자에 이끌려서 내가 양어머니와 이야기하는 동안 놀기 시작했다. 우리는 헤어질 때 다시 서로를 안아주었다. 라일라의 방문은 마치 내가 여전히 그곳에 있고 자신을 아끼고 있다는 것을 알고 싶어 하는 아이의 욕구를 채워주는 것 같았다. 우리는 이후에 더 이상의 약속을 잡지 않았다. 나는 지금도 사회복지사와 양어머니로부터 라일라에 대한 소식을 주기적으로 듣고 있다. 몇 년 안에 그녀를 다시 볼 수도 있다. 나는 라일라가 앞으로 나아가, 더 이상 나에게 의존하지 않도록 격려했지만, 우리의 관계는 진실되었기에 판사의 판결과 함께 사라지지 않았다.

50장. 데보라 A. 굿

내담자가 먼저 작별인사를 고하는 경우 나는 어떻게 반응해야 할까?

내 은퇴가 임박해오며 우리의 관계가 종료되는 것에 대한 카린의 불안감은 내 의료시술에 대한 반응으로 나타났다. 그녀가 내게 소리를 지른 뒤, 수치심과 거절에 의한 두려움은 그녀에게 참을 수 없는 것임이 분명해졌는데, 그 두려움을 차단하기 위해 그녀는 내가 '그녀에게' 소리를 질렀다고 상상했고, 이는 '나의 행동'으로 인해 그녀가 거절당했다고 느끼도록(마치 내가 매우 아프거나, 죽거나, 혹은 은퇴를 했더라면 느꼈을 감정처럼) 했다. 카린은 우리의 마지막 날이 언제가 될지 말해주기를 기다리기보다는 우리의 관계를 끝내는 것을 결정함으로써, 자신이 더 많이 통제권을 갖고 있다고 느꼈다. 이 역동은 그녀 평생의 상처받고, 버림받고, 거절당한 역사와 일치했으며, 동시에 그녀가 겪은 학대로 인해 내려놓기 어려웠던 패턴이었다.

나는 카린에게 우리가 서로 간의 차이점들을 해결할 수 있기를 바랐지만, 치료를 끝내려는 그녀의 뜻을 존중한다는 편지를 썼다. 나는 그녀에게 함께 일할 수 있어서 얼마나 영광이었는지 말해준 뒤, 연락처 및 웹사이트 정보와 함께 세 곳의 의뢰기관을 소개해주었다. 나는 그녀의 예술작품을 돌려주고 싶다고 말했고, 그녀에게 가장 편한 방법을 알려달라고 말했다. 나는 그녀가 잘 지내길 바랐으며 그 편지의 복사본을 그녀의 내담자 파일 안에 보관하였다.

카린은 내가 시내에 없는 날 사무실에 전화를 걸어 그녀의 예술작품을 가지러

왔다.

6개월 후, 나는 한 결혼식 피로연에서 그녀와 그녀의 남편을 보았고, 그들이 내 곁에 다가왔을 때 인사를 했다. 카린은 마치 내가 괜찮은지 확인하는 것처럼 나를 훑어보고, 나를 껴안고, 내 팔을 만지기 시작했는데, 그것은 마치 내 피부과의사가 비정상적 피부 병변을 검사하는 듯한 행동을 생각나게 했다. 확실히 긴장한 모습의 그녀는 쉴 새 없이 말했다. 나는 그녀의 신체적인 접촉이 불편하다는 것을 드러내지 않으면서 그녀를 존중으로 대했고, 그녀와 그녀의 남편과 함께 가볍고 부담 없는 대화를 나누었다. 결국 그들은 피로연을 떠났다. 나는 서로가 예의를 차리고 얼굴을 맞대며 대화를 나누는 행동이 카린에게 우리 사이가 괜찮다고 느끼는 데 도움이 될 것이라고 생각했다.

내담자가 너무 많은 변화를 경험하는 경우 나는 어떻게 반응해야 할까?

랄프의 사건으로 내 마음은 무거워졌고, 내가 '그를 떠넘겼다'라는 그의 말에 걱정이 되었다. 나는 4주를 기다렸다가 그가 새로운 치료사와 잘 맞는다고 느꼈는지 알아보기 위해 전화를 걸었다. 랄프는 내 연락을 매우 고맙게 생각했고, 새 치료사와 한 회기를 진행했지만 몇 가지 고민들이 있다고 말했다. 새 치료사가 말할 때 목소리가 떨리는 경향이 있는데, 랄프는 그것이 그의 안면 틱을 상기시킨다고 말했다. 이러한 이유로, 그는 자신이 새 치료사와 꾸준히 함께 일할 수 있을지 확신하지 못했지만, 치료사의 목소리에 의해 촉발되어진 개인적인 문제를 해결하기 위해 어쩌면 이 상황을 이용할 수 있는지 알아보기 위해 몇 차례 회기를 더 갖겠다고 말했다. 그날 이후 랄프에게서 아무런 연락이 없었기에 나는 그가 새로운 치료사와 성공적인 치료적 관계로 정착했다고 짐작한다.

내담자가 종결을 거부하는 경우 나는 어떻게 반응해야 할까?

벳시는 나의 은퇴보다 2주 먼저 직장을 그만두었다. 나는 그녀가 우리의 치료적 관계를 목사님께 공개한 것에 대한 불편한 마음을 그녀에게 말했다. 그녀는 감정적으로 격해져서 누군가 알아줄 사람이 필요했다고 말했다. 나는 이 일이 그녀에게 매우 어려웠음을 수긍했고, 우리가 서로의 사생활을 존중해줄 수 있다고 생각한다고 말했다. 벳시를 다른 미술치료사에게 의뢰해주었지만, 그녀가 치료를 이어갈 수 있었는지는 알 수 없다.

나는 벳시의 전화를 받거나 그녀가 보낸 카드에 답장을 하지는 않았지만, 그녀가 교회 복도에서 나를 구석에 몰았을 때, 그녀의 구직에 대한 좌절감에 공감했고 그녀가 일자리를 구했다는 말을 했을 때는 축하해주었다. 나는 벳시가 나와 연락을 계속하기 위해 내가 다니는 교회의 성가대에 참여했다는 것을 깨달았다. 나에게 이런 상황이 불편해진다면, 이 교회와 계속 엮이고 싶은 나의 욕구와 불편감을 비교해서 따져볼 것이다.

아무도 예상하지 못한 경우 나는 어떻게 반응해야 할까?

나는 병원에 있는 카리나를 방문했다. 그녀는 망연자실하고 두려워하고 있었으며 다시는 걷거나 두 손을 쓸 수 없을 것이 명백했다. 나는 그녀와 짧게 이야기를 나누었고 그녀는 내가 와준 것에 대해 고마워했다. 대부분의 시간 동안, 그녀는 울면서 내가 보고 싶었다고 말했다. 나는 그녀의 심각한 상황과 아픔에 대해 인정하는 것 외에는 그녀를 위로할 수 있는 방법이 없었다.

내가 카리나를 방문하는 것이 그녀에게 많은 감정적인 고통을 안겨준다는 것은 나에게 분명했다. 마치 나를 보는 것이 그녀가 더 이상 표현할 수 없는 창의성에 대해 떠올리는 것 같았다. 나는 내 임상 슈퍼바이저와 어떻게 해야 할지 이야기를 나누었고 그녀를 계속 방문하는 것의 장단점에 대한 의견을 나눈 뒤, 그만두기로 결정했다. 나는 그녀를 계속 만나는 것이 카리나에게 최선이라고 생각하지 않았다. 우리는 결코 치료사와 내담자 이외의 관계일 수 없었으며, 또한 나는 그녀의 뇌졸중이 발생하기 이전에 치료를 종결한 사실을 지킬 필요가 있었다. 카리나의 자매들은 그녀를 교회 신도들이 자주 방문하는 요양시설로 옮겼다. 카리나가 가족과 가까운 곳에 있을 수 있도록, 한 여동생은 자신이 사는 곳 근처의 요양시설을 찾으려 한다. 나는 종종 그녀에 대해 생각하고 그녀가 남은 삶에서 행복을 찾기를 바란다.

불가능한 종결의 경우 나는 어떻게 반응해야 할까?

내가 임상치료를 끝내기 전에 노린과 종결하는 것은 불가능했다. 그녀가 딸의 유해를 수습하러 처리하는 길에 통화를 했다. 내가 노린에게 무엇이 필요한지 물었을 때, 그녀는 단호하게 자신을 나에게 의뢰했던 치료사에게 돌아가고 싶지 않다고 말했다. 그와 동시에 한편으로는, 갑자기 맞이한 이 슬픔의 시기에 치료사 없이 노린이 홀로 남겨지는 것은 적절치 않아 보였다. 나는 딸을 잃은 슬픔을 이겨내기 위해 그녀를 위한 여섯 번의 회기를 갖자고 제안했다. 그녀는 내 시간을 보상해주겠다고 말했고 우리는 회기 비용에 합의를 했다. 나는 우리 사이에 사적인 관계가 가능하리라는 일말의 여지없이 우리의 관계가 직업적인 관계로 유지될 필요가 있다는 것을 정확하게 알고 있었다. 노린과 나는 그녀의 치료 종결을 위해 필요한 전문적인 한계들에 대해 동의했으며, 만날 장소, 재정적인 합의, 회기 수, 그리고 회기가 끝나는 시간에 제한을 정했다.

노린은 직접 자신의 딸의 사진첩을 완성하였고 우리의 한 회기 중에서 각각의 사진을 검토했다. 예상치 못한 상황으로 인해 노린은 여러 번 약속을 취소하면서 그녀의 가족들과 함께 주 밖으로 자주 이동을 해야만 했다. 현재까지 우리가 합의했던 6회기 중에서 3회기를 완료했다. 나의 계획은 노린과 한 번 더 만나서 우리의 회기를 검토하는 것이다. 회기에 할당된 시간을 당초 합의했던 종료 날짜 이상으로 연장하는 것은 쉬운 일이다. 그러나 우리의 관계 경계를 잘 유지하기 위해 다음 만남에서는 새로운 종결 날짜를 정할 것이다. 나는 노린에게 그 날짜 이후로 우리의 시간을 연장할 수 없다는 것을 알려주고, 우리의 관계가 언제 끝날지 명확히할 것이다.

그림판 1 수면 밑을 들여다보기 - 브렌다 바텔 (52면 참조)

그림판 2 반란: 그들은 우리를 묻어버리려 했지만 우리가 씨앗이란 건 몰랐다
—마티나 E. 마틴 (102면 참조)

그림판 3 힐브로우 스카이라인 벽화를 만들고 있는 아이들 (144면 참조)

그림판 4 비밀유지 – 사라 볼만 (171면 참조)

그림판 5 이해충돌 – 바니 말호트라 (227면 참조)

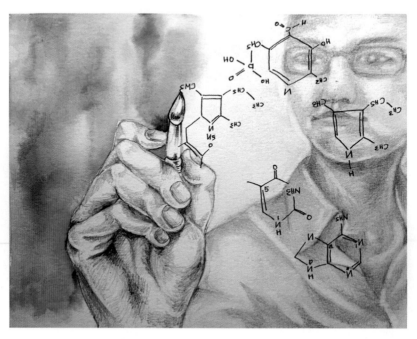

그림판 6 여러 가지 역할 – 신민경 (303면 참조)

그림판 7 임상의 범위 ‒ 한나 위트만 (359면 참조)

그림판 8 남성 치료사들이 자문한다. "우리는 호감을 얻기 충분한가? 충분히 열려 있는가? 충분히 배려하고 있는가?" ‒ 마이클 프렛저 (469면 참조)

그림판 9 전이와 역전이 – 지드 슈원파흐 라타나피노롱 (451면 참조)

그림판 10 체험미술치료 훈련(첫 회기) (485면 참조)

그림판 11 "마지막으로 오늘처럼 고요함을 즐겼던 때가 언제인지 기억나지 않아요"(마지막 회기) (493면 참조)

그림판 12 권력남용 - 크리스티나 노왁 (533면 참조)

그림판 13 종결의 그림 - 앤 코르손 (549면 참조)

찾아보기

역자소개

박소정, 대표역자 및 감수
현) 이화여자대학교 교육대학원 교육학과 미술치료교육전공 조교수
미국 Lesley University, Expressive therapies 박사
미국 The School of Visual Arts, Art therapy 석사
미국공인미술치료사(ATR-BC)
미국 뉴욕주정부 창의적 예술치료사(LCAT)
미국미술치료학회지(Journal of American Art Therapy Association) 편집위원
(사)융합미술치료학회 이사 및 학술위원장

곽민정
현) 홍익대학교 교육대학원 상담심리학과 미술치료전공 겸임교수
현) 가천대학교 특수치료대학원 미술치료학과 강사
가톨릭대학교 성의교정 의생명건강과학과 신경생물학 박사 수료
미국 George Washington University, Art Therapy 석사
이화여자대학교 일반대학원 심리학과 상담심리학 석사
이화여자대학교 조형예술학부 서양화, 사회과학부 심리학 학사

김유미
이화여자대학교 일반대학원 융합미술치료학전공 박사과정생
이화여자대학교 교육대학원 교육학 석사(미술치료교육전공)
미국 UCLA, Film and Television 석사
미국 The School of Visual Arts, Animation 학사
(사)융합미술치료학회 정회원

김승은

현) J-Intermedia Art in Life Class 주강사
현) J Art Space 전시기획 큐레이터
이화여자대학교 일반대학원 융합미술치료학전공 박사과정생
이화여자대학교 교육대학원 교육학 석사(미술치료교육전공)
이화여자대학교 미술심리전문가
(사)융합미술치료학회 정회원

이현정

현) Art & Culture Community 지아정원 대표
현) 이화여자대학교 문화예술교육원 강사
이화여자대학교 일반대학원 융합미술치료학전공 박사과정생
이화여자대학교 교육대학원 교육학 석사(미술치료교육전공)
이화여자대학교 미술심리전문가
(사)융합미술치료학회 정회원

미술치료의 윤리적 딜레마: 20개국 50인의 임상가 이야기

2021년 12월 10일   제 1 판 1쇄 인쇄
2021년 12월 15일   제 1 판 1쇄 발행

Edited by Audrey Di Maria
역   자 박소정 · 곽민정 · 김유미 · 김승은 · 이현정
발 행 인 권 영 섭
발 행 처 (주)신 영 사

㈜신영사

경기도 파주시 심학산로 12(출판문화단지)
등   록 : 1988. 5. 2 / 제406-1988-000020호
전   화 : 031-946-2894(代)
F   A   X : 031-946-0799
e - m a i l : sys28945@naver.com
홈페이지 : http://www.shinyoungsa.co.kr

정가 30,000원   ISBN 978-89-5501-777-9